필화소설 〈분지〉 발표 60주년 기념

남정현의 삶과 문학

부활과 웃음의 미학

필화소설〈분지〉발표 60주년 기념

남정현의 삶과 문학
부활과 웃음의 미학

최진섭 지음

목차

여는글　'부활의 신기'로, 혓바닥으로 울면서 쓴 소설__11
남정현 작가 서문　비위 상하는 소리 좀 작작하라구?__25
추천사　민족의 부활을 알리는 문학적 비전향 장기수의 기상나팔 소리__27
제언　미래로 열린 문학, 남정현 소설을 다시 읽는 이유__29

1장. '부활' 사건

부활의 신기(神技)__36 | 네 번의 부활 사건__41 | 출생과 유년 시절__45 | 부모님과 소설 속의 어머니, 아버지__49 | '정현'(廷賢) 이름 지어준 아산아저씨__56 | 복잡한 학력과 짧았던 직장 생활__62 | 6·25 한국전쟁으로 '부활의 신기' 상실__72 | "나도 한번 소설가가 돼 봤으면 하는 소망을"__76 | 헤겔, 마르크스, 플레하노프, 고리끼, 루카치__82 | 일본어책으로 시작한 독서__86

2장. 월계다방과 결혼, 그리고 등단

월계다방과 결혼__90 | '부활의 신기'로 쓴 소설-〈경고구역〉(1958)__98 | 병리학적 상상력과 조커의 웃음-〈굴뚝 밑의 유산〉(1959)으로 추천 완료__104

3장. 1960년대-현실에 참패한 픽션, 픽션을 제압한 현실

권총만 한 자루 있었다면-〈누락 인종〉(1960)__116 | 일체의 건물과 일체의 제복이 무너져버린 4월-〈너는 뭐냐〉(1961)__129 | "뭣이! 내가 공산당이라구?"-〈기상도〉(1961)__140 | 5·16 군사쿠데타 후 "최선을 다해…… 울면서 썼어요"-〈자수민(自首民)〉(1962)__150 | 내 주먹의 소원은-〈광태〉(1963)__162 | 얘야, 이제 시일이 지났는데 군인들이 물러 간다든?-소설 〈현장〉과 연극 〈현장〉__173 | 현실에 참패한 픽션, 픽션을 제압한 현실-〈부주전상서〉(1964)__182 | 여성을 식민지로 개척하는 남성 주인공?-〈탈의기〉(1963)__196 | 민중, 통일은 빨갱이의 말?-〈사회봉〉(1964)__202 | 사상범으로 억울하게 옥사한 목수 아버지-〈천지현황〉(1965)__212 | 상황악에 대하여 정면으로 선전포고 일삼아-임중빈의 〈상황악과의 대결-남정현론〉(1967)__225 | 미국 대신 일본을 소재로 소설을 쓴 이유-'허허선생'의 시초 〈옛날이야기〉(1969)__231 | 개자식!-하숙생의 《서울을 사는 고독과 희열》(1969)__239 | 고은 시인의 〈만인보-남정현〉과 김수영 시 〈라디오계〉__253

4장. 홍만수가 향미산에서 태극 깃발을 만든 까닭은

도서관에서도 칼질당한 소설 '분지'__258 | 〈분지〉에 태극 깃발이 나온 까닭은__262 | 백인 미군을 비판한 첫 번째 반미소설__266 | 민족문제 논의를 수십 년 앞당겨 시작한 작가__269 | 검찰 증인-"〈분지〉는 북괴의 '홍길동'에 동조하는 소설"__273 | 한승헌, 이어령, 이항녕, 안수길, 그리고 조선일보의 항변__279 | 구원자는 단군과 홍길동의 후손인…… 바로 나__286 | "내 밑구멍을 좀 똑똑히 보란 말이야"__292 | 처벌받지 않은 미군 강간범과 스피드 상사__296 | '양공주-누이' 표상과 홍만수 여동생 분(粉)이__299 | 〈분지〉 이전 필화 사건 〈피리소리〉와 신동문 시인의 〈모작조감도〉__303 | 〈분지〉를 쓰던 '그때나 이때나'__308

5장. 1970년대-긴급조치와 한국의 아틀라스

자지(남근) 얼굴을 한 어느 나라 왕-〈방귀 소리〉(1970년)__312 | 환상적이기보다 그로테스크한 허허선생-〈허허선생 1-괴물체〉(1973)__321 | 1974년 긴급조치와 남산 중앙정보부 지하실__326 | 한국 사람이라 할 수 없는 아버지 허허선생-〈허허선생 2-발길질〉(1975)__334 | 작은 체구로 고난 감내하는 한국의 아틀라스-《사랑하는 소리》(1978)__339

6장. 1980년대-지하 독방에 갇혀 있다 1987년 풀려난 〈분지〉

'저승'에서 들려오는 그로테스크한 목소리-〈허허선생 3-귀향길〉(1980)__350 | 우리시대의 '표준어'를 찾아서-《남정현 대표 작품선-분지》(1987)__355 | 반공주의와 생사를 걸고 투쟁한 작가-《반미소설선》(1988)__361 | 반공법(국보법) 손상되면 허허선생 목숨도 위험-〈허허선생 6-핵반응〉(1988)__365 | 홍만수의 불사(不死) 선언과 탈춤의 미학-김병걸의 〈남정현 문학의 저항성-'분지'를 중심으로〉(1989)__371 | 미국의 핵과 북한의 주체사상과의 대결시대-〈새해특집 꽁트-통일코리아 방문기〉(1989. 1. 1)__375 | 〈분지〉의 대척점에 있는 〈성지(聖地)〉__379

7장. 1990년대-세상의 그 끝에서 싹 다 쓸어 버리자

동구 소련 사회주의 붕괴와 가보지 않은 세계_386 | 허허선생이 갑자기 통일을 외쳐 댄 이유-〈허허선생 7-신사고〉(1990)_391 | 미국의 휴전 사인에 항의해 옷을 홀랑홀랑 벗어-〈허허선생 8-허허선생 옷 벗을라〉(1992)_396 | "1973~1992년은 허허선생과의 피나는 대결 시대"-소설집《허허선생 옷 벗을라》(1993)_403 | "나의 문학관과 세계관은 같다"-《노둣돌》(1993)_409 | 사랑, 혁명, 문학을 동일한 선상에 놓아야_412 | 박정희 암살, 미국의 CIA가 반드시 개입했을 것이라 추측-김병걸 자서전《실패한 인생 실패한 문학》(1994)_419 | "싹 다 쓸어버리자"-〈세상의 그 끝에서〉(1995)_425 | 〈분지〉와〈허허선생〉그로테스크 기법의 차이-임진영〈가장 강력한 웃음의 칼날〉(1995)_434 | 펜으로 가짜 세상 뒤엎고 낙원 창조하고 싶어-원고지와 펜을 소재로 한 두 편의 글_437 | 여의도에 흰 저고리 검정 치마 입고 나타나면 신순남_440 | "번역에 살고 지다"-16회 한국방송작가상 특별상 고 신순남 회원_448 | 33년만의《현대문학》재수록과 강진호의 '〈분지〉작품론'-《현대문학》(1998년 10월호)_450

8장. 2000년대-"세월이 갈수록 민족문제가 더 중요"

그 어느 반미소설에서도 읽을 수 없었던 소년의 사연-남정현·신학철·백기완 대담(《노나메기》4호, 2001년)_454 | "국가보안법은 우리를 반쪽으로 만들어"_462 | 앞도 없고, 뒤도 없는 자리에 선 남정현 소설-《작가연구》(2001년 하반기)_464 | 이상, 고골리, 그리고 남정현-《남정현대표소설선집》발간을 통해서 본 남정현의 소설미학에 관하여_469 | 표현의 자유마저 없는, 이런 세상_478 | 결코 쉬운 일이 아닌 내면 읽기-《2004년도 한국 근현대예술사 구술채록연구 시리즈 35 남정현》_481 | '역사의 밭을 갈아엎는' 작가 신동엽과 남정현-〈100인의 증언, 60년대 문화를 말한다〉(EBS, 2004~2005)_487 | "엄마, 하느님"-2005년 평양 남북작가대회_494 | "세월이 갈수록 민족문제가 더 중요"-2007년 민족문학작가회의 명칭 변경에 반대_502

9장. 2010년대-시종일관 '민족주의자'이자 문학적 비전향장기수

국가보안법과 미국이 화두였던 작가가 78세에 쓴 소설-〈편지 한 통-미 제국주의 전상서〉(2011)_510 | 〈편지 한 통-미 제국주의 전상서〉 집필 위한 작가의 '잡기' 단상_526 | 안수길, "세속에 물들지 말 것, 경망한 풍조에 영합하지 말 것"_532 | 2012년 통합진보당 '마녀사냥' 변론한 원로작가_536 | 우리시대의 빛 젊은 후배에게-1965년〈분지〉에서 2011년〈편지 한 통-미 제국주의 전상서〉까지_543 | 시종일관 '민족주의자'이자, 문학적 비전향장기수-2010년대 남정현 인터뷰 기사 모음_558 | 고문 받아 빠진 치아 무료로 치료해준 여의사-유튜브 최인훈연구소_569 | 〈분지〉의 반미와 강간 모티프를 바라보는 대학생의 불편한 시각-정선태 교수의 '한국현대문학입문〈분지〉'(2020년)_573 | 2025년 광화문 광장의 도깨비와 빛_584

10장. 부활과 웃음의 미학

남정현 만세! 홍만수 만세!-2020년 12월 21일 별세_590 | 추모사-새 세상에서 조국통일의 수호신이 되옵소서!_595 | 친구를 보면 그 사람을 안다-권오헌, 황선락, 임헌영, 전덕용_597 | 남정현 소설과 부활의 미학_613 | 웃음의 미학, 칼날의 웃음_632 | 유고 소설-〈반박 선생〉_643

11장. 한평생 반공과 미제에 맞선 '불온'한 소설가

〈분지〉 주인공 홍만수의 '강간' 논란과 오독__648 | 여성학자 정희진의 〈반미문학을 통해 본 식민지 남성성의 형성〉과 〈분지〉 비판__668 | 인종적 민족주의의 병리적 증상-뉴라이트계열 김철 교수의 〈분지〉 비판__684 | 미국의 한국문학 연구자, 뉴라이트 교수, 젠더 문학비평가의 3자 연대-남성중심적 좌파 민족주의 비판__697 | 홍만수의 반미 감정은 마조히즘과 오이디푸스 콤플렉스?__710 | '분지 사건'과 불온-임유경의 〈1960년대 '불온'의 문화 정치와 문학의 불화〉__716 | 남정현의 소설 개작과 초기 소설의 반미 성향 연구 검토__736 | 남정현 문학의 그로테스크 리얼리즘 기법과 허허선생__746 | 〈반공주의와 검열 그리고 문학〉과 남정현의 화두 '반공'__766

부록. "증오의 눈초리, 따스한 손"

1. 부진 남세원의 논문 〈인간회목〉-민수발전과 거리귀선(去利歸善)__791
2. 만세운동 앞장선 아산아저씨 남주원__793
3. "나의 '문학의 기초'는 외세의 멍에에서 벗어나는 일"__795
4. 증오의 눈초리, 따스한 손-'현실악의 도전자 〈굴뚝 밑의 유산〉'__798
5. 이질(異質)의 '행인'에게-〈너는 뭐냐〉 작품노트__800
6. 동인문학상 선고경위와 선후평-《사상계》(1961. 10)__801
7. "현실참여 문학이 따로 있나요?"__810
    -신간안내 《너는 뭐냐》(남정현, 문예춘추사출판부, 1965년 11월 1일)
8. "이 땅의 인간은 매일같이 부활"-수필 '부활하는 사람들'(1962)__812
9. 군주적 작가의 횡포__816
10. '젊은 작가들의 공동작업장'-《전후정예작가-신작15인집》(1963)__819
11. 외국인이 되다 말아 서러워하는 선생님__821
12. "예술성이 풍부한 우화적인 아이로니의 세계를 제시"__823
    -첫 창작집 《너는 뭐냐》 서문(백철)
13. 한국문학전집 속의 남정현 작품과 해설__826

14. 시대의 물살 가르는 생명력-《한국단편문학대계 14》(해설 구중서, 금성출판사, 1987)__834
15. 50년대 작가의 문학적 특징-후반기의 작가군을 중심으로__836
16. "작가는 최일선의 초병"-《준이와의 3개월》(1977) 작가의 말 전문__839
17. 일제 잔당의 턱없는 득세 현상-〈허허선생 3-귀향길〉 작가노트(1980)__841
18. 칼바람에 얼어붙은 80년 서울의 봄-이근배의 문단수첩(1991)__842
19. 박태순의 문단수첩-분단모순 몸으로 맞선 남정현__845
20. 코미디풀이가 가장 어려워요-인터뷰: 외화번역가 신순남__848
21. 조지 오웰의 《1984년》과 '이중사고'__851
22. "무슨 격투라도 하는 심정으로 쓴 소설"__852
    -연작소설 《허허선생 옷 벗을라》(동광출판사, 1993) 책머리에
23. 三角山과 수유리 친구__854
24. EBS-문학기행 〈남정현의 귀향길〉__857
25. "그로테스크한 시대를 다시 한번 그로테스크하게 비틀어"__859
    -국학자료원 《남정현문학전집》 3권 발간(2002)
26. 불평등한 '소파'는 현대판 노비문서__866
27. 작가의 초상-남정현 선생님의 분노와 미소__868
28. 역사 속의 오늘-7월 9일__873
29. 비전향장기수가 〈분지〉를 애독한 이유-홍기돈의 《문학과 경계》(2005년) 인터뷰__874
30. 경고구역을 여체(女體)로 상징화한 까닭__875
    -〈한수영·남정현 대담-환멸의 역사를 넘어서〉(2012)
31. 산문집 《엄마 아 우리엄마》-가여움의 미학__880
32. 북의 그로테스크한 발표문-적대적인 두 국가론__881
33. 〈님을 위한 행진곡〉과 〈페르샤 왕자〉__884
34. 옥탑방에 남겨진 작가의 체취__886
35. 잡상집-〈개〉__889

*참고 논문 __892

*작가 연보 __896

┃일러두기┃
- 인용문의 굵은 서체는 필자가 강조한 것이다.
- 〔 〕 안에 들어간 글은 필자가 추가한 내용이다.
- 괄호 속의 말줄임표 (……) 표시는 '중략'을 뜻한다.
- 구어체 그대로 기록된《2004년도 한국 근현대예술사 구술채록연구 시리즈 35, 남정현》에서 인용하는 경우엔 원문에 최대한 충실하되 어법에 맞지 않는 말은 일부 수정하여 재구성했다.

| 여는 글 |

'부활의 신기'로 혓바닥으로 울면서 쓴 소설

1. 작가와의 만남

올해는 한국문학 최초의 필화 소설인 〈분지〉가 발표된 지 60주년 되는 해이다. 남정현의 〈분지〉를 처음 읽은 것은 1999년 봄이었다. 당시 '한국 언론의 미국관'을 주제로 글을 쓰기 위해 자료를 찾다 〈분지〉를 처음 접했고, 그 소감을 이렇게 적었다.

> 1965년에 쓰인 이 소설을 읽은 느낌은 전율이자 전의였다. 미군한테 겁탈 당하고 미쳐버린 어머니, "이 죽일 놈들아! 날 죽여다오"라고 외마디소리 지르며 영영 눈을 감아버린 〈분지〉의 주인공인 홍만수 어머니의 참상에 대한 전율이었으며, 어머니를 죽게 만든 자들에 대한 전의였다. ('2000년 1월 1일의 신문과 반미소설 〈분지〉' 중에서)

〈분지〉를 읽은 뒤 우리 문학사에 남정현이 없었다면(그리고 김수영, 신동엽, 김남주 시인을 함께 적었는데, 이들은 모두 세상을 떴다) "20세기 후반 우리의 정신사는 얼마나 궁핍하고, 또한 수치스러울까"라고 썼다. 지금 다시 누렇게 빛바랜 《현대문학》 1965년 3월호에 실린 〈분지〉를 살펴보다가 "민중을 위해서 투쟁한 별다른 경험이나 경륜이 없이도 어떻게 '反共'과 '親美'만을 열심히 부르짖다 보면 쉽사리 애국자며 위정자가 될 수 있는 것 같은 세상이란 것도 알고요."라는 구절을('반공'과 '친미'를 문장 부호로 강조한) 발견하고, 다시 한번 서늘한 느낌이 들었다. 반공과 친미를 국시로 선포한 박정희 군사정권 체제에서 아무리 소설이라 하여도 감히 어떻게 이 역린을 건드릴 수 있단 말인가. 생각만 하여도 섬뜩한 일이다. 필자는 《말》지 기자 시절에 알고 지내던 이기형 시인에게 남정현 작가를 볼 수 있는지 물어보았고, 2000년 초 동숭동 대학로의 한 음식점에서 함께 만났다.

그 만남 이후 10여 년이 지난 2013년 《분단시대의 지식인-통일만세》를 펴내면서 남정현 작가를 세 차례 만나 인터뷰했다. 이때 남정현을 인터뷰한 장소는 대학로의 카페 엘빈이었고, 반미소설 〈분지〉(1965), 글쓰기와 펜을 소재로 한 자전적 소설 〈세상의 그 끝에서〉(1995), 그리고 마지막 작품인 〈편지 한 통-미 제국주의 전상서〉(2011)를 통해 작가의 인생관, 문학관을 들여다보았다. 2017년에는 남정현의 마지막 소설집 《편지 한 통-미 제국주의 전상서》를 도서출판 말에서 출간했다. 2020년 12월 별세했을 때는 인터넷신문 〈민중의 소리〉에 추모사를 쓰기도 했다. 이런 인연이 쌓여 필자는 마치 밀린 숙제를 하듯이 '남정현의 삶과 문학'에 관해 쓰게 되었다.

2021년 6월 15일, 강화도 북단 해안철책에서 가까운 동네에 작은 책방을 열었고, 나 홀로 출판사를 운영하며 지내고 있다. 북을 마주한 해안철책과 가까운 곳이다. 남정현을 인터뷰했을 때 "작가란 최일선의 초소에서 민족의 이익을 지키는 초병, 시대의 맨 앞자리에 서서 정신의 영토를 지키는 초병의 역할을 해야 한다."라는 말을 들은 적이 있다. 필자는 젊어서 동부전선의 초소를 지켰는데, 나이 들어 본의 아니게 서부전선의 '초병'이 된 느낌이 든다. 실제로 지난 1년 동안 이곳은 '소리폭탄'이 쉴 새 없이 터지는, 심리전의 격전지였다. 이 책을 쓰는 동안 1년 넘게, 밤낮으로 귀신 소리, 늑대 소리,

사이렌 소리, 기계음, 타악기 소리 등의 온갖 기괴한 대남방송 소리가 난무했다. 남정현 소설에 나오는 '그로테스크'라는 말을 명징하게 이해하지 못했는데, 괴이한 대남방송 소리를 듣는 순간 그로테스크가 무엇인지 온몸으로 절감했다. 남북의 초현실적 상황을 반영하는 소리가 끊이지 않는 이곳, 사람뿐 아니라 새들마저 집단 이명(耳鳴)에 시달리는 이곳은 그야말로 그로테스크한 전쟁터다. (놀랍게도 바로 어제 이재명 대통령이 당선 후 일주일만인 6월 11일 대북방송 중단하라는 지시를 했고, 북도 이에 호응해 당일 자정부터 대남방송을 중지했다.)

2. 엄혹한 상황에서 울면서 쓴 소설

그동안 남정현 작가의 삶과 작품을 다룬 별도의 자서전이나 평전은 나오지 않았다. 작품을 집중 조명하거나 심층 인터뷰한 자료로는 《노나메기》 4호(2001)의 남정현·신학철·백기완 대담, 《작가연구》(2001 하반기호)의 남정현 특집, 《남정현문학전집》(국학자료원, 2002) 3권에 실린 연구자료와 논문, 《문학과 경계》(2005)에 실린 홍기돈·남정현의 대담, 통일인사 8인 인터뷰 모음집 《통일만세-분단시대의 지식인》(2014) 등이 있다.

남정현은 보통 반미소설 〈분지〉(1965)로 법정에 선 대한민국 최초의 '필화 작가'로 알려져 있다. 그에겐 반공법으로 법정에 선 1호 작가라는 칭호가 따라다니는데, 문학적으로도 독특한 평가를 받고 있다. 채호석 교수는 남정현을 집중 연구한 《작가연구》(2001)의 책머리에 "한국 문학사에서 앞도 없고, 뒤도 없는 자리가 바로 남정현 소설의 자리가 아닐까."라고 썼다. 김병걸 평론가는 〈분지〉를 "당대 한국인의 의식 수준을 넘어선 반미소설"이며 "반공과 친미가 국시와도 같았던 1960년대 박정희 군사정권 시절에 〈분지〉는 하늘에서 뚝 떨어진 소설과도 같았다."라고 평했다. 남정현의 소설은 이처럼 동시대의 다른 작품과는 차별성이 크고, 평지 돌출한 특별한 작품이라는 평을 받는다.

단순히 작품의 시대성, 선도성만 높이 평가한 것은 아니다. 소설가 장정일은 '독서일기'에 "단언컨대 남정현은 1960년대에 가장 재미있고 독창적인 소설을 썼던 작가다."라고 썼다. 문학평론가 방민호 교수는 《남정현대표소설선집》(2004)을 비평하는 글 '이상, 고골리, 그리고 남정현'에서 가족관계 알레고리 기법, 환상성, 풍자미학 등에 주목하며 "주제와 기법은 여러 면에서 아주 매력적인데, 안타까운 것은 이러한 특징이 오늘에 이르기까지 충분히 주목받지 못하고 있다는 점"이라고 밝혔다.

그런데 이런 평가와는 별개로 남정현 작품을 주제로 한 학위논문의 숫자는 적은 편이다. 비슷한 시기에 창작활동을 한 이호철, 최인훈 소설가와는 달리 아직 단독 박사논문은 한 편도 없다. 작품비평도 〈분지〉에 집중된 경향이 있다.

남정현은 1958년 첫 작품 〈경고구역〉을 발표한 이후 〈분지〉를 발표할 때까지 해마다 한두 편씩 왕성하게 문제작을 생산했다. 〈분지〉 이전에도 그는 반공 군사파시즘이 위세를 떨치던 시절에 어떻게 그런 '불온한' 소설을 발표했을까 싶을 정도의 현실 비판적 소설, 선을 넘나드는 문제작을 썼다. 5.16 군사쿠데타로 집권한 박정희의 반공 이데올로기와 그 배후세력인 미국을 겨냥한 작품이 주를 이뤘다. 그런데 〈분지〉와 1961년 동인문학상 수상작(후보작)인 〈너는 뭐냐〉 외에는 특별하게 언급되지 않는 편이다.

남정현 작가는 〈채록증언집〉에서 "〈자수민〉이나 〈광태〉를 지금 볼 때, 아! 내 능력으로는 이렇게 육체적으로 좀 허약하고, 또 정신적으로 허약한데 그래도 내가 최선을 다했구나."라고 회고했다. 그는 〈자수민〉을 울면서 썼고 "그때 처한 엄혹한 상황에서는 우리글을 가지고 최선을 다했다."라고 자평하면서, 그 후에 독자들이 이런 소설을 잘 보지 않는 것을 아쉬워했다.

3. 전하고 싶은 세 가지

이런 아쉬움을 조금이라도 해소하고자 필자는 남정현의 소설 대부분을 이 책에 소개했다. 주요 작품의 줄거리와 쟁점 사항을 간추려 소개하다 보니 책이 예상보다 두 배는 더 두꺼워졌다. 〈분지〉이외의 문제작을 독자에게 알리고 싶은 '욕심'이 작동했는데, 과욕이란 소리를 들어도 할 말이 없을 분량이다. 이 책에서 필자가 초점을 맞춘 부분은 작가의 삶과 미학, 현실 인식, 작품 비평 등 세 가지이다.

첫째, 작가의 삶과 부활의 미학
남정현은 젊은 시절 루카치의 미학을 탐독했고, 그의 문학 이론은 비판적 리얼리즘에 기반하고 있다. 작품기법은 풍자, 그중에서도 그로테스크 기법에 기초한 풍자를 최대한 활용했다. 남정현의 풍자문학 속에 담긴 근본 정신 중의 하나는 '부활과 웃음의 미학'이다. 핵무기로 무장한 미군 엑스 사단의 공격을 10초 앞두고 〈분지〉의 주인공 홍만수가 어머니를 향해 외치는 호언장담 속에서도 부활의 미학을 찾을 수 있다. 만수(萬壽)라는 이름 자체가 부활을 연상시킨다.

"믿어주십시오. 어머니, 거짓말이 아닙니다. 아, 그래도 당신은 저를 못 믿으시고 몸을 떠시는군요. 참 딱도 하십니다. 자, 보십시오. 저의 이 툭 솟아나온 눈깔을 말입니다. 글쎄 이 자식이 그렇게 용이하게 죽을 것 같습니까, 하하하."

남정현이 직접 작성한 '작가 연보'에도 '부활'을 거론하는 대목이 여러 차례 등장한다. 그는 열두 살 되던 해인 1944년에는 "단원 중 저명한 마법사의 지도로 불에 타 완전히 죽었다가 다시 살아나는 신기(神技)를 몸에 익히게 되어 부활의 명수(名手)가 됨."이라고 적었다. 1945년에는 "8·15 해방과 함께 '민족대부활전문학교(民族大復活專門學校)' 설립 구상"에 들떠 지냈다. 그리고 1958년에는 "곡마단 시절의 부활의 신기가 그리워 우연히 〈경고구역〉이란 제목의 소설을 써본 것이《자유문학》지에 추천됨"이라고 썼다. 쉽게 믿을 수 없는 이런 환상적인 약력은 1970년대 발간된 단행본《허허선생》이나 문학전집 작가 연보에 실렸고, 이를 그대로 믿은 평론가들에 의해 작가의 특이한 경험담으로 소개되기도 했다.

남정현이 왜 '부활'을 강조했는지는 누구도 그 속마음을 제대로 알고 있지 못했다. 필자는 남정현이 철책에 갇힌 분단된 나라에 자신의 정신을 가둘 생각이 눈곱만치도 없었기에, 민족의 부활 즉 진정한 해방과 통일세상을 꿈꾸었고, 작가 연보를 그렇게 초현실적으로 적은 것이 아닐까 생각해 보았다.

남정현이 어릴 적 생사를 몇 차례 넘나든 경험도 부활의 미학과 무관하지 않다. 유년 시절 누나가 놀아주다 남정현을 바닥에 세게 떨어뜨린 적이 있는데 이때 뇌진탕으로 생사를 오간 적이 있다. 초등학교 때는 칡뿌리 캐는 것을 구경하다 곡괭이에 머리가 찍혀 여러 날 의식불명 상태에 빠지기도 했다. 그리고 중학생 무렵부터는 폐결핵, 장결핵, 임파결핵 등 수많은 결핵균이 일시에 덮쳐서 뼈만 남은 가사 상태에서 만 삼 년인가를 움직이지 못하고 누워만 지냈는데, 구사일생으로 살아났다.

유소년 시절 여러 차례 죽었다가 살아난 남정현은 그 후유증으로 몸무게 40kg을 간신히 유지한 채 평생 살아야 했다. 그는 이 허약한 몸으로 중앙정보부에 두 차례나 끌려가 가혹행위를 당했고, 그런 고초를 겪으면서도 평생을 반외세 문학의 최전선에서 문학과 이데올로기의 초병으로 살았다. 살아 있는 것 자체가 기적 같다고 할 수 있는 남정현은 그의 삶과 문학, 말과 글, 몸 전체로 부활의 미학을 완성했다.

남정현 소설의 미학으로 부활의 미학과 함께 웃음의 미학을 꼽을 수 있다. 웃음의 미학은 남정현의 묘비문에서도 발견할 수 있는데, 이는 김병욱 평론가의 비평 중에 뽑은 글귀다.

　"남정현의 문학은 결코 농담에 가까운 이야기가 아니라 우리 모두를 일깨우는 처절한 목소리다. 그럼에도 불구하고 그 작품에는 웃음이 있다는 것이 한 특징이다. 그것이 말하자면 남정현의 삶의 여유라고 볼 수 있다. 왜냐하면, 오늘을 가장 정직하게 그리고 용감하게 얘기하고 있기 때문이다."(김병욱)

　남정현 소설집《허허선생》(범우문고)에 실린〈천부적 이야기꾼〉에서 김병욱은 "그저 웃을 수밖에 없는 현실에 대한 작가의 풍자가 작품 전편에 넘치고 있다."고 썼다. 남정현의 소설을 읽을 때마다 "그의 작은 목소리와 키득거림을 같이 듣게 된다."는 김병욱 외에도 여러 평론가가 남정현 작가의 웃음에 주목했다. 임헌영의〈승리자의 울음과 패배자의 웃음-남정현의 작품세계〉(1987), 최원식의〈민족문학과 반미문학〉(1988), 임진영의〈가장 강력한 웃음의 칼날〉(1995), 장영우의〈통곡의 현실, 고소(苦笑)의 미학〉(1996), 장현의〈남정현 연작소설 '허허선생'의 그로테스크 변모 양상〉(2012) 등도 그런 평론에 속한다.
　필자는 이들의 비평을 살펴본 뒤 남정현이 진정으로 원한 웃음은 겉으로는 패배로 보일 것이나 오히려 긴 민족사적 관점에서는 승리를 예고하는 웃음이라고 정리했다. 이는 바로〈너는 뭐냐〉의 관수와〈분지〉홍만수의 웃음이라 할 수 있는데, '부활의 웃음'이라 이름 지을 수도 있다.〈너는 뭐냐〉에서 미국과 현대를 찬양하는 아내가 "이렇게 시시한 여인인 줄은 상상하지 못한" 관수는 "너는 뭐냐!" 소리치며 "하하하하" 통쾌하게 웃었다. 처음으로 아내 앞에서 웃어 보는 이 웃음소리는 해방과 혁명의 불꽃으로 활활 타오르는 웃음이었다. 4월 혁명의 광장에서 목격한 민중의 환호성이고 깃발의 아우성 소리였다.

황도경은 〈역설의 미학, 풍자의 언어-'분지'론〉(2001)에서 "홍만수의 비극적 종말로 처리된 이야기 끝에서 오히려 웃음으로 부활하는 홍만수를 만나게" 된다고 결론짓는다. 어머니에게 "글쎄 이 자식이 그렇게 용이하게 죽을 것 같습니까. 하하하." 웃는 홍만수, 그는 바로 이 웃음과 함께 부활했다.

둘째, 평생 반공법(국가보안법)과 미국에 맞서 대결한 작가

남정현 작가가 평생 붙들고 씨름하던 화두는 미국(외세)과 국가보안법(반공법)이었다. 흔히 남정현 하면 〈분지〉의 작가, 반미소설의 대표적인 작가로 불리는데, 그가 집요하게 붙들고 늘어진 또 하나의 괴물은 반공(법)이었다. 남정현 작가가 보기에 미국과 반공법은 한 몸이다. 그 때문에 반공법을 넘어서야 미국을 물리칠 수 있고, 미국을 넘어서야 반공법을 잡을 수 있으며, 그래야 진정한 민족의 부활, 해방을 이룰 수 있다고 본 것이다.

남정현이 초기 작품에서부터 보여준 주제나 표현은 '우리는 반미가 아니다'라는 타협의 선을 깬 것이었다. 임유경은 〈1960년대 '불온'의 문화 정치와 문학의 불화〉(2013)에서 남정현과 〈분지〉가 그 시대 '사상의 바리케이드'를 넘었다고 하면서 "그런데 여기서 한 가지 놓쳐서는 안 되는 점은 남정현의 정부에 대한 비판의식과 반미의식이 〈분지〉가 발표되는 60년대 중반에서야 표출되기 시작한 것은 아니라는 점이다."라고 썼다. 남정현 작가는 〈분지〉 발표 이전인 "등단 직후부터 이미 미국에 대해서도 정부에 대해서도 비판적인 목소리를 높이고 있었다."라는 것이다. 임유경은 "반미, 신식민주의, 통일, 정부 비판, 그리고 빈민대중, 온갖 불온한 것들이 일찌감치 소설 안으로 불러들여지고 있었다."라고 말할 수 있다고 했는데, 그 예로 〈누락인종〉(1960)과 〈기상도〉(1961), 〈자수민〉(1962) 등을 제시했다.

박정희가 철권통치를 하는 시대에 남정현은 병약한 몸으로 이런 '불온한' 소설을 "울면서 썼어요."라고 회고했다. 철벽으로 사상의 바리케이드를 친 시절에 바늘구멍만 한 틈새라도 내보려고 몸부림친 남정현의 소설을 읽으며 박일환 시 〈핥아주는 혀〉가 떠올랐다. 갓 태어난 송아지를 혀로 핥아주는 어미 소를 묘사한 이 시에는 "혀의 쓸모는 말을 할 때보다 핥아줄 때 더 빛난다."라는 구절이 나온다. 남정현의 창작행위는 어쩌면 혓바닥으로 철조망에 둘러싸인 '경고구역'을 핥는 전위예술이었다. 혓바닥으로 외세에 짓눌린 조국 산천을 핥으려 했고, 발가벗은 몸뚱어리로 얼어버린 냉전 사회를 녹이려는 무모한 도전을 했다. 그는 《남정현대표소설선집》(2004)의 책머리에서 "나는 사실 그동안 소설을 썼다기보다는 어찌 보면 소설을 빙자하여 뭔가 가슴속에서 부글부글 끓고 있는 그 갖가지 울분을 조금씩 토해내기 위해 내 이 만만한 펜대 하나만을 붙잡고 만날 캑캑하며 사뭇 몸부림을 친 격이라는 것이 솔직한 심정일 것 같다."라고 쓰기도 했다.

표현의 자유가 극도로 제한된 이승만, 박정희 군사정권 치하에서 미국과 반공(법)을 비판하기 위해 몸부림치던 남정현은 78세 되던 해인 2011년에 그의 마지막 작품인 〈편지 한 통-미 제국주의 전상서〉를 발표한다. 국가보안법과 미국을 의인화해서 주인공으로 등장시킨 이 소설은 평화협정으로 나아갈 수밖에 없는 미국과 이에 위기감을 느껴 불안에 떠는 국가보안법을 풍자한 작품이다. 남정현이 78세의 병약한 몸으로 쓴 〈편지 한 통-미 제국주의 전상서〉는 몇 가지 점에서 탄복을 금할 수 없다. 첫째 78세의 노작가가 펜을 잡을 힘도 없는 건강 상태에서 혼신의 힘을 기울여 썼다는 사실, 둘째 1965년 〈분지〉, 아니 1958년 등단작인 〈경고구역〉 이후 일관되게 미국 문제에 집중하고 있다는 점, 셋째 2000년 이후 발표된 문학작품 중에 한국사회의 근본 문제(미군, 국보법, 평화협정, 분단)를 본격적으로 다룬 거의 유일한 작품이다는 점이 그것이다.

1965년에 서른두 살의 젊은 남정현 작가는 "누구라도 한마디 해야지 견딜 수가 없어서, 어떻게 써야 할까 고민고민하다가〈분지〉를 썼다."라고 했다. 그런데 노인이 된 소설가는 21세기에 들어선 뒤에도 여전히 국가보안법과 미국이 판을 치는 '가짜세상'에 답답해 하며, "누구라도 한마디 해야지 견딜 수가 없어서, 고민하다가"〈편지 한 통-미 제국주의 전상서〉를 썼다.

셋째, 작품비평 분석-누가 제국의 논리를 그대로 반복하나?
남정현의 작품에 대한 한국문학계의 평가는 반미, 민족에 초점이 맞춰져 있다. 충남 서산중앙고에 세워진 남정현 문학비에는 "민족자주를 열망한 '분지'의 작가"라고 적혀 있다. 남정현의 작품을 다룬 최초의 학술논문은 1996년 강진구의〈남정현 문학 연구-담론분석을 통한 현실비판의식의 변모 양상을 중심으로〉(중앙대 국문학 석사)이다. 문학사적 평판에 비해선 학술논문이 늦게 나온 셈이다. 아마 1987년까지〈분지〉가 금서였다는 점도 영향을 미쳤을 것이다. 그 뒤에 나온 비평이나 학술논문도 반미, 미국, 민족, 필화를 주제로 하거나 풍자 기법에 주목한 경우가 많았다. 그런데 2000년대 이후에는 여성주의(페미니즘)가 확산하면서〈분지〉를 '여성' '젠더'의 관점에서 다루는 논문과 평론이 부쩍 늘어난 추세이다.

시대의 흐름에 맞게 다양한 관점에서 작가와 작품을 비평하는 것은 긍정적인 현상이겠으나 이런 흐름에서 필자는 한 가지 심각한 문제점을 발견했다. 그것은 남정현과 그의 소설(특히〈분지〉)을 '여성혐오'의 대표작가, 남성 중심적 좌파민족주의 소설로 규정하는 논조였다. 젠더 입장에서 남정현 소설을 부정적으로 평가하는 대표적인 논문은 여성학자 정희진의〈반미문학을 통해 본 식민지 남성성의 형성〉(이화여대 여성학과 박사논문, 2019)이다. 정희진은 반미문학에 대해서 주된 구조가 "국가주의, 이항 대립 논리, 서구 중심의 근대성, 여성에 대한 폭력, 외세에 대한 피해의식, 배타성" 등으로 이루어져 있다고 평하면서, 특히 남정현의〈분지〉는 처음부터 끝까지 '섹스(폭력) 스토리'이며, 반미가 아니라 음란물과 폭력물의 요소를 모두 갖추고 있는 섹스에 대한 작품이라고 혹평했다. 이와 유사한 논리에 기반한 논문이 여럿 제출되었는데, 이들 논문은 남성적 민족주의, 식민지 남성성 비판에 골똘하다 보니 식민지 남성과 제국주의 남성이 연대한다는 식으로 논리를 확장한다. 그들은 식민지 남성(지배자인지 민중인지에 대한 구별도 없다)이 제국주의, 국가주의 논리를 모방했다고 하는데, 필자가 보기에는 오히려 그 역이 아닌가 싶다. 이들 연구자들은 현실의 구체적인 상황에 맞는 학술적 개념을 찾지 못하다 보니 제국주의, 가해자의 논리를 모방하고, 본의 아니게 그 이념의 대변인 역할을 하고 있는 게 아닌가 싶다.

페미니즘 성향의 일부 연구자와 함께 남정현 소설을 '여성혐오'라고 비판하는 대표적인 연구자는 뉴라이트 계열의 김철 교수(연세대 국문과)다. 그는 "홍길동의 피"가 몸속에 흐르는 '단군의 후손' 홍만수야말로 사실상 서구 제국주의의 충실한 학도"라고 비판했다. 그런데 정작 그야말로 서구 제국주의 학자와 "은밀하게 손을 잡고" 다양성 철학(포스트모더니즘), 여성주의, 자유주의적 역사관을 활용(오용)해 진보적 민족주의를 비하하고 폄훼하는 '서구 제국주의의 충실한 학도'가 아닌가 싶다. 김철은 결론적으로 남정현의 소유적 민족주의가 "제국주의의 폭력을 모방하고 반복"한다고 주장하면서, 〈분지〉의 반제국주의는 "제국의 논리를 그대로 반복하는 피식민자의 신경증에 관한 하나의 임상 기록이다."라고 결론 내렸다.

김철 교수가 출판을 권하고 나병철 교수가 번역한 미국의 한국문학연구자 데드 휴즈와 이진경의 책도 거의 비슷한 논조로 남정현 소설을 비판한다. 테드 휴즈는 《냉전시대 한국의 문학과 영화-자유의 경계선》(2013)이라는 책을, 이진경은 《서비스 이코노미-한국의 군사주의 성 노동 이주 노동》(2015)을 펴냈다.

테드 휴즈는 "분명히 남정현의 민족주의는, 과거의 일본 제국주의와 현재의 미국 신식민주의의 특징인 남성중심주의 및 본질주의와 복합적 차원에서 부합한다."라고 비판적으로 평했다. 테드 휴즈는 남정현의 소설이 박정희에게 대항하면서도 결국은 같은 이데올로기를 공유하고 있다고 보았고, "분명히 남정현의 민족주의는, 과거의 일본 제국주의와 현재의 미국 신식민주의의 특징인 남성중심주의 및 본질주의와 복합적 차원에서 부합한다."라고 비판적으로 평했다. 그리고 이진경은 홍만수가 향미산에서 미국의 원자폭탄 공격에 부닥치자 맹렬하게 미국을 비판하는데 이 장면에 대해 "일본 제국 군대의 국수주의를 연상시킨다."라고 썼다. 그리고 이 교수는 남정현, 천승세, 조세희 등의 소설을 '남성중심적 좌파민족주의'라고 비판했다.

미국의 대학에서 연구하는 테드 휴즈와 이진경의 책을 번역한 나병철 교수, 그리고 번역을 권한 김철 교수, 그리고 젠더 관점에서 남정현 소설을 비판한 연구자의 시각은 거의 동일하다. 이들이 공유하고 있는 논리를 한마디로 정리한다면 저항적 민족주의를 추구하다가 제국주의 닮아가고, 모방하며, 그 과정에서 여성을 식민화, 타자화한다는 논리다. 이런 주장은 당대의 정치적 상황을 외면한 매우 도식적이고 안이한 결론이거나 의도적 폄훼가 아닌가 싶다.

필자는 무비판적으로 반복해서 사용되는 이 논리의 근원지가 궁금했지만 거기까지 확인하지는 못했다. 아마도 미국의 한국문학 연구자가 아닐까 하는 추정은 했으나 전문 연구자가 아니기에 그 사실을 확인할 능력과 여력은 없었다. 향후 반미문학, 여성주의, 탈식민주의, 제국주의의 상호연관성에 관심 있는 문학비평가가 탐구해 볼만한 연구주제라 여겨진다.

남정현 작품 관련 연구논문을 분석한 장에서 필자는 1) 〈분지〉 주인공 홍만수의 '강간' 논란과 오독 2) 여성학자 정희진의 〈반미문학을 통해 본 식민지 남성성의 형성〉(2019년)과 〈분지〉 비판 3) 인종적 민족주의의 병리적 증상-뉴라이트 계열 김철 교수의 〈분지〉 비판 4) '분지 사건'과 〈1960년대 '불온'의 문화 정치와 문학의 불화〉(임유경) 5) 남정현의 소설 개작과 초기

소설의 반미 성향 연구 검토 6) 남정현 문학의 그로테스크 기법과 허허선생 7) 〈반공주의와 검열 그리고 문학〉과 남정현의 화두 '반공' 등의 주제를 다뤘다.

4. 홍길동과 홍만수, 허균과 남정현

남정현의 대표작 〈분지〉의 주인공 홍만수는 "홍길동의 제10대 손이며 동시에 단군의 후손"이라는 점을 강조했다. 홍길동이나 〈홍길동〉의 저자(일반 민중이 창작했다는 설도 있다) 허균은 금기에 도전한 반항아였다. 반역자로 지목돼 능지처참을 당한 허균은 조선 시대의 가장 위험한 인물 중의 한 명이었다. 어찌 보면 〈분지〉의 홍만수와 저자 남정현은 1960년대 박정희 정권에게 가장 위험하고 불온한 인물이었다. 누구도 넘지 않은 사상의 바리케이드를 넘어 반미의 깃발을 꽂았기 때문이다. 이승만과 박정희, 전두환 군사정권 밑에서, 그리고 노태우, 김영삼, 김대중, 노무현, 이명박, 박근혜, 문재인 치하에서 지내다 2020년 세상을 뜬 남정현은 '그때나 이제나'라는 말을 자주 내뱉었다. 독재정권, 군사정권에서 문민정부로 바뀌었지만 그때나 이제나 미국 앞에서 할 말 못 하는 건 똑같다는 말이다.

이처럼 대한민국의 현실이 여전히 '해방' '자주' '독립' '주체'와는 거리가 멀기에 홍길동의 후예인 홍만수의 목소리를 이 시대에 소환할 필요가 있다. 홍만수가 1965년 향미산에서 일만 여를 헤아리는 각종 포문과 미사일로 무장한 미군 엑스 사단에 포위된 상태에서도 "이제 머지않아 핵무기의 집중공격으로 불꽃처럼 꽝하고 터져야 할 몸. 그렇다고 제가 죽을 리는 없습니다만."이라고 외치며 반외세의 깃발을 휘날린 지 60년이 지났다.

2024년 초에 집필을 시작할 때는 연말에 끝낼 계획이었다. 그런데 아닌 밤의 홍두깨 같은 계엄 사태에 한동안 정신을 빼앗기고, 원고량도 한량없이 늘어나는 바람에 이제야 책을 펴내게 됐다. 처음부터 의도한 것은 아니지만 결과적으로는 〈분지〉 필화사건 60주년(1965년 7월 구속, 기소)에 맞추게 돼서 더 의미 있게 되었다. 〈분지〉 발표 60주년이 되는 해에 발간되는 이 책을 통해 일찌감치 민족의 '부활'과 '불사'를 선언한 남정현의 목소리가 다시 살아나서 울려 퍼지길 기대해 본다.

  이 자리를 빌려 추천사를 써준 임헌영 평론가와 양진오 교수에게 감사의 인사를 전한다. 그리고 사사건건 대립한 허허(許虛)선생 부자와는 달리 아버님의 문학과 인생을 흠모하는 남돈희 씨도 큰 도움을 주었다. 약육강식이 아닌 인간중심의 평화로운 세상을 추구한 남정현 작가의 정신을 그대로 따르려는 아들을 보며, 부전자전의 미덕을 떠올렸다.

2025년 6월 강화도 평화책방에서 최진섭

| 남정현 작가 서문 |

비위 상하는 소리 좀 작작하라구?

　이 사람아 제발 잠 좀 그만 자고 슬슬 내 글이나 좀 읽어보게. 자네같이 잠자기에 바빠서 잡지 한 권을 제대로 펼쳐보질 않는 친구를 위하여 내 깊은 배려를 베풀었지. 그동안 각 잡지에 발표한 부끄러운 작품들 중에서 미안하게 생긴 작품 열 편만을 골라서 책을 한 권 만들었단 말일세. 문예출판사의 전병철 선생 솜씨지. 《굴뚝 밑의 유산》이라.

　자, 어떤가 이 사람아. 뭐 잠자는 것만 못하다구. 암 그럴걸세. 하기야 이 자유대한에서 자유스럽게 잠자는 일만큼 안전하고 좋은 일이 어디 그리 흔하겠나. 물론이겠지. 그렇지만 말일세. 이 사람아, 자네같이 그렇게 튼튼하고 똑똑한 친구가 맨날 그저 열심히 잠만을 잔대서야 제길할 언제 백두산엔 한번 올라가 보고, 또 언제 '한글'이 빛나서 四海(사해)로 뻗는 날을 맞겠나. 답답한 노릇일세.

　허 참 그 비위 상하는 소리 좀 작작하라구. 왜 메시꺼운가. 하도 세상에 보기 싫은 것이 많아서 누가 뭐라건 절대로 자넨 눈을 뜰 수가 없다 이 말이 겠지. 그렇다면 알만하네. 하지만 그럴수록 말이지, 우리는 더욱 눈을 좀 크게 떠야 할 것이 아니겠나. 부단히 눈을 크게 뜨고 보기싫은 것과 싸워서 부단히 보기좋은 것으로 만들려는 작업이 말하자면 예술의 일면이 아니겠느냐 이 말일세. 그것이 인간이고.

뭐라고 이 사람아. 아 이젠 정말 그 쓸데없는 소리 좀 걷어치우고 자네와 함께 잠이나 한심 푹 자잔 말이지. 그러면 살이 좀 찔 거라고. 옳은 말일세. 하긴 나도 쓸데없는 소린 줄을 번연히 알면서도 그 쓸데없는 소리나마 병신처럼 중얼거리지 않고는 왜 그런지 몸이 근질거려서 견디질 못하곤 하니 이거 정말 큰 일이 아닌가. 이렇듯이 큰일난 나의 생리를 나는 항시 저주하네. 미안하이. 자, 그럼 어서 한심 푹 자게나. 자넨 참 잠도 곱게 자더군. 잠결에서나마 인간답게 고함이라도 한번 질러볼 노릇이지 그렇잖은가. 이 사람아. 허허허.

1967년 8월 20일 저자

*1967년 발행한 소설집 《굴뚝밑의 유산》에 실린 남정현 작가의 '후기'이다.

| 추천사 |

민족의 부활을 알리는 문학적 비전향 장기수의 기상나팔 소리

임헌영·문학평론가

    2025년 7월 9일은 분단시대 최고의 반미소설 〈분지〉 사건으로 작가 남정현이 구속된 지 60주년 되는 날이다. 〈분지〉 필화사건이 벌어지던 시기에 나는 문단에 발을 갓 디딘 평론가였다. 대학 선배인 박용숙 작가의 소개로 월계다방에서 남정현 작가를 소개받기 전부터 그는 나에게 존경의 대상이었다. 나뿐만 아니라 당시 진보적인 문학청년의 우상이었다.

    20세기 최고의 역사학자였던 홉스봄이 지적한 것처럼 백인 기독교 제국주의가 지구를 통째로 식민지로 만들었던 '제국의 시대'가 1875년부터 절정을 이뤘는데, 미국은 남북전쟁(1861~1865)으로 가장 늦게 식민지 약탈전에 끼어들었다. 이미 유럽에서 가까운 순서대로 아프리카와 중동지역을 거쳐 동남아는 타일랜드를 제외하고는 유럽 제국주의의 식민지로 변해버린 뒤였다. 심지어는 대서양 건너 중남미 모든 나라까지도 그들의 차지였다. 남은 곳이라고는 동북아 일대(중국, 일본, 조선)뿐이어서 미국은 서둘러 이 지역을 주목했다. 결국 조선은 제너럴셔먼호 사건(1866)을 비롯해 신미양요(1871), 조·미수호통상조약(1882)을 거쳐, 그리고 미·일의 가쓰라-태프트 밀약(1905)을 통해 일본의 식민지로 전락했다.

1945년 8·15 이후 남한 사람은 몽매하게도 미국을 구세주로 착각했다. 미 군정은 마치 자신들이 진짜 구세주로 되는 양 행세하면서 동아시아에서 첫 기독교 국가를 세우는 게 소원이었던 이승만의 꿈을 실현할 수 있도록 적극 후원했다. 강력했던 민족 자주독립 세력을 억누르고자 그들은 친미파와 굳게 손잡고, 친미반공파시즘 체제 구축에 매진했다. 그 계승자였던 박정희에 의하여 한일기본조약이 체결(1965. 6. 22)될 때 작가 남정현은 〈분지〉 사건으로 이미 중앙정보부에 연행되어(5월 초순경) 갖은 고초를 호되게 당하고 있었다.

우리 민족사의 모든 참담한 고통의 근원은 일본과 미국에서 비롯됐다는 게 남정현 문학의 알파이자 오메가다. 그의 문학은 온통 외세의 압박과 냉전시대의 마취에서 깨어나게 만드는 기상나팔이었고, 남정현은 어찌 보면 이 시대의 문학적 비전향 장기수였다. 민족의 참 복음서와 같은 그의 소설이 국내외에 널리 알려지기를 바라던 차에 최진섭의 《남정현의 삶과 문학-웃음과 부활의 미학》이 나오게 되었다.

오래전부터 남정현 문학에 뜨거운 애정을 품어온 저자는 이 역작을 통해 전 작품에 대해 심도 있는 분석을 했고, 남정현 평전의 기본 틀을 제공했다. 그간 발표된 남정현에 관한 거의 모든 자료를 통섭해 소개한 이 책은 실로 직업적인 문학비평가의 연구에 자극을 주기에도 충분하다. 저자에게 깊은 경의를 표하며, 민족의 가치가 갈수록 소중해지는 시대에 이 책 발간을 계기로 남정현 소설이 널리 읽히길 기대한다.

▌제언▐

미래로 열린 문학, 남정현 소설을 다시 읽는 이유

양진오·대구대학교 문화예술학부 교수

1. 문학의 소명을 성찰하는 문제작 〈분지〉

한때 독자들이 읽을 수 없었던 소설이 있었다. 아니, 아예 읽지 못하도록 국가 권력이 필화의 주범으로 낙인찍은 소설이 있었다. 바로 남정현 작가의 〈분지〉다. 〈분지〉는 1965년 《현대문학》 3월호에 발표된 단편소설로 이 작품을 발표할 당시 작가의 나이는 만 32세였다. 신진 작가였던 셈이다. 1958년 단편소설 〈경고 구역〉이 《자유문학》에 추천되며 작품활동을 시작한 남정현은 그러나 〈분지〉 필화 사건을 거치며 한국 문단의 문제적 작가로 자리매김하게 된다.

그런데 당시 박정희 정권은 왜 단편소설에 불과한 〈분지〉를 절대 읽어서는 안 될 불온한 작품으로 규정하고 작가 남정현을 재판정에까지 세웠을까? 〈분지〉 필화 사건을 이해하기 위해서는 먼저 1960년대 박정희 정권의 반공주의적 성격을 깊게 이해할 필요가 있다. 1961년 5·16 군사쿠데타로 권력을 장악한 박정희 정권은 정권의 정당성을 확보하고 체제 안정을 꾀하기 위해 반공을 국시로 내세웠다. 이는 단순한 외교·군사 정책에 그치지 않고 정치 영역은 물론 문화와 예술, 학문과 언론 등 사회 전반에 걸친 이념 통제와 검열 강화로 이어졌다. 이러한 사회적 분위기에서 '반미'는 감히 꿈꿀 수도 없는 금기로 간주되었고 작가들은 표현의 자유를 마음껏 누릴 수 없었다.

1964년 박정희 정권은 위기에 직면한다. 정권이 졸속으로 강행한 한일 국교 정상화에 대해 대학생들이 강하게 반대하고 나선 것이다. 과거 식민 지배에 대한 반성과 배상 없이 일본과의 수교를 추진하는 정권을 성토하는 대학생들의 항의는 들불처럼 번졌다. 비단 대학생만이 아니었다. 야당과 시민들도 같은 목소리로 정권을 성토했다.

박정희 정권은 1961년 5·16 군사쿠데타로 집권한 이후, 근대화를 국정의 최우선 과제로 내세웠다. 자본 조달이 필요했던 박정희 정권은 교착 상태에 있던 한일 국교 정상화를 적극 추진했다. 미국은 동아시아에서 반공 블록의 재편과 자본주의 경제 질서의 강화를 위해 한일 관계의 정상화를 강하게 압박하고 있었다.

1964년 박정희 정권이 한일 회담을 밀어붙이자 대학생들을 중심으로 이른바 6·3 항쟁이라 불리는 대규모 반대 시위가 촉발되었다. 이에 정권은 비상계엄을 선포하고 시위에 나선 학생과 시민들을 대거 연행, 구금하며 강경 진압에 나섰다. 〈분지〉가 발표될 즈음 국내 정세는 이처럼 거칠게 요동치고 있었다. 거리에서는 정권 타도를 외치는 함성이 울려 퍼졌고 이러한 사회적 분위기에 호응하듯 작가들은 당대 한국 사회의 모순과 억압 구조를 비판적으로 조망하기 시작했다. 〈분지〉는 바로 이러한 시대적 배경 속에서 탄생한 문제작으로 등장했다.

운명의 장난이었을까. 〈분지〉는 1965년 5월 8일, 북한 기관지에 수록되면서 예상치 못한 정치적 파장을 일으킨다. 검찰은 이 사건을 계기로 〈분지〉를 반공법을 위반한 작품으로 몰아간다. 억지스럽고 과도한 판단이라 하지 않을 수 없다. 검찰은 〈분지〉가 "독자들에게 반미적·반정부적 감정을 유발하고, 계급의식을 고취할 요소가 다분하다"고 주장하며, 작가 남정현에게 징역 7년형을 구형한다.

다행히 남정현은 검찰의 구형대로 옥고를 치르지는 않았다. 인권 변호사 한승헌 등이 시국 사건으로 비화한 〈분지〉 필화에 적극 대응한 결과다. 한승헌 변호사는 〈분지〉는 헌법과 법률이 허용하는 범위 내에서 이뤄진 창작 활동의 결과이며 작가는 발표의 자유를 행사하였을 뿐이라는 논리로 검찰의 반공법 위반 논리를 반박한다. 이어령 문학평론가는 이 소설은 반미 소설이 아니라 알레고리와 풍자에 해당한다는 의견을 재판정에서 밝혔다. 1967년 서울고등법원은 선고유예 판결을 내림으로써 다행히 남정현은 옥고를 피하게 된다.

그러나 이는 무죄 판결이 아니라, 유죄를 인정한 상태에서 형 선고만을 유예한 데 불과했다. 이 지점에서 〈분지〉 필화 사건이 지니는 사회적 의미를 새삼 환기할 필요가 있다. 그것은 단지 한 작가의 처벌 여부에 그치지 않는 문제였다. 이 사건은 문학이 시대의 금기를 어떻게 돌파할 수 있는지를 질문하는 계기가 되었고 나아가 문학의 사회적 역할을 성찰하는 중요한 준거가 되었다. 금기가 강요되는 시대에 문학은 무엇을 말할 수 있으며 어디까지 말해야 하는지를 둘러싼 치열한 논쟁의 장이 이 사건을 통해 한국 문단에 본격적으로 열리게 된 것이다.

2. 다시 읽어야 할 남정현 문학

〈분지〉는 한국 현대문학을 통틀어 그 어떤 작품보다 미국의 신화를 날카롭게 비판한 대표적인 '반미' 소설이다. 〈분지〉 필화 사건의 재판정에서 변호인들은 이 소설이 '반미' 소설이 아니라고 주장했으나 이 작품의 문학적 주제가 반미라는 점은 부인하기 어렵다. 설령 이 소설의 서술 방식이 알레고리라 할지라도, 그것은 어디까지나 미국의 신화를 예리하게 풍자하고 해체하는 장치로 기능하며 오히려 반미적 주제를 더욱 선명하게 드러내는 역할을 한다.

여기서 말하는 '반미'는 단순한 정치적 구호가 아니라 한반도 민중의 억압적 삶의 기원을 성찰하고 해명하는 비판적 개념으로 이해될 수 있다. 미군 점령과 민족 분단이 고착된 현실 속에서 민중은 일상적으로 폭력과 억압을 경험하게 된다. 작가들이 이러한 현실을 직시하고 해명하는 과정에서 반미는 필연적으로 민중의 삶의 조건을 묻는 개념이 된다. 바로 이 지점에서 〈분지〉는 반미의 문제의식을 단순한 정치적 구호가 아니라, 민중의 삶의 조건을 탐구하는 문학으로 자리하게 된다.

이 작품은 해방 이후 한반도 남쪽에 들어온 미군을 해방군이 아니라 점령군으로 묘사함으로써 미국이 결코 혈맹이 아님을 폭로한다. 특히 〈분지〉는 미국을 일제에 이어 한반도를 지배하는 또 하나의 제국주의 국가로 통렬하게 비판하고 풍자함으로써 독자들에게 민족 현실에 대한 뼈아픈 자각을 촉구한다.

문제는 이 자각의 유효성이다. 달리 말해, 민족 현실에 대한 자각이 오늘날에도 여전히 의미를 지니는가를 우리는 질문할 수 있다. 바로 이 지점에서 하나의 의문이 제기된다. '민족 현실'이라는 표현 자체가 탈경계적 삶이 일상화된 오늘날에는 다소 구식이거나 낡은 언어처럼 들릴 수 있기 때문이다. 냉전 체제의 붕괴 이후, 세계화와 자본주의가 지배적 질서가 된 시대에 민족이나 민족주의는 시대착오적 이념이거나 퇴행적 집단주의로 간주되기 쉽다. 그런 점에서 민족 현실을 환기하는 남정현의 〈분지〉는 더 이상 읽히기 어려운 작품으로 평가받을 수 있다.

그럼에도 불구하고 〈분지〉가 오늘날에도 다시 읽어야 하는 이유가 있다. 민족 현실의 문제가 그 외형을 달리할 뿐, 여전히 현존하는 전 지구적 문제이기 때문이다. 오히려 우리는 〈분지〉가 제기한 문제 - 민족의 이름으로 은

폐되고 억압된 민중에 대한 폭력 구조-를 더욱 깊이 성찰해야 한다. 이 작품은 민중 폭력의 기원으로서 미군 점령이라는 외부 현실을 고발하는 동시에 그 억압적 관계 속에서 침묵을 강요당한 민중의 소외를 응시한다. 그런 점에서 〈분지〉의 문제의식은 지구 질서가 세계화에서 블록화로 재편되는 오늘날에 여전히 유효한 문학적 의미를 지닌다.

여기서 다시 성찰해야 할 주제는 미국이다. 미국은 단순히 하나의 국가 이름에 머물지 않는다. 미국은 특정 국가인 동시에 한반도를 포함한 지구적 질서를 기획하고 강제하는 패권의 또 다른 이름이다. 〈분지〉가 발표될 당시, 한국 사회에서 미국은 비판의 대상이 아니라 절대적인 추앙과 의존의 대상이었다. '반미'는 곧 '반국가'로 등치되었고, 누구도 함부로 반미를 입에 올릴 수 없는 분위기가 사회 전반에 팽배했다. 이러한 사회적 금기 속에서 미군의 성폭력과 제국주의적 폭력을 정면으로 고발한 〈분지〉는 그 자체로 전례 없는 문학적 도전이었다.

3. 미 제국을 되묻는 미래의 질문

오늘날에도 한국 사회에서 미국의 위상은 여전히 강고하고 긍정적이다. 많은 한국인들은 미국을 자유와 풍요, 민주주의의 국가로 인식하며 한미 동맹이 국가의 안보와 번영을 떠받치는 근간이라고 믿는다. 그러나 이러한 인식은 때때로 한반도의 분단과 민족 현실을 가리는 일종의 신화로 작용하기도 한다. 특히 트럼프의 미국은 이 신화를 더욱 적나라하게 흔들어 놓았다. 그는 '동맹'조차 거래의 대상으로 삼으며 노골적인 실리주의를 앞세워 한국을 비롯한 소위 동맹국들에게 미국 없는 지구 질서를 상상하라고 강요한다.

바로 이 지점에서 남정현의 〈분지〉는 오늘의 우리에게 불편한 질문을 던진다. 오늘의 시각으로 보자면, 〈분지〉는 미국을 단순한 외세가 아니라 민중의 일상과 몸에 깊이 침투해 있는 타자적 권력으로 표상하는 작품으로 독해할 수 있다. 혈맹이라는 이름 아래 감춰진 폭력, 그리고 그 폭력에 침묵하는 한국인의 모습을 정면으로 응시하게 만드는 것이 〈분지〉의 본질이라고 할 수 있다. 〈분지〉는 비록 과거에 발표된 작품이지만 그 과거 속에는 한반도 민중의 삶에 개입하는 타자적 권력으로서의 제국을 되묻는 미래의 질문이 이미 내포되어 있다.

〈분지〉는 단순히 한국문학의 전설적인 필화 사건으로만 기억되어서는 안 된다. 이 작품은 시대의 금기를 근본적으로 성찰하게 하면서 동시에 그 금기가 은폐해 온 불편한 진실을 드러낸다. 그리고 그 불편한 진실은 박제된 게 아니라 미래에 열려 있다. 〈분지〉는 우리에게 묻는다. 해방은 누구를 위한 해방이었는가, 그리고 우리는 과연 진정으로 해방된 존재인가.

〈분지〉만이 아니라 남정현의 작품들은 과거에 머무는 텍스트가 아니라 미래를 향해 열린 문제작들이다. 특히 남정현 문학의 전체적 윤곽과 그 맥락을 총괄적으로 검토한 최진섭 선생의 저서가 세상에 출간되면서 남정현 문학은 다시금 우리 시대의 독자들을 향해 말 걸기 시작했다. 이 책은 단순한 작가 평전이 아니다. 평생을 시대의 거대한 금기에 맞섰던 한 문학인의 고투를 복원하는 기록이며 그의 문학이 왜 끝내 굴복하지 않았는가를 증언하는 서술이다. 이 책에는 시대의 억압 속에서도 꺾이지 않은 한 인간의 치열한 사유와 '웃음과 부활'이라는 독특한 미학으로 민중의 비참을 강요한 민족 문제를 전복하려 했던 문학적 모험이 고스란히 담겨 있다.

아무쪼록 《남정현의 삶과 문학》 출간을 계기로 남정현 작품이 새롭게 읽히고 논의되기를 기대한다.

1장

'부활' 사건

부활의
신기(神技)

부활의 신기가 그리워

'부활의 명수가 됨.' 범우문고 소설《허허선생》(1977) '연보'에는 이렇게 남정현 작가의 희한한 이력이 적혀 있다. '연보'에는 그가 아홉 살 때 가출해서 곡마단 단원이 됐고, 열한 살에 마법사의 지도로 죽었다가 다시 살아나는 신기를 배웠다고 나온다. 아마 무협소설의 저자 연보에도 이런 소개는 없을 것 같다.

1942년 동교(온양 도고소학교) 3년 재학시 자칭 신령이라는 노인의 꾐으로 가출, 유랑걸식하다 한만韓滿 국경 근처에서 붙들려 고아원에 수용됨. 1943년 고아원 탈출, 유랑생활 중 곡마단 단장에게 발탁되어 곡마단 단원이 됨.

여기까지는 그럴 수 있다고 보아 넘어갈 수 있다. 그런데 연보의 다음 줄은 고개를 갸웃거리게 만드는 내용이다.

1944년 단원 중 저명한 마법사의 지도로 불에 타 완전히 죽었다가 다시 살아나는 신기(神技)를 몸에 익히게 되어 부활의 명수(名手)가 됨.

1945년 8·15 해방과 함께 '민족대부활전문학교(民族大復活專門學校)' 설립 구상에 들뜨다. 연소하다는 이유로 건국대업의 광장에서 제외되어 이 구상은 실현되지 못함.

그 아래 한국전쟁이 터진 1950년의 약력도 수상쩍다.

1950년 6·25 민족상잔의 비극을 계기로 부활의 신기 상실.

이 연보를 사실 그대로 믿기는 어렵다. 분명 작가가 상상력으로 빚은 환상적인 약력이라 할 수 있다. 단순한 장난기가 발동해서 넣었다기보다 뭔가 치밀한 계산이 깔린 이력이 아닌가 싶다. '부활의 신기 상실'에 이어서 자신의 등단작품을 소개하며 이렇게 적었다.

1958년 곡마단 시절의 부활의 신기가 그리워 우연히 〈경고구역〉이란 제목의 소설을 써본 것이 《자유문학》지에 추천됨.

1958년 등단 이후 이런 판타지 같은 이력은 등장하지 않았다. 작가는 무슨 의도로 이런 식의 자기소개를 한 것일까. 이런 내용을 출판사 편집부 직원이 아무런 의심 없이 그대로 넣었을 리는 없다. 남정현의 기이한 연보가 궁금해서 범우사 편집부에 전화했으나, 이를 알만한 직원은 남아 있지 않다. 이런 내용이라면 틀림없이 편집주간이나 발행인의 검토를 거쳤을 텐데 범우사의 윤형두 발행인도 2023년에 세상을 떴다.

범우사 〈허허선생〉에 실린 약력은 인터넷 공간에 떠도는 남정현 소개 글에서도 심심찮게 발견할 수 있다. 심지어는 문학평론가가 쓴 논문에서도 이를 곧이곧대로 믿고 인용하는 사례가 있는데, 강진호의 〈외세의 질곡과 민족의 주체성-남정현의 '분지'론〉(1999)도 그런 경우의 하나다. 강진호는

"전후의 가장 뛰어난 풍자작가로 평가" 받는 남정현이 "특유의 독설과 풍자로 사회 현실의 모순을 날카롭게 파헤쳐 왔는데" 그 이유를 "작가의 독특한 이력과 관계가 깊은 것으로 보인다."라며 정현의 '가출'을 언급했다.

> 1933년 충남 서산에서 태어난 그는 초등학교 3학년 때 자칭 '신령'이라는 사람의 꾐에 빠져서 가출을 했고, 이후 유랑 걸식을 하면서 한만 국경 근처에서 고아원 신세를 지기도 하였다. 해방이 되자 그는 선열들의 고귀한 피를 회생시키려는 의도로 '민족대부활전문학교'를 설립할 구상까지 했다고 한다. 이는 하나의 일화에 불과한 것이지만, 이를 통해서 그의 괴벽한 면모와 더불어 민족주의적 성격의 일단을 읽어내는 것은 그리 어려운 일이 아니다.

심지어 절친하게 지내던 문학평론가 김병걸도 〈상황악에 대한 끈질긴 도전〉(《분지》, 흔겨레, 1987)의 앞부분에 남정현의 신박한 연보를 언급하면서 "이것이 사실인지 아니면 작가 자신이 꾸며 만든 유머러스한 이야기인지 알 수는 없으나, 아무튼 남정현은 어릴 적부터 남다른 감수성과 비상한 공상력을 지녔던 것만은 틀림없는 일인 것 같다."라고 썼다. 8·15 광복 후 '민족대부활전문학교'를 설립할 구상에 들떴었다고 하는 것에 대해서도 "이런 엉뚱스런 생각은 본질적이며 보편적인 이상과 이념에 집착하고 그것의 실현을 한없이 꿈꾸며 추구하는 남정현의 비범한 공상력의 편린을 드러내 보인다."라고 썼다. 이상갑은 〈비인간의 형상, 그 역설의 의미-'허허선생'론〉에서 '민족대부활전문학교 설립 구상' 같은 이력을 사실로 전제하고 글을 썼다.

누구를 만나서 물어보면 '판타지 이력'의 숨은 뜻을 알 수 있을까. 가족을 만나도 궁금증을 풀 수 없었는데, 젊은 시절부터 교류해온 임헌영 평론가가 2021년 《문학저널》 가을호에 쓴 글을 보고 이 믿을 수 없는 이력이 남정현의 의도적인 서술이라는 것을 확인할 수 있었다.

그런데 내가 1975년 태극출판사에서 《한국문학전집》을 기획 편찬하면서 게재작가의 경력을 가장 권위 있게 작성해보겠다는 야망으로 정성을 들였는데, 남정현은 자신의 성장기를 너무나 환상적으로 만들어서 좀 구체적으로 정확하게 고쳐달라고 신청했으나 끝내 거절했다.

그는 왜 자신의 이력을 환상적으로 했을까? 이에 관해 임헌영 평론가에게 물어보니 "개인적으로 추정해보건대 직접 거론하기 어려운 경력을 그렇게 표현한 거 아닌가 싶은데, 그 시기에 머리 좀 돌아가는 학생은 대부분 정치조직에 가입했고, 남정현 작가도 그런 활동을 은밀히 한 것이 아닌가 싶다."라는 해석을 하기도 했다.

1975년에 발행된 태극출판사의 《한국문학전집》에 실린 남정현의 연보는 위에 소개한 범우사의 작가 약력과는 다소 차이가 있었다. 속내는 알 수 없으나 작가의 깊은 뜻이 담긴 자료라 여겨져 그 차이점을 정리해 보았다.

1942(9세), 고아원에 수용됨이란 말 앞에 "순경에게 붙들려"가 나옴.
1943(10세), 소녀의 이야기가 추가됨 – "고아원을 나가 함께 살자는 어느 소녀의 유혹을 뿌리치지 못하고 고아원을 탈출, 소녀와 유랑하다 어느 곡마단의 단장에게 발탁되어 곡마단원이 됨."
1944(11세) "부활의 명수가 됨"에 이어 "그리하여 단 한 번 부활했다는 예수의 능력을 대수롭지 않게 여기게 됨"이 나옴.
1945(12세) '민족대부활전문학교' 앞에 "해방이 되자, 조국광복의 노정에 흘린 선열들의 고귀한 피를 회생시킬 요량으로"가 나옴.
1950(17세) 범우문고 소설집에는 "6·25 민족상잔의 비극을 계기로 부활의 신기 상실."이라고 간략히 적었지만, 태극출판사 한국문학전집에는 "6·25 동란이 일어남. 동족상쟁의 처절한 비극을 보고 신령이 노했음인지 돌연 '부활의 신기'를 상실하다. 그 후부터 영육 공히 병들어 정신적으로 괴롭지

않은 날이 없고, 육체적으로 안 아픈 날이 없게 됨."이라 밝힘.

1959(26세) 〈굴뚝 밑의 유산〉으로 《자유문학》에 추천 완료되어 '소설곡마단'의 단원이 된 후부터, 뭔가 새로운 신기를 몸에 익히려고 밤낮없이 고심함.

태극출판사 《한국문학전집》에 실린 남정현 연보를 보면, 그는 10세 때 곡마단에서 배운 '부활의 신기' 대신에 26세에 소설곡마단에 들어가 새로운 부활의 신기를 익히려 한 것으로 나온다. 연보에 얽힌 사연을 더 깊이 파고들고 싶었으나 미궁인 채로 멈출 수밖에 없었다. 혹시 남정현 작가가 남긴 환상적인 연보의 단서가 그의 소설 속에 판타지의 방식으로 숨어 있을지도 모를 일이다. 특히 "부활의 신기가 그리워" 처음 썼다는 소설 〈경고구역〉 속에 비밀이 숨어 있지 않을까 하는 기대감도 생겼다.

네 번의
부활 사건

어릴 적 남정현은 죽었다 살아나기를 몇 번 반복했다. 스스로 부활한 건지 영험한 약발인지 어머니의 기도발인지는 모르겠으나 그가 거의 숨을 거두기 직전까지 갔다가 여러 차례 살아난 건 분명하다. 남정현은 2000년에 발간한 4인 에세이집 《아름다운 시간의 나무》에 실린 〈엄마, 아 우리 엄마〉에서 자신의 '부활 사건'에 관해 몇 차례 언급한다.

이 글에서 구순을 바라보는 어머니는 칠순이 다 된 아들 남정현의 잠든 얼굴을 들여다보며 눈물을 흘리곤 했다. 그 이유는 아들의 살아 있는 모습이 너무 신기하고, 고마워서다. 어머니는 아들에게 "네가 어디 살 사람이 산 줄 아냐. 그야말로 기적이지."라는 말을 자주 했다. 살아 있는 아들의 잠든 모습을 바라보노라면 "너를 지금까지 지켜주신 하나님을, 부처님을, 신령님을 생각하면 너무나 고마워서 잠이 천리만리로 달아난다."라는 것이었다. 작가의 어머니가 들려준 말에 따르면 그가 죽다 살아난 게 너덧 번이나 된다고 한다. 산문 〈엄마, 아 우리 엄마〉에 그 기적 같은 이야기가 상세히 나오는데 요약하여 옮겨 본다.

그중 한 건은 내가 두 살 때라던가. 다나카란 일본인 선생이 우리 집에 놀러 왔다가 나를 보곤 웬 아기가 이리도 이쁘냐면서 흡사 공깃돌 다루듯 나를 허공 위에 번쩍 던졌다간 한 번은 잘 받아내는가 싶더니 그자가 순간 정신이 나갔던가 두 번째는 그냥 꽝 하고 날 땅에 맥없이 놓치고 말더라는 것, 그때

내 몸이 거의 박살이 나다시피 한 것은 불문가지라. 그 후 입속마저 퉁퉁 부어서 거의 반년 이상이나 젖 한 모금 빨지 못했는데도 그게 무슨 놈의 조화속인지 내가 죽진 않더라는 것.

그리고 두 번째는 누나가 날 요람을 태워준답시고 날 요 위에 눕히고 친구와 함께 요를 힘차게 좌우로 흔들어대다간 아뿔싸 나를 그만 아주 멀찍하게 저 바람벽에다 휙 내던지고 말았다는 것, 앗 피. '피바다'란 말은 실은 그때부터 생겼다던가. 코와 입을 통해 분출하는 핏줄기가 순식간에 온 방 안에 차고 넘치더라는 것, 그 후 식음을 전폐하고 사십여 도의 고열 속에서 수개월이나 헤맸는데도 그래도 무슨 이유에선가 내가 죽진 않더라는 것.

세 번째는 내가 초등학교 삼 학년 때라던가, 왜놈들이 말하는 소위 그 대동아 전쟁에 필요하다면서 학교에서 따오라는 그놈의 광솔인가 뭔가를 따러 산에 들어갔다가, 그때 마침 누가 칡뿌리를 캐는 광경을 내가 목격하게 되었다는 것, 그리하여 나는 솟구치는 호기심만큼이나 목을 길게 빼고 바싹 곁에 가서 쭈그리고 앉아 그 칡뿌리 캐는 광경을 구경하게 되었는데, 아 그만 그 칡뿌리만을 보고 내리치던 누군가의 곡괭이에 내 뒤통수가 무참히 찍히고 말았다는 것.

모친의 말씀에 의하면 그때 나는 분명히 죽었다는 것이었다. 사람이 의식이 없어졌는데 그까짓 어쩌다 숨소리가 조금씩 들린다고 해서, 그걸 어떻게 산사람 취급을 했겠느냐는 것, 그렇게 절망적인 상황 속에서 하루가 지나고, 이틀, 사흘, 나흘이 지나도 아무런 희망적인 징후가 없자, 그 다섯째 되는 날부터 별수 없이 장례준비를 진행 중이었는데, 그런데 이 또한 무슨 놈의 조화 속인 지 그날 저녁 내가 아무런 예고도 없이 부스스 눈을 뜨더라는 것, 죽은 지 만 사흘 만에 눈을 뜨신 그리스도에 비하면 내가 분명 한 수 아래지만 그래도 닷새나 지난 후였긴 하지만 내가 용케 눈을 뜨긴 떴으니 이 또한 소위 그 기적의 반열에 들 수 있지 않겠느냐는 것.

그리고 네 번째의 위기는 내가 중학교 몇 학년 때라던가. 그동안 죽을 고비가 너무 많이 중첩된 탓인지 어느 날 갑자기 폐결핵, 장결핵, 임파결핵 등 수많은 결핵균이 일시에 나를 덮쳤다는 것, 그리하여 병균이 살은 다 발라 먹고 정말 뼈만 남은 가사상태에서 만 삼 년인가를 움직이지 못하고 누워만 지냈는데도 이 또한 어찌 된 영문인지 내가 죽진 않더라는 것.

남정현의 어머니는 이런 증언을 마친 뒤에 "항시 맨 마지막에 그런즉 너야말로 기적이 만들어낸 별난 녀석이란 말로 결론을 내리시곤 내 손목을 꼭 잡으신 채 몸을 바르르 떠시는 것"이었다. 그의 모친은 "정말 이 세상에선 별로 기대하기 어려운 소위 그 기적이란 이름의 별난 실체를 지금 자신이 직접 손으로 만져볼 수 있다는 사실 앞에 그저 감지덕지하시는 것" 같았다.

죽을 고비를 여러 차례 넘긴 남 작가가 허약한 몸으로 87세까지 살았으니 장수한 편이다. 골골 백 년이라던가. 그의 몸무게는 평생 39킬로 내외였고, 병을 달고 사는 허약체질이었다.[1]

이낙년 여사는 이런 아들의 "사십 킬로에도 미달하는 체중, 겨우 난쟁이 수준에 다다른 것 같은 신장 등" 그런 왜소한 체구를 보면서도 "너는 한창 자랄 나이에 죽음의 문턱에서 피투성이가 되어 염라대왕과 싸우느라 아무런 경황이 없었는즉, 네가 요만큼이나마 자란 것도 실은 다 하늘이 내린 은총이라 그저 고맙게만 생각하라면서 환한 미소를" 지으시곤 했다. 남정현의 존재 그 자체를 "하늘의 은총으로, 기적으로 받아들이시는" 모친은 항시 "기적을 좇는 신비한 시선으로" 아들을 바라보았다. 남정현은 죽음에서 부활한 예수처럼 기적 그 자체였다. 여기서 다시 한번 남정현 작가 스스로 정리한 연보를 들여다보자.

---

1 남정현 작가의 몸무게는 40kg 내외였다. 노년에는 40kg도 넘지 않았다고 한다. 그런데 1985년부터 서비스를 시작한 중앙일보(조인스) 인물정보에는 체중 43kg, 신장 163cm로 나온다. 생년월일은 1933년 12월 13일(양력)이고, 본관 의령(宜寧), 출생지는 충남 서산, 주량 맥주 1병, 혈액형은 O형이라고 소개했다.

1942년 동교(온양도고소학교) 3년 재학 시 자칭 신령이라는 노인의 꾐으로 가출, 유랑 걸식하다 한만韓滿 국경 근처에서 붙들려 고아원에 수용됨.
1943년 고아원 탈출, 유랑생활 중 곡마단 단장에게 발탁되어 곡마단 단원이 됨.
1944년 단원 중 저명한 마법사의 지도로 불에 타 완전히 죽었다가 다시 살아나는 신기神技를 몸에 익히게 되어 부활의 名手명수가 됨.

작가는 무슨 이유에서인지 열 살에서 열두 살까지의 약력을 이렇게 적어 넣었다. 그는 서너 차례 죽음의 문턱에서 다시 살아난 부활의 경험을 하늘의 이적이 아닌 세속적인 논리로 설명하기 위해 이런 가공의 이력을 만들어 넣은 것일까? 아니면 그가 이 시기에 실제로 이런 초자연적인 경험을 했던 걸까. 소년 정현이 충청도에서 병치레하면서도 동시에 이북에서 이런 일을 겪었다는 것은 상식적으론 불가능한 일이다. 간혹 '세상에 이런 일이'에 나오는 믿거나말거나식의 증언처럼 그가 유체이탈을 했거나, 아니면 홍길동식의 변신술을 썼을 때나 가능한 일이다. 어쩌면 병을 앓던 소년 정현이 환영을 봤거나 환상과 현실이 헛갈리는 생활을 했는지도 모르겠다.

출생과
유년 시절

교육자 집안에서 출생

어린 나이에 서너 차례 죽음의 문턱을 넘나들었던 남정현은 1933년 충남 서산군 정미면 매방리 288에서 부 남세원과 모 이낙년 사이에서 2남 2녀 중 장남으로 태어났다. 정미면은 1950년대에 서산군에서 당진군으로 통합됐다. 그래서 남 작가는 서산 사람, 당진 사람과 모두 동향이라 편할 때도 있다고 했다. 그의 부친은 당시 초등학교 교원으로 재직 중이었다. 남정현이 직접 쓴 《남정현문학전집》(3권)의 '생애 및 작품연보'를 보면 그의 집안은 당시로는 부유한 편에 속했다.

> 어린 시절 내 기억으로 선대에서 물려받은 논밭 때문이었는지 추수 때가 되면 아저씨들이 달구지에다 많은 쌀과 감, 밤, 대추 등을 잔뜩 싣고 오던 모습이 지금도 아련하게 남아 있다.

그가 《구술채록집》[2]에서 "난 늘 뭐 철 되면 귤도 먹고 바나나도 늘 먹고,

---

[2] 《2004년도 한국 근현대예술사 구술채록연구 시리즈 35, 남정현》(이하 《구술채록집》), 채록연구자 구자황, 기획 민족문학사연구소, 한국문화예술진흥원 2005년 발행, 2004년 11월부터 작가 면담을 했는데 1~4차는 서울 도봉구 쌍문동의 친구 권오영 씨 개인화

1960년 가족사진. 아버지 남세원 선생, 어머니 이낙년 여사. 윗줄은 여동생 정신과 남동생 정화. 남정현은 결핵 수술 치료 중이었는지 목에 반창고를 붙이고 있다.

그리고 애기 때 뭐 네 살, 다섯 살부터도 세발자전거 타고 다니고, 스케이트도 탔고, 늘 운동화도 깨끗한 거 신고 이렇게 다녔기 때문에"라고 밝힌 것을 보아도, 유년 시절의 생활 형편은 넉넉했음을 알 수 있다. 1970년대에도 바나나는 도시 사는 서민이 구경하기 힘든 과일이었다. 남정현의 출생, 가족사를 제법 소상하게 들여다볼 수 있는 자료는 〈한수영 남정현 대담 - 환멸의 역사를 넘어서〉(계간 《실천문학》, 2012년 가을)가 있는데, 여기서 남정현은 자신의 집안을 '교육자 집안'이라 표현했다.

실, 5차는 작가의 자택에서 진행했다.

제 아버님은 공주사범을 나와서 일제 때부터 계속 교육계에 종사하셨어요. 4·19 이후에는 교육감까지 지내셨고요. 중학교 교장도 하셨습니다. 제가 2남 2녀의 장남인데, 제 아래 남동생도 고등학교 교장을 오래 지냈고 또 제 여동생도 교사를 했고 (……) 말하자면 우리 집안은 교육자 집안이라고 할 수 있습니다. 나도 한국전쟁 이후 가까스로 대전사범대를 졸업했고요. 내가 그렇게 오래 결핵만 앓지 않고 소설도 안 썼더라면 아마 나 또한 교단에 섰을지도 모릅니다.

해방되고 처음 배운 한글

1933년생인 남정현은 일제 강점기에 소학교를 다니고 5학년 때 8·15 광복을 맞이했다. 그는 해방 전에는 한글을 읽지도 쓰지도 못했는데, 한수영 교수가 "그럼 한글은 해방되고 나서 처음 배우셨어요?"라고 물었을 때 "그렇지요. 한글은 해방 전에는 읽지도 쓰지도 못했었어요. 국민학교(초등학교) 들어가기 전에는 한자를 익혔고, 학교 들어가고 나서는 줄곧 일본어만 썼으니까 한글 배울 기회도, 시간도 없었지요."라고 답했다. 하지만 한글 배우는 데 힘들었던 기억은 없다고 말했다.

왜냐하면, 일단 집에서는 '조선어'로 말하고 듣고 했으니까, 한글을 읽고 쓰지는 못해도 한 언어로서의 '조선어'는 다 익힌 셈이었거든요. 그리고 우리 어머님이 옛날이야기를 참 많이 해 주셨어요. 그래서 난 《춘향전》, 《심청전》, 《흥부전》이니 하는 우리 고전을 어릴 때 읽지는 않았어도 그런 이야기를 하도 많이 들어서 그 내용만은 머릿속에 잘 기억하고 있었거든요.

그렇기는 해도 일본어나 일본식 교육의 영향은 참 컸다고 증언했는데, 한 가지 예를 들어 그때 외운 '쿄오이쿠 쵸쿠고(敎育勅語)'를 지금까지 한 글자도 안 빼고 다 외운다고 했다.

오오무라 마스오(大村益夫)라고, 와세다대학에서 우리 문학 가르치는 양반이 있는데, 그이가 나하고 퍽 가까이 지냈거든요. 그 양반하고 나하고 동갑이에요. 만나서 얘길 나눠보니 국민학교 시절 배운 내용이 나와 아주 똑같더군요. 내가 '교육칙어'를 아직도 외울 수 있다고 했더니 그가 믿지를 않더군요. 자기도 부분 부분은 기억이 나지만 전문은 외지 못한다고요. 그래 내가 전문을 그 앞에서 줄줄 외웠더니 아주 감탄을 해요.

남정현은 이는 기억력이 좋다, 나쁘다의 문제가 아니라 "당시 조선사람을 일본 사람으로 만들기 위해 일본의 식민지 교육정책이 그 얼마나 혹독했던가를 입증하는 증거가 아니겠느냐."라고 말했다. 오오무라 마스오 교수(1933~2023)는 1985년 중국 용정 변두리 동산교회 묘지에서 윤동주 시비를 최초로 발견한 사람이다.

부모님과
                                            소설 속의 어머니, 아버지

4·19 직후 직선제 교육감 지낸 부친

　남정현의 부친 남세원 선생은 1902년 8월 5일 경기도 연백군 괘방면 생금리(번지 미상)에서 출생했다.[3] 제적등본을 보면 본적지는 충남 서산시 동문동 788번지 1(전 서산읍 동문리)로 나오는데, 출생지는 연백군으로 적혀 있었다. 부친 남세원의 본명은 남춘영이었으나, 결혼 후 세원으로 개명했다. 연백군에 살던 남정현의 할아버지가 형편이 어려워서 서산으로 이주했다고 한다. 남정현의 출생지는 충남 서산군(현 당진군) 정미면 매방리다.
　남동생 정화는 1937년 아산군 인주면 신성리에서, 여동생 정신은 1947년 정미면 배방리 283번에서 태어났다. 아버지 남세원 선생이 학교를 옮길 때마다 관사로 이사를 하는 바람에 삼남매의 출생지가 다 달랐다.
　아버지에 관한 내용이 많이 담긴 자료로 《구술채록집》이 있다. "전형적인 교육자"였던 부친은 돈 버는 일엔 관심이 없었다. 어머님이 "돼지 새끼 싼 거 사 가지고 얼마를 더 받은 거밖에 없다."라는 말을 여러 차례 들려줬다고 한다. 아들에게 자상했지만 교육자답게 엄한 면도 있었다. 교장 관사에서 지낼 때 걸인이 많이 찾아왔는데 한 손으로 갖다 주는 걸 보면 마구 혼내

---

[3] 괘방면(掛方面)은 1945년에 경기도 연백군으로 편입, 1950년에 황해도로 이관.

셨다고 한다.

부친은 한학에 조예가 깊어서 사범학교 들어가서 교사가 되기 전에는 한문 선생을 하기도 했다. 3·1운동 때 집안의 사촌 형님(남주원)이 검거되자 한문 선생을 하던 남세원 씨는 황해도로 피난 가서 1~2년을 지내다 왔다고 한다. 부친은 해방 전부터 국민학교 교사로 일했고, 8·15 후에는 교장으로 일했다. 남정현이 졸업한 정미초등학교를 방문했을 때 교무실에서 2층으로 올라가는 계단의 벽에는 역대 정미초등학교 교장의 사진이 걸려 있었다. 남세원 교장의 사진 밑에는 재임 기간이 1946년 8월 30일에서 47년 9월 10일이라고 쓰여 있었다. 계속 교단을 지키던 부친은 6·25 전쟁을 서산(당진)에서 맞이했고, 피난을 가지 않았다.

"거기까지는(당진) 인민군이 안 왔었어요. 인민군 본 사람들 별로 없을 거예요. 그냥 좌익들이 접수했겠지요. 그래도 그 사람들도 아버님 못 다쳤다고. 존경받는 분이니까. 그리고 인천상륙작전 돼 가지고 이제 또 수복이 되니까, 다시 교장 선생님, 아! 그때는 이제 학무과장이 되셨어. 4·19 직후에 모다 이제 민주화된다 해 가지고 교육감도 투표했어요. 서산군에서 투표를 해 가지고 교육감이 되셨어. 그래서 서산 읍내에 교육감 관사로 들어간 거예요." 《구술채록집》

남정현 소설에 나오는 아버지는 무기력하거나 사악한 인물형이다. 특히 '허허선생' 연작소설에서 주인공의 아버지 허허선생은 친일, 친미매국노이자 도깨비, 짐승 같은 인물로 나온다. 그런데 남정현이 기억하는 아버지는 "그렇게 자상하게 얘긴 안 하셨지만 나에 대한 애정이 대단하셨던" 분이었다. 부친은 아들에게 "먹고 싶은 거 언제든지 먹고 외상으로 해라, 친구들 점심 사주고 싶으면 사주고, 그럼 내가 다 갚아줄 테니까"라고 말했고, 실재로 그렇게 했다고 한다. 아마도 몇 번을 죽다 살아난 아들이라 더 애지중지

했는지도 모른다.

"더도 말고 덜도 말고 이 에미만큼만 살다가오"

어머니 이낙년 여사는 1907년 충남 서산시 예천동에서 태어났고, 87세 되던 해인 1994년 7월 23일 사망했다. 부모님의 묘소는 서산시에 있는 천주교공원묘지이다. 이낙년 여사는 평생 집안 살림을 하며 지내셨다. 일제 치하에서 다들 곤궁하게 지낼 때지만 어머니는 생활에 큰 어려움을 모른 채 살았다고 한다. 일제강점기나 해방 후에 옆집 아줌마가 아기에게 젖을 주는데 파란 물이 나온 걸 보고 놀란 어머니가 수십 년 지난 뒤에야 그 이유를 알았다는 증언도 그 한 예라 할 수 있다.

"충격을 받았다는 거야. 어째서 젖에서 파란 물이 (……) 그래서 무슨 큰 환 잔 줄 알았다는 거야. 그 후 딱 깨달으신 거야. 아! 초근목피만 먹어 가지고 엄마들이 젖까지 파란 물이 나왔다는 것을."

크게 부유한 집안은 아니었어도 끼니를 걸러본 적이 없기에 어머니는 일반 농민이나 서민들이 춘궁기가 되면 밥도 못 먹고 산나물만 먹고 지낸다는 걸 뒤늦게야 알게 된 것이다. 남정현 작가의 산문 '엄마 아 우리엄마'에 어머니에 관한 단상을 적었는데, 일 년에 서너 번 고향집을 찾아가면 어머니는 아들을 바라보다가 눈물을 흘리곤 했다고 한다. 바라만 봐도 경이롭고 행복하고 신기해서 눈물을 흘린다는 것이다. 그 이유에 대해 어머니는 수차례, 어쩌면 수십 차례 이렇게 말했다.

"네가 어디 살 사람이 산 줄 아냐. 그야말로 기적이지."

모친의 증언에 의하면 정현은 갓난아이 때부터 목숨과 관련한 사건이 줄을 이었고, 죽음 직전까지 간 결정적 사고만 해도 너덧 번에 이른다고 했다.

그런 아들이 어머니가 돌아가시기 직전, 반년 만에 서산 고향집을 찾아갔을 때 모자간의 정을 나눈 이야기도 나온다. 늘 그렇듯이 아들을 "항시 기적을 좇는 신비한 시선으로" 바라보던 어머니는 이미 환갑을 막 넘긴 남정현 작가가 잠자리에 들었는데도 옆에서 손목을 꼭 잡은 채 앉아 있었다. 어느 틈엔가 잠이 든 남정현 선생이 문득 눈을 떴을 때 여전히 앉은 자세로 "무슨 핵심적인 보물이라도 되는 양 무아지경이 된 눈빛으로" 내려다보는 모친을 보고 깜짝 놀랐다. 새벽 세 시였다. 얼른 주무시라고 간청했지만 모친은 "너를 지금까지 지켜주신 하나님을, 부처님을, 신령님을 생각하면 너무나 고마워 잠이 천리만리로 달아난다."며 막무가내로 옆을 떠나지 않았다. 평소 아들이 살아 있는 것 하나만으로도 충분했던 어머니는 이날은 정현에게 부탁이 하나 있다고 말했다. 어머니는 아흔이 다 된 에미보다 더 야위었다며 손목을 잡은 채 정현의 손등에 눈물 한 방울을 흘리셨다.

"애야, 너 더도 말고 덜도 말고 이 에미만큼만 살아다오. 응."

이 장면을 보면 이낙년 여사가 병약한 아들을 어찌 생각하며 살았는지 알 수 있다. 우연인지, 남정현은 딱 어머니만큼 살다 87세에 세상을 떠났다.

소설 속의 어머니와 아버지

남정현은 어머니에 대한 애틋한 정을 느꼈고 이를 글로 표현했다. 소설 〈분지〉의 어머니는 고난받는 민족의 상징으로 묘사된다. 소설 속 아버지는 대부분 현실에서 패배한 무기력한 가장으로 나온다. 연작 '허허선생'에선 악질 친일파인 아버지 허허선생과 아들이 대립적인 인물로 등장한다. 어머니가 주요 등장인물인 경우는 〈사회봉〉과 〈분지〉다. 〈사회봉〉의 어머니는 식구를 먹여 살리는 역할을 도맡아 하는 헌신적인 인물이고, 〈분지〉의 어머니는 외세에 짓밟힌 조국을 상징하는 인물로 나온다.

황도경은 〈역설의 미학, 풍자의 언어: '분지'론〉(2001)에서 〈분지〉는 그 내용에서뿐 아니라 형식에서도 특이점이 있음에 주목하는데, "죽은 어머니를 대상으로 한 독백 형식으로 진행되는" 작품이라 했다. 황도경은 "이처럼 죽은 어머니를 상대로 한 독백으로 이야기를 진행시키는 이유는 무엇이며, 죽었다는 어머니를 마치 살아 있는 사람인 듯 묘사하고 있는 이유는 또 무엇일까"라는 물음을 던진다.

결론부터 말하자면 죽은 어머니와의 대화라는 아이러니한 상황은 그 설정 자체가 삶과 죽음, 육체와 영혼의 경계를 허물고 진정한 생명의 힘을 확인하고자 하는 의도를 담고 있는 것으로 보여진다. 이 작품에서 어머니는 단순히 고백의 대상으로 설정된 추상체로서가 아니라 몸을 떨고, 말을 하고, 눈과 귀를 사용하고, 호통을 치는 구체적이고 실제적인 존재로 등장한다.

황도경은 〈역설의 미학, 풍자의 언어 : '분지'론〉에서 "〈분지〉는 그 형식에 있어서 〈부주전상서〉와 유사한 면모를 보여준다."라고 쓰기도 했다. 두 작품은 "각각 죽은 아버지와 어머니를 상대로 한 독백 형식으로 되어 있다는 점에서 유사성을 보이고 있다."는 것이다. 황도경은 "남정현 문학에서 아버지와 어머니가 갖는 의미가 무엇인지" 주목한다. 〈분지〉에서 어머니는 "주인공이 스스로 외면했던 그래서 부끄러움과 죄의식으로 떠올릴 수밖에 없는 조국의 다른 이름"이다. 이상갑은 〈비인간의 형상, 그 역설의 의미〉(《남정현문학전집》 3권)에서 아버지는 '왜곡된 상'으로 나온다고 썼다.

제주도에서 어머니 이낙년 여사와 함께. 어머니는 병약한 아들 정현에게 "얘야, 너 더도 말고 덜도 말고 이 에미만큼만 살아다오."라는 말을 남겼는데, 남정현 작가는 딱 그만큼만 살다 87세에 세상을 떴다.

남정현 소설에서 왜곡된 아버지상은 자주 나타난다. 전직고관으로 나오는 〈현장〉의 동문선생과 "관직은 치부의 바탕이며 치부는 곧 출세"라는 인생관을 가지고 있는 〈부주전상서〉의 아버지 등이 그러하다. '허허선생' 연작은 이러한 왜곡된 아버지 상의 극한을 보여주고 있다.

〈부주전상서〉의 아버지가 '관직은 치부의 바탕'이라는 왜곡된 인생관을 갖게 된 원인은 사회의 부조리 탓이었다. 용달의 아버지는 "평생을 두고 이가 갈리도록 권력과 금력의 마물에 걸리어 학대만 받아온" 원한에 사무쳐 있는 돈 없는 돈 긁어 모아 아들을 서울로 유학 보낸 인물이다. 그리고 〈현장〉의 이춘궁 철학박사와 〈사회봉〉의 동문선생은 친일파 허허선생과는 전혀 다른 캐릭터이다. 〈현장〉의 이춘궁 박사는 군인들에 의해 "이 땅에 자유와 민주와 통일을 가져오기 위해 노력했다는 그 단 한 가지 이유로 해서" 반역자 낙인이 찍혔다고 하소연한다. 아마도 4·19 혁명 직후 전직고관(前職高官)을 하다가 "매사를 총대로 해결하려는" 군인들에게 쫓겨난 모양이다. 〈사회봉〉의 동문선생도 "민중의 선두에 서서 열렬히 조국 통일을 부르짖던" 통일당원이었고, 5·16 군사쿠데타 이후 형무소 생활을 하게 된 인물이다. 이춘궁 박사와 동문선생은 군인에게 짓밟혀 무기력하게 된 아버지를 상징한다.

남세원 선생은 1975년에 작고한다. 병약한 장남 남정현이 1974년 봄 남산 중앙정보부에 끌려가서 몇 달 동안 시달리는 동안 바깥에서 마음고생도 심하게 했을 것이다.4

---

4 소설가는 자신의 경험에 바탕을 두고 상상력을 가미해 작품을 쓴다. 그런데 남정현 작가의 소설에는 대부분 비정상적인 가족 관계 알레고리가 나오는데 이는 본인의 평범한 가족 분위기와는 너무 다르다. 어떻게 이런 기이한 가족 관계를 묘사했는지 의아할 정도다. 장영우는 남정현 소설처럼 "사회를 구성하는 가장 기본적인 단위인 가족관계를 통째로 부정하고 왜곡시킨 예를 우리 문학에서 달리 찾을 수 있을지조차 의문스럽다."라고 평했다.
"남정현의 소설에서는 우리가 일상 생활에서 흔히 만날 수 있는 화목한 부자, 우애 깊은 형제, 다정한 부부를 거의 찾기 힘든데, 그들에게는 가족 관계를 근본적으로 가능하게 하는 상호 신뢰와 존경심 같은 것이 아예 증발한 것처럼 보인다." (장영우, 〈통곡의 현실 고소(苦笑)의 미학 – 남정현론〉)

'정현'(廷賢) 이름 지어준
아산아저씨

도고의 산과 저수지, 신작로와 철길

돌아보면 내가 네댓살 되던 해부터 여남은 살에 이르기까지 그 철부지 어린 시절을 보낸 도고온천이야말로 내 생애에서 가장 잊을 수 없는 곳이기도 하다.

남정현은 수필 〈거대한 암반 밑에서〉에서 충청도 도고온천에 관한 각별한 애정을 드러냈다. 그 이유는 독립운동을 한 집안 어른 '아산아저씨'(남주원, 아버지의 사촌형)를 처음 본 곳이기도 하지만 그것 말고도 여러 이유가 있다. 남정현에게 그곳 도고온천은 "내가 인생의 첫출발이랄 수 있는 초등학교에 입학한 곳이기도 하고 또한 일제가 어이없게 세계대전을 일으킨 것도 내가 그곳 초등학교에 다닐 때의 일이며, 그리고 내가 처음 스케이트를 타본 곳도, 처음 수영을 해본 곳도, 처음 자동차며 기차를 타본 곳"이었다. 그는 산문 〈거대한 암반 밑에서〉에 도고온천에 살 때의 기억을 소상히 적었다.

하여튼 도고산과 도고저수지를 주축으로 한 도고온천 주변의 그 아름다운 산과 들, 그리고 그 좁은 논두렁길이며 밭두렁 길, 그곳에서 자라나는 온갖

꽃과 풀과 나무 열매들, 뿐더러 온양온천으로 통하는 그 널따란 신작로와 그 꿈길같이 번쩍거리던 철길. 이 모든 것들은 하나같이 다 어린 시절의 내 몸과 마음을 들뜨게 한 아기자기한 영양소들이리라.

남정현은 이어서 "나는 요즘도 어쩌다 도고온천이 생각나면 창문을 열어 젖히고 까치발을 든 채 저 멀리 남서쪽을 멍하니 바라보며 그리움에 젖는다."라고 적었다. 《구술채록집》에서도 남정현은 "도고에 대한 기억이 아주 좋아요."라고 증언했다.

"그때만 해도 이제 온천이니까 전국각지에서 많이 와요. 물이 좋다는 소문이 나가지고. 학교에서 한 2~300미터 가면 큰 저수지가 있거든요. 그 저수지에서 스케이트도 타고. 아버님이 생활이 좀 괜찮았으니까."

남정현은 도고산을 "우리말로 감밭이라고도 불렀는데, 감이 많이 나서 아름다웠다. 집집마다 가을이 되면 감이 열렸고, 그때 관사에 있었는데, 관사 안에도 감나무가 있었던 거 같아요."라고 말했다. 필자의 본적지도 아산군 신창면이라 이 지역 이름이 익숙했다. 자료를 찾아보니 도고가 조선 시대에는 신창군에 속했는데, 일제 강점기인 1914년 도고면으로 변경하면서 아산군에 포함됐다고 한다.

도고면 지명은 남쪽에 솟은 도고산(482m)에서 비롯되었는데, '도고(道高)'는 도덕이 높다는 뜻이거나, 수행자의 도가 높다는 불교적 명칭으로 볼 수 있다. 필자는 '도고'의 한자가 '道高'라는 것을 확인했을 때 '개결'이라는 말이 떠올랐다. 개결(介潔)은 성품이 깨끗하고 굳음이라는 뜻이다. 흔히 쓰지 않는 이 생소한 말을 알게 된 것은 김정환 시인이 《시네 21》(2002)에 실은 '개결과 풍자'라는 제목의 《남정현문학전집》 서평을 통해서다.5 김정환 시인이 사용한 '개결'이라는 단어는 '도고'와 일맥상통하는 말이 아닐까 싶다.

도고저수지는 농업용 인공 저수지인데, 제방 길이가 288미터이다. 기록에 따르면 도고수리조합이 신정건설에 공사를 의뢰하여 1928년 1월 1일에 착공, 1929년 11월 30일에 준공했다고 한다. 이처럼 남정현 작가의 어릴 적 아련한 추억이 담긴 도고온천의 철길과 도고저수지 주변을 아들 남돈희 씨와 탐방했다.

소년 정현은 지금의 도고온천역이 아닌 옛날 도고온천역 주변의 철로 길에서 동무들과 어울려 놀았을 터이다. 도고온천 옛 철도역을 내비게이션에서 찾으려니 알 길이 없었다. 도고면 시내의 편의점에 들어가 길을 물었더니, '아산레일바이크'라고 입력하면 갈 수 있다고 알려주었다.

아산레일바이크 앞에 도착해보니 개점휴업 중이었다. 강원도 어느 군에선가 폐쇄된 선로를 활용해 레일바이크로 개장한 것이 인기를 끈 뒤 여기저기 우후죽순처럼 생겨나더니 이곳 도고온천역도 레일바이크 영업을 시작했다가 찾는 이가 적어 휴업 상태인 모양이다. 역 앞에는 '이어령 어린이도서관'이라는 간판을 단 간이 건물도 보였는데, 이 역시 문을 닫은 상태였다. 이어령 선생은 1934년 1월 15일 충청남도 아산군 온양면 좌부리(현 아산시 좌부동)에서 태어났는데, 남정현 작가가 1933년 12월 13일생이니 한 달 차이밖에 나지 않았다. 그리고 이어령은 남정현이 세상을 뜬 지 14개월 뒤인 2022년 2월 26일 작고했다.

남정현, 이어령 두 사람은 '분지 사건'으로 각별한 사이가 되었다. 남정현은 산문 '분지 사건과 이어령의 용언술(用言術)'에서 함정, 낭떠러지, 올가미에 걸려 "어디 솟아날 구멍이 없어 보였"는데, 1967년 2월 8일 법정에 이어령이 피고인 측 증인으로 출두하면서 이변이 일어났다고 썼다.

---

5 내가 알기로 한국 현대소설가 중 성품이 남정현만큼 개결한 사람은 없다. 동시에 소설 작품이 그리 끈질기고 지독한 풍자로 투철하고 일관된 경우도 없다. 개결의 극단이 풍자의 극단을 낳는(혹은 극단에 달하는) 한국문학사상 희귀한 광경을 가능케(혹은 불가피하게) 한 것은 해방에서 전쟁과 분단으로 이어진 '오랜 비극'이고 4·19 민주혁명이 5·16 군사쿠데타로 실종되는 일순의 낭떠러지다. (김정환 시인)

다시 말하면 이어령 증인의 증언으로 말미암아 비로소 법정이 문학재판을 하는 장(場)으로서의 품격을 갖추게 되고, 그럼으로써 피고에게 일방적으로 불리하게만 진행되던 재판의 판세가 역전되는 현상이 벌어졌다는 얘기인 것이다.

'반미는 곧 용공'이던 시대에 반미가 주된 쟁점이던 '분지' 재판의 증인으로 명성 높던 이어령이 출두한 것 자체에 작가는 '백만원군'을 얻은 거나 다름없었다고 회상했다.

아산아저씨가 지어준 이름, 조정 정(廷) 어질 현(賢)

남정현의 글 〈거대한 암반 밑에서〉에는 아산아저씨와 철길에서 나눈 대화가 실려 있다. 소년 남정현에게 지대한 영향을 끼친 인물을 딱 한 명 꼽으라면 바로 이 아산아저씨(남주원)가 아닐까 싶다. 아산아저씨는 1919년 고향 당진에서 만세운동을 주도하다 투옥됐던 독립운동가였다. 아산아저씨는 고향이 충남 홍성인 김좌진 장군, 만해 한용운 등의 여러 독립운동가와 가까이 지냈다 한다.

"아저씨 들리죠? 웅우웅 하고 기차 오는 소리 들리죠?"
그러자 아저씨는 환한 미소를 지으시며,
"그래 들린다. 아주 잘 들린다."면서 나의 볼을 쓰다듬어주셨다.
"그럼, 아저씨. 객차가 오는 소린가요, 화차가 오는 소린가요?"
"이놈아 객차 소리도 아니고 화차 소리도 아니다. 웅웅웅 하고 아니, 만세 만세 하고 진짜 세상이 오는 소리가 들린다. 너 그런 소리 들어봤니?"

소년 정현은 그때는 아저씨의 이 말이 "무슨 소린지 몰라 어리둥절할 수밖에 없었다."라고 회상했다. 아산아저씨는 남정현의 이름을 지어준 분이기도 했다. 〈거대한 암반 밑에서〉에는 그런 내용이 실려 있다. 남정현은 아버지의 손에 이끌려 아산에 계신 아산아저씨 댁을 찾아갔다. 이때 아버님이 시키는 대로 경황없이 큰절을 올리고 나자 아산아저씨가 이렇게 말했다고 한다.

"네가 정현이냐, 참 많이 컸구나. 금년에는 학교에 들어간다구? 참 장하다. 조정 정(廷) 어질 현(賢), 네 이름은 내가 지어줬다. 조정이 어질어야 나라가 잘된다는 뜻이지. 이제 나라는 너희들 손에 달렸다."

그 후 어느 정도 철이 들고 고향 어른들에게 아산아저씨의 머릿속엔 "오직 '대한독립' 그것만이 들어 있는 사람 같았다는 증언을 듣고 나서", 문득 어린 시절 철길에서의 아저씨 말씀을 떠올리곤 "예의 그 '진짜 세상'이란 바로 '대한독립'을 뜻했구나 하고 깊은 감회에" 잠겼다.

남 작가는 그 후 60여 년이란 세월이 흐르도록 "현실이란 이름의 레일에 귀를 바짝 갖다 대고 혹시 웅웅웅 하고, 아니 만세 만세 하고 그 진짜 세상이 달려오는 소리가 들리는가 해서 오늘도 이렇게 잔뜩 귀를 곤두세우곤" 했지만, 들리는 소리라곤 신구 도깨비 소리라고 탄식했다. 그래도 남정현 소년이 귀 기울이며 장난쳤던, 아저씨가 '진짜세상' 소리 들린다고 했던 그 철길은 북으로 올라가면, 평양, 신의주, 만주, 시베리아로 뻗어 나가던 철로였다. 식민지였으나 꽉 막힌 분단의 땅은 아니었다.

박정희 도고별장

도고온천 지구에서 남돈희 씨와 1박을 했다. 숙소 바로 앞에 도고별장 스파피아라는 온천이 있었는데, 그 건물엔 '박 대통령 별장'이라는 거대한 홍

〈당진뉴스〉(1996년 8월 15일)에 아산아저씨 남주원의 독립운동 관련 기사와 사진이 실렸다.

보 입간판이 서 있었다. 1977년에 지어진 이 별장은 1979년 10월 박정희 대통령이 김재규에게 피살되기 전 삽교천 방조제 현장에 갔다가 마지막으로 들른 장소로 알려져 있다. 도고별장 스파피아는 박정희 별장을 1998년에 인수, 2003년에 개장했다고 한다. 스파피아에는 박정희 유물 전시관이 있는데 대통령 침실, 경호원 침실, 핀란드식 사우나 등이 원형대로 보존되어 있다. 남정현 작가 어린 시절의 추억이 고스란히 담겨있고, 그리움의 고장인 도고온천에서 독재자 '박정희' 이름을 크게 새긴 간판을 마주하는 현실은 역사의 아이러니였다. 그가 허허선생의 뒤를 이어 말년에 쓰려 한 소설의 제목은 '반박선생'이었다. 반박정희를 뜻하는 제목의 이 소설은 주인공이 남산 중앙정보부로 끌려가는 장면으로 시작한다.

복잡한 학력과
짧았던 직장 생활

부친 따라 다섯 군데 초등학교 옮겨 다녀

1940년, 소화 8년에, 시험 봐서 초등학교를 들어갔다구. 한 동리에서 초등학교 다니는 애들도 많지 않았어요. 2학년 때 소위 그 일제에서 얘기하는 대동아전쟁, 그 2차 세계대전이 일어난 거죠. 구구단도 우리말로는 나 잘 못해요. 일본말로 구구단 외지.

《구술채록집》에서 남정현이 밝힌 내용이다. 작가의 학력은 초, 중(고), 대 모두 들쑥날쑥해서 정리하기 어려울 정도였다. 초등학교만 해도 그렇다. 교사, 교장선생으로 일한 아버지를 따라 초등학교를 여러 군데 옮겨 다녔다. 1940년에 충남 아산군 내 도고온천초등학교에 입학했고, 3학년 때 부친의 전근으로 서산초등학교로 전학했다. 1945년 5학년 때 해방이 되면서 팔봉초등학교, 지곡초등학교를 거쳐 졸업은 아버지가 교장으로 있던 정미초등학교에서 했다. 정미국민학교가 있던 정미면은 남정현의 출생지이기도 했다. 이렇게 다섯 군데 학교를 옮겨 다닌 데다, 병으로 결석하는 날이 많아서 초등학교 친구들 얼굴을 기억하지 못한다고 했다.

초등학교를 많이 왔다갔다 해서, 조금씩 조금씩 다녀서 친구들 얼굴로 모르

죠. 어릴 때 기억은 아픈 기억, 그것밖에 없어요. 초등학교 6학년을 거의 학교를 못 다니다시피 아프고 앓았어요. 초등학교 6학년이 되면서 아주 인사불성, 거의 뭐 의식 없이 앓은 거예요. 의사도 뭐 왕진도 많이 다니고. 그래서 늘 이웃 사람들이 우리 집에서 곡소리가 안 나오나 늘 봤다는 거야. 언제 죽을지 모르니까. 그러니까 졸업사진을 찍지도 못하고, 졸업식에 나가지도 못하고 …….

남정현은 병치레하느라 학교를 제대로 나가지 못했는데도 공부는 뒤처지지 않았다. 남정현 선생이 직접 《남정현문학전집》(3권)에 쓴 '생애 및 작품연보'에는 "내가 일 등으로 졸업했다고 모친께서 기뻐하시던 모습이 지금도 눈에 선하다."라는 글이 나온다.

필자는 남돈희 씨와 함께 2024년 봄, 남정현 작가가 1940년에 입학했던 도고소학교(도고온천초등학교)를 찾아갔다. 혹시 남정현 소년의 흔적이 남아 있지 않은지 확인하기 위해서였다. 본관 입구의 벽에는 학교 연혁을 소개한 그림판이 있었는데, 1930년 12월 17일 개교한 것으로 나와 있었다.

행정실에 가족관계증명서를 제출하면서 1940년에 입학한 남정현 학생에 관해 물어보았다. 이때만 해도 필자는 입학과 졸업을 이 학교에서 한 것으로 잘못 알고 있었다. 행정실 직원은 학생들의 입학 사실은 확인할 수 없고 졸업 기록만 남아 있다고 했다. 그런데 도고초등학교의 1946년 졸업생 명단엔 남정현 이름 석 자를 찾을 수 없었다. 교장으로 일한 아버지가 전근하면서 그 학교로 전학을 갔기 때문이었다.

수소문한 뒤에 남정현 학생이 졸업한 정미초등학교를 찾아갔다. 아버지 남세원 선생은 1946년 8월 30일부터 서산 정미초등학교에서 근무했다. 이 학교는 도고온천초등학교에서 승용차로 40분 거리에 있었다. 교정에는 '교훈 올바르고, 슬기롭고, 건강하게'라는 돌비석이 '正直(정직) 智慧(지혜) 健康(건강)'이라는 한자와 함께 적혀 있었다. 교정 한복판엔 이승복의 동상이

서 있었다. 초등학교의 기념조형물이라곤 예나 지금이나 온통 이승복, 이순신 장군, 책 읽는 소녀상이 대부분이었다. 저리도 획일적인 조형물 일색인 대한민국의 초등학교에서 공부한 학생들이 자라서 K 문화를 선도해 나간 게 신기한 일이다.

교무실에서 일하던 남자 선생이 나와서 낯선 방문객의 신원을 확인했다. 초등학교 학부모라 하기엔 나이가 든 이들이 교정을 기웃거리는 게 수상해 보였나 보다. 남돈희 씨가 그에게 할아버지가 교장으로 일한 곳이라면서 사실 확인을 할 수 있는지 물어보았다. 그러자 그 선생은 2층 교실로 올라가는 계단으로 안내하더니 벽에 전시된 사진을 보여주었다. 놀랍게도 그곳엔 돈희 씨의 조부, 남정현 작가의 아버님 사진이 붙어 있었다. "46. 8. 30 ~ 47. 9. 10. 제11대 남세원 교장(정미초등학교)"이라는 설명과 함께. '역대 교장' 사진을 붙여 놓은 게시판에는 해방 이후 61명의 교장선생님 사진이 보였다. 해방 전에는 일본인이 교장이어서 게시판에서 뺐다고 한다.

소년 남정현이 초등학교를 졸업할 때 담임선생님은 서울 진학을 권했지만 "부친께서 너같이 병약한 몸으로 객지 생활이 될 법이나 한 소리냐면서 극구 말리시는 바람에 단념하였다."라고 한다. 그래서 1947년, 집에서 가까운 서산농림학교에 진학하였다. 그는 자신의 '연보'에 초등학교 시절을 떠올리면 "늘 앓는 날이 많아 다달이 한 일주일 정도는 결석하지 않았나 생각된다."라고 쓰기도 했다.

결핵 앓느라 중학교도 다니는 둥 마는 둥

졸업식에 나가지도 못한 채 국민학교를 졸업한 남정현에게 담임선생은 서울로 진학하기를 권했으나 아버지가 극구 반대해서 집에서 가까운 곳에 있던 서산농림학교로 진학했다. 일제 강점기부터 있던 서산농림학교는 중학교 과정인데 지금과 달리 5년제였다. 남정현은 중학교에 "일 등으로 합격

2013년 6월 충남 서산중앙고 교정에 세워진 남정현 문학비 앞에서. 아래는 "민족자주를 열망한 '분지'의 작가 남정현문학비"에 새겨진 작가 약력.
1933년 서산에서 태어나 서농에서 사람이 되는 법을 배웠으며,
1958년부터 '경고구역'과 '굴뚝 밑의 유산' 등 소설을 발표하기 시작했고,
1961년에 소설 '너는 뭐냐'로 제6회 동인문학상을 받았으며,
1965년엔 소설 '분지'가 반공법에 저촉되었다 하여
1967년에 서울고등법원에서 선고유예 판결을 받았다.
1974년엔 긴급조치에 저촉되었다 하여 반년간 옥살이를 하였다.
2002년엔 남정현 문학전집으로 제12회 민족예술상을 수상하였다.
중요한 작품으로는 '너는 뭐냐', '분지', '허허선생 옷 벗을라'와 남정현 대표소설집 등이 있다.

했다며 동네방네 떠들고 다니던 누님의 환한 모습이 떠오른다."라고 회상했다. 중학교에 올라가서 1년 정도 다니다 말다 하다가 큰 병, 결핵에 걸렸다. 그냥 시름시름 앓았다. 그때는 결핵이 무서운 병이고 죽는 병이었다. 남정현은 학교는커녕 집에서 시름시름 앓았고 의사가 왕진 다니며 치료했다.

결핵이 좀 나은 뒤 당진중학교 2학년으로 편입했다. 서산농림학교 동기

들은 3학년에 올라갈 때였다. 당진중학교 가서도 여전히 아팠고 결석을 많이 했지만 아픈 학생이라고 많이 봐주었다고 한다.

서산농림학교에 입학을 해서 1년 정도 다니다 말고 졸업은 다른 학교에서 했는데, 남정현의 문학비가 세워진 곳은 서산농림학교 교정이 유일하다. 남돈희 씨와 함께 서산 정미초등학교를 방문한 뒤 서산중앙고등학교(전 농업학교)도 찾아갔다. 서산중앙고 동문이 세운 남정현의 문학비가 번듯하니 서 있었다. 비 앞면에는 "민족자주를 열망한 '분지'의 작가 남정현문학비"라는 비명과 함께 "무릇 글이란 약육강식에 기초한 시장원리가 아닌 사람이 곧 하늘이라는 인간 원리에 충실해야 한다 -남정현 수필 중의 한 구절"이라고 적혀 있었고, 뒷면에는 아홉 줄의 '약력'이 새겨져 있었다. '반공법과 긴급조치에 저촉' 된 소설가의 문학비를 교정에 세운 학교의 동문들이 남달라 보였다.

피아노와 대전사범학교(현 공주교대)

남정현이 중학교 4학년 때쯤 학제가 중학교 3년, 고등학교 3년의 3·3제로 바뀌었다. 고등학교 3학년이 되어야 대학입시를 볼 수 있는데, 그는 2학년 때 볼 수 있게 된 것이다. 그런데 친구들은 대학교 시험을 보러 다닐 때 그는 임파결핵이 생겨서 병원을 전전했다. 그때 수술한 흉터가 여러 곳에 남아 있었다.

"대학 지원 갈라고 수험준비를 하는데 그때 이제 폐결핵이 낫는데, 임파결핵이 생긴 거에요. 근데 그건 이제 죽는 병이라고. 그걸 보고 우리말로 연주창이라고 그랬어요. 이게 하나 터지면 또 터지고, 또 터지고 해서 목이 달아나는 병이라고. 그때 뭐 목이 막 이렇게 붓고 뭐 인제 딴 데 정신 쓸 새가 없는 거지요. 시험이고 뭐고 그냥."

서산에 있는 병원 몇 군데 다녀도 낫지를 않자, 아버지는 남정현을 서울 병원으로 보냈다. 결핵에 걸려 학업을 완전히 중단한 상태에서 치료를 받았다. 이때(1951~1953년) 지내던 곳이 서울 성북동 간송미술관 자리에 있는 집이었다. 간송미술관(1966년 건립)을 세운 전형필 씨가 부산으로 피난 가면서 남정현의 6촌 형님인 남정린 씨에게 집을 맡기고 갔는데, 남정현은 그곳에서 지내면서 병원에 다녔다. 오랫동안 별 차도가 없었고 생사의 기로에 빠진 상태로 지냈다. 1953년 대전 선화동에 있는 회생침구의원에 입원해서 8개월에 걸쳐 뜸치료를 받았는데, 효험을 봐서 겨우 목숨을 건졌다. 뜸치료도 한계에 부딪혔는지 임파결핵이 생겨 목 전체가 부어오르는 바람에 1954년에 서울의 수도의대에 입원하여 치료를 받았다. 그 후 4~5년에 걸쳐 목돈상 교수의 집도로 세 번의 대수술을 받고 나서야 결핵과의 전쟁은 겨우 소강 상태에 이르렀다.6 남정린 씨는 아산아저씨 남주원과 함께 3·1운동을 주도하다 일본으로 잠적했고, 해방 후 귀국해서 합동통신사, 평화신문을 만드는 데 주도적인 역할을 했다고 한다. 남정현은 이곳에 머물며 수도의과대학병원에서 수술을 받았는데, 1968년경에 다섯 번째 수술을 받고야 완치 판정을 받았다.

　남정현의 약력을 보면 '대전사범학교'를 졸업한 것으로 나온다. 이렇게 병치레하는 와중에 대학은 어떻게 갔을까. 부친 남세원 선생은 "너처럼 병약한 자가 맨날 성균관 개구리처럼[부친이 늘상 글만 읽는 자를 성균관 개구리라고 놀렸다고 함] 망안에서 책만 보고 세월하면 체력회복이 안 된다."라며 침구의원 바로 옆의 대전사범을 권했다.

　《구술채록집》을 보면, 당시 사범학교에 가면 군대 면제라 경쟁이 셌는데, 대전사범학교 교장이 부친의 친구라 덕을 봤다고 한다. 그리고 피아노

---

6 남정현의 오랜 투병 생활은 등단작 두 편과 이후의 소설에도 반영되어 있다. 등단작인 〈경고구역〉(1958)의 순이는 협심증, 만성위장병, 간질병 증세를 보이는 환자이고, 〈굴뚝 밑의 유산〉의 갑자는 칼모찡(수면제)에 의존해 사는 여자다.

덕도 봤다. 대전사범학교 교장을 만나러 갔을 때, "피아노 잘 친다 소리 있는데, 피아노 한번 쳐보겠느냐?"라고 권해서 즉석에서 행진곡을 한 곡 연주했는데, 그게 일종의 시험이 된 셈이었다고 한다.

"내가 피아노를 좀 했거든요. 왜냐하면, 우리 집에는 풍금이 있었으니까. 저 풍금이나 피아노나 그게 그건데, 풍금을 잘 쳤어요 듣기만 허면은 무슨 노래를 부르건 이걸 악보를 안 봐도 다 쳤다니까."

아들 남돈희 씨에게 아버님이 자택에서 피아노를 즐겨 쳤는지 물었더니 "손자들이 피아노 배우기 시작할 때 한국의 가곡 치는 것을 한두 번 본 게 전부다."라고 했다. 남정현은 이렇게 교육계에 계신 아버지 연줄과 피아노 덕에 대전사범학교에 입학했다. 아버지가 입학 전에 교육사, 교육방법, 교육원론, 교육과정, 미술사, 음악사 등 교육 관련 책을 한 아름 읽으라고 사다 줬는데, 이를 병원에 누워 소설 읽듯 쫙 통독했다. 회생의원 손 원장이 "무슨 놈의 교과서를 그렇게 소설을 읽듯 한번에 다 읽어치우느냐?"며 웃으셨는데, 이 책이 꽤나 유용했다. 입학 직후에 교육의 문제점, 교육관에 대해 1시간 동안 써보라는 시험이 있었는데, 원고지 20매 분량으로 써냈다. 이에 관해 작가는 〈남정현문학전집〉 3권 '생애 및 작품 연보'에 상술했다. 소설은 아니지만 자신이 처음 쓴 글에 관한 증언이기에 길게 인용해본다.

"내가 각 교과서를 일독한 바에 의하면 각 교과서에 일관되게 흐르고 있는 그 사고의 축이 다름 아닌 소위 그 존 듀이의 프라그마티즘이더라는 것, 그런데 그 프라그마티즘이란 사유의 세계에서 추출해낸 모든 개념을 전적으로 실제적인 효용성에만 치중하여 그 의미를 부여하고 가치를 판단하려는 사상이 아니냐는 것, 그리하여 사고하는 인간의 정신 그 자체를 자연과 사회라고 하는 그 환경에 적응하기 위한 행위의 일종으로 그리고 끝내는 도구

의 일종으로 파악하고 있는 존 듀이의 그 '도구주의'가 아 어떻게 도덕적으로나 윤리적으로나 완전히 파괴된 전후 세대들의 황폐한 정신세계를 바로 세우는 데 기여할 수 있겠느냐는 것, (……)"

남정현은 이렇게 존 듀이의 '프라그마티즘'을 비판한 뒤 교과서의 여러 군데 나오는 페스탈로치의 인도주의와 희생정신은 존 듀이의 실용주의와 조화를 이룰 수 없다는 점도 함께 지적했다. 그리고 우리 민족에겐 고유의 교육제도가 있고, 7백여 년의 전통을 지닌 성균관이라는 교육기관이 있는데 "그에 대해 조금이라도 애정을 가지고 천착한 흔적이 전혀 보이지 않는다는 것" "비판적 안목으로라도 접근하여 그 장점을 우리 교육과정에 접목시키려는 노력이 보이지 않는다는 것"을 소감으로 적어 냈다.

이 글은 대전사범 선생들 사이에서 큰 반향을 불러일으켰고, 그래선가 학교 측의 배려로 치료에 더 열중할 수 있었다고 한다. 남정현은 결핵 치료를 받느라 학교에 가는 둥 마는 둥 했는데 그래도 졸업은 시켜줬다고 한다. 졸업식에 참석하지 않아서 사진 한 장 없고, 졸업장도 받아오질 않았다.7

대전사범대를 다닌 듯 만 듯하게 다닌 남정현은 1956~57년경에 서라벌예대에 입학한다. 남 씨 집안 일가였던 학생의 소개로 시험을 보고 들어갔는데, 여기서도 학교를 건성으로 다니다 등록금 '사기'를 당해서 중도 포기했다. 일가 학생에게 2학기 등록금을 내 달라고 부탁했는데, 다른 데 써버리고 등록을 하지 않았던 것이다. 1학기에 30회 정도 강의를 들었는데, 너무 재미가 없고 배울 게 없다고 생각하던 차에 사기까지 당하니까 학교 다닐 맛이 사라졌다고 한다.

---

7 "대전사범을 나온 뒤 발령받은 온양온천초등학교 교사 생활도 아파서 몇 개월밖에 못했어요. 한국전쟁 때도 대전의 한 병원에서 6개월 이상 뜸 치료를 받았어요."(남정현, 2019년 10월 〈한겨레〉 인터뷰 중에서)

1974년 마지막 직장 생활

복잡한 학력에 비해 남정현의 직장 경력은 단출하다. 《동서문학》(1988. 1)에 '이 작가의 글과 생각 8-소설가 남정현 편'을 쓴 소설가 나명순은 '권력을 딛고 선 민족문학의 알레고리'에 남정현의 이력에 관해 재미있는 내용을 소개했다. 남정현이 쓴 '나의 문학적 자화상'에 나오는 이력이라고 한다.

나에게도 무슨 경력이 있나 해서 곰곰 생각해봤지만, 이 세상에 출생한 경력 이외엔 공부한 경력도, 일한 경력도 특별히 생각나는 것이 없는지라, 이렇게 경력이 없는 것이 다 경력이라면, 할 수 없이 경력으로 기록할 수밖에 없다.

이 경력이라 할 수 없는 경력은 남정현 작가에게 딱 맞는 경력이 아닌가 싶다. 사실 그는 문학 이외엔 제대로 된 직장을 잡아본 적이 거의 없다. 대전사범대를 다니는 둥 마는 둥 졸업한 직후 등단 전인 1957년경에 교육연합회에서 발간하는 교육잡지에서 일한 적이 있다. 그때만 해도 집에서 생활비를 보내줬기 때문에, 교육잡지에 취직한 것도 절박하게 먹고 살려고 취직한 것도 아니었다. 《예원》 김영만 주간이 교육잡지의 주간을 겸하고 있었는데, 그와 면접 후 근무했다. 교육연합회 잡지사로 김영만 주간을 만나러 한무학 시인, 이인석 시인, 수필가 박승훈(이화여고 영어교사) 등이 거의 매일 놀러 왔는데, 이들과 문학 이야기를 하며 지내는 사이가 됐다. 이들이 남정현에게 교육연합회 길 건너편에 사무실이 있던 《자유문학》에 소설을 보내보라 해서 〈경고구역〉을 투고했고, 초회 추천작으로 발표가 됐다.

'분지 사건' 이후 1974년경 잠시 한국인쇄주식회사에 편집주간으로 취직했다. 사장이 〈한국일보〉 광고국장 출신이었는데, 〈한국일보〉에 고바우 만평 그리는 김성환(1932~2019) 화백이 소개했다고 한다. 직원이 150명

정도 되는 큰 회사였는데, 몇 개월 월급을 타지 못하고, 남산 지하실로 잡혀가면서 자동 해고됐다.

> "근데 두 사람이 오더니 탁 그냥 데려가는 거야. 데려가더니 찝차에 타라고. 그래서 내가 그때 손 잘리는 줄 알았다니까? 하아! 내가 〈허허선생〉도 쓰고, 이제 글 쓸라고 허니까 그걸 알고 이 사람들이 정말 손을 짜를라고 그러는구나. 늘 내가 손을 봤다니까. 실지, 그렇게 생각이 돼요. 에. 그래서 가니까 남산에 그냥 지하실을 탁 들어가는 거죠." (《구술채록집》, 293쪽)

남산 지하실로 잡혀간 그는 보름 동안 졸도할 때까지 조사를 받았다. 《사상계》 장준하 선생, 정치인 정일형과 엮으려 했다. 남정현은 수개월 후 육영수가 저격 당하고 긴급조치가 해제된 뒤에야 석방됐다.

그 뒤로 남정현은 직장 생활이란 건 해보질 못했다. 몇 달 출근했던 한국인쇄주식회사가 그의 마지막 직장 생활이었다. 일부 지인들은 남정현이 한때 택시 운전을 했다고 알고 있고 글로도 썼지만, 가족의 증언에 따르면 실제로 그런 일은 없었다고 한다. 나명순도 위의 글에서 "한때, 권력한테 몰매를 맞고 몸이 망가져 그가 호구를 위해 택시 운전을 한다는 소문이 나돌기도 했으나, 그것은 그가 스트레스 해소책으로 어쩌다가 한 번씩 누이가 운영하는 회사의 택시 운전대를 잡아본 것이 와전되었을 뿐. 그는 여지껏 변변한 직업을 가져 본 적이 없다."라고 적었다. 1974년 중앙정보부에 들어갔다 나온 이후 그는 직장을 구할 생각도 못 했고, 생활비 버는 일은 전적으로 방송국에서 외화 번역 일을 하던 부인의 몫이었다.

6·25 한국전쟁으로
'부활의 신기' 상실

"똑똑한 놈들은 다 죽였어"

남정현 작가는 1970년대부터 소설집 '작가 연보'에 직접 "1950년 6·25 민족상잔의 비극을 계기로 부활의 신기 상실" 혹은 "1950년 6·25 동란이 일어남. 동족상쟁의 처절한 비극을 보고 신령이 노했음인지 돌연 '부활의 신기'를 상실하다. 그 후부터 영육 공히 병들어 정신적으로 괴롭지 않은 날이 없고, 육체적으로 안 아픈 날이 없게 됨."이라고 써넣었다. 민족의 부활을 꿈꾼 그에겐 한국전쟁이 민족의 비극적 사건이었기에 그렇게 표현했을 것이다. 남정현이 생전에 글로 남긴 학창시절의 기억 중엔 한국전쟁에 관한 비극적인 경험도 있다. 그가 천이면에 살면서 서산농림학교 4학년에 재학 중일 때의 일이었다.

1950년 4학년(중학교) 때 6·25가 발발하였다. 나는 처음으로 인간의 시체를 보고 너무나 끔찍하여 몸서리를 쳤다. 동네 개울 계곡에 처참한 모습으로 죽은 백여 구의 시체가 나뒹그러져 있었는데 그 주변에 수많은 사람들이 모여 울부짖고 있었다. 어떤 노인은 꼭 실성한 사람처럼 시체 속을 마구 헤집고 돌아다니다가는 갑자기 똑똑한 놈들은 다 죽였구나, 다 죽였어, 그러면서 몸부림치던 모습이 지금껏 시야에서 사라지지 않는다. (《남정현문학

*전집》3권, 생애 및 작품 연보)*8

남정현에게 이 장면이 꽤나 충격적이었을 텐데, 소설 속에 6·25를 주요 소재로 한 작품이나 소설 속에서 상세하게 묘사한 장면은 거의 없다. 〈너는 뭐냐〉에 한 페이지 정도 나오는데, 주인공 부부인 관수(寬洙)와 신옥이 세 들어 사는 집주인 황민도 씨(영생침구의원 원장)를 소개하는 대목에서다. 여기서 황 씨는 "6·25라는 숫자를 무슨 수호신처럼 모시고" 살고, 자신의 결함과 단점은 "서슴없이 6·25라는 숫자에다 그 책임을 전가시켜 버리는" 사람, 아내가 볼 때는 "그저 색마(色魔) 정도의 사나이"로 나온다. 첫 발표작인 〈경고구역〉에는 주인공 종수 집에서 사는 식모할멈이 나오는데 육이오 동란으로 삶이 파괴된 노인이다. 식모할멈은 "뜻하지 않은 육이오 동란으로 말미암아 재산이며 식구들과 뿔뿔이 헤어진" 사람인데, "완전히 숨을 거둔 시신과 같다는 느낌"을 준다. 종수는 잠에 곯아떨어진 식모할멈을 보며 "만약 삼팔선으로 인한 민족분단의 비극이, 그리고 육이오 동란으로 인한 민족상잔의 그 대참사가 없었더라면 지금 저 할멈은 어디쯤에서 어떤 상태로 놓여 있을 것인가."라는 상상을 해본다. 온갖 병을 안고 사는 여동생 순이와 시신의 몰골로 겨우 숨만 쉬며 사는 식모할멈은 6·25와 분단의 후유증으로 고통받는 민중의 실상을 보여준다. 〈분지〉에선 주인공 홍만수가 누이동생 분이를 만나기 전 '걸식과 방황'하던 모습을 이렇게 그렸다.

---

8 당진지역에서 확인된 학살 사건을 정리하면 다음과 같다.
 -한국전쟁유족회 사이트, 학살지 소개(당진지역)

구분	사건발생일	희생 장소	희생자 수	가해조직	비고
보도연맹	1950. 7. 10~12	한진리 목캥이 바다	360명	당진경찰서	경찰서 연혁사
인공	1950. 9. 28.	당진읍 공동묘지 등	140명	정치보위부	
부역	1950. 9.말.	송산면 성굼이바닷가	30명	해병대	
부역	1950. 10~12	목캥이, 한재교통호	200명	당진경찰서	
부역	1950. 10~12	죽동리 철광산 등	460명	각 지서	

*제공: 신기철 전 진실화해위원회 조사관

좌우간 세상물정을 조금 알기 시작할 무렵 돌연히 충돌한 6·25니, 피난이니 입대니 하는 그 쓰라린, 아니지요 어머니, 쓰라린 정도의 형용사를 가지곤 어림도 없습니다. 어쨌든 그렇게 천벌 비슷한 재앙의 노정을 무사히 겪었다고나 할까요. 하지만 그때 군복을 벗고 터벅터벅 돌아온 저의 그 파리한 몸 하나를 어디 비집고 처넣을 데가 없더군요, 세상엔. 막막했습니다.

남정현 작가가 6·25 한국전쟁 시기의 체험에 관해 길게 언급한 것은《구술채록집》이 거의 유일하다. 6·25가 일어났을 때 아버지와 둘이서 피난을 떠났다고 한다. 지역의 지명도 있는 인사 10여 명과 함께 천이면 근처 부두로 가서 배를 타고 떠날 계획이었다.

일행 중에 젊은 편이었던 남정현과 그의 친구 강현구(우익단체 대한청년단장을 했던 이의 아들로 농구선수를 했다고 함)가 먼저 달려가서 배가 떠나지 않게 하라는 임무를 맡았다. 둘이 산길을 급히 가는 중에 강현구가 "수류탄이다! 엎드려!"라고 외쳐서 급히 몸을 숙였다. 어디선가 날아온 수류탄이었는데, 터지지는 않았다. 터졌으면 그 자리에서 죽었을 상황이었다. 당시에 아직 인민군은 그 지역까지 안 왔기에 아마도 후퇴하던 경찰 쪽에서 수상한 자라 여기고 던진 거로 추정했다.

피난 길에 죽을 고비 넘기기도

천만다행으로 목숨을 건지고 도망친 뒤 피난하던 일행과 함께 배가 정박한 부두에 가보니 이미 배가 떠나고 없었다. 그런데 그 배가 난지도(충남 당진시 석문면 난지도리)라는 섬 근처에서 풍랑을 만나 승선했던 사람이 모두 사망했다고 한다. 그 배에 탄 피난민들은 참으로 안 된 일이지만 남정현에게는 하늘이 도운 일이었다. 채록하던 연구자들이 이 대목에서 "도대체 (죽을 고비를) 몇 번을 넘기시는지" "그게 또 천우신조가 있었는지"라며 놀랍다는 반응을 보였다.

배를 못 탄 지역의 유지 십여 명은 다시 집으로 돌아갔고, 피난을 가지 않은 채 6·25를 겪었다. 그렇지만 남정현 가족은 이후에 인민군을 보지 못했고, 서산·당진 지역에선 인민군 본 사람이 별로 없을 거라 한다. 학교는 좌익 계열에서 접수했고, 다른 사람이 교장으로 왔지만 남세원 선생에게 별다른 피해는 없었다.

"제자들이 많고 존경받는 분이니까. 이쪽에서도 저쪽에서도 못 다치고. 그래서 이제 인천상륙작전이 돼 가지고 이제 또 수복이 되니까, 다시 교장선생님, 아! 그때는 이제, 학무과장이 되셨어. 그리고 4·19 직후에 민주화된다 해 가지고, 서산군에서 투표를 해 가지고 교육감이 되셨어. 그래서 다시 서산 읍내에 있는 관사로 들어간 거예요."(구술채록집)

남정현의 유품이 보관된 자택 옥탑방에는 피카소가 한국전쟁에서 벌어진 민간인학살을 주제로 그린 〈한국에서의 학살〉(1951)을 넣은 작은 그림 액자가 걸려 있었다. 남정현이 동서양의 수많은 명화 중에 이 그림 한 점을 보관한 것을 놓고 볼 때 그의 6·25에 관한 시선을 미루어 짐작할 수 있다.

남정현이 절친하게 지냈던 신동엽 시인은 6·25 때 사선을 여러 번 넘나들었다. 인민군에 점령당했을 때는 부여 민주청년동맹(민청) 선전부장을 맡았다. 강형철 시인은 〈신동엽 시 연구〉(1999)에 "국민방위군 탈출 이후 1년간의 행적이 불분명한데 이 기간에 그의 '빨치산' 활동이 이루어졌을 것"이라 썼다. 신동엽의 부인 인병선 씨 증언을 통해서도 확인했다고 한다. 이쯤 되면 부역한 죄로 몸이 성하기 어려운데 부여경찰서에서 심하게 고문을 받긴 했지만 요행히 목숨을 건졌다. 이처럼 신동엽 시인이 6·25의 난리통을 온몸으로 혹독하게 겪은 데 비해 남정현은 순탄하게 보낸 셈이다. 신동엽에 비해 세 살 아래라 군 복무를 피할 수 있었던 덕이었다.

> "나도 한번 소설가가 돼 봤으면
> 하는 소망을"

"결핵이 나를 문학의 길로"

남정현을 소설가로 만드는 데 이바지한 일등공신은 무엇일까. 작가는 강진호와의 대담에서 "지금 와서 생각하면 결국 결핵이 나를 문학의 길로 몰아넣은 것 같습니다."(《작가연구》, 2001)라고 말했다. 그는 중학교(서산농림학교) 들어가자마자 임파선 결핵으로 시작해서 폐결핵, 장결핵 등으로 번져서 수년간 앓아 누웠고, 10년 이상 결핵으로 투병 생활을 했다. 남정현은 "병균이 살은 다 발라 먹고 정말 뼈만 남은 가사상태에서 만 삼 년인가를 움직이지 못하고 누워만" 지냈다고 회상했다. 이 시기 병상에 누워서 하는 일은 책 읽고 약 먹고, 그저 혼자 멍하니 생각하는 그런 생활이었다. 기나긴 결핵과의 싸움을 남정현은 직접 쓴 《남정현문학전집》 연보(年譜)에서 이렇게 정리했다.

> "10여 년간 이상이나 결핵을 앓으면서 곧 꺼질 듯 꺼질듯하던 내 목숨을 영차영차 하고 가까스로 끌고 간 것은 약이 아니라 책이었다. 결핵이란 묘한 병이어서 어디가 쑤시거나 아프거나 해서 비명을 지르는 그런 병이 아니고 그냥 식욕이 없고 기운이 없고 해서 온몸이 축 처지는 그런 병이라 누워 책을 보기엔 안성맞춤이었다. 수많은 세월 나는 병석에서 많은 책을 읽었다기

보단 어쩌면 맛없는 음식 대신 맛있는 책을 많이 먹었다는 편이 옳다. 나는 약봉지를 입에 털어 넣듯 책을 입에 털어 넣은 심정이었다."

남정현은 주로 역사, 철학, 종교, 문학 등에 관한 책을 읽으면서 "세상을 사랑할 수 있는, 아니 '나'에 관한 집착에서 벗어날 수 있는 그런 소중한 얼마간의 지혜를 얻었다고 할 수 있다."라고 고백했다.

남정현의 집에는 책이 별로 없었다고 한다. 친구 찬모네 집에 갔더니 방마다 책이 가득했다. 찬모의 삼촌이 일본 와세다 대학 철학과를 나와 중학교 교사로 일하고 있었다. 정현은 친구 삼촌에 대한 존경심과 함께 이 책을 다 읽어야 할 것 같은 의무감이 생겼다. 그가 처음에 주로 읽은 책은 사상서류에 속하는 책이었다. 사상서에는 마르크스의 《자본론》과 헤겔의 《정신현상학》도 있었다. 남정현은 이 당시 독서경험의 기쁨을 강진호와의 대담에서 이렇게 술회했다.

하여튼 사상전집 속에 들어 있는 여러 저서들에 재미를 붙이면서 오랫동안 읽어나가니까 이상하게도 뭔가가 좀 보이는 것 같더군요. 멀리 소크라테스부터 칸트, 헤겔, 마르크스, 사르트르에 이르는 인간 정신의 그 뿌리나 줄기와 흐름 같은 것이 막연하게나마 어느 정도 그 윤곽이 보이는 (······) 여간한 기쁨이 아니었죠. 몸이 아픈 것은 둘째였습니다.

소설을 처음 읽은 것도 결핵을 앓고 있던 이 무렵이었다. 그가 처음 읽은 소설은 일본 신조사에서 펴낸 《세계문학전집》에 있던 《몽테크리스토 백작》이었다고 한다. 작가는 이 책을 읽고 나서 "아, 어쩌나 재미가 나던지 나는 내 인생에서 신천지를 하나 발견한 느낌"이었다고 말했다. "그 후 국내외 소설을 막론하고 손에 들어오는 대로 마구 읽었"다는 남정현은 소설에 젖어들게 되었다.

"그렇게 소설에 빠지다 보니까 소설가라는 것이 꼭 무슨 신처럼 생각되더군요. 소설 속에 등장하는 모든 인물, 사건, 배경 그 관계 등을 그들 뜻대로 움직인다고 생각하니 이 세상에선 소설가가 제일이란 생각이 들었어요. 하여튼 작가란 신이 창조해 놓은, 이 세상보다 더 좋은 세상을 창조하기 위해서 노력하는 그런 사람들이라고 여겨지더군요."

이런 생각에 남정현은 "나도 한번 소설가가 돼 봤으면 하는 소망을 갖게 되었다."라고 한다. 이 당시 10대의 남정현이 읽은 책은 모두 일본어로 쓰인 책이다. 일제하에서 12년을 지낸 남정현은 일본어로 문학, 철학 서적을 읽는 데 문제가 없었다.

아직도 줄줄 외는 나쓰메 소세키의 《나는 고양이로소이다》

2013년경 쌍문동 자택 부근의 쌈밥집에서 만나 함께 점심을 할 때 작가에게 기억에 남는 책이 무엇인지 물었다. 이때 남정현 선생이 꼽은 것은 의외의 책이었다. 그의 작품 성향으로 봤을 때 뭔가 정치적이고 진보적인 소설이나 철학 책을 말할 줄 알았는데, 나쓰메 소세키의 《나는 고양이로소이다》를 그 시절 애독서로 거론했다. 작가는 아직도 앞부분을 외울 수 있다면서 일본어로 낭송해 보였다.

"와가하이와 네코데 아루. 나마에와 마다 나이. 도코데 우마레타카 톤토 켄토우가 츠카누. 난데모 우스구라이 지메지메시타 도코로데 냐-냐-이테이타 고토다케와 기오쿠시테이루〔吾輩(わがはい)は猫である。名前はまだ無い。どこで生れたかとんと見当(けんとう)がつかぬ。何でも薄暗いじめじめした所でニャーニャー泣いていた事だけは記憶している。〕"

'외세'를 극도로 배격하는 그였지만 어릴 적에 외우다시피 읽은 일본 소설을 암송할 때는 흥이 솟는 듯했다. 그 뒤 《나는 고양이로소이다》 번역본을 구해 읽어보았는데, 남 작가가 외운 소설의 첫 대목은 이렇다.

> 나로 말하면 고양이다. 이름은 아직 없다. 내가 어디서 태어났는지도 도통 짐작이 안 간다. 아무튼 어두컴컴하고 습한 곳에서 야옹야옹 울고 있었던 것만은 기억하고 있다.

아마 이쯤까지 낭송했을 텐데, 일본어를 알지 못해서 정확히는 알지 못한다. 만약에 필자가 관심을 두고 더 읽어달라 했다면 더 길게 외우지 않았을까 싶다. 다음 단락은 이렇게 이어졌다.

> 나는 거기서 처음으로 인간이라는 걸 보았다. 더구나 나중에 들은즉 그건 서생(書生)이라고 하는, 인간들 가운데서도 가장 영악한 족속이었다. 이 서생이라는 족속은 이따금 우리 고양이 족을 삶아 먹는다는 이야기도 있다.

《나는 고양이로소이다》를 읽으며 남정현의 풍자소설 기법이나 기발한 발상법이 나쓰메 소세키와 비슷한 점도 있다는 생각이 들었다. 우연인지 모르겠으나 김영현 소설가의 《나쓰메 소세키를 읽는 밤》(2007)에 남정현 작가와의 북한 동행기를 다룬 에세이 〈엄마 하느님〉이 실려 있다. 남정현의 문학 수업은 10대 시절의 결핵 투병과 일본어책 독서를 통해 이뤄졌다고 해도 과언이 아니다.

플레하노프의 《예술과 사회생활》에 사로잡혀

스무 살 무렵, 친구들은 대학에 진학하기 위해 서울에 갔는데 그는 결핵 때문에 서울의 병원에 다녀야 했다. 유명하다는 의사를 찾아 서울로 갔는데, 그때 머문 곳이 6촌형 남정린('아산아저씨'의 아들) 집이었다. 남정현은 일본에서 지내다 해방 후 귀국해 합동통신사 설립할 때 주도적인 역할을 한 이 형의 집에서 결핵 치료를 위해 병원에 다니고 책을 읽으며 지내는 생활을 한동안 계속했다.

남정린 씨의 서재에서 남정현을 사로잡은 책은 플레하노프(1856~1918)의 《예술과 사회생활》, 《계급사회의 예술》이라는 문고판 책이었다. '문학과 사회'라는 것이 서로 간에 상호 보완작용을 하며 발전해간다는 사실에 깊은 흥미를 느꼈다. 이후 고서점을 다니며 그의 저서를 찾아다녔는데 유물론적 일원론, 헤겔론 등의 책을 구해서 읽을 수 있었다. 그렇다면 플레하노프가 남정현의 문학 스승이었을까? 강진호와 대담(2001)에서 이 질문에 대해 남정현은 "사회와 인생에 대해서 많은 것을 생각하게 만든 것"은 사실이라고 답했다.

> "그렇게까지 생각하지는 않습니다만 그의 저서가 예민하던 시절에 사회와 인생에 대해서 많은 것을 생각하게 만든 것은 사실이겠죠. 예컨대 헤겔이 《정신현상학》을 쓴 것이 1806년, 그 헤겔에 심취했던 마르크스가 《자본론》을 출판한 것이 1867년, 또 그 헤겔과 마르크스에 완전히 반했던 플레하노프가 드디어 1910년대에 예술에 관한 얘기를 써 가지고 그것이 바람을 타고 여기까지 날아와 한 문학 지망생의 힘없는 가슴을 퍽도 산란하게 하는구나 생각하니 왠지 신기한 느낌이 들더라구요. (웃음)"

플레하노프를 만난 이후에도 남정현은 고서점과 노점상을 뒤지며 서점에서 구할 수 없는 책을 구해 읽었다. 이때 손에 넣은 책으로 《러시아 혁명사》, 《모택동 어록》, 《레닌 연설집》, 루카치의 《미학》과 《리얼리즘》 등이 있다. 당시 고리끼의 《문학론》도 열중해서 읽었다. 강진호와 대담에서 이 책의 "서문에 1933년에 출판되었다는 말이 씌어 있었는데, 1933년이면 내가 태어난 해라, 내가 태어난 해에 고리끼는 이러한 문학론을 썼구나 생각하니 묘한 느낌이 들더군요."라고 밝히기도 했다.

헤겔, 마르크스, 플레하노프, 고리끼, 루카치

쌍문동 집 옥탑방의 서재

남정현 작가는 서울 쌍문동 자택에서 1976년부터 세상을 떠날 때까지 거주했다. 1980년대 후반에 지하 1층 지상 2층으로 재건축한 이 집은 2013년에 서울미래유산 53호로 지정되었다. 인터뷰는 사망하던 해인 2020년에 했으며, 2021년에 펴낸 《미래유산 북카이빙》(서울시 동북 4구)에 올라온 내용은 이렇다.

남정현 선생은 이곳으로 이사 오기 전에는 돈암동에 거주하고 있었고, 1966년 이사 올 당시 이곳은 초가집 네 채밖에 없는 동네였다. 남 선생은 삼각산이 한눈에 들어오는 풍광에 마음을 빼앗겨 이곳으로 거처를 옮겼다고 한다.[9]
'남정현 가옥'이 있는 동네는 쌍문동이다. 〈응답하라 1988〉로 유명세를 탄 쌍문시장이 있는 골목 막다른 곳에 '남정현 가옥'이 있다. '남정현 가옥' 1층에는 아드님 부부가 거주하고, 2층에는 선생이 살고 있었다. 거실에 앉아

---

[9] 가족의 증언에 따르면, 쌍문동에 이사 온 해는 1966년이 아니라 1976년이며, 전에 살던 동네는 돈암동이 아니라 송천동 월세집이라 한다.

이야기를 나누었는데 문이 열린 방에는 책으로 가득 찬 책장이 보였다.

필자가 2023년 가을 '남정현 가옥'을 처음 찾았을 때는 1층은 세를 주고, 2층에 장남 남돈희 씨 부부와 두 아들이 살고 있었다. 남정현 작가가 세상을 뜬 뒤 2층 서재에 있던 남정현의 책은 2층 위 옥탑방으로 옮겼다. 2층에서 거실 베란다를 통해 옥탑방으로 올라가는 계단을 만들었다. 두어 평 남짓한 넓이의 작은 옥탑방에는 작가가 생전에 가까이하던 책과 유품이 보관되어 있었다.

옥탑방 서재에는 1960년 전후 남정현의 소설이 실린《자유문학》,《사상계》를 비롯하여《다리》,《문예중앙》,《문학사상》,《실천문학》,《창작과비평》등의 문예지, 소설책 등이 보관되어 있었다. 수백 권의 단행본은 대부분 시, 소설, 문학평론집이었는데, 홍명희의《임꺽정》, 안수길 소설집《통로》등과《미군범죄와 한미 SOFA》등의 사회 비판서도 보였다.

책장에는 이제는 주인의 손길이 닿지 않는 일본어책이 여러 칸을 차지하고 있었다. 1945년 광복 직후에 구한 것으로 보이는《현대사상》전집 10권, G. 루카치의《미학》,《문학과 예술의 사회사》,《도스토옙스키》,《문학과 혁명》,《미학입문》,《예술론 노트》등의 일본어책을 통해 청년 남정현의 관심 영역을 들여다볼 수 있었다.

옥탑방 서재에는 유품도 보관되어 있었는데, 아는 화가에게 선물 받은 남정현의 초상화, 사진, 그리고 서화 액자가 여러 개 있었다. 그중엔 김규동 시인이 선물한 서화도 있었는데, '계유년 오월'이라고 적혀 있었다. 검은 닭띠해인 계유년은 1993년이다.

허허선생-남정현
졸지에 무슨 경사를 만난 느낌이랄까 도무지 두서를 차리지 못할 정도로 마음이 흔들리는 것이 나도 실은 감개무량하기 짝이 없었다. 남정현 님 연

작소설집 《허허선생 옷 벗을라》 중 '귀향길-허허선생 3'의 서두에서 -계유년 오월

김규동 시인이 인용한 〈허허선생 3 - 귀향길〉의 서두는 "생각하면 근 삼십여 년 만에 이루어지는 귀향길이라 나라고 해서 마음이 잔잔할 리가 없는 것이다."로 시작해 위의 서화에 적은 "졸지에 무슨 경사를 만난 느낌이랄까"로 이어진다. 아마도 〈허허선생 3 - 귀향길〉의 소설 주제와는 무관하게 '귀향길'이라는 제목이 이산가족으로 늘 고향을 그리워하며 살았던 김규동 시인의 가슴에는 사무치는 망향의 정서로 다가가지 않았을까 싶다.

책보다는 '현실적인 체험'을 더 중시

임헌영의 《한국소설 정치를 통매하다》(2020)에는 '남정현 서재에서 빌려 가고 반납 안 한 책'이 나온다. 남정현을 존경했다는 임헌영은 "틈만 나면 만나는 정도를 넘어 집으로까지 찾아갔는데, 그 책꽂이를 보고서 홀딱 반해 버렸다."라고 고백했다. 그토록 읽고자 해도 구할 수 없었던 책들(주로 일서)이 잘 정리되어 있었고, "빌리기에 미안할 정도로 단아하게 정돈된 그 책장을 지금도 잊을 수 없다."라고 회고했다.

그는 자진하여 임대를 허락했고 나는 염치도 없이 덜렁덜렁 잘도 빌려 영혼의 허기를 채워 나갔다. 아마 소중한 몇몇 책들, 루카치의 《역사와 계급의식》(백수사, 1968)과 이토 쓰토무의 《리얼리즘론 입문》(이론사, 1969) 등은 온갖 독촉과 회유에도 굴하지 않은 채 반환하지 않고 지금도 내 서고를 장식하고 있다. 책장 속표지에는 한자로 왼쪽으로 비스듬히 넘어가는 그 특유의 글씨체의 '남정현'이란 사인이 추억을 상기시키고 있다.

김규동 시인이 선물한 서화 액자에는 삼각산으로 보이는 그림과 함께 〈허허선생 3 -귀향길〉의 서두가 적혀 있다.

임헌영은 자신의 생애에서 가장 왕성하게 독서할 수 있었던 '지성적인 황홀기'는 등단 직후 남정현, 박용숙, 최인훈과 어울리던 시절이라고 회고했다. 남정현의 삶과 문학에 이곳에 남겨진 책을 포함하여 수많은 책이 영향을 준 것은 분명하다. 허나 그에게 압도적 영향을 끼친 것은 전도된 현실 그 자체였다. 작가는 강진호와의 대담(《작가연구》, 2001)에서 책보다는 '현실적인 체험'을 더 중시한다고 밝히기도 했다.

> "나는 언제나 책에서 얻은 남의 생각보다는 현실적인 체험을 통한 나 스스로의 생각을 더 소중하게 여기거든요. 그런 맥락에서 〈분지〉도 아마 이것은 분명히 '가짜 세상'이라고 확신한 우리의 현실을 극복하기 위한 일종의 몸부림이었는지도 모릅니다."

일본어책으로 시작한 독서

계간 《실천문학》(2012 가을) '남정현-한수영 대담: 환멸의 역사를 넘어서'에서 남정현 작가는 자신이 즐겨 읽은 책을 소개했다. 초등학생 때 아버님의 서가에 있던 '나쓰메 소세키(夏目漱石)' 전집 중에서 《나는 고양이로소이다》, 《도련님》, 《산시로(三四良)》 등을 읽고 일어에 자신이 생겼고, 독서에 취미가 붙었다. 그 뒤로 일본어로 된 책을 많이 읽었다고 한다. 해방되던 해에 국민학교 6학년이었는데, 그즈음에 친구 성찬모의 집안 어른 서가에 있던 책을 거의 다 읽었다.

"당시 와세다대학교 철학과를 나왔는데, 그분 집에 있던 책 중에서 중요하다고 생각되는 책은 아마 거의 다 읽었으니깐요. 몸은 아프고 학교도 못 가고 내가 누워서 할 일이 무엇이었겠어요? 책이 날 살렸다고나 할까요. 그저 그런 세월을 보냈습니다."

그가 읽은 책 중에는 일본의 평범사(平凡社)에서 출판한 아놀드의 《예술과 문학의 사회사》, 세 권으로 된 토인비의 《역사의 연구》, 사사키키이치(佐佐木基一)의 《예술론 노트》, 《제국주의와 현대》 등 제법 어려운 책도 있다. 그런 책 중에 남정현은 "한 사람의 작가로서 글을 쓰게 되기까지, 퍽 도움이 됐다고 생각되는 (……) 말하자면 내가 구해 읽은 책 중에서 내 정신의 깊이와 그 폭을 넓히는 데 크게 기여한 것"으로 몇 권을 열거했다. 이를 요약 정리하면 아래와 같다.

일본의 암파서점(岩波書店)에서 암파강좌라는 이름으로 출판한 12권짜리

《현대사상강좌》, 또 하나는 일본의 경초서방(勁草書房)에서 출판한 5권짜리 《현대예술강좌》이다. 일본의 삼일서방(三一書房)에서 출판한 《문예사상사》(인류의 그 다양하고 방대한 문예사상사를 아주 쉽게 고전주의, 낭만주의, 상징주의, 행동주의, 자연주의, 사실주의 등으로 간단히 분류하여 여러 학자들이 자상하게 서술한 책이라 아주 유용했다는 느낌이 들었다), 그리고 일본의 다빗트사에서 10여 권 한 질로 출판한 《소설이란 무엇인가》, 《소설의 구조》, 《소설의 문체》, 《소설의 전통》, 《소설의 기술》 등이다.

일본 다빗트사에서 펴낸 책들은 서방의 여러 소설가와 문예비평가가 소설에 관해 쓴 것이다. 남정현은 이 전집에 대해 "소설을 이해하는 데는 여간 좋은 책이 아니란 생각이 듭니다."라고 말했다. 한수영 대담자가 "당시에 인상 깊게 읽었던 우리 문학은 없었습니까?"라고 물었을 때 남정현은 "왜 없었겠어요? 우리 소설도 많이 읽었습니다. 다 잊어먹어서 그렇지."라고 대답했다. 그래도 아직 머릿속에 남아 있는 작품으로는 김유정의 〈땡볕〉(일제강점기 우리 민중들의 생생한 고통과 비극이 잘 드러난 작품), 이효석의 〈메밀꽃 필 무렵〉, 이기영의 〈왜가리촌〉, 이태준의 〈밤길〉, 이상의 〈날개〉, 오영수의 〈갯마을〉 등이 가끔 생각난다고 말했다.

8·15 해방 이후 우리 정국은 해방이라는 말과는 어울리지 않게 "이걸 해선 안 되고, 이걸 읽어선 안 된다, 하는 그런 식의 금기사항"이 많았고, 정신적으로 참 목말랐던 시절이었는데, 그럴 때 일본어로 된 책들이 많은 도움이 되었다고 한다.

"레닌의 혁명에 관한 책들, 스탈린이나 모택동의 혁명에 관한 책들이 일본어로 번역돼 있어서 그런 걸 읽었습니다. 1950년대는 잘 아시겠지만, 전쟁 직후라서 그런지 우리 사회에 데카당스나 허무주의, 또 실존주의 같은 풍조가 지배하고 있었지요. 인간이나 역사에 대한 환멸의식 같은 것 말이지요.

근데 난 그런 게 참 싫었어요. 뭔가 인간다운 삶이 가능한 사회를 우리 손으로 다시 만들어봐야 되지 않겠나 하는 생각이 강하게 들었고, 그걸 위해 내가 뭘 할 수 있을까, 이런 고민들이 더 크게 다가왔었습니다. 자꾸 되풀이 얘기되지만 우리 사회의 금기와 억압 때문에 그런 걸 일러주는 책은 찾아보기가 참 어려웠고, 그러다 보니 자연스럽게 일본어로 된 책들을 찾아 읽게 되었던 거지요.

《구술채록집》에는 '유년 시절의 독서체험'이란 제목으로 남정현이 십 대 시절에 읽은 책을 소개하고 있는데, 여기에는 위 한수영-남정현 대담에서 언급하지 않은 책 이야기도 나온다. 일본 신조사에서 나온 수십 권짜리《세계문학전집》, 철학서적 등과 함께 감명 깊게 읽은 책으로《파브르곤충기》를 거론했다.

옥탑방의 일본어 책들.

2장
2010년대

월계다방과 결혼, 그리고 등단

월계다방과
결혼

소설 〈누락 인종〉 속 월계다방

월계다방은 남정현의 소설과 에세이에 자주 등장한다. 이곳은 실제로 광화문 네거리에서 서대문 방향 오른편 건물에 있던 다방인데, 1977년 도로 확장 공사를 하면서 흔적도 없이 사라졌다. 남정현은 《작가연구》에 실린 강진호 교수와의 대담에서 월계다방의 단골이었음을 밝혔다.

"당시 광화문 네거리에 '월계'라고 하는 다방이 있었는데 그곳에 많은 문인들이 다녔어요. 나도 물론 단골이었고요. 위치도 좋았지만 문인을 이해하는 '월계' 주인 내외의 마음씨가 좋아서 더 끌린 것 같아요. 그때는 워낙 궁핍하던 때라 차(茶)도 외상으로 많이 마셨거든요."

강진호와의 대담에서 남정현은 외상값이 밀리면 "엽차만 마시면서 죽치고 앉아 있는 사람도 많았"는데, "지금 생각하면 그러고도 무슨 장사가 됐는지 수수께끼"라고 말했다. 이 월계다방에 단골로 출입하는 문인 중에 가까이 어울린 이는 한무학, 박승훈, 박용숙, 최인훈, 신동한 등이었다. 자주 드나들던 작가는 하근찬, 신동엽, 오상원, 김수영, 김성환 등이었고 술만 취하면 김관식, 천상병, 이현우 시인도 자주 들이닥쳐 일장 연설을 하곤 했다고 한다.

남정현의 단편소설 〈누락 인종〉(1960)에는 '월계다방'이 나오는데, 소설의 주 무대이기도 하다. A 대학 법과에 재학 중 병역의 의무를 마치고 군에서 나온 주인공 성주는 학업을 이어갈 길이 막막해서 취직 행각에 나선다. 친구 누님과 월계 마담이 중학교 동기동창이라 성주는 차 한 잔 값 없이도 버젓이 월계를 드나들 수 있게 됐다. 여기서 어느 날 '추한 외모'를 지닌 명희와 합석하게 되는데 그녀는 성주와 결혼하자며 쫓아다닌다. 명희가 기다리는 월계는 "악마의 소굴 같은" 곳이지만 그래도 성주에게는 "잠시나마 안심하고 몸을 앉힐 수 있는 자리"는 월계다방뿐이다.

> 월계는 실내의 그 구조부터가 소위 그 문명의 혜택이라곤 구경도 못했는가 싶게 항시 가슴이 섬뜩할 정도로 을씨년스러운 분위기에 잠겨 있었다. 우선 소나 말 따위의 그런 가축을 염두에 두고 만들어진 것이 아닌가 싶게 공연히 크기만 한 그 볼품없는 의자며 그리고 언제 한번 털어는 봤는지, 천정과 벽에 엉겨붙은 그 까뭇까뭇한 그을음이 수시로 어깨 위에 내려앉는데다가, 이 또한 그림이랍시고 뭘 하나 벽에 붙여 놓긴 했는데, 그것조차 때가 닥지닥지 끼어 있어서 그게 혹시 밑 씻은 종이인지 뭣인지를 가려내지 못할 지경이었다. 허, 숭한 하지만 그보다도 더욱 가슴을 답답하게 하는 것은 월계의 그 낡은 전축에서 흡사 온갖 짐승들의 울음소리가 떼 지어 나오는듯한 소위 그 음악이라고 하는 것이었다. 뭐 음악? 맙소사, 그게 어디 잡귀들의 아귀다툼 소리지 무슨 음악이란 말인가?

월계의 단골손님이라면서 다방에 대한 묘사는 정내미가 뚝 떨어지게 했다. 성주는 "지옥을 향하여 내달리는 행진곡이 아닌가 싶게 괴성을 발하는" 월계의 지긋지긋한 음악 소리를 바꿔달라고 간청하지만 마담은 '저렇듯 장엄한 행진곡'은 월계밖에 없다며 당당한 태도로 대꾸했다. 〈누락 인종〉에서는 월계다방 마담에 대해서도 영업종료 시간까지 버티는 성주에게 다가와 노려보며 "어서 가요 가! 매일 저녁 이게 무슨 꼴이냔 말야, 멀쩡한 사람이. 우리도 이제 '시마이'를 해야겠으니까 어서 가라구. 알겠죠?"라고 호령을 하는 불친절한 여자로 묘사했다. 이 소설을 월계다방 마담이 봤다면 기분이 어땠으려나. 소설책을 갖다 주기는 했는지 궁금하다.

《서울을 사는 고독과 희열》의 '화려한 집'

남정현은 《서울을 사는 고독과 희열》(1969)의 '화려한 집'에서도 월계다방에 대해 소상하게 설명했다.10 여기에서 그는 월계다방을 "오랜 세월 나의 집주소나 다름없는 역할을 감수해온" 곳이라고 적었다.

정말 지금 그 다방에 관한 이야기가 나왔으니 말이지 나는 지금까지 십 삼사 년간을 꾸준히 출입하고 있지만, 사실 나는 무엇 때문에 그렇게도 열심히, 그리고 충실히 월계를 애용하고 있는지 나 자신도 도무지 그 까닭을 잘 알 수가 없습니다.
시설이며 차 맛이, 그리고 음악도 광화문의 각 다방에 비하여 가장 하질(下質)에 속하는, 그렇다고 종업원들의 서어비스가 특별히 훌륭한 것도 아닌 월계다방을 그래도 잊지 못하여 발걸음을 노상 그쪽으로 돌리는 나의 심중을 헤아릴 수가 없다는 말씀입니다.
이것도 다 천지조화에서 연유하는 운명의 일종이라고나 할까. 그러니까 어쩌다 초라한 여인을 만나 그럭저럭 사귀다 보니 정이 들고, 그러다가 보면

---

10 《서울을 사는 고독과 희열》은 《동서춘추》 1967년 창간호에서 폐간호까지 '하숙십년'이란 제목으로 다달이 연재한 글을 엮은 수필집이다. 그런데 이 책의 내용은 일반적인 수필집과 달리 사실과 허구가 뒤섞여 있는데, 월계다방에 대한 글은 비교적 사실적인 묘사로 보인다. 이 책의 서문의 끝에 "1969년의 어느날 월계다방에서 남정현"이라고 적혀 있다.

훌륭한 다른 여인이 출현했지만, 그렇다고 먼저의 정을 끊을 수도 없고 해서 하는 수 없이 질질 원래의 생활을 끌어갈 수밖에 없는 어느 불우한 부부상(夫婦像)처럼, 나 또한 광화문에서 어쩌다 처음 만난 다방이 월계다방이요, 그리하여 드나들다 보니 자연히 정이 들고 그래서 이젠 아마 그 정을 뿌리칠 수가 없는 형편에 이르렀다는 말로 밖엔 월계에 대한 나의 애착심의 강도를 달리 설명할 수가 없습니다. 정(情)은 논리에 선행한다는 증거일까. 좌우간 이제 와서 나는 월계 이외의 그 값비싼 장식품을 동원하여 으리으리하게 꾸며 놓은 다방에 어쩌다 들어가 놓고 보면 왜 그런지 마음이 잘 놓이지 않으니 걱정이 아닐 수 없습니다."

남정현은 '화려한' 다방엔 가지 않았다. 값비싼 장식으로 꾸민 현대적인 다방에 가면 "화려한 실내의 분위기에 압도되어 자기비하를 느끼는 탓"이었다. 구석구석에 화려하게 빛나는 장식이 "그 본래의 사명대로 손님을 위한다기보다는" 실은 그것이 도리어 손님을 향하여 "일종의 인간에 대한 위협이며 협박적인 수단으로서 느껴지기 때문"에 거부감을 느낀다.

"탓으로 나는 규모가 크고 화려하게 꾸며진 다방일수록 들어가면 안정감이 없어서 경원하는 것입니다. 좁고 허술하고 낡은 다방이긴 하지만 그래도 월계에 가 앉아야만 마음이 푹 놓이곤 하니 이것도 다 그 어떠한 형식으로든 인간에 가하는 압력 앞에서는 잘 견디질 못하는 내 성격의 탓일지도 모릅니다."

남정현이 월계다방을 좋아하는 결정적 이유 중의 하나는 이 다방이 광화문에 있었기 때문이기도 하다. 월계다방에서 가까운 곳에 있는 "광화문 네거리엔 바로 그 인간에게 가하는 일체의 위협과 압력에서 벗어나 인간이 진실로 인간이 되기 위하여 피를 흘리며 몸부림친 아름다운 흔적이" 있는데,

그것은 바로 '4·19'를 말한다.

1989년 단 둘이 미국 여행도 함께 다녀왔던 소설가 이호철은 취향이 달랐다. 이호철은 〈남정현론〉에 월계다방에 대한 인상을 적었는데, 한마디로 정붙이기 어려운 궁상맞은 다방이라는 평이었다.

> 명동의 문예살롱, 대성, 갈채 다방에 주로 드나들던 내가 남정현, 최인훈, 박용숙 등 〈자유문학〉쪽 멤버들이 주로 드나들던 세종로의 월계다방에 내 쪽에서 찾아가서 첫 인사를 텄었다.
> 그 월계다방이라는 곳은 2층이었는데 좁은 층층다리가 엄청 가팔라서 조금 짜증이 났었고, 2층 다방 안도 천장이 아주아주 낮아 뭔지 꽤나 부박해 보이고 꾀죄죄해 보였었다. 내가 노상 드나들던 명동 쪽의 문예살롱이나 동방살롱, 돌체 등에 비하면 볼품없이 궁상맞아서 나는 자주 드나들지는 않았었다.

월계다방파

문학평론가 임헌영은 남정현 선생이 돌아가신 뒤 〈한겨레〉에 '가신이의 발자취-남정현 선생의 영전에 올리는 글'(2020. 12. 22)을 썼는데, 여기서도 월계다방에 얽힌 생생한 추억을 적었다.

> 1965년 '분지' 사건 직후부터 선생을 뵙고자 월계다방에 드나들던 추억이 생생합니다. 광화문에서 서대문 방향 오른쪽 대로변의 허름한 목조 건물 2층에서 선생님은 함경도 출신의 박용숙·최인훈 작가와 3인방이 되었지요. 셋 다 카프카적인 환상기법으로 전후 소설의 전위에 섰습니다. 시인 한무학과 신동엽, 작가 이호철과 황선략, 수필가 박승훈, 평론가 신동한, 만화가 김성환 등등으로 다방은 언제나 떠들썩했지요. 이 전위파의 아지트는

1977년 광화문-서대문 간 27미터의 도로폭이 40미터로 확장되면서 모든 추억들을 보도블럭에 묻어버렸습니다.
만년의 선생님은 황선락 작가와 안수길 소설 사단의 이광복 문협 회장, 시인 권용태, 통일운동가 권오헌, 사월혁명회 전덕용 의장, 일본의 오무라 마스오 교수 …… 제씨와 흉금을 텄습니다.

소설가 황선락이 《작은문학》(2021년 상반기 호)에 실은 '남정현 선생을 기리며'에도 월계다방에서의 추억이 소상하게 담겨 있다. 황선락 선생은 문단에 등단하기 전부터 이 다방에 출입했고, 선배 문인들로부터 '남정현 꼬봉'이라는 소리를 들을 정도로 남정현 작가와 친밀했다고 한다. 여기서 황 선생은 남정현 작가의 부친 남세원 선생도 만났고, 대학생이던 여동생과도 인사를 나눴다. 당시 남정현은 결핵성 연주창 수술을 여러 차례 받았고, 목에는 늘 반창고를 붙이고 다녔다고 한다. 이렇게 병약한 몸이었는데, 희한하게도 주변에 젊은 여성들이 많았다고 썼다.

재미있는 건 임파선 수술을 받고 병원에 입원을 하면 많은 문학소녀들이 병실을 찾았는데 어떤 이는 잣죽을 쑤어왔고 또 어떤 이는 깨죽을 쑤어가지고 오기도 했습니다. 하여 당시 월계에 모이던 여 시인 정상순과 김지향은 농담 삼아 말했습니다. "입김만 후~ 불면 날아갈 것 같은 체구의 남 선생은 여성의 모성애를 자극하는 특별한 능력이 있다."고요.

황 선생은 월계다방에 얽힌 특별한 추억이 있는데, 그 다방을 출입하던 여성들 중에 한 명을 만나서 결혼을 했다. 남정현이 한무학 시인의 소개로 부인 신순남 여사를 소개받은 곳도 월계다방이라고 한다. 《구술 채록집》(196~197쪽)에는 월계다방에서 신순남 여사를 만난 사연이 나온다.

남정현 예, 근데 하루는 한무학 시인이 그 여자를 데리고 다방에 왔더라고요. 그, 그분이 와서 인사를 시키더라고. 뭐 인제 서울 문리대 영문과 나오고 지금 자기 잡지에서 뭐 번역을 하나 시키는데 아, 잘헌다고 막 이래. 열심히 일하는 친구라고 이렇게 소갤해. 그래서 인사했죠, 뭐. 인사하고 뭐 좀 다방에 왔다 갔다 하고 얘기하다가 저 좀 이렇게 가까워진 거지. 그래 가깝게 됐어요(좌중 웃음). 그러니까 그게 한 57년이던가. 추천받기 전이니까.
구자황 그걸(추천받는) 다 같이 보셨을 거 같아요. 추천받고 동인문학상 받고 하는 데까지.
남 그러믄요.

하늘 향해 절 한 번 하고 끝낸 결혼식

1959년 결혼을 했는데 예식장에서 하지 않고 지인 서너 명이 모인 가운데 하늘 향해 절 한번 하고 끝냈다고 한다. 어릴 적 이력도 신비주의로 적은 작가라 어디까지가 사실인지는 알 수 없지만 결혼식 사진 한 장 없는 것은 분명하다.

조은정 결혼식으로 구색 갖추셔서 그런 예식은 안 하셨어요?
남 뭐 이제 하늘 보고 절했으니까(좌중 웃음). 몇 사람 초청해서 하늘 보고 서 딱 절하고.
조 진짜요? 고향에 서산에 아버지 교육감도 하시고 그러는데.
남 그저 뭐 하늘 보고 절했으면 됐지. 친구들은 그래도 왔었는데.

남정현 작가는 아내가 평생 외화 번역 일만 하다 일찍 죽은 걸 안타까워했다. 번역 일은 결혼 직후 길에서 우연히 만난 서울대학교 은사가 명함을 주면서 남산 KBS 방송국의 아무개 국장 찾아가라며 소개해준 데서 시작했다고 한다.

"일만 하다 죽었어요. 머리 한번 미장원에 가는 법이 없고, 자기 아들 결혼식에 처음 미장원 한 번. 그런 데 전혀 관심이 없어. 일에만 관심이 있었고. 한 번도 돈 달라고 하는 법을 못 봤으니까. 굉장한 거 아니에요. 돈 달라고 해도 줄 돈도 뭐 없지만."

'부활의 신기'로 쓴 소설
-〈경고구역〉(1958)

미 육군 대위 제임스에게 버림받은 여동생 순이

남정현이 "곡마단 시절의 부활의 신기가 그리워 우연히" 썼다는 그의 첫 번째 소설〈경고구역〉은 1958년 9월호《자유문학》에 발표됐다. 남정현 소설집《준이와의 3개월》(1977) 서문에서 "세상에 나와 처음으로 소설이란 것을 써 본 첫 작품"이라고 하면서 실제 소설을 쓴 것은 1957년이라고 밝혔다. 〈경고구역〉은 1965년 발표해 필화를 겪은 〈분지〉와 여러모로 유사한 작품이다. 〈분지〉처럼 반미소설로 분류할 수 있고, 미군에 의해 성 착취를 당한 여성 인물이 등장하는 것도 비슷하다.

주인공의 여동생 순이는 주한미군 육군대위와 교제하다 버림을 받은 인물인데, 그 '양키'는 순이를 배반하고 지구의 어디론가 감쪽같이 도망쳐 버린 '제임스'였다. 순이는 그 후유증으로 앓아누웠는데 "창자가 찢어진다고 배를 움켜쥔 채 한참 맥을 못 추는가 하면, 때론 염통이 금방 뱃속으로 쑥 가라앉았다고 사뭇 고함을 지르기도" 하는 환자였다.

정신과 치료도 받는 순이는 오빠인 종수에게 사진을 보여주며 제임스를 찾아달라고 간절히 부탁한다. 사진 속의 미군 토머스 G. 제임스 육군 대위는 "콧구멍만 유난히 눈에 띄는 키가 후리후리한 자식"이고, "암만 봐도 원

숭이 낯짝보다 코는 좀 오똑하지만 역시 볼품이 없는 상판"이었다. 오빠 종수는 이런 자에게 동생 순이의 그 아름다운 청춘이 대부분 다 엎질러졌는가 생각하니, 공연히 화딱지가 나서 견딜 수 없었다. 종수는 사진을 보면 화딱지가 나서 견딜 수 없고 "언제든 내 기어이 놈을 찾아내어 순이의 청춘을 아니, 이 백의민족의 청춘을 보상받으리라." 다짐한다.

북쪽에 어머니를 두고 왔다는 종수는 구인광고를 훑어보고 다니는 실업자인데, 현실 비판적이지만 공상에 그치고 마는 그의 성향을 드러내는 대목을 살펴보자.

> 아니, 실은 아내보다도 아내의 핸드백 속에 얌전히 들어 있을 신문이 더 보고 싶어서였는지도 모른다. 신문에는 늘 '자유'와 '민주'를 좀먹으며 살찌는 자의 모습이, 아니 돈이 없고 빽이 없어 억울한 자의 모습이, 아니 부정부패에 시달리는 자의 모습이 제각기 다양한 형태로 담겨 있으니까 말이다. 그리하여 종수는 그 신문을 펴들 때마다 온갖 억울한 자를 대신해서 힘껏 주먹을 휘두르며 사자후를 토하는 자신의 장한 모습을 공상해 보는 것이다.

그가 여동생 순이를 병들게 하고 도망친 미군 제임스를 찾는 일 외에 '자유'나 '민주'를 위해 실행에 옮기려던 장면이 소설 속에 한 번 나오기도 한다. 사원모집 광고를 차근히 독파할 생각으로 읽어나가다 "단 용모단정한 20세 미만의 소녀에 한함"이라는 마지막 구절에 욕이 부글부글 기어 나와 "개자식들"이라고 화를 내며 "그저 무엇이든 손에 잡히는 대로 때려눕힐 기세로 두 주먹을 휘두르며" 인파의 행렬을 따라 걸을 때였다.

어느 청년과 여러 사람이 '滿員'(만원)이란 팻말이 문짝에 붙은 극장에 들어가려고 문지기에게 굽실거렸다. 종수는 도대체 저 안에서 지금 무슨 일이 벌어지고 있는지 궁금했다. 혹시 "'자유'가 꽃이 피고, '민주주의'가 열매를 맺으며, '실업자'가 직을 얻는 그런 황홀한 장면이라도 벌어지고 있단 말인가." 순간 종수도 들어가고 싶은 충동이 샘솟아 돈 대신 동생 순이의 핸드백 속에서 꺼내온 K24라고 새겨진 시계를 꺼냈다. 'K24'라고 써진 황금색 케이스의 시계는 "이 땅에선 그 무엇보다도 권위에 빛나는 것"이었다. 종수 생각에 이 시계를 문지기에 건네면 입장이 허락될 것이었고, 이 시계를 문지기 호주머니 속에 처넣을 생각을 하니 가슴이 설렜다.

그것은 미국을 지휘하는, 아니 어쩌면 그것은 제임스란 놈과 감연히 맞붙어 맞상대를 해보는 그런 통쾌한 기분이었으니 말이다.

종수가 시계를 높이 쳐든 채 행동에 옮기려는 순간 뜻하지 않게 아내 숙이가 시야에 들어왔다. 전혀 낯모를 남자의 팔을 끼고 종수에게 눈을 한번 찡끗했다. 아는 체하지 말라는 일종의 암호였다.

아내 숙은 외박을 밥 먹듯이 하면서 돈을 버는 여자인데, "그 화폐를 모으는 과정에 대해서만은 의문이 많았지만" 남편 종수는 "숙이의 그 측은한 비밀에까지 파고 들어가는 실례"를 범하고 싶진 않았다. 그리고 "남 앞에서 절대 아내라고 부르지 말라."는 숙의 제안을 생활철학으로 알고 지냈고, 그 덕분에 생계를 유지하며 살 수 있었다.

매일 아침 부활하는 네 식구

'부활의 신기'로 썼다는 소설 〈경고구역〉의 주제가 부활은 아니지만 후반부에 '부활'이라는 말이 몇 번 등장한다. 종수가 중학교 친구 순구에게 유령에 홀린 듯 사기를 당하고 집에 들어오니 아내와 동생 모두 자고 있었다. 잠자는 모습을 보며 "잘 사는 사람들이 내다 버린 무슨 폐품과도 같은 꼴이었다. 목숨이 취하는 마지막 자세처럼 헝클어진 저 머리며 다리며 팔 등을 누가 주섬주섬 집어다가 시궁창에 버려도 괜찮은 존재만 같았다."라고 생각했다. 종수 자신마저 그 옆에 누우면 "네 식구의 자살이라는 제목 아래 내일 아침 신문은 사뭇 활기를 띨 것" 같았다. 하지만 종수는 실망하지 않았다. 여기서 종수는, 남정현은 '부활'을 말한다.

저렇게 다 죽은 것 같다가도 또다시 일어나 준 예는 전에도 허다했으니 말이다. 즉, 부활하는 것이었다. '예수'는 죽어 삼 일 만에 부활했다고 뻥뻥대지만, 그러나 우리 집 이 네 식구는 거의 하루가 멀다 하고 매일과 같이 부활하고 있는지도 모르겠다고 종수는 생각했다. 정말 숙이는 곧 부활한 사람같이 흡사 만세를 부르는 시늉으로 양손을 머리 위로 숙 올린 채 두 다리를 힘껏 뻗은 폼이 퍽 희망적이었다.

이 대목에서 작가가 말하는 '부활의 신기'는 예수와 같은 기적이나 초인의 영웅적인 행위가 아닌 '시궁창에 버려도 괜찮은 존재'의 재생이었다. 초능력을 지닌 주인공이 나타나지 않는다. 그가 말한 신기는 소설 속 주인공, 작가 자신으로 추정되는 남자 주인공의 행위 속에서 찾아봐야 한다.

경고구역 – 접근금지 아내의 유방과 조국의 철조망

〈경고구역〉 주인공 종수는 공상 속에서나 주먹을 휘두르거나 사자후를 토하고, 아내 숙이 사흘이나 외박해도 큰소리치지 못하는 무기력한 인물이다. 그런데 어느 날 잠든 숙의 입술과 유방을 보고 혈관이 팽창하고 가슴이 고동치는 것에 스스로 놀라고 눈을 꼭 감아버렸다. 종수는 "아내인 숙을 형성한 면적의 어느 부분에도 손을 대본 기억이 사뭇 까마득한 처지"였는데, 혹시라도 "숙의 몸을 잘못 건드렸다가 어디 한군데 상처라도 내는 날이면 내일 아침부터가 당장 두려울 수밖에 없다는 두려움" 때문이었다. 종수는 숙의 몸으로 생계를 유지하는 가장이었다.

자칫 흥분 상태에서 일을 저지를지 모르겠다는 생각에 종수는 숙의 핸드백에서 시뻘건 루즈를 꺼내 화장지에다 굵은 글자로 '경고구역'이라 쓴다. 이렇게 휘갈겨 쓴 휴지를 숙의 가슴 위에, '약삭빠르게 솟아오른 유방' 위에 얹고는 눈을 감고 생각에 잠겼다.

그렇다. 경고구역. 나라의 곳곳을 가로막은 철조망. 그 철조망마다 걸려있는 무서운 팻말. 경고구역. 단 한 발자국만 범해도 그냥 놔두지 않겠다는 당국의 호통이렸다.

남정현 소설에서 자주 보이는 기법이 성과 정치적 소재의 결합이다. 아내의 은밀한 부위를 침범하고, 분단의 철조망을 뛰어넘는 행위가 그에겐 부활의 행위이다. 작가가 부활을 통해 이루고자 하는 바는 무엇이었을까. 〈경고구역〉 마지막 종결 부분에서 종수가 아내 숙과 바람을 피우는 사기꾼 순구를 잡으러 "필사의 역주"를 할 때다.

순구를 잡기만 하면 인생의, 아니 사회의 모든 문제가 쉽사리 풀리고 갈라진 조국이 통일이라도 될 것처럼 종수는 흡사, 헬싱키에서 자토펙군이 저랬으리라 싶게 날랜 걸음으로 숙과 개서방을 열심히 쫓고 있었다.

"새는 날고 물고기는 헤엄치고 사람은 달린다."라는 명언을 남긴 에밀 자토펙은 1952년 헬싱키올림픽 5천 미터, 1만 미터, 마라톤 부문에 출전해 3관왕을 이룬 전설적인 육상선수다. 그를 닮은 날랜 걸음으로 주인공 종수가 이루고자 하는 것은 바로 '조국 통일'이었다.

〈경고구역〉에서 눈길을 끄는 장면으로 종수가 빨간 루즈로 화장지에 '경고구역'이라 써서 아내 가슴에 올려 놓는 것과 함께 여동생 순이가 옷을 홀랑 벗은 채 요강 위에서 일을 보는 모습을 꼽을 수 있다. 남정현이 첫 소설에서 선보인 이 묘사엔 그의 표현 방식, 소설 기법의 고유한 특성이 담겨 있다. 그것은 똥, 오줌을 즐겨 사용하는 그로테스크 기법과 이를 통해 정치적 의도를 극대화하는 서술 방식이다.

똥, 오줌, 엉덩이의 정치성

똥이건 오줌이건 그까짓 것과 상관할 바 아니지만 하여튼 쭈륵 쭈르르륵 하고 사뭇 폭포처럼 내리쏟아지는 그 시원한 소리만은 그래도 사랑해 주고 싶은 종수였다.
쭈륵, 쭈르르륵.
뱃속에, 아니 가슴 속에 저장되어 있는 일체의 오물이, 아니 사회와 나라를 망치는 일체의 부조리가 그냥 쏴 하고 한꺼번에 밖으로 쏟아져 내리는 기분이니까 말이다.
쭈륵, 쭈르르륵.
이 얼마나 가슴을 설레이게 하는 한 인간의 유쾌한 음향이냐.

똥, 오줌, 요강, 배설, 나체(엉덩이)는 남정현의 소설에 자주 등장하는데, 그의 대표작〈너는 뭐냐〉의 주요 소재이기도 하다. 〈너는 뭐냐〉의 도입부는 관수의 아내 신옥이 방 한가운데 요강에서 똥을 싸는 장면으로 시작한다. 〈경고구역〉에서 주인공 종수는 여동생이 배설하는 모습에서 "일체의 부조리"를 연상하는데,〈너는 뭐냐〉에서 아내의 먹살을 잡은 관수는 활활 타오르는 불꽃에서 "일체의 건물과 일체의 제복"이 무너져버리는 상상을 한다. 남정현이 똥, 오줌, 배설을 통해 보여주려는 것은 일체의 부조리한 체제를 전복하려는 일념이었다.

병리학적 상상력과
조커의 웃음
-〈굴뚝 밑의 유산〉(1959)으로 추천 완료

'병든 현실과 병리학적 상상력'

〈굴뚝 밑의 유산〉(《자유문학》, 1959년 2월호)은 남정현 작가의 추천 완료작이다. 소설 속 등장인물은 기이하고 그로테스크하기 짝이 없다. 비교적 유복한 가정 환경에서 자란 작가가 전혀 경험할 수 없었던 비참한 가족 이야기를 어떻게 구상할 수 있었을까? 소설이 아무리 작가의 상상력의 산물이라지만 자신이 겪은 것을 벗어나기 어렵다는 점에서 기발한 등장인물을 창조해내는 작가의 발상이 놀라웠다.

장현은 2005년에 발표한 〈1960년대 한국 소설의 탈식민적 양상 연구-이호철·최인훈·남정현의 소설을 중심으로〉(이하 〈1960년대 한국 소설의 탈식민적 양상 연구〉)에서 "남정현 소설의 인물들은 대부분이 병들었거나 병적 징후를 드러낸다."라면서 이 문장의 각주에서 강진호의 논문을 인용해 남정현의 '병리학적 상상력'을 언급했다.

> 강진호는 작중인물들의 병적인 생활상과 특성에 대한 사실적인 묘사는 작가 자신의 체험이 창작의 원천이었기 때문이라고 한다. 또한 이것은 우리 현실을 병든 것으로 이해한 작가의 의도가 반영되어, 병자들의 생태를 통해

민족의 비극을 환기하고자 한 것으로 본다. 그런 점에서 남정현의 상상력을 '병리학적 상상력'이라고 명명한다. (강진호, 〈병든 현실과 병리학적 상상력: '남정현문학전집' 書評〉, 《작가연구》 제14호, 2002)

여러 차례 남정현 작가를 만나 정식으로 인터뷰했고, 사석에서 단둘이 만나 차담을 나누기도 했지만 '병리학적 상상력'에 대해선 생각해 보지 못했다. 오랫동안 병마에 시달려서 그런가 허약한 체질로 보였지만 언행에서 신경증적이거나 특이한 점을 느끼지 못했다. 그렇지만 오랜 투병생활은 작가의 무의식에 어떤 식으로든 영향을 미쳤음엔 틀림없다. 일반적인 틀을 벗어난 소설 속의 인물 설정과 사건 전개는 어쩌면 작가의 흔치 않은 투병생활에서 기인한 것일지도 모르겠다는 생각도 해본다.

〈굴뚝 밑의 유산〉 제목을 처음 접했을 때 어떤 내용의 소설인지 궁금증을 불러일으킨다. 굴뚝은 무엇이고, 유산은 무엇을 의미하는 걸까. 이 소설에서 굴뚝은 언덕바지 높은 곳에 위치한 석주네 집 방문 옆의 굴뚝인데, 이 공간이 다름 아닌 석주의 직장이기도 하다.

석주네 굴뚝은 다행히도 방문 옆에 우뚝 솟아있기 때문에 일부러 지어 놓은 무슨 초소(哨所)처럼 몸을 숨기고 사방을 감시하기엔 정말 안성맞춤이었던 것이다. 굴뚝 뒤에 몸을 숨기고 사방을 감시한다는 그것은 영옥의 생계를 위한 가장 적절한 일인 동시에 또한 자신의 생활을 위해서도 만부득이 수행할 수밖에 없는 그런 무슨 최후의 직업전선 같은 것이었으니 말이다.

굴뚝 뒤가 바로 석주의 직장

여기서 영옥은 남들이 볼 때 석주의 부인이지만 실제로는 남남 관계다. "번번이 한집 한방에서 이부자리를 같이하고 지내니까" 아내라고 할 수도

남정현은《자유문학》1958년 9월호의〈경고구역〉에 이어 1959년 2월호에 추천완료 작품인〈굴뚝 밑의 유산〉이 실리면서 등단했다.

있지만, 서로는 돈을 위해 공생하는 관계다. 석주는 영옥에게 집세를 받아내기 위하여, 영옥은 다달이 집세를 석주에게 바치기 위해 피차간 열심히 협력하고 있을 따름이다. 이 말을 이해하려면 보충 설명이 필요하다.

절도하다 형무소에 잡혀간 석주 아버지는 석주의 대학등록금에 보태려고 월세 만 환에 방을 세놨는데, 거기 들어온 게 영옥 부부였다. 영옥 남편 규석이 군에 입대하게 되자 월세를 내기 어렵게 된 영옥은 넥타이핀을 외상으로 구해다 "점잖은 나으리들만을 찾아다니며 동정을 구하는 행상"을 하게 된다. 그러다 보니 "자연히 정(情)을 주는 분이 생기길 잘 했"는데, 어느 날인가는 방에서 "한꺼번에 타이핀을 열 개나 팔아 준 적이 있는 어느 뚱뚱보의 가슴에 얼굴을 비비고" 있었다. 그런데 아닌 밤중에 홍두깨비 식으로 남편 규식이가 휴가차 연락도 없이 찾아왔고, 규식은 "죽일 년!" 하면서 영옥의 목을 짓밟았다.

형무소에서 아버지를 면회 갔다 오는 길이었던 석주는 절박한 신음 소리를 듣고 방안을 엿보다 "밥통이 끊어지는 아픔"을 느꼈다. 영옥은 자신의 밥줄이었기에, 물불 가리지 않고 방 안으로 뛰어 들어가 한데 어울려 치고받았다. 이웃 사람들의 참견으로 다행히 살인 사건은 안 일어났지만 그날 이후 규석은 홀연히 종적을 감추었다. 그 뒤에도 영옥은 그 방에서 월세를 벌기 위한 영업을 계속했지만 석주가 밖에서 망을 봐주지 않으면 자기 일에 충실할 수가 없었다. 전 남편 규식이에게 당한 뒤에는 "누가 또 느닷없이 목덜미를 짓누르는 것만 같은 두려움에 시달리는 탓"이었다.

규석이와 전투를 벌인 1년 전부터 굴뚝을 초소 삼아 망을 보는 일이 석주의 의무였다. 그런데 "쓸쓸히 혼자서 굴뚝에 몸을 기대고 정정히 서 있어야 한다는 것은 그리 용이한 작업이 아닌 것"이었다. 정 힘들 때면 석주는 예의 그 '어이없는 웃음'으로 속을 추기곤 했는데, 이 웃음이야말로 "부친의 단 하나의 유산"일지도 모른다는 생각을 했다.

절도범이 된 부친이 남긴 유산 - 웃음

부친이 남긴 유산이라는 그 웃음은 무엇을 말하는가.

석주의 아버지는 "그 쉽다는 한글도 깨치지 못한 위인"이었으며, 채소를 파는 일만이 그의 삶이며 생활의 골자였다. 그밖에 한 가지 딴생각이 있다면 "단 하나의 아들인 석주만은 기어이 가르치고야 말겠다는 그런 일종의 비장한 각오뿐"이었다. 이는 세상을 먼저 뜬 사랑하는 아내가 남긴 간절한 유언이기도 했다.

고등학교 졸업 후 석주는 가까스로 대학 2년까지 올라갔다. 그런데 "채소값이 폭락하는 바람에 등록금은 고사하고 두 식구의 입 시중들기에도 쩔쩔매는 나날이" 계속되었고, 리어커를 끌고 가던 어느 날 집이 빈 단골집의 장롱 서랍에서 금붙이 몇 개를 훔친 것이다. 그러나 석주 아버지는 "두근거리는 가슴도 진정되기 전에 그 길로 그냥 곧장 형무소에 수감된 것"이었다. 부친에 관한 그러한 소식을 접한 석주의 반응이 그야말로 '그로테스크'했다.

석주는 놀랍기보다는 왜 그런지 어이없는 웃음이 연달아 자꾸만 터져나와서 견딜 수가 없었던 것이다. 버걱처럼 잔뜩 금이 간 부친의 그 울퉁불퉁한 손가락과 금지환(金指環)과의 대조. 이 얼마나 어울리지 않는 어색한 풍경이란 말인가. 석주는 천정을 바라보며 껄껄껄 한나절은 온통 그저 웃음으로

충당했던 것이다. 하지만 남 보매에 석주의 상판은 전혀 웃는 표정이 아니고 자꾸만 솟구치는 아픔을 참기 위하여 온몸을 비비 꼬는 형국을 이루고 있었던 것이다. 그러니까 그때의 그 기이한 웃음의 형태가 지금까지 석주의 웃음으로 행세하게 되었는지도 모르는 것이다.

아픔을 참기 위한 기이한 웃음. 영옥이는 석주의 이 웃음을 대할 때마다 "우습게도 항시 기분이 싹 잡치면서 오한의 시초처럼 온몸이 으스스 떨린다."라고 주장한다. 그녀가 볼 때 "석주의 웃음은 그건 실은 웃음이 아니라 차라리 통곡하는 형국"이었는데, 그 모양은 이러했다.[11]

한번 웃는다고 입을 씨익 벌리고 나면 우선 코를 중심으로 한 그 주변의 근육들이 일제히 눈잔등을 향하여 우루루 몰려드는데, 이건 정말 인간의 안면(顔面)에 대한 일대 모욕이 아닐 수 없는 것이었다. 그 지경으로 지질한 웃음과 일단 충돌하고 나면 영옥의 기분은 항시 싹 잡친다는 것이다.

상대의 기분을 잡치게 하는 웃음이지만 석주는 이상하게도 "한참을 그 지경으로 열심히 웃고 나야만 비로소 가슴이 좀 차분하게 가라앉아 준다는 성격의 소유자"였다. 기이한 노릇이었지만 석주는 "자신의 웃음의 형태가 부친이 물려준 단 하나의 가장 소중하면서도 자랑스러운 그런 무슨 물질적인 혹은 정신적인 유산의 일종인지로 모르겠다는 생각에 이따금 가슴이 울렁거리기도 하는 것"이었다.

---

11 〈굴뚝 밑의 유산〉에서 석주의 기이한 웃음은 당대의 부정적 현실인식의 징표로 작용한다. 석주를 졸업시키기 위해 물건을 훔치게 되고, 그래서 끝내는 옥사하고 마는 아버지의 삶, 유일하게 석주를 위로해준 착한 갑자가 결국에는 석주를 속이고 마는 현실, 그리고 영옥의 그릇된 삶에 동조할 수밖에 없는 석주의 처지 그로 하여금 지속적으로 기괴한 웃음을 짓게 하는 것이다. (장현, 〈1960년대 한국 소설의 탈식민적 양상 연구〉, 2005)

석주의 웃음에서 영화 〈조커〉 주인공 아서의 웃음이 떠올라

석주의 기이한 웃음에서 병적웃음 증상을 지닌 영화 〈조커〉의 주인공 아서 플렉이 연상됐다. 아서는 '감정실금'(Pseudo bulbar Affect) 또는 '병적웃음'(pathologic laughing)이라고 부르는 신경학적 질환을 앓고 있는 사람으로 나온다. 병적웃음의 증상은 전혀 어울리지 않은 상황에서 생기는데, 한번 터지면 웃음이 끊이질 않고 세게 나온다는 것이다. 이런 조커의 웃음은 사람들에게 혐오감, 분노를 유발하는데, 관객들은 조커의 웃음 속에서 오히려 슬픔, 비극을 느꼈다.

월세를 받기 위해, 세든 여자가(월세를 내기 위해) 남자를 끌어들여 가랑이로 '공부'를 하는 동안 굴뚝 옆에서 보초를 서는 주인공이 버티는 힘은 오로지 아버지의 유산이라 여겨지는 기이한 웃음 덕이다. 그 아버지는 자신의 학비를 대주기 위해 절도 행각을 벌이다 형무소에 갔는데, 거기서 정신이 나갔는지 "어따 감췄어 이 자식아. 어서 성큼 내놓질 못하겠니! 이 자식아, 어서 졸업장을 썩 내놓으란 말이다."라고 철창에 머리를 탕탕 부딪치며 울부짖는다.

석주는 아버지의 이 처참한 목소리가 들린다고 생각되자, 그만 넘어지고 말았다. 섬마를 배우는 어린애처럼 가까스로 일어선 석주는 "어디든지를 향하여 속히 가야 하겠다."고 다짐했다. 어디로 갈까 망설이던 석주는 불현듯 애인 갑자가 떠오른다. 그저께 칼모찡 두 알을 복용한 갑자를 부축해서 집에 데려다줬을 때 그녀는 "회사의 운명과 함께 나의 목숨도 이제 마지막이 될지 모르겠다면서" 흐느꼈다.

갑자(甲子)는 왕실다방에 가면 항상 볼 수 있는 여인이다. 이 여자를 처음 만난 것은 길거리에서다. 영옥의 심부름으로 가게에 가던 참이었는데 앞에서 비실비실 맥을 못 추고 쓰러지는 여인을 안아다가 병원에 눕혔는데, 신원을 알아보니 이름은 갑자, 나이는 스물다섯, 주소는 서대문구 의주로였다.

그는 '칼모찡'이라는 수면제 성분의 독약을 장복해서 길거리에서 쓰러진 것이었다.

갑자는 삼각회사에 다니는데, 전매청 담장과 등을 맞대고 선 허술한 양옥집에 자리 잡은 이 회사가 하는 일은 전매청의 "아무개들이 야음을 타서 슬슬 넘겨주는 담배뭉치"를 받아서 시장에 공급하는 것이었다.

갑자가 칼모찡을 복용하는 이유는 "줄창 콧물에 세수한 낯짝같이 누기에 차 있어서" 보기만 해도 온몸이 끈적거리는 판자때기 집, "지금 당장 관에다 집어넣어도 별로 예의에 벗어날 것 같지 않은" 노모만이 가까스로 똥이나 싸면서 누워 있는 집에 제정신으로 들어가기 힘들어서다.

갑자는 판자때기 집을 벗어나 "칼모찡의 부축이 없이도 뜬 눈으로 들어갈 만한 침실을 찾아" 가는 꿈을 꾼다. 그것이 현재로서는 '왕실' 다방이다. 이름 자체가 빈민에게는 어울리지 않는 다방이다. 그녀는 마치도 "왕실을 제 집이려니 하고 착각하고" 있다. 그러나 왕실은 결코 자신의 소유가 아니며, 제집이 될 수 없다는 데서 슬픔을 느낀다.

석주가 빈부 격차를 뼈저리게 느끼는 장면도 나온다. 그가 굴뚝에서 망을 서다 규석이처럼 생긴 어떤 자식이 "빨가벗은 영옥을 세워놓고는 거꾸로 들었다 바로 들었다 해싸며 사뭇 곡마단 놀이를 하고" 있는 장면을 보고는, 오판해서 댓바람에 방에 뛰어 들어가 남자의 골통을 후려친 적이 있다. 그 남자는 "다른 사람이 아닌 밀린 집세를 대어주기로 약속한 어느 회사의 사장님"이었다. 석주는 그날 이후 죽기 전의 고통과도 같은 "단말마(斷末魔)의 경지를 헤맨 것"이었는데, 영옥은 사장님에게 남동생이라고 둘러댔으니 걱정하지 말라고 했다. 그러면서 의심을 풀도록 아주빌딩을 방문하라며 약도를 그려주었다.

석주가 아주빌딩을 찾아가는 길에 보이는 거리는 자기가 다니는 공간과 아주 달랐다. "반듯하게 현대의 건축미를 뽐내는 빌딩의 층층층", 남정현 소설에서 빌딩은 악의 상징물이기도 하다[12]. 아주빌딩은 세련된 면상을 하고 있었는데 "면상의 태반은 투명한 유리의 집단"이었다. 이 빌딩의 정문을 통과하는 인물들은 모두 배가 불룩했고, 여기에 비해 석주의 배는 홀쭉했다.

모두들 북통만 한 배때기를 패스포트처럼 썩 썩 펴 보이고 들어가는 품이 석주의 눈에는 참으로 매력적이었던 것이 마누라 대신에 새끼를 밴 것 같이 모두들 불룩하게 포물선을 그은 그런 무슨 배꼬래의 경연대회에 출현하는 인물들로만 보이는 것이었다. 순간, 석주는 좀 실망했다. 밴댕이 속처럼 등뼈와 거의 유착되다시피 한 자신의 그 얇은 배때기를 문질러 보고서인 것이다. 이래 가지고서야 어디 위신이 서겠는가.

'북통만 한 배때기'와 '얇은 배때기'는 빈부 격차, 계급 차이를 대비시킨 표현일 것이다. 석주는 "제딴엔 아주 남들처럼 배를 쑥 내밀고 빌딩의 정문을 들어섰다고" 들어섰지만, 결국 우락부락하게 생긴 안내원에게 걸려 망신을 당한다. 아버지의 수번 삼오호(35호)를 연상시키는 '35호실' 사무실에서 석주는 사장에게 자기가 매일 보초를 서서 "우리 누님은 절대로 신품입니다."라며 잠꼬대처럼 두서없이 말해서 상황을 더 꼬이게 만든다.

빌딩에서 나온 석주는 어느 낯모르는 추녀 밑에서 쓰러졌다. 누군가 먹여준 냉수 두어 사발을 먹은 뒤 깨어난다. 석주는 거리에서 형무소 철창에 머

---

12 〈분지〉에서도 빌딩은 주요한 물체로 등장한다. 홍만수는 미군에 맞서면서 썩어 빠진 국회와 정부, 매판자본도 비판하는데, 빌딩은 이를 상징한다. 만수는 어머니의 유택(무덤)을 20년간 찾지 않은 이유를 한두 페이지에 걸쳐 길게 말하는데, 이 대목에서 '빌딩'이란 단어가 아홉 번 등장한다.
"도시의 미관과 경제의 성장을 위해서 이십여 년이나 당신이 누워 계시던 자리엔 지금 빌딩이, 하늘을 향하여 요란스럽게 빛을 던지고 있답니다. 다시 말하면 요정이, 은행이 호텔이, 그리고 외인상사(外人商社)가 당신의 유택을 강점하여 도시의 미관이란 미명 하에 빌딩이란 이름으로 둔갑하고 있는 거죠. 왜 섭섭하십니까."
"영롱한 빛으로 장식된 빌딩의 저 깊은 밀실에서는 오늘도 우리들을 더 이상 못살게 하기 위한 무슨 가공할 음모가 기필코 꾸며지고 있을 성싶은 그런 일종의 피해의식이 번번이 저의 뒷통수를 억압하는 탓이라고나 할까요. 어지럽습니다."

리를 탕탕 부딪치며 울부짖으시는 아버님의 '이 자식아, 어서 졸업장을 썩 내놓으란 말이다'라는 처참한 목소리가 들린다고 생각되자, 그만 넘어져서 졸도한 것이었다.

석주는 어디로 가야 할지 망설이다 불현듯 "이제 마지막일지도 모르겠다는 절망적인 표정과 함께 눈물을 흘리던 갑자"의 일이 궁금해졌다. 석주가 기진한 몸을 이끌고 갑자 집에 도착해 창문을 탕탕 두드리자 이웃집 아낙이 화딱지 난다는 듯 "뭐 갑자요. 그년 갔어요. 아 글쎄 그년 때문에 나까지 큰일 날 뻔했지 뭐예요. 이웃에서도 그년이 글쎄 담배 도둑년인 줄은 감쪽같이 몰랐지 뭡니까. 어쨌든 그년 갔어요."라고 짜증 섞인 목소리로 소리쳤다.

석주는 그게 무슨 말인지 잘 알아들을 수가 없었던 것이다. 다만 마지막에 그년 '갔어요'란 말이 무슨 구원의 말씀처럼 석주의 가슴을 조용히 어루만져 주고 있었다. '갔어요.' 암 가야지. 칼모찡의 부축이 없어도 뜬 눈으로 들어갈 만한 침실을 찾아 갑자는 시원하게 간 것만 같았다.

석주는 '갔어요.'라는 말을 떠올리며 자기도 갑자와 같이 시원하게 꼭 가야 할 자리가 있을 것만 같았다. 마음과는 달리 가슴은 부들부들 흔들리고, 자꾸만 발을 헛디뎠고 "그때 어느 쪽에선가 발사한 그 강렬한 '헤드라이트'의 불빛이 눈을 찌르자" 석주는 그만 꽝 하고 쓰러졌다. "그래도 어디로든이 자리는 속히 떠나야 하겠다는 생각에" 석주는 포복하는 군인처럼 앞으로 조금씩 몸을 당겼다. 석주네 굴뚝처럼 우뚝 솟은 전봇대 밑이었다.

석주와 갑자가 떠나고 싶은 현실은 무엇이고, 가고 싶은 곳은 어디였을까. 이 소설에선 특별한 정치적 상황이 직접 언급되지는 않는다. 넥타이핀 행상을 하는 영옥이의 신념이 "끝까지 살아서 북한에 계신 부모님을 만나고 죽어야 한다는 것"이라는 표현, 악의 상징인 빌딩이 나오는 것 외엔 남정현 소설에서 쉽게 발견되는 미국, 외세, 분단, 반정부를 의식한 간접적인 표현조차 없다.

〈굴뚝 밑의 유산〉에서 남정현이 문제시한 상황은 빈부 격차, 빈민의 고통이 아니었나 싶다. 일단 등장인물의 직업을 보면 석주의 부친은 채소장사, 명옥은 넥타이편 행상 및 윤락, 갑자는 판자때기 집에 사는 도시빈민이었다. 석주 부친은 아들의 '졸업장'에서 빈곤 탈출의 기회를 찾는다. 석주는 수시로 굶어서 기근과 피곤함에 현기증을 일으키며 쓰러지기도 했다.

백승철은 '현실악의 도전자 〈굴뚝 밑의 유산〉'(1969)이라는 글에서 "남정현은 현실, 한국이라는 현실에 애착을 갖고 거기에 대한 사랑을 쏟고 있다. 현실악에 대한 증오의 눈초리를 쏟으면서도 그의 손은 의외로 따스하게 등을 두드리는 것이다."라고 썼다.

소설 당선소감과 안수길의 추천 후기

《자유문학》1959년 2월호에는 소설분과위원회 제2회 추천 완료작품인 〈굴뚝 밑의 유산〉(남정현)이 게재됐다. 최정순의 〈이색지〉도 함께 추천 완료작품으로 실렸다. 잡지에는 남정현의 소설 당선소감과 안수길의 추천후기, 최정순의 당선소감과 주요섭의 추천후기가 함께 실렸다. 남정현의 문학관을 보여주는 자료 가치가 있기에 '소설당선소감' 전문을 그대로 싣는다.

어떻게 하다 보니 이렇게 되었습니다.
이 노릇을 누가 시켜서 하고, 말리면 않겠습니까. 끝까지 해보면 문학도 결국 그의 천성을 자백해 주겠지요. 따라서 내가 기어코 하고 싶은 말이 무엇이었던가도 차츰 분명해질 것이 아니겠읍니까.
약간 웃으운 세상이었습니다.
휘 둘러봐도 어디 한군데 맘놓고 서 있을 공지(空地)라곤 없더군요. 문밖만 나서면 독한 시선들에 '목아지'를 다 잘려야만 했습니다. 부상을 입지 않

기 위한 나의 고충에는 성현들의 구구절절한 말씀도 별 효험이 없더군요. 이 자식은 부득이 나 스스로의 사물에 대한 개념과 질서를 운영해야만 했습니다.

원자로가 뒷받침한 후반기의 슬하에서 오로지 끼니 때문에 지랄을 해야 한다는 사실은 확실히 무슨 전통이라 한다구요. 하지만 이 전설 같은 상태가 뚜렷한 기치(旗幟)를 휘두르며 우리의 생활영역에 당당히 참여하고 있다는 사실도 우리는 전설이라고 불러야 합니까.

의식이 성한 사람이면 아무데서나 배설(排泄)할 수 없었듯이 '인간'이라는 과분한 지위 때문에 이 자식은 아직 죽지를 못했는지도 모르겠습니다. 용서해 주실는지.

당선소감 중에 "이 자식은 아직 죽지를 못했는지도 모릅니다."라는 문장이 또렷하게 보였다. 그는 처음 소설을 쓸 때부터 죽음을 눈앞에 뒀거나, 죽음을 각오했거나, 죽음에서 벗어나겠다거나, 기어코 하고 싶은 말을 한 다음에 죽을 생각이거나, 하여간 죽음을 염두에 두었다는 느낌이 든다. 작가 입으로 '부활의 신기'를 떠올리며 첫 번째 소설 〈경고구역〉을 썼으니, 〈굴뚝 밑의 유산〉으로 추천된 후 쓴 당선소감에서 '죽음'을 언급했다는 사실이 여러 상상을 불러일으킨다. 남정현의 '당선소감' 바로 옆에는 안수길 작가의 짧은 '추천 후기'가 붙어 있었다.

현실의 부조리를 직업면에 상징적으로 형상화시켜 그것에 저항하는 강렬한 정신적 자세.

전작에 비겨 째여진 구성이 현저하게 눈에 띤다. 작품도 작품이지마는 끝까지 문학과 대결해 정진할 수 있는 '사람'임을 믿고 기대하므로 마음놓고 제2작의 천기(薦記)도 쓴다.

3장

1960년대
현실에 참패한 픽션, 픽션을 제압한 현실

권총만 한 자루 있었다면
―〈누락 인종〉(1960)

"탕 탕 탕"

《자유문학》(1960년 3월호)에 발표한 〈누락 인종〉은 4·19 혁명의 마그마가 용암으로 분출하기 직전에 쓴 소설이다. 남정현 작가는 자신의 소설에서 알레고리, 풍자를 주로 사용하지만 작품 중간중간 직설법으로 정치 사회적 문제를 언급하는 경우가 많다. 이런 발언 중에 남정현 작가의 속마음이 담겨있는 경우가 많다. 그중에서 작가의 흉심이 깊게 느껴지는 문장 하나를 고르라고 하면 필자는 〈누락 인종〉에 나오는 '권총 한 자루'를 꼽겠다.

그저 권총만 한 자루 있었다면, 그렇다. 그저 더도 말고 내게 권총만 한 자루 있었다면, 이 도시를 아니 이 한반도를 수용하고 있는 이 공간이 이렇게 답답하게 느껴지진 않으리란 생각 때문이었다. 그저 그 금빛 나는 권총 알을 사정없이 난사하느라면 어디든 시야가 확 트인 빛나는 세상이 환하게 열릴 것 같아서였다.

주인공 성주는 "권총을 옆구리에 차고도 그걸 그냥 방치하고 있는 자들을 보게 될 때마다" 울화통이 터졌다. 쓸개 빠진 자들이 아닌 다음에야 어떻게 무기를 손 앞에 두고도 그걸 그냥 볼 수만 있다는 말인가. 그는 바로 조준 사격해야 한다고 생각했다.

탕 탕 탕. 우선 나라를 남북으로 갈라놓은 그 천인공노할 자들의 면상을 향하여 탕 탕 탕. 그리고 해방이 되었는데도 나라를 팔아 호의호식하던 친일 세력들이 계속 활개치게 만든 세상을 향하여 탕 탕 탕. 13

소설 〈누락 인종〉을 읽어보면 주인공이 보기에 "나라를 남북으로 갈라놓은 그 천인공노할 자들"에는 미국이 들어간다. 임유경은 남정현의 〈분지〉를 주요 텍스트로 다룬 박사논문 〈1960년대 '불온'의 문화 정치와 문학의 불화〉(2013)에서 '〈분지〉에서 발견되는 반미적 성향'은 그 이전의 초기 작품에서 발견할 수 있다고 말했다.

이를테면, 초기작인 〈누락 인종〉은 미국문화에 대한 조소와 희화화, 더불어 통치 이데올로기에 대한 거부감을 직접적으로 표출하고 있다. 주인공의 시선을 통해 포착되는 현시대의 특징은 해방이 된 이후에도 호의호식하며 활개를 치는 친일세력들과 미국식 모더니티를 제 몸에 발아시키려는 욕망에 들려 있는 도시, 그리고 통일을 끝없이 지연시키는 논리로 작용하며 개개인의 삶을 짓누르는 반공의 생리 등으로 압축된다. 505) 이 소설이 주목되는 것은 〈분지〉에서 발견되는 반미적 성향과 재식민화에 대한 불안이 작가의 초기 작품에서부터 일찌감치 표출되고 있었음을 알려주기 때문이다.

---

13 "탕탕탕" 권총 소리에서 유현목 감독의 영화 〈오발탄〉(제작 1960, 상영 1961)이 떠올랐다. 은행강도에 나섰다 경찰에 쫓기던 주인공의 동생 송영호는 하늘을 향해 권총을 발사한다. 한국전쟁 이후 상이군인을 비롯해 살아남은 이들의 트라우마를 보여주는 이 영화는 이범선의 소설 〈오발탄〉(《현대문학》, 1959년 10월호)을 각색해서 만들었다. 사회고발 의식이 강한 이 소설로 이범선은 1960년 5회 동인문학상(東仁文學賞)을 수상했다. 남정현은 동인문학상 6회 수상자다.

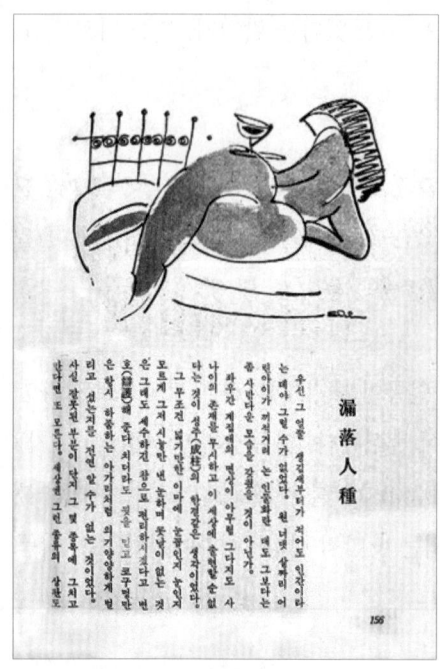

《자유문학》(1960년 3월호)에 발표한 〈누락 인종〉.

임유경은 각주(505)를 통해 "이 소설에서 한국사회를 바라보는 작가의 시선이 가장 잘 드러나 있는 부분은 '철조망에 갇힌 죄수처럼 목을 움츠리고 저 누구의 역사인지도 모를 바깥의 그 서먹서먹한 풍물을 관망'하는 인물(성주)을 비추는 장면이다."라고 썼다.

이 장면 말고도 〈누락 인종〉에는 미국에 대한 부정적 묘사를 찾을 수 있다. 주인공 성주를 죽기로 쫓아다니는 명희가 속한 도의연구소 소장님은 "친일파가 득세하든, 친미파가 득세하든, 그게 다 이 나라의 운명이 그래서 그런데, 그걸 누가 어쩌겠냐"라고 말한다고 소개했는데, 이는 미국과 친미파가 지배하는 사회에 대한 비판이기도 했다.

아침부터 월계다방에서 와서 똥을 싸는 자를 향해 "그것도 멋인가? 그것도 미국식 멋이냐, 이 말이야?" 하고 간접적으로 미국을 까기도 한다.

"그저 그런 자식들의 똥구멍은,"
"암, 그렇지."
"찢어 버리는 수밖에 없어."
"암, 그렇지."

이를 미국을 향한 비아냥, 미국식 멋을 추종하는 세력에 대한 독설로 읽는 것은 독자의 자유이다. 남정현의 소설에는 군데군데 이렇게 반국가 반체제로 읽히는 대목이 숨겨져 있다. 〈누락 인종〉보다 앞서 발표한 〈인간플래카드〉(1959)에는 "모든 것이 다 양키정신으로 변질되어 가는" 것을 걱정하는 주인공 승구의 친구인 준호가 "빨간 줄이 찍 건너간 그 징집영장을 찢어 밑을 닦았다."는 서술이 나온다. 이승만 반공체제에서 이렇게 국방의 의무를 조롱하고 국가를 모욕하는 행위를 한다는 게 예사롭지 않게 읽힌다.[14]

미국과 함께 이 소설에서는 '반공체제'와 돈 중심 자본주의에 대한 비판과 빈정거림이 여러 차례 나온다. 법학과 재학 중 병역의 의무를 마치고 제대한 성주는 취직 행각에 나섰으나 돈을 쓰지 않고는 취직할 수 없는 기막힌 현실에 화가 치밀었다. "돈이 없어서 취직을 하겠다는데 돈이 있어야만 취직이 된다니, 세상에 원 이런 놈의 막된 법이 어디 있단 말인가."라고 좌절했지만, "혹시 미국이 하도 날치는 세상이니, 미국식 법엔 그런 법이 있을 수도 있지 않은가."라는 생각도 해봤다. 이리 생각하니 세상살이가 막막했지만 구직을 단념할 순 없었고 "흡사 취직을 위해 만들어진 일종의 무슨 기계처럼 거의 제정신을 잃고 헤매던 끝에" 하나 얻은 직장이 '한국제일영약주식회사' 외무사원이었다. 육십 평생을 제약계에서 종사했다는 이 회사의 사장은 말년에 '쌍금탕' 제조에 나섰는데, 그것은 사리사욕을 채우기 위한 것이 아니고 '반공사업'을 위해서라고 했다.

---

14 〈인간플래카드〉(1959)에 나오는 준호는 서울 사범대를 나온 세칭 병역기피자다. 그는 달나라 여행을 꿈꾸며 지구상의 온갖 제도나 법령, 관습 따위는 짐승에게나 인계해버리라는 '혁명적' 발상을 했다. 준호는 달나라에 인간의 깃발을 꽂고, 인간이 꿈꿔온 평화, 평등, 사랑을 실현시켜 볼 생각이었다. 그런데 인공위성이 대기권을 벗어나 지구를 내려다보며 빙빙 돌고 있다는 뉴스를 접한 날 공교롭게도 징집영장을 받은 준호는 "원, 쳇" 하며 영장으로 밑을 닦았다. 남정현이 이승만 반공정권의 검열을 의식하며 소설을 썼다는 점을 감안하고 읽으면, 이때부터 작가는 '평화, 평등'과 같은 사회주의적 이념에 가까웠다고 해석할 수 있다. 인간이 만든 최초의 인공위성은 1957년 10월 4일 소련이 발사한 '스푸트니크 1호'다.

자기는 단지 그저 늦으막하게나마 뭣하나 좋은 일을 하고 죽고 싶은 생각 끝에 불철주야 반공(反共)의 최일선에서 수고하시는 여러 공무원과 회사원들의 건강을 조금이라도 돕고 싶어 이 영양쌍금탕 제조에 발 벗고 나섰다는 것이었다. 그러니까 이건 보통 예사로운 사업이 아니라, 일종의 거창한 반공사업의 일환이라는 것이었다.

쌍금탕- 반공 사업의 일환

그래서 이 쌍금탕 회사의 영업사원들은 '반공'이라는 낱말에 힘을 주며 영업을 했다. 주인공 성주는 "이 땅 위에서 反共이라는 그 한문 두 자가 사람들에게 원 그렇게도 위협적인 힘을 발휘할 줄은 정말 모르고 지낸 터였다." 라는 것이다. 그가 약병을 들고 영업을 하기 위해 조심스럽게 사무실에 들어서면 사무원들이 눈살을 찌푸리며 "나가요, 필요 없어요."를 연발했다. 그러나 성주가 한국제일영약주식회사의 취지문을 펴들고 "밤낮없이 반공(反共)의 최전선에서 수고하시는 사무원 여러분." 하고, 엄숙하게 한마디 하면 그들은 좀 기가 죽은 표정으로 자세를 바로 하면서 흡사 자신들이 무슨 채무자라도 된 것처럼 미안한 표정을 지었다.

성주는 이렇게 "反共이란 이름의 그 서슬푸른 한문 두 자를 앞세우고" 여러 사무실을 쏴 다녔는데, 그것도 시간이 지나면서 신통치 않았다.

이젠 반공이라는 그 이상한 한자도 김이 빠졌는지 처음엔 그 말 한마디면 싫어도 하는 수 없이 주문에 응해주는 자가 이따끔 나서기도 하더니 왜 그런지 요즘에 와선 피식피식 웃기들만 하면서 처음부터 들으려고도 하지 않는 것이었다.

〈누락 인종〉은《자유문학》1960년 3월호에 발표한 작품이다. 4·19 혁명 직전 이승만 자유당 정권의 폭압 통치가 극에 달한 시기였고, 반공이 성스러운 국시와도 같던 사회 분위기에서 이렇게 '반공' 두 글자를 희롱하는 게 쉽지 않았을 것이다. 남정현 작가는 미국과 반공, 친미 친일세력에 대해 조롱하거나 화를 내면서 소설의 말미에 다시 '권총'을 등장시킨다. 도입부에서처럼 "제기랄"이란 감탄사를 넣으며 탄식을 한다.

> 왠지 성주는 자기가 한 인간으로서 드나들 수 있는 일체의 통로는 완전히 차단되었다는 느낌이었다. 그만큼 답답했다.
> "제기랄 내게는 왜 권총이 없는가."
> 그저 권총만 한 자루 있었다면, 그랬다면 문제없이 인간을 억압하는 갖가지 장애물을 시원스럽게 허물어뜨릴 수 있을 것 같았다. 부당한 법도 제도도 남북을 갈라놓은 그 휴전선도 허물어 버릴 수 있을 것 같았다.

남정현의 소설에선 이처럼 평소 모자라 보이던 주인공이 돌연 엉뚱하면서도 진지한 소리를 하는 경우가 많은데, 그 엉뚱한 소리에는 정치적으로 민감한 의미가 담긴 내용이 포함되곤 한다.15 소설의 앞과 뒤에 '권총'을 떠

---

15 2004년 남정현 작가는 《구술채록집》 제작을 위해 구자황과 대화하면서 아래와 같이 말했다. 남정현 소설 속의 특이한 이야기 전개, 문장, 문체를 이해하는 데 중요한 증언이라 여겨져 274~275쪽에 실린 내용을 길게 인용한다.
구 어떤 연구자들 같은 경우에는 남정현 선생의 문장이 이거 간단치 않다, 이렇게 말씀하시는 분들이 많은데.
남 네. 그걸 전통적인 문장으로 보면, 우스운 거지요. 왜 이렇게 썼나. 단순하게 더 좀 압축해서 헐 수 있는데, 근데 그때 상황이 그렇게 안 허면은 그 상황을 어떻게 묘사할 수 없는, 그렇기 때문에 쓸데없는 말도 더 많이 보태게 되고, 여자 이야기 안 쓸 것도 쓰게 되고, 뭐 이렇게.
그때만 해도 무서울 때니까. 지금 이런 상황으로 생각해선 안 돼요. 음. 그때가 지금만 같아도 내 소설 기법이라고 헐까? 이게 달라 있을 거예요. 그 상황에서 부득이하게 뭔가를 이야기허기 위해선 그런 형태의 소설이 아니면은 난 안 된다. 그래서 뭐 이렇게 생각헐 수도 있고 저렇게 생각할 수도 있게.
4·19 이후에 당하고, 5·16쿠데타로 당하면서 하아! 이게 햐! 이게 완벽하게 예속돼 있

올린 주인공이 부수고 싶었던 것은 바로 인간을 억압하고, 우리나라를 분단시킨 세력인데, 소설 속에서 그 대상은 결혼하자며 따라다니는 명희의 아버지나 도의연구소 소장 같은 인물이다.

"제기랄 내게는 왜 권총이 없는가."

도입부에서 권총을 찾을 때는 친일파, 분단세력을 언급한 뒤에 "그러나 가장 첫 번째의 조준 목표는 뭐니 뭐니 해도 명희의 골통이 되어야 한다고 성주는 생각"했다. 그리고 끝부분에서는 '휴전선'을 말한 뒤에 "물론 명희니 용두니 소장이니 하는 것들은 얼씬도 못 할 것이었다. 그런데도 내겐 왜 권총이 없는가."라고 썼다.

소설의 많은 부분은 명희를 향한 조롱, 멸시, 적대감 등으로 채워져 있는데, 문자 그대로 읽으면 여성 혐오, 성차별로 느껴질 대목이 곳곳에 있다. 장영우는 〈통곡의 현실, 고소(苦笑)의 미학-남정현론〉에서 이처럼 여성을 대체로 부정적으로 묘사하는 남정현 소설을 "가부장제 사회의 남근중심주

는 나라로구나, 이런 걸 아주 절실히 느꼈다구. 이 사실을 이 원고지 100장이면 100장 속에 몇 마디래두, 한 신을 가지구래도 뭐 조금이래두 알리고 싶은 그런 게 있었던 거예요.
어, 이건 아직도 완벽한 독립이 될려면 멀었다. 어 뭐 이런 걸 조금이래도 이런 거를 눈치로래도. 그래서 그렇게 어려운 거예요. 내 그래서 눈짓, 발짓, 손짓 허는 그런 시늉을 내면서 글을 썼다고.
구 그러다 보니 인제 문장이 선생님 나름대로 독특한 문장으로.
남 서양소설을 쭉 그런 문장을 본 사람 입장에서는 문장 이게 좀 정상적으로 이렇게 평탄한 문장이라고 볼 수 없는데.
구 서구적 미학 이론에서는 부자연스러운 그런 문장, 문제가 있었던 거죠?
남 그러니까 그러한 기존의 가치관 속에서 형성된 미학이 있잖아요? 인저 그런 거보다는 우리 시대에 어떻게 있을 수밖에 없는 그런 그 어떤 문장의 미학이라 그럴까, 이것을 창조하면서 해나가야 될 그런 운명에 놓여 있는 게 우리 시대 작가다. 인제 그런 생각을 한 거예요. 우리 시대의 작가라는 건 문장의 틀도 스스로 만들어 가면서, 자기가 그러면서 해야 된다 허는, 하여간 아주 그냥 깊은 터널을 뚫고 나온 거 같은 그런 느낌이 들어요.

의 폭력에 얼마나 익숙해 있는가, 그리고 그러한 관습적 사고에 대해 얼마나 무비판적으로 대응하고 있는가를 드러내는 명백한 증거"라고 비판했다.

소설의 첫 문장에 명희를 거론하면서 "우선 그 얼굴 생김새부터가 적어도 사람이라는데서야 그럴 수가 없었다."라고 썼다. 월계다방에서 용두 앞에 앉은 명희를 처음 보고는 꼭 말대가리 같은 '시난트로푸스(북경원인)'을 연상했다.

저것도 다 여자라고 사람의 이름이 붙어 있긴 붙어 있구나 하는, 뭔가 인간의 이름에 대한 모독 같은 것을 느꼈기 때문이었다.

남정현 작가의 소설에 빈번하게 나오는 여성 비하, 외모 혐오 묘사에 관해 처음에는 애정을 갖고 읽어도 이질감을 느꼈다. 일반 독자, 특히 여성 독자가 부정적인 의식을 갖는 것은 어쩌면 당연했다. 소설이라 하더라도 지나치게 가학적 표현이라거나 남성중심적인 묘사라는 비판을 할 만했다.

그런데 남정현 작가의 소설을 다룬 여러 논문에 나오는 '그로테스크 리얼리즘'이라는 말을 접한 뒤엔 작가가 치밀하게 계산한 뒤에 묘사한 것이라는 생각이 들었다. 정주일은 〈1960년대 소설에 나타난 근대화 담론연구-김정한, 이호철, 남정현〉(2009)에서 "〈자수민〉(《사상계》, 1962. 7)은 제목에서 알 수 있듯이 당대 현실의 반공 이데올로기에 대한 비판을 한 작품이다. 남정현은 이 작품을 그로테스크 리얼리즘을 동원하여 간첩 자수를 종용하는 억압적인 시대적 분위기를 환상적으로 표현한다."라고 썼는데, 이는 〈누락 인종〉에도 그대로 적용되는 말이라 하겠다. 〈누락 인종〉 도입부에서 "그런데 뭣을 믿고 콧구멍만은 항시 하품하는 아가리처럼 그렇듯 의기양양하게 벌리고 있느냐 말이다."라는 식으로 명희의 '추한 외모'를 길게 묘사한 것이 바로 그런 그로테스크 기법의 전형이다.

그로테스크 기법에 충실한 소설

정주일은 이 논문의 각주(311)에서 "그로테스크 리얼리즘은 라블레에 관한 바흐찐의 문학 이론에서 나온 용어로, 카니발적 현상이 하나의 역동적인 소설 기법으로 수용된 문학 양식을 가리킨다. 원래 '그로테스크'라는 말이 예술 양식을 일컫는 용어로서 처음으로 사용되기 시작한 것은 15세기 말엽부터이다."라고 하면서 "라블레의 작품에서 바흐찐은 그것을 ①해부학적, 생리학적 측면에서 본 인간 육체의 시리즈, ②의복의 시리즈, ③음식의 시리즈, ④음주와 취태(醉態)의 시리즈, ⑤성(性)의 시리즈, ⑥죽음의 시리즈, ⑦배설의 시리즈 일곱 유형으로 분류하고 있다."라고 썼다. 남정현의 소설에는 이 일곱 가지 장면이 수시로 등장한다. 7번 '배설'은 〈분지〉라는 제목과 〈너는 뭐냐〉 도입부에서 아내 신옥이 요강에 앉아 변을 보는 장면을 통해서도 그대로 연상된다. 1번 '해부학적 측면에서 본 인간 육체'는 〈누락 인종〉 첫 문장, 도입부에서부터 실감나게 느껴진다.

인물 묘사뿐만 아니라 공간을 그릴 때도 남정현 작가는 그로테스크 기법을 자주 사용한다. 〈누락 인종〉의 주 배경인 월계다방에 대한 묘사만 해도 그렇다. 남정현은 친한 문우들과 아지트 삼아 다녔던 광화문 월계다방에 대해 〈누락 인종〉에서 이렇게 썼다.

월계는 실내의 그 구조부터가 소위 그 문명의 혜택이라곤 구경도 못했는가 싶게 항시 가슴이 섬뜩할 정도로 을씨년스러운 분위기에 잠겨 있었다. 우선 소나 말 따위의 그런 가축을 염두에 두고 만들어진 것이 아닌가 싶게 공연히 크기만 한 그 볼품없는 의자며 그리고 언제 한번 털어는 봤는지, 천정과 벽에 엉겨붙은 그 꺼뭇꺼뭇한 그을음이 수시로 어깨 위에 내려앉는 데다가, 이 또한 그림이랍시고 뭘 하나 벽에 붙여 놓긴 했는데, 그것조차 때가 닥지닥지 끼어 있어서 그게 혹시 밑 씻은 종이인지 뭣인지를 가려내지 못할 지경

이었다. 허, 숭한. 하지만 그보다도 더욱 가슴을 답답하게 하는 것은 월계의 그 다 낡은 전축에서 흡사 온갖 짐승들의 울음소리가 떼 지어 나오듯 하는 소위 음악이라고 하는 것이었다. 뭐 음악? 맙소사, 그게 어디 잠귀들의 아귀다툼 소리지 무슨 음악이란 말인가.

성주는 "지옥을 향하여 내달리는 행진곡이 아닌가 싶게 괴성을 발하는 월계의 그 기이한 행진곡을 들으며" 지긋지긋한 소리가 사라졌으면 했지만 그나마 갈 수 있는 데라곤 '월계' 밖에 없는 그로서는 감내할 수밖에 없었다.

이처럼 〈누락 인종〉은 그로테스크 기법에 충실한 소설이라 할 수 있다. 그가 권총으로 격퇴할 상대는 실제로는 가족, 부인, 친구, 애인이 아닌 분단세력, 친일 친미파, 매판세력이었다. 기이한 인물에 둘러싸인 주인공 성주가 '반공'을 팔아 약장수를 하며 살지만, 그가 진정으로 바라는 세상이 물질만능, 황금숭배 자본주의는 아니었다.

성주는 다만 네로 황제와 같은 인물이 사실은 이런 자리에 있어야 하는데 너무 일찍 왔다 가셨다는 사실이 아쉬울 따름이었던 것이다. 성주는 볼 것도 없이 어느 높은 망대에 올라서서 인간세상에서 이렇듯 인간을 짓밟아 버리고 '돈' 세상을 만들어 버린 이 추악한 세상사를 한꺼번에 다 불 질러 보는 것이었다. 아, 통쾌한.

사실 성주는 이 '돈 세상'을 불살라 버리고 어디론가 사라지고 싶었다. 그는 "이 양약주식회사에서뿐이 아니라, 숨을 콱콱 가로막는 듯한 이 나라의 답답한 공간에서 한시바삐 어디론가 내쫓기고 싶은 심정"이었다. 성주는 그 쫓겨난 공간에서 "인간들이 살아나가는 데 있어서 장애가 되는 온갖 악조건들을 시원스럽게 때려 부수고 그곳에서 인간의 낙원을 건설하고 싶은 욕망에 늘 들떠 있는" 그런 인간이었다.

'일본계집' 데리고 금의환향한 명희 아버지

소설의 마지막에서 성주는 명희 아버지인 차관님을 만나러 가야 한다며 그를 택시 안으로 밀어 넣으려는 용두와 동수를 뿌리치고는 쏜살같이 무서운 속도로 내달렸다. 결혼을 해서 "억천만금이 생기더라도 마음에 없는 짓은 못 한다는 일념으로" 필사의 역주를 했다.

여기서 잠시 결혼에 목을 매고 성주를 따라다니는 명희에 관해 이야기하면, 해방과 더불어 금의환향했다고 으스대던 그녀의 아버지는 "일본 계집"을 하나 데리고 왔고, 높은 자리에서 호강한다는 풍문이 들리더니 무슨 차관 자리까지 올라갔다고 신문에 났다. 그때 남편을 잊고 살던 명희 엄마가 몹쓸 병에 걸리자 명희는 돈도 없고 해서 부친을 만나러 갔다. 어렵게 만난 아버지는 무척 당황스러워하면서 명희를 냉엄하게 대하고 다시는 얼씬도 하지 말라면서 "정 할 말이 있으면 편질 해 편질" 하면서 줄행랑쳤다.

결국, 말 한마디 못하고 부들부들 떨기만 하다 돌아온 명희는 엄청난 충격에 빠졌다. 그 충격의 여파로 도의연구소의 회원이 된 것이었다. 그녀의 생각에 "어버이가 자식을 몰라보게 된 것은 결국 누구의 죄도 아닌 이 세상에서 완전히 허물어져 버린 '도의'의 탓이라 결론을 얻었기 때문"이었다. 그녀는 도의연구소를 살리는 길이 "아버지는 물론, 자기 자신과 이 세상을 한꺼번에 다 구원하는 길이 아니겠느냐"라고 소리쳤다. 지금 당장 필요한 것은 재정난에 빠져 마비 상태에 빠진 도의연구소를 구하기 위한 백만 환 정도의 돈이었다. 그녀는 자기가 결혼만 한다면 어떻게 해서든 아버지한테 백만 환을 빼낼 수 있다고 생각해서 월계다방에서 만난 성주를 꼭 물은 것이다. "결혼도 하고, 백만 환도 생기고 그러면 도의연구소도 번창할 거고, 세상에 아 이보다 좋은 일이 어딨겠어요."라고 말하며 악착같이 달려드는 명희를 피해 도망다니는 성주와 달리 주변 친구들은(용두와 동수) 둘을 결혼시키는 데 앞장선다. 성주가 차관 사위가 되면 떡고물이라도 챙길까 싶어서이다.

하숙비도 제때 못 내고 '반공' 빙자해 약이나 팔러 다니는 신세의 성주이기에 눈 딱 감고 결혼할 수도 있을 것이다. 그러나 성주는 백만 환에 팔려가는 걸 거부한다. 자신도 모르게 만들어서 뿌려진 "신랑 박성주, 신부 김명희" 청첩장을 보고는 "지옥에서 발부한 소환장이 아닌가" 싶은 두려움에 빠졌다.

창살 속 짐승 - 돈, 미국, 반공의 노예로 사는 인간

그래서 새 양복으로 산뜻하게 차려입은 용두와 동수가 "우리 이제 살판이 났단 말이다 (……) 이백만 환이든, 삼백만 환이든 너 맘먹기에 달렸단 말이다."라면서 성주를 대기 중인 택시에 태우려 했을 때 기겁을 하고 사력을 다해 도망친 것이다. 달리고 달려서 도착한 성주는 서울역 앞에서 "환하게 뚫린 문밖으로 술술술 시원스럽게 잘도 빠져나가는 인간의 대열"을 보았다. 성주는 그 대열에 끼기만 하면 "살맛 나는 세상과도 접할 것 같았"고, 대열의 맨꽁무니에 달라붙었다.

성주는 "열린 문밖으로 빠져나가기만 하면 왠지 새로운 세상이 열릴 것 같다는 생각에 자꾸만 가슴이 두근거렸"으나, 개찰원은 표를 요구했다. 표가 없는 성주는 "사실은 죽고 사는 문젭니다."라면서 나가려 했으나 개찰원은 "실성한 놈이군. 저리 비켜 이 자식아!" 하며 문을 닫았다. 그는 발을 동동 구르며 몸부림쳤다.

그때 삑 삑 하고 출발을 알리는 기적 소리가 들려오자, 성주는 두 발로 개찰구의 창살을 탁탁 걷어차며 엉엉 울음보를 터뜨리고야 말았다. 처음 들어보는 뭔가 거대한 짐승의 울음소리 같았다.

〈누락 인종〉에서 개찰구 밖으로 나가지 못하고 사는 인간은 거대한 짐승과 다름없었다.16 작가는 개찰구의 문설주를 "흡사 형무소의 창살"이라 표현했다. 돈, 미국, 반공의 노예로 사는 인간은 형무소나 창살에 갇힌 짐승과 마찬가지라는 게 그 시대를 살던 남정현 작가의 시선이었다. '거대한 짐승의 울음소리'에서 반추하는 소가 떠올랐다. 순수한 눈망울의 작가는 시대의 모순을 반추하고, 외세에 시달리는 민족의 아픔을 되새김질한다. 눈물을 삼키며 반추하는 작가는 고통스럽지만 그것을 읽는 민중에게는 희망의 묘약이 된다.

---

16 개찰구만 빠져나가면 이들에게서 벗어나는 것인데, 표가 없어 개찰구를 빠져나가지 못하게 된다. 결국, 물신을 따르는 이들에게서 벗어나고자 하지만, 그것 역시 돈이 없어 실패로 돌아간 것이다. 〈누락 인종〉에서는 물질만능의 시대에서 한 인간의 자유의지가 처절히 상실되는 것을 극적으로 보여주고 있다. (장현, 〈1960년대 한국 소설의 탈식민적 양상〉, 2005)

일체의 건물과 일체의 제복이 무너져버린 4월

―〈너는 뭐냐〉(1961)

장정일이 추천한 〈너는 뭐냐〉

단언컨대 남정현은 1960년대에 가장 재미있고 독창적인 소설을 썼던 작가다. 이때 그의 대표작으로 내세우고 싶은 것이 첫 창작집의 표제작 〈너는 뭐냐〉다.

소설가 장정일이 '독서일기'(《시사인》, 2017. 10. 18) '다시《분지》를 생각하다'에 쓴 글이다. 그는 필화를 겪어 독자에게 각인된 〈분지〉가 아닌 〈너는 뭐냐〉를 남정현 작가의 대표작으로 꼽았다.

〈너는 뭐냐〉의 주인공 관수는 번역 '예술'을 하면서 지내고, 그의 아내 신옥은 어느 회사 사장의 비서다. 아내 신옥은 '현대'에 빠진 사람이다. 그런데 관수가 볼 때는 요상하게도 변소를 가지 않고 요강에서 볼일을 본다. 그것도 소변만 처리하는 게 아니고 큰 것, 똥도 해결한다.

"생활신조를 오로지 '現代'라는 한자 두 자에다만 국한시키고 있는" 아내 신옥이가 "현대가 용서하지 않을 그따위 비위생적 행위를 공공연하게 자행"하는 이유는 위생관념 때문이다. 그녀의 지론에 따르면 '한국식 변소'는 박테리아의 아지트이고, 변소를 출입하는 일은 자신의 생명을 재촉하는 어리석은 짓이다. "똥은 기어이 방안에서 싸서야겠다는 아내의 견해"에 관수는 불만이 많지만 그렇다고 그것을 바꿀 힘은 없다.

누가 무어래도 아내는 잠에서 깨기가 무섭게 웃목의 요강을 태연히 끌어당겨 가지고는 그 위에 정중하게 앉아서 푸드득 하는 음향과 더불어 하루 생활의 거보를 내디디는 것이었다.

이런 신옥의 행위는 같이 사는 남편과 식모 신옥을 향한 권력행사이기도 했다. 현대인으로 승격하기 위해 용쓰는 신옥은 집에서 식모살이하는 인숙에게 위생을 위해 늘 두꺼운 가제로 만든 마스크를 쓰게 한다. 세균 방지엔 마스크가 제일이라는 신옥의 위생학 때문이었는데, 우습게도 정작 본인은 후덥지근하다며 마스크를 쓰지 않는다. 식모 아이는 무더위가 기승을 부리는 날에도 마스크를 쓰는 바람에 입 언저리가 헐어서 진물을 흘리는 형편이었다. 이런 아내의 특권의식을 보며 관수는 "노예제사회가 폐지된 지도 꽤 오래라고 믿어지는데 한 사람의 육신이 다른 사람의 희생물이 되어 저만큼이나 학대를 받는다는 것은 만민평등주의를 기초로 한 현대사회 구조에서는 아무래도 조화가 안 될 것 같다."는 생각에 신옥에게 "한 이삼일간이라도 그놈의 마스큰가 무엇인가를 좀 벗게 해줬으면 좋겠어."

국립중앙도서관에서 대출받은 남정현창작집 《너는 뭐냐》. 그로테스크한 얼굴 그림의 표지엔 얼룩이 묻어 있었고, 필화소설 〈분지〉가 뜯겨져 나간 상태였다.

하고 권유를 한다.

미국 - 현대 - 요강

그러자 신옥은 관수에게 삿대질까지 섞어가며 "인정이니 동정이니 연민이니 뭣이니 하는 그따위 형이상학인 사고의 관습"을 버리라고 앙칼지게 말한다. '현대'와 거리가 먼 그런 '허무한 생각'을 하는 남편에게 느닷없이 "미국 좀 보세요, 미국!" 하면서 미국을 본받아 현대에 맞게 살라고 한다.17 신옥이 볼 때 "미국이야말로 '현대'의 그 무서운 생리를 가장 잘 표현하고 있는 견본"이기 때문이다.

"그래요. 미국이 뭐, 공연히 잘살게 되었는 줄 아세요? 아, 미국이 공연히 남의 나라들을 지배할 수 있게 되었는 줄 아시느냐 이 말이에요. 그게 다 현대의 질서에 가장 잘 순응한 대가라는 사실을 아셔야 해요. 자기 이익을 위해선 무슨 짓을 해도 좋다는 그런 비정한 현대의 질서에 말예요."

---

17 〈너는 뭐냐〉에 나오는 '미국'이라는 말은 1961년 처음 발표한 작품에는 나오지 않는다. 이 '미국'이라는 단어는 6월항쟁 직후인 1987년 10월에 펴낸 남정현 소설집 《분지》에 〈너는 뭐냐〉를 넣으면서 개작한 것으로 보인다. 박희란은 〈남정현 소설연구 - 개작과 반미작가 평판에 대한 검토를 중심으로〉(중앙대 국어국문학과 석사논문, 2012년 8월)에서 남정현이 개작을 하면서 '미국'을 삽입한 것에 대해 이렇게 썼다.
"그 결과 신옥은 미국을 상징하는 인물로 변모하게 되는 것이다. 미국의 논리를 옹호하는 신옥의 현대 찬양이 후대 연구자에 의해 반미의 단초로 해석되는 것이다. (각주 11-류양선은 관수의 가정에서 아내인 신옥이 폭군처럼 군림하여 그 '현대'를 대표하는 형상이 지구상의 미국과 같은 존재로 비유되고 있다고 설명한다. 이러한 분석에 의해 반미적 성향이 도출될 수 있었다.) 무엇보다 타락한 현대의 상징을 직접 미국으로 제시하고 있기 때문에 〈너는 뭐냐〉가 〈분지〉에서 나타나는 반미 성향의 단초적인 작품으로 분석되어진다. 하지만 개작이 〈분지〉 이후에 이루어진 만큼 〈너는 뭐냐〉가 반미 의식의 단초적인 작품으로 규정될 수 없다."
그런데 개작을 연구할 때 남정현 작가가 《구술채록집》에서 개작 이유에 관해 밝힌 점도 참조할 필요가 있다. 남정현은 잡지에서 반공문제 등으로 "자기들 마음대로 지운 게 있어요."라며, 책 나올 때 손을 본 이유를 설명하기도 했다.

신옥에게 마스크를 강요당하며 식모살이하는 열 예닐곱 살의 인숙이도 관수를 무시한다. "예술에 살고 예술에 죽자"라는 사상을 지닌 그녀의 눈에 "배우의 이력은 고사하고 이름 하나 변변히 외우질 못하는" 관수 따위는 사람, 즉 현대인이 아닌 것이다. 시골에서 중학교 3년을 다니다 서울로 상경한 인숙이는 예술계에 투신하기 위해서 《양화》, 《도라지》, 《양산도》 같은 잡지를 탐독한다. 그 예술 잡지에는 인숙이가 그렇게 중시하는 "어떤 배우는 나이는 몇이고 지금 누구와 좋아 지내고 있다는 둥, 가수 아무개는 명동 어느 쪽에 있는 변소를 잘 출입하신다는 둥"의 글이 실려 있다. 관수가 볼 때 이런 유의 잡지는 "정말 미국이 지시하는 '현대'의 생리를 표현하느라 그런지 참으로 타기할 만큼 우리의 미풍양속을 해치는 천한 오락물에 지나지 않았지만" 인숙에겐 예술의 교과서였다.

　신옥, 관수 부부의 아이들도 모두 현대적 예술이라 할 수 있는 미국식 대중문화를 좋아한다. 초등학교 4학년짜리 경자는 "하루에 한 차례씩 그 많은 배우들의 이름을 꼭 구구단을 암송하듯 단숨에 쭉 외워야만 밥이 먹힌다."라는 팔자였다. 배우나 가수 이름 외우는 데는 천재적인 경자지만 하루 절반의 시간을 같이 지내는 학교의 담임선생님 이름도 잘 모른다.

　초등학교 6학년짜리 명자는 목소리만 듣고도 그 목소리의 주인공을 턱턱 알아맞혀서 동생의 기를 죽인다. 하지만 명자도 중학교 2학년인 오빠 현웅이 앞에서는 열등감을 느낀다. 오빠는 "라디오 드라마의 첫 회만 듣고도 여지없이 그 사건의 결말을 폭로해버리는" 선견지명을 지녔기 때문이다.

　이런 애들이 볼 때 배우의 음성만 듣고 "그 주인공의 이름을 턱턱 알아맞히기는 고사하고 요새는 어떠한 내용의 드라마가 진행되고 있는가라는 질문에 대해서조차 답변할 만한 상식이 없"는 아빠는 현대인이 아니었다. 현대적 문화를 지향하는 애들, 그리고 식모애나 신옥의 시야에서 관수는 "도무지 사람으로 잘 보이지 않는 것은 당연한 이치"였다. 이처럼 존재감 없는 관수가 아내에게 쓸모있는 것은 "성욕의 해결이 혼자 지낼 때보다는 좀 순

조롭다는" 거였다. 그리고 가끔 생활에서 생긴 "우울증을 처분할 장소로 남편의 입술을 선택하는" 때였다.

입속의 박테리아는 괜찮다는 현대적 아내

이럴 때 관수가 느끼는 감정은 "그냥 키스라기보다는 물고 핥고 비비고 깨물고 도무지 숨 쉴 여유를 주지 않는 무슨 경쟁 같은 것"이었고, 일종의 공포심마저 느껴서 신옥에게 애원한다.

> "여보, 정말 이러기야? 난 어디까지나 당신을 위해서 하는 얘긴데 말이지, 왜 그 박테리아라는 것 있잖아. 인간의 생사권을 쥐고 있다는 그 흉측한 벌레들 말이지. 그런데 그 벌레들이 내 생각에는 변소에서보다두 내 입 속에 더 많이 있다고 생각하는데 말이지, 여보 정말 이러기야, 응? 내 입 속의 이 충치를 보란 말이야. 이 단단한 상아질을 뚫은 박테리아들이, 아 그까짓 당신의 헛바닥쯤이 문제겠어, 응! 어서 좀 비켜요. 정말 난 당신의 건강을 위해서 하는 얘기라니까."

그런데 무엇이든 "자기 편의대로 해석해버리는 아내의 현대적인 사고" 때문에 관수의 애원은 수포로 돌아간다. 신옥의 말에 따르면 인간에게는 그까짓 박테리아를 소탕할 수 있는 뜨거운 온도를 지녔다는 것이다.

우울증 처분 장소로 남편 관수의 입술을 찾는 신옥은 마음이 우울해지면 요강에 더 오래 앉아 있는 편이다. 마치도 요강을 "현대적인 하나의 용상(龍床)"으로 보고, 마치도 용상 위에 앉은 군주처럼 요강에 앉아 식모 인숙에게 서슬 퍼렇게 호통을 치곤 한다. 그리고 신옥은 마음에 무슨 사고가 발생하면 "곧잘 요강에 앉은 채 그 해결방법을 연구하는 버릇"이 있다.

그러던 어느 날이었다. 신옥이 방안에서 요강을 타고 태연히 뒤를 보다

"푸드득 푸드득" 하며 에포 소리를 냈다. 아내가 "현대 생활의 모토인 위생학을 실천하기 위한 하나의 방법론으로" 요강을 사용한다지만 관수의 사상과 상식으로는 받아들일 수 없는 일이었고, 푸드덕 소리는 "시종이 여일하게" 기분 나쁜 소리였다.18

아내를 아내라 부른 죄

어느 틈엔가 요강에서 내려온 아내가 "여봐요." 하고 관수를 부르더니, 클렌징크림을 얼굴에 찍어 바르며 "난 이제 당신과 헤어지기로 작정한 사람"이라며 통보했다. 어제 신옥이 다니는 회사의 사장 아들 미스터 송 앞에서 신옥을 가리키며 "저게 바로 내 마누라다."라고 소리쳤다는 게 그 이유였다. 아내보고 아내라 부른 걸 문제 삼는 것이었다.

관수는 어제 퇴색한 잠바 차림으로 고료 독촉차 출판사를 방문하러 가는 길에 우연히 아내를 만났다. 아내가 노골적으로 언짢아하는 표시를 하기에 말 한마디 안 하고 빠이빠이 손을 흔들며 한 발짝 앞섰을 때 대학동창 미스터 송을 만났다. 그는 관수에게 지금 내무부 장관을 만나러 가는 길인데, 소공동에 있는 동방무역주식회사가 자기네 회사이고, 자가용차 넘버가 '자다다다'라는 사실을 거드름 피우며 알려줬다. 미스터 송의 말을 들으며 비위가 메스꺼웠고, 주먹으로 면상을 날리고 싶었지만 얼떨결에 한다는 소리가 "저게 바로 내 마누라다."였던 것이다. 관수는 그 순간 아내 신옥의 얼굴이 파랗게 질리는 것을 보지 못했다.

---

18 유승호는 〈1960년대 남정현 소설연구〉(2001)에서 신옥의 요강 배변 행위는 '지배권력의 폭력성'을 의미한다고 썼다. "여기서 이런 신옥의 처사는 당대 사회 권력수혜자들의 일방적 권력남용의 전형적 모습을 상징적으로 표현한 것으로 그것의 논리에는 타자(他者)에 대한 철저한 배제의 논리가 작용하고 있다. 즉 '자신의 위생학을 위하여서는 한 사람의 건강이 여지없이 무시당해도 그것은 아마 방에서 뒤를 본다는 사실만큼이나 당연한 현대의 권리'로 인정하는 지배권력의 폭력성을 의미하는 것이다."

신옥은 동방무역주식회사를 다니고 있었고, 사장에게 미스로 행세하며 귀염을 받았기에, 자칫하다 회사에서 쫓겨날 수도 있는 위기에 처한 것이다. "이 이상 더 연장되는 관수와의 생활은 생애에 막대한 손실을 첨가할 뿐이라는 결론"을 내린 신옥은 트렁크를 들고 집을 나섰다. "신옥! 이번엔 정말 아주 가는 거야?"라는 관수의 숙맥 같은 소리에 아내는 눈을 약간 흘기며 "거지새끼처럼 문지방에 그렇게 서 있지 말고 심심하거든 인숙이에게 성교육이나 시키라."는 말을 남기고 떠났다. 이 상황에서도 관수는 '성교육'이라는 말을 듣고 웃음이 나왔다.

이 장면을 목격한 식모 인숙은 아무 말 없이 웃기만 했다. 그런데 그날 인숙이가 잘 보는《양산도》잡지의 박 모 기자에게서 엽서가 왔다. 한 달에도 몇 번씩 배우 하겠다며 편지를 보낸 잡지사였다. 기자가 보낸 엽서에는 '영화사에서 배우를 모집하겠다는데 김양을 추천해줄 용의가 있다, 얼굴을 한 번 봐야 하니 파라다이스 다방으로 나오라'는 내용이 쓰여 있었다. 인숙이는 바로 짐 보퉁이를 싸더니 관수에게 "이제는 좀 정신을 차리셔서 예술을 이해할 줄 아는 사람이 되어 달라는 부탁을 남기고" 집을 나섰다.

설상가상으로 바람둥이 집주인 황민도 씨는 "수일 내로 방을 좀 내놔 주십사"라고 통보했다. 외도를 자주 하는 황 씨에게 그의 부인이 "그저 건뜻만 하면 부인밖에 모르는 저 얌전하신 건넌방 김 선생을 보라고" 하는데 죽을 노릇이라, 자신의 건강을 위해 나가 달라는 말이었다. 말끝마다 6·25를 갖다 붙이고, "6·25라는 숫자를 무슨 수호신처럼 모시고 사는" 민도 씨를 그의 아내는 색마(色魔) 정도의 사나이로밖에 보지 않는다.

관수는 흡사 실성한 사람 같았고, 뜬눈으로 꼬박 밤을 새우다 결론을 내렸다. '사라지자.' 아내는 '현대인'의 본분을 지키기 위해, 인숙이는 예술가로 출세하기 위하여 집을 나갔는데, 관수는 "도대체 뭣을 위해서 어디로 가면 좋을지" 만만한 자리가 떠오르지 않았다.

아직 오전인데 아이들이 학교를 파했는지 "야, 신난다! 신난다!" 하면서 뛰어 들어왔다. 바깥에선 무슨 영화를 촬영하는지 사람 천지라고 했다. 관수는 "오랜 잠에서 깨어나 기지개를 켜는 기분으로" 심호흡을 하면서 거리를 둘러봤다. 좌고우면 사방을 휘둘러보다가 이상한 사실을 발견했다.

무슨 국경일이라도 경축하는지 상점은 상점대로 공장은 공장대로 좌우간 눈에 보이는 문이라는 문은 모조리 단결한 듯한 뜻으로 꽉 닫혀 있는 게 아닌가. 갑자기 관수는 좋은 동지라도 발견한 듯 마음이 흐뭇해 옴을 느꼈다. 모두들 자기처럼 문을 잠그고 집을 나와야 할 그런 피치 못할 사정에 쫓기는 사람들같이 보여왔기 때문이다.

네거리에서 피를 토하는 듯한 군중들의 아우성을 따라 빨간 불꽃이 하늘로 치밀었고, 분노로 형성된 관중들의 우람찬 합창 소리가 들려 왔다.

"사람 대접을 하라!"

"너만 살면 제일이냐!"

관수는 이 소리를 듣는 순간 정신이 번쩍 났다. 드디어 자신도 버젓이 입장할 수 있는 '인간의 광장(廣場)'에 도달한 기분이었다.[19] 관수도 "나도 사

---

[19] 남정현 작가는 구자황과의 대화(《구술채록집》, 2004년 12월 27일 대담)에서 '광장'의 의미를 길게 설명했다. 그리고 남정현 소설에 나오는 '외세'는 '미국'이라는 점도 분명히 했다.
구 그러니까 뭐 (최인훈의) 《광장》도 그렇지만 사실상 〈분지〉도 4·19가 아니었으면 나오기 힘든 그런 작품이었다고 할 수 있죠?
남 에, 그렇죠. 4·19 직후에 쓴 건 〈너는 뭐냐〉인데, 거기서 우리 시대와 관련 없이 어떤 외세의, 그때 외세의 중앙은 뭐 미국이니까, 미국이 이렇게 핸들을 조종하는 대로 꼭두각시처럼 놀아나던 여인 나오잖아요.
구 작품 안에.
남 이런 친구들이 정작 우리가 참여해야 할 그 자리, 4·19라는 광장 거기선 무력해지잖아요. 꼼짝 못하고. 여기는 진짜 인간이 참여할 수 있는 그런 광장이다 이거야. 에. 외세에 조종당하던 사람들은 이제 광장에서 안 보이는 거지.
구 그러고 보니까 그때 광장의 이미지도 나오네요? 소설 〈너는 뭐냐〉 맨 마지막에.
남 난 그게 광장이라 이거야. 실질적인 지성인이라면 그 자리에 참여허는. 도망가는

람이다. 암, 나도 사람이다."라고 배창자가 짜릿하도록 소리를 치며 인파 속을 파고들었다. 감격에 윤나는 또렷또렷한 눈동자들이 찬란하게 하늘을 비추자, 어디에선가 인간을 위한 인간의 세상이 환하게 부각되는 것 같았다.

민중을 압박하고 학대하던 일체의 건물과 일체의 제복들이 민중들의 피를 토하는 함성과 주먹, 방망이에 의해서 산산이 부서져 버리는 순간이었다.

민중을 학대하던 일체의 건물과 제복이……

이때 돌연 "빵! 빵! 빵!" 요란한 클랙슨 소리를 앞세우고 "한 대의 미끈한 세단차가 군중 틈을 빠져나가려는" 시도를 했다. 화가 난 몇 사람이 차의 유리창을 깨버리자 승용차 안에 거만하게 등을 기대고 앉았던 자가 "나 이런 사람인데" 하고 패스포트를 내밀었다. 그러자 성난 군중들이 야유와 분노의 웃음을 보내며 그 자의 뺨따귀를 날렸다. 차 안에 있던 여자가 버럭 화를 냈는데, 그러자 누군가가 벼락같이 달려들어 여인의 어깨를 움켜쥐더니 "너는 뭐냐!"라고 호통을 쳤다. 차에서 질질 끌려 나온 여인은 다름 아닌 관수의 아내 신옥이었다.

관수는 아내가 '현대'라는 언어의 방망이를 휘두를 줄 알았는데, 어인 일인지 신옥은 손을 싹싹 비비며 용서를 구했다. 이 장면을 보고 "관수는 무슨 위대한 진리라도 찾아낸 느낌으로 사뭇 감격하여 무릎을 쳤다. '너는 뭐냐'가 이렇게 효과적인 언어의 구실을 할 줄은 정말 몰랐던 것이었다.

게 아니고.
구 광장의 개념도 선생님 나름대로는 소설의 말미에 아주 정확하게 드러났던 셈이군요
남 네. 이제 그렇게 생각해서 〈너는 뭐냐〉를 쓴 거야. 지금까지 날치던 사람들이 그 인간의 광장에선 아주 무력해져 버리는 거지. 아, 인간이 아니여, 그때부터 그 사람들. (채록자 웃음)

관수는 아내의 멱살을 움켜잡고 "너는 뭐냐?"라고 외쳤다. 신옥은 관수를 보며 눈물을 글썽거렸다. 신옥이 이렇게 시시한 여인인 줄은 조금도 상상하지 못했다.

아내의 멱살을 쥔 관수의 시야에는 활활 타오르는 불꽃이, 국민을 학대하던 일체의 건물과 일체의 제복이 무너져버리는 저 빛나는 색채가 타오르는 아침 햇살처럼 아주 아름답게 번지고 있었다.

〈너는 뭐냐〉의 마지막 부분은 "독재세력과 외세에 대한 민중의 통쾌한 승리를 보여주는 장면"(정주일)이다. 남정현 작가는 훗날 강진호와의 대담에서 "나는 한 작가로서 4·19 혁명의 그 실체를 내 두 눈으로 똑똑히 볼 수 있었다는 것이 가장 큰 자랑"이라고 고백하면서, 〈너는 뭐냐〉는 4·19 혁명의 아름다운 실상을 그린 것이라고 썼다.

"정말 현란했습니다. 온갖 악의 화신 같았던 이승만 정권이 꽝하고 허물어지던 순간의 그 아름다운 불꽃, 나는 그때 작가로서 앞으로 추구해야 할 아름다움(미)의 실상이 바로 저런 것이구나 하는 생각에 정말 가슴이 두근거리더군요. 그 후 내가 쓴 것이 〈너는 뭐냐〉죠. 그때까지 외세의 편에 서서, 독재자의 편에 서서, 그들의 각본에 놀아나던 자들을 향해, 뭔가 강력하게 '너는 뭐냐?'라고 묻고 싶은 심정 때문이었죠."

그는 또 《구술채록집》에서 〈너는 뭐냐〉에 관해 언급하면서 등단 소설에 비해 '직접적'으로 할 말을 한 작품이라 했고, 대담을 한 구자황은 〈경고구역〉이나 〈굴뚝 밑의 우산〉 같은 초기 작품에 비해 "사상적으로도 의식적으로도 도발적이다 싶을 정도"로 적나라하게 쓴 작품이라 평했다. 남정현은 언론계, 학계에선 논리적으로 쓰지 못하는 내용을 작가라 쓸 수 있었고, 그런 점에서 "독자들에겐 참 잘한 처사"라고 자평했다.

"그때도 논리적으로 뭐 제국주의의 관계니 뭐 예속관계니, 뭐 주종관계니 하면서 풀어나가면 쓰지 못할 거 아니에요. 누가 그런 얘기를 논리적으로 쓰겠어요. 학계에선 생각도 못하지요. 그러니까 신문에서 논설로도 못 쓰는 거고 하니까, 아, 내가 역시 작가기 때문에, 작가의 상상력으로, 아무리 탄압이 심한 그런 때라도 인간의 상상력을 완벽하게 틀어막지는 못한다, 그런 생각으로. 엄혹한 그 제정 러시아 시대에도 그래도 거기에서 많은 작가들은 그러한 혹독한 탄압에서도 할 말을 또 했거든요. 문학의 참 자랑스러운, 그런 독특한, 아주 특별한 기능이고, 뭐라고 할까, 많은 독자들에겐 참 잘한 처사죠."

> "뭣이!
> 내가 공산당이라구?"
> -〈기상도〉(1961)

5·16 군사쿠데타 직후 발표

〈기상도〉는 1961년 《사상계》 8월호에 실린 작품이다. 이 작품이 실린 《사상계》를 살펴보면, 〈기상도〉가 발표될 당시의 시대 상황과 작가의 의식을 이해하는 데 도움이 되고, 소설을 더욱 실감 나게 읽을 수 있다. 5·16 군사쿠데타 직후에 발행된 《사상계》의 목차 바로 뒤에 실린 판권 페이지에는 '혁명공약' 6개 항이 나오고, 그 1번은 "반공을 국시의 제일의로 삼고 지금까지 형식적이고 구호에만 그친 반공 태세를 재정비 강화한다."이다.

'혁명공약'의 2번은 "유엔헌장을 준수하고 국제협약을 충실히 이행할 것이며 미국을 위시한 자유우방과의 우애를 더욱 공고히 한다."이다. 이는 5·16 쿠데타의 배후조종자로 의심받는 미국에 충성을 서약하는 것으로 읽힌다.

혁명공약의 5항은 "민족적 숙원인 국토통일을 위하여 공산주의와 대결할 수 있는 실력배양에 전력을 집중한다."이다. 여기서 실력배양을 통한 국토통일은 평화통일과는 다른 방식의 통일이다.

그런데 이런 사회 분위기와 달리 〈기상도〉에서는 '반공' '공산당'을 냉소적으로 언급하는 장면이 여러 번 나온다. 주인공 철의 친구들인 식(植)이와

선(鮮)이는 빠 플라자에 같이 사는데 '통일'이나 '공산당'을 거론하며 피 터지게 싸운다. 식이는 "무슨 청년단의 조직부 차장인가로 있을 때 공연히 남의 다리 하나 분질러 놓고 형무소에 다녀온" 자이며, 민의원 김 모 씨의 비서로 있던 선은 "4월의 어느 날, 김 모 의원은 하루아침 사이에 국민의 이름으로 국민의 원흉 자리에 털썩 주저앉게 되자" 시세가 덩달아 폭락하여 빚쟁이로 도망다니는 친구이다.

소설에 나오는 선이와 식이는 "이놈의 새끼 공산당아!" "뭣이! 아 이북에서 공산당한테 쫓겨온 내가 공산당이라구? 짜식 그냥 말이면 다 하는 줄 아니!"라고 말싸움하다가 멱살을 붙잡고 싸우다 피범벅이 된다. 이 광경을 지켜보던 식이의 애인 란이는 입을 딱 벌리고 지켜보다가 빠 플라자로 철이가 들어오자 울며 하소연한다. 식이와 선이는 서로 공산당이라거니 아니라거니 하며 싸움질을 하더니 결국 부상을 입었다는 것이었다.

> 철은 기가 막혀서 아무 말도 못했다. 터진 코, 찢어진 입, 그 지경이 되어서도 식이와 선이는 서로 멱살을 놓지 않고 겨우 실오라기만 한 목소리로 공산당이다 아니다 해가며 그 퀴퀴한 액체가 흘러넘치는 시멘트 바닥에서 뒹구는 것이었다. 이게 20세기 후반기를 장식하는 대한민국의 작품인가 생각하니 기가 막혔다. 철은 흡사 누군가의 임종을 지키는 사람처럼 그냥 우두커니 그들 앞에 선 채 몸을 떨었다.[20]

---

[20] 식이와 선이가 공산당을 놓고 다투는 장면을 연상시키는 글을 임헌영이 쓴 《한국소설, 정치를 통매하다》의 최인훈 편에서 읽고 흥미로웠다. 1968년 최인훈의 결혼식 전에 함잡이로 참석한 남정현, 이호철, 이문구, '임헌영이 통금시간에 쫓겨 여관방을 잡았다. 이때 예비신랑인 최인훈도 동행했다. 여인숙 아주머니는 숙박부를 가져왔는데, 일행은 안 쓰겠다, 한 명만 쓰겠다 하며 강짜를 부리다 결국은 다섯 명 다 써야 했다. 그 순간 최인훈이 불쑥 "나는 이런 아주머니를 보면 공산당이 싫어"라고 정색을 했는데, 이로 인해 언쟁이 붙었다. 임헌영은 이때 남정현과 최인훈 사이에 '미묘한 틈새'를 느꼈다고 한다.
→기다리기라도 했다는 듯이 남정현이 "야, 이××야, 이거 하고 공산당이 무슨 관계가

유·에스·에이에 짓눌린 목이 늘어난 백의의 무리들

〈기상도〉에는 모가지가 길게 늘어난 '백의의 무리들'이 마치도 환상 속의 존재처럼 등장하는데, 이들을 작가는 '외세가 심어놓은 민족허무주의'에 빠진 인물로 묘사한다.

이렇게 선량하기만 한 '백의'의 무리들에게 무슨 역사란 궁전이 있을 턱이 없었다. 아니 없는 것이 아니라 이들 백의의 무리들을 착취하기 위한 강대국의 그 방자한 논리 속에 침몰하여 이들은 섭섭하게도 역사마저 탈취당한 형편이었다.

문을 두드리고 안으로 들어가려고 애쓸 줄도 모르는 이들에겐 역사란 없으며 "자그마치 반만년 간이나 살아왔다고 자부하긴 하지만 이들은 역사다운 역사가 없다고 생각하는" 무리다. 목적 없이 체념 속에 빠져 지내는 이들 목이 길게 늘어난 '백의의 무리'는 분노할 줄도 모른다. 작가의 눈에 분노할 줄 모르는 이들은 "일체의 표정이 탈퇴하여 버린 저 밍밍한 낯짝들"을 지닌 시체이자 징그러운 송장이었다. 그래도 문을 두들겨보고 "좌우간 어떤 소식이라도 좋으니 한번 들어나 보고 죽어야 할 것이 아니냐고 바득바득 대드는 친구가 바로" 이 소설의 주인공 철(哲)이다.

철은 자신을 "외세의 행패로 말미암아 나라가 두 동강이로 갈라진 이 비극적인 땅에 태어나서 겨우 쓰레기덤 같은 '플라자'의 한편 구석을 등신처럼 지키고 있는" 자라고 설명한다.

있어"라며 비아냥조로 쏘아붙이자 최는 "저런 여자가 간부라도 되어봐. 얼마나 세상이 살벌하겠느냐"고 반박했다. 넉살 좋은 이호철이 나서서 "둘이 왜 이래? 나중에 따로 싸워!"라며 화두를 딴 데로 돌려버렸다. 이문구와 나는 멍하니 지켜볼 뿐 감히 끼어들 판이 아니었다. (임헌영, 《한국소설, 정치를 통매하다》, 102쪽)

총명한 철은 "이 거대한 유·에스·에이에 짓눌리어 사람들의 모가지가 이처럼 흉물스럽게 늘어났는지도 모른다."[개작으로 추가된 문장]라고 생각한다. 철이 보기에 수도 서울의 중심지는 "소위 유·에스·에이가 관할하는 자유 세계의 무자비한 관문"[개작]인 것이다.21

개작 과정에서 '유·에스·에이'가 들어가는 문장이 여러 개 추가됐지만, 최초 원고에도 "코 큰 친구들이 먹다 버린, 입다 버린 메이드 인 유·에스·에이가 무슨 가보처럼 소중하게"라는 식의 표현이 등장한다. 〈기상도〉의 첫 문장은 "문을 두드려라, 그러면 열릴 것이오."다. 여기서 문은 '통일'의 문 '자주'의 문이라 할 수 있다. 그러나 미안하게도 "두드려서 열릴 정도의 그렇게 허약한 문은 이미 지상에선 퇴장해 버린 지 오랜 모양"인 게 현실이다. 낭설이라도 문이 열릴 것이라는 소식은 전혀 없었다. 문 앞에서 어떤 소식이라도 들어보자고 바득바득 대드는 친구가 바로 주인공 철(哲)이다. 허나 아무리 소리쳐도 "안에서 문고리를 잡은 거물(巨物)의, 아니 비인간적인 그 괴이한 괴물의 귀에는 바야흐로 인간의 음성 따위는" 얼씬도 못한다. "백 년을 두고 두드려 봐라, 그래도 열리지 않을 것이오."라고 답하는 거로 들린다.

열리지 않는 문 앞에 선 철과 뼈만 앙상하게 남은 사람들은 모두 죽을상이었다. 이 '백의(白衣)의 무리들'은 어둠이 닥쳐도 방에 들어가 불을 켤 생각을 하지 않는다. 문 자체의 죄가 아니고 자신의 신수가 불길한 탓이라 해석하고 "때문에 그들은 문을 폭파할 것을 결의하는 것이 아니라 덮어놓고 꿇어앉아서 무작정 그저 신령님의 선심을 비는 것"이었다. 그러한 백의 무

---

21 임유경은 〈1960년대 '불온'의 문화 정치와 문학의 불화〉 181쪽 각주 507번에서 "〈분지〉가 표방하는 '불온한 사상'들은 '이미' 〈기상도〉에 응축되어 있었다."며 다음과 같이 썼다. →이 작품에서 "선량하기만 한 '백의' 무리들"은 강대국에 의해 "역사(歷史)란 궁전"을 소유하지 못한 한국인으로, 현재 이들의 삶의 터전을 지배하는 관할 주체는 '무자비한' "유·에스·에이"로 제시된다. 서울을 종창이 수두룩한 육체에 비유하는 이 소설에서 식민화의 책임은 '제국주의적 욕망'을 드러내는 미국과 '기만적'인 한국 정부, 그리고 '무지한 대중', 이 세 주체에 분배된다.

《사상계》1961년 8월호에 실린 〈기상도〉.

리에게 거물들은 "자신들의 죄업을 감추기 위해서 더 많은 무당과 점술과 관상계의 대가들을 동원"한다. 백의 무리에겐 "무슨 역사의 궁전"이 있을 턱이 없고, 강대국에 역사마저 탈취당해 민족허무주의에 빠진 형편이었다.

백의의 무리는 분노도 잊어버리고 순종과 항복에 익숙했다. 이는 '식민지 좀비' '분단 좀비'의 모습과도 같았다. 작가는 외세(거물)에 저항하지 않는 백의의 무리를 이렇게 묘사했다.

일체의 표정이 탈퇴하여 버린 저 밍밍한 낯짝들, 그것은 무엇인가. 시체였다. 아 징그러운 송장들이었다. 누가 이들을 송장으로 만들었는가.

쓰레기통 플라자에 살아도 "공산당보단 낫다"

주인공 철의 거주지인 '플라자 빠'는 소설의 공간적 배경이다. 정주일은 〈1960년대 소설에 나타난 근대화 담론연구-김정한, 이호철, 남정현〉(2009)에서 광장을 뜻하는 플라자가 반어적으로 쓰인 것으로 보았다.

이 소설에서 공간적 상징이 존재한다. '플라자'는 인간이 자유롭게 왕래할 수 없는 닫힌 문(밀폐된 공간)만 존재하는 분단된 남쪽을 가리킨다. 여기에서의 유일한 희망은 '여권'이다. 이 작품에서 '플라자'라는 광장을 의미하는 영어 알파벳 'plaza'로, 반어적 표현으로 사용하고 있다. '비유티' 여사는 반(反)을 의미하는 영어 알파벳 BUT에서 명명한 것으로 볼 수 있다.

분단 이후 미국의 식민지 상태에 처한 남쪽을 상징하는 플라자에 대해 철의 친구 미스터 김은 "오야지가 형무소에 수감된 이후 빠 '플라자'는 이놈 저놈의 발길로 완전히 폐물화 되었다."라고 말한다. 몇 해 동안 잠자리가 없어 피눈물 나던 생활을 하던 철은 처음 며칠 동안은 흥분과 감격에 들뜬 상태로 [광복의 기쁨을 말하는 듯] 지냈지만 바로 결점을 발견한다. 플라자의 환경은 "누구네 집 쓰레기통이라고 불러도 과히 욕될 것이 없는", 말이 플라자 '빠'지 구태여 이름을 하나 달아주자면 '엉망'이었다. 철의 플라자의 소유권자를 찾아가 "그게 어디 사람 잘 자린가요. 내 역사를 배워서 좀 알긴 하지만 선사시대의 그 수혈주거(竪穴住居)라나 뭐라나 하는 것도 말이죠, 사실은 '플라자'보다는 나았을 것 같거든요."라고 항변한다. 그러나 "플라자에 대한 애착심을 숙청해 버린 지" 오래된 주인은 철의 청원에 무관심한 반응이었다.

플라자의 소유권자는 전직 고관 김모 각하의 애첩 비유티 여사다. 이 여사의 현 남편은 반민주행위자로 몰리어 형무소에 수감됐고, 전 남편은 반동분자로 지목되어 행방불명이 됐다. 그리고 한 친구의 오빠는 "통일, 통일 하고 돌아다니다가 가막소에" 갇혔다. 이런 연유로 여사는 "일체의 세상사에 무관심주의를 관철해야 한다는 사상"을 지니게 됐다. 플라자의 거주자인 식은 신세타령조로 '통일'이라는 소리를 늘어놓고 지낸다. 그는 철이가 무시하는 기색을 보이면 무슨 노래 가사라도 외우듯이 이렇게 말한다.

"여보게 걱정 마, 걱정을 하지 말란 말이여. 세상은 아직도 무정하진 않다니까 통일은 될 거다. 암 통일만 되면 자네와 나완 문제없는 거야. 원산에 있는 내 집을 알지. 그 대궐 같은 집을 아느냔 말이여. 그것이 몽땅 글쎄 우리들의 것으로 되어버린다니까, 내 참 자꾸만 그러네."

철이는 "하루에도 골백번은 더 통일이라는 어휘를 사용"하는 식이에게 질렸지만 그렇다고 플라자에서 쫓아낼 수는 없기에 "어서 식이의 말대로 통일되어 제 발로 걸어 나가는 시일을 기다리는" 수밖에 없었다. 선이는 식이의 통일 타령에 "견딜 수 없이 비위가 상하게 마련"이었고, 그가 선통일을 외치는 것을 문제 삼아 반정부 공산당이라고 비판했다.

"그럼 너 그게 정부에 반대하는 게 아니고 뭐냔 말이다 이 새끼야. 내 말은 말이지. 정부에선 먼저 건설을 하구 통일은 나중에 가서 하던지 말던지 하겠다는데 넌 이 새끼야 왜 건설 소린 안 하구 밤낮 통일이냔 말이다 이 새끼야."

선이와 식이는 선통일 문제로 설전을 벌이다가도 배가 고프면 무승부 판정을 내리고 침묵을 지킨다. 그렇게 공복을 참던 식은 느닷없이 "이래도 공산당보단 낫다."라 선창하고, 덩달아 선이도 "그렇다. 공산당보다 낫다."라면서 구호를 외쳤다.

철은 이런 꼴불견에 무거운 책임감을 느끼고 플라자를 뛰쳐나와 거리를 돌아다녔지만 거리엔 "출구를 찾아 헤매는 인간들의 그 쩍 늘어난 모가지만이" 보였다. 철이는 무슨 이유에선가(언제부턴지) "식이와 선이를 싣고 동서남북, 그 어디로든 좌우간 소원대로 이 땅을 시원스럽게 떠나가는 여객선을 전송하고 나야만 견딜 것 같은 그런 일종의 부채의식에 짓밟히어 잠시도 편한 시간이 없는" 생활을 했다. 그는 때때로 미도파백화점을 보고 손을 흔들어 전송의 뜻을 표했는데, 그것은 미도파가 "서울을 적재하고 어디론가 떠나는 이름도 어여쁜 어떤 호화선의 일면으로 착각하곤" 해서 그랬다.

기상도 – 천지개벽 아닌 날벼락 우박

소설 제목 '기상도(氣象圖)'와 관련된 문장이 세 차례 나온다. 철이 유·에스·에이가 관할하는 자유세계의 관문인 수도 서울(작가는 여기 사는 "인간 같지도 않은 저 사치한 풍물들을 위해서만 이 땅의 정치는 개방되고 경제는 유통되며 여권은 발급되는 모양이었다"고 썼다) 한복판의 미도파백화점을 지나 빠 플라자에 근접했을 때였다.

이상하게도 갑자기 기후가 변하고 있었다. 바야흐로 신록의 계절인데 기온은 사정없이 하강하고 해질 시간도 아닌데 주위는 갑자기 캄캄한 어둠이 깔리고 있었다.

작가는 이 문장을 소설의 뒷부분에서 단어의 순서만 바꿔 한 번 더 반복한다. "찬 바람은 더욱 세차게 불고 해질 시간도 아닌데 주위는 더욱 캄캄해지고 있었다. 때는 바야흐로 신록의 계절인데 왜 이럴까." 철은 이게 혹시 '천지개벽의 징조'가 아닌가 해서 하늘을 쳐다보았다.

하늘엔 까막 먹장구름만이 무섭게 밑을 내려다 볼 뿐. 금시라도 주먹만 한 무엇이, 우박이 쏟아질 기세였다.

철이 느끼기에 이는 민중에 의한 '천지개벽의 징조'가 아닌 서울 한복판에서 험상궂은 사내에게 주먹으로 얼굴을 맞았던 일이 떠오르는 '불길한 예감'이었다. 빠 플라자 문을 열고 들어갔을 때 식이와 선이가 서로 공산당이라고 피 튀기게 싸우고 있었다. 이를 목격했을 때 철의 시야엔 거리의 진열장에서 본 "그 백의의 모가지들이 다시 출몰하는 것"이었다. 철은 저도 모르게 떨리는 목소리로 부르짖었다.

"야 식아, 선아 임마. 날 쳐다봐라 임마. 자 여기 여권 있어. 여권이 있단 말이다 임마. 정부에선 지금 공짜로 여권을 뿌리고 있는 거다 임마. 북쪽으로 가든 남쪽으로 가든 너희 맘대로야 임마. 이것만 가지면 아무 데건 그냥 가면 돼 임마. 건데 에서 뭣들 하고 있는 거니 임마."

사실 철이는 거리에서도 '백의의 모가지들'에게 이런 거짓말을 했다. 철은 모가지들이 거짓말에 속아 자유를 갈구하며 철을 향해 함성을 지르며 육박하고, 기뻐서 눈물을 흘릴 줄 알았다. 그러나 이들은 아무 반응이 없었다. 심지어 철이 여권 준다는 건 거짓말이라고 밝혀도 백의의 모가지들은 시체처럼 잠잠했다. 누가 이들을 송장으로 만들었는가, 징그러운 일이었다. 그런데 선이와 식이는 여권을 준다는 말에 "그게 사실이냐"고 놀라며 철의 어깨에 매달렸다. 철은 신명이 났는데 "그냥 오늘 하루만이라도 어디로든 떠나보낼 수 있을 것이라는 희망 때문"이었다. 철은 피투성이가 된 식이와 선이를 양 어깨에 부축하고 "내가 왜 시시하게 거짓말을 하겠냐고 큰소리를 치면서" 힘차게 '플라자'의 문을" 밀치고 나갔다.

순간 혹 하고 철의 얼굴을 갈기는 얼음 덩어리. 아 그것은 주먹만 한 우박이었다. 주위는 사정없이 캄캄하고 신록의 기류(氣流)를 타고 하늘에선 때아닌 우박이 쏟아지는 것이었다.

신록의 계절에 우박이 쏟아지는 '기상도'는 천지개벽의 징조가 아니었고, '불길한 예감'이 현실화한 상황을 말한다. 해질 시간도 아닌데 캄캄한 어둠이 깔리는 기상 이변은 작가가 〈기상도〉를 발표하기 직전에 발발한 5·16

군사쿠데타 세력의 반역을 빗댄 것으로 해석된다.

  남정현 작가는 5·16 쿠데타 직후 반공을 혁명공약 1호로 앞세운 사회 분위기 속에서 주인공 철을 통해 거짓말로라도 통일과 자주를 외치려 했다. 소설 속에서 철은 유·에스·에이에 짓눌려 사는 흰옷의 무리에게 "나는 여러분들의 소원을 성취시키기 위해서 방금 하늘나라에서 내려온 사람"이라고 하면서, 평화를 선사할 여권을 주겠다고 소리치기도 한다. 그러다 백의의 창백한 무리가 달겨들자 자신의 경솔한 발언을 후회하고 "내 얘기는 몽땅 거짓말입니다."라고 고개 숙여 사죄한다. 작가는 이 장면을 환상과 현실이 뒤섞인 묘사로 처리했다.

  마지막에 피 흘리며 양어깨에 매달린 식이와 선이를 부축하고 플라자 문을 밀쳤을 때 우박이 쏟아졌고, 철은 한 걸음도 앞으로 나갈 수 없었다. 미제 탱크를 타고 서울 시내로 진입한 5·16쿠데타 세력에 맞설 힘은 없었고, 희망은 아득히 먼 곳에 있었다. 작가는 단지 펜으로 괴이한 괴물들이 막아선 "현대식 철갑문"을 찌를 뿐이었다. 〈기상도〉 서두에 썼듯 현대식 철갑문은 "불원 열릴 예정이라던가 앞으로 열릴 가망은 전망은 전연 없다든가 하는 그런 소식"이 도무지 없었지만, "좌우간 어떠한 소식이라도 좋으니 한번 들어나 보고 죽어야 할 것이 아니냐고" 하면서.

  허나 안에서 문고리를 잡은 "비인간적인 그 괴이한 괴물들"은 아무리 고함을 쳐도 반응이 없었다. 백의의 무리에겐 출입금지의 문이었다.

5·16 군사쿠데타 후
"최선을 다해 …… 울면서 썼어요"

-〈자수민(自首民)〉(1962)

아무개(我無皆)가 사는 '여기' 반공주택영단

남정현 작가는 〈분지〉(1965) 발표 이전인 1961년에 〈너는 뭐냐〉로 동인 문학상을 받은 촉망받는 전후 신인 작가였다. 그는 박정희 군사정권 초기인 1962년에 〈자수민〉, 1963년 〈광태(혁명후기, 혁명이후)〉, 〈현장〉, 1964년 〈사회봉〉, 〈부주전상서〉 등을 발표했는데, 하나같이 시대와 정면 대결하는 문제작이라 할 수 있다. 2004년 《구술채록집》 대담자가 "초기작 중에 선생님이 조금 관심 있게 쓰려고 했던 부분이나 기억에 남는 작품 먼저 한번 말씀해 주실까요"라고 묻자, 남정현은 〈자수민〉에 관해 이렇게 증언했다.

남 예, 이게(자수민) 별로 그렇게 논의가 안 돼 있었어요. 그런데 내 입장에서는 아아, 어 뭐라 그럴까, 상당히 깊이 생각해 가지고 쓴 거거든요. 그 당시 우리 현실이 너무 엄혹했어요.

남정현은 《자수민》이나 《광태》를 지금 볼 때 "저 입장에서는 아! 내가 최선을 다했구나. 내 능력으로는 …… 이렇게 육체적으로 좀 허약하고, 또 정신적으로 허약한데 그래도 내가 가지고 있는 뭔가를 내가 다했다 하는 그런 느낌을 받아요."라고 했다. 그는 《자수민》을 "울면서 썼어요."라고 말했다. 당시의 시대 상황을 돌이켜봐야 그 심정이 이해될 것이다.

"5·16 쿠데타 이후에, 그냥 모든 것이 탄압 받고 그냥 전체 국민들의 입을 완벽하게 막아놓은 국가권력이, 이런 상황에서 뭔가 그 민중들의 입장에서 민중들의 희원이라든가 현실적인 요구를 대변하는 그런 형태의 그 무슨 언론매체도 거의 봉쇄당하다시피 답답했던 시기였거든요."

정주일은 〈1960년대 소설에 나타난 근대화 담론 연구-김정한, 이호철, 남정현〉(2009)에서 "〈자수민〉(《사상계》, 1962. 7)은 제목에서 알 수 있듯이 당대 현실의 반공 이데올로기에 대한 비판을 한 작품이다. 남정현은 이 작품을 그로테스크 리얼리즘을 동원하여 간첩 자수를 종용하는 억압적인 시대적 분위기를 환상적으로 표현한다."라고 평했다. 5·16 쿠데타로 집권하고 혁명이라 참칭한 뒤 '반공'을 통치이데올로기로 내세우는 군사파시즘 정권 아래에서 아무리 소설이라지만 '반공'을 문제시한다는 것은 아무나 할 수 없는 일이었다.

소설 〈자수민〉의 주인공 이름은 아무개 혹은 해바라기 양에 의해 미스터 아(我)로 불리는 남자이고 주소는 그냥 '여기'이다. 그 시절에 이름이 불확실하고, 사는 곳이 정확하지 않은 자는 정체가 불분명한 '간첩' 아닌가? 소설에서는 "여기의 주소를 되는대로 누설하자면 '여기'는 그저 별다른 곳이 아닌 아무개(我無皆)라고 하는 일개 짐승이 아닌 분명한 사람이 밤낮을 가리지 않고 생존하는 그렇게 아기자기한 지구의 한 부분이라고나 해둘까."라고 나온다.

어딘지 알 수 없는 여기는 주인공의 설명에 의하면 "어느 이름 모를 제국이 관할하는 식민지의 일각이라 해도 별로 실례가 아닐 것"이며, "짐승만도 못한 폐물을 보관하기 위하여 미군이 사용하던 한 개의 허술한 창고. 그것

서울 강북구 수유동에 있는 4.19민주묘지의 김주열 묘 앞에서. 1968년경.

을 반공주택영단(反共住宅營團)에서 아주 헐값에 구입하여 사람을 수용하기 위해 수리한 곳"이기도 하다.

반공주택영단 소유의 '여기'는 "'여기'와 저기를 연결해주는, 그리고 또 외부의 신성한 공기를 영접하는 그렇게 소중한 '창'이란 이름의 투명한 면적이 단 한치도 준비되어 있질 않는" 곳이다. 어디를 봐도 벽밖에 없다. 그리고 거기 사는 인간은 하루종일 벽만 쳐다보는 빈대와도 같은 존재이다.

> 그럴 때마다 아직 핏발이 가시지 않은 아무개의 시야엔 점점 그 인간이란 이름의 껍질을 벗어던지고 한 마리 작은 빈대로 변절되어가는 자신의 모습이 선명하게 떠오르는 것이다.

그저 한 마리의 납작한 빈대와 같은 하찮은 존재로 살아가는 아무개에게 가장 두려운 공포의 대상은 천정에 매달린 전등이다. 그 비대한 전등은 "'여기'에 베풀어준 미국의, 아니 20세기 문명의 유일한 혜택"(개작)이지만 아무개의 시야엔 그것은 "어두움을 제거하여주는 그런 무슨 마물〔魔物〕과 같은 그렇게 흉측한 공포의 덩어리"이고, 마음대로만 할 수 있다면 "저 지독하게 밝은 전등을 일거에 철거해버리고 싶었지만" 그러나 아무개는 '참는 것이 약'이라는 고전적인 처세학을 받아들여 무조건 참는다. 사람을 상대로는 입도 뻥긋 못하고, 신에게 매달려 "불을 반기는 부나비의 눈으로, 아니 차라리 죽은 자의 썩은 눈과 맞바꿔 주십시오."라고 기도하는 게 전부였다. 왜냐하면, 여기에선 불평하는 말씨나 원망하는 표정이 "저자가 지금 간첩이냐 아니냐 하는 그 가부를 판정하는 데 있어서" 유일한 증거물이 된다고 해석하기 때문이다.

얼마 전 인내를 하지 않은 '얼간이' 한 명이 '불순분자'로 찍혀 물건처럼 질질 끌려나간 뒤 한심한 최후를 맞이한 것을 목격하기도 했다. 반공주택영단 총무과장 이필승 씨가 장황하게 연설할 때였다.

"여러분, 기뻐하여 주십시오. 만세라도 불러주십시오. 본 반공주택영단에서는 이제야 겨우 미국의 지도하에 여러분의 뜻에 맞는 완전한 주택을 건설하는 데 성공했습니다.'22

---

22 〈자수민〉에는 원작에 없는 내용을 작가가 후대에 추가한 대목이 많은데, 수정한 구절이 대부분 '미국'과 관련한 부분이다. 1960년대의 시대적 상황을 고려하여 작가가 고민 끝에 뺐거나, 출판사 편집자의 요구로 삭제했던 내용을 수정, 보완했을 수도 있다. 그 이유가 무엇이든 독자가 원본을 그대로 읽지 못하는 것은 아쉬운 점이라 하겠다. 작가가 개정판 서문을 통해 개작의 이유를 밝혔다면 독자에게 도움이 됐을 것이다. 〈자수민〉 중 수정했거나 추가한 사항 중 주요 부분을 적으면 아래와 같다. (페이지 표시는 《남정현문학전집》 1권, 〈자수민〉 참조)
- 어느 이름 모를 공화국의 일각이라 해도 별로 실례가 아닐 것이다. → '공화국의'를 '제국이 관할하는 **식민지의**'로 수정. (237)
- 그것은 '여기'에 배달된 유일한 이십세기 재산의 전부인지도 모른다. → 그것은 '여기'에 베풀어준 **미국의** 아니 이십세기 문명의 유일한 혜택인지도 모른다. (239)

반미사상 들어오는 창 없앤 반공주택영단에서

이필승 과장은 "이것은 오로지 반공의식에 투철한 본 영단의 기술진 일동이" 불철주야 노력한 성과라고 떠든다. 그는 "우리들의 심령에 기생하는 일체의 불온한 사상"의 출입을 막기 위해 '창'을 없앴음을 반공주택영단의 최대 자랑거리로 꼽는다.

적게는 여러분들의 귀중한 재산을 노리는 좀도둑 사상에서부터 크게는 적색분자가 애용하는 반미사상에 이르기까지 그들은 모두 이 창을 통로로 하여 번식한다는 사실을 생각할 때에 창을 철폐한 본 영단의 과감한 행동은 청사에 길이 빛날 위대한 업적이라고 자부하는 바입니다.

이필승 총무과장은 전등을 가리키며 "송두리째 악의 씨를 뽑아버리겠다는 본 영단의 거룩한 정신"이라고, 이렇게 밝은 전등이 비추는 광명한 천지에 "누가 감히 한미동맹에 누를 끼칠 자가 있겠습니까."라고 말한다. 전등은

- 여러분, 기뻐하여 주십시오. 만세라도 불러 주십시오. 본 반공주택영단에서는 이제야 겨우 미국의 지도하에 여러분의 뜻에 맞는 완전한 주택을 건설하는 데 성공했습니다. → '미국의 지도하에' 추가. (240)
- 좀도둑 사상에서부터 크게는 적색분자가 애용하는 반미사상에 이르기까지 그들은 모두 이 창을 통하여 번식한다는 사실을 → '사상' 추가, '자유를 생식(生食)하는 간첩에'를 '적색분자가 애용하는 반미사상'으로 수정. (241)
- 누가 감히 조국을 배반하려는 모의에 가담할 자가 있겠습니까. → '누가 감히 한미동맹에 누를 끼칠 자가 있겠습니까'로 개작. (241)
- 승리의 깃발처럼 성조기처럼 의기양양하게 미친 듯 나부끼는 것이다. → '성조기처럼' 추가. (249)
- 그것은 반공주택영단의 권리(권위)를 아니 미국의 호의를 무시하는 오만한 처사라 생각되어 → '아니 미국의 호의를' 추가. (250)

위의 사례처럼 남정현 작가는 개작 과정에서 '미국' 관련 내용을 다수 추가했지만, 《사상계》에 처음 발표할 때도 도입부에 '여기'를 설명하면서 "미군이 사용하던 한 개의 허술한 창고"라고 썼다. 독자는 이를 통해 '여기'(식민지)의 주인이 누구인지 충분히 파악할 수 있다.

"선량한 시민을 괴롭히는 일체의 불온분자를 색출하는 데 필요불가결한 조명이 되어줄 것"이라며, 감히 전등알을 손으로 만지거나 훼손할 생각을 하지 말라고 경고한다. "'여기'를 비방하거나 훼손하는 자는 발견되는 즉시로 오열 분자의 소행으로 보고 사직당국에 고발"하겠다고 했다.

그런데 연설을 마치고 점잖게 하단하는 이필승 씨를 향해 "선생님, 그거 농담이 아닙니까?"라고 추궁하는 인물이 있었으니, 얼간이였다. 그러자 바로 총무과장은 "불순한 놈! 내 당장 농담이 아니란 증거를 보여주지. 암 보여주고말고."라면서, 얼간이를 짐짝처럼 끌고 갔다.

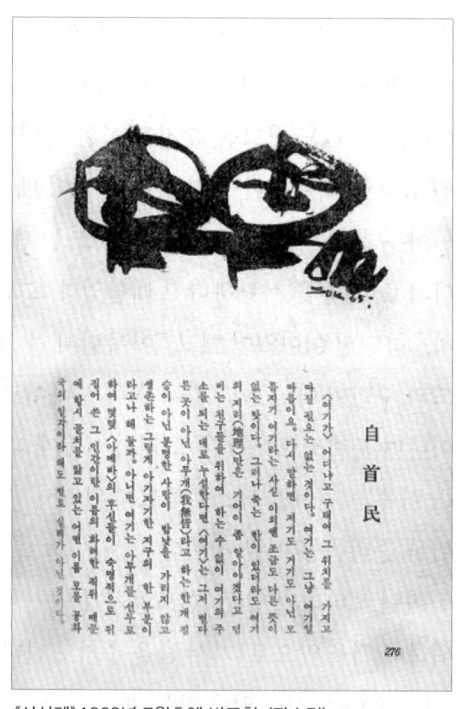

《사상계》1962년 7월호에 발표한 〈자수민〉.

아무개는 자신을 '미스터 아'라고 부르는 해바라기 양을 총무과장에게 고발했다. "아무런 예고도 없이 알몸이 되어 슬금슬금 이불 속으로 기어들어 오는" 해바라기 양은 아무개를 사랑하는 것이 아니었다. 단지 현모양처가 되는 연습, 사내를 얼마나 황홀하게 할 수 있는가 테스트하려고 아무개의 육체를 이용할 뿐이었다.

아무개가 볼 때 그녀는 "언어가 전혀 통하지 않는 이방인이랄까. 솔직히 말해서 해바라기 양은 미국의, 아니 할리우드의 주민이었다. 버젓한 한 사람이 한 마리 곤충으로 변하여 주기를 간절히 바라는 '여기'의 딱한 사정을 전혀 알 길이 없는 그렇게 무식한 할리우드의 주민"인 것이다.

해바라기 양의 주변에는 "엘리자베스 테일러, 에디 피셔, 오드리 헵번, 멜파라, 잉그리드 버그먼, 수잔 헤이워드, 나탈리 우드 등등 기이한 이름을 가진 윤택한 피부들이 항시 양을 향하여 매혹적인 미소를 보내고" 있었다.

아무개는 자신의 이불 속을 파고드는 해바라기 양이 "미쳤는가?" 생각하다가도, 자신을 사랑하냐고 대들었다. 그러자 해바라기 양은 "사랑? 하하하." 하면서 어이없어 했고, "아무렴 내가 그냥 늙어 죽으면 죽었지, 할리우드의 주민이 아닌 당신 따위를 다 사나이로 취급하여 사랑할 여인같이" 보이냐며 훈계조로 나왔다. 그녀가 아무개의 잠자리로 이틀이 멀다고 파고드는 이유는 "육체를 테스트해보기 위해서" "앞으로 한 사나이의 양처가 되기 위한 준비운동"이란 것이다.

이런 해바라기 양은 "현모양처가 되기 위하여, 리즈의 미를 굴복시키기 위하여 거울 앞으로" 가서 춤을 추기도 한다. 탱고, 지르박, 맘보, 트위스트. "이를 갈아 마시듯 악을 쓰는 재즈의 광음에 묻히어 양의 치맛자락은 바야흐로 선풍기"였는데, 아무개가 보기에 그 치맛자락은 "일종의 성조기처럼 의기양양하게 미친 듯 나부끼는" 승리의 깃발 같았다.

나부끼는 깃발은 죽음의 재처럼 뿌연 먼지를 일으켜 〈여기〉를 덮어 버리고, 아무개는 눈을 뜰 수가 없었다. 인간이란 이름으로 〈여기〉에 착륙한 형벌이라 여기고 구원의 손길이 뻗치기만 바랬다. 아무개는 "속히 한 마리의 곤충으로 변하여 주기를" "분뇨(糞尿) 속에서도 정정히 고개를 쳐들고 삶을 이어가는 차라리 한 마리의 구더기가 되어 주기를" 갈망했다. 그러나 거울 속에 드러난 모습은 여전히 인간이기에 아무개는 "망했구나"를 연발했다. 무엇이 망했다고 확실히 집어 얘기할 수 없지만 좌우간 아무개는 "일체의 기대가 꽝 무너지는 소리를 들으면서 무엇인가가 완전히 망해버렸다는 느낌이" 골수까지 배어 나왔다.

아무개는 해바라기 양에게 거울을 치워달라고 통사정을 하였지만 들은 체 만 체했다. 절망감에 싸여 지내던 아무개는 이필승 씨가 번쩍하고 떠올랐다. 그의 말 한마디면 "그까짓 거울 따위는 조금도 힘 안 들이고 없앨 수가 있을 거라는 생각에" 총무과장을 찾아가 절박한 심정을 피력한다.

"해바라기 양을 고발합니다. 양은 '여기'의 이 밝은 세상도 어둡다고 말입니다. 어디서 무시무시하게 큰 거울을 갖다가 '여기'를 조명하고 있으니 말입니다. 그것은 반공주택영단의 권리를, 아니 미국의 호의를 무시하는 처사라 생각되어 여기에다 주소를 둔 한 사람으로서 저는 의문을 참지 못하여 양을 고발하기에 이른 것입니다."

"망했구나!"

아무개는 "참으로 시의에 맞는 성공적인 발언이었다고 생각"했는데, 어찌 된 일인지 총무과장은 눈에서 불똥이 떨어지고 험악한 소리를 했다,

"아, 나보고 그럼 남의 사유재산을 뺏으란 말인가! 남의 자유의사를 무시하란 말인가! 나보고도 빨갱이가 되란 말인가! 정말인가! 도대체 무슨 말인가, 엉!"

이필승 총무과장은 뭐 하는 자냐고 아무개를 추궁한다. 아무개는 다급한 김에 "연구하는 사람"이라면서 "스스로가 생각해 보아도 전연 조리에 닿지 않는 애매한 답변"을 한다.

"아니올시다. 그냥 해보는 겁니다. 한 마리 곤충으로 변하여주기를 바라는 겁니다. '여기'에서는 도저히 사람이 살아갈 수가 없어서 그럽니다. 아니올시다. 아니올시다."

총무과장은 "돌았구나" 하면서, 머리가 이상한 녀석을 상대로 어쩌니 저쩌니 한 자신의 행동에 화가 치밀어 어서 꺼져버리라고 호령했다. 사면이 벽, 태양을 이식해 놓은 것 같은 전등, 바람 한 점 출입하지 못하는 창 없는 '여기'로 돌아온 뒤 아무개는 눈을 두 손으로 감싼 채 흐느꼈다. 사상이 좀 불순하게 보인다던 총무과장의 발언이 "무슨 만가처럼 구슬프게 '여기'를 아니 누선(淚腺)을 자극하는 탓"이었다.

무서운 괴한에 쫓기다 막다른 골목에 이르러 몸 둘 곳을 찾지 못하는 사람처럼 바싹 몸을 벽에 기댄 채 어찌할 바를 모르고 아무개는 '아항' 하고 기이한 소리만을 내지르는 것이었다. 외세에 의한 조국분단의 이 처절한 비극을 안고 몸부림친 과거의 험준한 반평생이 기껏 남의 눈에 불온분자가 되기 위한 준비운동에 지나지 않았나 하는 그런 억울한 생각 때문이었다. 불온분자로 지목되어 억울한 죽음을 당하기 전에 속히 한 마리 곤충이 되어주기를 바라는 그러한 간절한 염원에 휘말리어 아무개의 흐느낌은 점점 고조에 달하면서 '여기'는 삽시에 어떤 위대한 이가 가는 장지처럼 울음바다로 변하는 것이었다.

그런데 '헐리우드 주민'과 다름없는 해바라기 양의 귀에는 아무개의 울음 소리가 "이상하게도 아름다운 경음악쯤으로 전달되는 모양"이었다. 그녀는 가느다란 휘파람을 날리며 "헤이, 미스터 아, 그런데 남자란 말이죠. 여인의 어느 부분을 제일 좋아하는 거죠? 요는 말에요, 얼굴? 젖가슴? 엉덩이? 도대체 어느 쪽이냔 말에요, 응! 어서 바른대로 말 좀 하시라구요."라고 질문을 날렸다. 아무개는 고문을 받는 듯 암울할 따름이었고, 밝은 빛 속에서 "천장이, 벽이, 거울이, 그리고 해바라기 양까지가 도무지 맥을 못 추고 흐물흐물 부서져 내리는" 것에 겁을 먹고 앞에 있는 물건을 꽉 움켜잡았다. 공교롭게도 그것은 해바라기 양의 '연한 유방'이었다.

그녀는 까무러치는 듯한 비명을 지르면서 자기의 크림통을 집어던졌다. 크림통은 아무개의 콧잔등에 명중했고 "삽시간에 쏟아지는 피는 아무개의 얼굴을, 양의 가슴을, 그리고 '여기'의 밑바닥을 뜨겁게 물들이는 것"이었다. "피에 젖은 눈앞은 암흑"이었고, 아무개는 "망했구나"라는 말을 내뱉었다. 해바라기 양은 "죽어라, 죽어라." 악을 쓰면서 미스터 아의 잔등을 덮어 눌렀고, 아무개는 이제 숨이 넘어간다고 생각되는 순간 또렷또렷한 말씀이 스피커에서 흘러나왔다.

"여러분, 지체하지 말고 어서 일어나 나오십시오. 자수하십시오. 여러분들이 저지른 일체의 죄악을 불문에 부치고 따뜻이 환영하여줄 것입니다. 자수하십시오. 자유와 광명에 넘치는 '여기'의 생활이 지금 여러분들을 고대하고 있습니다. 정부가 하나님의 뜻으로 베푼 이 영광스러운 기회를 놓치시는 분은 단호히 색출하여 처단할 것입니다. 개죽음을 면치 못할 것입니다. 어서 일어나 나오십시오. 자수하십시오."

아무개는 스피커에서 흘러나오는 소리가 "새롭고 빛나는 세계로 자신을 인도하여주겠다는 누군가 절대자의 약속처럼 들리는 것"이었다. 불현듯 아무개는 주먹에 왕성한 힘이 느껴졌고, "이 살인적인 반공주택에서 벗어날 수 있단 말이지"라는 생각에 "아, 자수하자, 자수하자."라고 소리 지르며 해바라기 양을 밀쳐버리고 일어났다. 바깥은 환한 대낮이었고 벽마다 거리마다 빨간 글씨로 '間諜 自首 期間(간첩 자수 기간)'이라 쓴 벽보가 붙어 있었다. 벽보를 따라 사람들은 떼를 지어, 입을 다문 채 행진했다.

아무개는 무엇인가 기대에 찬 엷은 흥분을 느끼며 자수의 신호로서 피에 젖은 두 팔을 높이 쳐들고 행렬을 따라 무작정 뚜벅뚜벅 걸어 나가고 있었다.

'피에 젖은 두 팔'을 높이 쳐들고 하는 자수는, "개죽음을 면치 못할 것"이라는 반공스피커의 '자수'에 맞서는 행위로 해석되기도 한다.23

아무개의 자수와 반공주택영단 스피커의 자수는 다른 의미

《구술채록집》에서 남정현 작가는 자수 장면에 관해 소설 속 반공주택영단의 반공친미 스피커에서 말하는 '자수'와는 다른 뜻이라고 설명한다.

"뭐 스피커 대고 흘러나오는 얘기와는 다른, 각자가 다른, 이 모든 것이 언론, 집회, 결사 모든 자유가 제압당하고, 어 그러니까 이렇게 그 외세라고 하는 이 멍에가 더 한껏 더 무겁게 지워진 것 같은 이걸 다 벗어버리고, 어렵던 민족적인 지략을 펼치거나, 아 또 우리가 하여간 그때 당시에 그 민족적인 염원이라는 것은 우리가 서구처럼 그 인간의 자유라든가, 뭐 자유권이 보장되고 또 통일문제도, 남북이 다 자유롭게 이야기 해 가지고 빨리 민족이 어떤 소망하는 그런 통일세계를 이루는, 이런 게 사실은 다 말은 못 해도 깔려 있지 않습니까? 이런 깔려있는 그런 소망이 실현되는 그런 자유의 세계로 우리를 내보내 줄 수 있는가 해서 막 나가는……."

---

23 1962년 12월호 《자유문학》에는 이영일이 쓴 '1962년의 소설계-어느 변성기의 짧막한 역사'라는 총평이 실렸다. 그는 이 글에서 1962년 《자유문학》, 《현대문학》, 《사상계》를 통해 발표한 작품을 다뤘는데, 남정현의 〈자수민〉에 관해서는 아래와 같이 평했다. "남정현의 〈자수민〉의 무대는 미군 창고를 반공주택영단에서 사들여 만든 수용소다. 이 작품의 독특한 점은 부조리한 현실을 그리기 위해서 그 이상으로 부조리한 허구의 세계를 만들어낸 작가의 줄기찬 고발과 저항의식의 비전이라는 점이다. 숨 막히는 상황에서 해방되기 위해서 차라리 '간첩 자수'를 '아무개'는 선택한다. 손창섭의 경우는 흔히 인간이 디휘르메[변형하다, 왜곡하다를 뜻하는 프랑스어 déformer의 음차(音借)로 추정됨] 되어서 현실에서 대응하는데, 남정현은 현실이 디휘르메 되어서 인간에 대응한다. 변형한 인간과 변형한 상황은 같은 원리의 패턴이지만, 전자는 인간 속에 절망을, 후자는 상황 속에 절망을 그린다."

남정현 작가는 "그래서 〈자수민〉이라는 건 상당히 아주 아이러닉한" 소설이며, 당시에는 "그런 형태로밖에, 그런 수법으로밖에 그 상황을 드러낼 수 없지 않은가, 이런 생각으로 쓴 거예요."라고 회고했다. '자수하여 광명 찾자'는 간첩신고 포스터가 널려 있던 시절이었다.

〈자수민〉이 실린 《사상계》 1962년 7월호에는 '창작 7인집'이란 타이틀 아래 7편의 소설이 함께 실렸는데, 전광용의 〈꺼삐딴 리〉, 유주현의 〈임진강〉, 박경수의 〈박람회〉, 이호철의 〈닳아지는 살들〉, 최인훈의 〈칠월의 아이들〉이 보였다.

내 주먹의
소원은
-〈광태〉(1963)

직접적인 화법으론 단 한 줄도 못 쓰니까

〈광태〉는 5·16 군사쿠데타로 들어선 박정희 정권이 민주주의를 완벽하게 탄압하고 봉쇄하려는 상황에서 쓴 소설이다. 〈광태〉를 발표하기 직전인 1963년 3월 16일 박정희는 "군정을 4년간 연장할 것인지의 가부를 국민투표에 묻겠다."라는 성명을 발표했다. 당시 서른 살 나이의 남정현은 "무슨 소설을 쓰것다 이거보다도 뭔가 한마디래도 이 시대에 대한 진실을 알려야 되겠다."라는 심정으로 집필했다. 《구술채록집》에서 〈광태〉를 쓸 때의 심경에 대해 "최선을 다했다."고 하면서 채록자 구자황 교수와 이렇게 대화를 나눴다.

　　남 그래서 〈광태〉는 이제 바로 5·16 그 쿠데타 직후에 쓴 거거든요.
　　구 예. 아주 군사정권을 겨냥하는 게 아주.
　　남 예. 군사정권을 겨냥해서요.
　　구 (웃으며) 노골적으로 드러났던데요.
　　남 그래서 그때 직접적인 화법을 사용허면은 뭐 단 한 말, 한 줄도 못 쓰죠. (그렇죠) 한 줄도 못 써서 어 그래서 이름도 광태, 미친 사람 하나의 그 작태다. 아 역시 또 불려가서 무슨 또 이야기가 있으면은 미친 사람 얘기(웃음) 아니냔 말이지. 이렇게 이야기할 수 있는 그런, 아 뭐라 그런 행간이라 그럴까, 여유도 남기고, 이 〈광태〉를 썼는데 ······.

그러면서 "아마 그때 그 당시에 작가의 입장에서 그런 형태로도 못 견디는 인간의 그 처절한 어떤 심정을 그렇게 알릴라고, 어떤 노력했던 작품이 흔히 지 않을 거예요. 그 당시에.(웃음)"라고 회상했다. 남 작가는 5·16 직후 상황을 수필 〈거대한 암반 밑에서〉에서 절절하게 털어놓고 있는데, "가슴을 찢는 듯한 '5·16'의 총성이 연일 끊이지 않던 어느 날, 나는 뭔가 천부당만부당한 사태가 지금 우리 현실에서 공공연히 일어나고 있다는 사실이, 아 그 믿기 싫은 사실이 큰 가시가 되어 목 안에 깊이 걸렸던가." 식으로 묘사했다.

〈광태〉(《신세계》, 1963년 4~5월호)는 〈혁명이후〉(《한양》, 1963년 10월호), 〈혁명후기〉(《청맥》(1964년 12월호, 개작)로 제목만 바꿔서 실렸다. 이렇게 제목만 고쳐서 다시 싣는 게 일반적으로 허용되는 관례는 아닐 텐데, 세 군데 잡지에서 실었다는 게 의아한 일이다. 1960년대에 분단문제, 미국문제에 촉각을 곤두세운 진보적 민족주의 계열의 대표적 잡지는 《청맥》, 그리고 재일교포 잡지인 《한양》이었다. 《청맥》과 《한양》의 편집부가 이미 발표한 소설을 다시 게재한 이유는 아마도 그만큼 〈광태〉의 시대성을 높이 샀기 때문이라 추정된다.

〈광태〉의 서두에서 주인공 '나'는 스스로 "나처럼 그렇게 마음이 곱고 착하던 사람의 성격이 왜 이렇게 갑자기 고약하여졌는지 모르는 것이다. 전혀 그 내막을 알 수 없다는 것이다."라고 의문을 던지며 시작한다. 그리고 자신의 질문에 바로 두괄식으로 답을 던지며 이야기를 풀어간다. "별 이유도 없이 이렇게 갑자가 사나워졌다는" 이유는 바로 "기아선상에서 허덕이는 민중을 위하여 어쩌고저쩌고 하며 총칼을 들었다는 소위 그 5·16 군사정변" 때문이다.

그렇다.
4·19 이후 자주 민주 통일에 대한 전 민족의 희원이 송이송이 현란한 꽃으로 피어오르려던 어느 날, 그만 그 꽃송이들을 시샘해선가. 청천벽력같이 갑자기 울려퍼지던 그날의 그 무질서한 총성을 계기로 해서 나의 그 선하던 성미는 이렇듯 무참하게 변모하여 버린 것이다.24

그리고 주인공은 자신이 "그냥 좀 사나워졌다는 정도가 아니라 이제 나는 거의 짐승이 다 되어버렸는지도 모르겠다."라고 자탄한다. 짐승이 된 그는 아내 지아(智我)를 성한 데가 없이 만들었고, 지아는 "저주와 경멸이 뒤범벅되어 빨갛게 독이 오른 표정"으로 소리친다.

짐승이 아니라면 도대체 넌 뭐냐 말이다, 응. 이 자식아, 너도 사람이라면 말이지, 아 그럼 눈깔은 있을 게 아니겠어? 그렇다면 말이지, 아 이게 안 보인단 말인가. 글쎄 안 보여? 대관절 뭐 때문에 사람을 이렇게 순 생으로 죽이려 드는 거야, 엉 말해 봐, 어서 말해!

주인공의 주먹이 저지른 "치욕적인 행패로 말미암아 그 원형을 유실한 대상이 비단 지아의 육체 하나뿐이 아니라" 좀 더 살펴보면 "주변에 위치한 모든 기물의 형태 하나하나가 뭐 하나 그 원형을 고스란히 간직하고 있는 것이 없는 것"이었다. 그가 주먹을 거칠게 휘두르는 이유는 무엇인가.

---

24 이 내용은 1967년 작품집 《굴뚝 밑의 유산》(문예출판사)에는 없던 내용인데, 1987년 《분지》(한겨레), 2002년 《남정현문학전집》(국학자료원)에 넣을 때 추가했다. 임경순은 〈남정현 소설의 성-여성과 윤리, 그리고 반공주의〉(상허학회, 2007에서 개작에 관해 이렇게 썼다.
"1987년에 간행된 작품집에는 '5·16 군사혁명'이 '5·16 군사쿠데타'로 변화하였으며, 원본에는 없던 4·19에 대한 서술이 삽입되어 있다. 또한 다시 2002년에 간행된 전집에는 4·19의 의미가 민중의 열망에서 전민족적인 희원으로 새롭게 규정되어 있으며, 자유가 자주로 변화했다."

내 주먹의 소원은 …… 파쇼체제가 무너지는 절경을

그렇다. 내 주먹의 소원은 결국 이렇게 모든 사물의 부피가 <u>하나의 제국이 무너진 듯, 아니 파쇼체제가 무너지듯</u> '나'를 향하여 통쾌하게 무너져내리는 그 현란한 절경을 한번 꼭 구경하고 싶은지도 모르는 것이다.

위 문장의 밑줄 친 "하나의 제국이 무너진 듯, 아니 파쇼체제가 무너지듯"은 작가가 원고를 개작하면서 추가한 내용이다. 이처럼 남편이 주먹으로 주변의 모든 것을 파괴하려고 하자 아내 지아는 "주먹과 대결하기 위한 비상수단으로 어디서 퍼렇게 날이 선 식칼을 하나 구입하여 늘 허리춤에 휴대하고 다니는 것"이었다. 그러나 주인공은 칼을 두려워하지 않았고, "칼날을 향하여 바싹 고개를 쳐들고는 호소하듯 중얼거리는 것"이었다.

"지아, 정말 부탁인데 말이지. 그 좋은 칼을 그냥 들고만 있을 게 아니란 말이여. 한 번만, 옳지 딱 한 번만이라도 좋으니깐 말이지, 어서 한번 멋지게 사용해보라구. 우리 조상들처럼 말이지, <u>우리 조상들은 우릴 침략하는 거란족을, 여진족을, 몽고족을, 그리고 수군을, 당군을, 청군을, 왜군을, 그 서면호를 아주 멋지게 푹푹 찔렀단 말이야. 그 칼로 말이지. 그러니까 당신도 하다못해 안 되면 나의 이 모가지라도 말이지.</u>25 당신 맘대로 푹 좀 찔러보

---

25 밑줄 친 부분은 1980년대에 개작하며 추가한 내용이다. 남정현 소설의 개작을 다룬 논문으로 〈남정현 소설 연구-개작과 반미작가 평판에 대한 검토를 중심으로〉(박희란, 중앙대 국문학 석사, 2012)가 있다. 남정현의 개작은 '반미' '외세'를 강조하는 내용을 추가하는 특징이 있는데, 경우에 따라서는 검열을 의식한 필자나 출판사의 판단으로 정치적 수위가 높은 내용을 삭제하거나 완화하기도 했다. 박희란은 위 논문에서 "군사정권을 향한 직접적이고 날 선 비판은 이후 단행본과 전집에서는 내용 전체가 삭제된다."라고 하면서, 아래의 예문을 제시했다.
"그렇다고 군인들의 말씀을 거역할 자유까지도 다 허용되어 있는 것은 아닌 것이다. 어쩌다가 군인들의 말씀에 한번 말참견을 하고 보면 이상하게도 칼자루에서는 칼이

라는 거야. 응. 지아, 이건 정말 내 소원이거든. 왜 그런지 난 꼭 그래야만
이치에 맞을 것 같아서 그러는 거야. 자, 그럼 어서, 어서."

남정현 소설에서 아내, 누이, 여성은 착취 대상으로 등장하는 경우가 많
다. 《광태》에서도 아내 지아는 남편의 무자비한 폭력에 시달린다. 그런데
이 둘은 죽기 살기로 싸우면서도 지아가 당하는 폭력의 근원이 외부에 있음
에 공감하고 있다. 아내 지아에겐 식칼로 자신을 외세 침략자라 여기고 모
가지를 푹 찔러보라 애원하고, 자신이 지아에게 주먹질 할 땐 "흡사 민중을
억압하는 어느 독재자의 숨통을 쪼이는 심정으로 미친 듯이" 돌격한다.

주인공은 아내 지아에게 "제발 어서 좀 이 자리를 떠나달란 말이여. 정말
여기는 사람 살 곳이 아니라니깐두루 그러네. 이러고 좀 있으면 당신의 몸
은 형체도 없이 썩어 없어지고 말 테니깐 말이지, 알아서 하란 말이야, 알아
서."라고 목멘 어조로 말하면서 헤어지기를 간청하지만 지아는 분노하며
소리친다.

"무어라구, 이 악마 같은 놈의 자식아. 뭐, 날보구 떠나가라구? 흥! 어림없는
수작을 …… 내 몸을 이 지경으로 파괴해놓은 원수를 꼭 갚고야 말겠다는
결심인 거야, 알았어 엉? 그러기 전에 이놈의 새끼야, 너와 절대로 헤어질
수가 없다는 사실을 똑똑히 기억하란 말이야, 엉. 알았어, 엉?"

지아의 이런 반응에 주인공은 "매사에 이렇게 사리를 분명하게 따질 줄
아는 현명한 여인을 아내로 맞이했다는 일종의 긍지감 같은 것이 뿌듯이 안
겨오는" 감정을 느끼며 미안하고 쑥스러운 생각에 "헝클어진 지아의 머리

빠지고 그 총구에서는 그만 걷잡을 수가 없는 총알이 튀어 나온다니 이건 도무지 보통
이야기가 아닌 것이다. 제대로 목숨을 유지할 수가 없다는 것이다."(《혁명이후》, 《한
양》, 1963)

위에 가만히 입술을" 얹은 채 울먹이며 중얼거렸다.

"알았어, 지아 미안해. 암, 원수를 갚아야지. 여부가 있나. 우릴, 아니 우리 나라를 이 지경으로 만든 원수를 찾아서 꼭 원수를 갚아야 하는 거야……."

"우릴, 아니 우리나라를 이 지경으로 만든 원수를"

이렇게 말하고 주인공이 울어버리자 지아는 "노기를 거두고 무엇이 그렇게 서러워지는지 회한과 절망이 반반씩 섞인 것 같은 그렇게 야릇한 음정으로 아으 아으 몸을 뒤틀며 울기 시작하는 것"이었다.
"암, 원수를 갚아야지. 여부가 있나. 우릴, 아니 우리나라를 이 지경으로 만든 원수를 찾아서 꼭 원수를 갚아야 하는 거야."라는 표현은 가족, 남녀의 갈등구조로 이뤄진 남정현의 여러 소설을 읽을 때 염두에 두면 유익한 문장이다. 가족 관계 알레고리를 통해 작가가 전달하는 메시지라 하겠다. 남정현에게 '원수'는 외세이고 미국이다.
〈광태〉에서 반복적으로 등장하는 핵심단어는 주먹과 함께 오줌이다. "원수를 갚아야지."와 "오줌이여 나와라."는 말이 자주 나온다. 주인공에게 "내 조국 대한민국은 자유의 왕국, 그중에서도 대표적인 자유는 아무 데나 대고 오줌을 깔길 수 있는 자유"가 있는 나라이고, 어쩌면 오줌 쌀 자유만 허용된 나라다.

아 참, 씨원하구나. 자유, 헌법은 우리 아기 잡기장 생겨날 때마다 지우고 또 쓰고 하면 되는 것이다. 아, 참 씨원하구나. 자유, 오줌을 쌀 수 있는 자유가, 아무 데나 대고 총대를 내밀 수 있는 자유가 노상 흘러 넘치는 것이다. 그런데 얼마를 싸야만 내 오줌보는 바닥이 보일 것인가.

이렇게 거의 무아지경에서 오줌을 깔기곤 하는 주인공은 오줌이 한 방울도 나오지 않을 때는 주먹이 가만히 있지 않고 지아의 육체에 치명상을 가한다. 오줌이 나오지 않아서 "오줌이여 나와라." 외치면서 "꼭 병신이 육갑한다는 시늉으로 자지를 붙잡고 얼르고 달래면서 별 추접을 다 떨어보는 것이었지만" 소용이 없었다. 그래서 상처투성이인 사랑하는 아내 지아에게 "어서 빨리 좀 달아나라니깐두루." 하면서 얼른 주먹을 피해 도망갈 것을 간청했다.

그러나 지아는 느닷없이 옷을 훌렁 벗어버린 채 나체시위를 하며 "훙 어림없는 소리. 원수를 갚기 전엔 죽어도 네놈 곁에 사는 거야 알았어!"라며 열변을 토했다. 나는 "아 이년아 원수를 갚아야지. 아 글쎄 이대로 허망하게 죽을 참이여 앙! 아이고 분해."라고 소리치면서 악에 받친 주먹으로 지아의 육체를 죽일 듯이 팼다. 주인공은 의식이 몽롱해진 상태에서 "오줌이여 나와라." 소리쳤지만 몸은 말을 듣지 않았다. 소설의 마지막 장면에서는 오줌과 군가를 대비시키며 끝을 맺는다.

> *순간, 오줌 대신에 지아와 나를 엎어누르는 소리*
> *어디에선가 지금 노래자랑이, 아니 군가 연습이 한창인 모양이었다.*
> *전우의 시체를 넘고 넘어……. 누구를 위해 시체를 넘고 넘는지는 알 길이 없지만 좌우간 군가만이 힘차게 세상을 뒤덮는 느낌이었다.*

5·16 군사쿠데타 직후에 쓴 소설〈광태〉,〈자수민〉에 대해 남정현 작가는《구술채록집》대담자 구자황에게 "나는 그때 상황이 너무 혹독해서. 음. 난 최선을 다했다, 이상 누가 헐 수 있겠느냐, 이런 느낌으로 쓴 거예요."라고 증언했다. 그러면서 작가는 "〈자수민〉이니〈광태〉니 이런 거 잘 안 보더라."며 아쉬움을 표했다.[26]

《청맥》- 우리는 '이것의 앞잽이' 아니면 '저것의 충복'으로

소설〈광태〉는《청맥》1964년 12월호에 〈혁명후기〉라고 제목만 바꿔서 다시 실렸다. 1964년에 8월에 창간된 잡지《청맥》은 대학생들에게 선풍적인 인기를 끌던 잡지인데 1968년 통일혁명당 사건과 연루되면서 폐간되고 역사의 뒤안길로 사라졌다. 1964년 12월의 발행 겸 편집인은 김진환, 주간은 김질락이었고, 발행소는 서울특별시 종로구 중학동 32번지로 되어 있었다.

남정현 소설 〈혁명후기〉가 실린《청맥》12월호 맨 뒤의 '편집후기'에는 慈(자), 美(미), Q(큐)라는 약칭이 표기된 후기와 함께 '洛'(김질락 주간으로 보임)이 쓴 게 실렸다. 이 한 줄짜리 후기는 당시의 긴박한 정세와 불안정한 언론자유를 적나라하게 보여준다.

창간사가 곧 폐간사라던 일부의 억측에도 아랑곳 없이 우리의 힘찬 행진은 1965년의 문턱을 넘어선다(洛)

---

26 2004년 12월 27일 남정현은《구술채록집》대담자인 구자황에게 〈자수민〉이니 〈광태〉에 관해 이렇게 증언했다.
구 아주 신랄한 작품이던데요.
남 아무도 신문에서도 말 못 하지 뭐. 아무도 얘기하는 사람이 없는 거야. 단 한 마디로. 그래서 뭔가 무슨 소설을 쓴다는 거 보다두 내가 뭔가 소설을 빙자해서 뭐 헌다는 식으로.
구 하시고 싶은 말씀을 인제 소설이란 형식을 통해서.
남 그 어떤 혹독한 체제에서도 하나의 정신세계 흐름을 완벽하게 차단을 못하니까, 그래도 이 예술작품을 가지고는, 소설을 가지고는 뭐 이렇게 틈을 낼 수 없겠느냐, 해 가지고 이제 뭐 어떤 구설에 가서인가, 갑자기 뭐 자유의 왕국, 뭐 오줌을 쌀 수 있는 자유, 하면서 그렇게 조금씩, 조금씩 그런 걸 얘기헐라고. 무슨 한 편의 좋은 소설을 만드는 거 보다두.
구 예. 소설을 염두에 두셨다기보다도.
남 그런 심정으로, 그래서 나는 그때 상황이 너무 혹독해서. 음. 난 최선을 다했다, 이상 누가 헐 수 있겠느냐, 이런 느낌으로 쓴 거예요. 그런데 그 후에 뭐 〈자수민〉이니 〈광태〉니 이런 거 잘 안 보더라구. 그때 내가 처한 그런 상황에서는 우리글을 가지고 내가 최선을 다했다, 이런 느낌이 들었어요.

1964년 12월 《청맥》에 실린 소설 〈혁명후기〉.

12월호 표지에는 시련받는 후진민주주의(우병규), 조국은 금치산자(김질락), 우리는 어느 지점에 서 있는가(이재학), 특집-폭력시대는 갔는가, 특별기고 - 모방과 갈등의 북한 20년 (글렌 D 페이지) 등의 제목이 배치됐다. 잡지 앞에 실린 화보에는 휴전선, 돌아오지 않는 다리의 사진과 함께 "모순된 강국 정치의 위선, 그것이 빚어낸 가장 비극적인 폭력 - 이 죄 많은 역사의 담장 위에는 오늘도 155mile의 휴전선이 놓여 있다." "여기에는 인간도 민족도 없다. 있다면 그것은 '해답 없는 방정식'. 아니면 몸부림하는 '기동(機動) 잃은 열차' '國破山河在(국파산하재)'의 무성한 숲"이라는 설명이 달려 있었다. '國破山河在'는 나라는 망하였으나 산과 강은 그대로 있음을 이르는 말로 두보의 시 〈춘망(春望)〉에 나오는 구절이다.

김질락 주간이 쓴 '조국은 금치산자'라는 글이 29~35쪽에 걸쳐 실려 있었다. 이 글을 읽어보면 한국전쟁이 끝난 지 10년쯤 됐을 당시의 지식인들이 민족과 통일, 외세(미국)에 대해 어떤 마음을 지니고 있는지 알 수 있었다. 김질락 주간은 미군을 '외병'이라 지칭했다.

> 민족 해방을 위한 해내외의 피어린 투쟁이 우리 혁명투사들에 의해 추진되었음에도 불구하고 우리는 마치 패전국의 경우와도 같은 수모를 면치 못했다. 해방직후 전국에 걸쳐 일어났던 외병에 의한 린치, 폭행, 부녀강간, 약

탈 등 일련의 사건들은 아직도 우리들의 기억에 생생하며 구한말의 정정이 그러했듯이 태풍처럼 들어 닥친 방대(尨大한) 강풍에 휘몰려 우리는 '이것의 앞잽이' 아니면 '저것의 충복'으로 끌려다녔다.

김질락은 통일논의 자체를 금기하고 "일부 보수세력에 의한 통일론만이 무슨 정식이나 공식처럼 채택"하는 현실도 비판했다. 어쩌다 통일에의 열광적인 국민 여론이 일어나도 그 결과는 "유행병이 휩쓸고 간 뒤의 사망자처럼 용공분자로 철퇴를 맞은 가련한 민족주의자들의 처절한 수난이 있었을 뿐이었다."라고 탄식했다. 당시 한국사회를 지배하고 있던 '유엔을 통한 통일론'은 '통일론 없는 통일론'이며 스스로의 발목을 묶어두는 일이라 평했다.

조국은 금치산자(禁治産者)

김질락27 주간은 "조국은 금치산자가 아니며 자유로운 의사표시와 스스로가 선택한 사실을 강력히 추진할 수 있는 행위능력자다."라면서 이렇게 글을 끝맺었다.

겨레와 역사의 방향은 통일에로 줄달음치고 있으며 이 역사적 과업을 거부하고 민족적 양심을 팔아먹는 반역자는 우리들 가운데 한 사람도 없을 것이다. 정부는 하루 속히 통일에의 구체적 방안을 수립하고 이를 실천에 옮겨줄 것을 모든 국민은 기대하고 있다. 그러나 조국의 통일은 무력이나 사상

---

27 김질락은 1968년 통혁당 사건으로 체포된 뒤 전향했고, 사형을 선고받은 후 감옥에서 《어느 지식인의 죽음》(원제 주암산)이란 수기를 발간했다. 간혹 전향한 운동가가 감옥에서 책을 펴내는 사례가 있는데, 이때 책 내용의 줄거리는 정보부에서 잡아준다. 김질락은 중앙정보부의 수사에 적극 협조했지만 결국 1972년 사형이 집행됐다.

의 대결만으로서 이루어지지 않으며 '민족'은 '하나'라는 주체의식이 새로운 힘으로 한뭉치가 되지 않는 한 유엔의 연차적인 유산(流産)일 수밖에 없다는 것을 명심해야 할 것이다.

반공, 외세를 직설적으로 비판하고, 통일을 지향하는 김질락 주간의 논조는 《청맥》에 소설 〈혁명이후〉를 실은 남정현 작가와 거의 동일한 생각이 아니었을까 싶다.28 김 주간이 '조국은 금치산자'에 "해방 직후 전국에 걸쳐 일어났던 외병에 의한 린치, 폭행, 부녀강간, 약탈 등 일련의 사건들은 아직도 우리들의 기억에 생생하며"라고 썼는데, 바로 이런 기억이 〈분지〉 같은 반미소설의 토양으로 작용했음이 분명해 보인다.

---

28 《한양》 1965년 8월호에는 당시 《청맥》 주간 김질락의 글 '하나의 민족'이 실려 있다. 《청맥》과 《한양》이 동일한 이념적 지반 위에 서 있음을 방증하는 대목이기도 하다. 김질락의 글에는 이 시기 한국의 진보적 민족주의가 국제적으로는 신민족주의 사조에 연결됨을 분명히 하는 부분이 있다. (김건우, 〈분지를 읽는 몇 가지 독법〉, 2011)

얘야, 이제 시일이 지났는데 군인들이 물러 간다든?

-소설 〈현장〉과 연극 〈현장〉

평화극장의 '신예작가 10인선' 두 번째 작가로

 의인화된 국가보안법과 미 제국주의자가 나오는 〈편지 한 통-미 제국주의 전상서〉를 맑 출판사에서 출간한 뒤 연극 연출가를 만난 적이 있다. 딱 두 명이 출연하는 연극으로 무대에 올렸으면 하는 바람에서였다. 연출가는 작품은 끌리지만 제작비를 지원하는 조건이 아니면 무대에 올리기 어렵다고 말했다. 아마도 연출자나 감독은 탐나는 대본은 많지만 제작비를 못 구해 연극이나 영화로 만들지 못하는 경우가 수두룩할 것이다.
 2024년 남정현 작가의 자택에서 유품을 확인하다 소설 〈현장〉(1963)의 연극 시나리오를 발견했다. '분지 사건'이 터진 다음해인 1966년에 쓰인 시나리오였다. 옛날식 타자기로 글자를 친 표지에는 "평화극장-신예작가 걸작 씨리즈(2) 현장"이라고 쓰여 있었다. 남정현 원작, 신명순 각색, 임영웅 연출이었고, '나오는 사람들'은 동민-장민호, 형-김영식, 형수-나옥주, 경아-김수희, 아버지-박웅, 어머니-박정자, 덕구-이완호였다. 경아의 남자 친구 덕구는 소설 속에선 '미스터 김'으로 나온다.
 누렇게 빛바랜 연극대본은 B5 용지 10장 분량이었는데, 그 첫 페이지는 '해설'로 시작했다.

신예작가 10인선의 두 번째 작가로 남정현씨를 소개합니다.
남정현씨의 작품을 대하면, 우리는 먼저 어디까지가 현실이고 어디까지가 소설인지 분간하기 어려울 만큼 혼란을 느끼게 마련입니다. 그만큼 철저하게 현장을 검증하려는 자세, 이것이 바로 남정현 문학의 특성이라는 데는 이의가 없을 것 같습니다. 씨의 문학은 스스로가 밝히고 있듯이 문학이라기보다는 오히려 몸둥이로 내갈겨 쓴 자신의 피나는 고백과도 같습니다.
(……)
작년 여름에 발표한 단편 '분지'는 그것이 조악한 한국 현실을 폭로했다 하여 북괴 기관지에 전제되는 불행을 가져왔으니, 그 시비야 어떻든 남정현씨는 일시 구속까지 되어 문학의 자율성에 관해 많은 물의를 불러일으키기도 했었읍니다.
오늘 이 시간에 소개해드리는 작품 '현장' 역시 강한 고발정신으로 일관된 작품.
정치성 화법에 묶인 채 정신마저 흐려진 부친, 병고의 몸으로 운신할 기력조차 없으며 아내의 과거를 의심만하고 있는 형, 소위 후래퍼 기질에다가 루이 암스트롱을 종주로 모시는 동생 경아는 째즈광, 이 질식할 것 같은 분위기 속에서 주인공 동민도 마침내 견딜 수 없어 중얼거려봅니다.
"정말 무슨 일이 있어야겠다"고. 남정현 문학의 '현장'을 직접 검증해보실까요?

〈현장〉의 연출을 맡은 임영웅(1936~2024)은 1955년 〈사육신〉(유치진 작)으로 데뷔한 한국의 대표적 연출가다. 1969년 〈고도를 기다리며〉(사무엘 베케트 작, 1952)를 한국에서 초연한 뒤 5백 회 이상 무대에 올렸고, 극단 산울림을 창단했다. 임영웅 대표는 2024년 별세했다. 〈현장〉은 연출대본까지 있었는데, 실제로 공연됐는지는 확인하지 못했다. 연극 시나리오는 대체로 소설의 원본에 충실한 편이었으나 경아의 남자 친구 '미스터 김'이 연극에선 덕구로 나온다. 소설 속 아버지 이춘궁 철학박사는 전직고관이었는데, 지금은 수인(囚人)이나 다름없는 신세가 된 인물이었다.

세상이 어떻게 이상하게 되느라고 군인들이 소위 그 정치란 이름의 희한한 작업을 하기 시작한 이후 아버지의 그 쭈굴쭈굴한 목에는 난데없이 반역자라는 낙인이 찍힌 것이다.

아버지의 말에 따르면 "자기는 이 땅에 자유와 민주와 통일을 가져오기 위해 노력했다는 그 단 한 가지 이유로 해서" 법정을 변소처럼 드나들다가 자유로운 외출마저 금지당하게 됐다는 것이다. 군인들이 정치에 개입하면서 이 가족의 비극은 시작됐다. 가족들은 서로 시종일관 동문서답하거나 사리에 맞지 않는 말을 태연하게 주고받는다. 연출가라면 이 소설의 어느 대목에 주목할까. 필자가 몇 장면을 골라봤다.

장면 1. 형 동수 - 너 날 사랑하니?

형 동수는 아내인 희주가 자신을 "정말 사랑하느냐, 혹은 사랑하지 않느냐." 하는 문제에만 관심이 있는 사나이다. 그의 외모는 "지금 막 동굴 속을 빠져나오는 어떤 식인종과도 같은 인상"인데, 밑도 끝도 없이 아내에게 "너 날 사랑하니?"라고 묻곤 한다. 이런 돌연한 질문에 희주는 담담한 표정으로 "당신, 그걸 말이라고 하우?"라고 조용히 대응한다.

그러던 어느 날 형은 동민에게 "얘 동민아, 내 소원이다. 오늘 저녁 네가 희주를 좀 안아 줘 봐라 응." "오늘 저녁 네 형수를 좀 네가 안고 자 보란 말이다."라고 말한다. 어안이 벙벙해 하는 동민에게 동수는 "내가 희주를 사랑하는가 혹은 사랑하지 않는가를 감정해 보는 방법은 그 길밖에 없지 않니."라고 황당한 소리를 한다.

장면 2. 아버지 이춘궁 박사 - 무슨 소식이 있느냐?[29]

동생 동민에게 자기를 안고 자라는 남편의 말에 기가 막힌 희주는 속이 타는지 말을 못 하고 아주 엉엉 울기 시작했다. 이때 아버지 이춘궁 박사가 "얘 동민아, 무슨 소식이 있느냐?"라고 불렀고, 동민은 구원의 손길이라도 잡은 듯 얼른 안방으로 향했다. 아버지는 항시 기력을 다하여 무슨 소식을 기다린다. 동민은 이춘궁 박사가 "지붕이, 유리창이, 혹은 총이며 칼이, 아니 온 천하 전부가 그냥 꽝 하고 무너져서 곤죽이 되어버린다는 그런 소식을" 기다린다고 추측하는데, 아버지 말로는 "자기는 지금 '민주주의'를 기다리고 있다."고 한다.

불효스럽게도 번번이 아무런 소식이 없다고만 대답하는 게 난처해진 동민은 한참 망설이다가 고만 "아버지, 형님이 지금 저보고 자꾸 형수를 데리고 자 보랍니다."라고 말한다. 본인의 실언에 동민은 엎드려 벼락이 떨어지길 기다렸다. 그러나 벼락 대신에 "너 우리나라를 어떻게 생각하니?"라는 아버님 말씀이 들렸다. 아버지의 관심사는 오직 우리나라의 민주주의였고, "내가 이 땅에서 민주주의를 한 번 실천해 보겠다고 나선 것이 무에 잘못이냐 말이냐?"였다. 그리고 아버지는 동민을 무서운 눈초리로 쏘아보며 "넌 도대체 군인들이 총뿌릴 흔들며 정치한다는 걸 어떻게 생각하니?"라고 묻는다.

장면 3. 어머니 - 군인들이 물러 간다든?

식구들의 식욕 문제를 혼자서 전담하는 어머니는 그렇다고 누구를 탓하

---

[29] 아버지 이춘궁 박사는 사무엘 베케트의 희곡 〈고도를 기다리며〉의 두 주인공 블라디미르와 에스트라공이 고도를 기다리는 것처럼 "무슨 소식이 와야겠구나"를 반복적으로 독백한다. 그가 기다리는 것은 군인들이 정치를 그만둔다는 소식이다. (박금산, 《남정현작품집》(지식을만드는지식, 2001) 해설 중에서)

거나 조금도 불평하는 법이 없다. 이따금 헛소리처럼 "얘야, 이제 시일이 지났는데 군인들이 물러 간다든?" 하며 이상한 말씀을 하시고 열심히 손발을 움직인다. 어머니는 "의류며 가구, 좌우간에 집에 있는 쓸 만한 물건을 하나씩 골라서 그것을 시장에 가지고 나가" 용케도 쌀과 바꿔 오신다. 그러던 어느 날 동민을 불러 가계부를 보여준다. 어머니는 가계부에 적은 재산목록을 하나씩 짚어 내려갔다. "이미 붉은 줄로 죽죽 지워놓은 미싱, 아이롱, 전축, 그리고 시계 등을 통과하여 어머님의 떨리는 손가락은 아직 붉은 줄이 가지 않은 재산 목록의 제일 마지막 번호에 와서 딱 멈추는 것"이었고, 그리고 울상이 되어버렸다. "제5장 16호 지환(指環)" 5·16은 가락지였다.

장면 4. 여동생 경아 - 내가 언니라면 아마 오빠를 죽였을 거야

미대륙의 재즈 리듬에 맞춰 "심지어는 요강을 타고 앉아서까지" 요리조리 묘하게 흔들어대는 경아는 언니의 과거를 의심하며 "이 쌍년! 너 아직도 그놈을 생각하고 있지."라고 다그치는 큰오빠에게 언니는 오빠를 사랑하고 그 증거도 있다고 말한다. 증거가 있다는 말에 기대에 찬 눈으로 "뭐 증거가?" "말해 봐"라고 다그치는 큰오빠 동수에게 경아는 "내가 언니라면 아마 오빠를 죽였을 거야"라고 태연하게 말한다. 둘째 오빠가 사태를 수습하려고 "너 그게 무슨 말이니?"라고 하자 경아는 모두 꼴같잖다는 듯이 "그럼 그렇잖구. 한 인간의 과걸 가지고 오빠처럼 그렇게 따지고 간섭하면 누가 그걸 그냥 두겠어, 잡아먹고 말지. 언닌 그래도 용케 참는 거야. 사랑하니깐 말이지 오빨 사랑하니까 말이지."라고 대꾸한다.

이어서 경아는 미친 듯이 허리와 엉덩짝을 흔들며 트위스트를 치면서 "언니는 오빠를 사랑해. 오빠도 언니를 사랑해. 그러니까 서로 배를 맞대고 자지."라며 즉흥적으로 노래를 불렀다.

장면 5. 주인공 동민 - 형님, 지금 집에 쌀이 없답니다

동민은 '배반'이라는 말을 두려워한다. 배반을 하면 여지없이 이 나라의 반역자가 될 것이고, 반역자가 이 땅에서 갈 자리는 '형무소'밖에 없기 때문이다. 그걸 아는지 형은 동생이 자기 편을 들지 않으면 "너 형을 배반할 생각이니?"라고 따지듯 묻는다.

  소설의 마지막 장면에서 형은 "전 아무래도 희주완 이혼을 해야 할 것 같습니다."라고 말하며 아버님 앞에 정중히 무릎을 꿇는다. 모두가 한숨만 쉬었다. 동민은 어이가 없고 답답하여 "형님, 지금 집에 쌀이 없답니다."라고 말했다. 이에 형 동수는 바로 "넌 끝내 형을 배반할 생각이니?" 하고 몸을 부르르 떨었다. 동민은 급히 "아닙니다. 형님!" 하고 황급히 일어나 창가에 섰다. "번쩍 우르릉 꽝" 하며 우레소리가 요란했다.

  이때 경아는 "아이고 내 정신 좀 봐!" 하고 약속시간 늦었다며 천방지축 뛰어 나갔다. 아버지는 "얘 동민아, 무슨 소식이 없느냐?"라고 묻는다. 동민은 "아버님, 경아가 지금 꼬꾸라질 뻔하다 일어났습니다."라며 또 동문서답을 한다.

  소설 〈현장〉의 텍스트를 최대한 살리면서 연극을 제작하려면 형 동수의 분장에 신경 써야 한다. 작가는 소설 앞부분에 형 동수의 외모를 상세히 묘사했다. "형수인 희주를 향해서 벌겋게 충혈된" 눈과 형수의 가슴과 머리를 노리는 "퍼렇게 날이 선 형의 그 손이며 발이며 손톱은" 주변 인물들에게 일종의 '공포증'을 불러일으켰다.

> 함부로 풀어헤친 머리. 항시 눈 가장자리에서 서식하는 눈꼽. 그 눈꼽의 상태도 흉하긴 하지만 그 가느다란 모가지에 흡사 맨홀과 같이 움푹 파진 안광(眼眶)은 보는 이로 하여금 가슴을 섬뜩하게 하는 것이다.

〈누락 인종〉의 앞부분에서 명희의 '얼굴 생김새'를 흉하게 그렸듯이 〈현장〉에서 형 동수를 설명하는 방식도 똑같이 그로테스크 기법을 활용했다. 그로테스크 기법의 주요 특징 중의 하나가 인물을 추하고, 흉측하게 그리는 것이다. 만약에 '평화극장-신예작가 걸작 씨리즈(2) 현장'이 무대에 올랐다면 동수의 배역을 맡았던 김영식 배우의 분장을 어떻게 했을지 궁금하다.

마치 '고도를 기다리며' 처럼

소설 〈현장〉은 가족 내에 벌어진 일로 구성됐지만 펜 끝이 향하고 있는 대상은 군복 벗고 정치에 뛰어든 박정희다. 어머니는 이따금 헛소리처럼 "얘야, 이제 시일이 지났는데 군인들이 물러 간다던?" 하고 말하고, '민주주의' 소식이 들려오길 기다리는 아버지는 "넌 도대체 군인들이 총부릴 흔들며 정치한다는 걸 어떻게 생각하니?"라고 아들 동민에게 묻는다.

〈현장〉에서 가족이 내뱉는 대사의 맥락을 이해하고, 이들의 혼란스러운 심정을 제대로 느끼려면, 이 소설이 발표되던 1963년에 벌어진 정치 상황을 알아 둘 필요가 있다.

1961년 5·16 군사쿠데타로 집권한 박정희는 이틀 후 혁신계 인사와 민족일보 관계자 3천여 명을 전격 체포했다.30

---

30 1961년 5월 16일 박정희의 군사쿠데타 후 일주일 사이에 벌어진 사태를 보면, 2024년 12월 3일 선포된 윤석열의 계엄령과 친위쿠데타가 성공했을 경우 어떤 일이 벌어졌을지 상상이 된다. 5·16쿠데타를 직접 경험하지 않았지만 이미 과거에 본 듯한 기시감(旣視感, 데자뷔)이 느껴진다. 그래도 박정희는 윤석열처럼 수천 명을 살해한 뒤 처리할 '영현백'(英顯백)을 준비하지는 않았다.
5월 16일-군사쿠데타와 동시에 군사혁명위원회는 전국에 비상계엄령을 선포하고 각료 전원에 체포령을 내림. 군사혁명위원회는 포고령 1호에 따라 보도 사전검열제를 시행.
5월 18일-박정희 군사정권은 혁신계 인사 3,300여 명과 〈민족일보〉 관계자들을 전격

1962년 8월 12일, 박정희 국가재건최고회의 의장은 1963년 민정 이양을 약속했다.

1963년 2월, 민주공화당이 창당한 다음날 대통령 불출마 선언을 했다. 그러나 박정희는 3월 16일 군정 4년 연장을 위해 이를 국민투표에 붙이겠다는 성명을 발표했다.

1963년 8월 30일, 박정희는 육군 대장으로 예편한 뒤 민주공화당에 입당하였다.

1963년 10월 15일, 민정 이양을 위해 치러진 제5대 대통령 선거에서 박정희 의장이 제5대 대통령으로 당선되었다.

1963년 11월호 《사상계》에 발표한 〈현장〉은 바로 이렇게 총칼을 앞세우고 사기행각을 벌여 권력을 찬탈한 박정희를 풍자적으로 고발한 소설이었다. "매사를 총대로 해결하려는 그렇게 무서운 군인 아저씨들이 내려준 판단"으로 자유로운 외출마저 금지당한 아버지는 그래서 아들에게 시도 때도 없이 "얘 동민아, 무슨 소식이 있느냐?" "혹시 무슨 소식이 없느냐?"라고 묻고 있다.

남정현은 산문 〈정치재해의 와중에서〉에 자연재해보다 정치재해의 피해가 훨씬 심하다고 썼다. 아무리 엄청난 태풍, 홍수, 폭설, 지진, 가뭄도 한 나라를 완전히 망치지는 못하는 데 반해 "일신일파의 영달만을 꾀하는 정상

체포.
5월 19일-〈민족일보〉가 군사정권의 지령 92호에 의거해 강제폐간.
5월 20일-대한민국 최초의 민간 정보기구인 중앙정보부 발족.
5월 22일-국가재건최고회의는 포고령 제6호로 정당 등 사회단체의 해체를 발표. 이에 따라 한국노련이나 교원노조 등 각종 노동조합 강제 해산.
치안국은 용공분자 2,000여 명과 깡패 4,500여 명을 검거했다고 발표.
5월 23일-최고회의는 사이비 기자를 단속한다는 명분으로 정기간행물 1,200여 종을 폐간.
5월 24일-최고회의는 각 도지사와 9개 시장직에 군인들을 임명.

배들에 의한 정치재해는 나라 전체를 일시에 전쟁의 참화 속에 몰아넣기도 하고, 수많은 백성을 평생 억울한 일만 당하게" 하는 게 가능하다. 해방 이후 정치재해의 연속이었다고 한탄하는 남정현은 하루하루가 "위기요, 혼란이요, 언어도단"이었다며, 미국에 예속된 정권의 행태를 비판했다.

백성들이 떼를 지어 민주주의를 하자 하면 그에 대한 대답이 계엄령이요, 민족자주를 하자 하면 위수령이고, 통일을 하자 하면 비상사태를 선포하는 식이었다.

1961년 박정희의 군사쿠데타, 1979년 전두환의 군사쿠데타는 현실감이라도 있었다. 그런데 2024년 12월 3일의 검사출신 대통령의 친위쿠데타는 비현실적인 느낌을 풍긴다. 윤석열이 '계몽령'이라 부른 계엄령 발표에 대해 어느 정치평론가는 '기이한' '괴이한' 장면이라 표현했다. 현실로 받아들이기 어려운 그로테스크한 사건이었다.

현실에 참패한 픽션,
픽션을 제압한 현실
-〈부주전상서〉(1964)

이상과 남정현의 문학적 교섭

《문학의 오늘》 2017년 가을호(통권 24호) 연재물 '이야기로 읽는 한국 명작' 코너에는 남정현 작가의 〈부주전상서(父主 前上書)〉(최초 발표 1964년 《사상계》6월호)가 실렸다. 그리고 평론가 방민호(서울대 국문과 교수)의 〈1960년대의 독특한 정치적 알레고리-남정현의 '부주전상서'〉가 함께 게재됐다.

방민호는 남정현 작가를 "1950년대 후반에서 1970년대 전반기에 걸쳐 가장 문제적인 작가의 한 사람으로 〈너는 뭐냐〉, 〈분지〉 같은 작품으로 문학사에 남아 있다."라고 평하면서, 그의 소설들은 "알레고리적 창작방법으로 구성되어 있다."라고 썼다. 방 교수는 알레고리를 "간단히 말해 'A를 말하면서 B를 가리키는 표현 방법'이다. 이것은 '이솝 우화'에서 볼 수 있듯 아주 오래된 수사학이며, 특히 근대 이후 중요성을 부여받은 창작방법이다."라고 설명했다. 그는 한국에서 이런 "알레고리를 가장 극명하게 보여준 작가는 이상이었다."라고 보았다. 그리고 "창작계 쪽에서 이상과의 문학적 교섭을 가장 새롭게 보여준 작가가 바로 남정현"이라는 견해를 밝혔다.

남정현의 여러 소설들은 바로 이러한 이상의 알레고리 기법을 1950년대 말 1960, 70년대의 정치적 상황을 풍자적으로 해체하기 위해 독창적으로 활용한 것으로, 이상 문학의 '패러디' 요소도 비교, 분석 가능하며 남정현식의 알레고리가 겨냥한 것이 무엇인가를 심층적으로 해석하기 위한 연구들이 필요한 상황이다.

방민호는 〈부주전상서〉도 그러한 알레고리 기법을 활용한 계열의 단편소설이라 보았고, 이 소설의 알레고리적 의미망을 깊이 있게 독해할 수 있으려면 "주인공 용달의 창경궁 행, 아내 청자의 살해 이유, 편지글에 나타난 주인공과 아버지의 관계의 특이성 등에 유의해야 할 뿐 아니라 그만큼이나 작중에 나타나는 시대적 상황들에 유의해야 한다."라고 적었다.

여기서 시대적 상황은 이 소설이 1964년 《사상계》 6월호에 발표된 때인 박정희 군사독재 체제를 말한다. 이 소설의 주요 소재인 '가족계획'은 "1962년부터 시작된 경제개발 5개년 계획의 핵심 사업의 하나"였다. 방 교수는 〈부주전상서〉에서 주인공 용달이 아버지에게 항변하는 대목을 인용하며 작가의 알레고리에 관해 설명했다.

> 가족계획이란 도대체 뭐냐구요? 누가 뭐라고 변명을 하든 간에 가족계획이란 살인계획인 것입니다. 우리가 이렇게 못사는 이유며 원인은 사람이 많은 데 있으니 앞으로는 이 이상 더 사람이 생기지 못하도록 자궁 내에서 완전히 처형을 시키자는 계획인 것입니다. 참으로 가공스러운 계획이지요. 31

---

31 1960~70년대 남정현, 이청준, 이문구의 소설을 박정희 정권의 가족계획사업이라는 시대상에 비추어 재독해한 구자연의 〈박정희 정권의 가족계획사업과 문학적 대응 양상 연구〉(《구보학보》, 2023. 12)라는 논문도 있다. 풍자소설의 특성을 고려할 때 학술적인 연구대상으로 삼는 게 쉽지는 않아 보인다.
"이러한 강조점의 이동으로 인해, 남정현의 〈부주전상서〉(1964)의 남성 화자가 수행하는 저항은 효과를 거두지 못한 채 미끄러지고, 이와 같은 저항방식의 오류는 혐오로

방민호는 "가족계획이 대유법적으로 대표하는 것은 무엇이며 청자의 기호적 의미는 무엇인지" 묻고, "가족계획이란 국가주의 그 자체이며 청자는 국가주의의 메가폰적 전달자들을 가리키는 것이라 일단 규정해 볼 수 있을 것이다."라고 적었다.

방 교수는 "〈부주전상서〉을 비롯한 남정현의 독특한 소설들은 말하고자, 의미하고자 한 것을 소설적 스타일에 긴밀하게 연결지을 줄 아는 독창적 작가의 존재를 말해준다."라면서 남정현 작가를 "스타일의 매너리즘에 빠진 오늘의 우리 소설이 상고해야 할 문제작가라 하지 않을 수 없다."라고 평했다.

부인 살해한 죄로 동물원 영구보존 판결받은 용달

〈부주전상서〉는 부인을 살해한 죄로 창경원 동물원에 갇힌 용달(龍達)이 아버지에게 보내는 편지 형식의 소설이다. 용달이 갇힌 우리의 왼편에는 태국에서 온 세 살짜리 표범이, 오른편에는 아프리카에서 온 다섯 살배기 곰이 지내고 있다.

판사는 주인공 용달에게 사형 대신에 "재판 사상 그 유례가 없는 영구보존이란 명칭의 기이한 판결"을 내렸다. 용달과 같은 "짐승을 향하여 사형을 선고한다는 것은 판사 자신의 위신에 관계될 뿐더러 나아가서는 인간만을 상대로 한 법의 존엄성에 똥칠을 하는 결과가 될지도 모른다."라는 판단이 작용한 것이었다.

도대체 용달이 어떤 죄를 지었기에 사상 유례가 없는 '영구보존' 판결을 받은 것일까?

손쉽게 전위되었다. 작가는 가족계획을 '살인계획'으로 규정하며 출산조절의 행위가 마치 가문의 대를 이을 후손을 살해하는 것인 양 서술함으로써, 가족계획사업을 추진하는 국가가 아니라 가족계획의 이념을 구체적으로 실천하는 여성인물을 살해하는 미소지니[misogyny, 여성혐오]적 서사로 나아갔던 것이다."

주인공 용달은 어느 날 아내 청자(淸子)가 "기저귀를, 제 딴엔 아주 점잖게 사타구니 사이에 잡아매는" 해괴한 장면을 목격하고 아내를 야단친다. 그러나 청자는 전혀 부끄러워하는 기색이 없이 "히히히히" 웃으며, 용달에게 "당신은 바보"라고 말한다. 이때 용달은 대학을 나온 청자가 "결국 기저귀를 차는 어린애였단" 사실을 깨닫는다. 그러다 한번은 아들 준이가 두 살 때 똥 싸고 뭉개는 것을 보고 기저귀를 갈아줬는

1964년 《사상계》 6월호에 발표된 〈부주전상서〉.

데, 외출에서 돌아온 아내가 "아 이거 당신, 누구 기저귀를 채워준 거요, 응!" 하고 눈을 흘겼다. 용달은 자신이 청자의 기저귀와 준이의 기저귀를 구별 못 한 것을 자책하면서도 하찮은 기저귀를 갖고 "네 것이다 내 것이다 하면서 역정을 내는 따위 청자와는 영원히 통화가 되지 않는다고 판단"했다. 그 뒤로 "청자 따위 수준 이하의 인종과는 정신적으로 아예 인연을 끊고 지냈다."라는 사실을 아버지에게 알려 준다. 용달은 청자에게 최대한 관용을 베풀며 살았다고 자부했는데, 어느 날 중대한 사태를 목격하고는 관용의 정책을 포기한다. 용달은 아버지에게 말했다.

"*살인사건이었습니다. 환언하면 청자는 버젓이 당신의 귀중한 손들을 살해하고 있었다는 말씀입니다. 청자가 준이를 죽여? 아닙니다. 앞으로 탄생*

할 당신의 손들을 말입니다."

용달은 아들 준이가 다섯 살이 되도록 동생을 보지 못해 아버지에게 일종의 죄책감마저 느끼고 있었다. 다남(多男)을 바란 아버지의 기대가 아니더라도 용달은 "만물의 영장이란 이름으로 이 세상에 출현한 이상 부득이 무엇 한 가지 일을 하긴 하고 저세상으로 가도 가야" 하는데, 자신의 "딱한 형편을 고려할 때 저는 후세를 위하여 인적 자원이나 풍부하게 생산해 놓을 생각이었다."라는 것이다. 그런데 벌써 몇이나 나을 수 있었는데 "청자가 교묘하게 죽이고 있었던 것"이었다. 용달은 아버지에게 "요즘 한창 유행하는 소위 가족계획인가 무엇인가에 의해서 무참히 학살되고 있었단 말씀입니다."라고 말했다. 이 사실을 접하고 용달은 실망감에 눈앞이 노랗게 됐다. 용달은 가족계획이란 '살인계획'이라며 아버지에게 한 말씀 올리는데, 이는 곧 박정희 정권에 보내는 항의서한이기도 하다.

당신께 조용히 말씀드리지만 우리가 이 지경으로 헐벗고 굶주리는 원인이 정말 사람이 많아서인가요, 정치를 개똥같이 해서인가요. 아버지 좀 말씀해 보십시오. 남한의 이천 오백만 인구라는 것이 정말 그토록 저주스러운 수인가 어떤가를 말입니다.

용달은 "우리가 이렇게 못사는 이유며 원인은 사람이 많은 데 있으니 앞으로는 이 이상 더 사람이 생기지 못하도록 자궁 내에서 완전히 처형을 시키자는" 가족계획이나 하고 있다며, 정부를 탓한다. 정부가 경제정책을 제대로 펼쳐서 양식을 많이 생산할 생각은 안 하고 살인계획, 가족계획이나 세우고 있다는 비판이었다.

용달은 청자가 "뱃속의 제 자식만을 죽이는 것이 아니라 살인 브로커 노릇을 하고" 다닌 것에 더 놀랐다. 청자의 여학교 동창 중에 산부인과 의사가 있는데, 한 사람 당 오백 원을 받고 유산을 시키는 일을 도와줬다는 것이다.

이 '천벌을 받을 수작'을 알고도 용달은 "청자를 붙잡고 될 수 있는 대로 자극적인 언사는 피하며 조용히 타일렀던" 것인데, 청자는 "마누라 옷 한 벌 제대로 해주지 못하는 남자의 주제에 준이 하나라믄 그래 남부럽지 않게 가르치고 입힐 자신이라도 있어서 그러는 거예요, 뭐예요?"라고 공박했다. 그리고 나서 "자기는 이제 자식을 더 낳고 싶어도 '루프피임법'을 사용했으니 단념해달라."라고 부탁했다.

루프피임법이란 "단단한 고무질로 된 무슨 기구를 의사의 손이 개입하여 자궁 속 깊숙이 쑥 박아놓은 것이어서 다시 의사의 손이 쑥 들어가야만 끄집어낼 수가 있다는 것"인데, 이 얘기를 듣고 영달은 "온몸이 부들부들 떨려서 견딜 수가 없었"다. 순간 용달은 "발악하듯 소리쳤던 것"이다.

"이 년아, 냉큼 빼내지 못하겠니?"
"못 빼"
"뭐라구!"
"못 빼."
"정말 못 빼?"
"못 빼."
"요년이!"

용달은 분노감에 자제력을 잃고 "정 그러면 내가 빼주겠다고 장담하고 나서 볼 것도 없이 청자를 때려눕히고 자궁 속 깊숙이 저의 손을 쑥 틀어넣어 가지고는 무엇인가 잡히는 것을 한 움큼 왈칵 끄집어냈던 것"이다. 그러나 불행하게도 용달이 잡은 것은 "루프가 아니라 질 내의 근육"이었다. 청자는 소리 한번 지르지 못하고 뻗었다. 하반신으로 피가 흘러넘쳤다.

홍혜원 교수는 "이 그로테스크한 정경을 통해 작가가 전달하고자 했던 바는 외세를 등에 업은 무능한 정부에 대한 비판이다. 그것은 아내의 '하반신을 흘러넘치는 피'를 고름으로, '정부의, 조국의, 좌우간 어디에선가 크게 곪은 부종(浮腫)'이 흐르는 고름으로 환치시키는 것에서 노골적으로 드러난다."라고 평했다. 그리고 홍혜원은 "여기서 문제가 되는 것은 그것을 주장하기 위해 작가가 선택한 매개체가 아내의 몸 특히 자궁이었다는 점"을 지적한다.32

벼락은 낫과 망치로 만들어야

"그런데 왜 그런지 저는 피로 보이지 않더군요. 그것은 고름이었습니다. 청자의, 저의, 아니 정부(政府)의, 조국의, 좌우간 어디에선가 크게 곪은 부종(浮腫)이 콸콸 무너져내리는 누런 고름의 강하(江河)였던 것입니다. 왜 그렇게 통쾌하던지요. 시원했습니다."

용달은 청자의 죽음에 오히려 웃통을 벗고 공연히 들뜬 기분으로 "죽어봐야 알지. 암, 죽어봐야 알고말고."라고 말하고, 시원하다는 소리를 여러 번 반복했다. 이 얘기를 전해 들은 아버지는 "너, 이놈 양심이 있느냐?"고 꾸짖

---

32 남정현 소설을 여성의 입장에서 비판하는 연구자들은 대체로 '제국의 식민담론을 여성을 대상으로 하여 다시 펼치고, 여성을 가부장적 이데올로기 아래 재식민화시킨다.'라는 주장을 반복적으로 편다. 아래는 홍혜원 충남대 교수의 〈남정현 소설과 탈식민주의 -담화 전략과 여성 표상을 중심으로〉(2007)에서 인용.
"이와 같이 여성이라는 존재 자체를 '자궁' 중심으로 사고하는 태도는 결국 가부장적 모성신화의 반복일뿐이며, 여성을 육체 중심의 성적 대상이자 물화된 존재로 도구화시키는 성차별적 인식체계를 보여준다. 정부와 외세에 대한 강력한 비판의식이 설득력을 잃게 되는 지점이 바로 여기다. 인간으로서의 여성에 대한 심각한 폄하와 비하는 작품이 지닌 탈식민의 주제의식을 무화시키고 여성을 또다시 강력한 가부장적 이데올로기의 속박 아래 재식민화시키는 것이다. 여성의 도구화와 희생을 딛고 민족의 담론을 펼치는 행위는 결국 그토록 벗어나고자 했던 제국의 식민담론을 여성을 대상으로 하여 다시 펼치는 일이 되는 것이다."

지만 용달은 "온몸이 양심으로 뭉쳐진 사람이라 하더라도 대한민국에서 얼마간 좀 살다 보면 양심은 그 흔적도 없이 어디론가 행방을 감추는 것 같습니다."라고 대꾸한다. 대한민국에 사는 사람은 모두 양심을 도둑맞았으며, 살찌고 커다란 손이 굶어서 흰자만 남은 자들의 눈깔을 집어가는 세상이라는 것이다.

작가는 소설의 뒷부분에서 용달의 입을 통해 "눈깔을 앗아가는 그것은 정치가 아닙니다. 악마들의 장난이지요."라고 '살찐 손'이 지배하는 대한민국의 정치체제를 비판하면서, 소년·소녀들의 의식을 편협하게 만든 반공교육을 고발한다. 동물원에 용달을 보러 온 어린 친구는 "아마 북한에서 산다는 인종도 저와 흡사한 종류의 짐승이 아닐까 하고 생각하는 듯싶었습니다."라고 썼다. 요새 애들은 "왜 그런지 북한엔 뿔 돋친 공산당이 산다고만 알지, 사람이 산다는 사실은 좀처럼 인정하려 들지 않는 것입니다." "이러고도 무슨 통일을 하겠다구요."라고 말한다

용달의 아버지는 울면서 "너 이놈, 네가 지금 그런 걱정할 때냐!"라고 큰 소리친다. 용달은 붓을 놓으며 마지막으로 아버지에게 마지막 말을 남긴다.

"아버지, 왜 우십니까. 우시는 게 아니라 하늘을 쳐다보신다구요? 아무리 보셔도 금수강산의 하늘은 늘 파랗지요. 뭐 구름 한 점 없이 저 지경으로 반들반들하게 벗겨졌으니 어디 원 눈곱만한 선의(善意)라도 붙어 있을 자리가 있어 보입니까. 벼락이 떨어질 것 같으냐 이 말씀입니다. 안 떨어집니다. <u>벼락은 당신이 만드셔야 합니다. 삽으로 톱으로 낫으로 망치로 벼락은 당신들이 손수 만드셔야 하는 겁니다.</u>"

위의 밑줄 친 구절은 개작하면서 추가한 내용이다. 여기서 '벼락'은 민중의 봉기, 낫과 망치는 사회주의 깃발에 들어간 낫과 망치, 농민과 노동자를

상징하는 것으로 여겨진다.

현실에 참패한 픽션, 픽션을 제압한 현실

남정현 작가의 소설에서는 판타지적 요소가 자주 등장하고, 초현실적인 그로테스크 기법이 두드러져 보인다. 그 이유는 남정현 작가가 살았던 1950, 60년대 극악한 현실 속에서 믿을 수 없는 사건이 일상적으로 벌어진 탓이 아닐까 싶다. 장현은 "현실의 부조리한 양상들은 그의 소설로 하여금 부정적 현실을 빗대는 알레고리 기법을 수용하게 했으며, 희화화와 기이함 그리고 그로테스크한 요소를 자아낸 것"이라 평했다. 33

이에 관련된 작가의 생각은 〈부주전상서〉의 주인공을 통해 들여다볼 수 있다. 용달은 도무지 믿을 수 없는 일이라 여겨지는 신문 기사가 허위보도, 가짜가 아니라 실제 벌어진 일이라는 사실에 망연해 한다. 그리고 성냥을 그어 보고 있던 소설책에 불을 지른다. "어려서부터 침식을 잊을 정도로 그렇게도 좋아 탐독하던 소설책에 불을 지른" 이유는 인간의 상상력의 산물인 픽션보다 더 "기이하고 엉뚱한 일들이 출몰하는" 현실에 당황했고, 소설을 읽을 흥미를 잃고, "소설에 대하여 절망한 셈"이라는 것이다. 남정현은 〈분지〉 사건 이전에 이미 '분지(焚紙)'를 한 셈이다. 용달이 볼 때 소설은 현실에 참패했다.

---

33 1960년대 초반은 "현실에 참패(慘敗)한 픽션, 픽션을 제압(制壓)한 현실"이라는 언급에서 단적으로 제시된다. 주인공 용달의 담화를 통해 드러나는 현실과 픽션의 대응관계는 남정현의 소설 창작 행위의 근거라 할 수 있다. 소설의 상상력으로 만들어질 법한 허구적인 이야기가 현실에서 자행되는 것을 보았을 때 작가가 느끼게 되는 자괴감이 그의 소설에 그대로 배어나는 것이다. 더 이상 소설을 읽을 수 없게 만드는 현실의 부조리한 양상들은 그의 소설로 하여금 부정적 현실을 빗대는 알레고리 기법을 수용하게 했으며, 희화화와 기이함 그리고 그로테스크한 요소를 자아낸 것이다. (장현, 〈1960년대 한국 소설의 탈식민적 양상 연구〉, 2005년 8월)

현실에 참패한 픽션.
픽션을 제압한 현실.
이것이 곧 카오스의 세계요. 또한 이 땅의 생생한 리얼리즘이 아니겠습니까. 그렇습니다. 아버지. 소설에서나 있을 수 있는 이야기는 이젠 분명히 현실에서나 있을 수 있는 이야기로 대치되어버린 그러한 토지 위에서 우리들은 생활하고 있는 것입니다.

용달은 "허구가 현실이 되고 현실이 허구가 되어버린" 현실에 한탄한다. 그 대표적인 사례는 조폐공사에서 위조지폐를 찍었다는 믿을 수 없는 보도였고, "군인들의 꽁무니를 졸졸 따라다니며 뽐내던" 유명 교수인 헌법학자가 나라의 땅을 팔아먹는 데 한몫했다는 기사였다. 그리고 대낮에 어로 작업하던 중 북으로 끌려갔다가 천신만고 끝에 남으로 돌아온 '공공호'가 조국의 영해에서 방치된 채 이틀 동안 우왕좌왕하다가 심한 풍랑 속에 침몰한 사건도 그런 참담한 예에 속했다. 그런 현실이기에 주인공 용달은 "경관에겐 물론 검사며 판사에게도 머리 한 번 굽히지 않았"으며, 결국 인간이 아닌 괴상망측한 짐승이라는 판정을 받고 창경원 동물의 우리에 갇힌 것이다.

"장준하 선생이 그렇게 좋아하시더라구"

《구술채록집》에는 〈부주전상서〉에 대한 남정현 작가의 회고가 실려 있다. 남 작가는 《사상계》에 〈부주전상서〉가 실린 후 "제일 먼저 장준하 선생 전화가 온 거예요. 빨리 나와, 나하고 점심 먹자고, 좋아 가지고, 그렇게 좋아했어요."라고 말했다.

"그때만 해도 정치 경제 문제를 작품으로 소화한 게 우리 소설에 없잖아요. 소설 하면 그냥 음풍농월하고 뭐 술 먹는 얘기, 사랑하는 얘기들, 그러다

보니까 그렇게 좋아하시더라구. 이런 거 많이 쓰라고 하시며. 내가 그때 생활이 참 어려웠어요. 《사상계》가 재정적으로 어려웠는데 나한테만은 무슨 일이 있어도 원고료를 꼭 주셨다니까. 아주 그 모습이 아주 선해요."

남정현 작가가 〈부주전상서〉와 같이 소설 속에 풍자, 판타지, 알레고리 기법을 빈번하게 사용한 이유에 관해서도 설명했다. 이는 개인의 취향이라기보다는 표현의 자유를 탄압하는 시대적 상황에 맞춰 선택한 방법이라고 했다.

"창경원에 갇혀 가지고, 동물이 돼 가지고 말하는. 그런 식으로 써야 좀 빠져나갈 거 같아서. 작품을 뭐 그렇게 쓰자는 거보다도, 현실이 그런 형태의 소설로밖에 나를 표현할 수 없는, 그런 어떤 궁지에 몰린 거죠. 내가 뭐 이런 걸 좋아해서라기보다 그런 게 아니면 발표할 수도 없고, 또 뭐 너무 탄압이 심하니까, 빠져나갈 길을 위해서 내가 동물이 되어 가지고 얘기하는 거니까."

남정현 작가는 《구술채록집》에서 〈부주전상서〉는 "외세도 있지만 파쇼 체제에 대해 쓴 거야."라고 말했다. 작가는 〈분지〉로 중앙정보부에서 조사받을 때 〈부주전상서〉, 〈너는 뭐냐〉 같은 소설도 같이 조사받았다. 〈분지〉 전에도 '불온한' 소설을 썼다는 추궁이었다. 남정현 초기 작품을 읽은 당시 진보적 지식인은 어떤 평가를 했을까?

김건우는 〈분지를 읽는 몇 가지 독법-남정현의 소설 '분지'와 1960년대 중반의 이데올로기들에 대하여〉(이하 〈분지를 읽는 몇 가지 독법〉) 3장 '〈분지〉와 신식민주의'에서 〈부주전상서〉를 발표할 당시 진보적 지식인의 국제관계 인식에 대해서도 다루고 있다. 이들 지식인의 글은 주로 《청맥》과 재일교포 잡지 《한양》에 실렸고,34 남정현 작가도 이들의 견해와 정세관이

유사했을 거로 짐작된다. 이들의 인식을 살펴보는 것은 남정현 작가의 소설의 바탕에 깔린 정치의식을 이해하는 데 큰 도움이 되리라 판단된다. 〈분지를 읽는 몇 가지 독법〉에서 인용한《청맥》(1964년 11월호) 권두언은 당시 진보적 지식인의 세계정세관을 정확히 보여주고 있다.

《한국작가회의 회보》(2015년 1월 26일 발행, 통권 93호)의 앞표지에는 200자 원고지에 쓴 남정현 소설가의 육필원고 (단편 〈부주전상서〉의 일부)가 실렸다.

> *세계사는 수혜와 맹방의 이름 아래 강대국과 약소국 사이에 제 나름으로 주종(主從)의 묵계를 강요하였고 번지레한 호혜와 자주의 이름 뒤엔 언제나 굴욕과 맹종을 우의와 미덕으로 몰아치는 신판 상전의 고삐가 구석구석마다 덮쳐 있다.*

김건우는《한양》1965년 8월호에는 당시《청맥》의 주간이었던 김질락의 글 '하나의 민족'이 실려 있는데, 이는《청맥》과《한양》의 이념적 지반이 비슷함을 방증하는 대목이라 해석했다. 김질락은 '하나의 민족'에서 "이제 일체의 수탈과 침략을 거부하는 신민족주의 사조는 전 세계에 요원의 불길

---

34 김질락의《청맥》이 이후 '통일혁명당 사건'에 연루되었다면, 1974년 '문인간첩단' 사건은《한양》지와 관련된 것이었다. 이른바 문인간첩단 조작사건에 엮인 김우종, 이호철, 장병희, 정을병, 임헌영 등 5인은 이후 재심을 통해 모두 무죄 선고를 받았다. 국제엠네스티에서는 '남한의 5명의 솔제니친'이란 홍보물을 만들어 구명운동을 했다. 박정희 정권이 조작한 '문인간첩단' 사건 이후《한양》은 국내 반입이 금지됐다.

처럼 타오르고 있다. (……) 신민족주의야말로 새로운 역사창조의 전기를 형성하는 참된 민족주의인 것"이라고 썼다. 김건우는 이런 의식을 지닌 "당대 진보 민족주의 진영이 남정현 소설에 주목하는 것 역시 자연스러운 결과였다."라고 보았고, "문학비평으로《한양》을 대표하는 논객이었던 김순남과 장일우가 1964년과 1965년에 걸쳐 남정현의 1964년 작 〈부주전상서 父主前上書〉를 몇 차례 높이 평가한 것이 예가 된다."라고 썼다.

김건우는 〈분지를 읽는 몇 가지 독법〉에서 "김순남의 〈현실 묘사와 작가 정신〉(《한양》, 1964년 12월호)은 〈분지〉가 발표되기 3개월 전의 글이지만, 〈분지〉를 포함한 이 시기 남정현 소설 일반에 대한《한양》지식인들의 독법을 보여주는 것으로 중요한 의미를 지닌다. 상세히 살펴볼 필요가 있다."라고 하면서, 김순남의 비평을 요약하여 소개했다.

"휴머니즘 문학의 강력한 시대적 발언"

김순남이 〈부주전상서〉를 이해했던 방식은 다음의 세 가지로 정리된다. 첫째, 〈부주전상서〉의 알레고리를 리얼리즘 소설로 이해했다. 오늘날 우리 문학에서 요구되는 '이 나라의 현실문제들에 대한 묘파(描破)'가 있다는 것이다. 이 작품의 덕목은 "작가가 개개의 사회생활 현상들을 개개로만 본 것이 아니라 그것들을 긴밀히 연결시키고 있는 현실의 높이와 시야의 폭을 획득하였다."라는 점과 "현실을 총체적인 관계 속에서 부각"했다는 점이라고 했다.

둘째, 이 작품이 '역사적 전망의 능선을 따르는 전진의 과정'으로 현실을 묘사했다는 것이다.

셋째, 〈부주전상서〉를 '민족문학'으로 이해했다. 문학은 "민족 생활의 산 바탕에 뿌리를 내려야" 하는 바 이 소설은 "참된 민족문학의 성장"에 보탬이 되는 작품이라고 보았다.

김순남은 〈현실 묘사와 작가정신〉에서 남정현 작가를 문단의 '활력소'가 될 작가로 평가하기도 했다. 그는 "오늘 우리 문학의 침체와 극단적 퇴조를 겪게 되는 요인은 '리얼리티'와 '휴머니티'의 고수를 포기하는 데 있는 것"이라 지적하면서 "단편〈부주전상서〉는 우리 문학이 그것을 포기함으로 하여 오늘의 빈혈증을 초래하게 된 그 문학 본연의 활력소를 도로 찾는 점에서 우리에게 많은 것을 생각케 하여 주는 것"이라고 썼다.35

김건우는 〈분지를 읽는 몇 가지 독법〉(각주 26)에서《한양》에 실린 장일우의 〈부주전상서〉 비평도 소개했다.

> 장일우도《한양》(1965년 2월호)의 글〈문학의 허상과 진실〉에서 남정현의 〈부주전상서〉의 문학정신을 "우리 겨레들의 가슴 속에 꿈틀거리는 건설적인 항거의 정신"이라고 하면서, 이 작품이 "민족적 존엄과 인간적 자유를 수호하고 주체적 각성을 잃고 방황하는 사람들에게 하나의 생의 도표를 제시하는 휴머니즘 문학의 강력한 시대적 발언"이라고 했다.

---

35 한승헌 변호사는 〈남정현의 필화, '분지' 사건〉이라는 글에서 문학평론가 홍사중의 〈부주전상서〉 평을 아래와 같이 인용하기도 했다.
"역시 문학평론가인 홍사중 씨도 남 씨의 〈부주전상서〉를 두고 '지금까지 나온 그 어느 작품에서도 볼 수 없었을 만큼 분노에 가득 찬 눈초리로 우리의 정치적 현실을 바라보며 물어 뜯은 작품'이라고 하면서 '그러나 작가의 정치 감각이 옳았건 글렀건 간에 지금까지 그 유례가 없을 만큼 대담하게 자기의 소신을 밝힐 수 있었다는 데에 우리가 깊이 생각할 문제가 있는 것이라 여겨진다. 다시 말해서 절망적인 현실에 손발 묶여 있으면서도 조금도 굴하지 않고 끝까지 하나의 탈출구를 찾아 완강하게 저항하는 모습이 보이는 것이다'라고 평했다."(홍사중, '젊은 작가와 정치감각',《시대정신과 한국문학》, 한양사, 1972)

여성을 식민지로 개척하는
남성 주인공?
-〈탈의기〉(1963)[36]

리리에게 미국은 신(神)이요, 천국

삼십이 넘은 사내 천하가 주인공인 〈탈의기〉는 "옷을 벗어야 하는 것이다. 알몸이 되어야 하는 것이다."라는 문장으로 시작한다. 무희의 매춘동업자인 그는 틈만 나면 방에서 옷을 벗는 게 취미이고, 마치도 요술을 부리는 마술사처럼 빠른 속도로 훌훌 벗는다. 그는 방에서 수시로 성기를 노출하고 음부(陰部)를 일광소독 하는데, Y대 영문과 출신인 리리와 그의 친구들은 레크레이션 삼아 벽에 송곳으로 뚫은 성냥개비만 한 구멍으로 이 장면을 훔쳐본다.

꿈틀꿈틀.
따스한 햇볕을 받고 생동(生動)하는 생식기. 스포트라이트에 비친 배우의 표정처럼 생식기는 그 용모를 더욱 선명하게 드러내면서 서서히 팽창하는 것이 아닌가. 꿈틀꿈틀 드디어 직립(直立)한 자세.

---

36 소설〈탈의기〉는 1963년 출간된《전후정예작가 신작15인집》(육민사)에 실린 소설인데, 1964년 10월호《한양》지에도 게재됐다.

천하의 생식기 두부가 또 한 번 꿈틀하고 움직이는 순간, 리리는 그만 '원더풀' 소리와 함께 무아의 경지에서 실족한다. 숭한! 이처럼 〈탈의기〉에는 얼핏 보면 외설적인 장면이 여러 번 나온다. 그렇지만 이런 내용은 육체적 성감대를 자극하지 않고 정치적 성감대를 불러일으킨다. 〈탈의기〉는 미국을 갈망하는 여성들의 행태를 통해 친미사대주의 세태를 고발하는 소설이라 할 수 있다. '단군의 후손'인 리리는 "순전히 미국으로 떠나기 위해서 이 세상에 출현한 여인"이다.

> *자 보아라 미국, 얼마나 좋은가. 과학의 나라. 자유의 산지. '딸라'의 요람(搖籃). 딸라에 묻히어 딸라의 색깔로 노랗게 익어가는 눈깔. 아 그 눈깔의 빛나는 색채. 그리하여 리리는 실망하는 것이다. 거울을 통하여 오는 자신의 눈깔은 언제나 까만색을 유지하고 있기 때문인 것이다.*

〈사회봉〉의 성자처럼 그의 결혼 상대는 대한민국의 사나이, 좌우간 단군의 자손이 아니면 된다. 리리는 일본 굴지의 히노마루 신문사의 특파원 이시가와 씨를 자신을 미국으로 데려갈 영광스러운 사나이, 신으로 대한다. "미국이 아니면 일본이라도 달라."가 그녀의 모토이다.

> *그저 일본에 닿기만 하면 미국이나 영국쯤은 수시로 드나들 수 있는 길이 훤하게 열릴 것이라는 그렇게 막연한 기대가 항시 리리의 사상을 지배하기 때문이었다.*

리리는 이시가와 특파원에게 한국은 지구상에서 가장 지질한 나라라고 하면서 그 이유를 "물론이죠. 미국이 봐주지 않으면 당장 어떻게 될지도 모르는 나라니까. 아 이보다 더 지질한 나라가 어딨겠어요."라고 말한다. 리리에게 한국은 "당장에 큰일이 날지도" 모르는 나라이다,

"미국이 세워주고 미국이 지켜주는 나라니까 혹시 미국이 마음이 변하기라도 하는 날이면 언제 폭삭할지 모르는 나라라 이 말이죠, 아시겠죠?"
"글쎄 망할지 어떨지는 미국의 뜻에 달렸다니깐요. 그러니까 이 나라 백성들은 늘 이렇게 미국을 열심히 떠받드는 것이 아니겠습니까. 그래서 미국이 좋다는 것은 우리도 덮어놓고 좋다고 해야 하고 미국이 싫다는 것은 우리도 무조건 싫다고 해야 하는 것이, 말하자면 이 시대 우리들의 가치 기준이다 이 말입니다. 우리가 어려서부터 눈만 뜨면 배운 것이 그런 것뿐이니까 우리에게 있어서 미국은 신(神)이요, 천국이나 다름없다 이 말입니다. 그러니까 미국에 가서 미국인이 되어 한번 살아보는 것, 우리에게 있어서 이보다 더 큰 소망이 어디 있겠습니까. 그렇죠? 이시가와 선생님."

개작 과정에서 '미국' 추가하기도

그런데 위에 길게 인용한 '미국' 관련 내용은 1964년 10월호《한양》지에 실린〈탈의기〉엔 나오지 않는다. 이는 1987년 이후 개작했을 것으로 추정하는데, 필자가 참조한 것은 2002년에 발행된《남정현문학전집》(국학자료원, 2002)이다.

남정현 작가는〈탈의기〉개작 과정에서 일본의 히노마루(日の丸, ひのまる, 일장기) 신문사 이시가와 기자와 리리가 코리아 호텔에서 만나서 나눈 대화 중에서 4·19 관련 부분을 삭제했다. 코리아 한국을 혐오하고 언제든지 떠날 기회를 찾는 리리가 일본이나 미국 아무데로나 떠나고 싶다고 말하자, 이를 유학으로 알아들은 이시가와 기자는 "아, 유학 말씀이시군요. 좋습니다. 백문이 불여일견이라구요." 하며 말을 이어간다. 이 대목에서 아래 문장을 삭제했다.

"하하. 전 4·19만 생각하면 공연히 신명이 나거든요. 그 불의를 향한 빛나는 저항, 패기, 박력, 그리고 또 그 결백하고 창조적인 민주 역량, 물론 귀양도 4·19의 주인공이시겠지요."

일본 일장기신문사 기자의 입을 빌어, 남정현은 서양, 미국, 일본 사대주의에 빠진 리리를 비판한 것이다. 이시가와 기자는 리리를 '4·19의 주인공'이라 여기며 "풍부한 학식과 창의력, 그리고 그 민주 정신에 투철한 제너레이션의 집단적인 역량"을 발휘하여 조국을 위해 이바지하기를 권한다. 조국애를 발휘해 한국의 후진성을 해결하라는 이시가와 기자의 권유에 리리는 그가 지질한 한국의 실정을 잘 모르는 '맹추'라 여긴다.

남정현이 소설을 쓰는 일차 목적은 정치적으로 억압된 것을 표현하는 것이었다. 작가는 4·19를 미제 탱크로 짓밟고 집권한 박정희 정권에 대해 다른 작품에서 그러했듯이 〈탈의기〉에서도 어떤 방식으로든 비판하고 넘어가려 했고, 이시가와 기자의 입을 통해 거론한 것이다. 그런데 표현의 자유가 상대적으로 넓어진 시기가 되자 이 에피소드를 '미국'으로 대체한 것으로 보인다. 이를 보면 그가 평생 붙들고 늘어진 것은 4·19와 이를 짓밟은 박정희, 그리고 그 배후의 실력자인 미국이라는 것을 알 수 있다.

소설의 마지막은 에양, 비양, 씨양과 리리가 유솜(USOM)에 근무하는 그레이 국장, 미 8군의 하우엘 상사, 서독의 실업가 옷토 씨, 이시가와 특파원을 만나러, 그러니까 "미국을 향하여 내달리는" 장면과 함께, 동서남북 그 어디에도 갈 곳 없는 주인공 천하(天河)가 "제자리에 우뚝 선 채 하늘이여 열려라 하고 소리라도 칠 것처럼 두 손을 번쩍 올리며 쭉 기지개를" 켜는 것으로 끝난다.

"혁명동 반공가 1번지 2호실"의 무희(舞姬)

남정현은 〈탈의기〉 개작 과정에서 '미국'을 추가하면서 주요 등장인물이었던 '무희'를 삭제하기도 했다. 《남정현문학전집》(국학자료원, 2002), 《남정현대표소설선집》(실천문학사, 2004)에 실린 〈탈의기〉와 1964년 10월호 《한양》지에 처음 발표된 〈탈의기〉는 소설의 끝부분이 전혀 다르다. 처음 발표된 소설에 나오는 200자 원고지 30매 정도 분량의 무희(舞姬) 이야기를 무슨 이유에선가 개작 과정에서 통째로 삭제했다. 다른 소설에선 개작을 하더라도 일부 표현만 바꾸는 수준이었는데, 〈탈의기〉에서는 내용의 대폭적인 수정이 있었다.

리리와 그녀의 친구들이 미국인, 독일인, 일본인을 향해 내달린 뒤 천하는 "어디로 갈까" 생각하다 무희에게 향했다. 항상 알몸이 되어 자신을 기다리는 무희가 사는 곳은 "혁명동 반공가 1번지 2호실"이다. 이곳 무희의 침실에 빨간 색깔 커어튼이 쳐지면 손님이 있다는 표시라 출입금지이고, 파란 커어튼이면 망설이지 말고 들어오라는 신호다.

천하는 무희를 사랑하지만 무희는 천하와의 성관계를 거부한다. 그 이유는 마음이 없어서라기보다 "몸 하나가 밑천인" 처지기에 "돈이 안 생기는 일엔 절대로 힘을 쓸 필요가 없는 거"라는 소신이 있기 때문이다. 무희는 천하에게 "지금 필요한 것은 단지 돈뿐이 아니겠어."라는 말을 여러 차례 힘주어 말했다. 천하는 무희의 펨프(pimp, 기둥서방)이기도 하다. 그는 술이 거나하게 취한 신사에게 "그런데, 저 아저씨 보통 여자가 아니라구요. 내 참 우스워서. 글쎄 뭐라더라. 밑구멍으로 뭐 요술을 부린다나요. 하하하."라면서 호객행위를 한다.

블루우 컬러. 유엔의 깃발. 평화의 상징. 무희의 커어튼. 노크할 필요가 없는 곳이었다. 어려워하지 말고 어서 들어가면 되는 것이다. 드디어 인생의 결승장에라도 입장하는 성싶게 가슴을 흔드는 흥분. 와아 터지는 박수. 풍기는 향수. 무희는 온몸을 웃음으로 덮으며 아아(雅雅)하게 출현하는 것이었다. (《한국문학대전집》 16, 태극출판사, 1976)

무희는 "수고했어"라는 찬사와 함께 천하에게 몇 장의 지폐, 사례금을 주었다. 이미정은 〈전후문학에 나타난 남성성의 내면화 과정 연구-남정현 소설의 '반미감정'을 중심으로〉(2006)에서 〈탈의기〉의 위 인용문에 대해 "미국에 의해 여성의 육체가 대상화가 된 순간을 비유적으로 묘사한 부분이다. 무희는 자신이 지켜야 할 민족을 상징한다. 평화의 깃발인 유엔은 우리의 육체를 유린한다."라고 해석했다. 그리고 천하와 더불어 기반을 상실한 자인 무희는 리리와 대비되는 인물이며 "제국과 독재에 희생당한 힘없는 민중의 한 전형"이라 평했다.

천하는 지폐의 따스한 온기를 느끼며 "에이와 비이 양은 물론 리리보다도 먼저 자기는 어떤 설명할 수도 없이 멀고도 아름다운 나라에 이르렀다는 착각을 일으키며" 지폐를 자랑스럽게 흔들었다. 그러나 얼마 뒤 무희는 "전연 종잡을 수 없는 한 장의 약도만을 남겨놓고 어디론가 행방을" 감추었다. 하얀 종이에 아무 설명 없이 그냥 죽죽 십자로(十字路)만을 시원스럽게 그려놓은 약도였다. "총부리는 가까이 오고 무희는 당황하여" 설명을 달 시간이 없었던 것일까? 천하는 이 약도를 보며 "자기보고 죽으라는 말이 씌어 있는 것을 발견하기라도 한 것처럼 얼굴이 창백해지면서 그냥 울고 싶을 따름이었던" 것이다. 어디로 갈까. 갈 방향을 잡지 못한 천하는 무서움에 몸을 부르르 떨며 "무희!" 하고 성냥불을 그으며 목이 터져라 외치는 장면으로 소설은 끝을 맺었다.

민중, 통일은 빨갱이의 말?

―〈사회봉〉(1964)

메이드·인·유·에스·에이라는 상표만

5·16 쿠데타 일으킨 군인이 집권하면서 1년간 옥살이를 하고 나온 동문 선생의 가족은 반 칸짜리 방 하나에 모여 산다. 원래는 제대로 된 집에 살았지만 시국 여파로 여섯 식구가 "빚에 몰리어 안방과 건넌방을 모조리 빼앗기고 겨우 간[間] 반짜리 문간방으로 물러앉은" 신세가 된 것이다. 아버지 동문선생, 아내 윤아, 다섯 살짜리 아이, 차남 승규, 딸 성자 이 여섯 식구는 한 방에 살면서 장남 원규가 영세한 "출판사에서 몇 푼 받아오는 그것으로 근근이 그저 목구멍을 축여나가는" 형편이다.

반 간 방에는 빛을 내지 못하는 형광등, 소리 지르지 못하는 전축과 녹음기, 벽에 걸린 시계가 하나같이 "금자(金字)로 된 메이드·인·유·에스·에이라는 상표만을 가까스로 내놓고 먼지에 푹 덮인 채" 폐물처럼 놓여 있었다. 그리고 거기 사는 인간들도 "희로애락의 영향권을 완전히 벗어난 성싶은 그 밋밋한 상판"을 하고, "인간이 아니라 뭔가 폐기된 물품처럼 매양 그저 무의미하게 공간만을 점령하고" 있었다. 집에서 용케 제구실하며 살아 있는 인상을 주는 것은 촛불밖에 없었다.

이들은 무엇인가 중대한 문제를 해결하기 위해 가족회의를 열었는데, 이

때 동문선생은 "노후에 쇠퇴한 자신의 기력을 빙자하여 의장직만은 역시 박력이 있는 젊은 층에서 구하는 편이 좋겠다면서" 장남에게 의장직을 극구 사양했고, 동생 승규마저 "의장직만은 당연히 경제적인 실권을 쥐고 있는 형님이 맡아야 한다."라고 주장하며 기립 박수 치는 바람에 원규는 할 수 없이 박수 세례를 받으며 사회봉을 잡게 됐다.

동문선생이 사회봉을 넘겼다는 것은 가장 역할도 넘겼다는 것을 의미한다. 이 반 칸짜리 문간방 가족의 가장은 무엇보다 "침실의 면적을 확대"하는 일을 해야 위신이 서는데 경제적 무능력자인 그로서는 불가능한 일이었다.

사회봉을 장남에게 넘긴 동문선생은 가족회의에 참석해서도 "자, 그럼 어떡허면 좋겠니."라고 밑도 끝도 없는 말이나 던진다. 회의에 구체적으로 "이렇다 하게 제기된 문제도 없는데 그 해결방법부터 질의하는" 동문선생의 발언은 비논리적이기 짝이 없다. 이는 질문이자 자탄이기도 하다. 왕성한 투지며 기백을 지닌 통일운동가였던 동문선생의 이런 모습을 보며, 원규는 '동정의 염'을 금하기 어려웠다.

원규는 자기가 자식이라는 입장에서보다도 같은 하나의 인간이라는 동지감에서 과거에 비하여 동문선생의 이 너무나도 소심하고 무력해진 언사며 동작에 대하여 말할 수 없는 격세지감과 함께 인생의 무상함을 느끼고 동정의 염을 금할 수가 없었다.37

북쪽 빨갱이 인간의 구호인 '통일'을 외친 죄

---

37 동문선생의 우행(愚行)은 바로 이러한 권력의 폭력이 낳은 정신적 내상(內傷)의 표현이다. 그것은 불안(不安)이며 공포(恐怖)이다. 그가 이로부터 벗어날 수 있는 방법이라고는 바로 '바보'가 되는 것이며 그러한 거짓 가면을 쓰지 않고 권력 앞에서 자유로워지는 방법은 요원(遼遠)하다. (유승호, 〈1960년대 남정현 소설 연구〉, 2001)

아버지 동문선생은 "혹독한 고문만이 횡행하던 이놈의 살벌한 땅 위에서 그래도 굴하지 않고 용기를 내어 통일당을 이끌어오던 왕년의 선전부장"이었는데, 얼마 전 일 년간의 형무소 생활을 청산하고 칩거 중이었다. 그는 "언제나 민중의 선두에 서서 열렬히 조국통일을 부르짖던" 통일운동가였으나, 우습게도 바로 "그 '통일'이라는 어휘로 말미암아 8·15 이후 이십여 년간을 줄곧 경찰서와 검찰청, 그리고 공판정과 형무소 사이를 전전하면서 살아오다시피" 했다.

동문선생은 "정말 어찌하여 이 땅 위에 민족의 숙원인 통일에 대한 열망이 곧장 불온한 사상으로 낙찰되어야 하는지" 그 깊은 비극의 내막을 아직도 자세히는 모른다. 다만 "5·16 이후 만 일 년간의 형무소 생활을 통하여 선생은 희미하게나마 그 비극의 윤곽만은 파악"했는데, 그것은 다름이 아니라 "그러한 비극은 결국 북한의 공산주의자들도 틀림없이 인간이라는 점에 기인하고 있다."38라는 사실이었다. 이런 사실은 "그저 건뜻만 하면 사사건건 당신은 북쪽의 빨갱이들을 닮았다고 몰아세우던 수사관들의 취조 과정에서 얻은 하나의 수확"이었다.

"당신 도대체 남파된 간첩이 아닌 담에야 무엇 때문에 그렇게 맨날 빨갱이들의 구호만 죽어라 하고 복창하려는 거요?"
"무엇 말씀입니까?"
"당신들 '당'에서 주장하는 소위 그 통일인가 무엇인가 하는 것 말이오."
"아, 그렇습니까?"
"아라니, 그럼 그게 아직 빨갱이들의 구호라는 걸 모르고 있었단 말이요?"
"하지만 그들이 생각하는 통일과 우리 당에서 생각하는 통일과는 그 양식이

---

38 "그러한 비극은 결국 북한의 공산주의자들도 틀림없이 인간이라는 점에 기인하고 있다."에서 '북한의 공산주의자들도 틀림없이'는 개작된 것이며, 〈사회봉〉(문학춘추, 1964) 원문에는 '북한의 김일성이도'라고 써 있다.

근본적으로 판이하지 않습니까."
"무엇이 그렇게 판이하단 말이오. 아 '통일'이라는 말 자체도 판이하단 말이오, 엉?"
"그야 물론 같습지요."
"됐어 그럼. 또 통일당의 취지문을 보면 외세니 민중이니 하는 말이 종종 튀어나오는데, 이건 도대체 어디에서 나온 말이오?"
"우리말 사전에서 나온 말입니다."
"아, 그걸 누가 몰라서 묻소? 내 말은 말이지, 그게 다 빨갱이들이 애용하는 말이라는 걸 알고 있었느냐 이 말이오."
"어 참, 너무하십니다."

그 후 일 년간의 형무소 생활을 청산하고 집에 돌아온 동문선생은 도무지 불안한 마음이 놓이질 않았다. 그 이유는 "공산주의자들도 우리말을 하며 밥을 먹고 똥을 쌀 것이라는 생각과 함께 동문 선생은 심지어 요강에다 대고 오줌을 누면서까지도 혹시 이게 공산주의자들을 닮은 불온한 생리현상이 아닌가 해서 이따금 버썩 겁이 들곤 하기 때문"이었다.

그래서 동문 선생은 자신의 건강과 자식들의 앞날을 위해서라도 "좌우간 공산주의자들이 계속 인간이란 이름으로 존재하는 한 이 땅 위에서는 공연히 용기를 내어 세상일에 무슨 간섭을 한다든가 혹은 집권자의 비위에 거슬리는 행동을 취해서는 안 된다는 사실을 뼈저리게 느낀 것"이다. 이런 동문 선생이 가장 무서워하는 말은 '용기'였다. 그런데 이런 사정을 누구보다 잘 아는 장남 원규가 회의 중에 용기라는 말을 발설했다.

"아버님, 세상은 참 너무 심하게 돌아가는 것 같습니다."
"그게 무슨 말이냐?"
"좀 용기를 내셔야 하겠다는 말씀입니다."

순간적으로 원규는 '용기'라는 말만 들으면 노하시는 동문선생의 기이한 습성을 잊어버린 것이었다. 원규가 용기를 내라는 말에 동문선생은 "너 이 놈, 그럼 이 애비보고 아주 죽으란 말이냐."라고 역정을 냈다. 용기를 내라는 말을 동문선생은 곧 "또다시 통일당의 선두에 서서 열렬히 조국통일을 부르짖으라는 말이라고밖에 달리 해석하지" 않을 수 없었다.

백인종 미군 떠난 뒤 일본 사무라이와 결혼하려는 성자

원규의 여동생 성자는 자기가 한국인임을 인정하지 않는 특이한 성격의 소유자다. 결혼 상대자로도 한국인을 생각하지 않는 여동생 성자는 "그냥 죽었으면 죽었지 한국인과 일평생을 어울릴 생각은 추호도 없다."라고 생각한다. 생각만 그런 게 아니라 "즉각 행동화함으로써 가족들을 놀라게 한 적"이 있는데, "마하리아 상사와의 일 년간을 위시로 하여 빌코 하사와의 동거생활 육 개월"의 경험이 있다. 미대륙에서의 영생을 보장하겠다는 구두조약을 전제로 한 동거였는데, 성자는 "설마 백인종이 거짓말을 하랴."는 생각 같았다. 그러나 불행하게도 빌코 하사는 국가의 명을 받아 부득이 혼자 미국에 돌아갔다. "한 달 안으로 당신을 꼭 불러들이겠다던 백인종인 빌코 하사"는 한 달이 열두 번이 지나도록 소식이 없다.

성자는 이 상황에 실망하지 않고 일어회화 독습에 열중했다. 문간방 한구석에 엎드려 '아리가도 고자이마스(고맙습니다)'와 '이랏샤이마세(어서 오십시오)'를 열심히 외웠다. "흡사 아이들이 장난을 하듯 빠르게 진척되는 한일회담의 속도와 함께 쉽사리 익혀가는 성자의 '이랏샤이마세' 소리를 듣고 있노라면 원규는 이따금 아마테라스 오마카미(천조대신)의 호위하에 몸둥이를 휘두르며 정말 왜놈들이 방 안으로 쑥 들어오는 것 같은 착각"에 빠졌다.

한편으로 성자는 오빠 원규와 올케의 부부생활을 걱정하기도 했다. 자기가 "이 집에 와서 수삼 개월의 밤이 지나도록 오빠와 올케 사이에 꼭 있어야 할 그 황홀한 성(性)의 장면을 한 번도 목격하지 못했으니 이게 도무지 누구의 잘못에 기인하는지를 모르겠다면서" 안타까워했다. 성자는 친구끼리 그러듯 손가락으로 원규의 사타구니를 가르키며 "오빤 이게 영 고장이우?"라며 기이한 웃음을 짓기도 했다. 아내와 합방을 못하는 원규가 불쌍해서 그렇다는 것이다.

남동생 승규는 "항시 성자가 하루속히 일어회화를 마스터하느냐 혹은 못하느냐 하는 데에 따라서 자신의 운명이 결정된다고 생각하는" 실업자였다.

동문 선생의 불온한 경력으로 말미암아 그의 아들이라는 이유로 해서 관(官)의 눈총을 받아가며 사회생활에서 번번이 패배감을 맛보아온 승규는 지난번 서독으로 수출되는 광부 선발 시험에서마저 낙선의 고배를 마시게 되자 한층 이 세상에서 믿을 곳이란 누나인 성자 한 사람에게로 낙착되었던 것이다.

승규는 누나 성자를 위해 "어디서 구해 오는지 저녁마다 하이얀 초를 한 가락씩 장만해 가지고 와서는 성자의 머리맡에 정성껏 불을" 밝히곤 했다. 마하리아 상사며 빌코 하사에게 받은 상처를 떨치고 하루라도 속히 성자 누나가 "일어회화에 익숙하여 일인매부(日人妹夫)를 한 사람 얻어주기만 하는 날이면 펴지는 성자의 팔자와 함께 자기도 단단히 한몫 볼 수 있을 것"이라 생각했다. 사정이 이러함에도 성자 누나를 홀아비에게라도 재혼시켜 이 집에서 쫓아내려는 가공할 음모에 승규는 분개했다.

며느리 허벅지 위의 시아버지 발

방 하나에 모여 살다 보니 원규는 부부생활을 하기 어려웠다. 그가 가장 무서워하는 것은 동문 선생의 "자, 그럼 그만들 자자꾸나."라는 말이다. 원규에게 있어 자자는 말은 "죽음의 형벌만치나 가혹한 선언으로 들려오기 때문"이었다.

> "자자니, 도대체 어떻게 자란 말인가. 아내의 살을 옆에 두고도 그냥 이대로 언제까지나 가만히 견디라는 형벌을 강요하는 무리들. 폭군. 그리하여 원규의 눈에는 동문 선생을 위시로 하여 성자도 승규도 그 모습이 흡사 온갖 비인간적인 행패를 강요하는 이 땅의 '정치'처럼 일종의 폭력으로만 보여와서 견딜 수 없는 순간이 있는 것이다."

사정이 이러하지만 가끔 원규는 "야음을 타서 거칠게 일어나는 젊음의 물결을 따라 어쩌다 윤아의 온몸을 왈칵 품에 넣으려는 경우가 있는 것"이었다. 그러면 윤아는 원규를 밀치면서 "아직 잠도 안 들었는데, 당신도 대체 인간이유? 의장으로서 좀 체면을 차려야지요."라며 제법 훈계조로 나왔다.

이렇게 무안을 당한 원규는 자정이 넘도록 몸을 꼬며 엎치락뒤치락하다가 담배를 피울 생각으로 촛불을 켜는 수가 있는데, 그러면 촛불 아래 전개된 어이없는 양상에 할 말을 잊는다. "누가 함부로 부려놓은 나무토막처럼 그저 그렇게 아무렇게나 누워 있는 인간들의 형편"이 말도 아니었는데, 제일 윗목에 드러누운 시아버지의 한쪽 발이 며느리 윤아의 허벅지 위에 올라와 있기도 했다.

엉겁결에 원규는 "아버지! 아버지는 윤아를 사랑하십니까?"라고 '엉뚱한 질문'을 혼잣말로 하는데, 오랜 형무소 생활 탓에 귀가 밝아진 동문 선생이 그 말을 듣고 "너 지금 그게 무슨 말이냐?" "너 이놈" 하고 화를 버럭 내다가 자신의 발이 며느리 허벅지 위에 있는 것을 확인하고는 질겁을 한다. 그리고 울상이 되어 "원규야, 너 참 오해하고 있구나. 이건 전연 내 본의가 아니래두. 난 정말 추호도 무슨 야심이 없는 거야. 알겠지?"라고 변명한다. 원규는 머리가 무거울 따름이었다.

"난 정말 오빠가 불쌍해서 이러는 거야."

어느 날인가는 "한편 구석에서 새우처럼 몸을 오그리고 드러눕는 윤아의 모습을 멀거니 내려다" 보다가 그녀를 향한 "무엇인가 형언할 수 없는 죄악감"에 가슴이 아팠다. 원규는 윤아의 "아직 시들지 않은 둔부의 황홀한 곡선"에 눈길이 닿자 돌연 혈액이 상승하기 시작했고, "오늘만은 이러한 상태로 가만히 밤을 새울 수는 없을 것 같았다."라고 생각하며, 동생 성자와 소주를 나눠 마시다 잠이 들었다.

얼마나 지났을까. 점점 선명하게 의식되는 감촉, 원규는 입술을 통하여 온몸에 퍼지는 황홀한 쾌감을 느꼈다. 참으로 오래간만에 품에 안겨 들어온 여인. 이게 누군가. 아, 윤아였구나. 아내 윤아, 원규는 감격했다.
"당신도 인간이 아니었구먼."
속삭이듯 말하고 원규는 팔에 힘을 주어 꽉 끌어안았다. 악마가 문제가 아니었다. 터지려는 가슴, 원규는 거의 무아지경이 되어 어둠 속에 잠겨 있는 유방이며 하반신을 순서 없이 더듬는 순간,
"난 정말 오빠가 불쌍해서 이러는 거야."
품속에서 흐느끼며 중얼거리는 성자.
"허, 이년이!"
원규는 하마터면 기절을 할 뻔했다. 세상에 이럴 수가, 너 미쳤어? 그러나 이미 때는 늦은 것 같았다.

이상한 낌새에 잠이 깬 동문 선생이 눈에 불을 켜고 내려다봤다. 온몸을 부들부들 떨던 동문 선생은 사회봉을 번쩍 들더니 "자, 이 천하에 패륜아를

당장에 그저 능지처참을 시켜라!" 외쳤다. 온몸이 오그라붙은 원규는 "아버님, 그건 참 오해이십니다."라고 항변했지만 동문 선생은 부러진 방망이, 사회봉으로 갑자기 자신의 골통을 후려쳤다. 동문 선생은 사회봉을 연방 휘두르며 "이놈들! 자, 게 아무도 없느냐!"며 비명 치듯 부르짖었다.

'또 다른 남정현'을 기다리며

남정현의 소설에 가족 간의 갈등이 단골 소재로 등장한다. 그런데 작가가 전달하려는 메시지는 가족 사이에서 벌어지는 대립 자체가 아니다. 이는 이야기를 풀어가는 배경으로만 의미가 있다. 군사정권의 눈치를 보느라 직설법으로 말하지 못하는 이야기를 소설의 중간중간에 슬쩍 끼워 넣는데, 대부분 이게 작가의 본심이다.

이처럼 "당대 사회에 대한 작가의 목소리가 직접적으로 드러난 비판을 가하는" 방식의 소설 작법에 대해 김상주는 〈남정현 소설의 기법 고찰-풍자 기법과 사건의 비계기적 구성을 중심으로〉에서 '논평'이라고 썼다. 적절한 자리에 '논평'을 삽입시킴으로써 전체 사회의 가치관을 비난하는 효과를 얻을 수 있다. 〈사회봉〉의 중간쯤에 나오는 "정말 어찌하여 이 땅 위에서 민족의 숙원인 통일에 대한 열망이 곧장 불온한 사상으로 낙찰되어야 하는지, 그 깊은 비극의 내막을 선생은 아직도 자세히 모르는 것이다."와 같은 말이 논평에 해당한다고 하겠다. 김상주는 "이러한 논평은 작가의 당대 현실에 대한 직접적인 비판임으로 풍자소설의 현실 비판 강도를 높이기 위한 중요한 방법 중의 하나로 기능하고 있다."라고 긍정적으로 평하면서, 논평이 과할 때 생기는 부정성도 함께 적었다.

남정현 소설에서 논평은 풍자를 당대 현실의 구체성과 직접적으로 연계시킴으로써 현실 속에 살아 있는 비판으로 자리매김할 수 있게 만들어 주고

있다. 그러나 논평이 지나치게 생경하게 위치될 때는 작위성의 혐의를 벗어날 수 없으므로 아무리 풍자소설이라 하더라도 그것이 이미 소설인 이상 인물과 사건의 전형적 형상화를 통해서 감동을 전달해야 하는 소설의 본질을 등한시해서는 안 될 것이다. 남정현의 경우 이런 위험성이 다소 엿보이기도 한다.

김상주는 사건의 진행보다 주제의식에 초점을 맞춘 남정현 소설은 "현실비판에는 효과적이지만 소설의 완성도라는 측면에서는 한계"가 있다고 지적하면서도, 소설 전체로 보았을 때 "그의 현실비판의식은 남다른 데가 있다."라고 썼다. 김상주는 "부정한 현실에 대한 한치의 용서도 없는 직접적인 공격"은 남정현 소설의 생명력이며, '60년대' 오만한 미 제국주의에 문제 제기했던 남정현은 "누구보다 치열한 역사와 현실인식으로 시대를 앞서온 인물"이라 평하면서 '또 다른 남정현'을 희망했다.

또한 많은 사람들이 시대의 흐름이라며 자본주의의 무차별적 폭력성에 안주하는 이 시대에 새로운 문제의식으로 '60년대'의 기운을 이어 자신의 목소리로 외칠 줄 아는 또 다른 남정현을 기대해 본다.

사상범으로 억울하게 옥사한 목수 아버지
-〈천지현황〉(1965)

아들에게 목수 되지 말라 유언한 이유

〈천지현황〉은 "신문 한 장 제대로 읽을 줄을 모르는" 주인공의 아버지가 사상 문제로 구속되어 재판을 받던 중 옥사한 사건을 소재로 한 작품이다. 〈천지현황〉은 《사상계》 1965년 6월호에 실렸다. '분지 사건'으로 중앙정보부 을지로 분소(충일기업사)에 연행된 게 5월 초순이었는데, 아마도 그 이전에 《사상계》에 원고를 넘긴 것 같다. 본의 아니게 사상 문제로 트집 잡힌 작가 자신의 필화를 예고한 소설이라 볼 수도 있다. 〈천지현황〉에서 주인공은 목수인 아버지의 손을 닮은 자신의 불온한 손을 고발할 생각을 한다. 그런데 〈분지〉로 인해 중앙정보부에 연행됐을 때 수사관은 남정현에게 "또 글을 쓰면 그땐 손목을 뚝 잘라버리겠다."라고 협박을 했다. 반미를 선전한 불온한 손목이었다.

옥사한 아버지의 직업은 목수다. 그는 모(某) 부 장관에게 자식의 취직과 출세를 부탁한다는 의미로 가보처럼 섬기던 뒷동산의 이백여 살 된 은행나무를 잘라서 주안상을 만들어 바쳤다. 1개월 이상 지성을 다해 만든 주안상이 하필이면 몇몇 일본의 유력한 재벌들을 초청하여 한 잔 기울이는 자리에서 상다리가 부러지는 바람에 목수 아버지에게 불똥이 튀긴다. 모 고관은

"과중하게 올려놓은 고량진미의 무게 때문"에 생긴 일임에도 불구하고 이상한 방향으로 '사고(思考)의 유희'를 했다.

어이없게도 나의 부친이 상을 만들어 바친 것은 고관인 자기의 명예를 훼손하기 위한 행위였음이 분명하고 적어도 대한민국의 고관을 망신시킨 것은 누가 보아도 대한민국 자체를 망신시킨 거나 다름이 없으며 대한민국을 망신시키려는 작업에 발 벗고 나설 인물은 미안하지만 공산당의 영향을 받지 않고는 불가능하다는 이론이었다. 탓으로 그런 놈은 나라의 장래를 위하여 그저 볼 것도 없이 체포하여 한번 철저하게 조사를 해볼 필요가 있다는 것이었다.

자식을 위해 은행나무를 잘라 주안상을 만든 일이 졸지에 "공산당의 사주를 받은 불온한 사상의 결과"로 변해 버린 것이다. 주인공은 "사상 문제를 탓 잡아 가지고는 그를(부친) 구속하고 기소한 당국의 처사를 보고" 아연할 뿐이었고, 실소를 금할 수가 없었다. 억울하게 옥사하기 전에 목수 아버지는 주인공 덕수에게 "너만은 제발 목수가 되지 말라는 거다 알겠느냐? 내가 관가의 미움을 산 것도 나의 직업이 목수인 탓 아니겠니."라는 유언 아닌 유언을 남긴다. 덕수는 아버지가 돌아가신 이후 "내가 멀쩡하게 눈을 뜨고 있는 동안만은 절대로 아버지의 전철을 밟지 않겠다."라는 굳은 신념을 지닌다. 아버지의 전철은 '옥사'를 말하고, 옥사를 하지 않으려면 부친의 유언처럼 목수가 되어선 안 됐다. 그런데 이런 유언과 신념에도 불구하고 그는 "목수가 될지도 모르겠다는 두려움 속에 전전긍긍하게" 된다.

자기 손을 고발하려는 주인공 덕수

제목만 보고는 내용을 짐작하기 어려운 소설 〈천지현황〉의 첫 문장은 이렇게 시작한다.

> 나 또한 이러다가 결국 목수가 되어 버릴지도 모르는 것이다. 나 자신도 모르는 사이에 말이다. 목수가 되어 버릴지도 모르겠다는 생각을 하면 나는 그만 입맛이 싹 가시는 것이다. 그리고 돌연 세상이 무서워지는 것이었다. 부전자전(父傳子傳)이라더니 역시 사람이란 너나없이 마냥 그저 그렇고 그렇기 마련인가.

덕수는 어쩌다 자신도 모르는 사이에 '목수가 되어 버릴지도 모르겠다.'라는 생각을 하게 됐을까. 그것은 다름 아닌 자신의 '손' 때문이다. 자신의 속물(屬物)인 하찮은 손 따위가 주인의 "신념과는 동떨어지게 아주 스무스한 동작으로 장도리와 못을 집어 들고 부러진 책상다리며 떨어진 문짝 등을 요모조모로 매만"지면서 집요한 '배신행위'를 하는 것이다. "그러면 못쓴다."라며 손에게 아부도 하고 애원도 해보지만 "도리어 손은 더욱 빠른 템포로 나를 향하여 부단히 반동(反動)하는 것"이었다. 주인공은 "손의 이 불온한 동작을 면밀히 관찰하노라면" 일종의 공포감을 느끼기도 했다.

> 정말 불온한 사상에 전염되어 그 소행이 역적 비슷하게 되어 버린 위인(爲人)은 우리 아버지가 아니라 바로 이놈의 손인지도 모르겠다는 생각이 나의 온몸을 자르르 훑기 때문일 것이다. 동시에 소위 그 은닉죄란 이름의 형법 제 몇조의 조항이 꼭 뱀의 혓바닥과 같은 모습을 하고 커다랗게 나의 눈앞에서 꿈틀거리는 것이 아닌가. 나는 몸서리를 치는 것이다.

주인공 덕수는 이 순간에 문득 "고발할까."라는 아이디어를 떠올린다. "국민 된 사람으로서의 의무를, 아니 나라가 지시하는 사항을 어기면 벌을 받는다."라는 생각이 들었다. 이런 발상을 하게 되자 그는 "갑자기 애국자가 되어 버린 성싶은 흐뭇한 기분으로 하여 어깨가 다 으쓱 올라가는 것"이었다.

덕수는 이렇게 인연을 완전히 끊을 생각을 하고 자신의 손에게 "무엇인가 한마디 훈계 비슷한 말을 하려다가" 번번이 포기한다. 사람의 손이라 하기엔 너무나 심한 흠집으로 점철되어 있다는 사실에 놀라고, 그 찢기고 긁힌 손의 처절한 모습을 멍하니 내려다보다가 "그만 삽시에 고발할 용기를 잃기"도 한다. 그리고 돌연 "어쩌면 이렇게도 나의 손이 아버지의, 아니 불온분자의 손을 닮을 수가 있을까."39 하고 당황스러워한다. 그는 이제 불효스럽게도 "아버지의 손과 나의 손과를 구별할 수 없는 곤경에 빠지는 것"이었다. 헛갈리는 것은 손만이 아니었다. 세상이 온통 막연한 빛깔에 취하여 "모든 사물의 형태며 빛깔이 한 폭의 추상화(抽象畫)처럼 철저하게 분산되어 가지고는 나의 시야를 몽롱하게 적시는 것"이었다. 순간 주인공 덕수는 "나의 몸마저 뿌옇고 는적는적한 그 지경으로 전연 감정할 수 없는 모호한 빛깔 속에 서서히 침몰하여 그 윤곽이 지워진다고 생각되자", 무슨 위기를 고하

---

39 미국의 한국문학자 테드 휴즈는 《냉전시대 한국의 문학과 영화-자유의 경계선》(소명출판, 2013) 4장 '퇴화로서의 개발-공산주의의 극복과 〈분지〉 사건'에서 남정현 소설 〈천지현황〉을 길게 언급하면서 "이 소유적인 민족주의 방식은 남정현의 반국가주의가 자신이 반대하는 국가주의와 겹쳐지는 곳을 드러내는 지점이다."라고 썼다. 휴즈는 이 책에서 〈너는 뭐냐〉와 〈부주전상서〉 등과 같은 작품을 인용하면서 남정현의 소설은 "남성중심주의(들)와 민족주의(들)의 이야기"라고 평했다.
휴즈의 책이 나온 뒤 최현희(KAIST 인문사회학과)는 〈문화사로서 한국학의 조건과 사명-휴즈의 《냉전시대 한국의 문학과 영화》를 통해 본 미국 한국학의 단계들〉(《사이間 SAI》 2014년 11월호)을 통해 비판적으로 평했다. 최현희는 이 책을 "〈한국학〉 제3세대 그룹에서는 물론 미국 한국학계를 전체적으로 보았을 때도 최초의 문학 연구서라고 할 만하다."라고 쓰면서, 기본적으로 그의 주장은 이론적으로는 '객관주의'이고 정치적으로는 '허무주의'라며 비판적으로 평가했다. 그리고 휴즈가 〈부주전상서〉를 인용하면서 "민족적 신체를 미국 주도 냉전 체제에 대한 저항의 거점으로 설정한다는 점에서, 박정희 정권의 혈통 민족주의와 겹쳐진다고 보는 것에는 동의하기 어렵다."라고 썼다. 필자가 보기에도 한국의 정치현실(분단, 독재, 군사쿠데타)을 몸으로 느끼기 어려운 미국 학자의 입장에서는 아무래도 미국 중심, 제국주의 관점의 비평에서 벗어나기 어렵다는 생각이 든다.

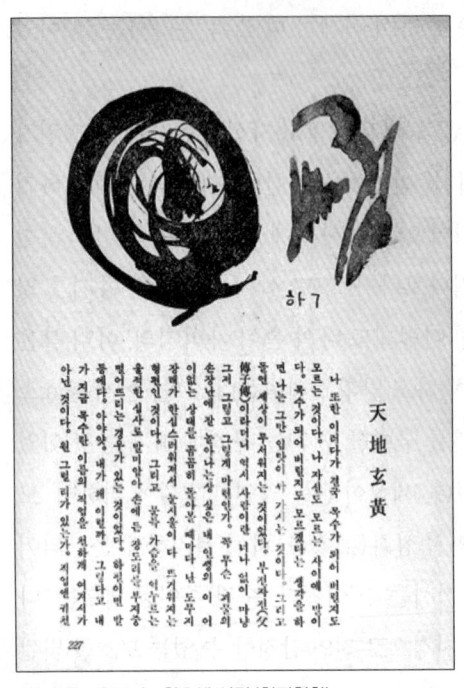

《사상계》 1965년 6월호에 실린 〈천지현황〉.

듯 "덕수 덕수" 하고 자신의 이름을 부르며 진땀을 흘렸다.

그런데 덕수가 자기 이름을 불렀을 때 "슬머시 출현하여 겁 없이 내게로 육박하는 하나의 물체"가 있었으니, 그것은 손, 아버지의 손이었다. 그 손은 "언젠가 엑스 형무소의 그 한산한 면회실에서 그것이 마지막일 줄도 모르고 한 번 그냥 무심히 잡아 본 아버지의 손"이었다.

형무소에서 아버지는 "너 이놈, 너는 나를 알겠지."라며 덕수에게 추상 같은 호령을 하거나, 울상이 되거나, 어린애처럼 투정을 했다. 그러다 원망스러운 말투로 한숨을 쉬다가 가느다란 목소리로 말했다.

"덕수야, 미안하다. 이 늙은 것이 아마 너무 지나쳤나 보구나. 내 아무리 죄인이 되어 형무소의 신세를 질망정 사랑하는 너를 해칠 생각이야 있겠니. 용서해다오. 내 말은 말이다, 아무리 관가에서는 나의 진실을 이해하지 못하고 죽일 놈 잡듯 할망정 너만은 그래도 이 애비의 진실을 알아줬으면 하고 바란 것뿐이다. 알겠느냐, 덕수야?"

'진실'이란 말에 유난히 힘을 주어 말하는 부친을 보며, 눈물까지 글썽이며 하소연하는 아버지 앞에서 그만 무례하게도 덕수는 "히히히히" 하며 "병신처럼 웃어버리고" 말았다. "누구의 입에서건 소위 그 '진실'이라는 낱말이 튀어나오기만 하는 날이면" 주인공 덕수는 "왜 그런지 더욱 진실감이 없어지면서 세상이 온통 난장판으로 보여 오는 것"이었고, 그리고 "세상사가 한꺼번에 기이한 일막의 희극으로 변질되어 가지고는" 자기를 "바보처럼 웃기는 것"이라 여겼다.

> 그래 그런지 그저 건듯만 하면 미국을 등에 업고 나라와 민중을 팔아 사리사욕만을 탐하는 이땅의 정부도, 국회도, 좌우간 그들이 하는 짓이란 모두가 한 권의 어이없는 소화집(笑話集)을 편집하여 남의 배꼽을 수탈하려는 그런 일종의 가증스러운 음모에 지나지 않는다는 것이 그즈음 나의 견해였던 것이다. 무엇 때문이었을까.

위에서 "미국을 등에 업고"는 1980년대에 작가가 개작을 하면서 들어간 표현이다. 위 인용문 다음에 나오는 문장, "정말 대한민국이란 이름의 내 나라가 그저 아무나 공짜로 와서 장난질을 쳐도 무방한 그런 헐값의 무대가 아닌 다음에야"는 미국을 겨냥하고 있는데, 이는 개작한 내용이다. 그다음에 바로 이어지는 "아 어떻게 혁명이니 뭣이니 하며 일국을 마음대로 떡 주무르듯 하면서 조국의 근대화에 앞장을 섰다는 친구가"는 5·16 군사쿠데타를 일으킨 박정희를 가리키고 있는데, 이 또한 개작한 내용이다. 남정현은 〈천지현황〉을 발표할 때 '미국'을 언급하지 못한 것이 아쉬웠는지 개작 과정에서 '미국'에 관한 내용을 여러 차례 추가했다. "요즘 유행하는 독감처럼"도 "무슨 서양형 독감처럼 이것도 미국이 몰고 온"이라고 바꿨고, "미국식 교육을 받은 자는 다 그런 건가요."라는 말도 추가했다.

〈천지현황〉은 개작 이후의 표현이 없더라도 정권이 보기엔 충분히 '불온한' 소설이었다. 위에 인용한 "건듯 만 하면 미국을 등에 업고 나라와 민중을 팔아 사리사욕만을 탐하는 이 땅의 정부도, 국회도, 좌우간 그들이 하는 짓이란"에서 '미국을 등에 업고'를 빼도 불순하기 짝이 없는 내용이었다. 일본의 유력한 재벌을 접대하는 장관, 비인도적인 폭군, 대통령, 불온한 사상, 공산당, 간첩 등의 표현을 그 시대 정치 상황을 염두에 두고 읽는다면 독자의 가슴을 조마조마하게 만들기에 충분한 표현이었다. 그럼에도 불구하고 남정현은 '미국'을 콕 짚어 쓰지 못한 것이 두고두고 회한으로 남았던 모양이다.

장난이 아니고 진실이라고요?

아들 덕수가 "히히히히" 하며 웃자, "아버지는 노기(怒氣)가 지나치어 현기증이 나시는 모양"이었다. 부친은 "한 손으로 이마를 짚고 "너 이놈, 뭐 웃어?"라고 격한 목소리로 야단치더니 부르르 몸을 떨었다. 덕수는 자기가 좀 지나쳤다는 생각에 "아버님, 용서하여 주십시오. 제 장난이 좀 지나친 것 같습니다."라고 말했다.

"뭐, 장난이라구? 너 그럼 아비 말을 여태 장난으로 들었단 말이냐?"
"아버진 그럼 제 말씀을 여태 진담으로 들으셨습니까?"
"갈수록 너 이놈, 진실로 고약한 놈이로구나. 넌 그럼 내가 지금 관가의 손에 묶여 있는 것도 그냥 장난으로 보인단 말이냐?"
"아버진 그게 그럼 장난이 아니고 진실이라고 믿어지십니까?"

노기가 폭발해서 호통치는 부친에게 이렇게 말대꾸하는 덕수의 모습을 상상해 본다. 그 속에서 〈천지현황〉 원고를 완성했을 즈음 '분지 사건'으로 중앙정보부에 연행된 남정현의 표정이 떠오른다. 그 장면은 "세상사가 한꺼번에 기이한 일막의 희극으로 변질되어 가지고는" 작가를 바보처럼 웃기는 것이었고, 진실이 아닌 장난이라 여기지 않고는 이해할 수 없는 현실이었을 것이다.

이 모든 현실이 '진실이 아니고 장난'이라는 아들 덕수의 말을 듣자 아버지는 경련을 일으키더니 노한 동작으로 한 쪽 손을 턱밑으로 쑥 내밀며 "너이놈, 이 손 좀 보아라."며 호통을 쳤다. 호통치는 부친의 눈에서는 퍼런 불이 일어났고, 아버지의 엄지손가락에 있는 흉터에서도 "강렬한 빛을 발산하여" 덕수의 눈동자를 찔렀다. 그는 눈알이 알알하여 진저리를 치며 부친의 손을 덥석 잡고는 "아버님, 이 불효막심한 놈을 당장 고발하여 주십시오." 하고 부르짖으며 무릎을 꿇었다. 그러자 아버지는 "덕수야, 진정하렴. 우리들 사이에 고발이 다 뭐냐. 사위스럽구나. 내 말은 말이다. 너만은 제발 목수가 되지 말라는 거다. 알겠느냐?"라고 부드럽게 말했다.

인자하신 부친의 말씀에 덕수는 "황송하옵니다, 아버님. 너무 하염치 마십시오."라며 참회하듯 말하고 다음번의 재회를 약속하며 자리를 물러났다. 그런데 부친은 결심공판을 며칠 앞두고 심장이 돌연 멈췄고, 어느 형리(刑吏)는 설명하기를 "부친은 한마디의 유언도 없이 그저 장난처럼 눈을 감으시더니 무슨 속셈이 있어 그러는지 아무리 흔들어도 다시는 눈을 뜨시지 않더란 것"이었다. 이 말을 전해 들은 덕수는 "부친의 죽음을 확인한 사실에 대한 슬픔보다도 형리의 이 해학적인 표현에 탄복한 나머지 엉겁결에 그만" 형리의 손을 꼭 잡고는 몇 번이나 미친 듯이 흔들며 이렇게 말했다.

"축하합니다."

이 무슨 엉뚱한 말인가. 남정현의 소설에선 이런 뚱딴지같은 어법이 자주 등장한다. 작가 스스로 작품 속에서 '뚱딴지같은 소리'라는 표현을 쓰기도 한다. 이처럼 상황에 맞는 해학도 아닌 뚱딴지같은 소리로 부친을 떠나보냈던 덕수에게 아버님의 손이 등장했다. 주인인 덕수에게 반동적으로 나오는 손을 고발하려고 했는데 자식을 사랑하려다 "불온분자가 되어 버린 아버지의 그 황폐한 손이 몽롱하게 흐린 공간을 뚫고 불쑥 앞으로 출현"한 것이다. 부친이 "너 이놈, 기어이 목수가 될 생각이니?" 하고 다그치면, 잘못을 뉘우치기라도 하듯 두 손을 싹싹 비비며 "아버님, 저의 손을 좀 당장 잘라가 주십시오."라고 목이 메여 말하지만, 그러나 그저 그뿐이고 "손은 또 장도리와 못을 집어 들고 반동적(反動的)인 자세를 취하는 것"이었다.

이목구비가 모두 한쪽으로 구부러진 가족

〈천지현황〉에는 덕수 부자 외에 다른 가족과 그들이 사는 공간이 등장한다. 덕수는 "일시적인 실수"에 의해 어이없는 집을 선택한다. 나이 서른에 가깝도록 구질구질한 판잣집 비슷한 다 낡은 한옥을 전전하며 자취를 해온 덕수는 "그만 한눈에 반하여 엷은 흥분마저 느끼는" 아담한 단층 양옥으로 이사를 했다.

그런데 외모가 아름다웠던 집에 민첩하게 이사한 후에 덕수는 기이한 내부구조를 보고 놀랐다. 네모반듯하게 생긴 집의 외양과는 딴판으로 왜 그런지 모든 사물의 형태(천정, 벽, 마루, 유리창, 액자, 시계, 책상)가 조금씩 기울어져 있었다.[40] 단지 집만 그런 것이 아니라 인간의 상판도 마찬가지였는데, "아들도 딸도 그리고 부모며 며느리도 좌우간 이 집안의 가족을 형성하고 있는 인간들의 면상은 묘하게도 모조리 질(質) 나쁜 거울을 통하여 오는 모습처럼 그 이목구비가 약간씩 한쪽으로 기울어져 있는 것"이었다. 덕수는 "희한하게 생긴 만화 속의 군상들"을 보고 자신의 눈을 의심했으나 그것

---

40 〈천지현황〉의 이 기울어진 집에 대한 묘사는 〈허허선생1-괴물체〉(1973)의 첫 문장에 나오는 "허허선생의 저택인, 즉 우리 집은 왜 그런지 그 지붕의 구조부터가 심상칠 않았다."라는 표현과 유사하다. 허허선생의 아들은 기이한 형태의 자기 집을 '그로테스크'하다는 말이 어울린다고 했다.

은 어디까지나 "시각의 착란이 아니라 인위적인 행패에 의한 결과"임을 확인하고 아연할 뿐이었다.

춘추 육십을 바라보는 이 집안의 호주이며 동시에 가장인 문길 씨와 딸 명희, 올케(며느리), 시어머니, 그리고 장남 형기는 수시로 뒤엉켜 싸운다. 이 싸움의 주모자 격인 인물은 은행원 노릇을 하다 최근에 부정이 탄로나 그만둔 장남 형기였다. 그는 툭 하면 "자기는 부모가 원수"라고 얘기하는데, "우리 껍데기(아버지)가 집을 짓는데 이십만 원이 부족하다고 하도 안달을 하기에 차마 볼 수가 없어서 내 좀 은행에서 어떻게 한 것이 요즘에야 탄로가" 나서 은행을 그만뒀다는 것이다. 형기 씨는 내 돈 이십만 원 내놓으라 하는데, 부친은 죽어도 집은 팔 수가 없다고 맞선다. 그러면 "정 집을 팔 생각이 없을 양이면 같이 죽는 편이 좋겠다면서 부친의 멱살을 잡아 마루로 끌고 나오게 마련"이고, 집안은 전쟁터로 변한다.

전쟁이 끝나고 집안이 처절하게 부서진 황폐한 풍경을 보면 기가 막혀 입이 딱 벌어질 뿐이었지만, 덕수의 손은 "장도리며 못을 집어 들고 부지런히 나를 향하여 반동하기 시작하는 것"이었다. 덕수는 스스로가 한심스러웠다. 부친의 소망을 저버리고 "기어이 부친이 통과한 그 오욕의 역사를 되풀이하여야만 할 것인가?" 하는 생각과 함께 '형무소'의 공기가 폐부를 파고드는 것 같아 구토를 느꼈다.

"가슴을 거슬러 올라오는 이 뭉글뭉글한 덩어리"에 답답함을 느끼던 덕수의 몽롱한 시야 앞에 매끄러운 손이 나타났다. 낮술에 취한 형기의 손이었다. 그는 "취하셨군요."라는 덕수의 말에 "암 취했지요. 형씨, 형만은 그래도 나의 이 끓는 속을 좀 알아주시겠지요. 믿습니다. 형씨, 미안하지만 오늘은 좀 증인이 되어 주셔야 하겠소. 그렇지요. 증인(證人)이 되어 주셔야 하겠소. 우리 껍데기는 미안하지만 간첩(間諜)이란 말이오." 하고 대답했다. 덕수가 "뭐라구요?"라며 놀라자 형기는 진지하게 말을 이어갔다.

"하하, 왜 참 모르셨소. 우리 껍데긴 틀림없이 간첩이란 말이오. 간첩이 아니라면 원 그다지도 행동이 지독하게 비민주적일 수가 있겠소. 왜 정부에서는 늘 말하지 않던가요. 간첩이란 민주질서를 파괴하는 자라고 말이오. 우리 껍데기가 그렇거든요. 그러니 난 아예 우리 껍데기한테 돈 받을 생각을 단념한 사람이오. 그까짓 이십만 원쯤, 간첩을 고발하여 여봐란듯이 나라에서 받겠단 말이오. 믿습니다. 형씨, 보신 대로 낱낱이 증언해 주시오. 우리 껍데기의 그 비민주적인 행패를 말입니다. 물론 사례는 내 충분히 하리다. 하하하."

부친을 간첩으로 고발하자는 형기, 장난이겠지?

덕수가 "형씨, 참 무던히도 많이 취하셨군요."라며, 부친을 간첩으로 고발하자는 말을 주사로 받아들이자 형기는 "내가 취했다고 장난을 하는 줄 아슈? 참 억울하외다."라며 돌연 자귀를 번쩍 집어 들고는 입술을 부르르 떨었다. 덕수는 형기의 충혈된 눈을 보며 "나의 부친을 고발한 모 부 장관의 표정도 그때 저 지경으로 진지하고 무서웠던가. 하고 생각했다. 순간 덕수는 엉겁결에 형기의 손을 잡고는 "형씨, 이것 참 이 자식이 철이 없어서, 용서해주오."라고 "턱없이 병신 같은 소리를" 질렀다. 뚱딴지같은 소리였다.
그러자 형기는 "자, 갑시다." 하면서 덕수의 멱살을 힘차게 잡아끌었다. 덕수는 생각했다.

'허, 이건 장난이겠지.'

덕수는 어디로 가는지도 모르고 "비틀걸음을 치는 형기의 손에 이끌리어 무작정 개처럼 질질 끌려가는 것"이었다. 아버지를 간첩이라며 고발하러 가는 이 상황은 장난인가, 진심인가.

작가의 소설을 고발한 행위는 장난인가 현실인가.

덕수가 살던 때로부터 60년의 세월이 흐른 대한민국에서는 지금도 이런 장난인지 현실인지 헛갈리는 그로테스크한 장면을 수시로 목격한다. 2024년 12월 3일 현직 대통령은 계엄령으로 위장한 친위쿠데타를 일으킨다. 대통령이 "피를 토하는 심정으로" 국민 여러분께 호소한다며 읽은 담화문에는 "우리 국회는 범죄자 집단의 소굴이 되었고" "국회가 자유민주주의 체제를 붕괴시키는 괴물"이 되었다며, 야당 국회의원을 반국가세력으로 지목했다. 대통령은 "파렴치한 종북 반국가세력들을 일거에 척결"하겠다며 국가비상계엄령을 선포했다. 그리고 계엄사령관은 포고령 위반 시 "계엄법에 의해 처단한다."라고 발표했다. 처단. 허, 이거 장난이겠지? 대명천지(大明天地), 아니 대미천지(大美天地)에 작전권도 없는 대통령이 이런 해괴한 장난을 치다니.

5·16 미제탱크와 천지현황(天地玄黃)

제목이 왜 천지현황일까? 남정현의 산문집에 실려 있는 〈거대한 암반 밑에서〉에 '천지현황'이란 말이 나온다. 이 말과 제목에 어떤 긴밀한 연관상이 있지 않을까 싶다. 〈천지현황〉은 4·19가 5·16에 짓밟힌 후에 나온 소설이다. 남정현은 산문 〈거대한 암반 밑에서〉에 직접 목격한 5·16의 비통한 장면을 이렇게 적었다.[41]

미제탱크가 국군을 태우고 그 거대한 포신을 치켜세운 채, 흡사 괴물처럼

---

[41] 남정현의 산문 〈거대한 암반 밑에서〉는 "연년세세 하늘 한 자리를 의연하게 차지하고 있는 어느 붙박이별처럼, 아니 누가 심술궂게 꽉 박아놓은 무슨 말뚝처럼, 나의 의식은 오늘도 그렇게 같은 자리에서 요지부동이었다."라고 시작한다. 이 문장은 남정현 작가 스스로 그린 자화상과도 같다. 그는 동료 작가들이 등단 초기부터 평생토록 의식이 변하지 않은 자신을 '쇠말뚝'에 비유했다고 한다.

굉음을 내며 흉흉한 모습으로 다가오고 있었다. (……) 멀리 의정부 쪽에서 미아리 쪽으로 기다랗게 이어진 그 널따란 신작로 길은 이미 탱크 밑에서 회오리쳐 나오는 먼지 더미로 완전히 뒤덮인 상태였다. 나는 눈을 뜰 수가 없었다. 말 그대로 천지현황(天地玄黃)이었다. 그런데 나는 그때 온 세상으로 번져나가는 듯한 뿌연 먼지의 그 작은 입자 하나하나가 문득 부서진 사일구의 입자 하나하나로 보이는 것이었다. 아, 사일구여. 자주 민주 통일을 향해 활화산처럼 용솟음쳤던 사일구의 그 희원, 그 비원은 지금 탱크의 밑바닥에서 먼지가 되어 원혼이 되어 햇빛처럼 꽃잎처럼 천지간에 자욱히 흩날리고 있다는 느낌이 들어서였다.

'천지현황'은 미군의 탱크를 타고 쿠데타를 벌인 군인들이 온 세상을 먼지 더미로 만들던 순간의 세상 꼬라지였다. 천지창조의 혼돈을 뜻하기도 하는 천지현황은 쿠데타 직후의 혼란한 세상을 비유한 말일 수도 있다. 말 그대로 "하늘은 검고 땅은 누렇다"인데, 작가의 눈에는 4·19 혁명의 부서진 입자가 그렇게 천지를 검고 누렇게 보이게 했는지도 모르겠다.

상황악에 대하여
정면으로 선전포고 일삼아
― 임중빈의 〈상황악과의 대결-남정현론〉(1967)

'현대'라는 유행병에 걸린 사이비 인텔리에게

 1967년 1월 30일 발행한 《현대한국문학전집 15》(신구문화사)엔 이병구, 한남철, 남정현, 이영우, 강용준 등 다섯 소설가의 작품이 실렸다. 이 전집에 남정현의 작품은 〈너는 뭐냐〉, 〈현장〉, 〈부주전상서〉가 실렸다. 편집위원(백철, 황순원, 선우휘, 신동문, 이어령, 유종호) 이름으로 '이 책을 읽는 분에게'라는 글이 두 쪽 분량으로 실렸는데, 다섯 명 작가의 해설 중 남정현 작가에 관해서는 이렇게 썼다.

 남정현 씨의 세계는 또 다른 것이다. 정치적 기상(氣像)이 작가의 신경에 아프게 작용해 올 때 그의 관심의 주요 부분을 차지하는 것은 현실적으로 불행한 시대 그 자체이다. 우리가 살아온 전후의 시대가 그런 시대였다. 문학의 소재는 어떤 것이든 좋고 그것이 문학인 한 미(美)의 대상으로 삼을 수 있다는 생각의 세례를 우리는 거치고 있다. 그럼에도 불구하고 남정현 씨의 세계는 너무나 가까운 세계다. 그것은 역사의 장이기는커녕 우리들의 개인적 이해나 책무의 시효에서도 아직 벗어나지 않은 세계이다. 그의 작품이 풍기는 고뇌와 분열은 여기서 오는 것이다. 그의 문학적 계침(計針)이

그려내는 궤적 속에서 우리는 이 시대의 기상도를 발견한다. (1967년 1월, 편집위원)

　이 책의 '작가는 말한다' 코너에 남정현은 '나의 출생설'을 써서 보냈다. 그는 이 글에서 엄마의 배꼽설, 아빠의 하늘 하강설, 누나의 쪽다리설을 풀어놓았다. 이 세 가지 출생설은 《서울을 사는 고독과 희열》(1969)에도 실렸다.
　《현대한국문학전집 15》에는 임중빈의 〈상황악과의 대결-남정현론〉이 실렸다. 임중빈은 '상황악의 메커니즘'에서 탈출하는 몸부림이 "이미 문학의 보편적인 반항으로 인식된 터"에 남정현은 "누구보다도 민감한 반항작가로서 그동안 구원받기 어려운 한국 정치 풍토의 상황악에 대하여 정면으로 선전포고를 일삼아 온 셈"이라고 평했다.

가는 곳마다 인간모조품들이 들끓어대는 세상, 그들에 의해서 이 나라 정치가 좌우되고 경제 질서가 움직인다. 작가는 '현대'라는 이름의 유행병에 걸려 갖은 방법으로 역사의 이성을 교란시키는 사이비 인텔리의 범행과 그러한 인습의 보균자들에 대하여도 화살을 겨누고 있는 듯하다. 소설 형식을 빌어 그처럼 악취 만연된 언어의 축제를 베푼 작가를 우리는 알지 못한다.

　임중빈은 시종일관 가혹한 정치 현실을 비판하는 작가의 '얄궂도록 잔인한 풍자와 야유'를 간단히 "아나키스트 작가의 요설이라고 단정 짓지 말고 그 나름의 특유한 가능성을 찾는데" 최선을 다하자며, 소설 〈너는 뭐냐〉, 〈현장〉, 〈부주전상서〉를 평했다. 이 세 작품은 여러 논문에서 자주 다뤄지는 편인데, 작품이 쓰인 직후에 발표된 비평을 통해 동시대 인간의 숨결과 시선이 더 생생하게 느껴지기도 한다.
　남정현을 "현대 정치 사회의 밑바닥을 파헤칠 준비가 언제나 되어 있는 것처럼" 보이는 참으로 특이한 화술의 작가로 본 임중빈은 '상황악'이라는 말을 통해 세 작품을 들여다봤다. 그는 '상황악의 메커니즘'은 사회 체제나 정치 체제를 통해 의식하게 된다고 했는데, 이 작품이 쓰인 배경은 5·16 군사쿠데타 직전(〈너는 뭐냐〉)과 직후(〈현장〉, 〈부주전상서〉)이다.

현대 사회의 밑바닥을 파헤치는 작가

〈너는 뭐냐〉의 주인공 관수는 "모순된 사회구조의 희생물이거나 심리적 콤플렉스의 소산일 수밖에 없는 '제외된 인간'"으로 나온다. 그는 "매일 아침 마치 '용상의 군주처럼' 군림하는 아내의 위용에 못 이겨 쩔쩔매는" 인물인데, 그것은 어떤 점에서 정치 구조의 결함을 눈앞에 보여주는 듯하다.

절대자는 무슨 일이고 할 수 있다고 주장하면서 '용상의 군주처럼' 군림해 마지 않는다. 관수와 같이 거세된 지식인의 잔재로서 주체 못 할 한숨만 쉬고 웃어 본들 피해자의 억울하다는 분노만 더해 갈 뿐이다. 적어도 독재자 앞에서는 별도리가 없지 않겠는가. 따라서 작품에서 주인공이 느끼는 아내에의 공포는 절대 권력자 앞에서의 그것이라고 생각할 수 있다.

'정치적 변혁의 계절'이 닥쳐 왔을 때 관수는 '광장'을 발견한다. 일체의 속박에서 해방될 엄연한 역사적 현실에 직면하여 현대라는 미명의 우상은 아내의 이름으로 타도되고, 절대군주는 몰락의 운명을 맞이한다. 이처럼 관수가 광장에 나서는 것은 바로 "누적된 상황악에 대한 분노의 폭발"인 것이다. 여기서 절대군주는 이승만, 박정희이거나 미국을 상징한다.

〈현장〉은 "절망가족의 최후의 만찬"을 상기시키고도 남는 소설이다. 이 절망가족은 어처구니 없는 부부 싸움, 넋두리, 광기, 푸념이 뒤엉킨 "인간 부조화의 현장"인데, "군사 정변을 치르지 않으면 안 되었던 사회상"이기도 하다. 5·16 군사쿠데타 직전에 쓰인 〈너는 뭐냐〉엔 "그래도 '어긋난 관계'를 때려 엎는 통쾌한 맛이 있었는데", 〈현장〉에선 파탄이 격화될 뿐이다. 임중빈은 "모두가 어떤 테두리에 갇혀진 상태에 놓인 채 반발과 증오를 의식하건만 다이나믹하게 밀고 나갈 여력을 상실해 버린 실의의 세월", 그 불만의 시대가 소설 〈현장〉에 묘사되어 있다고 평했다. 임중빈은 〈현장〉에는 "미묘한 軍政批判(군정비판)의 무드가 흐르고 있다. 〈현장〉은 1963년 제3 공화국 수립 직전에 발표된 작품임을 상기할 필요가 있다."라고 썼다.

임중빈은 〈부주전상서〉를 "구체적인 정치 현실을 매도하는 데 단연 앞선 작품"으로 소개했다. 그는 '못난 자식 용달'의 이름으로 아버지에게 드리는 장황한 편지글로 쓰인 이 소설의 특성으로 "첫째 정치 현실에 대한 고발 쳐놓고는 울분의 독소가 종횡무진한 내용인 점, 둘째 극도로 현실 비판인 만큼 논리성을 따지기 전에 욕구불만이 카타르시스의 방편이 된다는 점, 셋째 실소와 의분을 뒤섞은 이러한 문학의 형식이 자조일변도(自嘲一邊倒)이고 직선적인 이상 비판 기능의 한계성을 간과할 수 없다."라는 세 가지를 꼽았다.

그리고 주인공 용달이 "예의 격하된 저능인간으로서 이따금 상식과 거리가 있는 넋두리를 뇌까리는 것도 다 심각한 의중의 말을 털어놓기 위한 가장 행렬이나 연막전술쯤으로 보아야" 하며, 문제는 "소름 끼치는 상황악의 고발에 있다."라고 썼다. 임중빈은 먼저 '울분의 독소'를 어떻게 폭로했는지 묻고, 거기에는 "세상을 떠들썩하게 했던 국내 사건 등이 망라되어" 있었다고 하면서 아래와 같이 적었다.

> 위조 화폐 사건, 국유지 불하 사건, 곡학아세 표본인 사이비 학자, 고작 허상에 불과한 정치가, 귀환 어부 침몰 사건, 군사 통치에 대한 적개심과 제2의 이완용, 실업자와 인력 수출 시비, 가족계획 시비, 형식적인 반공 지상주의 비판…… 등 요컨대 '정치악'의 대상이라 할 수 있는 요소를 재미있게 열거하여 종횡무진한 요설을 퍼붓기에 열을 올린다.

작가는 풍자소설을 쓰면서도 박정희 정권의 국정 난맥상을 직설법으로 종횡무진 비판한 셈이다. 임중빈은 남정현 작가의 울분의 페시미즘, 반정부적인 격렬한 어조가 "감상적이기까지 한 민족애의 발상"이며, "무정부주의에 가까운 상황악에의 전면적인 도전과 대결의 양식"으로 여겼다. 그는 "아슬아슬한 정부 비판이 쉬지 않고 계속되는" 소설 〈부주전상서〉가 "너무 직선적이기만 하기 때문에 중후한 작품을 형성하기 어려운 난관이 있다."는 지적도 했다. 그러나 〈부주전상서〉는 "더할 데 없이 전투적인 비판소설이며 위정자를 깨우칠 만한 역량 있는 자극제로서 충분하다."라고 썼다.

망했구나!

남정현을 "부정의 작가며 도전의 작가"로 규정하는 임중빈은 그의 작품에 "한결같이 점철된 어휘는 '망했구나' 이 한마디로 집약된다 하여 과언이 아니다."라며, 이는 그가 현실의 모순을 직시하기에 나오는 당연한 탄성이라 말한다.

그는 남정현 작가가 〈부주전상서〉에서 "현실에 참패한 픽션, 픽션을 제압한 현실"이라며 개탄한 것을 거론하며, 그럼에도 불구하고 "현실에 참패한 픽션으로 하여금 승리를 확보하게끔 하는 길을 그는 찾고 있다."라고 썼다. 임중빈은 여기에 "남정현의 고심이 있고 현실에 전적으로 참여하여 싸우는 문학예술의 어려운 보람이 있다."라는 점을 지적했다.

사실상 작품해석을 둘러싸고 문제화된 '분지 파동'은 그러한 고심의 일단으로 한국의 문인이라면 피하지 못할 중대한 시련이 아니었을까 생각한다. 현실에 참패하지 않으려는 픽션 〈분지〉는 그러나 과연 현실에 제압당할밖에 없는 한계를 그어 놓은 작품일까.
다시 말하여 남정현은 현실을 허구화하여 이를 과격하게 비판도 하고 풍자도 즐기고 하는 소설가일 따름이다.

임중빈은 평론의 결론 부분에서 "그는 현실 그대로의 것을 폭로하는 데 비교적 서슴지 않은 작가이며 '소설에 절망할 만큼 무서운 현실' 속에서 어디까지나 작품을 통하여 상황악과 대결"해 온 작가라고 말했다. 그리고 "문학이 절실한 현실비판의 기능을 다 하려면 언제나 위기의 상황과 과감하게 싸워야 한다."라는 점을 강조했다.

참여문학론자 임중빈과 남정현

충청남도 보령이 고향인 임중빈(1939~2005)은 참여문학론자였다. 청년문학가협회 섭외간사였던 그는 1967년 6월 28일 서울 형사지법 박두환 판사가 남정현에게 선고유예 판결을 내리자 〈분지〉에 대해 무죄판결을 내리지 않은 것에 항의하며 협회의 이름으로 성명서를 냈다. 임중빈은 이로부터 4년 후인 1971년 2월 반공법 위반으로 구속되기도 했다. 박정희 정권의 검찰이 1970년 11월호 《다리》지에 실린 임중빈의 글 '사회참여를 통한 학생운동'을 반공법 제4조 1항(찬양·고무) 위반 혐의로 기소한 것이다.

소설가 황선락은 《작은문학》(2021년 상반기호)에 쓴 '남정현 선생을 기리며'라는 글에서 임중빈 평론가와 얽힌 일화를 소개했다.

이 얘기는 세상에 처음 알려지는 미담입니다. 1974년 평론가 임중빈 씨가 문인간첩단 사건으로 재판받을 때입니다. 남정현 선생은 부인 신순남 여사를 통해 임중빈 씨 부인에게 봉투를 전했습니다. 많은 금액이 들어 있는 봉투였습니다. 임중빈 씨 부인이 두고두고 고마워했답니다. 임중빈 씨 부인과 친하게 지낸 제 아내의 증언입니다.

미국 대신 일본을 소재로 소설을 쓴 이유

– '허허선생'의 시초 〈옛날이야기〉(1969)

〈옛날이야기〉에 처음 등장한 '허허선생'은 박정희 상징

'분지 사건'으로 1967년 선고유예 판결을 받은 이후 남정현 작가는 1969년 《월간문학》 3월호에 소설 〈옛날이야기〉를 발표하면서 작품활동을 재개했다. 1958년 등단 이후 〈분지〉(1965) 발표 전까지는 해마다 2~3편씩 왕성하게 소설을 창작하던 작가는 4년 동안 절필 상태로 지냈다. 1968년에 창간된 《월간문학》은 한국문인협회의 기관지였으며, 초대 주간은 소설가 김동리, 편집장은 김상일이었다. 문인협회에서 청탁을 해서 쓴 〈옛날이야기〉에 대해 남정현은 《구술채록집》에서 당국의 눈치를 보아가며 쓴 작품이라 했다.

남 '허허선생'과 같은 계열이에요. 현실이 정상에서 너무 벗어나 가지고, 아주 괴기한 그런 형태의 사회가 형성된 데 대한 어떤 불만이라고 할까요. 그런데 대한 어떤 고민, 이런 것을 약간 상징적인 형태로 하나 써보자 해서 〈옛날이야기〉를 썼었죠. 그때 〈옛날이야기〉가 반응이 좀 있었어요. 이거 몇몇 비평가들이 잡지에도 썼거든요. 그리고 나서 이제 반응을 봤죠. 당국에서 무슨 얘기가 있나.

구 *(웃으며) 혹시라도 또?*
남 *하여튼 나 혼자 그런 불안, 이런 걸 가지고 있었는지 모르지요. 그러나 난 하여간 글을 쓰면 안 된다 허는 걸 늘 가지고 있었어요. 글 쓰면 안 된다.*

《월간문학》(1969년 3월호)에 게재된 〈옛날이야기〉에는 '허허선생'이란 인물이 처음 등장한다. 1973년에 발표한 〈허허선생 1-괴물체〉 보다 앞서 발표한 이 작품이 '허허선생' 연작소설의 원조 격인 셈이다.

하지만 끝내 부장님은 나의 간청을 무시하고 요란한 사이렌 소리와 함께 쏜살같이 차를 모는 것이었습니다. 옛날의 무슨 성(城)과 같이 견고하고 웅장한 허허선생의 아니 우리 아버님의 저택을 향하여 부지런히 부장님은, 차를 모는 것입니다. 저기 현관 앞에서 정장을 하고 우뚝 선 거구의 사나이는 누군가. 아버님이었습니다.
"하하하."
기가 찬다는 나의 웃음소리에
"아 이제 좀 기분이 나시나요. 반갑습니다."
안도의 숨소리와 함께 부장님은 정중히 나를 차에서 내려놓는 것이 아니겠습니까.
"하하하."
무슨 당의 중진이신 허허(許虛)선생이라고 하면 세상에 모르는 사람이 없을 정도로 그 명성이 자자한 우리 아버님, 그 아버님도 자식인 내가 보기엔 왜 그런지 도무지 현실적인 인물이 아닌 어느 먼 옛날이야기 속의 기이한 주인공만 같아서 무서워지는 것입니다.
"너 이놈, 고새 또 말썽이냐. 야 네 차는 어때서 남을 귀찮게 하는 거니. 답답하구나."
"그렇습니다, 아버님."

나는 무조건 고개를 숙이는 것입니다.
"빌어먹을 자식. 너 이놈 나는 네 나이에 벌써 군수를 했겠다. 그것도 왜정시대에 말이다. 너 이놈 조선사람이 왜정시대에 고시에 합격하고 군수를 한다는 것이 그 얼마나 어려운 일이었던가를 알겠느냐?"
"자주 들어서 잘 알고 있읍니다, 아버님."
"다시 알아라. 너 이놈 하늘의 별따기였다. 알아듣겠느냐."
"수고하셨읍니다. 아버님."

1969년에 발표한 〈옛날이야기〉는 나중에 〈허허선생〉 시리즈에 포함된다. 〈허허선생 1〉로 제목을 붙인 작품은 〈괴물체〉인데, 발표연도가 제일 앞선 〈옛날이야기〉는 나중에 〈허허선생 4-옛날이야기〉 연작소설에 배치된다. 〈옛날이야기〉는 '옛날이야기회'가 나오는 〈방귀 소리〉(1970)와 비슷한 발상을 지닌 소설이라 할 수 있다. 남정현은 소설 제목을 '허허선생'이라 이름 붙인 이유에 대해서는 《구술채록집》에서 이렇게 밝혔다

말만 뭐 이렇게 독립이지 뭐지 이건 다 허구고 허상이기 때문에. 그래서 하! 이 세력에 대해서 우리 민족적인 입장에서 가만 있을 수가 없다. 그래서 이름도 '허허선생'이라고 했거든요.
근데 '허허'라는 거는 하도 어이가 없고 기가 막힐 때 우리나라 사람들이 '허허' 그러잖아요. 그래서 '허허'라 그런 거예요. 허허선생은 이제 모든 재력과 권력을 다 가진 사람으로 돼 있잖아요. 권력과 재력을 한 손에 다 가진 사람은 최고통치자거든요? 그걸 늘 염두에 두고 쓴 거예요.

허허선생의 아들 이름은 〈옛날이야기〉에서는 '나'이고 〈허허선생 1-괴물체〉에서는 석, 〈허허선생 2-발길질〉부터는 만으로 나온다. 허허선생의 이름 허(虛)와 아들 만(滿)의 이름이 서로 극명한 대조를 이룬다. 빌 허(虛)와

찰 만(滿), 이름에서부터 서로 화해할 수 없는 대립구도를 보여준다.

미국을 손대면 죽을 수 있다는 생각이

〈옛날이야기〉는 "순사가 도둑놈이 되고 도둑놈이 순사 노릇을 하던 시절의, 아니 거짓말이 참말을 깔아뭉기고 돈이 사람을 잡아 먹던 시절의" 이야기다. 여기에 나오는 주인공의 아버지 '허허許虛 선생'은 이후 발표한 '허허선생' 연작의 주인공이기도 하다. 《구술채록집》에서 남정현 은 '분지 사건' 이후 미국 대신 일본을 소재로 소설을 썼다고 밝혔다. 그 이유는 "미국을 손대면 고압이 흐르는 전선에 손대는 거 같이 죽을 수 있다는 생각이 들기 때문"이었고, 그래서 친일세력을 대표하는 허허선생을 주인공으로 했다고 밝혔다. 비록 정권의 검열과 탄압을 의식해서 친일파를 주인공으로 등장시켰지만 외세를 문제 삼는다는 점에선 변한 것이 없었다. 그리고 친일파 허허선생을 통해 현실을 고발하면서도 미국 문제를 슬쩍 거론하곤 했다. 소설에 나오는 "옛날에 일본에서, 미국에서, 그리고 우리 정부에서 받은 각종의 그 금빛 나는 아버님의 훈장이, 그런데 갑자기 왜 저럴까." "가라는 미국엔 안 가고 넌 도대체 대학에서 뭘 배웠느냐?" 같은 표현에서 작가의 의도를 감지할 수 있다.

일제 식민지 시절 서른 살 나이에 천황으로부터 표창을 받고 군수까지 지낸 허허선생은 해방 이후에도 감투를 쓴 정치인이다. 〈옛날이야기〉에서는 이런 인물이 설치는 현실 속의 인물과 세태를 비판하고 있다. 허허선생은 "한국놈들은 저래서 틀렸다니까."라며 왜놈들이 훈시하듯 아들을 질책하는 친일파다. 주인공은 이런 아버지를 유령이 아닐까 생각하기도 한다.

불효스럽게도 나는 문득 아버님이 무슨 유령이 아닌가 생각되어서 덜컥 가슴이 내려앉던 것입니다. 돌연 세상이 막막한 심연 속으로 침전하는 것이었

습니다. 해방되고 독립되었다는 조국의 이 파란 하늘 아래서 일제에 공헌한 사실을 다 자랑삼아 선전하시는 아버님, 그러한 아버님의 정신적인 바탕이 어이없게도 부귀의 거점이 되어 버린 듯한 이 현실이, 이 구조가, 이 또한 흐늘흐늘하게 움직이는 퍼런 빛깔의 유령으로 변신하여 가지고는 나와 악수를 청하는 바람에 나는 곧장 질겁을 하는 것입니다.

〈옛날이야기〉의 허허선생은 바로 이 "논리도 윤리도 없는 그렇다고 시간도 인격도 없는 허허(虛虛)한 유령"과 한몸이었다. 옛날에 일본에서 훈장을 받은 허허선생은 "미국에서, 그리고 우리 정부에서" 훈장을 또 받았다. 해방 후에도 훈장을 받는 친일매국노, 이들을 후원하는 미국, 이들은 한몸이고 퍼런 빛깔의 허허한 유령이었다.

"일제에 공헌한 사실을 다 자랑이라고 선전하는 아버지(허허선생)"는 상상 속 유령이 아니라 순간순간 현실에 실재하는 유령으로 보인다. 나는 허허선생이 '소중한 옥체'를 옮기는 것을 보며, 유령의 움직임으로 착각한다.

유령이 되어 유령 속으로, 아니 옛날 속으로 들어가는 것입니다. 흡사 일황의 훈장을 받으러 가던 옛날의 그날처럼 아버지는 아주 근엄한 자세로 그 금빛나는 최신형 캐딜락 속에 정중히 몸을 담는 것입니다.

그날 TV 화면에 아버님의 옥체가 등장했다. 독립유공자를 표창하는 엄숙한 식전에서 만장의 박수를 받으며 축사를 했다. 그런데 바로 그때 식장에 난데없이 이변이 일어났다. 제일 먼저 "정면 벽에 걸린 태극기가 네 활개를 펄럭이며 웃음보를 떠트리자 그 웃음은 파죽지세로 번져" 공씨도 국씨도 박씨도 곰지게 웃고, 책상도 걸상도 깔깔깔깔 웃었고, 하늘도 땅도 웃었다. 웃음은 주먹이 되는 이변이 벌어지는 순간 "아버님은 숨을 못 쉬고 사지를 허우적거리는 것"이 아니겠습니까.

주인공은 허허선생이 죽었다고 생각하고, 부친의 생사를 확인하기 위하여 차를 몰고 아버님의 사무실로 달려갔고, 흡사 조의를 표하는 심정으로 사무실 문을 열었다. 그런데 "저기 유령처럼 다가서는 사나이는 누구이던가" 바로 부친 허허선생이었다.

부친은 "사실은 죄송한 말씀이오나, 아버님께서 돌아가셨다는 소식을 듣고 왔습니다."라는 아들에게 병원이나 갈 채비나 차리라고 말한다. "너와 같은 병신을 상대로 지금까지 왈가왈부한 내가 불찰이었구나."라면서. 두 부자는 "옛날이야기 속의 주인공처럼 서로 유애하고 유친하면서" 병원을 찾아 거리로 나섰다.

아니, 병원을 찾아 옛날 속으로, 현실 속으로, 그리고 미궁 속으로, 나는 유령을 따라 더 깊숙이 들어가는 느낌이었습니다.

'옛날'과 '오늘'의 대결

'옛날' 속에서 '나'의 병을 고쳐줄 병원을 찾을 수 있을까.

소설 〈옛날이야기〉에서 허허선생은 옛날의 세력이고, "어느 먼 옛날 이야기 속의 기이한 주인공" 같은 그 아들인 '나'는 '오늘'을 '우리'를 살고 싶은 세력을 대변한다. 주인공이 볼 때 지금의 현실은 "어쩌다 '우리'와 '오늘'이 서서히 지워지면서 '그들'과 '옛날'만이 남아 민첩하게 돌아가는" 세상이다. 소설 속에서 '옛날'은 "도둑놈이 순사 노릇을 하던 시절" "곤장을 받을 놈이 상장을 받고" "(허허선생이) 일황의 훈장을 받으러 가던" 시절이다.

나는 "옛날의 그 꿈속 같은 궁전을 빠져 나가듯, 겹겹으로 외부의 차단된 철제 도어를 열고 집을 나서"지만, 현실은 여전하다. 구두병원 공 영감, 시계병원 각 서방, 국 서기(書記)와 건넛마을 창녀 진이까지 모두 "옛날이 참 좋았지."라고 말한다. 모두가 약속이나 한 것처럼 "옛날엔 참 좋았지."라고 합창하듯 말하자 나는 의식이 몽롱하게 흐려지고 "'오늘'을 집권하는 '옛날'의 세력에 흡수되어" 감각을 잃는다.

'오늘'을 집권하는 '옛날'의 세력에 흡수되어 나의 의식도 완전히 그 방향 감각을 잃는 것입니다. 도대체 어디가 어디고 무어가 무언지 대중할 수가 없는 것입니다.

1974년 긴급조치 사건 후 개작 – '통일' '무장공비' 삭제

《허허선생 옷 벗을라》(1993)에 실린 소설 〈허허선생 4-옛날이야기〉를 참조해 이 글을 쓰던 필자는 《서울을 사는 고독과 희열》(1969년 7월)의 마지막 장에 실린 〈옛날이야기〉를 읽다가, 내용이 판이하게 다른 점을 발견했다. 몇 문장 고친 수준이 아니었다. 기본 뼈대는 같았지만 여기저기 살을 붙이고 떼고, 재구성한 데가 많았다. 특히 1969년 판에서 가장 예민하게 느껴지는 대목은 이후 삭제된 상태였다. 이것이 작가의 의도였는지 출판사의 요청이었는지는 알 수 없으나 아래 내용이 1976년 판 《한국문학전집》(민중서관)에는 나오지 않았다.

바야흐로 이십 수년 간이나 분단된 조국의 산하를 살면서 통일을 남의 일처럼 생각하는 습성을 사랑하시는 깡서방은 물론, 그까짓 몇 놈의 무장공비를 보고 부산으로 이삿짐을 싸셨다는 통서방도 그렇습니다. 아니, 나 자신을 포함해서 지금 우리 아버지의 상태부터가 그렇질 않습니까.

아무래도 1974년 긴급조치로 수감생활한 뒤 재수록하면서 개작한 것이 아닌가 싶었다. 위의 삭제된 두 문장은 무슨 이유에선가 《남정현문학전집》에서도 복원되지 않았다.

〈옛날이야기는〉 '분지 사건'으로 선고유예 판결 받은 뒤 2년 만에 처음으로 공식 발표한 작품이다. 〈분지〉로 곤혹을 치른 지 얼마 지나지 않은 시기에 분단, 통일, 무장공비라는 말을 어떤 식으로든 거론한다는 것은 보통 사람으로선 엄두가 나지 않는 일이었다. 혹시 남정현 작가가 다시 글을 쓰면 손목을 잘라 버리겠다는 중앙정보부 수사관의 협박을 잠시 망각했던 것은 아니었을까.

개자식!
—하숙생의《서울을 사는 고독과 희열》(1969)

　25세의 나이에 등단한 남정현 작가는 50년 넘게 작품활동을 했지만 소설 작품집 외에 에세이집은 딱 두 권을 펴냈다. 한 권은《엄마 아 우리 엄마》(2018)이고, 또 한 권은 1969년 7월에 출간한《서울을 사는 고독과 희열》이라는 책이다. 이 책은 원래 '하숙 십 년'이란 제목으로 잡지《동서춘추》창간호(1967년 5월)부터 폐간호까지 다달이 연재했던 것을 원고 수정 없이 제목만 바꿔서 단행본으로 묶은 것이다. '분지 사건' 이후 수년 동안 본격적으로 시대를 풍자하는 소설을 쓸 수 없었던 작가는 이런 '잡문'을 쓰며 탈출의 기회를 노린 것으로 짐작된다.
　중앙출판공사에서 펴낸 이 책은 남정현 작가의 인물 특성이 잘 드러나는 에세이집이었다.《서울을 사는 고독과 희열》에 실린 글은 어느 게 사실이고 허위인지 헷갈릴 때도 많았다. 이를 잘 가려서 읽어보면, 남정현을 이해하는 데 도움이 되는 정보를 얻을 수 있고, 그의 인생관과 문학관, 세계관을 엿볼 수 있는 귀중한 자료라는 생각이 들었다. 이 에세이집의 주인공은 '남정현'이라는 이름으로도 등장하는데, 내용은 실화도 일부 있으나 상당 부분은 가공의 인물이고 꾸며낸 이야기로 보인다.

1) 광화문 네거리를 좋아하는 이유

《서울을 사는 고독과 희열》서문 끝에는 "1969년 어느 날 월계다방에서 남정현"이라고 적혀 있다. '월계다방'은 남정현의 소설〈누락 인종〉에서도 작품배경으로 나오며, 동료 문인들의 주된 모임 장소였다.

서울의 여러 하숙집을 주 무대로 한 이 에세이집에서 작가가 애정을 표하는 공간은 광화문 광장이다. 주인공은 시내에서 얼큰하게 술을 마신 뒤엔 "서울의 심장부인 광화문 네거리를 한 바퀴 삥 둘러 보질 않고 무정하게 집으로 향할 수 있을 것인가"라 여기고 광화문을 걷는다. 그에게 광화문은 "인체의 흉곽처럼 삼천리 강산을 다스리는 각종 중요한 기관이 고스란히 모여 앉은 자리"이다.

남정현은 "조국이, 민족이, 그리고 나 자신의 모습이 왜 그런지 자꾸만 무슨 울분과 영상처럼 쓸쓸하고 허전해 보일 때마다" 광화문 네거리로 나간다. 그러면 광화문 네거리는 "그러한 나의 정신적인 질환을 치유하는 가장 적합한 진료소와 같은 기능을 발휘하여" 주인공의 눈앞에 다가온다. 주인공이 광화문 네거리에 가슴이 울렁이는 이유는 "인간에게 가하는 일체의 위협과 압력에서 벗어나 인간이 진실로 인간이 되기 위하여 피를 흘리며 몸부림친 아름다운 흔적"을 발견할 수 있기 때문이다.

남정현의 눈에 4·19는 "수천 년 동안 불의를 미워하고 정의를 사랑하던 우리 조상들의 그 투명한 얼굴을 가장 조합적으로, 그리고 가장 선명하게 온 세계의 하늘에 부각시킨" 사건이었다. 그리고 "사상 처음으로 자유 대한의 뜻이 폭발하여 4·19의 역사가 결정적으로 이루어지던 순간의 광화문 네거리는 꽃밭"이었다. 하여 그는 "공연히 울적하고 허전해질 때마다 광화문 네거리를 한 바퀴 빙 돌고 나면 그날의 함성이, 절규가, 그리고 흐르던 피가 지금도 들리고 보이는 것만 같아서 마음이 경건해지는 것"이었다.

2) 내나 출판사 사장이나 모두 한심스러워

그의 작품 속 주인공의 말투는 대부분 싱겁고, 뚱딴지같고, 시치미떼기를 잘한다. 그리고 소설 속 주인공처럼 작가도 대체로 그와 비슷한 방식으로 글을 쓴다. 정색하고 시평을 쓸 때는 논리적이고 신랄한 어투이지만 작품집의 서문이나 약력을 적을 때는 엉뚱한 말을 곧잘 한다. 《서울을 사는 고독과 희열》 '서문'의 마지막 문장만 보아도 그렇다.

생각하면 높으신 분들의 하룻저녁 술값 정도에도 미달할 '돈'의 유혹을 뿌리치지 못하고 이따위 글을 다 책으로 묶는데 허락을 한 내나, 또한 책으로 묶어 주시겠다고 후의를 베풀어 주신 김준석 사장님이나 두 쪽이 다 한심스럽다는 생각뿐이다.

실제로 남정현 스스로 '한심스럽다는' 생각이 들었다 해도 서문에 이렇게 그 심정을 밝히는 게 쉬운 일은 아닐 텐데, 게다가 출판사(중앙출판공사) 발행인까지 끌고 들어가는 심보는 어찌 보면 고약한 일이다. 그런데 이를 그대로 실은 것을 봤을 때 출판사 발행인이 그다지 기분이 나쁘지 않았고, 풍자작가의 유쾌한 비아냥거림으로 웃으며 받아들인 것이 아닐까 싶다.

주인공 정현은 하숙집에 갔을 때 무조건 승낙을 한다. "복덕방을 통하여 찾아가는 하숙집이건, 혹은 '하숙집 구함'이라고 대문짝에 써 붙인 쪽지를 보고 찾아가는 하숙집이건 간에 나는 한 번도 내 쪽에서 이러니저러니 하여 탓 잡아 가지고는 티끌만큼이라도 거절하는 의사를 표시해본 경험이 없"는 하숙생이다. 그리고 늘상 자기 속을 드러내지 않는 의뭉스러운 태도를 보인다. 충청도가 고향이라 그럴지도 모른다.

"형씨, 학생이신가요?"

"아닙니다."
"그럼 어디 직장에 나가시나요?"
"글쎄, 모르겠습니다. 하하하."
"자신의 일을 자신이 모르겠다니, 원 형씨도, 설마 노시진 않겠지요."
"글쎄, 노는 것도 같고, 안 노는 것도 같고, 그저 그렇습니다. 하하하."
"참, 싱거우신 분이군. 고향은 어디신가요?"
"고향요?"
"고향말입니다."
"참 좋은 데지요."
"좋은 데라구요?"
"좋은 텝니다. 하하하."

정현은 초면에도 매번 이렇게 싱거운 소리로 말대꾸하는 사람이다. 하숙집 주인의 인정신문(人定訊問) 비슷한 문답을 받으면 마음이 조마조마해지고, 하숙생 정현은 속을 쉽게 드러내지 않는다.

3) 최대의 욕 - 개자식!

〈개자식〉이란 제목의 글에서 친구를 우연히 만나는 장면이다. 정현은 정릉에 하숙을 정하고 "광화문 네거리에 나와 정작 '돈' 문제는 잊어버리고 쓸데없이 4·19의 모습을 생각하면서, 뿐더러 5·16과의 사이에 정말 무슨 정신적인 인연이 있는가 없는가를 생각하면서 어정어정 거리를" 걷다가 우연히 죽마고우 석이를 만났다.

"정현아, 너 그런데 요새 무슨 일이 있었니?"
"무슨 일이 있긴 이 자식아, 하숙비 때문에 좀 고단하셨을 뿐이지."

"자식도 능글맞긴. 너 그럼 멀쩡했던 자식이 너의 어멈 회갑에도 불참했단 말이냐?"
"뭐! 우리 엄마 회갑?"
"원 이런 자식 좀 봐"
"뭐라구? 그럼 우리 엄마의 회갑이 벌써 지나갔단 말이냐?"

순간 정현은 "머리가 띵 울리면서 눈앞이 아찔하는 현기증을 느꼈던 것"이다. 장남이란 자가 "도대체 무엇이 그렇게 바빠서 (시골에 계신) 어머님의 춘추도 다 헤아리지 못하고 살아 왔는가. 가슴 속에 스며드는 자모(自侮)와 자괴(自愧)"를 느꼈다.

그런데 정현은 잊고 산 게 이것만은 아니었다. 그는 자신의 생년월일조차도 까맣게 잊어버리는 경우가 허다했으며 "그리하여 연전에 모 수사기관에서 조사를 받을 때에도 생년 월일이 언제냐는 수사기관의 질문에 당황한 나는 영 자신이 없는 태도로 수첩을 꺼내서 뒤적거리는 수밖에 없었던 것"이라 밝혔다.

〈개자식〉에서 주인공 남정현은 여동생한테 편지를 받고 나서야 그에게 여동생이 있었다는 사실을 깨달았으며, 그뿐 아니라 "불효막심하게도 오빠는 아빠와 엄마의 존재도 까맣게 잊고 살아온 것"이라 털어놓았다.

정현은 자신이 실질적으로 밀접하게 연결되어 있는 부모와 정부, 국회와 같이 "엄연하게 살아 움직이는 이 모든 실체들"을 허상으로만 여기고 살아가는 중병에 걸렸음을 고백한다. 주인공은 그 이유를 "민족이니 예술이니 통일이니 하는 낱말들만이 착잡하게 얽혀 있는 그런 실속 없고 골치 아픈 세계에 납치되어 있었는지도 모르는" 때문이라 해명한다.

죽마고우 석은 엄마의 회갑을 까먹고 불참한 정현을 한참이나 뚫어지게 바라보더니 돌연 노(怒)한 목소리로 소리쳤다.

"개자식!"

석은 정현의 손을 뿌리치고는 인파 속으로 사라졌다. 홀연히 사라져간 석의 뒷모습을 물끄러미 바라보며 한동안 "그저 그렇게 아연한 기분으로 서 있기만" 하던 정현은 누구를 지적하는 건지도 모르게 "개자식"이라 외쳤다. 그것도 "높은 음정으로 발사"했다.

그후부터 정현은 곧잘 자신을 둘러싼 "이 땅의 예술이, 학문이, 정치가, 그리고 나 자신의 모습이 너무나 무지하고 추악하게 보일 때마다" 석의 선물인 '개자식'을 애용했다. "개자식"이라고 외치고 나면 마치도 고해성사를 받은 뒤의 마음 상태에 빠지는 것 같았다.

"왜 그런지 인간으로서의 나의 원죄를 포함해서, 그동안 내가 수없이 저질러온 부모와 형제와 벗과 그리고 조국에 대한 그 누적된 죄과를 다소나마 사함을 받는 느낌이어서 마음이 곧잘 쾌하여지곤 하니 이 얼마나 신기하면서도 다행한 노릇이겠습니까."

남정현의 첫 발표작인 〈경고구역〉에서도 주인공 종수는 사원모집 광고문을 보다 버럭 화를 내며 "개자식들"이란 말을 연발 내뱉는다. 전봇대에 붙은 광고문을 보던 종수는 자신의 이력을 "본적은 개성, 모 대학 2년 중퇴, 병역의무 필하고……" 하며 시험 삼아 외웠는데, 실수로 소리가 입 밖으로 흘러나온 바람에 주변 사람들이 킬킬 대고 비웃는 일이 벌어졌다. 게다가 광고문의 마지막 구절은 "20세 미만의 소녀에 한함" 이었다. 그 순간 종수는 칵 하고 침을 뱉으며 "개자식들"이라 욕을 한 것이다.[42]

---

[42] 앞으로 작가들은 "개자식!" "개새끼!"라는 표현도 삼가야 할지도 모른다. 농담이 아니라 2025년 4월 16일 한상균 노동자계급정당추진위 대표(전 민주노총 대표)가 21대 대통령 선거 출마선언을 하면서 "개·돼지만도 못한 민중이 감히 집권하는 시대는 절대 안

임헌영 선생은 〈한겨레〉에 쓴 '가신 이의 발자취- 남정현 선생의 영전에 올리는 글'(2020. 12. 22)에서 '개자식'이란 욕을 언급했다.

> 생긋 웃을 땐 섬약한 체질에 애교의 나팔꽃이 활짝 피어오르지만 부당한 처사에는 도수 높은 안경을 벗어 탁자에 올려놓으며 커다랗게 뜬 눈매가 매서워지셨죠. "그게 인간이야! 개자식이지!" 하는 목소리에는 비수가 번 득였습니다. '개자식'이란 선생님에게 가장 저주스런 욕이었습니다. 인간다움, 이게 선생님의 삶의 기치로, 누가 서산농림과 대전사범에 수석 입학한 걸 들먹이면 "그게 뭐 자랑이냐, 사람답게 살아야지!"라고 단칼에 뭉개버렸습니다. (임헌영, 〈한겨레〉, "40킬로 체구로 광란의 역사 맞선 '오기' 어찌 접고 가십니까")

4) 나의 출생설 – 배꼽, 하늘, 쪽다리

《서울을 사는 고독과 희열》에는 '나의 출생설'이 나온다. 남정현은 이 글의 서두에 "내가 이 세상에 출현하여 영광스럽게도 남이 장군의 제 십사대 손이라는 남세원 선생의 장남 자리에 버젓이 오르게 된 그 경위는 실로 구구하기 짝이 없는 것"이라면서, 세 가지의 '그럴듯한 학설'을 소개한다.

첫째는 어머니 이낙년 여사에게 들은 "고 작은 배꼽을 비집고는 밖으로 톡 솟아 나왔다."라는 배꼽 출생설이었다. "모든 권위의 총화였던" 어머니의 말씀을 의심 없이 곧이곧대로 믿었던 '나'는 그 뒤로 틈만 나면 "엄마가 잠자는 틈을 타서 몰래 엄마의 배꼽을 조심스럽게 내려다" 보는 습관이 생겼다.

된다는 자본과 엘리트 권력이 주무르는 시대에 종지부를 찍겠습니다."라고 말했다가 일부 지지자의 비판을 받고 사과문을 발표했다. 한상균 후보는 "개·돼지만도 못한"이라는 표현이 "동물권을 고려하지 않은 신중치 못한 표현이었습니다. 우리가 향하는 사회대전환의 길에는 노동권과 인권, 그리고 동물권이 분명 함께 있어야 함에도 불구하고 이와 같은 표현을 사용한 것에 대해 책임을 느낍니다."라며 고개를 숙였다.

《서울을 사는 고독과 희열》은 《동서춘추》 1967년 창간호에서 폐간호까지 '하숙십년'이란 제목으로 다달이 연재한 수필집이다.

"콩알 하나도 맘대로 출입할 수 없을 정도로 작기만 한" 배꼽을 통해 출생했다는 사실에 "나라는 인간이 그 얼마나 위대한가를 확인하고", 그리고 자신에게 "남과 비교할 수가 없는 남과는 전혀 색다른 그 무슨 신통력(神通力)이 크게 작용하고 있는 것 같다."라고 여겼다. 남정현은 이때부터 자신에게 '신통력'이 있다고 믿었는지 모른다.

둘째는 아버지 남세원이 말한 하늘에서 뚝 떨어졌다는 설이다.

어느 날 남세원 선생은 무언가를 사달라고 칭얼거리는 아들 정현을 무릎 위에 앉히더니 "다른 사람도 아닌 하늘에서 뚝 떨어진 사람이 이렇게 말을 잘 안 들어서야 쓰겠느냐."라고 말했다. 이 말을 들은 뒤로 정현은 "나는 적어도 하늘에서 내려온 사람, 남과는 엄격하게 구별되는 사람이다."라는 생각에 빠졌다. 그런데 마음 한편으로는 불편한 생각이 떠나지 않았다. 이는 세상에 나와서 처음으로 겪은 불상사였는데 "아빠의 말을 믿으면 엄마의 말이 거짓말이 되고, 엄마의 말을 믿으면 아빠의 말이 거짓말이 되어 버리는" 낭패스러운 사실에 직면하게 된 것이다. 이는 엄마, 아빠를 향한 "일체의 기존(旣存)한 소위 그 권위를 향하여 끓어오르는 불신의 싹"이기도 했다.

셋째는 누나가 비밀리에 증언한 쪽다리 출생설이다.

누나가 어느 날 귀에 대고 말해주길 "어느 쪽다리 밑에서 앵앵 울고 있는 것을 불쌍히 여기시고 누나가 업어온 것이" 바로 '나'라는 것이었다. 어찌 보면 '모욕적'인 이 말을 들은 나는 누나를 책망하고 싶은 마음이 들지 않고 오히려 '앵앵'이란 표현에 흡족해했다. 책망은 고사하고 "도리어 누나만이 나에게 진실을 들려주는 것 같아서 나를 업고 있는 누나의 등이 더욱 믿음직 스럽게만 여겨졌던 것"이었다.

남정현은 세 가지 출생설 중에 누나의 쪽다리설, 특히 '앵앵' 울고 있는 상태의 아이에게 정이 갔다. '앵앵' 우는 아이를 생각할 때마다 그와 유사한 처지의 조국과 민족의 모습을 떠올리기도 한다. 서른이 넘은 나이에도 그때의 모습에서 벗어나지 못했음을 느끼고 안타까워한다.

> 사실 나는 지금도 다리 밑에서 '앵앵' 울고 있던 시절의 그 상태를 면하지 못하고 있는 느낌인 것이다. 그동안 내 연대의 주변을 휩쓸고 지나간 그 숱한 오욕의 역사로 말미암아 육체도 정신도 만신창이가 되어버린 나. 그때 쪽다리 밑에서 누나처럼 또 한 번 나를 집어다가 기를 그런 아름다운 구원의 여신은 없는가. 나는 지금도 종일을 등신처럼 쭈그리고 앉아서 또 한 번 그러한 차안스가 내게로 접근하여 오기를 무작정 기다리고 있는 형편인지도 모른다.

남정현은 성인이 되어서도 쪽다리 밑에서 앵앵거리는 자신을 업어다 기른 누나와 같은 '구원의 여신'을 기다렸다. 그는 "썩은 냄새를 풍기며 오물이 흐르는 어느 허술한 다리 밑에서", 즉 분지와도 같은 조국의 하늘 아래에서 "앵앵 울고 있는 것"이라고 심경을 토로했다. 그리하여 그의 문학을 가리켜 "애초부터 내가 듣기에도 민망스러우리만큼 앵앵 우는 소리만을 지르는 것이었다."라고 말했다. 그리하여 엉뚱한 어린아이의 넋두리 같은 글 '나의 출생설'은 이렇게 끝을 맺는다.

"누나가 확인한 내 생명의 근원지인 그 다리 밑, 나도 이제 그 다리 밑의 침울하고 욕된 자리에서 하루 속히 빠져나와 <u>아무렇게라도 한 번 소리 높이 만세를 부르고 싶은 생각뿐인 것이다.</u>"[43]

5) '허허선생'의 기원 – 옛날이야기 들려준 털보영감

《서울을 사는 고독과 희열》의 마지막에 나오는 '옛날이야기'는 1969년 3월호《월간문학》에 실린 단편소설 '옛날이야기'와 제목과 내용이 같다. 《서울을 사는 고독과 희열》의 '옛날이야기' 바로 앞에 '털보영감'이 나오는데, 이 글에서 '옛날이야기'를 쓰게 된 사연을 적고 있다. 안암동 하숙집 주인인 털보영감은 수선공인데, 그는 틈만 나면 보살처럼 단정히 정좌하고 성성한 백발을 쓰다듬으며 옛날이야기를 들려주었다.

털보영감은 "인생과 생활에 대한 근심과 걱정의 인자(因子)를 고스란히 옛날이야기 속에 흩날려 버리곤" 했다. 그 이유는 "오늘의 문제는 항시 생각할수록 가슴 아프고 답답하기 때문이라는 것"이었는데, 그리하여 그의 의식은 "늘 냉정하게 오늘과의 거래를 끊고 옛날과만 부단히 긴장감을 유지하면서 인생을 옛날이야기 하듯 그렇게 천연스러운 모습으로 살아가던 것"이라 했다.

실제로 소설〈옛날이야기〉에 등장하는 인물들은 모두 옛날이 좋았다면서 오늘을 산다. 구두 병원의 공 영감, 시계 병원 떡 서방, 모처의 당서기, 창녀 진이 모두 "옛날엔 참 좋았지"라며 현실을 한탄한다. 허허선생의 아들

---

43 '민중문학의 기수 21인의 산문집'《다시 광장에 서서》(예전출판사, 1985년)에 남정현 작가의 '나의 출생설'이 실렸다. 그런데 '나의 출생설'의 이 밑줄 친 부분은 "아무렇게라도 한 번 만세를, 아니 자유만세를, 민주만세를, 그리고 조국통일만세를 목청껏 소리높이 부르고 싶은 생각뿐인 것이다."라고 고쳐서 실었다. 남정현 작가가 1987년 이후 쓴 글에서는 보통 자주, 민주, 통일로 표기하는데, 이때만 해도 전두환 군사정권 치하라 '자주만세' 대신에 '자유만세'로 적은 것으로 보인다.

인 나(주인공)는 "현실에 배를 깔고 옛날이야기를 생활하는 그들 자신의 모습이 실은 아무리 보아도 전혀 현실에서 살아 움직이는 오늘의 인물들 같지가 않고, 멀리서 아련하게 빛나는 어느 먼 옛날이야기 속의 환상적인 주인공들"로 본다.

털보영감의 "곰이란 놈이 간음을 하고 여우한테 놀림을 당했다는" 식의 옛날이야기를 들으며 가슴이 울렁거렸던 '나'는 "가슴의 파장을 추적하여 〈옛날이야기〉란 제목으로 몇 줄의 글을 적어 놓았던 것"이었다. 그런데 이 글이 "일종의 무시할 수 없는 수확"이라고 하면서, 이렇게 글을 끝맺는다.

어쨌든 나는 털보영감댁에서 겪은 몇 가지의 사건을 생략하고, 대신 그때 써놓은 〈옛날이야기〉란 제하의 소설 비슷한 글을 소개함으로써 별 재미도 없이 지루하기만 했던 〈하숙 십 년〉을 끝맺을 생각입니다.

이것이 남정현 작가가 지어낸 이야기인지 사실인지는, 아니면 사실과 허구가 섞여 있거나, 어디서 들은 이야기에 기반한 것인지는 알 수 없으나 '허허선생'의 원조 소설인 〈옛날이야기〉의 탄생에 관한 작가의 설명임엔 분명하다.

《서울을 사는 고독과 희열》은 하숙생의 눈에 비친 하숙집 부부들의 막장 싸움을 주요 소재로 다룬 에세이집인데 이따금 정치적인 발언을 삽입해 넣는다. 어찌 보면 뜬금없는 표현이지만 작가로선 한마디라도 발설하지 않고는 견딜 수 없었던 모양이다. 〈분지〉로 곤욕을 치른 지 얼마 지나지 않은 시기에 '통일' '무장공비'(김신조 사건)라는 말을 어떤 식으로든 거론한다는 것은 작가 본성의 특질이 아닌가 싶다.

《서울을 사는 고독과 희열》은 신변잡기 글 같아 보이지만 자세히 들여다보면 곳곳에 남정현 문학의 진수, 작가 자신의 캐릭터, 인생관, 가족 이야기가 담겨 있는 작품이다. 서문에는 그의 문학관을 밝혀 놓기도 했다.

한마디로 글을 쓴다는 것은 '나'를 떠난다는 말일 것이다. 즉 '나'를 떠나 '남'과 함께 있는 나를 발견한다는 그런 경이스러운 작업을 의미할 것이다. 동시에 나를 발견한다는 것은 일종의 혁명을 뜻하는 것이며, 혁명이란 인간이 인간임을 증명하는 소위 그 인간의 '양심'을 사랑하는 방법으로서 최고의 수준일 것이다.

글쓰기는 곧 남정현에게 일종의 혁명이고 양심운동이었다.

6) 예수의 정신 – 악과 투쟁하는 '사랑'의 정신

남정현이 본격적으로 종교에 관해 쓴 글을 찾아볼 수는 없다. 소설이나 에세이에서 한두 줄 언급하고 넘어간 게 전부다. 부모님은 젊었을 때 천주교 영세를 받았고 평생 신앙생활을 했다. 1996년 1월에 세상을 뜬 부인은 폐암 말기 진단받고 입원했을 때 영세를 받았다. 경기도 장흥면의 천주교길음동성당묘원에 묻힌 신순남 여사의 묘비에는 이사벨라라는 영세명이 적혀 있다. 가족들 얘기로는 아마도 쌍문동 앞집에 사는 천주교 신자 아주머니의 영향으로 돌아가시기 전에 영세를 받은 것 같다고 한다. 남정현 작가도 부인이 사망한 해 가을(9월 8일)에 혜화동 성당에서 영세받았다. 어느 진보적 신부님의 권유가 있었다 하는데, 바오로라는 영세명도 받았다.

서재엔 그 흔한 성경책은 보이지 않았고, 종교 서적으로는 딱 한 권《금강경》이 있었다. 주일 미사에 나가지는 않았으나 가끔 성당에 가서 혼자 기도하곤 했다. 남정현은 가톨릭 영세 받기 전에도 "종교는 인민의 아편"이라는 식의 발언을 하지는 않았다. 오히려 예수에 대해서는 매우 우호적으로 언급했다. 예수에 관해 길게 쓴 것은 아마도《서울을 사는 고독과 희열》의 서문에 쓴 글이 아닐까 싶다. 이 서문에서 남정현은 예수 그리스도를 존경한다고 말했다.

실로 다양한 양식 중에서도 그렇듯이 최고의 수준을 선택하여 걸어간 분들이 역사상 허다하지만 그 중에도 나는 예수 그리스도를 제일 존경하는 것이다. 그는 끝까지 하나님의 뜻에 순종하여 '나'를 죽임으로써 남이 되는 방법을 표현한 사람이며, 또한 남 속에서 더욱 완성된 나를 발견할 수 있었던 최초의 분이라고 나는 믿기 때문인 것이다. 그리하여 예수 그리스도의 정신은 악과 투쟁하는 '사랑'의 정신이며, 현실을 극복하는 '창조'의 정신이라고 나는 해석하는 것이다. 탓으로 또 한 번 글을 쓴다는 것은 최소한 예수를 모함하고 비방하는데 발 벗고 나선 제사장 가야바의 편엔 가담하지 않는다는 이야기일 것이며 가야바의 편에 서서 빌라도한테 신임받기를 원치 않는다는 이야기일 것이다.

그는 이렇게 글 쓰는 작가의 행위를 예수의 정신을 빌어와 말한 뒤 "하지만 나는 그동안 이러한 나의 평상시의 신념에 얼마나 충실하여 왔는가. 그저 부끄러울 뿐이다."라고 자기 성찰을 하며 자책했다.

1969년에 남정현이 겪은 가장 큰 일은 신동엽의 사망이다. '분지 사건' 이후 4년 만에 소설을 다시 쓰기 시작한 그는 4월 7일 절친한 문학 동무 신동엽을 떠나보낸다. 신동엽 시인이 세상을 뜨기 직전에 남긴 글 중에 '선우휘씨의 홍두깨'(《월간문학》 1969년 4월호)라는 기고문이 있다. 참여문학을 비판한 〈조선일보〉 선우휘를 반박한 글이었다. 신동엽과 거의 매일 만나 세상사를 논했던 남정현의 생각도 이와 같았을 것이다. 신동엽은 이 글에서 "'참여'라는 낱말은 싸르트르의 어휘이며 싸르트르의 참여는 색깔이 수상한 어휘이니 그 말을 쓸 테면 알아서 쓰라는 아닌 밤중에 홍두깨 같은 공갈이 문단에 뛰어들었다."라고 하면서, "선우휘에 의하면 이땅에선 서러워하는 것도 죄가 된다. 시인의 구원의 피안, 그 내일을 동경해도 반국가죄가 될 우려가 있다."고 했다. 이런 식이면 "모든 '진보'는 전체주의 혁명 사상을 긍정하는 통로로 직결된다고" 지적하면서 과거 흔했던 무고죄의 예를 들었다.

아무개가 어제 땅을 치며 통곡하는데, "망할 놈의 세상, 망할 놈의 세상!" 하는 걸 보니 그자가 필시 성은을 업신여기는 반역자일시 분명하다고. 그러한 우(愚)를 오늘 또다시 이 땅에 재연시켜보겠다는 배짱일까?

"망할 놈의 세상"은 남정현의 어법이기도 했다. 소설 〈자수민〉(1962)에서 반공주택영단의 수용시설 '여기'에 사는 주인공 '아무개'는 "망했구나"를 반복한다. 남정현과 신동엽 두 사람은 아마도 '반역자'처럼 박정희 정권을 향해 "망할 놈의 세상"이라는 말을 연상 늘어놓았을 것이다.

고은 시인의 〈만인보-남정현〉과 김수영의 시 〈라디오계〉

고은 시인의 《만인보》 시집 8권에는 '남정현'이 나온다. 시인은 여기서 남정현을 "한번 입을 열면/ 그의 논리는/ 네모반듯한 액자 안에/ 상대방을 넣는다."라고 표현했다. 그리고 "한낮에도 밤에도/ 그가 누워서 라디오를 듣고 있다."라는 구절로 끝을 맺었다.

고은 시인이 이 마지막 구절에 나오는 '라디오'를 왜 넣었는지는 모르겠으나 필자는 이 시를 보는 순간 남정현 작가의 아들 돈희 씨에게 들은 흥미로운 이야기가 떠올랐다. 아버지는 자택 거실에서 공공연히 이북 방송을 청취했으며, 그래서 자기도 10대 시절에 오다가다 평양방송을 들으며 지냈다고 한다. 그 시절 간첩 식별 요령 중의 하나는 밤에 이불을 뒤집어쓰고 북한 방송을 듣는 사람이었다. 남정현은 어두컴컴한 밤 이불 속이 아니라 대낮에 수시로 가족 앞에서 거리낌없이 들었다. 이 당시의 세태를 잘 보여주는 시 중에 김수영의 〈라디오계〉(1968)가 있다. 이 시는 "6이 KBS 2방송/ 7이 동 제1방송/ 그 사이에 시시한 주파(周波)가 있고/ 8이 조금 전에 동아방송이 있고/ 8점 5가 KY인가 보다/ 그리고 10점 5는 몸서리치이는 그것"이라고 시작한다. 아마도 10.5가 전투적인 목소리의 이북 아나운서가 "여기는 평양입니다."로 끝내던 방송이 아닌가 싶다.

김수영 작가는 평양방송에 관해 말하기 전에 먼저 일본방송을 언급한다.

이웃국인 일본방송을 "지금같이 HIFI가 나오지 않았을 때/ 비참한 일들이 라디오 소리보다도 더 발광을 쳤을 때/ 그때는 인국방송이 들리지 않아서" 달콤한 억양이 금덩어리 같았을 때는 즐겨 들었는데 지금은 폐허의 돌조각처럼 값없게 발길에 차이는 시시한 소리라 안 듣는다. 이런 이상한 일을 놓고 김수영은 저녁상을 물리고 나서 한참이나 생각해 본다.

> 지금은 너무나 또렷한 입체음을 통해서
> 들어오는 이북 방송이 불온 방송이
> 아니 되는 날이 오면
> 그때는 지금 일본 말 방송을 안 듣듯이
> 나도 모르는 사이에 아무 미련도 없이
> 회한도 없이 안 듣게 되는 날이 올 것이다

지금도 그렇지만 그 시절에 이북 방송은 간첩, 불순분자나 듣던 불온방송인 줄 알았는데, 의외로 인텔리 계층의 청취율이 높았던 모양이다.[44] 김수영은 이북방송이건 일본방송이건 자유롭게 청취할 수 있는 세상을 갈구했다. 그의 시 〈김일성만세〉가 바로 그런 심정을 담고 있다. 비록 생전에 발표할 지면을 얻지 못했지만 시대의 문제작인 〈김일성만세〉를 쓴 김수영 시인

---

[44] 사단법인 평화의 길 이사장 안영민이 쓴 《사형수가 된 수학자-아버지 안재구》(2025)에는 안재구 선생이 꾸준히 평양방송을 청취했다는 증언이 실려 있다. 해방 전후에 지식층에서는 전 세계 방송의 청취가 가능했던 단파라디오를 다들 하나씩 갖고 있었다고 한다.
"아버지는 평양방송도 꾸준히 들었다. 4·19 이후 북에서 내보내는 방송이 확 달라졌다고 한다. 그전에는 일방적인 선전이나 남쪽 사회 비판이 주로 나왔는데 어느 때부터 강의식 해설 방송을 시작했다는 것이다. 혁명철학, 혁명사 등을 강의하듯이 천천히 읽어주는데, 이게 도움이 많이 됐다고 한다. 특히 소비에트나 외국의 사례가 아닌 우리 민족의 역사 속에서 피지배층이나 농민들의 투쟁 사례를 찾아 변증법과 유물론을 설명하는 것이 퍽 인상적이었다."(301쪽)

은 '김일성주의자'는 아니었다. 그것은 어디까지나 언론자유, 표현의 자유를 신봉하는 창작자의 마음을 담은 시였다. 김일성주의자는커녕 김수영의 글을 살펴보면 그는 당시 주류의 진보적 민족주의자와는 달리 북한과 적절한 거리를 두는 편이었다.45

김수영이 보기에 '통일'은 진보적 민족주의자들이 말하듯이 '반미'를 통한다고 이루어질 일은 아니었다. 김수영이 월북한 친구 김병욱에게 썼다는 편지의 다음과 같은 부분, "이남은 〈4월〉을 계기로 해서 다시 태어났고 그는 아직까지도 작열하고 있고…… 이북은 이 작열을 느껴야 하오. 〈작열〉의 사실만을 알아 가지고는 부족하오. 반드시 이 〈작열〉을 느껴야 하오. 그렇지 않고서는 통일은 안 되오."에서 그는 적어도 이남이 이북보다 나은 점이 '4월의 작열'의 경험이라고 했다. "민족은 하나다"식의 당위론만으로는 통일은 불가능하다. 통일은 '자유'와 '사랑'의 바탕 위에서만, 그래서 '혁명' 다음에야 놓일 수 있다. 혁명은 민족에 우선한다. (김건우, 〈'분지'를 읽는 몇 가지 독법〉, 2011)

"혁명은 민족에 우선한다."라고 하거나 이북도 4월 혁명과 같은 과정을 거쳐야 한다는 김수영의 발언은 그 시절 진보적 민족주의자들에게는 매우 불편하게 들렸을 수도 있다. 그래서 그런가. 남정현은 김수영과는 흉금을 털어놓는 사이는 아니었다. 김건우는 위 논문에서 "남정현은 비교적 최근의 한 대담에서 신동엽과의 친분을 언급하는 가운데, 김수영과는 가깝게 지내지 않았음을 토로한 바 있다."라며 《문학과 경계》(2005)에 실린 홍기돈-

---

45 김수영 시인은 '자유와 혁명'을 노래했지만 이념은 그다지 가까이하지 않았다. 그가 사망한 직후 신동엽은 〈한국일보〉(1968. 6. 20)에 '지맥(地脈) 속의 분수'라는 추모사를 기고했는데, 여기에 김수영이 대폿집에서 했다는 말을 잊지 못한다며 적었다. "신형, 사실 말이지 문학하는 우리들이 궁극적으로 무슨무슨 주의의 노예가 될 순 없는 게 아니겠소?"(《신동엽 산문전집》, 창비, 2019, 126쪽)

남정현의 대담 내용을 소개했다.

"김수영과는 그렇게 가깝게 지내지 않았습니다. 민족문제에 관해서 그다지 깊이가 느껴지지 않았기 때문입니다. 민족문제에 대해서는 신동엽과 깊이 있게 이야기를 할 수 있었어요. 그런데 신동엽이 죽고 나서는 혼자 쭉 외롭게 지냈습니다."

이런 증언을 통해서 볼 때, 소설가 남정현이나 시인 김수영은 모두 평양방송을 즐겨들었지만 북을 대하는 태도와 민족을 바라보는 관점에는 다소 차이가 있었던 것으로 보인다.

4장
1960년대

홍만수가 향미산에서
태극 깃발을 만든 까닭은

―〈분지〉 12가지 이야기

도서관에서도 칼질당한 소설 '분지'

한국 문단에서 〈분지〉는 매우 독특한 평가를 받는 작품이다. 문학적 평가 이전에 사법적 판결로 작품의 특성이 고착화됐기 때문이다. 이를 단적으로 보여주는 글 중에 장정일이 쓴 '다시 분지를 생각하다'(《시사인》, 2017. 10. 18)가 있다.

지난 7월, 자주 가는 대학교 도서관에서 남정현의 첫 창작집 《너는 뭐냐》(문학춘추사 출판부, 1965)를 빌렸다. 같은 작가의 신간 《편지 한 통-미 제국주의 전상서》(도서출판 말, 2017)가 나온 김에, 그의 전작을 다시 읽어봐야겠다는 생각이 들어서다. 그의 대표작품선 〈분지〉(도서출판 한겨레, 1987)를 갖고 있지만, 작가의 첫 번째 작품집을 원래 형태 그대로 음미해보고 싶었다.
교정의 나무 그늘 아래를 걸으며 《너는 뭐냐》의 목차를 펼쳐본 나는 기겁을 했다. 목차에 나온 어느 작품의 제목에 먹칠이 되어 있었기 때문이다. 그것이 어느 작품인지 뻔히 짐작을 하면서 제목 밑에 적힌 면수를 찾아 본문을 뒤적였다. 그러나 해당 작품은 본문에서 완전히 뜯겨 나가고 없었다. 목차에 먹칠이 되고 본문에서 도려내어진 그 작품은 〈분지〉다.

필자도 장정일 작가와 똑같은 경험을 했다. 2024년 5월 서울시 서초구에 있는 국립중앙도서관을 방문해서 남정현의 첫 소설집에 실린 〈분지〉를 확인하기 위해 1965년 판 《너는 뭐냐》를 대출했을 때의 일이다. 남정현 창작집 《너는 뭐냐》(1965)의 표지는 그로테스크한 느낌을 주는 얼굴 그림이었다.

'차례'에는 〈인간플래카드〉, 〈부주전상서〉, 〈현장〉, 〈너는 뭐냐〉, 〈누락인종〉, 〈기상도〉, 〈천지현황〉, 〈자수민〉이 있었는데, 요상하게도 〈천지현황〉과 〈자수민〉 사이에 250쪽으로 표시된 두 글자가 지워져 있었다. 처음에는 얼룩이 진 건가 추정하다가 '혹시 〈분지〉?'라는 의심스러운 생각에 250쪽을 펼쳐봤다. 세상에나! 250에서 275쪽 사이에 있어야 할 소설 〈분지〉가 어디론가 사라지고 없었다. 소설가 장정일이 '기겁'할 만한 일이었다. 꼼꼼하게도 박정희의 정보부는 모든 도서관의 남정현 작품집에서 〈분지〉를 삭제하라는 지시를 내렸다. 말 그대로 그로테스크한, 기이하기 짝이 없는 시대였다.

도서관은 책과 저자의 '소도'(蘇塗)와 같은 곳 아닐까. 다른 곳에서 압수수색하고, 폐간하더라도 도서관, 그것도 국립도서관의 책은 훼손하지 말았어야 했다. 그야말로 박정희 정권은 〈분지〉에 대해 분서갱유를 자행한 것이다.

시대의 문제작이 된 〈분지〉가 실린 1965년 《현대문학》 3월호를 살펴봤다. 창작소설로는 〈종각〉(박영준), 〈섬에서 온 식모〉(오영수), 〈분지〉(남정현), 〈개새끼들〉(정을병), 〈아담의 길〉(강용준), 〈고깔〉(송숙영), 〈월요 오후에〉(안영) 등이 실려 있었고, 'T·S 엘리어트의 시와 정신'을 특집으로 다루고 있었다.

남정현은 〈분지〉를 쓰고 나서 "정치색이 짙다는 생각에 순수문학지이고 사상적으로 검증된 조연현, 김동리가 포진한 《현대문학》 측에 원고를 넘겼다."(임헌영)고 한다. 1955년 《현대문학》을 창간한 조연현은 반공계 문인

단체 결성에도 앞장섰고, 자유당 말기에 반공을 위한 보안법의 필요성을 역설하기도 했다. 당시 남정현은 동인문학상을 받고 유명세 날리던 신진작가였기에 별문제 없이 《현대문학》에 게재됐고, 당시 문단은 그 정도의 포용성은 있었다. 그 시기 박정희 군사정부는 정적을 제거하고 언론을 통제하는 데 힘을 쏟느라 상대적으로 문화예술에 대한 검열망은 느슨했다는 의견도 있다.46

그런데 〈분지〉가 정치적 재단을 받고 20여 년간(1965~1987) 불온도서로 취급된 이유에설까, 문제작임에도 일반 독자들에게 널리 읽힌 작품은 아니다. 필자도 이 작품을 삼십 대 후반의 나이인 1999년에 처음 접했고, 〈분지〉를 읽었을 때의 강렬한 인상을 《한국 언론의 미국관》(2000)이란 책에 적기도 했다.

〈분지〉를 처음 읽은 것은 이 소설이 쓰인 지 이미 30여 년이 지난 1999년 봄의 어느 날이었다. 1965년에 쓰인 이 소설을 읽은 느낌은 전율이자 전의였다. 미군한테 겁탈당하고 미쳐버린 어머니, "이 죽일놈들아! 날 죽여다

---

46 쿠데타 이후 혁신계가 모두 잡혀 들어가고, 신문이 정비되고, 정권의 대내외적 안정을 위해 반공주의가 강화되던 당시 상황을 염두에 둘 때 남정현의 문학은 어떻게 이런 인식〔미국, 군사정부나 반공주의에 대한 예사롭지 않은 비판〕에 도달할 수 있었고, 또한 발표될 수 있었던 것일까. 여기에는 두 가지 층위의 상황과 작가 남정현의 현실인식의 거점이 작용되고 있는 듯하다.
먼저 상황을 살펴보자면 첫째로 당시 남정현이 재능 있는 작가로 솟아오르는 중이었다는 사실에 주목할 필요가 있다. (……) 기본적으로 남정현은 여러 매체의 청탁을 받는 인기 작가였다고 볼 수 있다. 이를 기반으로 남정현은 자신의 작품을 자유롭게 발표할 수 있는 공간을 획득할 수 있었다.
다른 하나는 남정현이 창작활동을 한 시기이다. (……) 또한 박정권은 이전의 정권들이 길들이기에 실패했다고 판단한 언론을 제압해야 했고, 미국의 지지를 얻어야 했으며, 쿠데타로 인한 정통성 부재를 메우기 위해 각종 담론과 정치적 상징을 만들어내야 했다. 이러한 사정으로 인해 문학에 대한 검열은 다른 분야에 비해 상대적으로 후미에 위치할 수밖에 없었을 것이다. (임경순, 〈남정현 소설의 성-여성과 윤리, 그리고 반공주의〉, 《상허학회》, 2007)

오."라고 외마디 소리 지르며 영영 눈을 감아버린 〈분지〉의 주인공인 홍만수의 어머니의 참상에 대한 전율이었으며, 어머니를 죽게 만든 자들에 대한 전의였다.

〈분지〉를 읽고 만약에 이 소설이 없었다면 '20세기 근현대를 보낸 우리의 정신사는 얼마나 궁핍하고, 또한 수치스러울까'라고 생각했다. 개인적으로는 한국문학의 다른 소설이 채워주지 못한 갈증을 〈분지〉가 해결해줬다. 이 소설을 읽은 직후 평소 알고 지내던 이기형(1917~2013) 시인에게 전화해서 남정현 작가와의 만남을 부탁했다. 얼마 뒤인 2000년 초 대학로 동성고등학교 부근 지하의 어느 한식당에서 두 분과 함께 만나 담소를 나눌 기회를 가질 수 있었다.

〈분지〉에
태극 깃발이 나온 까닭은

〈분지〉의 대미는 이렇게 끝을 맺는다. 향미산(向美山)에서 미군 엑스 사단에 포위된 "홍길동의 제10대손이며 동시에 단군의 후손인" 홍만수(洪萬壽)는 세상을 뜬 어머니에게 마지막 말을 남긴다.

앞으로 단 십 초 그렇군요. 이게 곧 저는 태극(太極)의 무늬로 아롱진 이 런닝셔츠를 찢어 한 폭의 찬란한 깃발을 만들 것입니다. 그리고 구름을 잡아타고 바다를 건너야지요. 그리하여 제가 맛본 그 위대한 대륙에 누워있는 우윳빛 피부의 그 윤이 자르르 흐르는 여인들의 배꼽 위에 제가 만든 이 한 폭의 황홀한 깃발을 성심껏 꽂아 놓을 결심인 것입니다. 믿어주십시오. 어머니, 거짓말이 아닙니다. 아 그래도 당신은 저를 못 믿으시고 몸을 떠시는군요. 참 딱도 하십니다. 자 보십시오. 저의 이 툭 솟아나온 눈깔을 말입니다. 글쎄 이 자식이 그렇게 용이하게 죽을 것 같습니까. 하하하.

〈분지〉를 평할 때 자주 인용되는 대목이다. "구름을 잡아타고 바다를 건너야지요."에서는 판타지를 떠올리게 되고, "여인들의 배꼽 위에 제가 만든 이 한 폭의 황홀한 깃발을 성심껏 꽂아 놓을 결심"은 반여성주의적이라는 비평의 대상이 되기도 한다. 필자는 마지막 문장 "글쎄 이 자식이 그렇게 용이하게 죽을 것 같습니까. 하하하."를 읽으며, 〈분지〉 속편을 떠올렸다. 홍만수가 그의 조상 홍길동처럼 신출귀몰하는 '신기'를 부려 펜타곤의 집중포화에서 살아나서 미군을 상대로 싸우는 〈분지〉 2편을 쓸 수 있지 않을까. 남정현 작가가 살아 있다면 생전에 〈분지〉 2편을 구상했는지 물어보고 싶다. 2025년은 〈분지〉 발표 60주년이 되는 해이다.

그리고 이 마지막 장면에 나오는 "태극의 무늬로 아롱진 이 런닝셔츠"와 어머니가 미군을 환영하기 위해 태극기를 들고 나간 대목은 여러 해석을 낳는다. 〈분지〉는 반미도 친미도 아닌 문학작품이라고 변론한 한승헌 변호사는 심지어 이 부분에서 〈분지〉의 반공적 성격을 읽을 수 있다고 주장했다. 양진오 교수(대구대)는 〈필화의 논리와 그 문학적 의미에 대한 연구-남정현의 분지를 중심으로〉(2005)에서 '태극기'와 관련된 한승헌 변호사의 논리에 대해 "그렇기에 〈분지〉가 친미적이며 반공적인 소설이라는 변론은 반공주의를 의식하며 나타난 비합리적인 역설이다."라고 썼다.47

실제로는 이 장면에 굳이 '태극기'를 넣은 이유는 반공법을 의식한 남정현의 자체검열이 반영된 표현임이 분명하다. 이 점에 대해서 임헌영 평론가는 퇴고 과정에서 '태극의 무늬'가 추가됐다는 증언을 남정현 작가에게 직접 들었다고 전했다.

이 대목에는 작가의 고심한 흔적이 스며있다. 가장 눈에 띄는 구절-은 "태극

---

47 양진오는 이 논문에서 각주(25, 26번)를 달고 한승헌 변호사의 역설적인 반공논리에 대해 설명했다.
각주25) 한승헌은 어머니가 태극기를 들고 거리에 나서게 된 장면, 미군 아내의 배꼽에 태극기를 꽂겠다는 만수의 생각이 표현되는 장면을 예로 들며 분지의 반공적 성격을 주장한다. 대한민국을 표상하는 태극기의 반복 설정이 이 소설의 반공적 성격을 깊게 한다는 주장을 한승헌의 변론에서 확인할 수 있다.
각주 26) 반공주의적 규율논리가 횡행한 당대 사회적 상황을 감안하자면 변호인들의 논리를 충분히 수긍할 수 있다. 변호사들이 반공주의 자체를 문제 삼으며 〈분지〉를 변호한다는 것은 무리일 수밖에 없다. 그렇기에 이와 같은 역설이 나타난다 하겠다.

의 무늬"이다. 이 술어를 쓸 경우 민족 주체성의 정통은 당연히 '대한민국'이 되며, 그렇다면 권력층을 '공 의원'으로 상징한 대목과 헛갈린다. 물론 권력 층과 민중을 구분할 수도 있으나 〈분지〉는 오히려 한민족 전체의 민중을 지향한다는 점에서 특정 깃발(그것도 분단 시기의 상징)을 내세울 것 같지 않다는 유추가 가능해진다. 정말 그렇다. 남정현은 원래 집필 때 이 술어를 안 썼다가 추고 과정에서 삽입시켰다고 필자에게 밝힌 적이 있다.

〈분지〉가 발표된 1965년, 그리고 직전 해에는 필화사건이 많았다. 1964년 중앙정보부는 정공채 시인의 〈미8군의 차〉(《현대문학》, 1963)가 '반미'라며 문제 삼아 작가를 소환했고, 〈강력한 통일정부에의 의지-민족적 민주주의의 내용과 방향〉(《세대》, 1964년 11월호)를 쓴 황용주를 반공법 위반으로 구속했고, 법원은 징역 1년, 집행유예 3년을 선고했다. 그리고 〈조선일보〉의 '남북한 동시 가입 제안 준비' 기사를 문제 삼아 이 기사를 쓴 정치부 리영희 기자를 구속기소했다. 1965년에는 〈분지〉 외에도 구상의 희극 〈수치〉(《자유문학》, 1963년 2월호)의 연극상영 대본이 "북괴를 찬양한 반국가적 언사"에 문제가 있다며 상영을 보류시켰고, 이만희 감독의 영화 〈7인의 여포로〉는 "괴뢰병을 용감하게 취급"했다며 구속기소했다. 이후 〈7인의 여포로〉는 일부 장면을 수정, 삭제한 뒤 〈돌아온 여군〉이란 제목으로 상영했다.[48]

빨치산을 인간적으로 그렸다는 게 문제가 돼서 상영을 못 하다가 태극기 장면을 마지막에 추가한 뒤에야 공개한 영화도 있다. 이강천 감독의 〈피아골〉은 "이른바 '반공 영화'의 범주 안에 있으면서 1955년 반공법 위반에 걸려 상영이 금지되었던, 당시 남한 사회가 지닌 이념적 경직성의 희생양이었던 영화"였다. 이 문제의 영화가 상영된 지 60여 년이 지나 어느 영화평론가

---

48 임유경, 〈1960년대 '불온'의 문화 정치와 문학의 불화〉(2013) 참조.

는 신문 지상에 이렇게 회고했다.

> 철수에게 "빨치산이 사색에 빠진다는 건 위험한 일 아니에요?"라고 묻던 애란은 결국 최후의 생존자가 되어 피아골에서 내려오고, 정처 없이 걷는 모습 위에 태극기 이미지가 겹쳐진다. 그는 자유 대한의 품에 안기는 걸까? 하지만 이 엔딩은 재상영 허가를 받기 위해 수정한 장면이며, 이렇게 〈피아골〉은 당시 '안전한' 영화가 되어 대중과 만날 수 있었다. ('빨치산' 전쟁영화 형식 빌려 전후 한국사회 풍경 드러낸 걸작, 96, (영화 〈피아골〉, 감독 이강천, 〈한겨레〉, 2019. 11. 28)

태극기는 이념 대립이 극심했던 현실과 소설 안에서 최소한의 안전판 역할을 했다. 그러나 반미투쟁에 나선 홍만수에게 태극기를 들게 했지만 〈분지〉와 작가 남정현은 안전할 수 없었다.

백인 미군을 비판한
첫 번째 반미소설

〈분지〉 하면 첫 번째 떠오르는 말은 '반미소설'이다. 1965년 《현대문학》에 발표한 〈분지〉는 필화사건을 거치면서 금서가 됐고, 22년만인 1987년이 돼서야 '분지'라는 제목을 단 작품집으로 출간할 수 있었다. 6월항쟁의 덕이었다.

2002년 '미군 장갑차에 의한 여중생 사망 사건 무죄 평결' 이후 반미문학은 다시 주목을 받는다. 민족문학작가회의는 촛불시위에서 '반미문학의 밤'을 열기로 했다. 문인들이 '추모 열풍'에 적극 가세하자 홍성식 기자는 오마이뉴스(2002. 12. 6)에 "새롭게 재조명되는 독재 시절의 '반미문학'"이라는 제목의 기사를 썼는데, 시인이기도 한 그는 이 기사에서 여러 반미 성향의 문학작품을 언급하면서 "한국 현대문학에 있어 반미소설의 효시 격인 작품은 1965년 《현대문학》에 발표된 남정현의 〈분지〉다."라고 썼다.

〈분지〉 이전에도 미군을 주제로 하는 작품, 반미소설로 분류할 수 있는 작품이 없는 것은 아니다. 이 중에 제대로 미군 주둔 문제를 비판적으로 다룬 소설로 〈분지〉보다 2년 전에 발표된 하근찬의 〈왕릉과 주둔군〉을 꼽기도 한다. 문학평론가 강진호는 〈외세의 질곡과 민족의 주체성 - 남정현 '분지론〉에서 〈왕릉과 주둔군〉을 언급하면서 "미군이 더 이상 원군이자 구세주와 같은 존재가 아니라 전통과 풍습을 파괴하는 '주둔군'이라는, 당대로는 매우 놀라운 인식을 보여주기에 이른다."라고 평했다. 그러면서도 이 작품에서 드러나는 "미국에 대한 인식은 전면적이지 못하고 또 작가 특유의 희화적 필치로 인해 비판에 예봉이 둔화되어" 나타난다고 하면서, 그런 점에서 〈분지〉는 대비되는 작품이라 평한다.

〈분지〉는, 〈왕릉과 주둔군〉에서 드러난 미국에 대한 비판적 시각이 보다 심화되면서 인식의 극점을 보여준다는 데서 문제성을 찾을 수 있다. 이 작품에 이르면 미국은 비판의 대상일 뿐만 아니라 우리의 주체적 시각에 의해서 극복되어야 할 현대사의 질곡으로 나타난다.

이처럼 〈분지〉를 반미문학의 대표작으로 손꼽는데 이견을 달 평론가는 없는데, 오히려 이 때문에 문학적 평가를 제대로 받지 못했다는 의견도 있다. 몇몇 평론가는 "반미에 가려져 작품성을 제대로 평가받지 못한 점이 아쉽다."라는 평을 하기도 했다.

그리고 남정현 소설에 등장하는 미군 병사는 백인이라는 특징이 있다. 일반적으로 미국, 미군을 비판하는 소설에서 범죄행위자로 흑인 미군이 등장하는 경우가 많은데 남정현 소설에서는 〈경고구역〉의 제임스 육군 대위 〈사회봉〉의 마하리아 상사와 빌코 하사, 〈분지〉의 스피드 상사와 같이 모두 백인 군인이 등장한다. 이는 작가의 의도적인 설정이 아닌가 싶다. 〈사회봉〉에서 주인공 원규의 여동생 성자와 동거하다 도망친 미군으로 나오는 마하리아 상사와 빌코 하사를 언급할 땐 '백인종'이란 말을 여러 차례 반복해서 강조하기도 했다.

물론 미대륙에서의 영생을 보장하겠다는 백인종의 구두조약을 전제로 하고서였다. 설마 백인종이 거짓말을 하랴. 거짓말이야 수출할 수도 없는 대한민국의 특산물이지. 그러나 불행하게도 국가의 명을 받아 부득이 혼자

본국에 돌아가긴 하지만 내 틀림없이 한 달 안으로 당신을 꼭 불러들이겠다던 백인종인 빌코 하사의 말씀은 한 달이 열두 번이 지난 오늘까지도 그냥 말씀으로만 남아 있을 따름인 것이다.

이재봉 교수는 미국 하와이대학교에서 유학하면서 〈한국 반미주의의 문화적 표현, 1945~1994〉(1994))라는 논문을 썼고, 이 글을 좀 더 대중적인 형식으로 풀어서《문학과 예술 속의 반미》(2019)를 출간했다. 그는 이 책에서 "남정현의 〈분지〉는 아마 1980년 이전에 발표된 가장 격렬한 반미소설일 것이다."라고 평하면서, 그때까지 발표된 다른 반미소설과 두 가지 차이가 있다고 썼다.49

첫째, 다른 작품들에서는 한인들에게 온갖 종류의 비행과 범죄를 저지르는 미국인들이 흑인들이지만, 〈분지〉에서는 백인들이다.
둘째, 다른 소설들에서는 한국인들이 미국인들의 공격에 고통당하고 좌절하는 모습만 드러내는 데 반해, 이 소설에서는 한국인이 미국인들에게 대항하고 보복하는 내용까지 담고 있다.

---

49 〈분지〉가 기존의 반미성향 소설과 다른 특징 중의 하나로 미군의 핵을 다뤘다는 점을 꼽을 수 있다. 향미산에 숨어 저항하는 홍만수를 공격하는 미 엑스사단은 '핵무기'로 무장했다. 홍만수는 어머니에게 "이제 머지않아 핵무기의 집중공격으로 불꽃처럼 꽝 하고 터져야 할 몸. 그렇다고 제가 죽을 리는 없읍니다만"이라고 말한다. 문학평론가 임헌영은 남정현 산문집《엄마 아 우리 엄마》(2018)에 쓴 추천사 '분단시대의 기상나팔'에서 〈분지〉는 "한반도 비핵화를 강조한 첫 소설"이라 썼다. 남정현 작가는 1990년 10월 일본에서 열린 핵병기철폐운동연대 주최의 포럼에 발제자로 참석하기도 했다.

민족문제 논의를
수십 년 앞당겨 시작한 작가

남정현 작가는 '민족자주의 문학적 열망'에서 소설 〈분지〉를 쓴 연유에 대해 "세세연년 민족자주를 열망하는 전민중적인 희원을 한번 소설화해보고 싶었을 뿐이었다."라고 썼다. 그는 시론 '그때나 이때나' (2000)에서도 "그저 미국이 하는 일이면 덮어놓고 다 만세 만만세" 하는 현실에 기가 막혔고, 혹시 미국이 "우리 민족 개개인의 정신세계에도 쥐도 새도 모르게 원자탄을 투하한 것이 아닌가 하는 의심이" 들면서, 개인 이기주의와 황금제일주의에 정복당한 우리나라가 "언제 팡하고 폭발하여 버릴지 모를 위험한 단계에 이르렀다는 느낌이" 드는 순간 소설 '분지'를 구상하게 됐다고 밝혔다.

그때 나는 아, 그렇다 분지(糞地)다 하고 소설 〈분지〉를 구상하게 이른 것이다. 오천 년이나 나라를 지켜낸 선열들의 피와 땀이 묻어 있지 않은 데가 없는, 생각하면 삼천리 방방곡곡이 다 우리들의 성지(聖地)인 이 땅이 설령 외세의 농간에 의해 지금은 속절없이 분지로 변하여간다 하더라도 나는 아니 우리 민족은, 그 민족혼은 절대로 누가 죽일 수도 없고 그렇다고 절대로 죽지도 않는다는 사실을 만천하에 소리 높이 선언하고 싶어서였다.

류양선도 〈풍자소설의 민족문학적 성과〉에서 남정현 작가가 독보적으로 민족문제를 다룬 점을 높게 평가했다. 그는 이 글에서 남정현의 소설이

"민족문제에 관한 80년대의 논의를 훨씬 앞당겨 이야기한 셈이다. 그의 소설이야말로 정치적 제약과 현실 인식의 제약을 아울러 극복한 문학적 승리의 실례라고 할 수 있을 것"이라 평했다.

1987년 6월항쟁 이후 폭발적으로 민족모순, 분단모순을 제기하며 민족담론, 통일담론이 쏟아져 나오기 훨씬 전에 이미 남정현의 소설이 있었다. 류양선은 20년 전이라 얘기하지만 남정현은 1950년대 말에 발표한 〈경고구역〉에서부터 외세 문제를 언급했으니, 30년 전부터라 할 수 있다. 류양선은 "현실적 제약을 뛰어넘어 축소된 인식영역을 크게 확대시켜 놓은 모습을 우리는 1960년대의 남정현의 소설들에서 발견한다."라고 말하며, 이렇게 썼다.

> 사실 1970년대까지만 해도 외세에 저항하는 주체로서의 민족이라는 문제가 그다지 활발히 논의되지는 못하였다. 더욱이 1960년대에 있어서는 정치적 조작의 결과로 외세(미국)는 오히려 우호적인 대상으로 파악되는 것이 일반적이었다고 볼 수 있다. 그런 시기에 남정현의 소설은 외세 및 그에 추종하는 독재세력에 대해 직접적이고 신랄한 공격을 퍼부었던 것이다. 그러니 그의 소설은 민족문제에 관한 1980년대의 논의를 훨씬 앞당겨 이야기한 셈이다.

류양선은 이런 점에서 남정현의 소설이야말로 "정치적 제약과 현실 인식의 제약을 아울러 극복한 문학적 승리의 실례라고 할 수 있을 것"이라 썼다. 황도경은 〈역설의 미학, 풍자의 언어-분지론〉에서 정치적 재판을 받으면서 "하나의 '사건'으로서 주목받아 온 경향이 다분하며, 이 과정에서 정작 문학작품으로서의 〈분지〉는 주된 논의의 대상이 되지 못한 감이 있다."라며 아쉬움을 표했다.

〈분지〉는 단순히 반미문학 혹은 민족문학이라는 점에서가 아니라 그러한 내용을 효과적으로 문학적으로 형상화하고 있다는 점에서 주목되는 작품이다. 그의 문학에서 우화적 알레고리와 풍자의 기법이 주목되는 것도 이 때문이다.

황도경은 남정현 작가가 "우리 민족이 감당해야 했던 비극적 상황과 모순적 현실들을 직접적이고 단선적인 목소리로 서술하고 비판하는 것이 아니라 우스꽝스럽고 황당한 우화적 세계와 풍자적 언어를 통해 우회적으로 그려낸다."라는 장점이 있으며, 이 서술방식과 문체에 주목해야 함을 강조한다.

어떤 점에서 〈분지〉의 문학적 성과는 해방과 미군정 등으로 이어지는 우리 근대사의 어둠을 비판적으로 담아내고 있다는 사실 자체에서가 아니라 이를 담담하고 때론 익살스럽기까지 한 태도로 풀어가는 서술방식에서 드러나는 것이라 할 수 있다.

문학 속에서 민족문제 논의를 수십 년 앞당겨 시작했다는 평을 받는 남정현의 소설 〈분지〉는 단지 과거의 현실만 이야기하고 있지 않다. 장현은 〈1960년대 한국 소설의 탈식민지적 양상연구〉(2005)에서 "〈분지〉는 세계화를 내세우는 오늘날에도 의미를 지닌 작품이다."라고 평했다.

세계화를 슬로건으로 삼아 자본과 힘을 앞세운 제1세계의 패권주의가 무차별적으로 잠입하고 있는 것이 오늘날의 현실인 바, 〈분지〉에 드러난 외세 즉 제국주의의 본보기는 오늘날에도 시사하는 바가 적지 않다.

박정희 군사정권 아래서 반미소설을 썼던 남정현에게 중앙정보부 수사관은 손모가지 자르겠다는 위협을 했다. 그는 1980년대 민주화시대를 맞아 젊은 작가들이 미국문제를 다루기 전까지 민족문학의 첨병 역할을 했다. 반미문학의 계보로 따진다면 20~30년은 시대를 앞선 작가였다.

검찰 증인-
"〈분지〉는
북괴의 '홍길동'에 동조하는 소설"

원래 몸이 약한 탓일까, 나의 건강 상태는 흡사 수많은 세월 어딘가에서 강제노동에 시달리기라도 한 것처럼 말이 아니었다. 나도 모르게 저승에라도 끌려갔다가 지옥이라는 지옥은 두루두루 다 헤매다가 돌아온 느낌이었다. 몸 어디 한군데 아프지 않은 곳이 없었다. 악몽 같았다.

〈분지〉 사건으로 구속됐던 남정현이 산문 '민족자주의 문학적 열망'에 털어놓은 악몽 같았던 경험담이다. 그는 이때를 돌아보며 "오줌을 마시라 하면 오줌을 마시고 똥을 먹으라 하면 똥을 먹을 수밖에 없었던 그런 절박한 상황"이었다고 말했다.

〈분지〉가 《현대문학》(1965. 3)에 발표됐을 때는 아무런 문제가 없었다. 그런데 5월 8일 북한의 매체 《통일전선》에 소설이 실리자 정보기관이 발 빠르게 움직였다. 남정현은 1965년 5월 집 앞에서 중앙정보부 요원에 의해 연행됐다. 서울 성북구 인수동에서 셋방살이 할 때였다. 남 작가가 불법 연행된 곳은 을지로 3가 쪽 충일기업사라는 간판이 붙어 있는 정보부 분실이었다. 수사관들은 "소설 〈분지〉는 네가 쓴 것이 아니라 북에서 누가 써가지고 네게 건네준 것이 틀림없은즉, 언제 어디서 누구한테 받았다는 얘기만 정직하게 털어놓으면 이곳에서 살아나갈 수 있으니 대답하라."고 압박했다. 작가로선 생사람을 잡는 일이었다. 불법적으로 남정현을 연행 조사하던 중앙정보부는 7월 9일 반공법 위반 혐의로 정식 구속했고, 7월 14일 서울지방검찰청으로 사건을 송치했다. 구속적부심 끝에 7월 23일 석방된 남정현은(남정현의 글엔 7월 24일, 한승헌 변호사의 자료엔 7월 23일로 나온다) 불구속 상태로 검찰 조사를 받았다.

당시 공안부장이던 김태현 검사는 그를 일주일에 한두 차례씩 불러 조사만 했다. 하루 종일 앉혀만 놓았다가 해가 떨어지면 그냥 돌려보내는 적도 많았는데 "아무 일도 못하게 정신적으로 꽁꽁 묶어놓으려고 하는 것" 같아 환장할 노릇이었다. 검찰은 1년 뒤인 1966년 7월 23일에야 불구속 기소했다.

반공법 위반으로 남정현이 구속됐을 때 변호사 한승헌이 변론을 맡았고, 문인 안수길이 특별변호인이 됐다. 이어령, 백낙청 등이 변호에 나서면서 세간의 주목을 끌었다. 백낙청은 당시 한 신문에 기고한 글을 통해 "수사당국도 이 소설이 북한의 〈조국통일〉에 전재되었다는 사실에 더 큰 자극을 받은 것 같다. 만약 그렇다면, 대한민국의 대부분 국민은 그 존재조차 모르고 있는 북한의 일개 신문이 우리 문단과 사회에 미치는 막대한 영향력에 시민들은 불안하지 않을 수 없을 것이다." (정홍섭, 창비 《20세기 한국소설》 22권 작품해설 중에서)라고 썼다. 검찰은 반공법 제4조 제1항(반국가단체 찬양 고무)의 법정형 상한인 징역 7년과 자격정지 7년을 구형했는데, 〈분지〉가 "대한민국이 마치 미군의 식민통치에 예속되어 주한미군들은 갖은 야만적인 학살과 난행 등을 자행하고 우리 국민의 생명 재산을 무한히 위협"하는 소설이라고 공소장에 썼다. 공소장의 한 대목을 인용해본다.

(미국의) 예속식민지·군사기지로서 약탈과 착취, 부정과 불의에 항거하는 자들은 미국의 가공한 강압과 보복을 받으면서도 굴복과 사멸함이 없이 최후의 승리를 쟁취한다는 양 남한의 현실을 왜곡·허위 선전하며 빈민대중에

게 계급 및 반정부의식을 부식 조장하고 북괴의 6·25남침을 은폐하고 군
복무를 모독하여 반공의식을 해이하는 동시 반미감정을 조성, 격화시켜 반
미사상을 고취하여 한미 유대를 이간함을 표현하는 등을 주요 내용으로 하
는 단편소설〈분지〉라는 제목의 작품을 창작하여 (……)

검찰의 공소장을 보면〈분지〉의 '반미감정'과 함께 '계급의식'도 문제 삼는 것을 볼 수 있다. 검찰은 남정현 작가가 소설에서 "이런 민중을 버리고 오직 자본가·정치자금 제공자들의 이익을 위하여 입법·행정하고 있으며"라는 식으로 썼다. 김건우는 역설적으로〈분지〉를 가장 정확하게 읽은 것은 검찰과 북한이라 비평하기도 했다.

요약해 보기로 하자. 남정현의〈분지〉를 해석하는 심급은 확실히 신민족주
의 혹은 반제민족주의 담론에 놓여 있었다. 그래서〈분지〉를 가장 '정확하
게' 읽은 쪽은 역설적으로 말해 반공국가권력의 장치였던 검찰과 그리고
'북'이었다. 문학 내부의 시각에서 말하자면, 가장 '지적인' 민족주의자였던
백낙청이 사태의 전모를 읽고 있었고, 가장 '급진적인' 자유주의자였던 김
수영은 그의 시처럼 "조금쯤 옆으로 비켜서" 있는 자리에서 실상을 감지하
고 있었다. 1960년대 중반 한국사회의 이데올로기들의 지형도에 있어〈분
지〉는 좌표계에 해당했던 것이다. (김건우,〈분지〉를 읽는 몇 가지 독법〉,
2011).

분지 재판은 1966년 9월 6일 1차 공판을 시작으로 8회에 걸쳐 진행됐으며, 1967년 6월 28일 재판부는 서울형사지방법원 제214호 법정에서 판결을 내렸다.〈분지〉가 "빈민대중에게 계급 및 반정부의식을 부식 조장하고 반미감정을 조성시켜 반미사상을 고취할 요소가 있는 단편소설"이라는 이유로 유죄이지만 정상을 참작하여 선고유예 판결을 선고한다고 했다. 판사

《분지》 필화 사건 공판을 마치고 법원에서. 왼쪽부터 안수길, 이항녕, 한승헌, 남정현, 박용숙, 표문태, 최인훈.

는 "반국가단체인 북한 괴뢰집단이 대남적화의 수단으로써 우리나라에 있어서 반미감정의 조성 내지는 계급의식의 고취에 광분하고 있다 함은 공지의 사실이고, 본건 작품 〈분지〉를 보면, 그 제목, 줄거리, 표현 등에 있어서 위 작품을 읽는 많은 독자 중 많은 사람에게 반미적 반정부적 감동을 일으키고 심지어는 계급의식을 고취할 요소가 다분하여, 피고인이 위 사실을 인식하고 있었음은 (……) 명백한 바이므로" 유죄라고 판결했다. 남정현은 이에 불복하여 항소했다. 한승헌 변호사는 1967년 2월 8일 3차 공판에서 "이 작품 내용에 반미, 반정부적 요소가 있다 할지라도 그것이 어찌하여 반국가적 행위로 비약하여 범죄를 구성하는 것인지를 묻고 싶다."며 문제를 제기했다. 그러나 항소심은 이유없다며 항소를 기각했다.

'분지 사건' 재판에 대해서는 그동안 한승헌 변호사를 비롯하여 여러 문학 연구자가 쓴 글이 많다. 여기에서는 법정에서 언급된 '홍길동'에 관해 짧게 인용하고자 한다. 한승헌 변호사는 북한 〈민주전선〉 (전)주필 한재덕 증인을 상대로 변호인 반대신문을 했는데, 이때 〈분지〉 주인공 홍만수의 10대 조상인 홍길동이 소환됐다.

변호인 〈분지〉의 주인공인 홍만수의 선조 홍길동은 북한 집단의 사상에 부합하는 인물인가?
한재덕 북괴의 대남방송에 '홍길동'을 내세우고 있는데 이 작품이 그것과 우연의 일치인지 아닌지는 모르겠다. 그러나 이 작품은 북괴의 '홍길동'에 동조하는 내용이다.
변호인 지금 남한에서 〈홍길동〉이란 영화를 상영 중인 사실을 아는가?
한재덕 알고 있다.
재판장 증인의 감정서에 〈분지〉는 북괴 주장에 동조하는 내용이라고 하였는데 여기서 '동조'란 말의 뜻은 무엇인가?
한재덕 북괴가 대남전략에 쓰는 주장과 같은 것을 의미한다.
재판장 지난번 한일회담에 대해서는 북괴도 반대하고 한국 내에서도 반대운동이 있었는데, 그것은 '동조'인가, 아닌가?
한재덕 아니다. '동조'의 해석을 '공산주의적 의사로 북괴와 동일한 주장을 할 때'로 수정한다.

한승헌 변호사는 〈변론요지 3〉에서도 "주인공인 만수를 홍길동의 후손이라 한 것을 가지고 홍길동의 계급투쟁 사상을 암시하였다고 주장하지만 홍길동은 당시의 적서관계에 불만의 요인이 있었으며 호풍환우하는 동양적 풍류와 기행의 인물로 볼 것인데 계급투쟁의 우상으로 부회하는 것부터가 정확하지 못하며 설령 이북에서 《홍길동전》을 일방적으로 악용한다 해서 우리가 '홍길동'이라는 고전적 인간상마저 숙청할 이유는 조금도 없는 것이다."라며 검찰의 주장을 반박했다. 50

검찰 측 증인으로 나온 한재덕은 "북괴의 대남방송에 '홍길동'을 내세우고" 있다고 했는데, 북에서는 일찌감치 홍길동을 높게 평가하고 다양한 연극, 애니메이션, TV 드라마로 제작한 게 사실이다. 1986년 제작된 영화 〈홍길동〉도 그 대표작 중의 하나인데, 일본 닌자 집단을 악역으로 설정하고 계급 해방과 사회주의적 이상을 강조한다. 한국에서도 1967년 1월 〈홍길동〉 영화가 개봉됐는데, 신동우 화백의 만화 〈풍운아 홍길동〉을 원작으로 해서 형인 신동헌 감독이 만든 이 영화는 한국 최초의 장편 애니메이션으로도 유명하다.

법정에 나온 검찰 측 증인 이영명은 "최고의 공산주의자가 쓴대도 〈분지〉와 같은 선전문건을 작성할 수 없다." "북에서는 지금 〈분지〉를 공작원 양성하는 교과서로 채택하고 있다."라고 주장하기도 했다. 이 씨는 함흥에서 공산대학을 나왔는데, 당시에 육군본부에서 군무원으로 근무했다. 검찰이 볼 때 〈분지〉는 반미, 계급투쟁 선동하고, 공산주의 선전하는 불온문건이었다.

---

50 한승헌(1934년생) 변호사는 소설가 안동림의 소개로 '분지 사건'의 변론을 맡았다. 변호인과 피고인의 사이로 만난 남정현 작가와는 그 후 "친구이자 동지로서 얽혀 살아" 왔다고 한다. 1975년 봄에 한승헌이 반공법 위반으로 구속되었을 때는 남정현이 공판 때마다 거의 개근을 하다시피 법정에 나와 방청을 했다. 한승헌은《작가연구》 2001년 하반기호에 실린 '남정현과 나'라는 글을 쓰기도 했다.
"그는 정말로 충청도의 '양반' 기질을 증명이라도 하듯이 예의 염치가 아주 분명하고 다정다감한 인품을 지녔다. 글줄이나 쓰는 사람들에게서 더러 볼 수 있는 돌출행동, 탈선, 괴벽, 몰염치, 주벽 따위를 그에게서 한번도 본 적이 없다. 그가 작품으로서뿐 아니라 현실 생활에서도 저항의 몸짓을 거두지 않고 살아온 점 역시 선비답다."
한승헌은 와병과 요양에 시달리는 몸으로 "불의한 독재와 싸우는 대열에 끝까지 참여"한 남정현이 필화를 겪은 뒤로는 창작 활동이 예전 같지 못한 점을 안타까워했다.

한승헌, 이어령, 이항녕, 안수길, 그리고 조선일보의 항변

한승헌 변호사는 변론서를 통해 검찰이 "반공법 제4조 제1항 즉 북괴의 활동을 찬양·동조하여 반국가단체를 이롭게 했다는 것"을 문제 삼는데, 반공법 자체에 문제가 있음을 지적한다.

생각건대 반공법 제4조는 헌법의 기본권 행사에 관한 제한규정이거늘, 그 표현과 내용이 너무 추상적이고 모호하여 금지나 제한의 범위, 한계가 명확하지 못하므로 벌형법정주의에 위해 되는 위헌 조항이라는 논란이 대두된 바도 있거니와 최소한의 악용의 우려가 많은 독소 조항임은 아무도 다툴 수 없는 지배적 견해이다.

한 변호사는 이어서 "이 점에 관하여는 검찰의 일반적 지휘자인 법무장관 자신이 1966년 6월 7일 국회 본회의에서 반공법 제4조 규정은 그 내용이 너무나 애매하여 악용의 여지가 많음은 시인하나 정부가 법 운용을 공정히 하겠으니 믿어달라고 답변한 사실까지 있다."라고 썼다. 반공법의 이 독소 조항은 개정된 국가보안법의 고무찬양죄로 그대로 남아 있고, 창작의 자유, 학문의 자유를 옥죄는 족쇄 역할을 하고 있다. 〈분지〉 재판 후 60년 가까이 지났지만 그때나 지금이나 변함없다.

한승헌 변호사는 변론서의 끝부분을 "피고인은 '무죄'라고 확신하는 바이다. 한 작가의 '憤志'를 곡해함은 '焚紙'의 위험을 초래할 뿐이다."라고 특유의 재치있는 문장으로 마무리했다. 남정현 작가가 우리 민족을 억압하는 미국, 외세에 분한 마음으로 '糞地'(분지)를 썼다. 남 작가의 정의감 넘치는 분한 마음, 즉 '憤志'(분한 의지)를 반공법으로 처벌하면 분서갱유와 같은 '焚紙'(종이를 태우다)가 된다는 말이다.

이어령은 〈분지〉 사건 법정 증언을 자신의 사회적 발언의 주요 사례로 꼽았다. 그는 〈동아일보〉 이나리 기자와의 인터뷰 "레토릭으로 현실을 산 '지적 돈 후안' 이어령과의 논쟁적 대화"(2002. 12. 2)에서 "그렇다고 내가 아무 사회적 발언도 아니 하고 아무런 저항도 하지 않았다고 한다면 그 또한 잘못 본 거요. 다만 나는 그것을 나만의 문학적 언어로, 나만의 문명 비평, 메타포로 표현한 것이지. '박정희 정권 타도하라' 이런 말을 대놓고 하진 않았지만 나는 신문 칼럼, 에세이, 강연과 방송을 통해 정권의 반휴머니즘, 물질이면 다 된다는 식의 독선을 끊임없이 비판했어요." "특히 권력이 문학과 개인의 자유를 침해할 때는 가차 없이 일어섰어요."라고 말했다. 그 대표적 예로 1967년 2월, 작가 남정현의 반공법 위반 사건(소설 '분지' 사건)에 증인으로 출두한 것을 대표적 예로 꼽았다. 그는 당시에 내면적 갈등이 컸는데 "그때 신문사 논설위원이고 대학교수고 집과 자가용과 가족이 있었는데, 그런 것들을 다 버릴 생각으로 법정에 선 거요. 어느 한 편에서라도 영웅이 돼보겠다는 생각은 애초에 없었어요."라고 기자에게 말하며, 당시의 심경을 이렇게 회상했다.

"그때야 어디 요즘 같은가. 증인으로 나와 말 한마디 잘못하면 그 길로 법정 구속 당하고 마는데. 속으로 오돌오돌 떨고 있는데 웬 고등학생들이 우- 몰려 있는 게 눈에 띄어요. 라디오에서 "이어령이 증인 선다"는 뉴스를 듣고 그걸 보겠다고 찾아온 거지. 그 아이들이 내게 용기를 줬어요. 쟤들을 실망

시키지 말아야지, 내 문학을 좋아하는 애들인데. 문학에도 순교자가 있다는 걸, 목숨과 가정을 바칠 수 있는 그런 인간이 있다는 걸, 인간에겐 그렇게 좋은 것이 있다는 것을 알려줘야지……."

이항녕은 변론서의 맨 앞 1번 항목에 "오늘 세기적인 재판에 있어서 변론을 맡은 것을 본 변호인은 영광으로 생각한다."라며, 계속해서 이렇게 썼다.

본건의 남정현 피고인은 '유네스코' 기관지 《Korea Journal(코리아 저널)》을 통하여 이미 세계적으로 소개된 작가요, 또 본 재판은 《Time(타임)》지를 통하여 세계적으로 주목을 받게 되었다. 그리고 문학작품이 법의 심판을 받는 것은 우리나라에서는 본 사건이 시초이므로, 이 재판의 결과로 말미암아 우리나라의 예술의 자유가 어느 정도 보장되었다 하는 것을 판가름하는 계기도 된다. 51

마지막 단락에 "공산국가인 소련에서조차 '에렌부르크'의 해방문학이 허용되어 있는데, 더군다나 우리나라에서 이만한 문학이 용허 안 된다면 자유 국가의 체면을 해칠 염려가 있다."라고 쓰면서 '무죄'를 주장했다.

남정현 작가를 《자유문학》에 추천한 소설가 안수길은 변론서의 마지막에 "'솔로몬'의 명판결로 무죄를 선고하여 문단의 하늘을 푸른 하늘로 활짝 개이게 해주기를 문단의 일석에 앉아 있는 작가의 한 사람으로서 재판장께 탄원한다."라고 썼다. 그는 이 글에서 만약 〈분지〉가 법에 의해 처벌을 받는다면 "일제 시에는 없던 일이라 역사를 역행하는 결과를 가져온다."라고 강변하기도 했다.

---

51 남정현의 〈天地玄黃(천지현황)〉이라는 단편이 우리나라 유네스코 기관지 《Korea Journal》 1966년 10월호에 영역되어서 게재되어 전 자유세계에 퍼졌다.

김동인의 〈붉은 산〉은 1932년 작품이다. 이 작품의 말미에 가서 애국가 '동해물과 백두산이 마르고 닳도록······.'이 나온다. 당시는 지금과는 달라 원고 검열제도였었다. 그럼에도 이 작품은 통과되어 잡지에 활자화됐고 단행본에서도 수록됐을 뿐 아니라, 일본어로 번역이 되어 일본인에게도 읽혀졌던 것이다. 작자가 법정에 서서 형을 받은 일이 없었다. 일제 시에도 없었던 일을 해방 20여 년의 오늘에 감행한다는 것은 역사에 수레바퀴를 뒤로 돌리는 일이 아닐 수 없는 것이다. 가볍게 생각할 문제가 아니다.

언제부터인가 우리나라 역사의 수레바퀴는 거꾸로 돌아갔다. 일제 치하에서도 감옥 안에 원고지와 필기구가 제공돼 명작이 탄생했다. 신채호의 《조선상고사》, 홍명희의 《임꺽정》도 감옥 안에서 집필했다. 그런데 박정희 군사정권 시절엔 감옥 안에서 집필의 자유가 없었다. 1980년대에도 마찬가지였고, 문민정부라는 김영삼 정권 아래서도 감옥 안에서 자유롭게 창작을 할 수 없었고, 검열을 거친 뒤에도 반출할 수 없었다. 오직 허가된 관제엽서에 한 달에 한 번 편지를 쓸 수 있을 뿐이었다.

1심의 특별변호인이었던 안수길 작가는 판결이 내려진 뒤 "아무런 정치적 의도나 불온한 공기가 없이 오직 작가적인 감각에 의해 이루어진 작품도 경우에 따라서는 반공법의 저촉을 받게 되고 그 작가는 처벌받게 된다는 판례가 되기 때문에 이런 불안 상태는 창작의 자유스러운 분위기가 결코 아니며, 창작 의욕은 부지불식간에 위축될 것이다."라고 문제를 제기했다. 그러면서 "이거 걸리지 않을까, 걸리지 않을까 하고 쓰는 글이 어떻게 생생한 감동을 독자에게 전할 수 있으며 그런 창작과정에서 좋은 작품의 생산을 바랄 수도 없을 것이다."라고 탄식했다. 실제로 이 판결 이후 대한민국 대부분의 작가는 반공법(국가보안법)에 걸리지 않을까 하는 자기검열을 하며 글을 쓸 수밖에 없었다.

'분지 사건' 재판 당시 〈조선일보〉의 사설은 지금의 〈조선일보〉를 생각해 볼 때 놀랍기조차 하다. 이즈음은 박정희 정권이 작품 《불꽃》의 작가 선우휘 〈조선일보〉 편집국장과 우리가 잘 알고 있는 리영희 기자를 한일회담을 비판했다는 이유로 구속해버린 상황이었다. 선우휘는 우파적 보수주의를 견지했으나 나름 민주주의의 원리적 논조를 수용했던 인물이었다. 그와 같은 분위기를 가지고 있던 〈조선일보〉(1967. 5. 26)는 사설 〈'계급의식'과 '반미감정의 표현론'〉에서 이렇게 주장했다.

> 대한민국에서 계급의식이 법적으로 배척될 근거는 전혀 없으며 반미감정을 어째서 불법으로 단속할 수 있는가? 북이 반미 한다고 하여 대한민국 국민이 반미감정을 가져서는 안 된다는 논법이 선다면, 지금 한창 반미노선을 걷고 있는 프랑스의 드골 대통령을 추켜 올려도 북에 대한 동조라는 삼단논법이 성립되지 않는가? 우리는 민주주의를 스스로 창살 없는 감옥으로 만드는 우(愚)만은 절대로 범해서는 안 되겠기에 감히 일언(一言) 하는 바이다.

김민웅은 이런 〈조선일보〉의 사설에 대해 "대단한 용기다. 4·19 혁명의 기개가 남아 있던 시기였고 5·16 군사쿠데타의 정당성이 수시로 도전받았던 때였기도 했지만 계급과 반미 문제는 또 다른 차원의 사안이라 지금도 이런 논조가 가능하기 어려운 형편이다. 이만한 투지와 논리, 배짱들은 다 어디로 가버린 것일까?"라고 평했다.52

---

52 〔김민웅의 하늘의 창(窓)〕'판결, 그 내면의 문자들', 〈경기신문〉, (2022. 5. 2).

〈분지〉 사건 관련 신문 보도

소설 〈분지〉로 반공법에 의해 기소된 남정현 작가의 사회 공판이 열린 8일 오후 서울지법 214호 법정에서 열렸다. 증인선서를 하는 이어령(문학평론가), 한재덕(공산권문제연구소장), 최남섭(대남 간첩, 구속 중), 이영명(함흥공산대학 출신, 구속). 우로부터. 사진 위에 "공산작가도 이 이상 쓸 수 없다"(검찰 측 증인), 아래에 "현실이 아닌 상징적 소설이다"(변호인 측 증인)라는 설명을 달았다.(《동아일보》 1967년 2월 11일)

검사는 반공법 4조 1항을 적용, 징역 7년에 자격정지 7년을 구형했다. 이항녕 변호인(고대 교수)은 "반미 목적 없는 풍자수법" 소설이라며 무죄를 주장했다.(《동아일보》 1967년 5월 24일)

"분지는 무죄다"
특별변론에 나선 소설가 안수길 소설가는 "문학의 저항정신 저해는 부당"하다고 주장했다.(《동아일보》 1967년 5월 25일)

정치적 현실과 문학적 현실 —남정현 씨의 필화사건에 대한 소견 (김재원 시인). "여기서 필자는 '보다 적극적인 반공'을 제안하고 싶다. '미국을 비판하면 안 되는 반공'보다는 '모든 우방국가를 비판하면서도 가능한 반공'이 보다 실리적이고 우위적인 반공이 아닐까?(《동아일보》 1965년 7월 15일)

1967년 6월 28일 법원이 남정현 작가에게 유죄 취지의 선고유예 판결을 내린 것에 관해 〈조선일보〉는 아래와 같이 보도했다.

남정현 피고에 선고유예, 소설 〈분지〉 사건 쌍방 불복키로.
서울형사지법 박두환 판사는 "피고인이 작품 〈분지〉를 통해 반국가단체의 활동에 호응 가세할 적극적인 의사나 목적이 있었다고는 볼 수 없으나, 북괴가 대남적화의 수단으로 우리나라에 반미감정 및 반정부 의식을 조성하려고 광분하고 있음이 공지의 사실임에도, 그 제목, 줄거리, 표현 등에서 많은 독자에게 반미 반정부적 감동을 일으키게 할 요소를 주었다고 인정되어 반공법에 저촉되지만, 초범인 점은 작가의 장래를 참작, 형의 선고를 유예한다"고 판시했다. 또 재판장은 "예술가는 예술가이기 전에 국민의 한 사람이므로 독자들이 받는 영향을 충분히 고려하여 작품을 써야 할 것"이라고 창작활동 한계에 대해 판시하기도 했다.(〈조선일보〉(1967. 6. 29)

"남씨의 경우 그 저항 행위가 너무 표면적이고 즉흥적인 주장에 그쳤기 때문에 실속있는 효과를 못 거두고 있다. 그러나 한국과 같은 후진사회에서 문학이 넓은 기반을 가지고 성장할 수 있는 유일한 길은 대중의 저항을 대변하는 일을 맡는 것이다. 현역 작가 중 남정현씨가 비교적 많은 독자를 가진 것도 그런 연유일 것이다."
(서울대 문리대 전임강사 백낙청)(〈조선일보〉(1965. 7. 13)

소설 〈분지〉 사건으로 1966년 7월 23일 불구속 기소되었던 남정현 작가에게 1967년 5월 24일 검찰은 '징역 7년에 자격정지 7년을 병과'하는 구형을 내렸다. 이를 계기로 〈조선일보〉(1967. 5. 30)는 '소설 분지 시비(是非)'라는 기획 기사를 내보냈는데, 장경학(법학자), 신동문(시인) 두 사람 모두 사법 처리에는 반대했다.

장경학(법학자) "문학작품이 법률에 의해 제재를 받게 된다면 작가는 무엇을 쓸 때마다 일일이 법을 의식해야 되며, 그와 같은 결과는 필연적으로 창작 의욕의 위축을 초래하게 된다."

신동문(시인) "문학작품에서 설사 사회적으로 부당한 요소가 있다고 하더라도 그것은 국민들의 양식(좁게는 문학비평의 대상으로서, 넓게는 독자대중의 일반적인 양식)에 따라서 비판되고 더 나아가서는 규탄되는 것이 자유세계의 자랑이며 특징이다."

구원자는
단군과 홍길동의 후손인……
바로 나

〈분지〉의 주인공 홍만수는 자신을 "홍길동의 제10대 손이며 동시에 단군의 후손"이라고 소개한다. 소설 속에서 만수는 조상 홍길동을 여러 차례 언급한다.

> "제가 이대로 아무런 말이 없이 눈을 감는다고 한번 생각하여 보십시오 (……) 저희 10대조인 홍길동 각하를 차후에 제가 무슨 면목으로 알현하겠습니까."
> "병든 조정(朝廷)의 무리들을 혼비백산케 하는 제 선조인 홍길동의 비방을 최대한으로 활용함으로써"
> "홍길동의 혈액을 이어받은 저의 이 독한 의지며 총명한 두뇌로써"
> "그래도 제가 용케 미치지 않은 까닭은 홍길동의 피가 저의 온몸을 잔잔히 흐르며 도와주었기 때문인지도 모르겠습니다."
> "홍길동의 장손인 나 만수란 녀석이 아무렴 그 따위 못된 짓(강간)을 했을 리야 있겠습니까."

'홍길동'이 나오는 위의 예문을 읽어보면, 핵으로 무장한 수만의 미군에 홀로 맞서는 홍만수의 마음가짐을 짐작할 수 있다. 선조 홍길동의 비방을 전수받은 만수는 미군을 상대로 승리의 기적을 재연할 결의에 차 있다.

홍길동과 함께 만수의 정체성을 나타낸 말은 '단군'이다. 〈분지〉에서 자주 거론되지는 않지만 남정현은 다른 소설에서 단군을 여러 차례 거론한다. 작가는 '분지 사건'으로 중앙정보부에서 수사받을 때 자술서를 쓰면서 단기로 연도를 적었더니 수사관이 서기로 바꿔 적으라 해서 거부감을 느꼈다는 말도 했다. 정부 공식문서에서 단기가 사라지고 서기를 쓰기 시작한 것은 5·16 쿠데타 직후인 1962년 1월 1일부터다.

〈탈의기〉에서 '단군의 후손'인 리리는 "순전히 미국으로 떠나기 위해서 이 세상에 출현한 여인"이다. 〈사회봉〉의 성자처럼 그의 결혼 상대는 대한민국의 사나이, 좌우간 단군의 자손이 아니면 된다.

〈누락 인종〉에서 주인공 성주는 중학교 역사시간에 선생이 시난트로푸스(북경원인) 두개골 그림을 보여주며 "우리들 조상의 두개골"이라 하자, '우리들'이라는 칭호만은 취소해달라고 말하면서 '단군'의 후손임을 강조했던 기억을 상기했다.

> 저따위로 빌어먹게 생긴 해골바가지가 혹시 왜놈이나 양놈들의 조상인지는 몰라도 적어도 동방의 아름다운 예의지국인 이 한민족의 조상이 되기에는 너무나 적절치 않다는 주장이었다. 그러면서 성주는 단군의 초상화가 실린 교과서를 썩 펼쳐 보이더니, 아 이렇듯 근엄하고 위풍당당한 선조를 모신 우리들에게 그 무슨 모욕적인 말씀이냐고 한바탕 떠드는 바람에 그때 교실이 온통 웃음바다로 변했던 것이다.

산문 〈그때나 이때나〉(2000)에는 "이천만 우리 단군자손을 난데없이 저희들 천황의 조상이라는 아마테라스 오미카미(天照大神)를 떠받드는 충직한 황국의 신민(臣民)으로 아니 충직한 황국의 노예로 조작하는 데 필요했던 시간이 바로 일제 36년이요."라고 썼다.

이처럼 남정현 작가는 민족주의를 강조할 때 단군을 내세웠고, 민족허무주의에 빠지거나 숭미사대주의에 빠진 인물은 단군을 무시하는 것으로 표현했다. 남정현 선생은 한 인터뷰에서 "이제 서구 자본주의 열강이 주도했던 '시장원리'가 최근 '인간원리'로 바뀌고 있는데, 그 흐름을 주도한 나라는 우리나라다."라고 하면서, 그 근거로 단군의 홍익사상과 이를 발전시킨 인내천 사상을 들었다.

〈분지〉의 홍만수가 홍길동, 단군의 후손임을 강조한 것을 부정적으로 분석하는 비평가도 있다. 심소연은 논문 〈남정현과 손창섭의 전후소설에 나타난 남성인물의 젠더 수행성 연구〉(2022)[53]에서 홍만수가 "홍길동의 제1

---

[53] 한국문학 연구자들은 손창섭과 남정현을 함께 언급하는 경우가 많은데, 전후세대 신인 작가인 이들이 풍자적 알레고리 기법, 특히 그로테스크 기법을 통해 사회를 비판하고 인간을 탐구했다는 공통점이 있기 때문이라 한다. 남정현이 〈너는 뭐냐〉로 6회(1961년) 동인문학상을 탔는데, 손창섭은 이보다 앞서 〈잉여인간〉으로 4회(1959년) 동인문학상을 수상했다. 김동리는 동인문학상을 심사하면서 남정현의 작품에 대해 "수법상의 독특성이란 것도 최근으로 말하면 손창섭, 올라가면 이상 〈날개〉에서 얼마든지 거의 같은 것을 볼 수 있기 때문"이라며 높게 평가하지 않았다. 미국의 한국문학 연구자인 테드 휴즈의 논문 '1960년대 한국소설 연구'도 손창섭, 이호철, 최인훈, 그리고 남정현을 다뤘다. 1973년 일본으로 건너간 손창섭은 그곳에서 2010년 별세했다. 《실천문학》(2012년 가을)에 실린 '한수영·남정현 대담-환멸의 역사를 넘어서'에는 손창섭에 관한 문답이 나온다. 남정현 작가가 특정 작가를 길게 언급한 적이 드문 일이라 전문을 길게 인용해 본다.

한수영 손창섭 선생님하고는 교분이 있었습니까? 어떻게 보면 문장 스타일이나 작풍(作風) 같은 것, 이를테면 현실에 대한 냉소적 시선 같은 점에서 선생님과 더러 겹치는 부분이 보이거든요. 영향을 받은 부분이 있다고 생각하세요?
남정현 글쎄요. 손창섭 씨의 작품을 여러 편 재미나게 보긴 봤습니다만 손창섭 씨를 직접 만나보진 못했습니다. 아마 나뿐이 아닐걸요. 우리 문단에서 손창섭 씨하고 차 한잔 같이 나눠본 사람이 별로 없을 거라는 것이 제 생각입니다. 참 특별한 분이지요. 그만큼 문단하고는 별 인연이 없던 분이거든요. 하지만 나는 그런 것과 상관없이 그분이 소설을 참 잘 쓰시는 분이구나 생각하면서도 속으로는 그분을 퍽 경원하는 편이었거든요. 인간에 대한 신뢰감을 아주 접어버린 분이 아닌가 그런 느낌이 들어서였지요. 물론 전쟁이란 것도 인간의 사고와 행위의 결과물이라면 한국전쟁 이후 그 폐허 된 비참한 현실을 보고 그분이 인간에 대한 절망감이 너무 컸던 것이 아닌가, 그런 생각도 들었습니다. 하지만 나는 인간이란 그 어떤 형태의 나락에 떨어지더라도 다시 구원을 받을 수 있다는

0대손이며 동시에 단군의 후손"이라는 점을 강조하는 것도 '구세주 망상'으로 보았으며, 〈분지〉의 결말도 "또한 '구세주 망상'에 빠져있는 남성 인물의 자기파괴적인 결말로 소설이 마무리되는 사례"라고 썼다. 뉴라이트 성향의 김철 교수는 〈한국문학이 그린 똥의 얼굴(1)-'분지'와 '똥바다'를 중심으로〉(2022)에서 〈분지〉의 마지막 장면에 대해 "유아적(幼兒的) 쇼비니스트의 터무니없이 비장한 멜로드라마적 포즈에서 피식민자 한국 남성의 오랜 서구 및 제국 콤플렉스는 그 비루한 얼굴을 드러낸다."라고 적는다. 그가 볼 때 "백인 여성을 강간하고 희열에 떠는, '홍길동의 피'가 몸속에 흐르는 '단군의 후손' 홍만수야말로 사실상 서구 제국주의의 충실한 학도"라는 것이다. 정희진은 〈반미문학을 통해본 식민지 남성성의 형성〉(2019)에서 "한편, 근대의 발명품인 민족주의, 특히 한국사회의 단군신화와 순혈주의는 기지촌을 더욱 타자화하는 요소였다."라며 민족주의, 단군에 부정적인 입장을 표했다. 뉴라이트와 일부 페미니스트는 남녀, 젠더 문제에선 대립적인데, 민족주의 비판에선 대체로 유사한 입장을 보인다.

만수가 볼 때 대한민국은 미국의 식민지이다. 만수는 이런 분지에서 "이방인들이 흘린 오줌과 똥물만을 주식으로 하여 어떻게 우화(寓話)처럼 우습게만 살아온 것"에 원통해 한다. 그리고 형언할 수 없는 울분으로 하여 절로 주먹을 쥐고 "견딜 수 없이 썩어 빠진 국회와 정부"를 향해 "호소와 원망과 저주의 불길로 활활 타는 저 환장한 눈깔들을 보아라." 하며 청중도 없는 곳에서 열변을 토하곤 했다. 이 "환장한 눈깔"은 바로 〈분지〉를 쓸 때 국회와 정부, 미국을 바라보던 남정현 작가의 눈빛일 수도 있다.

이렇게 파탄 난 가족, 도탄에 빠진 식민지 사회를 구할 자 누구인가? 하나님에게 빌까? 홍길동이 나타나서 구해줄까? 남정현은 홍만수의 입을 통해

그런 어떤 인간에 대한 깊은 신뢰를 바탕으로 해서 작품이 이루어져야 한다고 보고, 그것이 또 작가정신이기도 하고요. 그런 뜻에서 나는 손창섭 씨와 같은 그런 유능한 작가는 우리 문단에서 그분 한 분이면 족하다는 생각입니다.

다름 아닌 '저'라고 말한다.

이제 저의 실력을 보여줘야지요. 예수의 기적만 귀에 익힌 저들에게 제 선조인 홍길동이 베푼 그 엄청난 기적을 통쾌하게 재연함으로써 저들의 심령을 한번 뿌리째 흔들어 놓을 생각이니깐요. 물론 저들은 당황할 것입니다. 어머니 그때 열렬한 박수를 보내주십시오.

이렇게 자주적이고 주체적인 민족의 힘으로 기적을 재연할 것을 결심한 홍만수는 펜타곤 당국이 향미산을 공격하기 십 초 전에 미군에 의해 혼백조차 만신창이가 되어 구천을 떠도는 어머니를 향해 외친다. 한 폭의 찬란한 '새 깃발'을 만들 것이라고. 그리고 구름을 잡아타고 바다를 건너겠다고. TV에서 북조선의 대륙간탄도미사일이 태평양을 건너 아메리카 대륙을 향해 날아가는 그래픽 영상을 본 적이 있다. 그런데 남정현은 이미 1965년에 소설 속에서 그런 상상을 했다. 홍만수는 아메리카 대륙에(여인들의 배꼽 위에) "제가 만든 이 한 폭의 황홀한 깃발을 성심껏 꽂아 놓을 결심"이라고 외치며, "믿어주십시오. 어머니, 거짓말이 아닙니다."라고 말했다.

남정현이 〈분지〉 이후 46년이 지나 발표한 소설 〈편지 한 통-미제국주의 전상서〉를 보면, 북이 한 손에 핵폭탄 또 한 손에 미사일을 들고 미국을 향해 '전쟁이냐 평화냐' 선택하라고 몰아세웠다는 내용이 나온다. 미국은 이에 불안해 하며 이게 다 "도깨비방망이의 조화"라 여긴다. 이 대목을 읽으며 홍만수가 이어받은 홍길동의 비방이 무엇인지 상상해보았다. 어디선가 남정현 작가의 얼굴을 닮은 홍만수가 낮은 목소리로 속삭였다.

"어머니 보셨죠, 조선에서 미국을 향해 시험 발사한 대륙간핵탄두미사일이 태평양 바다를 건너는 위용을. 제가 향미산에서 뭐라 했습니까. 이 홍만수는 거짓말을 하지 않으니 믿어달라고 했지요. 저는 한다면 하고 빈말을 하

지 않습니다. 하하하."

남정현이 볼 때 홍만수는 홍길동처럼 남과 북, 동과 서를 가리지 않고 신출귀몰하는 인물이었다. 그렇다면 남쪽 홍길동의 후손은 어떤 비방으로, 무슨 기적을 재연해야 할까?

"내 밑구멍을 좀 똑똑히 보란 말이야"

〈분지〉에서 가장 충격적인 장면 중 하나는 미군에게 강간당한 홍만수의 어머니가 정신이 나간 상태에서 했던 언행이었다. 어머니는 여남은 살 먹은 철부지 아들 홍만수의 머리를 낚아챈 뒤 "당신의 가랑이 사이에 바싹 갖다" 대면서 이렇게 말했다.

"자, 보란 말이다. 이놈의 새끼야. 아, 내 밑구멍을 좀 똑똑히 보란 말이야. 아이고 분해, 이놈의 새끼야. 좀 얼마나 더러워졌나를 눈을 비비고 좀 자세히 보란 말이엿."

만수는 엄마의 이런 광적인 행위에 파랗게 질린 상태에서 "아이고, 엄마, 엄마." 하며 잘 울지도 못하고 부들부들 떨기만 했다. 이 대목을 접하며 작가가 여성 신체의 가장 은밀한 부분을 생생하게 들춰내는 이유가 뭘까 생각해보았다. 만수는 "기이한 형태의 기관"을 보고 "악취, 그리고 두려움" "놀라움과 동시에 일종의 쾌감 비슷한 감정"까지 느낀다. 이는 인간이 평생 경험할 수도 상상할 수도 없는 감정이 아닐까 싶다. 그야말로 그로테스크의 극치다. 정재림은 〈1950~60년대 소설의 '양공주-누이' 표상과 오염의 상상력〉(2012)에서 위의 인용문을 거론하며 "미군에게 겁탈당한 여성(어머니)

모티프는 한국소설에서 흔하게 발견되지만, 〈분지〉에서처럼 그로테스크하게 묘사된 경우는 없을 것"이라고 썼다.

필자는 이 부분에서 그 시대 가장 예민한 정치적 성감대인 '반미 의식'으로 미국을 상대하며 소설을 쓰는 남정현의 마음가짐이 느껴졌다. 어머니가 알몸은 물론 음부, "기이한 형태의 기관"을 까발리는 장면에서 도무지 인간의 언어로 표현할 수 없는 불편함, 분노, 원한, 공포, 자포자기, 수치심, 적대감 등의 복합적인 감정이 느껴진다. 인간이 제 정신으로 가슴에 품기 어려운 이런 감정은 어쩌면 그대로 미국을 향한 정념이었을 것이다. 만수는 어머니가 돌아가신 뒤 "불효스럽게도 당신에 관한 생각을 떠올리기만 하면 뭣보다도 먼저 당신의 그 흉측한 음부가 커다랗게 확대되어 가지고는 저의 눈앞을 탁 가로막는" 바람에 자신이 미치지 않기 위해 어머니를 잊어야만 한다는 것을 인생의 신조로 삼고 살았다. 심지어는 단 한번도 어머니의 무덤을 찾지도 않았다. 이렇게 두려움에 빠져 지내던 만수가 어떻게 반미 전사가 됐을까.

식음을 전폐하고 알몸으로 지내던 어머니는 사타구니만 쥐어 뜯던 어느 날 "이 죽일 놈들아! 나를 죽여다오."라고 애절하게 외마디 소리치며 눈을 감는다. 말로서 유언을 남긴 것은 아니지만 아들에게 복수심을 심어준다. 황도경은 〈역설의 미학, 풍자의 언어 - '분지'론〉에서 위 "자, 보란 말이다. 이놈의 새끼야. 아, 내 밑구멍을 좀 똑똑히 보란 말이야." 부분을 인용하면서 이 모자 사이에 벌어진 '그로테스크한' 상황은 일본에 이어 미국이 들어서면서 생긴 "고통으로 치욕으로 맞게 된 조국현실에 대한 알레고리"로 읽었다.

어머니가 발가벗은 몸으로 아들에게 자신의 치부를 들이대고 그곳을 똑똑히 보라고 외치는 그로테스크한 상황은 다시금 고통과 치욕으로 맞게 된 조국현실에 대한 알레고리인 셈이다. 이때 어머니의 국부에서 나던 악취는

더럽혀지고 상처 입은 조국의 현실을, 그리고 그것을 바라보며 느꼈던 두려움은 그 더럽혀진 산하와 훼손된 조국의 현실을 마주해야 하는 고통을 의미한다.

황도경은 일제 식민지 치하에서 남편의 부재를 견뎌야 했고 이제는 미군에게 몸을 더럽힌 어머니에 대해 "그녀는 일제 식민지와 해방, 분단 등으로 이어지는 우리의 근대사 속에서 훼손된 조국을 상기시키는 상징적 존재다."라고 썼다. '어머니/조국'은 새로운 주인 미국에게 몸을 빼앗긴 것이다. 그런데 이런 황도경의 해석과 달리 일부 연구자들은 위 장면을 '여성혐오' '남성중심' 담론이라고 평한다. 정희진은 〈반미문학을 통해 본 식민지 남성성의 형성〉에서 "여성의 성기에 대한 자세한 묘사는 독자에 따라서, 징그러울 수도, 불쾌할 수도, 쾌락일 수도, 모욕적일 수도 있다."라고 썼다.

김철은 〈한국문학이 그린 똥의 얼굴(1)-'분지'와 '똥바다'를 중심으로〉(2022)에서 홍만수의 어머니가 미군에게 강간당한 뒤 아들에게 알몸, 음부를 보여주는 장면에 대해 "'더럽혀진 여자'를 규율하고 처단하는 오래된 가부장제의 폭력을 연상"한다고 썼다. 김철은 만수의 엄마가 실성하여 '밑구멍'을 외치는 장면보다 더 "분명하게 남성(男根)중심적 민족 담론의 정체를 보여주는 것은 없다."고 했다.

같은 장면에서 황도경은 "훼손된 조국을 상기시키는 상징적 존재"를 떠올리고, 김철은 "오래된 가부장제의 폭력"을 연상한다. 미군에게 강간당한 어머니가 발가벗은 몸으로 아들에게 음부를 보여주는 묘사를 보고 황도경은 "다시금 고통과 치욕으로 맞게 된 조국 현실에 대한 알레고리"라고 해석한 반면 여성학자 정희진은 "〈분지〉는 반미가 아니라 섹스에 대한 작품인데, 음란물과 폭력물의 요소를 모두 갖추고 있다."라고 혹평했다. 정희진은 "반미문학에 재현된 제국 여성을 대상으로 한 한국 남성의 성폭력 욕망은 저항적 민족주의가 아니다. 한미의 남성연대다. 〈분지〉에서 주인공의 행

남정현 작가가 《현대문학》 1965년 3월호에 실린 〈분지〉 지면에 직접 교정을 봤다.

위가 그것이다."라고 주장하기도 했다.

뉴라이트 계열의 김철이나 정희진 같은 여성학자는 다양성 강조, 중심 해체, 이분법 지양, 탈민족주의 등의 개념을 즐겨 사용한다. 이는 포스트모더니즘에서 중시하는 논리이기도 하다. 이런 말은 분명 민주주의, 평등을 확대하는 논리로 작동하는 측면도 있다. 그런데 누가 어떤 의도로 사용하느냐에 따라 약육강식을 이롭게 하는 데 쓰일 수 있다. 제국주의의 얼굴은 침략주의나 파시즘의 얼굴로 나타나기도 하지만, 세계주의나 신자유주의, 포스트모더니즘의 분장을 하고 나타나기도 한다. 제3세계 민족, 약소민족에 기생하며 수탈하기는 마찬가지이다.

이들이 비판하는 이분법 논리도 상황에 맞게 살펴야 한다. 이분법의 논리를 지배자가 사용할 때는 착취와 압제의 도구이지만 민중에게는 이분법, 흑백논리가 강력한 저항의 도구로 쓰일 수 있다. 이런 예는 역사 현장에서 쉽게 찾을 수 있다.

처벌받지 않은
미군 강간범과 스피드 상사

해외에서 독립군으로 싸우다 광복을 맞아 귀국하는 남편을 기다리던 홍만수의 엄마는 "태극기와 성조기를 앞세우고 나는 듯한 걸음으로 무슨 환영대회에" 나갔다가 미군에게 강간당한다. 그리고 실성한 채 지내다 결국 죽음을 맞이한다. 그로부터 20년 쯤 지난 뒤 홍만수는 스피드 상사의 부인을 향미산에서 겁탈(강간)한 혐의로 미군 엑스 사단에게 포위당한다.

〈분지〉를 다룬 글 중에 홍만수의 '강간'을 문제 삼아 비판하는 경우가 꽤 많다. 주인공 홍만수는 소설 속에서 펜타곤이 자신을 강간자, 범법자라 한 것은 '헛소리'라고 하소연하면서 "강간 비슷한 짓을 했는지는 모릅니다만"이라고 토를 달기는 한다. 그것은 여동생 분이를 상대로 "국부의 면적이 좁으니 넓으니" 하며 밤바다 괴롭히며 구타도 하는 스피드 상사의 부인을 상대로 향미산에서 강제로 국부의 면적을 확인한 행위를 말한다.

만수의 이 행위를 둘러싼 논란은 접어두고 먼저 살펴봐야 할 점이 한 가지 있다. 홍만수의 행위를 '강간'으로 단정한 미국은 엑스 사단을 동원해 포위작전을 벌였고, 펜타곤은 코스모스 위성을 통해 전 세계에 "이 저주받은 강간자여! 미국의 아니 자유민의 명예에 똥칠을 한 간악한 범법자여! 천벌을 받으라."고 방송했다. 홍만수는 이런 펜타곤의 주장을 반박하면서 어머니에게 "아니 설혹 또 제가 부득이한 사정으로 강간을 했다면 왜 천벌을 받습니까. 당신을 강간하여 저승으로 인솔하기까지 한, 어떤 코 큰 친구도 천벌을 받았다면 혹시 또 모르지만 말입니다."라고 목소리를 높였다.

장세진은 〈상상된 아메리카와 1950년대 한국문학의 자기 표상〉(연세대 국어국문학과 박사논문, 2007. 12)에서 이 부분을 언급했다. 장세진의 이 논문은 "미국 혹은 아메리카라는 매개를 통해 1950년대 남한 사회에서 '민족/국민(nation)[54]이라는 특정한 형식의 자기 정체성(identity)이 정립되는 과정을 살펴보는 데" 목적이 있었는데, 논문의 마지막 부분에 나오는 '반미(反美)의 상상력과 자기 표상의 변화'에서 김수영의 시 〈가다오 나가다오〉와 남정현의 〈분지〉를 제시하며 분석한다.

장세진은 〈분지〉에서 "강간범인 주인공 '만수'가 미 국방성 펜타곤의 방송에 의해 강력히 비난당하도록 설정해놓고 있지만, 그러나 이 비난은 비단 '만수'에게만 향한 것일 수 없기 때문이다."라는 점에 주목한다. 향미산과 전 세계에 울려 퍼진 "간악한 범법자여! 천벌을 받으라."는 펜타곤의 주장은 미군에게도 해당되는 말이기 때문이다.

> 그러나 만일 펜타곤이 주장하는 '만수'의 처벌이 정당성을 가진 것이라면, 그 정당성은 만수의 어머니를 강간한 미군 역시 처벌받을 때 비로소 성립될 수 있는 성질의 것임에 틀림이 없었다. 그러나 텍스트 밖에서건 1945년 한반도 상륙 이후 한미행정협정(SOFA)이 처음으로 발효되던 1967년까지, 범법 행위를 저지른 주한미군이 어떠한 형태의 형사적, 민사적 처벌을 받아본 적은 없다. 더욱이 협정 내용의 불공정한 측면으로 인해 현재까지 논란이 되고 있는 당시의 한미행정협정이란 실상 4차에 걸친 베트남 파병이라는 값비싼 대가를 치르며 간신히 얻어낸 것이기도 했다.

---

54 '네이션(nation)'과 관련하여 최근 그 동안의 학술적 번역과는 전혀 다른 주장을 하는 책 《민족사회학》(도서출판 진지, 2025)이 출간됐다. 러시아의 정치학자, 철학자인 알렉산드르 두긴이 쓴 이 책에서는 내셔널리즘(nationalism)은 국민주의(국가주의), 네이션(nation)은 국민(국가), 볼크(volk)와 에트노스(ethnos)를 민족으로 번역하고 있다.

장세진은 이어서 "결국 '자유민주주의'라는 아메리카의 이 보편주의는 〈분지〉의 패러디를 통해서 '전혀 보편적이지 않은 자신의 불균등한 권력 관계의 실상'을 그대로 드러내고 있었던 셈이다."라고 썼다. 여기서 장세진은 '〈분지〉의 패러디'가 들어간 이 문장에 각주를 달고 "이 글에55 의하면, 주인공 '만수'의 행위는 신식민주의적 폭력을 패러디하는 것과 헤게모니적인 남성주의를 공고화하는 것 '사이'에 놓여 있다."라고 적었다.

장세진은 바로 이어서 김수영의 시 〈어느 날 고궁을 나오면서〉에서 '분지 사건'을 거론한 구절 "한번 정정당당하게/ 붙잡혀간 소설가를 위해서/ 언론의 자유를 요구하고/ 월남파병에 반대하는 자유를 이행하지 못하고"를 인용하며, "이로써 남한 사회는 혁명의 기간 동안 아시아를 향해 조심스럽게 열리기 시작했던 정치적 상상의 가능성들을 재빨리 회수하고 있는 중이었다."라고 썼다. 배타적인 국가주의적 경제발전, 베트남 전쟁으로 기대되는 미래의 풍요로움 등으로 "한때 부풀어 오르기 시작했던 탈식민적 아시아에 관한 상상은 온전한 발육의 과정을 거치지 못한 채, 다시금 역사의 깊은 망각 속으로" 잦아들었다는 것이다.

이를 보여주는 상징적 사건으로 장세진은 "아메리카가 냉전체제를 유지하기 위해 동원하곤 하던 '자유민주주의'의 수행적(Performative) 한계를 패러디 형식으로 폭로한, 소위 '반미' 텍스트의 전형이라고도 불리우는" 〈분지〉 사건을 제시했다. 소설 속에서 홍만수 어머니를 강간한 미군은 처벌받지 않는 데 반해 〈분지〉 작가 남정현은 반공법 위반 혐의로 당국에 체포되었다.

---

55 테오도르 휴즈, Development as Devolution ; Nam Chong-hyon and the 'Land of Excrement' Incident, 국제한국문학문화학회 창립 학술회의(2005. 12. 16) 제 5발제 발표문.

'양공주-누이' 표상과
홍만수 여동생 분(粉)이

필자가 태어난 곳은 경기도 파주군 천현면의 산골이다. 충청도가 고향인 부모님은 결혼 후 아버지 직장이 있는 파주의 어느 산골 마을 문간방에 세 들어 살며 신혼살림을 시작했다. 일곱 살 때 천현면의 도심지인 법원리로 이사했다. 파주의 미군부대 노무원으로 10년쯤 일하던 아버지가 돈을 모았는지 법원리 시내의 방 4개짜리 집을 샀고, 여기서 2년 정도 살았다. 마당 한가운데 꽃밭이 있는 집이었다. 우리집 네 식구는 안방 하나만 쓰고 나머지는 모두 세를 주었는데, 바로 옆방에는 미스 조라 불리는 예쁜 누나가 살았다. 그 누나는 심심하면 점심때가 지날 무렵에 나를 데리고 집 바로 뒤편에 있던 극장에 갔다. 지금도 박노식, 허장강 같은 배우의 액션 장면이 기억에 남아 있고, 홍콩 무협 영화의 요란한 무술 동작이 스치고 지나간다.

아홉 살 되던 해인 1969년 안양으로 이사를 왔다. 당시 미군이 철수한다는 소문이 돌았고, 휴전선에서 가까운 그 동네의 여러 집이 함께 남쪽으로 피난을 떠났다. 나중에 풍문으로 들은 고향 소식 중의 하나는 미스 조 누나가 미군과 결혼해서 미국으로 갔다는 이야기였다. 누군가는 사귀던 미군과 헤어져 수원 어디선가 지낸다고도 했다. 초등학교 고학년 때쯤 돼서야 어른들의 대화 속에서 미스 조 누나가 흔히 말하는 '양공주'라는 사실을 알게 됐다.

한 통계에 따르면 1955년경 남한의 양공주 수는 대략 11만 명이 넘었다고 한다. 미군부대 밀집 지역인 파주, 의정부, 동두천 등지에는 기지촌이 많았고, 파주 연풍리의 용주골은 최대 규모의 기지촌으로 유명하다. 천승세 소설 〈황구의 비명〉(1974)의 무대가 용주골이기도 하다. 필자가 8세쯤 됐을 때 우리 집에 놀러 온 동네 아주머니들이 "너 고향은 용주골 다리 밑이고, 진짜 엄마가 거기 산다."라고 놀렸다. 어린 소년은 그 말에 골이 나서 곧바로 법원리 버스터미널로 직행해 용주골행 버스에 올라탄 적도 있다.

한국전쟁 후 1950~60년대 소설 중엔 양공주가 등장하는 작품이 많다. 남정현 작가의 소설 여러 편에도 양공주가 등장한다. 정재림(고려대)은 〈1950~60년대 소설의 '양공주-누이' 표상과 오염의 상상력〉(비평문학, 2012)이라는 논문에서 남정현 소설에 나오는 '양공주-누이'를 다뤘다. 정재림은 이 글에서 오상원 〈황선지대(黃線地帶)〉(사상계, 1960. 4)과 이범선의 〈오발탄〉(1957)을 배제의 메커니즘, 남정현의 〈분지〉를 전도(顚倒)의 메커니즘으로 구분하며 작품 분석을 했다.

그는 〈황선지대〉, 〈오발탄〉에 나타난 '양공주-누이'를 향한 남성의 시선을 살펴본 뒤 '배제의 메커니즘'이라고 규정했다.

살펴본 바와 같이 양공주-누이에 대한 남성 주체의 반응은 연민이나 죄의식, 무시나 경멸 등으로 다양하게 나타난다. 이질적으로 보이는 이 반응들은, 하지만 '배제의 메커니즘'에 기반해 있다는 점에서 유사하다. 정화(淨化)가 가능한 대상에 대해서는 연민과 동정으로, 불가능한 대상에 대해서는 경멸과 증오로 감정이 나타날 뿐이지, 양공주-누이를 향한 남성의 욕망은 단일한 것이다.

정재림은 "이 배제의 메커니즘을 작동하게 하는 근원에는 단일하고 강력한 민족-남성 주체에 대한 욕망이 자리하고 있다."고 적었다. 그리고 더럽혀진 누이를 정화하고 추방하고자 함으로써 단일한 정체성을 재건하려 한다는 점에서 "배제의 메커니즘은 민족주의 서사와 관련된다."라고 보았다.
　이와 반면, 남정현의 소설에서 양공주-누이를 재현하는 방식은 동시기 남성 작가와 차별되는 지점이 있으며, "민족주의 서사의 한계를 일정 부분 극복하였다는 점에서 의의를 갖는다."라고 평했다. 등단작인 〈경고구역〉(1958)에서 양공주였던 순이는 미군에게 버림을 받아 폐인이 된 인물로 나온다. 오빠 종수는 다른 작가가 쓴 소설의 남성 인물들이 "양공주-누이를 향해 분노를 표출하는 것과 달리" 양공주-누이를 망가뜨린 미군 병사 제임스를 향하고 있다는 점을 눈여겨 볼 필요가 있다고 본다.

> 종수는 미군 제임스의 부도덕성을 고발하고, "언제든 내 기어이 놈을 찾아내어 순이의 청춘을 아니, 이 백의민족의 청춘을 보상받으리라"며 미국에 대한 증오를 내보이는데, 이러한 종수의 논리는 '전도(顚倒)'의 메커니즘을 따르고 있다고 할 수 있다. 즉 타자를 추방하고 주체를 형성하는 방식이 아니라, 자신을 타자화한 주체를 다시 타자화하는 방식으로 주체화하는 것이다.

　정재림은 〈분지〉(1965)의 주인공 홍만수가 여동생 분(粉)이를 대하는 자세도 배제의 메커니즘이 아님에 주목한다. 왜냐하면, 남성 주인공 역시 양공주와 함께 타자화된 대상으로, '오물'로 그리고 있기 때문이다. 만수 역시 "펜타곤 당국에 의해 '오물'로 규정되어 제거될 운명에 처한" 타자화된 존재이고, "여성과 마찬가지로 피식민지 남성 역시 식민지 주체에 의해 경계의 바깥으로 내몰리게 된 처지임을 상징적으로 보여"주고 있다. 양공주-누이인 분이뿐만 아니라 오빠 만수의 정체성도 오물이기에 〈분지〉에서는 남성 인물도 양공주를 배제하거나 부인하지 못하는 것이다.
　정재림은 남정현 소설의 이같은 긍정성을 인정하면서도 "민족적 주체성이라는 명분하에 반여성주의적 시각을 노출하고 있는 것이 사실이다."라고 비판했다. 그는 이 대목에 페미니즘 시각의 비평을 각주로 달아 소개한다.

김은하는 남정현의 〈분지〉를 "한 남근주의자의 정신분열적 모노드라마"로 규정하며, "주인공의 미군 장교의 아내 강간은 남성다움의 구축이 제국이라는 지배자를 모방"한 한계를 보인다고 지적한다. (김은하, 〈탈식민화의 신성한 사명과 '양공주'의 섹슈얼리티〉, 《여성문학연구》, 2003)

이같은 김은하의 비평에 대해 정재림은 "남정현의 소설이 '반식민주의 기치 아래 여성을 이중으로 식민화'한 것이라는 여성주의 비판은 정당한 국면을 갖지만 남정현 소설이 갖는 긍정성마저 의도적으로 무시해서는 안 될 것이다."라며 조심스럽게 적었다.

정재림은 논문의 결말 부분에서 '스피드 여사의 강간'과 '여인들의 배꼽 위'에 태극 깃발을 꽂겠다는 다짐은 "여성에 대한 폭력을 매개로 주체화를 도모하였다는 비난을 면하기 어려운 게 사실"이라는 점도 지적했다. 동시에 여성 폭력을 반복하는 한계가 보이기는 하지만 "양공주-누이를 배제하거나 망각하는 기존의 방식을 반복하지 않"았다는 점도 강조했다.

이러한 문제점에도 불구하고 남정현 소설에서 확인되는 '전도'의 메커니즘이 갖는 의미를 간과해서는 안 될 듯하다. 다시 말해, 남정현 소설이 양공주-누이를 배제하거나 망각함으로써 강력한 민족-남성 주체 세우기를 시도한 기존 민족주의 서사의 한계를 일정 부분 극복하였다는 것, 피식민 남성 주체가 양공주-누이와 마찬가지로 주체-미국의 타자라는 철저한 인식을 드러냄으로써 탈식민주의의 가능성을 보였다는 의의는 인정해야 할 것이다.

〈분지〉 이전 필화 사건 〈피리소리〉와 신동문 시인의 〈모작조감도〉

〈분지〉 전에도 필화사건은 있었다. '분단 문학사의 첫 필화사건 주인공' 은 유진오(兪鎭五:1922~1950) 시인으로 알려져 있다. 대한민국 필화사건 1호는 〈분지〉의 남정현 작가라고 하지만, 미군정 시기까지 포함하면 유진오 시인이 첫 번째 피해자다. 그는 1945년 11월 오장환 시인의 추천으로 《민중조선(民衆朝鮮)》 창간호에 〈피리소리〉를 발표하며 등단했다. 1946년 9월 1일은 '국제청년데이' 행사가 서울훈련원(전 동대문운동장, 현재 동대문역사문화공원)에서 조선민주청년총동맹 주최로 오전 10시부터 10만 명이 모인 가운데 열렸는데, 이날 여기에 특별 초대받은 유진오 시인이 자작시 〈누구를 위한 벅차는 우리의 젊음이냐?〉를 낭송했다. 이 시는 "왜놈의 씨를 받아/ 소중히 기르던 무리들이/ 이제 또한 모양만이 달라진/ 새로운 점령자의 손님네들 앞에/ 머리를 숙여/ 생명과 재산과 명예의/ 적선을 빌고 있다." 고 하며 친일파가 친미파로 변신한 것을 신랄하게 비판했다.

유진오는 9월 3일 미군정 포고령 위반으로 검거돼 분단 문학사의 첫 필화사건 주인공이 된다. 조선문학가동맹은 "인민의 계관시인"이란 찬사를 보내면서 석방운동을 대대적으로 전개했으나 10월 군사재판에서 1년 징역형을 선고받아 약 9개월 복역한 뒤 청주에서 석방(1947년 5월 26일)됐다. (임헌

영, 첫 필화 사형수 시인 유진오, 〈경향신문〉, 2016. 10. 12)

유진오 시인은 1949년 2월 28일 지리산 문화공작대장으로 입산해 여순병란(麗順兵亂) 사건의 주모자 김지회 부대 등에서 한 달간 머물다가 하산 명령으로 내려오던 중 체포됐다. 1949년 9월 사형선고를 받은 시인을 헌법학자 유진오(兪鎭午)가 앞장서 탄원을 했고, 무기징역으로 감형받아 서대문 형무소에 복역 중 1950년 3월 전주로 이감됐다. 6·25 발발 직후인 6월 29일 새벽 정치수 30여 명과 함께 총살당한 것으로 알려진 그를 모델로 한 소설로 〈어둠을 찾아서〉(강준식, 1990)가 있다.

문학작품으로 인한 필화는 아니지만 언론인 이병주(1921~1992)는 5·16 쿠데타 직후 체포돼 혁명재판소에 회부된다. 그의 공소장에 적힌 범죄혐의는 1960년 12월 잡지《새벽》에 '조국의 부재'라는 제호 아래 "조국은 없다. 산하가 있을 뿐이다." 등의 글, 1961년 4월《중립의 이론》이란 책자의 서문에 '통일에 민족 역량을 총집결하자'는 제호의 글을 써서 '조국인 대한민국을 부인'하고 은연중에 용공사상을 고취했다는 것 등이었다. 이 재판에서 이병주는 징역 10년을 선고받았는데, 2년 7개월 만에 특사로 부산교도소에서 석방됐다.

이병주는 이때의 경험이 동기가 되어《소설 알렉산드리아》를 썼고, 1965년 6월《세대》지에 발표한다. 이광훈은 '편집자의 말'에 "어떤 사상이건 사상을 가진 사람은 한 번은 감옥에 가야 한다고 생각한다. 사상엔 모가 있는 법인데 그 사상은 어느 때 한번은 세상과 충돌을 일으키기 때문이라고 작가는 말하고 있다. 이병주 씨는 직업적 작가가 아니다. 오랫동안 언론계에 종사하며 당하고 느낀 현대의 사상(事象)을 픽션으로 승화시킨 것이《소설 알렉산드리아》다."라고 썼다.

《소설 알렉산드리아》는 '프린스 김'(화자 '나')이 알렉산드리아의 호텔 방에서 서대문형무소에 투옥된 형의 편지를 읽는 장면에서 시작한다. 일제강점기에 일본 유학을 다녀온 형은 중립화통일론 논문을 쓴 게 용공이라며 징역 10년형을 선고받고 서대문교도소에 수감 중인 인물이다. 소설의 형은 바로 5·16쿠데타 이후 체포된 이병주와 같은 정치범, 사상범이다.

남정현이 〈분지〉로 인해 구속됐던 직후에 발표된 이 소설은 여러모로 '분지 사건'을 떠올리게 한다. 이병주의 또 다른 자전적 기록소설《그해 오월》(1982~1988 연재)에서는 '분지 사건'을 길게 다루기도 했다. 강진호 교수(성신여대)는 〈반공의 규율과 자기검열의 서사-이병주의《소설·알렉산드리아》와《그해 5월》의 경우〉에서 남정현 관련 내용을 언급하기도 했다.56

이병주는 말년에 전두환 정권과 밀착하며 지냈고, 전두환의 골목길 성명 작성을 도운 행위로 구설에 오르기도 했다. 저항시인으로 유명했던 김지하가 1991년 〈조선일보〉에 〈죽음의 굿판을 걷어치워라〉를 써서 오점을 남긴 것과 비슷한 행보였다. 그리고 이병주의 소설《지리산》이 이태의《남부군》(1988) 원고를 미리 본 뒤 표절한 것으로 알려져 또다른 의미의 '필화'를 겪기도 했다.

1956년 〈조선일보〉 신춘문예에 연작시 〈풍선기〉로 등단한 신동문(192

---

56 강진호 교수는 논문에서《그해 5월》에 나오는 이사마가 남정현 씨의 작품을 다시 읽고도 무슨 까닭으로 이것을 쓴 작가를 체포해야 했는가를 납득하지 못한다는 점을 언급하면서 소설 속의 아래 내용을 인용했다.
"김일성의 편을 들자"
"한국을 말살하자"
이렇게 들고 나왔다면 작가이건 시인이건 어떤 예술인이건 체포해야 마땅하다. 그것이 우리의 숙명적인 제약이니까. 그러나 반공의 명분으로써 남정현 씨를 체포할 수는 없다. 반공은 공산주의자들이 쓰는 그 수단방법 가리지 않고 목적만 달성하면 그만이라는 사고방식에 대한 반대라야 하니까. 내 의견에 동조하지 않으면 적이다. 적을 죽여야 한다는 것이 공산주의자의 방침이 아닌가. 그런 방침에 반대하는 것이 진정한 의미에 있어서의 반공이다. 그렇다면 남정현 씨를 얽어 범인으로 만든다는 것은 그것이 바로 공산당적인 수법이 아닌가. (이병주,《그해 5월》(4권), 2006, 197면)

7~1993)은 언론인이자 출판인으로 활동하기도 했다. 그는 최인훈의《광장》과 이병주의《소설 알렉산드리아》를 발굴한 것으로도 유명하다.

신동문 시인은 4월혁명을 대표하는 시 중의 하나인〈아! 신화같이 다비데군들-4·19의 한낮에〉라는 시를 썼다. 1960년《사상계》6월호에 발표된 이 시는 "민중의 힘, 역사의 진보에 대한 새로운 깨달음을 감격적으로 노래"한 작품으로 평가되었다. 그는 '분지 사건'이 터진 1965년 11월《세대》에〈모작조감도(模作鳥瞰圖)〉라는 연작시를 발표했다. 이상의〈오감도〉형식을 빌린 시였다.

선글라스쓴사람을무서워하는사람이무서워서선글라스를쓴사람은선글라스를못벗으니까안쓴사람은더욱무서워하니까쓴사람은더욱짙은선글라스를쓰게되고안쓴사람은더욱더무서워한다. 안쓴사람이더욱무서워하면쓴사람도더욱무서워하면안쓴사람이더욱더무서워하면쓴사람도더욱더무서워하면영원히무서워하는천재만남는다.
　-〈모작조감도〉제3호

알카포네행정부에서는미녀들의트위스트사이를누비며조직을강화하는모의를 거듭했다. 부하들은두령에게고수(叩首)하면종교보다도안식할수있고장수체조는피녀(彼女)들의침실에서나신으로할수있었다.
　-〈모작조감도〉제4호

이 시에서 '선글라스쓴사람'은 박정희다. 박정희를 조롱한 이 시를 박정희가 직접 읽었다면 인간적인 모멸감을 느끼고 무슨 조치를 내렸을 법하다. 김판수 작가는《시인 신동문 평전》(2011)에서 "어법이 낯설거나 띄어쓰기가 무시되거나 같은 단어가 반복적으로 쓰이면서 형식상 어지럼증이 유발된 탓에 당시 검열관들이 시의 속뜻을 제대로 이해하지 못했을지도 모른

다."라고 썼다. 어쩌면 북의 어느 기관지엔가 실리지 않아서 검열관이 놓쳤을지도 모를 일이다.57

---

57 《구술채록집》에서 남정현 작가는 〈분지〉 쓰고 나서 〈미스터 존슨〉 50~60매 쓰기 시작했는데, 중앙정보부에서 가져갔다고 증언했다. 미국 대통령 존슨을 주인공으로 한 소설인데, 400매 정도의 분량으로 미국의 패권적 욕망을 역사적으로 파헤쳐 볼 생각이었다. 작가는 "이거 썼으면 인제 큰일 날 뻔" 했다고 말했다.

〈분지〉를 쓰던
'그때나 이때나'

　남정현 작가는 〈분지〉를 회상하며 아쉬워하기도 했다. 그는 시론 '그때나 이때나'(2000)에서 우리들의 성지(聖地)가 미국에 의해 분지(糞地: 똥땅)로 변해가는 현실이 답답하여 〈분지〉를 구상하였는데 "내가 너무 서두른 탓인가, 소설 〈분지〉는 정작 써놓고 보니 섭섭하게도 태산명동에 서일필이란 격으로 작자인 나의 입장에서 보면 애초에 내가 구상했던 내용의 그 절반 수준에도 미치지 못하는 그리하여 퍽 아쉬움만을 남기는 한 편의 변변찮은 단편소설에 지나지 않았다."라며 겸손한 자평을 했다.

　그런데 작가가 〈분지〉 발표 35년이 흐른 시점에 이보다 더 아쉬워한 점은 또 다른 데 있었다. 그는 "역사상 외세의 손아귀에서 단 한 번도 명쾌하게 벗어나와 제 발로 떳떳하게 서 본 일이 없이" 꼭두각시로 욕되게 놀아나는 조국의 현실에 한이 맺혀 〈분지〉를 썼는데, 35년이 지난 시점에서도 달라진 게 없는 외세, 미국 문제에 숨이 막혔기 때문이다.

　법정에서 변호사가 반공법을 피해가기 위해 〈분지〉가 반미소설이 아니라는 변론을 펴기도 했지만 남정현이 미국을 반대하고 민족자주를 열망하며 소설을 구성한 것은 사실이다. 그는 '민족자주의 문학적 열망'에서 현실의 체험과 직관을 통해 8·15 이후 우리의 앞에 고약한 현실이 펼쳐진 결정적 요인은 외세(미국) 문제라고 썼다. 그리고 "4·19 민주혁명을 총칼로 압살한

5·16 파쇼세력"의 횡포를 목격하면서 "그 배후에는 아무래도 미국이라는 거대한 외세가 크게 작용하고 있음을 직관적으로 감지하고 그 답답함과 울분을 기초로 〈분지〉를 구상했던 것"이라 밝혔다.

남정현은 시론 '그때나 이때나'에서 "1960년대 초, 미국이란 존재는 나에게 있어서 왠지 혐오의 대상이었다. 어쩌자고 힘만이 곧 선이요, 정의라고 맹신하는 일종의 험상궂은 밀림의 왕자처럼 보이는 탓이었다. 아무리 좋게 보려 해도 어디 한군데 예쁜 구석이 없어 보였다."라고 썼는데, 지금도 우리 땅에서 "우리나라는 통 보이질 않고 미국만이 선명하게 보이는" 현실에 늘 안절부절못하며 지내야 한다는 것이다. 즉 그의 눈에 대한민국은 '성지'가 아닌 '분지'라는 것이다.

지금 와서 가만히 생각해 보니 내가 그때 〈분지〉를 쓰고 나서 어느새 일제 36년과 맞먹는 그렇게 긴 세월이 흘렀는데도 도대체 어찌 된 판인지 우리의 정치적 현실은 내가 〈분지〉를 쓰던 그때나 지금이나 별로 달라진 점이 없이 여전하다는 사실을 도처에서 확인하곤 그만 망연자실. 도무지 한심한 느낌을 금할 수가 없기 때문이다.

남정현은 1965년 중앙정보부에서 만난 수사관도 그렇고, 지금도 지배세력은 한미동맹을 진심으로 원한다고 했다. 그는 현재의 한미동맹은 동맹이 아니라 예속관계라고 말한다.

"내가 한미동맹을 원하는데, 지금은 동맹관계로 안 봐요. 이건 예속관계란 말이에요. 한미방위조약, 소파(SOFA)를 면밀히 보면 주권국가 사이의 대등한 호혜평등의 입장에서 체결한 건 아니다. 우선 일차적으로 이런 주종관계, 예속관계에서 벗어나서 대등한 관계의 한미동맹이라야 서로 도움이 된다. 취조과정에서 이렇게 얘기했어요. 내가 동맹관계를 부정하는 게 아니고 당신들보다 더 동맹관계 원한다고."

남정현은 중앙정보부 수사관들은 "미국이 없으면 나라도 없고 나라가 없으면 자기도 없다는 식으로 미국이란 존재와 자신의 운명을 동일시하고 있는 느낌"을 받았고, 민족적 자존심은 찾아 볼 수 없어 말문이 막혔다고 했다. 작가는 시론 '정치재해의 와중에서'에서 그후 수십년의 세월이 흘렀고 상전벽해 이상으로 세상은 변했지만 "유독 단 한가지 전혀 변하지 않은 것은 예나 이제나 제 나라는 제쳐두고 대국을, 아니 미국을 제 뭣보다 더 섬겨 받치는 지배계층 특유의 그 망국적인 의식구조"라고 썼다. 이런 해괴한 모습은 군부독재체제가 아닌 민주정부에서도 크게 다를 바 없다며 '참으로 억울한 일'이라고 한탄했다.

짐작컨대 이런 상황에선 아마 을지문덕 장군도 세종대왕도 아니 이 백의민족의 시조이신 단군 할아버지까지도 미국 앞에선 혹시 누가 외람되다 할까 보아 섭섭하게도 기침 소리 한번 제대로 내보내셨을 것 같질 않다. 참으로 억울한 일이다.

〈분지〉 그 후 60년이 다 된 2024년 12월, 대한민국은 여전히 작가가 꿈꾸던 성지는 아니다. 내란 우두머리 대통령을 탄핵하자며 호소하는 야당 정치인도 미국에게 '친미' 인증 발언을 공개적으로 해야 한다. 그는 "사전에 계엄 통보받지 못한 미국이 매우 난처해하고, 사전에 상의하지 않았다며 깊은 우려를 표했다."고 하며, 미국의 허락 없이 내란을 주동한 수괴를 비판했다. 정치적 발언이라 해도 미국에 사전 통보하면 계엄령이나 친위쿠데타도 괜찮다는 말로 들리기도 한다. 미국에 눈도장 찍으려는 그의 모습이 안쓰럽고 부끄럽지만 그 모습에서 '그때나 이때나' 이 땅이 여전히 흉한 '분지'임을 확인할 수 있다. 숭한.

5장

1970년대
긴급조치와 한국의 아틀라스

자지(남근) 얼굴을 한
어느 나라 왕
-〈방귀 소리〉(1970년)

옛날이야기회의 시러베자식들

　기상천외(奇想天外)라 함은 "착상이나 생각 따위가 쉽게 짐작할 수 없을 정도로 기발하고 엉뚱함"이라고 풀이할 수 있다. 남정현 작가의 소설 중엔 기상천외한 발상을 엿볼 수 있는 작품이 많다. 〈방귀 소리(放氣 소리)〉도 그런 기발하고 엉뚱한 이야기로 구성된 작품이다. 이 소설의 주요 소재는 양근(陽根) 즉 '자지'다. 정통 소설 중에 이렇게 노골적으로 성기를 등장시키고, 자세히 묘사하는 작품이 또 있는지 모르겠다. 자세히 읽어보면 이 역시 정치적인 풍자가 극대화된 소설이다.

　〈방귀 소리〉는 1970년 9월 1일 발행한 《다리》지 창간호에 실렸다. 당시 월간 《다리》의 판권을 보면 고문 김상현, 편집인 겸 주간 윤형두로 나오고, 편집위원은 남재희(〈조선일보〉 논설위원), 장을병(성대 교수), 정을병(작가), 이홍구(서울대 교수) 등이었다.

　윤재식 사장이 쓴 한 쪽짜리 짧은 창간사는 "지금 우리는 모두가 단절된 상황하에서 몸부림치고 있다."로 시작해서 "침묵이 미덕이 될 수는 없을 것이다. 이 《다리》지를 통하여 서로 얘기해보고 들어보았으면 한다."로 끝을 맺었다. 창간호 특집에서 다룬 내용은 한미일 삼각관계의 문제점(민병기),

서기 2천 년에서 본 70년대의 한국(이항녕) 등이었고, 이어령 칼럼, 김광섭 시 〈서울〉, 김현승 서평도 실렸다. 뒤표지에는 신진자동차의 코로나70 신형자동차 광고가 실려 있었다.

〈방귀 소리〉의 주인공은 '옛날이야기회'라는 것을 조직해서 수년간 참여해온 '시러베자식들' 중의 한 명인 '나'다. 이름이 골(骨)인 나는 회원들이 "무슨 꿍꿍이속이 있어 그러는지 그동안 정작 할 얘기들은 슬슬 뒤로 다 빼돌리고 쓸데없이 공연한 잡담만을" 늘어놓는 것에 불만이다. 주인공은 그 이유를 "인간 상호 간의 유대를 더욱 강화하기 위해 모처럼 발족시킨 이 옛날이야기회의 성장을 고의적으로 방해하려는 일부 불순분자들의 책동"이거나 아니면 "말씀이란 연장을 가지고 한없이 번영하는 인간의 이 눈부신 역사에 시새움이 난 어느 우주 괴물이 그 말씀의 시발점인 인간의 입을 틀어막으려고 말 못하게 하는 그런 가공할 전염성 세균을 공기 중에 가득 오염시킨 탓"이라 생각한다. 여기 나오는 "인간의 입을 틀어막으려고"라는 말은 언론자유를 가로막고 '입틀막'하는 권력자를 비판하는 표현이라 할 수 있다.

군인들이 신나게 용두질을 치다가

얼마 전까지 옛날이야기회 회원은 "모두들 자신만만한 표정으로" 잘들 떠들었다. 작가는 그 예를 여러 가지 드는데, 첫 번째는 '군인'을 까는 것이다.

아주 멀고 먼 옛날에 어느 이상한 나라에서 싹수가 노란 몇몇 군인들이 한참 신나게 용두질을 치다간 하도 심심하여 무슨 혁명을(《다리》 창간호에는 '회'라 썼는데, 1976년 태극출판사 전집에는 '혁명'이라 고쳤다.) 한답시고 어느 곰탕집에 모여 오입하던 장면을 삶은 소대가리가 목격하고 벌떡 일어나서 허허 한바탕 웃더니, 다시 그 펄펄 끓는 물 속에 콧구멍을 처박고 이젠 아무런 여한이 없으시다는 듯이 도로 쑥 들어가시더란 옛날이야기에서부

터 시작하여 토끼가 술 처먹고 노래하다 통금시간을 어긴 얘기며, (……)

1965년에 〈분지〉 사건으로 곤욕을 치른 작가의 입에서 또다시 '싹수가 노란 몇몇 군인' '혁명을 한답시고'라는 표현이 나오는 걸 보면서 남정현 작가가 남산 지하실에서 겪은 손목을 잘릴 공포감을 어느 정도 극복한 건지, 아니면 아예 손목을 잘릴 각오를 하고 쓴 건가 하는 생각이 들었다.

전에는 이렇게 거침없는 입담을 자랑하던 회원들이 근래 들어서는 왜 그렇게 뒤로 빼는 걸까. 회원들이 제가 이야기할 차례가 오면 "번번이 이 핑계 저 핑계를 대며 기어이 기권하는 사태가 속출"하는 상황이었다. 지난번 옛날이야기 사건만 해도 그랬다. 말썽 많은 양근(陽根) 얘기를 잘 늘어 놓던 영(英)이란 놈이 "영 연단에 올라갈 생각을 않고 그냥 앉은 자리에서 쩍쩍 입맛만을 다시며 꾸물거리는 것"이었다. 영은 "갑자기 혀가 빠진 것도 아닐 텐데" 통 연단에 오를 생각을 안 했다. 전전 시간에 영이 했던 이야기를 "몇 마디로 종합해서 대충 추려보면 다음과 같은 것"이었다.

양근을 잃어버린 어느 양반

옛날 어느 양반의 가리쟁이 사이에서 천덕스럽게 붙어살던 소위 그 양근이란 놈이 하나 있었는데 놈은 언뜻 보아 꽤 몸집이 크고 목이 굵직한데다가 그 번지르르하게 벗어진 이마빡이 제법 의젓하게 보이는지라 겉으로 보아 하긴 행세깨나 하게 생겼더라는 거예요. 그런데도 놈은 보기와 달리 하는 짓마다 영 개차반인지라, 노상 달고 다니기가 겁이 날 정도로 놈의 주인에겐 다시 없는 골치덩이였다지 뭡니까. 삼강오륜도, 정조 관념도 없는 이놈은 "그저 계집 비슷한 것을 보거나 혹은 계집 비슷한 말만 들어도 잠 안 자기 투쟁이랄까." 그런 것을 해서 주인을 못살게 굴었다. 염치없는 양근의 시중을 십여 년간 들어주던 주인은 양근을 교수형에 처해서 없애버리기로 결심했다. 그런데 "노끈으로 여러 번 놈의 모가질 묶어놓고도" 잠시 망설이는 사이 이변이 일어났다. "양근이 가리쟁이 사이에서 감쪽같이 그 자취를 감췄더라 이 말"이었다.

양근을 잃어버렸다는 해괴한 소문이 왕의 귀에까지 이르자 왕은 "원 세상에, 제 몸에 달린 양근을 다 잃어버리는 그따위 어수룩한 얼간이 녀석이 어디라구 감히 그 동안 짐 밑에서 백성 노릇을 해왔다니, 허 이 무슨 망측한 하늘의 변고랑가" 하면서

월간 《다리》 1970년 9월호(창간호)에 발표한 소설 〈방귀 소리〉.

양근을 분실한 주인을 잡아 오라 명했다. "행여 백성들에게 놈의 물이 들었다간 장차 이 나라엔 사람의 씨가 말라" 왕의 옥좌가 어찌 될지 모르니 그놈을 잡아다 처형하라는 거였다.

주인 양반은 오랏줄에 꽁꽁 묶여서 왕 앞에 불려갔는데 저도 모르게 문득 용상의 왕을 우러러보는 순간 "그만 악하는 외마디소리와 함께" 자신의 눈을 의심했다.

그러나 용기를 내어 재차 눈을 똑바로 뜨고 조심스럽게 왕의 용안(龍顏)을 살펴본 순간, 그것참 괴상도 하다. 글쎄 영락없더라지 뭡니까. 양근이더란 거예요. 유난히도 탐욕스럽고 음탕하기로 소문이 난 그 왕은 분명히 제가

5장_1970년대-긴급조치와 한국의 아틀라스 315

잃어버린 양근이더란 거거든요. 그러니까 '놈'의 주인은 즉 뜻밖의 자리에서 '놈'을 찾은 셈이었죠.

'놈'을 확인한 순간, 양근의 주인은 흥분한 나머지 잠시 정신줄을 놓은 채 "저놈 잡아라, 내 자지, 내 자지. 내 자지는 왕이다. 왕 왕 왕 왕을 잡아라!" 하며 벼락같이 소리치곤 느닷없이 "하하하하" 웃음보를 터뜨렸다.

그런데 바로 이 대목에서 영이란 놈이 한참 우물쭈물하다가 하던 얘길 다음 시간으로 넘겼다는 것이다. 그랬으면 약속한 다음 시간이 돌아왔으면 "놈은 응당 하던 얘길 계속하여 '놈'의 주인은 뜻대로 놈을 처형했는지 어쨌는지에 관한 그 여부를 밝히고, 또한 그 어느 양반의 양근이 왕 노릇을 하던 그 왕은 어느 시대의 왕인지를 분명히 털어놓았어야 하겠거늘" 영은 죄 없는 손바닥만 싹싹 부비며 앉아 있었다.

자지가 다스리던 세상이 어느 때냐?

그러자 성격이 퍽이나 괄괄해 보이는 한 회원이 "눈을 부릅뜨고 영을 번쩍 안아 연단에 앉히자" 여기저기서 청중들이 소란스럽게 소리쳤다.

"그래, 이제 말해라 말해. 자지가 다스리던 세상이 뭐 오죽했겠느냐. 그래, 그게 백제 때냐, 신라 때냐?"[58]

---

58 그런데 왜 작가가 이처럼 허황된 서술 구조를 사용해서 현실에 대한 우회적 비판을 수행하는가 하는 문제가 남는다. 다시 말해 이 작품에 나타난 性器가 '다스린 나라' 등은 전통적인 서사 구조로는 설명할 수 없는 고대 전기소설에서 볼 수 있는 허구적 기법인데, 이러한 전통적 서사 구조의 파괴를 서영채는 '만화적 상상력'으로 표현한다. (……) 권력에 의한 필화사건이란 작가의 창작력에 사형선고나 다름없는 고통을 당했던 작가는 전통적 소설 서사를 사용함으로써 받게 될지도 모르는 권력의 탄압이라는 위협을 극복하기 위한 창작 기법상의 변화로 이해할 수 있다. (……)
결국, '필화사건'으로 인한 작가의 내·외상은 작가로 하여금 자신의 글쓰기 욕망을 '반공

"그보다도 왕의 이름을 대야지. 덮어놓고 왕이냐, 야 이름도 성도 없이 그저 왕이야?"

〈방귀 소리〉를 읽던 독자들은 왕의 용안을 양근에 빗댄 이 대목에서 분명 5·16 군사쿠데타로 등장한 제3공화국과 박정희 장군을 연상했을 것이다. 박정희 대통령으로서는 미군을 비판한 〈분지〉보다 〈방귀 소리〉가 더 모욕적이고 불온하게 여겨지는 소설이 아닐까 싶다.

청중들이 소란하게 굴자 영은 갑자기 오줌이 마렵다며 아랫배를 움켜쥐고 변소를 간다고 나가선 어느 주막에 들어가 술을 퍼마셨다. 그리되자 다른 회원이('시러베자식들' 중 한 명이) 나와 옛날이야기를 한다고 연단에 올라섰다. 영의 친구 걸(傑)은 엉뚱하게도 "여러분, 이십 년 이상이나 제 나라가 딱 반으로 갈라졌는데 말입니다."라며 말을 꺼내더니 어찌 된 판인지 "돌연 단에 얼굴을 처박고, 드르릉드르릉 코를 골기 시작"했다. 당황한 청중들이 허겁지겁 걸을 병원으로 데려가 진찰을 받아보니 이름 모를 수면제 탓이라 했다.

그러자 돌의 친구인 굴(屈)이란 놈은 돌 대신 자기가 하겠다고 자청해서 나와선 "원 그까짓 걸 못 잡아, 테러범의 진범은 뻔하다 뻔해."라며 밑도 끝도 없이 '테러범' 얘기를 꺼내서 청중들의 귀를 솔깃하게 만들더니 갑자기 간질병(뇌전증) 증세를 보이며 연단 위에서 까무러쳤다. 근래 옛날얘기 하던 회원들이 "귀신도 모르는 사이 그 종적을 감추는 사례가 있는데도 왜 그런지 모두들 쉬쉬하면서 세상에 누구 한 사람 신고하려는 이조차" 없는 현실을 주인공은 이해할 수가 없었다. 그러자 청중들은 주인공 골(骨)에게 이

법'이란 현실적 힘의 규제에서 벗어나기 위한 구체적 방법을 찾게 만들었으며, 〈옛날이야기〉 등에서 보여주듯 소설적 공간과 시간을 벗어남으로써 자기 한계를 극복하려 한다. (강진구, 〈남정현 문학 연구-담론분석을 통한 현실비판의식의 변모양상을 중심으로〉, 1996, pp. 83~84)

제 네 차례니 말을 하라고 다그쳤다. 골이 할말을 잠시 잊어버려서 주저하자 청중들은 귀 따갑게 소리쳤다.

"골아 이 자식아, 뭘 꾸물거리고 있어, 뭘."
"골아 이 자식아, 뭘 우물주물하고 있어, 뭘?"
"골아 이 자식아, 갑자기 벙어리가 됐냐? 어서 말을 해라, 말을 해."
"골아 이 자식아, 시간 다 간다, 어서 말을 해라, 말을 해."
"말을 해라."
"말을 해."

할말이 많은 골도 막상 연단에 서니 뭔 얘기를 해야 할지 망설이게 되고, 돌연 긴장해서 그런가 자꾸 아랫배가 땡기기도 했다. 이거 왜 그런가. 쥐도 새도 모르게 사라질 수 있는 세상이라 겁을 먹은 것일까. 골은 무슨 말이든 지껄이고 내려가야 하겠기에 '빌어먹을 그럼 꿈 얘기라도 하나 할까'라고 생각을 해본다.

자다가 꿈을 꾼 얘기야 아무렴 어떨라구요. 마침 6·25 때 월남한 제 친구 중에 북에 두고 온 제 동생 생각이 나서 만날 휴전선을 넘어 고향에 가보는 꿈을 꾼다는데, 하도 얘기가 궁한 판이니 그럼 그놈 얘기나 한번 멋들어지게 해볼까요. 하지만 제아무리 꿈 얘기라 하더라도 휴전선을 무시하고 넘나드는 그런 꿈 얘기는 왠지 좀 마음이 켕기는데요.

자다가 꿈꾼 얘기는 괜찮을까요?

골은 이렇게 친구의 꿈이야기를 떠올리다가 "하지만 제아무리 꿈 얘기라 하더라도 휴전선을 무시하고 넘나드는 그런 꿈 얘기는 왠지 좀 마음이 켕기는데요. 괜찮을까요? 괜찮을까요?"라고 속으로 자문한다.59 주인공 골이 연단에서 계속 주저주저하자 청중들이 "골아 이 자식아, 너도 정말 그러기야 웅! 이 자식아, 어서 말 좀 해라, 속 시원하게 말 좀 해!"라고 소리쳤다. 헌데 골은 이제 정말로 아랫배가 무거워지고 자꾸만 밑으로 뭐가 새어 나올 것 같더니만 "뿡 뿡 뿡, 요란한 소리와 함께" 방귀가 나왔다. 골은 무슨 놈의 이치 속인지 전혀 모르겠으나 본의 아니게 방귀가 "뿡 뿡 뿡 뿡" 터졌고, 변소로 줄행랑을 친다.

〈방귀 소리〉를 집필하던 시기의 정치 상황을 돌아보면 박정희가 영구집권을 꾀하던 시기였다. 박정희는 1969년 10월 3선 개헌을 단행했는데, 대통령의 연임 횟수를 기존의 재선에서 3선으로 늘렸다. 어찌 보면 이때부터 영구집권, 왕을 꿈꾼 것이다. 남정현 작가 눈에 이런 박정희는 '삼강오륜' '정조 관념'을 잃은 '철면피한 놈'이고, '교수형'에 처할 양근, 즉 '자지' 같은 놈이었다.

이 소설의 주인공 골은 남정현 작가의 분신이라 할 수 있는데, 그는 "휴전선을 넘어 고향에 가보는 꿈"에 대한 이야기를 하고 싶었지만, 즉 통일 이야기를 하고 싶었지만 폭군이 두려워 말을 못 하고 방귀만 뿡뿡거린 것이다. 실제로 당시 통일은 오직 군사정권의 무력통일 발언만 가능하던 때였다. 그보다 한참 뒤인 1986년 전두환 군사정권 시절에 유성환 의원은 국회에서 "이 나라의 국시는 반공이 아니라 통일이어야 한다."라고 얘기했다가 회기 중에 구속되기도 했다.

박정희 정권 시절 발표된 소설 중에 〈방귀 소리〉처럼 풍자를 통해 권력자를 신랄하게 비판한 작품이 또 있는지 모르겠다. 그 시기엔 풍자를 통해서라도 권력자를 비판하거나 조롱하는 글을 쓰는 게 아마도 손목이 잘리거나

---

59 소설의 이 구절에서 신동엽의 시 〈술을 많이 마시고 잔 어젯밤은〉(1968)이 떠올랐다. 시인은 "자다가 참/ 재미난 꿈을 꾸었어."라면서 휴전선 완충지대에서 "그 중립지대가/ 요술을 부리네."라고 썼다. 그 요술은 "총부리 마주 겨누고 있던/ 탱크들이 일백팔십도 뒤로 돌데."와 같은 내용이었다.

목 잘릴 각오를 해야 가능한 일이었을 것이다. 〈방귀 소리〉에서도 여러 명의 이야기꾼이 이야기를 끝마치기도 전에 "눈 깜빡할 사이에 연단에서 사라"지는 일이 발생한다. "앞으로 절대로 도둑질을 하지 않겠다는 선언문을 발표"한 도둑놈들 얘기를 한 이야기꾼도 사라졌는데, 그자도 "폭넓은 과장과 은유, 그리고 푸짐한 풍자와 상징이 한데 어울려서 기다란 산맥처럼 굽이치며 남의 배꼽을 후려놓는" 식으로 얘기했는데 쥐도 새도 모르게 사라진 것이다.

그러니 남정현도 그렇고, 주인공 골도 말을 제대로 못하고 방귀만 뽕뽕뽕 빵빵빵 뀐 것이다. 다행히 이 소설을 발표한 뒤 남정현 작가가 사라지는 일은 생기지 않았다. 어쩌면 양근, 자지에 왕을 빗댄 이 소설을 문제 삼았다간 근엄한 대통령의 얼굴을 볼 때마다 국민들이 이상한 물건을 떠올리는 것을 우려한 정보기관의 꿍꿍이속이 작동했는지도 모를 일이다.

〈방귀 소리〉 읽은 날 남근 나오는 꿈을

소설 〈방귀 소리〉를 읽은 날 밤((2024년 4월 13일) 기이한 꿈을 꿨다. 아메리카 인디언이나 뉴질랜드 원주민으로 보이는 세 남자가 한국에서 열린 행사에 참석했다. 이들 중에 한 사람씩 나와서 춤을 추는데 모두 나체였다. 얼굴 표정은 무사처럼 근엄했고, 아무도 웃지 않았다. 첫 번째 나온 사람은 귀두가 선명하게 보이고 싱그러운 느낌이었다. 그 부분만 클로즈업하여 보여줘서 깜짝 놀랐다. 꼿꼿하게 선 양근을 한 손으로 잡은 채 세 사람이 느린 동작으로 춤을 췄는데, 양근의 기울어진 각도가 조금씩 달랐다. 세 번째 사람은 좌우 편향되지 않고 정중앙, 중립의 방향으로 뻗었다.

세 명의 인디언 얼굴은 처음 보는 얼굴이었는데, 생김새가 몽타주를 그릴 수도 있을 정도로 선명하게 기억났다. 어느 나라 대통령의 얼굴인가? 세 명 중 한 명의 양근에서 남 아무개 작가의 얼굴이 떠오르기도 했다.

환상적이기보다
그로테스크한 허허선생

-〈허허선생 1-괴물체〉(1973)

〈괴물체〉에 나오는 '그로테스크'라는 표현

'허허선생'이란 소설 제목이 처음 선을 보인 곳은 《문학사상》 1973년 2월 호였다. 남정현 작가는 (《구술채록집》, 211쪽)에서 《문학사상》을 맡아서 하던 이어령 선생이 청탁을 해서 쓰기 시작했다고 밝혔다.

"이어령 씨가 종로 관철동 쪽에서 사무실을 가지고 《문학사상》 잡지를 맡았는데, 〈옛날이야기〉를 봤는데 그게 좋다. 우리 잡지에 그 연속을 써라. 꼭 써, 꼭 써달라고 아주 강력하게 그렇게 요구를 하더라구요. 그래서 이젠 이어령 씨하곤 또 이렇게 재판 관계도 또 있고, 변호인 측 증인이 되어 가지고 증언을 잘해서 그런 고마운 관계도 있고. 그래서 그럼 하나 쓰겠다, 허고서 쓴 게 〈허허선생〉이지요."

《문학사상》에 처음 실린 〈허허선생 1〉의 제목은 '괴물체'다. 이 소설의 앞부분에는 '그로테스크'라는 말이 나오는데, 이 말이 담고 있는 의미가 크다 하겠다. 많은 비평가가 남정현 소설의 기법을 풍자적이면서 그로테스크한 기법이라 평하는데, 작가 본인도 작품 속에서 이 말을 거론했기 때문이다.

〈괴물체〉의 첫 문장은 "허허선생의 저택인, 즉 우리 집은 왜 그런지 그 지붕의 구조부터가 자못 심상칠 않았다."로 시작한다. 허허선생의 아들인 석은 자신의 집이 "사뭇 환상적인 형태를 취하고 있는 것"이라고 했다가 이를 번복하며 이렇게 말한다.

아니 환상적이란 말보다도 실은 좀 그로테스크하다는 표현이 더 어울릴지도 모른다.

석은 허허선생의 자택이 "종래의 집의 개념을 완전히 뒤엎은 설계로 하여 연신 그저 절묘한 형상을 취하고 있는" 집이며, "인간의 집 같질 않은 기괴한 인상마저 풍기는 것"이라 말한다. 일종의 "집의 혁명"인데, 문제는 그 혁명화가 인간에게 이로운 것이 아니라 "어떤 이름 모를 괴물의 사령실과 같은 기이한" 형태를 이루고 있어서 볼 때마다 "뭔가 이 섬뜩한 느낌을 저버릴 수가 없어서 탈"이라는 것이다. 남정현은 《허허선생 1- 괴물체》의 서두에서 괴물체처럼 생긴 허허선생의 집을 소개하면서 '그로테스크'라는 말을 사용했는데, 그 기법의 특징이라 할 수 있는 "기괴한 인상" "기이한" "섬뜩한 느낌"이라는 말도 함께 썼다. 이를 볼 때 남정현은 의도적으로 그로테스크 기법을 활용해서 허허선생을 창작했다 하겠다. 강진구는 논문 〈남정현 문학 연구〉(1996)에서 "이렇게 그로테스크한 집은 해방 후 왜곡된 길을 걸어온 우리 민족의 총체적인 삶의 틀인 국가에 대한 은유로 볼 수 있다."라고 적었다.

강진구는 〈왜곡된 식민지 경험, 그 기억과 망각의 사이〉(《작가연구》, 2001 하반기)에 "〈허허선생〉 연작을 제대로 독해하기 위해서는 그로테스크한 집에 대한 이해가 선행되어야 한다."라고 쓰기도 했다. 이는 남정현 작가가 〈귀향길〉을 발표하면서 간략하게 쓴 '작가 노트'(《문예중앙》 1980 봄호)

에 제시되어 있다며, 그 내용을 소개했다.

이 글에서 남정현은 한국사회가 직면한 모든 비극의 원천을 국토 분단과 일제 잔재의 미청산이라고 주장한다. 친일 분자들의 득세와 이들에 의해 민족주체성이 유린되는 현실을 작가는 [소설 〈허허선생 1〉에서] 그로테스크한 집의 형성과정을 통해 설명한다. 민족의 주체적인 힘으로 건설되어야 할 터전이 미국의 세계전략에 근거한 친일분자의 재등용과 외세 의존적인 구조로 이루어짐으로써 골격부터 잘못 짜여졌음을 작가는 그로테스크한 집을 통해서 제시했던 것이다.

그리고 《허허선생 2-발길질》에는 허허선생의 특질에 관한 묘사가 길게 나온다. 허허선생의 아들 허만은 머리를 쥐어짜며 자신의 아빠를 연구하는 데만 몰입했지만, 아무리 곰곰이 생각해도 정체를 알 수 없는 "허허(虛虛)한 인종" 같았다.

하지만 아무리 생각해도 아빠의 넋은, 피는, 알맹이는 불행하게도 우리네, 즉 한국 사람이 아닌 것 같았다. 일본 사람이었다. 서양 사람이었다. 아니 일본 사람과 서양 사람을 요리 조리 뜯어 맞춘 그리하여 전혀 소속 불명의 허허(虛虛)한 인종이었다.

일제시대에 "한국 놈을 팔아 일제에 충성한 대가로 일황한테서 받은 두 개의 특수공로훈장"을 자랑하는 그러한 부친은 아무래도 사람 같이 보이질 않았다. 허만에게 허허선생은 실물이 아닌 허상, 유령, 괴뢰 같았다. 그리고 친일매국노 아빠에게 온갖 세상의 부귀와 영화를 제공하는 "이 기이한 현실이 또한 사이비 같았다. 악령 같았다."라고 썼다. 허만의 바람은 "허깨비 같고 악령 같은 부친의, 아니 이 현실의 압력권에서 급히 해방"되는 것이었다.

김병욱의 남정현론 '천부적 이야기꾼'

범우사 문고판 《허허선생》에는 김병욱 평론가의 〈남정현론-천부적 이야기꾼〉이 실려 있다. 그는 1970년 《월간문학》에 〈영원회귀의 문학〉을 쓰면서 평론 활동을 시작했다. 김병욱의 짧은 작가론이 근래 발표된 남정현 관련 글과 다른 점은 그가 남 작가와 여러 차례 만나면서 썼다는 것이다. 글의 앞부분에서 김병욱은 "그의 소설을 읽고 있으면 우리는 지루한 줄 모르게 그의 이야기에 빨려들고 만다."라고 '이상한 작가'를 평하면서 남정현을 만난 인상기를 자세히 적었다.

나는 남정현을 만날 때마다 그 차분히 가라앉은 낮은 목소리에서 그의 작가의 저력을 느끼곤 한다. 조용하면서도 인생을 예리하게 투시하는 그 선한 눈동자는 비록 두툼한 안경알 너머에 가리워져 있더라도 한시도 관찰을 멈추지 않고 있음을 그를 아는 사람들은 공통적으로 느끼고 있다. 뿐만 아니라 그의 작은 체구는 한국의 아틀라스라 할 수 있을 정도로 온갖 고뇌를 처절하게 감내하고 있는 것 같다. 뒤틀린 현실을 독자에게 정직하게 들려주기 위해서 그는 태어났는지 모른다.

김병욱은 "남정현은 정직하고, 용감하고, 현실을 정확히 볼 줄 아는 드문 작가"라 평하면서, "외양적으로 연약하게 보이는 남정현과 그의 작품 사이에 엄청난 차이점을 느끼게 된다."라고 썼다. 이는 남정현을 아는 지인들의 공통된 인상기이기도 하다.

필자는 '천부적 이야기꾼'을 살펴보다가 "그의 소설을 읽을 때마다, 그의 작은 목소리가 키득거림을 같이 듣게 된다."라는 대목을 읽은 뒤 남정현 소설을 읽는 맛이 새로워졌다. 소설 속에서 세상을 떠난 남정현 선생의 작지만 단호한 목소리의 웃음소리가 들리는 듯했다. 필자가 읽은 남정현 관련

평론 결구 중에 가장 기억에 남는 문장을 하나 꼽으라면 '천부적 이야기꾼'의 마지막 단락이다.

> 남정현의 문학은 결코 농담에 가까운 이야기가 아니라 우리 모두를 일깨우는 처절한 목소리다. 그럼에도 불구하고 그 작품에는 웃음이 있다는 것이 한 특징이다. 그것이 말하자면 남정현의 삶의 여유라고 볼 수 있다. 그의 작품은 분명히 훗날 재평가를 받을 것이다. 왜냐하면, 오늘을 가장 정직하게, 그리고 용감하게 얘기하고 있기 때문이다.

그는 작품 속에서 인간과 사회를 수술용 칼로 날카롭게 해부한다. 때문에 소설을 읽다 보면 고름, 오줌, 피 냄새가 나는데 한편으로는 어딘가에서 하하하 히히히 하고 키득거리는 웃음 소리가 들린다.

1974년 긴급조치와
남산 중앙정보부 지하실

이호철 작가와 구치소에서 함께 지내기도

1974년 1월 14일, 박정희 정권은 긴급조치 제3호를 공표한다. 그 직후부터 문인간첩단 사건,60 민청학련 사건 등 굵직한 시국사건이 연이어 터졌는데, 남정현 작가는 이때 긴급조치 위반 혐의로 남산 중앙정보부에 잡혀갔다. 처음에 정보부에서는 남정현이 장준하, 정일형 등을 연결해 유신체제를 반대하는 성명서를 발표하려고 했다는 식으로 몰고 갔다. 그러나 계획한 대로 그림표 만드는 데 실패하자 검찰은 기소조차 하지 않았다. 그런데도 몇 달씩 서울구치소(전 서대문형무소)에서 갇혀 지냈다. 재판도 없이 구치소에서 지내던 남정현은 육영수가 문세광에 피살당한 직후 풀려났다.

서울구치소에 관해서는 소설가 이호철의 '우리네 문단골 이야기'에 잠깐

---

60 진실·화해를 위한 과거사정리위원회(진실화해위)는 1974년 유신헌법을 반대하는 문인들을 간첩으로 몰아 처벌하려 했다는 의혹이 사실로 드러났다고 28일 밝혔다. 국군보안사령부(보안사)는 1974년 1월 유신헌법을 반대해 문인 61명이 내놓은 개헌지지 성명에 참여한 임헌영, 이호철, 김우종, 장병희, 정을병 등 문인 5명을 간첩죄 등을 적용해 구속했다. 이들은 당시 일본 민단계 재일동포가 발행하는 《한양》지에 글을 기고하는 등 관계를 맺고 있던 40대의 젊은 문인들로, 보안사는 《한양》지를 '발행인·편집인이 북한 공작원인 조총련계의 위장잡지'라 규정했다. ("문인간첩단 사건, 박정희 정권·보안사 조작", 〈한겨레〉, 2009. 7. 28)

나오기도 했다. 그가 1974년 1월 문인간첩단 사건으로 구속되어 서울(서대문)구치소 3사에 수감 중일 때의 일이었다. 이호철 작가는 재판정에 갔을 때 두 번째 재판 때까지는 방청석에 앉아 있던 남정현이 세 번째는 보이지 않아 의아하게 여겼는데, 그날 구치소에 돌아와 그 이유를 알게 되었다 한다.

> 그날 느즈막이 구치소로 돌아와 출정 나갔던 일행이 웅성대며 사동 복도에서 서성거리는데 2사 쪽 사동에서 아주아주 가까이 남정현이 커다란 소리로 '이호철, 이호철' 하고 내 이름을 부르질 않는가. 이러니 어찌 기절초풍하게 놀라지 않을 것인가. 남정현은 그렇게 그날 2사 상1방에 독거수로 들어와 있었다. 나는 3사 상2방. 그리하여 내가 변소 쪽으로 나가서 안마당 너머로 소리를 지르면, 모습은 보이지 않지만 남정현과 어렵지 않게 '통방'할 수는 있었다.[61]

이호철 작가의 기억에 의하면 남정현은 육영수 사망 후 며칠 뒤 한밤중에 풀려났다. 그때도 남정현 작가는 조그만 보퉁이 하나만 달랑 들고 2사 상 복도를 나가면서 커다란 목소리로 이호철의 이름을 불렀는데, 2심 계류 중이던 그는 "저렇게 나가는 남정현이가 여간 부럽지 않았다."라고 썼다.

남정현은 서울구치소로 넘어오기 전 남산 중앙정보부 지하실에서 한 달 동안 잠 안 재우기, 구타 등의 고문을 당했다. 얼굴을 심하게 맞아 이가 여러 대 빠졌고, 수사 중에 치과 진료를 받았다. 취조 중 졸도해서 앰뷸런스 타고 이문동 중앙정보부 병원으로 실려가서 응급조치 받기도 했다. 일반적으로

---

61 일제강점기부터 있던 서대문형무소는 해방 후 서울형무소(1945), 서울교도소(1961), 서울구치소(1967)로 명칭이 변경됐으나, 일반인들은 오랫동안 습관적으로 서대문구치소(서대문형무소)라 불렀다. 서울구치소는 1987년 경기도 의왕시로 이전했으며, 서대문형무소 건물과 터는 1998년부터 서대문형무소 역사관 및 서대문독립공원으로 활용되고 있다.

사건에 깊이 연루된 사람이 아니면 한 열흘 조사한 뒤 풀어줬는데, 남정현은 재판도 없이 서대문(서울)구치소로 가서 단 한 번의 접견도 없이 수개월을 지내야 했다. 작가는 이때의 악몽 같은 경험담을 《구술채록집》에 상세하게 증언하였다.

"74년 2월인가 3월에, 정보부에서 와서 잡아가더라구. 밤에 와서 딱 잡아가지고 찝차에 태우는데, 눈 가리고 머리 콱 숙이라고.
잡혀갈 때 무슨 생각이 났느냐면 딱 한 가지 생각이 났는데, 아! 이제 내 손을 짜르라고 잡아가는구나. ('분지 사건' 때) 쓰기만 하면 손 짜른다 했는데, 쓰지 말라고 한 걸 내가 썼으니까. 〈허허선생〉 쓰고, 〈옛날이야기〉 쓰고 해서 틀림없이 나를 (……) 그 손을 자꾸 쳐다봤다구. 그땐 짜르구서 내버려도 누가 뭐 얘기할 사람이 없는 거예요. 깡패한테 당한 줄 알면 그만인 거지. 거기 가면 기초적인 고문 있잖아요. 옷을 다 벗기고 그냥 누가 때렸는지도 모르게 막 완전히 그냥 아주 동물처럼 만들어 놓거든요. 가죽게 허는 (……) 그때 이제 양 볼을 좀 많이, 이가 신경이 어떻게 됐었는지 잇몸이 완전히. 아파서 며칠을 호소해도 병원에 안 데려가더니 하루는 나오라 그러드라구."

보름 동안 앉아서 수사 받다 졸도

수사관이 치과에 가자며 데리고 나왔다. 지하실에서 빠져나온 남정현은 수사관에게 잠시 누웠다 가고 싶다며, 파란 수의를 벗었다. 그는 이때 "햇살이 땀구멍으로 확확 들어오는 소리가 막 들리는 그런 체험을 했어요."라고 말했다. 햇빛이 몸에 들어오는 게 보이고 그게 아주 황홀했다고 한다.

"그러구 이제 치과에 가니까, 치과의가 날 밑으로 이렇게 보는데, 이 세 개가 빠졌어. 이 세 개가 없는 걸 보니까 그렇게 스궤해(그로테스크해). 이가 아주 무섭드라구, 괴기스럽지요. 치과의사가 이를 뺐어요. 근데 생니를 뺀 거지요, 따지면은. 내가 하도 아프다고 하니까. 빼구서 인저 뭐 솜 물구서 갔는데, 이게 지혈이 안 돼. 그래서 그다음 날 또 갔어요. 그 잇몸이 잘못돼서 그냥 빼기 시작한 게 70, 80년대에 제가 아주 완전히 의치를 하게 됐고."

그렇잖아도 허약한 체질의 남정현 작가는 남산 지하실에서 의자에 앉은 채 잠 안 자고 수사받다가 보름 만에 졸도했다. 바로 들것에 눕혀 앰불런스에 실려졌고, 이문동 중앙정보부에 있는, 2층짜리 병원에 입원했다. 병원에서 치료를 받던 어느 날 나오라고 해서, 집에 가느냐고 했더니, 수사관은 "집에 가지, 큰집에 가 이 사람아"라고 했다.

"남산으로 다시 가는 줄 알았더니 서대문(구치소)으로 가더라구. 6, 7개월 동안을 단 한 번도 면회한 적도 없고, 뭐 아주 밀폐된 그런 방안에서 있었어요. 그러고 있는데, 그해 74년도 8·15에 육영수가 저격당하지 않았어요. 육영수가 죽고 나니까 백성들에게 무슨 시혜를 베푼다 그래서 긴급조치가 해제됐어요. 그날 국방부에 밤중에 불려가니까, 학생들이 막 야단났어요. 여태 기소도 안 됐는데, 이번에 죽으러 간단 말이야. 그냥 자다가도 막 일어나고, 용기 내시라고 말이야. 그 밤중에 불려나가니까 아주 당허러 가는 줄 알았죠. 근데 죽는 줄 알고 가니까 찝차가 와 있더라구. 인제 국방부로 갔는데 분위기가 이상하더라구. 부드러워. 영관급들이 막 정신없이 왔다갔다 하고 그러더니 뭐 커피도 내오고 담배도 드리라고 허고 그러는데, 어떤 대령이 나오더니, 오늘 선생님 석방된다고, 긴급조치 해제됐다고, 조금 있으면 사모님이 아마 오실 거라고. 국방부에서 너댓 시간 있다가 국방부차 타고 집에 왔어요.
그 해제되는 날에 제가 나왔죠. 긴급조치 해제될 때까지 기소하지 않은 사람은 무조건 석방하게 돼 있대요. 정상적인 형법으로는 말도 안 돼죠. 기소하지 않고서 사람을 6, 7개월 가둬놓는다는 건 생각할 수 없는 만행이죠. 국가라는 엄정한 타이틀을 가진 나라에서."

피부가 파란 사나이

남정현 작가는 남산 지하실에서 고문당해 피부가 파랗게 변색된 정치수를 목격하기도 했다. 그는 수필 '엄마, 아 우리 엄마'에서 "유신체제의 두목 박정희의 발악이 극에 달한" 1974년 남산 중앙정보부에서 겪은 악몽같은 일을 적었다. 그는 공포의 지하실이 떠오르면 "그때 거기서 본 파란 피부가 너무나 선명하게 눈앞에 떠올라서 나는 길을 걷다가도 공연히 혼자서 '여러분 그 파란 피부를 보셨나요? 그 파란 피부의 사나이를 보셨나요?' 하고 여러 번 헛소리처럼 중얼거리곤 하는 것"이었다고 썼다.

> 하지만 나는 지금 그때 민청학련 사건을 조작했던 유신정권의 그 흉악한 음모와 그 와중에서 내가 겪었던 일들을 이 좁은 지면에 다 담을 수는 없다. 나는 다만 그저 당시 '남산'의 그 으스스한 지하실에서 내가 목격한 그 파란 피부의 사나이, 아니 도저히 인간의 살갗이라곤 말할 수 없는 한 인간의 그 파란 피부에서 받은 그 강한 충격의 여파가 그 후 이십 오륙 년이나 지난 오늘까지도 내 의식의 사이사이에 끼어 가지고는 이따금 나를 깜짝깜짝 놀라게 한다는 사실을 말하고 싶을 뿐이다.
> 그렇다. 생각하면 그것은 전율(戰慄) 바로 그것이었다.
> 그러니까 '남산'의 지하실에서 딱딱한 나무 의자에 앉아 벽면만을 바라보며 낮이나 밤이나 그저 무한정 앉아 있을 때였다. 누굴까? 그때 엉금엉금 기듯 하는 자세로 내 옆자리에 가까스로 다가오는 한 사나이를 조심스럽게 흘깃 훔쳐보는 순간, 하마터면 나는 기겁을 할 뻔했다. 나는 몸이 벌벌 떨렸다. 저분이 사람일까. 사람의 피부가 저렇게 파랄 수가 있을까.

미국인을 주요 등장인물로 한 소설 〈성지〉를 《다리》에 연재하기 시작한 1989년 '반미작가' 남정현은 미국 여행을 한다. 이호철 작가와 함께 캐나다 토론토에서 개최된 세계펜대회(9월 25일부터 10월 14일) 참석하는 길에 미국을 경유했고, 샌프란시스코-시카고-몬트리올-뉴욕-콜로라도-덴버 등을 여행했다.

    1974년 5월 2일 남산 중앙정보부로 연행된 황현승은 물고문, 전기고문, 구타로 피부가 온통 파랗게 변색됐다. 남정현은 "꼿꼿이 앉아서 벽면만을 바라봐야 할 내 자세가 조금이라도 흐트러지면 뒤에서 여지없이 발길질이 들어오기 때문"에 이 남자를 "죽을 각오를 하고 나는 또 흘깃 옆자리를 훔쳐봤다."고 했다. 남정현은 말 한마디 할 수 없는 상황에서 "온몸이 파란 사나이가 옆에 앉아 있다는 그 사실 자체가 나에 대한 견딜 수 없는 고문이요, 공포요, 분노였다."고 회상했다. 남 작가는 석방 후 파란 피부의 사나이가 인혁당 관련자로 체포된 황현승(당시 광신상고 교사)이라는 걸 알게 된다. 1935년 충청남도 당진에서 태어나 당진농업고등학교와 서울대 철학과를 졸업한 황현승 선생은 인혁당재건위 사건에 연루되어 구속됐다.62

1976년, 단란해 보이는 가족의 모습. 남정현 작가는 1974년 중앙정보부에 잡혀가 모진 고초를 당하고 풀려난 뒤에는 1980년 서울의 봄이 오기까지 작품발표를 거의 하지 못했다. 이 기간에 집필한 작품은 〈허허선생 2-발길질〉(1975) 딱 한 편이다.

남정현은 남산 지하실에서 사람을 고문하는 인간과 "나도 동일하게 사람이란 이름으로 이 세상에 태어났다는 사실이 왜 그렇게 수치스럽고 억울하게" 생각되는지 모르겠다고 썼다. 이런 마음에 그는 '박정희'라는 이름을 염불 외듯이 되뇌였다.

나는 다만 울렁거리는 가슴을 진정시키기 위해 가슴에 손을 대고, 박정희, 박정희, 유신, 유신 하고 꼭 무슨 염불을 외우듯 외우기 시작했다. 뭔가 딴생각을 하다 박정희란 그 이름 석 자를 잊어버리게 되면 왠지 큰일 날 것 같아서였다. 그때 나는 내가 혹시 그 생지옥 같은 지하

---

62 2007년 인혁당 재건위 사건 재심에서 무죄를 선고받은 뒤 황현승은 〈오마이뉴스〉와 인터뷰를 했다. 아래에 기사의 일부 내용을 정리해서 실었다.
"민청학련 선언문, 민중의 소리 등의 유인물을 김용원 선생과 함께 읽어봤다는 것이 전부예요. 그게 긴급조치 1호와 4호 위반이라는 것이죠. 돌이켜보면, 60년대는 민족이라는 말조차도 불온시 하던 시기였어요.
5일 동안 잠을 안 재우면서, 집중적으로 고문을 받았어요. 구타, 물고문, 전기고문. 그때 고문했던 사람은 (2002년 의문사진상규명위원회 조사로) 저하고 대질신문을 했는데, 시인은 않고 부인은 못 하고 어정쩡한 태도를 보이더군요. 전기고문 같은 경우는 기술자가 아니면 못합니다.
저는 1심인 비상 보통군법회의에서 20년형, 2심인 비상고등군법회의에서 15년형을 선고받고, 대법원에서 형이 확정됐어요. 전시도 아닌데 군인들이 재판했고, 그것을 대법원 판사들이 추인해 준 것입니다. 그러나 박정희가 심복 부하에게 살해되고 나서, 1982년 7년 10개월 만에 형 집행 정지로 감옥에서 나왔습니다."(안진걸, '[인터뷰] 2차 인혁당 사건 생존자 황현승 선생', 〈오마이뉴스〉, 2007. 3. 27)

실을 끝내 빠져나가지 못하고 그 자리에서 숨을 거두는 일이 생긴다면 나는 작가의 한 사람으로서 저승에 가서라도 꼭 염라대왕을 찾아가 나라와 민족 앞에 저지른 박정희의 그 만만치 않은 죄상을 내가 본 만큼 내가 본 그대로 낱낱이 고발해야겠다는 생각 때문이었다.
생각할수록 참으로 엄혹한 세월이었다.

남정현은 바로 이런 '엄혹한 세월'에 〈허허선생 1-괴물체〉(1973)과 〈허허선생 2-발길질〉을 썼다. 아마도 마음 같아서는 '분지 2' '분지 3'을 쓰고 싶었을 터이다.

한국 사람이라 할 수 없는 아버지 허허선생

―〈허허선생 2 - 발길질〉(1975)

남산 지하실에서 풀려난 뒤 쓴 〈발길질〉

〈분지〉 사건 이후 남정현 작가는 오랫동안 반미를 주제로 글을 쓰는 것을 삼갔다. 소설을 써도 미국 대신 주로 친일파를 등장시켰다. 〈허허선생〉 연작시리즈가 그 대표적인 작품이다. 〈허허선생 1-괴물체〉는 박정희가 10월 유신을 공표한 다음 해인 1973년 《문학사상》 2월호에 발표했고, 〈허허선생 2-발길질〉은 《문학사상》 1975년 5월호에 실렸다.

1965년 '분지 사건' 때 중앙정보부 수사관에게 손목을 잘라버리겠다는 위협을 받고 창작 활동이 극도로 위축됐던 남정현은 10년 만에 다시 중앙정보부에 끌려갔다. 1974년 봄 남산으로 끌려가 거의 반년 만에 석방된 남 작가는 고문 후유증으로 심신의 기력이 떨어져 집필 자체가 쉽지 않은 상태였다. 《문학사상》 1975년 5월호에 발표한 〈허허선생 2-발길질〉은 이런 시대적 난관 속에서 쓴 소설이었다. 〈분지〉 이후 친일파 허허선생을 소설의 주인공으로 등장시킨 데는 바로 이런 배경도 깔려 있다. 그렇지 않았다면 남정현은 허허선생을 골수 친미주의자로 그렸을 것이다.

〈허허선생 2-발길질〉에 나오는 허허선생은 일제 식민지 시절 시골 경찰서의 간부 서원으로 근무했고, 8·15 이후에도 승승장구했다. 그의 아들 허만은 친일파가 재개와 정계에서 만만치 않은 실력자로 행세하는 "허구와 모순으로 옹치고 옹친 부친의 현실과 그 비밀스러운 매듭을 시원스럽게 풀어 헤"치는 일을 자기의 연구과제로 삼은 인물이다. 허허(虛)와 허만(滿), 빌 허와 찰 만이라는 이름 자체에서 부자 사이가 숙명적인 대립관계임이 드러난다. 일제에 충성한 대가로 일황한테서 두 개의 특수공로훈장을 받은 그의 아버지에 대해 밤낮없이 생각하는 게 그의 일이었다.

> 머리를 쥐어짜며 아빠만을 열심히 생각하고 있었다. 아빠의 눈과 입을, 아니 아빠의 어제와 오늘을, 아니 아빠가 왜 죽지 않고 아직 살아 있는가를 곰곰이 생각하고 있었다. 하지만 아무리 생각해도 아빠의 넋은, 피는, 알맹이는 불행하게도 우리네, 즉 한국 사람이 아닌 것 같았다. 일본 사람이었다. 미국 사람이었다. 아니, 일본 사람과 미국 사람을 요리조리 뜯어 맞춘 그리하여 전혀 소속 불명의 허허(虛虛)한 인종 같았다.

일본 사람, 미국 사람을 요리조리 뜯어 맞춘 허허선생

소속 불명의 허허한 인종. 일제에 붙었다, 미제에 붙었다, 이익이 되면 간도 쓸개도 빼줄 인간이 허허선생, 그의 부친이었다. 아들 허만은 이런 허허선생이 실물이 아닌 허상, 유령, 괴뢰 같아 무서웠고, "그러한 부친과 단짝이 되어 그에게 온갖 세상의 부귀와 영화를 제공하며 빙빙 그를 감싸고 돌아가는 이 기이한 현실이" 또한 사이비, 허깨비, 악령 같았다.

이런 허허선생과 허만은 1년 전부터 원수지간으로 지내고 있다. 허허선생은 허만에게 "부자지간이란 인연은 고사하고 심지어 같은 인간이란 최소한의 동류의식마저" 느끼지 않는 것으로 보였다. 그것은 한 해 전 허허선생의 정계 데뷔 기자회견장에서 벌어진 사건 이후였다. 허허선생의 저택에서 진행된 기자회견이 끝날 무렵 한 기자가 허만에게 마이크를 들이대며 "자식된 입장에서 부친에 대한 자랑거리가 있으면 계제에 한 말씀 털어놓아 달라."는 요청을 했다. 그러잖아도 입이 근질근질했던 허만은 욱하는 기분으로 밑도 끝도 없이 답변했다.

"발길질입니다."

기자들은 어리둥절한 표정으로 보충 설명을 요청했고, 허만이 아버지의 '발길질' 사건을 털어놓으려는 찰나 허허선생이 벌떡 일어나며 잽싸게 아들의 말을 가로막았다. 그는 "사뭇 얼떨떨해하는 좌중의 시선들을 한번 휘둘러보고 나서 급기야 허만을 가리키며 한다는 소리가, 쟤는 내 장남인데 벌써 오래전부터 이상한 정신질환에 걸려 집에 치료 중이라는" 식으로 얘기를 했다. 그리고 정신병자 아들은 경호원에 의해 즉시 추방당하는 신세가 되어버렸다. 이 사건 이후 허허선생은 아들의 바깥출입을 통제하면서 사회적으로 완전히 매장하기 위해 바보, 천치, 숙맥이라는 인신공격을 했다.

허만이 기자회견장에서 공개하려던 '발길질' 사건은 그가 일곱 살 되던 해 경찰서 간부로 일하던 부친이 남루한 옷을 입은 농민을 걷어찬 일을 말한다. 아빠는 "쌍, 네가 뭐 히노마루노 하달 찢어!"라고 고함치면서 무릎 꿇은 농민을 걷어찼고, 농민의 골통에선 시뻘간 선혈이 낭자하게 흘렀다. 히노마루노하다는 일장기, 일환기(日の丸の旗)를 말한다. 허만은 "아빠의 그 민첩한 발길질이 어찌나 신통한지 흡사 곡마단의 무슨 묘기를 관람하는 느낌"이 들었다.

경찰서 간부의 민첩한 발길질로

이 기자회견 사건 뒤로 허만을 사람 취급하지 않던 허허선생이 웬일로 장남을 보자며 부른 것이다. 그 이유는 일제강점기 자신의 상관이었던 야마모도 서장이 일본에서도 아주 유수한 재벌이 돼서 한국에 왔는데, 코흘리개였던 아들을 꼭 보고 싶다 했다는 것이다. 허허선생과 동갑인 그 일본인 서장에 대해 허만은 "늘 바나나를 꺼내어 내 손에 쥐여주곤 곧잘 뽀뽀도 해주던 야마모도 서장. 하지만 그보다도 당시 내 소꿉친구였던 영철이 아빠를 때려죽였다는 소문이 자자하던 그 문제의 야마모도 서장"으로 기억하고 있었다.

애걸에 가까운 어조로 야마모도 서장을 만나 달라고 부탁을 하는 허허선생에게 허만은 한 가지 조건을 걸었는데 "눈 딱 감고 일억 원만 주십시오."라는 것이었다. 허허선생이 용도만 확실하면 줄 수도 있다고 말하자 허만은 "아버님을 연구하기 위한 연구소를 하나 만들 생각입니다."라고 말한다. 혼자의 힘으론 연구하기가 힘들어 해외의 석학을 모셔다가 "아버님을 곰지게 속속들이 파볼 생각"이라는 것이다.

"하지만 아버님. 저는 아버님을 연구하여 앞으로 다신 아버님과 같은 사람이 이 세상에 나타나지 못하도록 단단히 무슨 조치를 취할 생각이거든요. 죄송합니다."

순간 창백하게 굳어진 허허선생은 입 언저리에 경련을 일으키더니 "자식, 뭐라고!" 고함치면서 "거의 신기에 가까운 예의 민첩한 발길질"로 아들 허만을 걷어찼다. 워낙 창졸간에 생긴 일이라 몸을 피하지 못한 만(滿)은 아래층 층계로 떼굴떼굴 굴러떨어졌다. 온몸에 부서지는 통증을 느끼면서도 허만은 "나는 앞으로 부친을 정복하기 위해서 뭣보다도 이 발길질의 비법부터 풀어야겠다고 생각하며" 온 힘을 다하여 아픔을 꾹 참았다.

〈허허선생 2-발길질〉은 1982년 일본어로 번역되어 출간되기도 했다. 작가의 유품 중에는 일본인 번역가 아이자와 가쿠(愛澤 革)가 1999년 1월 20일에 보낸 편지도 있었다.

〈허허선생〉 번역작업을 다 이루었답니다. 마지막으로 남아 있었던 〈발길질〉을 겨우 연말에 끝낼 수 있었습니다. 〈허허선생〉 중에 이 작품만이 이미 일본어 번역이 있는 것은 선생님도 아시죠? (1982년, 동성사 간) 하셨던 사람인 이승옥 씨는 저도 아는 분이셨는데 유감스럽지만 94년에 돌아가셨어요. 그 일본역문이 꽤 좋은 것이어서 새삼스레 옮기기엔 오히려 머리를 더 돌려야 하는 바가 있었습니다. 하지만 그걸 다 이루고 어쨌든 일단 정상으로까지는 도달했다는 감이 드는 겁니다. (……) 상업적 큰 출판사들은 물론 신문사 서적 출판국들도 우선 채산성을 따지는 턱없는 방침을 취하고 있는 그 가운데 출판사 찾기가 힘든 일이란 것은 각오하고 있습니다. 그래도 올해 상반기 중에는 꼭 성사가 되겠지요.

애택 혁 씨는 "한일 양국 수뇌들이 입을 합쳐서 '문화교류 확대'를 구가하고 있는 '신시대'라면 바로 〈허허선생〉과 같은 작품이야말로 소개해야 할 것이라고 선전하고 싶은 겁니다."라는 말로 편지를 마무리했다.

작은 체구로 고난 감내하는 한국의 아틀라스

−《사랑하는 소리》(1978)

부부싸움 관람이 취미인 하숙생 갈바람

 신경안정제 바륨. 1974년 남산 지하실에서 겪은 고문 후유증으로 남정현 작가는 수십 년 동안 신경안정제 '바륨'을 매일 복용하며 지냈다. 신경안정제를 상복해서 생긴 부작용도 있는데, 늘 기력이 없고 비몽사몽이었다. 이게 힘들어 약을 끊으면 금방 죽을 것 같은 현기증이 한 달에도 몇 번씩 찾아왔는데, 공황장애 비슷한 증세라고 하였다.
 1974년 중앙정보부에서 고문을 당하고 나온 뒤 남정현은 제대로 된 소설을 쓰기 어려운 상황이었다. '반미' 소설은 엄두도 내지 못했다. 1974년 출소 이후 다시 펜을 잡고 소설을 쓴 것은 1975년 《문학사상》에 발표한 〈허허선생 2-발길질〉 하나였고, 70년대엔 더 이상의 작품을 발표하지 못했다.
 이 시기에 미완성 소설책을 한 권 펴내는데, 〈부산일보〉에 연재한 소설을 묶은 책이었다. 남정현은 1977년 1월 1일부터 같은 해 9월 30일까지 부산일보에 《사랑하는 소리》를 연재했는데, 연말까지 이어가기로 한 소설을 도중에 끝마쳤다. 남 작가는 소설책 '후기'에 "신문사에서 세상에 무슨 놈의 소설이 이렇게 소설 같지 않게 재미가 없이 지루하기만 하냐고 항의하는 바람에 나는 부득이 중도에서 붓을 놓고 말았다."라고 썼다. 그는 〈부산일보〉에 연재하기로 했을 때 희한한 생각이 떠올라 회심의 미소를 짓기도 했는데 어찌 된 일인지 "연재되는 그 첫날부터 이상하게도 생각이 꽉 막히는" 바람에 재미난 이야기를 하지 못했다고 변명했다. 그런데 이 미완성 소설을 범우사 윤형두 사장이 재미있다며 단행본으로 펴내자고 해서 낸 책이 바로 《사랑하는 소리》(1978)라고 했다.

실제로 이 소설은 〈부산일보〉에서 "소설 같지 않게 재미가 없이 지루하기만 하냐고" 항의할 만한 내용이었다. 원래 떠올렸던 이야기를 제대로 풀어가지 못한 이유도 있겠지만, 풍자기법에 익숙한 남정현의 문체, 구성 방식이 장편소설, 특히 신문연재 소설에는 장점으로 작용하지 않았다. 그리고 《사랑하는 소리》에 나오는 에피소드 여러 개는 수필집 《서울을 사는 고독과 희열》(1969)에 나오는 이야기와 중복됐다. 어찌 보면 1967년 《동서춘추》에 연재했던 〈하숙 십 년〉의 재탕, 삼탕이라는 비판을 받을 소지도 다분했다. 작가는 하숙집 이야기를 일종의 옴니버스 형식의 소설로 엮으려 했던 것 같은데 매일매일 원고마감을 해야 하는 신문연재 소설로 끌고 가기에는 무리였던 것 같다.

독자로서 이 소설을 읽는 의미가 있다면, 소설 속에 다 담지 않은 작가의 생각을 발견할 수 있다는 점이다. 제대로 된 수필집이나 자서전이 없는 작가이기에 더욱 그러하다. 필자는 《사랑하는 소리》의 몇몇 단어에 흥미를 느꼈다. 그것은 신분증 노이로제, 요강과 똥, 남존여비 사상이다. 그리고 뒤표지 추천사에 나온 '아틀라스'라는 말도 되새겨볼 만했다.

- 신분증 노이로제

《사랑하는 소리》의 주인공의 성은 갈(葛), 이름은 바람, 갈바람이다. 하숙집 주인이 이름을 물어보자 이렇게 답한 것인데, 이것도 본명인지는 의심스럽다. 그는 인정신문 하듯 신원을 캐묻는 것에 거부감이 크다. 갈 씨는 하숙집 주인이 고향을 물어봐도 그냥 "참 좋은 데지요."라고 답해서 싱겁다는 소리를 듣는다. 그는 이에 관해서는 나름의 소신이 있는데, 단 한 번도 먼저 솔선하여 "고향은? 직업은? 연령은?" 해싸며 남의 신상을 물어보지 않았다.

그렇잖아도 우리 국민은 국토분단으로 인한 민족상잔의 비극을 계기로 해서, 너나없이 수시로 신분을 밝혀야만 하는 고통 속에서 살아온 탓으로 모두들 일종의 신분증 노이로제에 걸려서 어깨가 다 축 처져 있는 판인데 게다대고 또 직업은? 연령은 해싸며 꼬치꼬치 묻는다는 것은 아무래도 좀 점잖지 못한 행위라고 생각되었기 때문인지도 모른다.

갈 씨는 "상대가 나와 운명을 같이 하는 백의민족"이라는 사실만으로도 족했다. 어떤 사람은 인사를 나누자마자 꼭 무슨 도둑놈이나 하나 잡아다 놓고 조서를 꾸미기라도 하듯 "집이 어디냐? 몇 살이냐? 그래 요샌 뭐하며, 양친은 살아 계신가? 그리고 학교는 어딜 나왔으며 또 장가는 들었는가 해싸며 사뭇 숨 쉴 여유도 주지 않고 질문 공세를" 편다. 갈바람은 이런 사람은 딱한 분들이라며 "도대체 내 나이가 스무 살이면 어떻고 서른 살이면 어떨 것인가. 그리고 고향이 또 강원도면 어떻고, 전라도면 어떻단 말인가."라고 답답해 한다. 그래서 갈 씨는 상대가 무얼 물어도 예, 예 하며 싱겁게 답한다.

- 요강과 똥

갈바람은 들창문 있는 하숙방을 좋아한다. 그 이유는 고교 시절 맨 처음 하숙할 때 들창문으로 내다본 풍경에 감탄한 경험 때문이다. 그 하숙집 들창문으로 명승지 절경이 펼쳐진 게 아니었고, 쪽마루 위로 누런 놋쇠 요강이 보였다. 갈바람은 사춘기 시절에 들창문을 통해 바라본 장면에 감동했고,

그래서 "오늘날까지 십수 년간이나 하숙 생활에 재미를 붙이게 만든 그 주된 장본인은 뭐니 뭐니 해도 그때의 그 놋쇠 요강이라 해도 실로 과언이 아닌 것"이라 여겼다. 그가 감동한 것은 단지 놋쇠 요강이 아니라 그 요강 위에 앉아서 일을 본 여자의 알몸이었다. 하숙한 지 며칠 안 된 어느 날 아침 "어디서 곰팡이 냄새와 함께 지린내도 풍겨 오는 것" 같아서 들창 밖을 내다봤는데, 쪽마루 놋쇠 요강이 눈에 들어왔다. 그리고 삼각팬티만 하나 걸친 여자가 그것마저 까내리곤 요강 위에 털썩 주저앉아 일을 봤다.

순간 쏴 하는 소리와 함께 밑으로 내지르는 그 흔흔한 배설음.
참으로 신나는 장면이었다.
일종의 도원(桃源)의 선경(仙境)과 느닷없이 접촉하고 잠시 무아지경을 헤맸다고나 할까.

갈바람은 여자의 "매혹적인 하반신의 절정을 좀 더 자세히 관광해야겠다는 욕심에만 치우친 나머지" 몸을 쑥 내밀다가 들창의 한쪽 유리가 깨졌고, 그 소리에 놀란 여자와 눈이 마주쳤다. 바람은 용서를 빌기에도 자신의 죄과가 너무 크다 생각하고, 벼락이 떨어지기만 기다렸다. 그런데 몽둥이나 요강, 벼락은 떨어지지 않고 여인은 바람을 보고 웃었다. 그 순간 수줍음이나 부끄러움이 없는 바보스럽고 철면피한 웃음. 갈바람은 그 여자가 혹시 사람이 아니라 유령일지도 모르겠다는 생각에, 그런 집에 더 있다가는 무슨 꼴을 당할지 모르겠다는 판단에 어느 날 슬며시 하숙을 옮겼다. 그렇지만 놋쇠 요강을 중심으로 전개되던 "그 황홀한 아니 그 숨 가쁜 장면이 항시 눈에 선하기 때문"에 '들창'에 대한 미련을 버릴 수는 없었다. 사실 이 요강 위의 배설 장면은 소설 〈너는 뭐냐〉의 신옥이 방 안에서 아침마다 벌이던 일이었다. 남정현의 소설엔 똥, 배설이 주요 소재로 자주 등장한다.

- '여필종부' '남존여비'

갈바람이 대학을 나와 군 복무를 마치고 종로구 당주동에 하숙할 때의 일이었다. 하숙집 주인 부부는 "세칭 일류대학을 나온 지성인들이요, 게다가 정 씨는 당시 장안의 모 고교에서 교편을 잡고 있던" 분이었다. 정 교사는 이 사회의 사표가 되어야 마땅한 분이었는데, 어찌 된 일인지 아내의 과거 이야기만 나오면 이성의 좌표를 잃어버리고 갈팡질팡했다.

좀 배웠다는 정활영 씨는 아내 조 여사를 "도무지 한 사람의 독립되고 자주적인 인격체로서 대접하여 주는 것" 같질 않았다. 정 씨는 인간의 역사 중에서 소중한 사랑의 영토를 존중하지 않고, 한 인간의 과거까지 다스리고 소유하려 덤볐다. 그는 칼이나 주먹을 휘두르지는 않았으나 아내의 과거가 떠오를 때마다 조 여사의 허벅지를 꼬집어서 성한 곳이 없게 만들었다. 부인이 웃으면 트집을 잡아 "아직도 그놈을 생각하고 좋아서 웃는 네년이 그게 창부지 그럼 뭐냐 응?" 하며 험한 소리를 했다. 그런 일이 있고 며칠 뒤 정 교사는 부인과 결별을 선언하고 트렁크 하나에 짐을 챙겨 집을 나갔다.

정 씨가 가출하고 일주일쯤 지나 하숙집에는 조 여사와 그녀의 친구 둘(이수임, 박자혜)이 술판을 벌였다. 조 여사에게 붙잡혀 술판에 끌려 들어간 갈바람은 여인네들에게 "당신 도대체 뭐야?" "당신들 남자라는 그 시시한 동물들 말이요."라며 면박을 받는다. 그녀들은 갈바람을 시종 중죄인 취급했고 "인간 역사의 발전을 가로막는 그런 무슨 암적인 존재로 몰아붙이었던 것"이었다.

"지금이 어느 땐 줄 알기나 알아? 너희들은 그저 주둥아리만 살아 가지고 말로만 늘 자유니, 인권이니, 민주주의니, 남녀평등이니 하고 떠들지만, 천만의 말씀, 당신들의 속셈은 달라. 행동은 영 딴판이란 말야. 뭔가 큰 착오증 질환을 알고 있단 말야. 알겠어?"

"말하자면 당신들은 아직도 이미 역사 무대에서 퇴물화한 여필종부 사상을 동경하고 있다, 이 말이거든. 즉, 너희들은 아직도 남존여비 사상이 골수까지 배어 있다는 거야. 알아듣겠어? 아, 알아듣겠느냐 말이야?"

세 여인은 역사 무대에서 퇴물화한 '여필종부' 사상과 '남존여비' 사상을 동경하는 남자들을 후려쳤다. 이런 질책에 갈바람이 "아니 왜들 이러십니까? 왜들?" 하며 대꾸하자 박 여사, 이 여사는 "정말 뻔뻔스럽구먼. 아니 우리들이 왜 이러는지를 몰라서 그래?" 하며 의기양양한 어조로 말을 이어갔다. 길지만 이수임 여사의 말을 그대로 옮겨 본다.

"이봐 남자. 당신들도 사람이거든 당신들이 한 짓을 좀 생각해 보라구. 우선 우리 저 착한 조 여사의 피부 좀 봐. 전신이 온통 시퍼런 멍투성이야. 아 저래 놓고도 무슨 할 말이 있어? 아니 당신들에게 무슨 인권사상이 있으며 또 사랑이 있구, 윤리가 있구, 순결성이 있느냐구. 당신들이야말로 아무런 가치의식이 없는 개처럼 할 짓 못 할 짓 다 하고 다니면서 우리들 보고만 참으라 이 말이지. 에이 여보슈. 인종이 미덕이라구? 아니 당신들 도대체 무슨 권리로 우리에게만 인종이 미덕이라고 강요하는 거지? 더러운 것을 보고도 추한 것을 보고도 아니 비인권적인, 비민주적인, 비평등적인, 비윤리적인, 그런 모든 비인간적인 부조리를 보고도 그저 끽소리 말고 참으라 이 말인가? 참는 것이 약이라고? 참는 자에게 복이 있다고?"

이 여사는 "에이 여보슈. 미안하지만 역사는 참는 자의 편에 서서 돌아가는 것이 아니라 싸우는 자들의 편에 서서 돌아가는 거야. 말하자면 싸우는 자들이 이루어 놓은 거야. 왜 그래, 왜?" 하며 말을 계속 이어갔다.

"불의를 보고도 부정을 보고도, 그저 참고 견디기만 하는 한 역사는 반전이 없어. 영원한 답보상태에 머무는 거야. 즉 썩는 거야. 그런데도 뭐 우리 보고 참으라구? 당신들의 부당한 대우에 참기만 하는 한 우리들은 영원히 남존여비의 그 쓰라린 질곡에서 신음할 수밖에 없는데, 우리 보고 계속 참으라구? 에이 여보슈. 인종이 미덕이란 말이지? 어림없어. 그따위 미덕은 당신들이나 가지슈. 우린 필요 없어. 당신들이 우리에게 순결성을 요구하면 우리도 당신들에게 순결성을 요구할 거구, 당신들이 또 우리의 과거를 문제 삼으면 우리도 당당히 당신의 과거를 문제 삼을 뿐야. 알아듣겠어? 아, 알아듣겠느냐구?"

갈바람은 졸지에 세 여인에게 한국 남성을 대표해서 일장훈시를 들었다. 마치도 1980년대 민주화 물결과 함께 터져 나온 '여성해방'의 함성 같이 들린다. 남정현의 소설에선 이같은 여성의 목소리를 찾아보기 어렵다. 《사랑하는 소리》에도 여성을 '열등의식'에 빠진 존재라고 말하는 등 여성이 읽기에 불편한 장면이 여러 군데 나온다. 소설 속 인물의 발언이 작가의 생각과 정확히 일치하는 것은 아니다. 작가의 여성관을 이해하는데 윗글에 나오는 세 여성의 목소리도 참조할 필요가 있어 보인다.

- 아틀라스

《사랑하는 소리》 뒤표지에는 "남정현의 그 작은 체구는 한국의 아틀라스라 할 수 있을 정도로 온갖 고뇌를 처절하게 감내하고 있는 것 같다. 뒤틀린 진실을 독자에게 정직하게 들려주기 위해서 그는 태어났는지 모른다. 남정현은 정직하고, 용감하고, 현실을 정확히 볼 줄 아는 드문 작가"라고 적혀 있었다.

그리스신화에 나오는 아틀라스는 보통 무거운 짐을 짊어진 자를 상징한다. 그리스신화에 나오는 아틀라스는 제우스에 맞서 싸우다 패해 대지(가

이아)의 서쪽 끝에 서서 하늘(우라노스)을 떠받드는 형벌을 받았다. 평생 한자리에서 반외세에 몰두하는 남정현 작가를 '쇠말뚝' 같다고도 하는데, '아틀라스'라는 별칭도 잘 어울린다는 생각이 들었다.

작가가 하고 싶었던 말은

남정현 작가의 연재소설은 비록 〈부산일보〉 독자에겐 인기가 없어서 중도하차 했지만, 범우사의 윤형두 사장이 마음에 든다며 미완성 소설을 책으로 내줬으니 아주 실패작은 아니라 하겠다. 윤 사장은 "이 《사랑하는 소리》가 필자의 말대로 아무리 실없는 잡담이라 하더라도 하도 재미가 나서 그냥 버리기에는 아까운 잡담인즉 책으로 묶어두는 것도 과히 큰 잘못은 아닐 것 같다."고 하면서 출판을 권했다고 한다. 완전히 고치고 싶기도 했지만 단 한자도 고치지 않고 책을 낸 작가는 《사랑하는 소리》 후기에 "책이 되어 나오더라도, 누구 한 사람 읽어주지 말기를 바라는 마음 간절하지만"이라고 적었다.

필자가 추정컨대, 1965년 '분지 사건'과 1974년 긴급조치 건으로 구속됐던 남정현 작가가 감시와 자기검열 탓에 창작활동이 위축되면서 불가피하게 선택한 집필 활동이 아니었나 싶다. 그래서 하숙생이 관찰한 하숙집 주인의 섹스와 돈에 얽힌 부부싸움을 큰 줄거리로 하는 이 소설 같지 않은 소설의 곳곳엔 생경한 정치적 발언이 삽입되어 있기도 하다. 어쩌면 작가는 박정희 군사정권 밑에서 그 몇 마디를 독자에게 슬쩍 던져주기 위해 싱겁고 실없는 잡담을 지루하게 끌고 갔는지도 모른다.

아닌 게 아니라 우리의 이 자유세계가 사랑하는 자본제 사회 하의 인간이란 어찌 보면 오로지 '돈'만을 찾아 헤매는 무슨 벌레와 같은 존재가 되어야만 가정에서 빛이 나고 사회에서 훈장을 받을 수 있는지도 모른다.

소설가 지망생인 이웃 청년 채 씨는 "신문들이 이렇게 일 년 내내 할 일은 안 하고 맨날 그저 육체적인 인간의 건강 문제나 붙잡고 세월을 허송하고 있는 것"에 대해서도 목소리 높여 비판한다.

"결국 신문마다 다 같은 얘기거든요. 이것 좀 보십쇼. 식이요법이다, 약물요법이다, 물리요법이다, 이건 또 뭡니까. 무슨 회춘 코너요, 정력의 비결이요, 난치병 정복란이요, 건강교실이요, 참 가관이지요. 그리고 또 이것 좀 보십쇼. 남자가 강해지는 법, 여자가 강해지는 법 또 미용식이 어떻구, 강장식이 어떻구, 그러니 이게 어디 신문입니까?"

채 씨는 갈바람 앞에 신문 여러 개를 펼쳐 보이며, '통일'이나 '민족' 같은 '좋은 소식'은 다루지 않고 정력 타령이나 하고 있다며 목청을 높였다. 외도, 부부싸움, 성욕, 알몸, 관음증이 주요 소재인 이 소설의 마지막도 갈바람에게 '여론조절연구협회'에 취직시켜주겠다는 주 씨의 이야기로 끝난다.

"말 그대로 여론을 조절하는 곳이지 뭡니까, 예. 말하자면 민심을 수습하는 곳이랄까, 하여튼 백성들이, 자기들이 잘살고 못살고 하는 까닭이, 성공하고 실패하고 하는 까닭이, 오로지 자기 자신의 타고난 팔자소관에 달려 있다는 생각을 가슴속 깊이 심어주는 곳이랄까, 하하하, 어쨌든 사람들이 자기가 잘살고 못살고 하는 까닭을 정치나 경제나 사회문제에 파고 들어가서 찾아내려고 노력하지 못하게끔, 미리 예방조치를 하는 그런 유의 연구기관이라고만 알면 되겠습니다. 이제 아셨습니까? 하하하, 자, 그럼 어서 일어나십시다."

주 씨의 말에 따르면 전국의 "수많은 점쟁이 관상쟁이 사주쟁이를 포함해서 사이비 유사종교단체들이 거의 다 그 여론조절연구협회의 회원으로 가

입되어 있다."고 하는데, 이들은 찾아온 손님에게 "한 인간의 행불행에 관한 문제를 정치나 경제나 사회의 메커니즘에서 찾아보라고 권유"하지 않고, 오직 천지신명과 사주팔자의 책임으로 돌린다고 했다. 그런 탓에 사이비 정치인에게는 협회의 회원이야말로 그들 정치인의 책임을 모면하게 해주는 소중한 존재라는 것이다. 남정현은 바로 이러한 인생관에 반감을 표한다. 그는 작품에서 외세와 지배권력을 신랄하게 비판하면서 동시에 체제에 순응하며 노예처럼 사는 사람들에게도 질타를 가한다.

  점쟁이들이 권유하지 않는 "한 인간의 행불행에 관한 문제를 정치나 경제나 사회의 메커니즘에서 찾아보라."는 인생관은 남정현의 문학관과도 정확히 일치한다. 남정현은 '분지 사건' 22년만인 1987년이 돼서야 〈분지〉가 포함된 소설집 《분지》를 펴냈는데, 이 책의 서문에서도 "일상적으로 인간의 행·불행에 큰 영향력을 행사하는 현실의 메커니즘", 즉 정치·경제·사회·문화 등의 그 구조와 내용을 옳게 이해하지 않고서는 제대로 된 문학을 할 수 없음을 역설했다. 그가 소설이라는 형식을 빌려 독자에게 전하고 싶은 핵심 알맹이라 하겠다.

6장

1980년대

지하 독방에 갇혀 있다 1987년 풀려난 〈분지〉

'저승'에서 들려오는 그로테스크한 목소리
-〈허허선생 3-귀향길〉(1980)

1980년 서울의 봄, 〈허허선생 3-귀향길〉을 발표

'서울의 봄'이라 불리는 1980년 초, 남정현 작가는《문예중앙》1980년 봄호에〈허허선생 3-귀향길〉63을 발표했다. 〈허허선생 2〉를 발표한 지 5년 만의 창작소설이었다. 계간지《문예중앙》1980년 봄호 표지에는 '중편 이청준·이문열, 연재 윤흥길·박범신'이 적혀 있었다. 목차의 단편소설 코너에는 남정현의 〈허허선생 3〉, 김원일 〈오누이〉, 오정희 〈겨울 뜸부기〉. 김성동 〈잔월(殘月)〉 등 4편이 올라 있었고, 〈허허선생〉은 "〈분지〉의 작가가 새롭게 시도하는 사회풍자의 연작"이라고 소개했다. 책의 맨 뒷장에 실린 '편집후기'에는 "중견작가 남정현 씨의 해학적인 풍자소설, 창작문학상의 수상작가 김원일 씨의 분단 이후의 현실조명, 이상문학상의 오정희 씨, 〈만다라〉의 김성동 등의 작품을 통해 우리는 밀도 있는 단편문학의 격조를 실감케 된다."라고 적혀 있었다.

〈귀향길〉은 허허선생이 왕년의 일본인 상사와 함께 과거 일제 시기에 근

---

63 1981년 한진출판사는《80년 문제작품 20선집》을 펴냈다. 평론가 염무웅이 엮은 이 책에는 전상국의 〈우상의 눈물〉, 이문구 〈우리 동네 장씨〉, 문순태 〈물레방아 속으로〉 등 20편의 작품이 실렸는데, 남정현의 〈허허선생 3-귀향길〉도 포함됐다.

무하던 주재소가 있던 곳을 30여 년 만에 방문하는 과정을 그린 이야기다. 그의 상사 마쓰바라 순사부장은 일본의 히노마루 재벌 회장이 되어 삼십여 년 만에 한국을 방문했다.

허허선생 가족이 고향집을 떠나게 된 것은 "그러니까 조국이 일제의 질곡에서 벗어나 삼천리 방방곡곡이 온통 해방된 환희 속에서 들끓고 있을 때"였다. 여섯 살 먹은 어린 허만의 기억에 당시 "아빠는 거의 사색이 되어 흡사 무슨 신음소리처럼 우린 이제 망했다는 소리만 연발하고 있었고 엄마는 아주 침통한 표정으로 하루 종일 한숨만 내쉬고" 있는 초상집 같았다. 어느 날인가는 몽둥이 떼가 집으로 몰려왔고 허허선생 가족은 "방공호로 이어진 지하실의 통로를 이용하여 집을 빠져나가" 도피했다. 고향집은 몽둥이들에 의해 불타버렸다.

"야음을 타서 천신만고 죽을힘을 다하여" 고향을 탈출한 허허선생은 왜놈 대신에 어느 양놈과 어울리더니 느닷없이 감투를 쓰기 시작했고 "무슨 서장이 되고 총장이 되고 사장이 되고 국회의원이 되고 또 장관이 되고 하더니, 어느새 재계와 정계의 만만치 않은 실력자가" 되었다.

몽둥이들에 의해 불타버린 고향집

허허선생과 장남 허만의 관계는 혈육이 아니었다면 진즉에 등 돌렸을 원수지간이었다. 이는 허허선생이 아들에게 "전생에 내가 무슨 죄로 너 같은 자와 부자지간이 되었는지 모르지만 하여튼 앞으로도 내 너의 목숨 하나만은 고이 보존토록 노력하겠으니 그 점만은 꼭 믿어도 될 것이다."라고 말하는 데서 알 수 있다.

이런 험악한 사이임에도 허허선생이 히노마루 재벌 마쓰바라 회장과 고향 방문하는 날에 허만에게 동행을 부탁한 것은 마쓰바라 회장의 요청 때문이었다. 마쓰바라 회장은 옛날 허만을 데리고 놀던 시절을 그리워했다. 허허선생은 장남이 귀향길에 마쓰바라 회장을 기쁘게 해드린다면, 자기에게 큰 이익이 돌아오리라 계산한 것이다. 때문에 아들이 "어린 시절과 관계된 기억을 더듬어서, 가능한 한 그것을 미화"시키길 원했다.

히노마루 회장은 사십이 다 된 허만을 어린애 취급하면서 몇 번이나 얼싸안았다. 세 사람과 비서 미스터 곽은 허허선생의 승용차에 몸을 싣고 고속도로를 달려 귀향길에 올랐다. 고속도로를 벗어나 고향으로 향하는 비좁은 비포장도로에 접어들자 마쓰바라 회장은 뭔가에 감동한 것 같았다. 그러다 상엿집을 보고는 약간 상기된 표정을 지으며 말했다.

"허허 상, 저것 좀 봐요, 저것 좀 봐. 하, 그대로군요. 정말 옛날 그대론데요."

마쓰바라 회장은 잡초가 무성한 두 개의 무덤 앞에 있는 상엿집을 가리키며 "허허 상은 저걸 보고도 뭐 느끼는 것이 없소?" 하고 말하며 크게 웃었다. 마쓰바라 회장의 말에 의하면 '허허 상'이 상엿집을 유치장으로 사용하자고 제안했고, 그곳에 징용 기피자, 공출 기피자, 정신대 기피자를 가뒀다고 한다. 허허선생은 "하여튼 그때 그것들을 저 상엿집에다 며칠 저녁 처박아두면 그만 혼비백산하여 싹싹 빌었으니까요."라며 뻐기듯 말했다.

얼마 뒤 허허선생과 마쓰바라 회장은 옛날 주재소 건물을 보며 반가워한다. 마치 "덩실 춤이라도 출 듯싶게 신나는 말씨"로 떠들었다. 그러나 허만은 "흡사 옛날로 유인하는 그 무슨 도깨비에라도 홀린 느낌"이었고, "왠지 시야가 점점 몽롱해지고" 있었다. 그리고 주재소라는 말을 듣고 앞을 주시했을 때, 주재소 앞에서 몽둥이가 달려오는 게 보였다. 그 몽둥이는 "옛날에 우리 집을 향하여 숲처럼 일어서서 바람처럼 달려오던 그때의 그 몽둥이"였다. 허만은 "몽둥이다! 차를 세워라, 세워!"라고 비명을 질렀고, 차는 급정거했다. 몽둥이라는 말에 허허선생은 주변을 살피고 이렇게 말했다.

"아니 저게 어디 몽둥이냐, 피켓이지. 내 얼굴을 그려 붙인 피켓. 허허선생을 환영한다는 피켓이란 말이다. 어느새 허허선생의 행차 소식을 듣고 모두들 환영 무드에 들떠 있는 거야. 어 이놈, 정신 좀 차려야겠다, 웅."

아련히 들려오는 '그로테스크한' 목소리

허허선생이 이렇게 진정시켰지만 허만의 눈엔 그것이 몽둥이로 보였다. 그리고 "차 곁으로 육박하는 일단의 몽둥이 떼를 피하여" 승용차 문을 박차고 나왔다. 잘못하면 "몽둥이가 골통을 내리치는 것 같은 두려움 때문"에 비틀걸음치며 앞으로 내달렸다. 허허선생이 "얘, 만아, 만아!" 하고 부르고, 마쓰바라 회장이 "하, 허만 상! 허만 상!"이라고 목청껏 소리쳤지만 뒤를 돌아보지 않고 달렸다.

"나는 사십이 다 된 어른이란 사실마저 까맣게 잊어버리고 왠지 허허선생과는 전혀 인연이 없는 고아가 되고 싶은 심정으로, 아니 미아가 되고 싶은 심정으로 나는 옛날에 내가 달리던 그 좁은 논두렁길을 쏜살같이 달리고 있었다."

남정현은 〈허허선생 1-괴물체〉에 이어 〈허허선생 3-귀향길〉에서도 '그로테스크'라는 말을 사용한다. 주재소 순사로 같이 일하던 허허선생과 마쓰바라 회장이 상엿집에 징용, 공출, 정신대 기피자를 가둔 얘기를 들으며 사십이 다 된 아들 허만은 "어쩌면 저들은 옛날과 오늘이, 이승과 저승이 한데 어울려서 날조해놓은 그런 무슨 기이한 형태의 허깨비일지도 모른다는 생각에" 문득 아연해졌고, 무서운 생각이 들었다. 그리고 그들의 목소리가 "먼 먼 '옛날' 속에서, 아니 먼먼 '저승' 속에서 아련히 들려오는 듯한 뭔가 그로테스크한 목소리 같았다."라고 느꼈다.

왜놈 밑에서 순사를 하던 아버지가 "무슨 서장이 되고 총장이 되고 하더니, 어느새 재계와 정계의 만만치 않은 실력자가 되어 버린"(허허선생 1) 현실, 친일매국노였던 "부친과 단짝이 되어 그에게 온갖 세상의 부귀와 영화를 제공하며 빙빙 그를 감싸고 돌아가는"(허허선생 2-발길질) 이 기이한 현실 자체가 아들 허만의 눈에는 그로테스크하게 보였을 것이다.

우리시대의 '표준어'를 찾아서

-《남정현 대표작품선-분지》(1987)

은폐된 진실을 찾아내는 작업

"지하 독방에 22년 동안 갇혀 있다가 민주화와 함께 비로소 햇빛을 보는 남정현의 대표작 '분지'와 그에 관한 사건 기록!"

1987년 10월 25일 흔겨레출판사에서 발행한 《남정현 대표작품선 - 분지》의 표지를 넘기자마자 나오는 글귀다. 이 책은 6월항쟁이 아니었다면 발간되기 어려운 금서였다. 남정현의 작품집(소설)은 정치적인 격변기에 출간(발표)되는 경향이 있다. 1960년 4·19 혁명, 박정희 암살 직후인 1980년 서울의 봄, 1987년 6월항쟁 직후, 2002년 효순미선 사건과 같이 권력과 외세의 통치 암반에 균열이 생기고, 그 틈을 비집고 민중의 함성이 울려 퍼질 때 책(작품)이 나오곤 했다. 흔겨레출판사가 펴낸 책의 표지에는 한자로 '糞地'(분지)라 적은 제목 옆에 '작가의 말' 중의 일부를 뽑아서 적어놓았는데, 여기에는 작가가 글을 쓰는 목적이 잘 드러나 있다.

역사의 전진을 가로막는 부당한 세력들은 으레 자신들의 지배욕을 충족시키기 위해 현실을 교묘하게 위장한다. 그들은 자신들의 흉계가 드러나 않게끔 쉼 없이 진실을 날조하고 은폐하는 것이다. 그런데 글을 쓴다는 것은 이 은폐된 진실을 찾아내어 그것을 표현하기 위해 감행되는 현실과의 가열한 싸움이다.

남정현은 《분지》에 실린 '작가의 말'을 통해서 1980년 《문예중앙》(3월호)에 단편 〈허허선생 3-귀향길〉을 발표한 뒤 7년 만에 작품집을 묶어낸 작가의 심정을 밝히고 있다. 길지 않은 글이지만 이를 통해 남정현의 문학관을 엿볼 수 있다.

그는 "우리 시대의 '표준어'를 찾아서"라는 제목이 달린 '작가의 말' 첫머리에 "제아무리 재주를 부려봐도 글을 쓴다고 하는 행위는 인간을 사랑한다(휴머니즘)고 하는 그 크고 빛나는 테두리를 좀처럼 벗어날 수 없을 것 같다."라고 썼다. 어찌 보면 매우 평이한 이 표현, '인간을 사랑한다'라는 말은 작가의 여러 글에서 자주 등장한다. 1977년 12월에 펴낸 남정현 작품집 《준이와의 3개월》에 작가가 쓴 '책머리' 첫 문장도 "글을 쓴다는 것은 본질적으로 인간을 사랑하기 위한 작업일 것이다."라고 적었다. 이 작품집에는 10편의 소설이 실렸는데, 정작 대표작 〈분지〉는 누락된 상태였다.

남정현은 《분지》의 '작가의 말'에서 "글이란 결국 인간을 기쁘게 해주기 위한 작업"이며 그러기 위해서는 부득불 현재 "인간이 생존하고 있는 그 구체적인 현실이 늘 문제이고 관심사라 여긴다. 인간의 행·불행에 큰 영향력을 행사하는 정치·경제·사회·문화 등의 "현실의 메커니즘을 옳게 이해하지 않고는 도대체 인간을 어떻게 사랑해야 좋을지 그 방법이 막연해질 수밖에 없을 것"이란 얘기다.

그런데 짙은 흑막 속에 싸여 있는 이 복잡다단한 현실의 전모를 이해하기란 쉬운 일이 아니다. 왜냐하면, 역사의 전진을 가로막는 세력들은 "현실을 교묘하게 위장"하고, "진실을 날조하고 은폐"하기 때문이다. 남정현은 이 지점에서 글을 쓴다는 것은 바로 이 "은폐된 진실을 찾아내어 그것을 표현하기 위해 감행되는 진실과의 가열한 싸움이라고 말할 수 있다."라고 밝힌다. 현실과 싸움을 벌이며 진실에 접근하는 일은 용이한 일이 아닌데, 역사를 오도하려는 무리가 높은 담장과 갖은 장애물을 설치하고 감시하는 탓이다.

'상징'이란 이름의 무기

"인간을 사랑하기 위한 그 숭고한 작업을 멈출 수 없는" 작가는 먼저 무엇을 해야 할까. 남정현은 "인간을 억압하는 일체의 기반에서 완벽하게 해방되려는 인간의 그 절절한 소망에 항시 귀를 기울여야 하는 것"을 주문한다. 이때 작가는 '상징'을 발견한다는 점을 밝힌다.

> 그리하여 글을 쓰는 사람들은 그 장애물을 극복하고 담장을 뛰어넘어 진실과 만나려는 수단으로서 상징이란 이름의 아주 효과적인 무기를 발견한 것이다. 그렇다, 이 '상징'이란 이름의 절묘한 수사기법이야말로 오늘날과 같이 엄혹한 현실에서도 좋은 글을 쓸 수 있는 아주 요긴한 힘이 되어줄 것이라고 나는 생각한다.

이때 한가지 고민에 부딪힌다. 상징을 하되 어느 정도의 수준에서 해야 하나. 이 문제로 인해 작가는 "늘 나의 머리를 무겁게 내리누르는 것이다."라고 말한다. 극도로 상징하면 일종의 암호가 되고, 암호로는 글을 쓸 수 없으니, 동시대인이 별로 힘을 안 들이고 이해할 수 있는 수준의 상징이어야 한다. 이런 수준의 상징적인 언어를 남정현은 "우리 시대의 '표준어'라 부르고 싶다."고 말한다.

> 그런데 작가로서의 나의 능력이 너무나 부족한 탓인가. 그동안 나는 글을 쓸 수 있는 소위 그 우리 시대의 '표준어'를 발견하기 위해 참으로 오랜 세월

22년만에 해금된 〈분지〉가 실린 남정현 작품집 《糞地(분지)》(1987).

글 한 자 쓰지 못하고, 끊임없이 현실과의 팽팽한 긴장감을 유지하면서, 무던히 애써봤지만, 섭섭하게도 아직까지 별다른 성과가 없는 것이다. 답답한 일이다.

남정현은 "이렇듯 숨이 찰 정도로 답답한 판에 새로 쓴 글이 없어서 이렇게 오래전에 쓴 묵은 글들만을 모아놓고 보니" 더욱 답답한 느낌이라고 출판 소감을 밝혔다. 그리고 덧붙이기를 "그러나 이것이 일종의 자극제가 되어 늘 벼르고만 있는 나의 이 빛나는 구상을 한번 황홀하게 펼칠 수 있는 계기가 혹시 마련될지도 모른다는 생각에 마음 한편 구석에서는 문득 잔잔한 흥분이 일기도 한다."라고 했다.

남정현은 1987년 가을에 이런 말을 남긴 뒤 수년간은 왕성하게 창작활동을 이어 나갔다. 1988년 〈허허선생 6-핵반응〉(《창작과비평》, 1988. 가을호), 1989년 단편 〈코리아 방문기〉(〈한겨레신문〉, 지령 200호 특집, 1989. 1. 1), 1989년 9월호부터 월간 《다리》에 장편 《성지》 연재를 시작(1990년 초 잡지가 폐간되면서 중단함), 1990년 단편 〈신사고〉(《실천문학》, 1990, 여름호), 1992년 소설 〈허허선생 옷 벗을라〉(《노둣돌》 창간호, 1992) 등의 작품을 썼다.

《분지》에는 13편의 소설과 함께 이어령, 김상일, 구중서, 윤병로, 임헌영이 쓴 작가연구, 작품비평, 그리고 필화 '분지 사건'을 다룬 자료 모음이 실려 있다. 그리고 남정현이 직접 쓴 '작가연보'에 특이한 대목이 한 군데 보인다. 첫 줄에 적은 출생지와 독서경험을 기술한 부분이다.

> *1933 충남 서산군 서산읍 동문리에서 태어남. 그 후 계속 갖가지 질병에 시달린 것 이외에는 아무런 경력이 없으며 솔직하게 말해서 지금까지 책 한 권을 제대로 끝까지 다 읽어본 경험이 없음.*

책 한 권 제대로 읽지 않았다?

남정현 작가를 만나보면 매사 진지해 보이는 분인데 글은 가끔 엉뚱하여 그 속내를 짐작하기 어렵게 만들기도 한다. 범우사 문고판 《허허선생》에서도 작가소개에 '부활의 신기'를 배웠다는 식의 소설 같은 이력을 적기도 했는데, 독서 편력도 그렇다. 그는 10대 내내 질병에 시달리면서 학교 출석도 제대로 못 했고, 한 일이라곤 독서밖에 없는 책벌레 소년이었다. 남정현은 여러 곳의 인터뷰에서 그가 읽은 책의 목록을 나열하기도 했다. 필자가 방문한 남정현의 서재에는 종교 서적이 딱 한 권 있었는데 《금강경》이었다. 마치 금강경의 어법인가. 부처는 일체의 책은 책이 아니며, 그러므로 모든 책은 책인 것이다라고 설하였다. 하여 그는 "지금까지 책 한 권을 제대로 끝까지 다 읽어본 경험이 없음"이라 말하는 작가이다.

남정현 대표작품선 《분지》에는 소설과 함께 네 편의 평론, 그리고 '분지 사건' 재판 기록이 묶여져 있다. 평론으로는 〈현대인의 허울을 벗기는 신랄한 풍자성〉(이어령), 〈천부적 이야기꾼〉(김병욱), 〈현실을 초극하는 집요한 풍자정신〉(구중서), 〈상황악에 대한 끈질긴 도전〉(김병걸), 〈승리자의 울음과 패배자의 웃음〉(임헌영)이 실렸다. 재판 자료로는 김태현 검사의 공소장(북괴의 적화전략에 동조 말라)과 한승헌의 변론 요지 〈분지(糞地)

를 곡해한 분지(焚紙)의 위험〉, 안수길의 변론 〈문단의 하늘을 푸르게 하라〉, 이항녕의 변론 〈언론의 자유를 과시한 것〉 등이 실렸다.

반공주의와
생사를 걸고 투쟁한 작가
-《반미소설선》(1988)

'美國'과 '米國'

1987년 6월 항쟁 이후엔 금서로 묶였던 책이 쏟아져 나왔다. 1988년 8월 10일에 발행된《반미소설선》(김상일 편, 흔겨레)도 당시의 시대상을 실감하게 만드는 책이다. 이 책에는 채만식의 〈미스터 방〉, 〈논 이야기〉, 최정희의 〈풍류잡히는 마을〉, 남정현의 〈자수민〉, 〈분지〉, 이문구의 〈해벽〉, 신상웅 〈분노의 일기〉, 유순하의 〈내가 그린 내 얼굴 하나〉, 박석수의 〈철조망 속 휘파람〉, 〈동거인〉 등 7인의 작가의 작품 10편이 실려 있다.

엮은이인 문학평론가 김상일은 1956년 '문체론'이《현대문학》에 추천되면서 비평 활동을 시작했으며, 저서로는《한국의 작시술》,《도깨비 연구》등이 있다. 그는 책의 앞에 실은 평론 '반제 반봉건 문학론-반미소설선에 부쳐' 첫 문장을 이렇게 시작한다.

'아메리카'를 구태여 '美國'이라고 번역 애용하고 있는 시류에 대해 필자는 늘 저항감을 갖고 있다. 마땅히 '米國'이라고 표기 사용해야 한다고 믿고 있었기 때문이다.

김상일 평론가는 '美國'(미국)이라는 말에 저항감을 느끼는 첫째 이유로 "그렇게 최초로 번역한 자들이 매판이었다."는 점을 꼽았다. 1930년대 중국의 매판, 군벌 세력이 미영 세력을 끌어들이면서 아메리카를 '아름다운 나라' 미국으로 번역했다는 것이다. 김상일은 그 이전에 미국은 우리에게 결코 '아름다운 나라'가 아님을 강조한다. 1865년 6월 대동강에 나타난 제너럴셔먼호, 1866년 4월 강화도에 출몰한 군함 5척, 그리고 1945년 한반도 남쪽에 '점령군'으로 진주한 미군. 김상일은 심지어 남한에서는 금기라 할 수 있는 주장도 했다. 미국 기자의 주장을 인용해 "미국이 잠시 철수한 것은 전쟁을 도발하기 위한 전략"이라며, 그는 이 전쟁기원설을 믿는다고 말했다. 어느 제국주의 국가도 축출당한 것도 아닌데 "모처럼 분단 영유한 식민지를 버리고 떠난 역사가 없었기 때문"이며, 그들은 독점 경제체제를 유지하기 위해서라도 전쟁을 선호한다고 주장했다. "베트남 해방군과의 전쟁도 그 한 보기"라고 썼다.

반미소설선을 엮은 이유의 하나를 "죽음의 체제에서 해방돼야 하는 것"이라 밝힌 김상일은 요즘 출판, 언론계에서도 주장하기 힘든 얘기를 공개적으로 했다. 1987년 6월항쟁 후 진보 이념이 폭발적으로 확산하던 1988년의 정치 사상적 분위기가 느껴진다.

반공주의와 생사를 걸고 투쟁하는 작가

김상일은 '반제 반봉건 문학론' 평론에서 책에 실린 작품을 모두 해설했는데, 남정현의 작품에 대해서는 "반공주의와 생사를 걸고 투쟁하고 있다는 점"을 먼저 강조했다. 그는 '스탈린주의나 김일성주의'는 존재하지 않는 '유령'과 같은 것이라 말한다. 물론 "군사분계선 저편에 김은 엄존"하지만, 이를 유독 강조하고, 새삼 존재 가치를 부여하려고 하는 주최 측엔 뭔가 사정이 있다는 것이다. 이 상황에서 남정현의 '우화문학'이 성립한다고 말한다.

반공주의를 팔아서, 아무리 보아도 눈에 보이지 않는 이데올로기를 팔아서 치부하는 세계의, 혹은 매판이나 이들과 착해 있는 특권계급은 생사가 걸려 있었다. 그렇다고 그러한 세계를 리얼리즘을 가지고 비판해 보일 수도 없다. 여기서 남정현 문학의 반식민지시대의 우화문학이 성립한다. 빗대어 얘기하지 않고서는 직격탄으로 보복을 당할 것이었기 때문이다.

남정현은 빗대어 얘기했지만 그렇다고 안전했던 것은 아니다. 특권계급의 눈에 "남정현 문학은 수상쩍다고 해석할 필요가 있었"고, 그리하여 "제국주의 시대의 이솝은 의법 처단, 병신이 될 뻔했던 것"이었다. 김상일은 "깽이 따로 없었다."라고 말한다.

김상일은 남정현이 소설을 쓰던 그 시대가 그러했듯 〈자수민〉의 배경이 되는 세상도 반공주의자만이 살아남는 세상임을 비판한다. 주인공 '아무개'가 사는 장소는 '미군이 사용하던 한 개의 창고, 그것을 반공주택영단에서 아주 헐값에 구입하여 사람을 수용하기 위해서 수리한 곳'이었다. 소설 속 세상은 "미국=반공=이곳"이 되며, 반공주의가 지배하는 곳이다. 남정현은 눈에 "보이지 않은 이데올로기를 가시적인 것"(창 없는 집, 두꺼운 벽)으로 전환해 주고 있는데, 그것은 바로 "민족통일의 '창'을 원천적으로 봉쇄한 오랏줄이요 덫이며, '창살 없는 감옥'이라는 것"이라 말한다. '반미소설'이지만 소설 속에서 미국 식민지(여기)를 직접적으로 암시하는 말은 최대한 감춰야 했다.64

---

64 하정일 교수(원광대)는 논문 〈반미의 세 층위-1960년대 소설을 중심으로〉(2008)에서 반미소설의 계보를 윤리주의와 근본주의로 분류했다. 하정일은 이 글에서 "미국 문제를 가장 적극적으로 다룬 60년대 작가로는 박연희, 남정현, 하근찬을 들 수 있다."라고 하면서 이념적으로 우파에 속하는 박연희는 소설 〈변모〉에서 미국을 윤리주의 관점에서 비판했는데, "윤리주의란 대상을 옳고 그름의 차원에서 판단하는 입장을 가리킨다."라고 적었다. 이럴 경우 판단의 기준은 '보편적 휴머니즘'이 되는데, 이런 관점에서는 "미국에 대한 근본적 비판은 사실상 불가능한 일이 된다."라고 보았다.
소설가 최명희의 삶과 소설 〈혼불〉을 오랫동안 연구하고, 페미니즘 문학에 기여한 공

소설 속에 갇힌 분단 40년

1988년 4월 남녘출판사에서 펴낸 《소설 속에 갇힌 분단 40년》에도 〈분지〉가 실렸다. 당시 유행했던 분단연호를 사용해 '분단 44년 3월'이라 표기한 이 소설책은 '편집부의 말'에서 반공콤플렉스, 분단의식의 고착화를 극복하는 데 조그만 디딤돌이 될 수 있기를 바란다고 밝혔다. 이 소설 모음집에는 남정현의 〈분지〉와 함께 송병수의 〈쑈리 킴〉, 이호철의 〈판문점〉, 현기영의 〈순이 삼촌〉, 이문구의 〈공산토월(空山吐月)〉, 천승세의 〈황구의 비명〉, 한승원의 〈석유등잔불〉, 임철우의 〈아버지의 땅〉, 김성동의 〈그해 여름〉, 이창동의 〈소지(燒紙)〉, 이은식의 〈불 꺼진 집〉 등 11편의 작품이 실려 있다.

'소설로 본 분단 극복 의식의 확산'이라는 제목의 작품해설을 쓴 윤중호는 분단소설이라 할 수 있는 작품들의 공통점의 하나로 "어떤 필연적인 이유가 거기에 있을 것"인데 "그 필연적인 이유에 대하여 작가는 어떤 설명도 하지 않고 있다."라고 말한다. 여순반란사건을 배경으로 한 한승원의 〈석유 등잔불〉, 제주 4.3사건을 다룬 현기영의 〈순이 삼촌〉도 그렇다. 윤중호는 작가들이 그 이유를 설명하지 못한 것은 작가 역량의 문제가 아니라 "소재가 반공논리에 의하여 제한당하고, 작가의 상상력마저도 검열당하는 시대"의 문제라고 말한다. "극렬한 반공논리는 그 당시 작가들이 자신이 살고 있는 삶에 대하여 근본적인 질문조차 할 수 없게 했다."라는 것이다.

로로 2006년 제6회 혼불학술상 수상자로 선정된 김복순 교수(명지대)도 반미소설의 주요 계보를 윤리주의와 근본주의로 정리하면서 이를 지양하는 작품을 긍정적으로 평가했다. 김복순은 〈정치적 여성 주체의 탄생과 반미소설의 계보-최정희의 《풍류 잡히는 마을》을 중심으로〉(민족문학사학회, 2009)라는 논문에서 '반미의 두 편향인 윤리주의와 근본주의'를 비판하면서 최정희의 〈풍류 잡히는 마을〉은 "미국을 '나쁘다'고 보는 '윤리주의로서의 반미', 또 〈분지〉처럼 민족을 절대시하는 '근본주의로서의 반미'를 지양하고 있다."라고 적었다.

반공법(국보법) 손상되면
허허선생 목숨도 위험
-〈허허선생 6 - 핵반응〉(1988)

백주에 미군철수와 반공법 철폐 외치는 미친놈들

〈분지〉 이후 '반미' 대신 허허선생을 통해 친일, 반공 문제를 주로 다루던 남정현 작가는 1980년 〈허허선생-귀향길〉 이후 8년 만에 소설 〈허허선생 6-핵반응〉을 《창작과비평》(1988 가을호)에 발표했다. 〈핵반응〉은 주한미군의 핵 배치를 다룬 작품이다. 1986년 서울대 김세진, 이재호 학생이 '반전 반핵 양키고홈'을 외치며 분신한 뒤 80년대 후반에는 주한미군의 핵무기가 주요한 이슈 중의 하나였다.[65]

남정현의 소설 〈허허선생 6-핵반응〉이 실린 《창작과비평》에는 윤정모의 중편 〈빛〉과 공지영 신인 작가의 투고소설 〈동트는 새벽〉이 함께 실렸다. 그리고 리영희 교수의 기고문 '핵무기 신앙에서의 해방' 도 눈에 띄었다. 〈핵반응〉에서는 미국의 핵무기 배치, 4.3, 반공법 문제를 주로 언급했다. 남정현 작가가 55세 되던 해였고, 건강에 문제가 없다면 한창 저술 활동에

---

[65] 1986년 박치음이 작곡한 〈반전반핵가〉의 가사. "제국의 발톱이 이 강토 이 산하를/ 할퀴고 간 상처에 성조기만 나부껴/ 민족의 생존이 핵폭풍 전야에 섰다/ 이 땅의 양심들아 어깨 걸고 나가자/ 사랑하는 조국을 위해 이 목숨 다 바쳐/ 해방의 함성으로 가열찬 투쟁으로/ 반전반핵 양키고홈!"

기운을 쏟을 나이였다.

〈핵반응〉은 허허선생이 병에 걸렸다는 이야기로 시작한다. 아들은 이 소식을 듣고 전혀 실감이 나지 않았고 "일종의 허망한 유언비어"라 여겼다. 왜냐하면, 그의 부친은 "우리 시대의 건강의 화신"이었고, 그의 건강을 전담하는 여러 명의 주치의가 심장, 폐, 간장 등의 장기 별로 따로 있었기 때문이다. 심지어는 "건강진단을 위해 만들어진 일종의 의학용 기구"인 허허선생 모형도 만들었고, 주치의들은 "직접 허허선생과 접촉하지 않고도 언제나 손쉽게 그들이 담당한 장기의 건강 상태를 한눈에 쫙 알아볼 수" 있었다. 이처럼 허허선생은 "가능한 한 죽지 않고 그저 언제까지 영화를 누리고 싶은 일념에서" 수백억이 넘는 금액을 의료 부분에 투자했다.

이렇게 철두철미 관리했는데 왜, 무슨 병이 나서 나흘째 꼼짝 못 한다는 걸까. 곽 비서의 말에 따르면 "참모진 몇 분하고 뉴스를 시청하시다가 침실로 들어가셨는데, 그 후부터 전혀 움직임이 없으시다."는 거였다. 그 뉴스 내용은 "미친놈들이 지랄하는 내용"이었다고 한다. 허만이 무슨 지랄하는 내용이었는지 물었다.

"글쎄 그 넓은 광장을 꽉 메운 수천수만의 미친놈들이 아, 백주에 미군철수와 반공법 철폐를 외쳐대지 뭡니까? 내 참, 기가 막혀서."

이런 뉴스를 보고 허허선생이 묵묵히 침실로 들어갔는데, 그 뒤로 단 한 마디 말도 없다는 것이다. 이 얘기를 듣고 허만은 자기 부친이 "생명의 핵심인 심장을 다치신 것 같습니다."라며 단정적으로 말했다

허만이 부친의 침실에 가보니 주치의들이 모여 끙끙거리고 있었다. 미국에서 새로 개발된 진단용 가스 분석기로 병세를 진단했으나 별다른 성과가 없었다. 주치의들은 모두 지친 상태였고 "한 생명의 종말을 예감하는 듯한 불안감"이 느껴졌다. 의사들은 허만의 등장에 "혹시 자기 자식을 보면, 아니

철천지원수와도 같은 저자를 대하면 한마디 무슨 말씀이 있으시려나." 하는 기대감을 가졌다. 허허선생은 장남을 보자 "사뭇 의외라는 듯이 눈을 한 번 크게 뜨셨다가 뭔가 입놀림을 하실 듯하시더니" 다시 눈을 감았다. 허만은 실망의 빛을 감추지 못하는 주치의들에게 괜히 미안한 마음이 들었다. 바로 그 순간 허만은 "갑자기 무슨 생각이 나서 그랬는지 정말 미친놈처럼 부친의 귀에 입을 바싹 갖다 대고는" 큰소리로 외쳤다.

"아버님, 지금 바깥은 수천수만의 미친놈들이 길을 메우고 있거든요. 핵무기를 철수하고 반공법을 폐기하라고 말입니다."

그러자 이변이 일어났다. 아들이 '반공법을 폐기하라고 말입니다.'의 "그 '다' 자 발음을 채 끝나기도 전에" 상반신을 벌떡 일으켜 세웠다. 그러더니 "너 이놈, 나보고 아주 죽으라고 해라." 하며 악을 쓰듯 소리쳤고, 그리곤 아들의 뺨을 번개처럼 후려쳤다. 뇌 속까지 깊숙이 파고들어 오는 "진실로 강한 펀치"였다. 귀가 멍멍해지고 정신이 아찔해 왔는데, 어디선가 만세 소리가 까마득하게 들렸다. 그 소리는 바로 옆에서 주치의들이 환호하며 부르는 요란한 만세 소리였다. 그들은 서로 다투어가며 "뭔가 엄청난 위훈을 세운 어느 영웅이라도 축하해주려는 듯이" 허만에게 악수를 청해왔다. 허만은 두 손으로 얼굴을 감싸 쥔 채 "허허선생의 펀치는 아직도 강하다는 사실을 알알하게 느끼면서" 부친의 침실을 부지런히 빠져나왔다. 허만은 친미반공 이념의 지배권력은 여전히 강한 펀치력을 지녔고 끈질긴 생명력이 남아 있음을 절감한 것이다.

'反共'이라는 황금 액자에 묶넘 올리는 허허

남정현은 이 소설을 통해 지배층인 허허선생이 권력을 지탱하는 핵심도

구가 반공법이며, 반공이 허허선생의 생명 그 자체라는 것을 보여주고 있다. 허허선생 집 침실 입구 벽면에는 "언제나처럼 '反共(반공)'이라는 한자 두 자를 정중히 모셔놓은 황금의 액자가 걸려" 있었으며, 이 으리으리한 액자는 허허선생이 애지중지하는 액자였다. 허허선생은 "밤이든 낮이든 그 황금의 '반공' 액자 앞을 통과할 때면 늘 잊지 않고 묵념을 올리듯 고개를 잠시 숙이는" 행동을 했고, "그저 언제까지나 자신의 부귀영화를 튼튼히 지켜주는 파수꾼이 되어 달라고 기원"했다.

아들 허만은 '반공' 액자를 보며 "부친과 반공과는 별개의 것이 아니라 실은 하나로 이어져 있는 하나의 생명체"라고 생각했다. 그 때문에 반공의 손상은 곧 부친 생명의 손상으로 이어지는 것이었으며, '반공법 철폐' 외치는 뉴스를 보자마자 심장에 치명적인 타격을 입은 것도 그런 이유에서다.

〈핵반응〉에서 허허선생은 제주도 4·3 토벌에 혁혁한 공을 세운 덕에 출세 가도를 달린 것으로 나온다. 해방 직후 몽둥이들을 피해 제주도로 피난 온 허허선생은 자신과 함께 순사 생활을 하던 삼팔이의 소개로 제주 미 군정관 산하 치안 담당 참모였던 리버티 밑에서 일을 하게 된다. 그리고 "친일·친미 주구들의 축출과 매국적인 단선·단정 결사반대를 외치는" 4·3 사건이 일어나자 "리버티의 명을 받고 즉시 토벌대에 선봉에" 서서 활약했다. 이때 미 무슨 무슨 사령관이 "귀하의 반공정신을 높이높이 평가한다."라며 훈장을 주었는데, 그 뒤로 허허선생에게 '반공'은 만능의 보도이자 요술방망이였다.

허만은 방망이들에 의해 도망쳤던 자기 부친이 반공을 무기로 재계와 정계의 유수한 실력자가 되는 것이 정말 거짓말, 연극, 헛소문 같았다. 세상에 대해 옳고 그른 것을 분간할 수 있는 능력이 생기면서부터는 자신의 부친이 "혹시 무슨 유령이 아닌가 해서 꺼림한 생각이" 들기도 했고, 자신의 부친과 같은 "그런 어이없는 인간을 신주 모시듯 떠받들어주는 우리의 이 현실이란 것이 무슨 뿔 돋친 유령이 아닌가 해서 문득문득 깜짝 놀라곤" 했다.

핵반응 - 미군 핵무기 반가워 홀딱 벗고 춤춰

작가는 소설의 중간쯤에 핵무기를 언급했다. 60년대던가 70년대던가, 오래전 일이었다. 허허선생은 궁전 같은 집에서 축제를 벌였다. 일이백 명은 능히 수용할 수 있는 대연회장에 초대된 인사는 "정계와 재계에서 내로라하는 지도급 인사 몇몇과 미·일 대사관을 대표할 수 있는 몇몇 인사" 일이십 명 수준이었고, 나머지는 술잔을 따르는 미희들이었다.

보통 허허선생은 집에서 중요한 모임을 하는 경우엔 혹시라도 장남이 "얼굴을 내미는 일이 생길까 보아 사전 방비를 철저히 해놓고도, 그래도 미덥지가 않아서 모두 쉬쉬하는" 분위기인데, 이날은 무슨 이유에선가 초대를 했다. 연회를 개최한 이유는 "이 땅에 핵무기가 첫발을 내디뎠다는" 정보를 접하고 이를 축하하기 위한 것이었다. 허만은 허허선생이 자신을 초대한 이유를 "부친이 제아무리 회유하고 협박하고 사정해도 좀처럼 부친 편에 서주질 않고 부친이 하는 일마다 일일이 다 비판적인 나에게, 너 어디 맛 좀 봐라" 하면서 기를 꺾고, 도발을 단념하는 게 신상에 좋을 것이라는 은밀한 협박이라 생각했다.

정말로 이 땅에 핵무기가 진을 치고 있는지는 알 수 없지만 좌우간 그 첫 정보에 접한 듯한 "허허선생 일행의 첫 반응은 실로 핵의 폭발력에나 비길 정도로" 폭발적인 축제 무드였다. '성조기 타입의 거대한 샹들리에들이 계속 눈부신 빛을 내뿜으며' 건들거리는 허허선생의 지하궁전에 모인 이들은 펄쩍펄쩍 뛰면서 좋아했다. 마치도 "구세주라도 강림한 현장" 같았는데, 허허선생은 신이라도 들었는지 "자, 여러분. 모두 벗읍시다. 홀딱 벗읍시다. 벗고 춤춥시다."라고 명령인지 제안인지 모를 소리를 내지르며 정말로 옷을 홀딱 홀딱 벗어 던졌다. 모두가 알몸으로 뒤엉켜서 춤을 췄다.

〈핵반응〉은 1990년 눈 출판사에서 펴낸 민족문학선집(26인 신작소설집)《사람아 사람아》상권에 실리기도 했다. 민족문학작가회의 자유실천위원회가 편집한 이 민족문학선집은 5권으로 펴냈는데, 26명의 소설가, 121명의 시인, 23명의 평론가가 참여했다. 남정현의 〈핵반응〉이 실린 소설집 상권에는 천승세의 〈신월동 타령〉, 이경자의 〈그해의 태형이〉, 이상락의 〈도봉산에서 바라본 세상〉, 정동주의 〈이삭줍기〉 등이 함께 실려 있었다.

바로 엊그제는 송기원, 오봉옥 작가가 철창 속으로

자유실천위원회는 '배반의 시절에 책을 엮으며'라는 서문에서 "5공 청산의 자리가 그 주범들이 면죄부를 파는 자리로 둔갑하더니만, 해가 바뀌기 무섭게 여소야대가 여대야소로 탈바꿈해"버린 엄청난 '배반의 시절'에 문학으로서 "무지개로 아로새겨진 민중의 내일을 드러내 보이는 일"을 하기 위해 이 작품집을 기획했다고 썼다.

1990년 3월 1일 자로 쓴 서문에서 자유실천위원회는 "지난해부터 우리는 많은 동지들을 감옥 안에 들여 보내놓고 뼈저리게 깨달은 바가 많았다. 바로 엊그제는 송기원, 오봉옥 동지가 또다시 차디찬 철창 속으로 들어갔다."라고 적었다. 작가들이 서로를 동지라 부르고, 수시로 감옥에 갈 각오를 하며 글을 쓰고 활동해야 하는 시기였다. 서문은 "이 땅에 드리운 제국주의의 그늘과 독점자본의 무한 탐욕을 깨부수고 나아가자. 민중의 새 세상, 빛나는 미래는 바로 우리의 눈앞에 있다."라는 말로 끝을 맺었다.

홍만수의 불사(不死) 선언과
탈춤의 미학
-김병걸의 〈남정현 문학의 저항성-'분지'를 중심으로〉 (1989)

　1960년대 '분지 사건' 이후 〈분지〉가 본격적으로 재조명된 것은 전두환 군사정권이 퇴진한 1987년 이후다. 그때까지 〈분지〉나 남정현의 소설을 주제로 한 학위논문 한 편 없었다. 6월항쟁 이후 소설 〈분지〉를 다룬 최초의 본격적인 비평은 《문학예술운동》 2호(풀빛, 1989. 1)에 실린 김병걸 평론가가 쓴 〈남정현 문학의 저항성-'분지'를 중심으로〉라 할 수 있다. 그는 이 글에서 "〈분지〉는 그 실체가 22년간 지하감방에 갇혀 우리들의 기억에 제목만으로 남은 채, 얼음장 같은 인고의 세월 속에서 인동초처럼 살아왔다."라고 썼다.

　〈분지〉 사건으로 "쇠고랑을 차고 오라에 묶여 감옥으로 끌려갔던"(김병걸의 표현) 남정현 작가는 1987년 6월항쟁이 지난 뒤에야 출판계에서 제대로 복권된다. 김병걸은 그의 감옥행은 "처음부터 체제도전적 작가로 문단에 등장했다는 데서 충분히 예견된"일이었다면서도, 남 작가가 작품활동을 활발히 하지 못하게 된 것을 안타까워했다. 김병걸은 "남정현 문학은 이 땅에서 어떠한 위상을 차지하는가"라고 묻고, "〈분지〉는 우리가 진작부터 마땅히 극복해야 할, 그러면서 극복할 의지 없이 마냥 안주해왔던 외세의존적 현실에 대한 정면 도전"이었으며 "〈분지〉는 분명히 그의 문학에 '민족'이라는 값진 관형사를 달게 한 이정표가 되었다."라고 평했다.

그는 "대다수 문인들은 그런 소설이 있었다는 것조차 전혀 알지 못했거나 아니면 전적으로 묵살해왔던 것이 사실"이라면서 〈분지〉를 홀대한 문단에 대해 따끔한 지적을 가하기도 했다.

20여 년간 이 작품에 대한 우리 문단의 경원은 평온한 때에는 중뿔나게 떠들다가도 막상 형세가 위급하게 다가오면 소승적인 수세로, 방관적인 자세로 입을 다물고 마는 우리네 지성의 좀스러운 습성을 그대로 대변한 전형적인 예라 할 수도 있다.

〈작가론-남정현 문학의 저항성〉에서 김병걸은 소설 〈분지〉를 60년대 한국인의 의식 수준에서는 상상을 초월한 작품이라 평하는 한편 탈춤의 미학, 매판자본 비판에도 주목했다.

첫째, 당대 한국인의 의식 수준을 넘어선 반미소설.

반공과 친미가 국시와도 같았던 1960년대 박정희 군사정권 시절에 〈분지〉는 하늘에서 뚝 떨어진 소설과도 같았다. 아직도 〈분지〉와 같은 수위의 반미소설은 없다고 말하는 문학평론가도 있다. 당시 우리 국민의 미국에 대한 일반적인 심정은 해방군이자 구세주였으며 "그와 동시에 세계의 자유와 민주 그리고 평화를 지켜주는 튼튼한 기둥이라는 것"이었다.

반외세적인 민족의식이 고조되어 성숙기에 접어든 80년대 후반의 오늘이라면 몰라도, 이 산하 어딜 가거나 친미사상이 절대적인 가치 준거였던 60년대 중반에 〈분지〉와 같은 작품이 나타났다는 사실에 사람들은 정말 경악을 금치 못하리라. 이 작품의 초두에 주인공 만수가 미국과 정면 대결하는, 당시의 한국인의 의식 수준에서 너무 섬뜩하여 감히 가상조차 할 수 없는 일이 벌어진다.

둘째, 홍만수의 자신감과 탈춤 미학.

김병걸은 〈분지〉의 홍만수가 핵무장한 미군에게 포위당한 상태에서 "앞으로 단 십 초, 그렇군요. (……) 글쎄 이 자식이 그렇게 용이하게 죽을 것 같습니까, 하하하."라고 웃어제끼는 소설의 마지막 장면을 인용하면서, "이러한 자신감은 우리에게 전통적인 탈춤의 미학을 연상케 한다."라고 썼다.

> 힘없는 백성들로서는 연희(演戱)를 통해 지배계급을 비꼬는 일처럼 쉬운 것이 없었다. 탈춤은 농민들의 억압된 의식을 활짝 열어주며 울적한 기분을 통쾌감으로 바꿔 놓고 패자의 심리를 승자의 심리로 전환케 하는 정화제의 구실을 했다.

김병걸은 홍만수의 '불사 선언'에 대해서는 "사실 만수가 미국의 핵미사일 공격에도 자신은 결코 죽지 않는다고 단언한 것도, 그 개인의 불사(不死)를 의미한다기보다 민족의 천고불멸(千古不滅)을 말한다."라고 해석했다.

셋째, 계급모순, 매판자본 비판.

김병걸은 〈분지〉가 민족모순에 집중했지만 계급모순을 드러내는 데도 소홀히 하지 않았음을 강조했다. 그는 〈분지〉의 핵심적인 주제는 "이렇듯 외세의 기반(羈絆)을 뚝 잘라버리려고 항거하는 민족의 자주·자존의 정신에 있지만, 그에 못지않게 계급모순을 빚어놓은 매판자본에 대한 작가의 비판의식이 또한 이 작품의 저변에 튼튼히 깔려 있다."라는 사실에 주목할 필요가 있다고 썼다. 매판자본이란 쉽게 말해 경제적 부역자, 외세와 결탁한 자본을 말한다.

> 남정현은 일찍이 60년대 초반부터 이 나라 자본의 매판성을 지적하고 예리한 붓끝을 휘둘렀다.
>
> 예로 앞에서 말한 "이방인들이 흘린 오줌과 똥물만을 주식으로 살아온 만수

의 누추한 과거"라든가, "모함과 착취와 그리고 살의(殺意)에" 가득한 사회의 상부구조라든가, "외인상사가 당신의 유택을 강점한" 현실 또는 "이방인과 몇몇 고관과 그리고 그들의 단짝들만 위해서" 우뚝 솟은 신전 같은 고층건물, 이런 등등의 묘사에서 우리는 매판자본의 속성을 넉넉히 알아낼 수 있다.

김병걸은 〈남정현 문학의 저항성〉 결론 부분에서 "남정현의 소설은 요컨대 우리가 지금 살고 있는 이 답답한 분위기, 우리들의 삶의 정직함과 그 현장을 여지없이 짓밟는 세도의 괴도(怪刀), 자기의 모순과 부정과 불의를 정당화하는 우리 시대의 절대적 권위, 그 모든 것의 진원을 통박하는 데 귀착한다."라고 쓴 뒤 아래와 같이 글을 끝맺었다.

통박하지만 그 통박이 감정적인 발성이 아니라 매우 우스꽝스럽고 우회적이고 은유의 형태까지 띠고 있는 까닭에 우리는 그의 소설에서 쾌적한 예술적 카타르시스를 얻어내는 것이다.

《문학예술운동》 2호에는 김남주의 특별기고 '시와 혁명'이 실렸고, 김준태, 박영근의 시와 오연호의 〈미석방자〉, 박혜강의 〈검은 화산〉 같은 소설이 실렸다. 노동자 투쟁가로 유명한 민중가요 〈흩어지면 죽는다〉(한영중 작곡)가 함께 소개됐다.

미국의 핵과
북한의 주체사상과의 대결시대
-〈새해특집 꽁트-통일코리아 방문기〉(1989. 1. 1)

1989년 1월 1일 자 〈한겨레신문〉 24면에 통으로 남정현 작가의 꽁트 〈새해특집 꽁트-통일코리아 방문기〉가 실렸다. 같은 날짜 21면에는 리영희(논설고문, 한양대 교수)의 '분단고착 역풍 맞서 민족통합의 길로'라는 글이 올라왔는데, "휴전선 국경화에 미·소·중·일 이해 일치, '이율배반' 거부하는 통일 노력에 시련 올지도"라는 내용을 강조했다.

〈통일코리아 방문기〉는 젊은 시절 남북 코리아를 넘나들며 특파원으로 일했던 한 미국 시민이 통일된 코리아를 사흘 동안 방문하고 쓴 견문록이다. 글의 끝부분에서 정신과 의사는 "(코리아는) 돈이라는 존재 그 자체가 완전히 제거된 사회"라는 말을 반복하는 주인공을 정신병자 취급하고 병실에 입원시킨다.

나는 아무리 발버둥쳐 봤지만 그 힘을 당할 수 없었다. 세상에 이렇게 원 무지막지하게 사람을 다루는 병원이 있을 수가 있단 말인가. 괘씸한.

결말의 처리 방식을 볼 때 콩트라고 할 수 있지만 작가는 콩트라는 형식을 빌려 하고 싶은 최고 수위의 정치적 발언을 삽입했다,

도대체 분단을 빙자하여 반공을 내세우면서 폭력과 탄압만을 유일한 통치 수단으로 활용하던 분단시대, 아니 미국시대의 그 비극적인 상처는 이제 그 어디에서도 찾아볼 수가 없었다.

그렇다. 주체사상. 그리하여 그 옛날 코리아의 분단시대를 나보고 단 한마디로 표현하라면 나는 서슴없이 미국의 핵과 북한의 주체사상과의 대결시대였다고 말하련다.

1989년 1월 1일 자 신문에 이런 수위의 글을 쓰고, 실을 수 있다는 것이 지금 생각하면 놀라운 일이다. 그 시기는 전두환 장군의 후계자인 노태우가 집권한 시기였지만 1987년 6월항쟁으로 민주화 공간이 최대한 확장된 시기이기도 했다. 그 민주화 열기에 힘입어 창간한(1988년 5월 15일) 신문이 〈한겨레신문〉이었다.

콩트에서 전직 미국 기자는 극과 극의 판이한 두 국가가 싸우지 않고 통일을 이뤘다는 것은 풀기 어려운 수수께끼 같은 일이라 생각했다. "정말 무엇이 그들 남과 북을 합치게 만들었을까."라는 의문을 떠올리던 그는 이런 추측을 한다.

혹자는 홍익인간을 말하고, 남북 민중들의 뜨거운 민주화 투쟁을 말하고, 석가를 말하고 예수를 말하고, 혹자는 또 주체사상을 말하기도 한다는데, 하지만 좀 빗나간 생각인지는 모르지만, 내 추측엔 당시 코리아에 저장되었던 그 가공할 핵무기야말로 코리아의 통일문제를 해결해 준 가장 결정적인 열쇠가 되지 않았나 생각하는 것이다.

태평양상의 섬에 있는 미국의 핵 저장고가 폭발하여 그 섬 전체가 한 개의 거대하고 흉칙한 분화구로 변해 버린 직후 코리아의 통일 문제가 전광석화

식으로 발 빠르게 이루어졌기 때문에 이런 추측을 한 것이다.

태평양 섬이 핵무기 폭발로 통째로 날아간 것을 본 남과 북이 "코리아에 저장된 핵이 꽝하고 터지면 피차간 영원한 멸망만이 있을 뿐, 그까짓 사회주의면 뭐하고, 자본주의면 뭘 하느냐" 하는데 의견을 같이하게 됐다. 핵폭발을 보고 "인류 공동의 적은 정치적인 무슨 이념이 아니라, 바로 '핵'이라는 사실에 인식을 같이한" 남과 북이 서로 양보의 미덕을 발휘했다. 이렇게 통일을 이룬 남과 북은 "인간의 꿈의 세계에서만 존재하던 돈도 필요 없고 권력도 필요 없는 고도의 문명사회를 건설"했으며, 이런 경이로운 별천지를 보며 미국 기자는 꿈인지 생시인지 헷갈리는 지경에 놓인 것이다.

1980년대에는 지금과 달리 북핵이 문제가 아니라 미군이 남한에 배치한 것으로 알려진 핵무기가 문제였다. 대학가 집회 현장에서는 〈반전반핵가〉라는 노래가 널리 불렸다. 1953년 정전협정 이후 주둔한 주한미군은 북한에 대한 억지력을 확보하기 위해 미군기지 내 전술핵 배치를 늘려왔으며, 그 수를 정확히 공개하지는 않았지만 대략 1천 기에 달했던 것으로 알려졌다. 미군이 핵무기를 철수한 것은 1990년 미소 냉전이 해체된 이후인데, 노태우 대통령은 1991년 11월 '한반도 비핵화 선언'을 한 후 12월 핵무기 부재까지 선언했다.66

미국이 보유한 핵 저장시설의 폭발사고로 코리아의 통일이 급진전됐다는 꽁트 〈통일코리아 방문기〉는 이런 정치적 배경 아래 쓴 것이다. 이 글은

---

66 부시 전 대통령은 1991년 소련과 '전략무기 감축협정'(START)을 타결했고, 그 연장선에서 주한미군에 배치된 전술핵 철수 구상을 구체화했다. 1990년 소련, 1992년 중국과 잇따라 수교한 노태우 정부도 전술핵 철수에 반대하지 않았다. 부시 대통령은 1991년 9월 주한미군 기지에 배치된 단거리 전술핵무기 철수를 발표했고, 노태우 전 대통령은 같은 해 11월 '한반도 비핵화 선언'을 한 후 12월 핵무기 부재까지 선언했다. 당시 핵무기가 없던 북한은 주한미군 전술핵이 철수하면 한반도 비핵화가 이뤄진다는 입장을 보였다. 이는 1992년 1월 남·북 간 '한반도의 비핵화에 관한 공동선언'으로까지 이어졌다. ('한때 전술핵 950기······ 91년 美·蘇 협정이후 한반도서 철수', 〈문화일보〉, 2019. 7. 30)

남정현 작가가 1989년 9월호 월간 《다리》에 연재를 시작한 소설 〈성지〉와 비슷한 이야기 구조를 가지고 있다.

〈분지〉의 대척점에 있는 〈성지(聖地)〉

'도대체 꿈이란 것이 뭔가?'

1989년 9월호 월간 《다리》(복간 1호)는 남정현 작가의 소설 〈성지〉를 연재하기 시작했다. 삽화 그림은 강요배 작가가 맡았다. 김남주 시인의 역사기행 장시 〈통일로 가는 길에는〉도 홍성웅의 판화와 함께 실렸다. 〈성지〉 연재를 시작할 때 남정현은 통일의 그 날이 오면 "한국은 온 인류가 영원히 추앙하는 유일한 성지(聖地)가 된다."라고 썼다,

언제가 꼭 이루어질 '통일'의 그날을 생각하면 나는 그만 숨이 목에 찬다. 너무나 가슴이 뛰기 때문이다. 그러나 가슴뿐이 아니다. 산도 뛰고 강도 뛰고 하다가는 끝내 지구마저 뛰는지 나는 온몸에 잔잔한 진동을 느낀다. 바야흐로 한반도를 축으로 한 지구 전체엔 지금까지 인류가 경험해 보지 못한 일대 찬란한 축제가 벌어지기 때문이다. 나는 그 축제의 큰 마당에 펄펄 휘날리는 무수한 깃발을 본다. 승리의 깃발을 본다. 민족 주체의 승리. 인간 양심의 승리. 인간 지혜의 승리. 이 모든 승리의 빛나는 깃발 속에서 이제 한국은 온 인류가 영원히 추앙하는 유일한 성지(聖地)가 된다.

〈성지〉는 〈분지〉와 대립되는 제목이다. 〈분지〉가 미국에 예속된 분단된 나라를 상징한다면, 〈성지〉는 민족의 통일을 이루고 자주성을 되찾은 진정한 자주독립국가를 말한다. 〈성지〉는 "나는 이게 혹시 꿈이 아닌가 해서 다시 한번 내 주변을 휘둘러 보았다."라는 문장으로 시작한다. 남정현의 소설 곳곳에는 현실과 뒤섞인 판타지 요소가 많고, 꿈과 유령 얘기도 자주 나온다. 예를 들어, 〈기상도〉에서는 소설 초입부에 존재하지 않는 문, 열리지 않는 철갑문이 나온다. 〈자수민〉에는 '여기'라는 가공의 장소에 세워진 '반공주택영단'이 나온다. 〈부주전상서〉의 주인공은 아내를 살해한 죄로 창경원 동물원 창살에 갇힌다. 〈허허선생〉 연작에도 판타지 형식의 이야기가 여러 번 나온다.

〈성지〉는 꿈 이야기를 도입부에서부터 본격적으로 다룬다. 남북이 통일코리아를 이루고, 전 세계인이 초대받는 사건으로 시작하는 소설 자체가 어찌 보면 꿈 같고, 몽상 같은 이야기라 그럴지도 모르겠다. 〈성지〉는 "나는 이게 혹시 꿈이 아닌가 해서 다시 한번 내 주변을 휘둘러 보았다. 뭔가 변한 것이 없나 해서였다."라는 문장으로 시작한다. 작가는 이어서 한 페이지 이상을 꿈인지 생시인지에 대해 언급하다가 '도대체 꿈이란 것이 뭔가?'라는 질문을 던지고 이에 대해 길게 설명한다.

> 꿈이란 말할 것도 없이 현실세계가 아니란 얘기다. 우주운행의 그 빈틈없는 원리가 조금도 사 私가 없이 냉정하게 움직이는 그 단호한 합법칙성이 그 냉혹한 질서가 지배하는 그런 답답한 현실세계가 아니란 뜻이다. 그리하여 꿈은 언제나 이 답답한 현실의 사슬을 끊고 무한한 가능성이 흩날리는 저 허허로운 공백의 세계로 탈출하는 것이다. 비상하는 것이다. 그리고 그곳에서 꿈은 신통하게도 신이 되어주는 것이다. 신이 되어 태초에 신이 그랬듯이 또 하나의 우주를 창조하는 것이다. 꿈은 추상으로 상징으로 은유로 비유로 그렇게 자유자재로 조화를 부리면서 현실에서 빛을 보지 못한 인간

들의 그 다함 없는 욕망을 시원스럽게 실현해 보인다. 아 통쾌함. 탓으로 꿈이 관할하는 시공에서는 '논리'와 '합리'의 벽이 허물어지고 수많은 기적들이 득세하게 마련이다. 하늘이 손바닥처럼 좁게 오므라지기도 하고 손바닥이 하늘처럼 넓게 펴지기도 하는 것이다. 또한 사람이 천 길 낭떠러지 밑으로 떨어져도 아무렇지도 않으며 천길 물속을 제아무리 걸어 다녀도 숨 한번 답답한 일이 없는 것이 꿈의 세계인 것이다.

남정현 작가는 꿈을 이렇게 해석한 뒤 〈성지〉의 미국인 주인공을 통해 이야기를 풀어간다. 이 소설의 주인공은 코리아 통일선포식장에 초대된 미국인 '철이 스미스'이고 나이는 70세다. 주인공 스미스의 돌아가신 아버지는 미합중국의 정보담당 외교관으로 생애의 절반 이상을 외국에서 보냈고, 코리아에서도 근무했다. 생전에 두 부자 사이에 나눈 대화를 보면 '허허선생'의 부자와 비슷한 분위기가 느껴진다. 철이 스미스 집에는 허허로운 공백의 액자가 있는데, 이것을 만든 이는 그의 할아버지의 할아버지의 할아버지로 십몇 대조 올라간 존 스미스 할아버지이다.

스미스 할아버지가 만든 마술 액자

존 스미스는 1606년 4월 어느 날, 105명의 건장한 영국인과 함께 버지니아주의 제임스 강가에 도착했다. 그는 배에서 내리자마자 "서쪽을 향해, 조국을 향해, 제임스 1세를 향해 큰 절을" 올린 뒤 가지고 온 연장으로 제일 먼저 액자를 하나 만들었는데, 그게 아직도 주인공의 집에 걸려 있는 것이다.

액자에 대해 스미스 가문의 할아버지들은 "액자 속엔 우리 인간의 무한한 가능성이 들어 있다." "우리 스미스 일가의 희망과 이상이 바로 저 액자 속에 들어 있다."라는 말을 남겼다는데, 액자는 소설 속에서 마술적인 장치로 등

1989년 9월호 월간 《다리》(복간 1호)는 남정현 작가의 소설 〈성지〉를 연재하기 시작했다. 삽화 그림은 강요배 작가가 맡았다.

장한다. 스미스의 아버지는 그 액자 속에서 무슨 희망 이상의 보물이 숨어 있는가 하여 종일 액자를 응시하는 때도 있는데, 그럴 경우 신기하게도 액자는 하늘이 되고 구름이 되고 하다가는 "문득 또 하나의 빛나는 지구로 변한다는 것"이었다. 그런 경우 스미스 부친의 시야엔 "식민지의 첫 깃발을 날리며 환호하는 존 스미스의 늠름한 모습이 하늘의 넓이만큼이나 넓게 넓게 액자에 가득 찬다는 것"이다.

소설은 이렇게 꿈과 마술적인 액자의 이야기로 시작하는데, 《다리》지 폐간 후에 소설 집필을 이어 나가지 못해서 이후의 내용은 알 수가 없다. 2002년 《남정현문학전집 1》에 실린 미완성 소설 〈성지〉의 뒷부분에 작가는 이런 후기를 남겼다.

〈성지〉는 1972년 박정희 정권의 탄압 때문에 폐간되었다가 1989년에 다시 복간된 월간종합지 《다리》에 연재하던 소설이다. 그런데 그 《다리》가 다시 폐간되는 바람에 연재가 중단되었다. 〈성지〉가 그때 마무리되었더라면 꽤 괜찮은 것이 되지 않았을까 해서 늘 아쉬움이 남아 있는 작품이다. 하지만 당시 내 주변에선 만약 성지가 완성되었더라면 내 신상엔 꽤 좋지 않은 일이 일어났을 거라며 수군거리는 소리가 들리던 작품이기도 하다.

1989년이라면 민주화의 봇물이 터져 나오던 시기인데 어떤 내용 때문에 "신상엔 꽤 좋지 않은 일이 일어났을 거라며" 수군거리는 소리가 들렸을까. 〈성지〉에는 남정현의 60~70년대 작품 속에 자주 등장하는 핵심어가 나온다. 미국, 반공법, 자주민주통일, 핵, 공산주의 등과 같은 말이다. 그런데 이런 말은 1987년 이후라면 특별히 문제 될 용어가 아니었다. 아마도 주변에서 우려한 대목은 중앙정보부(안기부)를 뜻하는 '지하실'이라는 말을 여러 차례 사용한 것과 '주체의 탑'처럼 북한과 관련된 내용이 아닐까 싶다. 작가는 미완성작인 〈성지〉의 마지막 부분에 "광주의 금남로에 자리 잡은 민주의 탑이, 평양의 대동강가에 자리 잡은 주체의 탑이, 신의주의 압록강 변에 자리 잡은 평등의 탑이"라고 썼다. 북의 '주체'를 미화했다고 읽히는 이 부분은 국가보안법 7조 고무 찬양죄로 걸기 딱 맞는 문장이었다.

통일코리아의 동기(東紀)와 주체연호

남정현은 북이 주체연호를 사용하기 10년 전쯤에 '동기(東紀)'라는 말을 쓰며 미국식, 서양식이 아닌 통일코리아의 주체적 연호를 상상했다. 그의 반외세, 자주적 민족주의 의식이 집약된 단어라 하겠다. 남정현은 〈성지〉에 통일의 날이 오고, 코리아의 통일선포식이 끝나면 "지금까지 우리가 사용하던 서기(西紀)의 연대에 종지부를 찍고, 이제 연대를 동기(東紀)로 표현해야 한다는 의견"이 있다고 썼다. 소설 〈성지〉에선 동기라 표현했는데, 남정현 작가는 소설 〈편지 한 통〉을 발표한 뒤 기자와 인터뷰하면서 "북미 대결이 끝나면 서기가 아닌 주체 연호를 쓰게 될지도 모를 것"이라는 '불온한' 얘기도 했다. 북이 1997년부터 사용한 주체 연호는 김일성이 태어난 해인 1912년을 주체 1년으로 삼는 연도 표기법이다. 판타지, 풍자적 이야기 속에 슬쩍 작가의 본심을 섞는 거라는 생각도 들었다.

2004년 《구술채록집》 대담에서도 남정현은 〈성지〉를 계속 연재하지 못한 아쉬움을 털어놓았다. 통일을 가상해서 "민족 주체의 승리, 인간 양심의 승리, 이 모든 승리의 빛나는 깃발 속에서 이제 한국은 온 인류가 영원히 추앙하는 유일한 성지가 된다."라고 쓰려 했는데 못 썼다는 것이다.

"이걸 그래가지고 쓸려고 했는데, 이민선 메이플라워 타고 온 것부터 쓸라고 한 거예요. 그 사람들이 그래가지고 미국 인디언 땅을 어떻게 하고, 해서 한국을 어떻게 해서, 우리나라가 지금 통일이 됐다는 그 과정을 쭉 쓸라 그랬거든요? (웃으며) 재미났을 텐데."

7장

1990년대

세상의 그 끝에서 싹 다 쓸어 버리자

동구 소련 사회주의 붕괴와
가보지 않은 세계

사회주의 실험에서 몇 번 실패할 수도 있어

소비에트 연방의 해체는 자본주의 사회인 대한민국에도 지대한 영향을 미쳤다. 1991년 말, 러시아 대통령 보리스 옐친, 우크라이나의 레오니드 크라브추크, 벨라루스의 스타니슬라우 슈슈케비치가 만나 소비에트 연방이 더 이상 존속하지 않는다는 데 합의했다. 고르바초프는 끝까지 해체에 반대했지만 대세를 막을 수 없었고, 1992년 1월 독립국가연합의 출범과 함께 소련은 해체되었다. 소련과 연이은 동구 사회주의의 몰락은 한국사회의 이념적 지형에 커다란 영향을 미쳤다. 이 역사적 사건 이후 1917년 볼셰비키혁명 직후부터 1980년대까지 유지, 발전해온 진보적 민족주의, 사회주의 성향의 작가, 지식인의 상당수는 시대의 썰물을 타고 사라졌다.

그런데 동구 사회주의 몰락에 대한 남정현 작가의 입장은 확고했다. 그가 1990년대 초 여러 매체에 쓴 기고문이나 인터뷰를 통해 밝힌 정치의식과 이념은 젊은 시절의 그것과 본질적으로 변하지 않았음을 확인할 수 있다. 이렇게 세월이 흘러도 변하지 않는 작가의 의식은 단일한 풍자기법을 고수하는 것과 함께 비판의 대상이 되기도 한다. 구태의연함, 식상함을 초래한다는 비판이다.

정치 문제에 초지일관하는 자세는 70세가 넘어 증언한 《구술채록집》에서도 잘 드러나 있다. 남정현은 《구술채록집》에서 "사회주의권이 허물어지면서 자기들이 지금까지 다져놨던 어떤 가치 체계도 이게 또 잘못된 것이 아닌가 하면서 허물어지기 시작한 거예요. 소련을 주축으로 한 동구권의 정당 몇 개가 허물어졌는데, 그렇다고 해서 우리 문제가 해결된 게 있느냐 이 말이야."라고 하면서 "우리 문제가 가지고 있는 이 내부의 모순은 변함이 없거든요."라고 말했다.

> 내부 모순은 변함이 없는데 우리 생각이 바뀐다면 이 모순과 이 문제는 어떻게 해결점을 찾느냐 이 말이죠. 사회주의도 하나의 실험단계에서, 사람이 가보지 않은 세계니까, 그 미래라는 건 가보지 않은 세계를 가다가 허물어질 수도 있다 이거예요. 실험에 일차적으로 실패할 수 있다고 해서 인류가 이 자본주의 체제가 가지고 있는 모순, 이걸 그냥 방치할 거냐 말이지. 세계 곳곳에서 지성인들은 또 새로운 그룹을 형성해서 새로운 이론을 가지고 이보다 훨씬 나은 사회를 지향하기 위한 새로운 이념을 창조해낼 거라 이 말이야.

그는 "동구권 사회주의가 허물어졌다고, 이제 이 이상은 아무것도 없구나, 아, 이게 최고구나, 하면서 거기에 안주하면은 사회를 어떻게 해. 인간이 꿈을 어떻게 실현하겠어."라고 생각했다. 그러면 역사는 끝이라는 것이다. 남정현은 자본주의를 극복하고 사회주의를 세우려는 운동도 하나의 과학적인 실험이라면서 "실험에서 한번 실패할 수도 있잖아요. 자연과학에서는 수많은 실험을 해도 그거를 자연스럽게 보는 사람들이 왜 사회과학적인 입장에서는 한 번 실험에 실패했다고 그걸 왜 절망적으로 보느냐?"라고 반문했다.

"그러니까 인제 언젠간 지구의 어디선가는 반성의 토대 위에서 더 나은 사회주의가 돼도 좋고, 새로운 세계가 돼도 좋고, 이념을 창출해내서, 그 이념을 현실화시키기 위해서 또 투쟁하는 세력이 일어날 것이다 말이에요. 예, 그런 꿈을 가지고 있는 거예요."

자주의 문제가 첫 번째로 중요

《실천문학》1992년 여름호에 남정현의 시론 '외세문제와 통일'이 실렸는데, 직함이 '민족문학작가회의 통일문학위원회 위원장'이었다. 그는 이 글에서 "8·15 이후 오늘에 이르기까지 이를테면 6·25, 4·19, 5·16, 5·18 등등 수많은 역사의 격랑과 충돌하면서 우리 사회가 계속 이렇게 갈등과 마찰을 반복하며 혼란 속에 빠지게 된 것 역시 그 원인은 대부분은 외세문제가 우리 민족의 요구에 맞게 해결되지 못한 데 있다."라고 썼다.

미국과의 관계만 해도 "국가를 운영하는 데 있어서 가장 중요한 요체인 군대의 지휘권마저 장장 수십 년간이나 미국이 계속 차지하고 있다는 사실은 아무리 좋게 생각하려 해도 참으로 자존심이 상하는, 전민족적인 모욕이 아닐 수 없다."라고 보았다. 이런 사태를 바로 잡기 위한 '미군철수' '작전권 반환'을 주장하면 공산주의로 낙인찍힌다. 8·15 이후 민첩하게 친미세력으로 둔갑한 친일세력이 미국을 등에 업고 "어이없게도 외세 문제를 이념의 틀 속에 감금시켜버린 것"이었다. 그리하여 "친미는 자본주의자요 반미는 공산주의자로 낙인함으로써" 민족의 품위를 드높이려는 자주 세력은 반공이란 이름하에 탄압의 대상이 되는 기이한 작태가 다반사로 되어버렸다.

남정현 작가는 남북교류나 통일의 과정에서도 '자주 평화 민족대단결'의 삼대 원칙에서 벗어나서는 안 된다고 하면서, 본인은 "그 세 가지 원칙 중에서도 자주의 원칙을 더 중시하는 편이다."라는 점을 강조했다.

그는 "이 자주의 원칙이 흔들린다면, 평화의 원칙도 민족대단결의 원칙도 틀림없이 손상을 받아 제 기능을 발휘하지 못할 것이 뻔하기 때문"이라고 생각한다.

외세문제, 반미에 관심을 갖게 된 시기

남정현은 외세, 반미가 자신의 화두라고 말했다. 누가 보더라도 이 점에 있어서 그는 한국 문단에서 특출난 존재이다. 필자는 언제부터, 어떤 계기로, 누구의 영향을 받아서 남정현이 반미, 반외세 문학의 한길을 걸었는지 궁금했으나, 이를 풀어줄 구체적인 단서를 찾지는 못했다. 주변 인물 중에는 독립운동을 하다 옥살이를 한 아산아저씨의 영향이 컸을 것으로 짐작한다. 그가 쓴 '민족자주의 문학적 열망' 중에 이런 글이 있다.

> 작가로서, 그동안 내가 사회와 인생에 대해 갖고 있던 가장 큰 관심은 뭐니뭐니 해도 외세문제였다. 언제부터 내가 이렇게 외세문제에 대해 깊은 관심을 기울이게 되었는지 그 시기는 확실하지 않지만 돌이켜보면 그것은 아무래도 내가 문학에 뜻을 두고 이른바 그 소설이라는 것을 쓰기 시작하면서 그렇게 된 것이 아닌가 생각한다.

남정현 작가는 이 글에서 "이렇듯 고약한 현실을 우리 앞에 몰고 온 가장 결정적인 요인을 나는 외세문제로 보았던 것"이라고 썼는데, 그 계기에 대해서는 "어떤 논리적인 학습을 통한 귀결이 아니라, 한 인간의 현실적인 소중한 체험과 직관을 통한 자연스런 진실에의 접근이었다."라고 설명했다.

산문 '거대한 암반 밑에서'에서도 그는 똑같은 말을 했다. 남 작가는 1961년 5·16 쿠데타군이 미제 탱크를 타고 멀리 의정부 쪽에서 미아리 쪽으로 진입하는 장면을 지켜보다가 순간 길가에 털썩 주저앉으면서 외마디 소릴 질렸다. "아, 외세다!" 이때 다시 한번 우리 민족을 짓누르는 실체를 외세로 파악했다.

아이쿠. 나는 눈앞이 캄캄했다. 외세란 이름의 육중한 암반 밑에 깔려 있는 나의 의식은 늘 절박한 심정이었다. 신음할 새도 없었다. 어디다 헛심을 쓸 새는 더더욱 없었다. 어서 이 암반을 힘껏 들어올리지 않고는 숨을 제대로 쉴 수가 없다는 그 단 한 가지 일념으로 나는 늘 기진맥진이었다. 어서 들어 올리자. 그 원수놈의 외세를 그 암반을 어서 들어올리자.

그 암반을, 그 원수놈의 외세를, 미국을.

허허선생이 갑자기 통일을 외쳐 댄 이유

-〈허허선생 7-신사고〉(1990)

송기원의 '감옥으로부터의 편지'

소설〈허허선생 7-신사고(新思考)〉는《실천문학》(주간 김영현) 1990년 여름호에 소개됐다. 국립중앙도서관에서〈허허선생 7〉이 실린《실천문학》을 대출받아 살펴보던 중 SNS를 통해 송기원 선생의 부고(2024년 7월 31일) 소식을 들었다. 우연하게도 이 책에는 소설가 송기원과 시인 오봉옥의 '감옥으로부터의 편지'가 실려 있었다. '전《실천문학》주간'이기도 한 송기원의 '감옥으로부터의 편지-천하무적의 길로 나는 간다'를 읽어보았다.

첫 문장이 "벗들! 세 번째의 징역살이가 두 달이 되어 어언 석 달로 접어들었다. 그리고 나는 슬슬 자신을 사육하기 시작했다."로 시작하는 이 편지에서 송기원은 감옥에서 노자를 만난 얘기를 했다. 그는 "개뼈다귀 같은 화두를 눈병처럼 찾아온 노자가 풀어준 것"에 만족하면서 노자 철학이 "중국 역사의 진흙땅 속에 뿌리를 내린" 천하무적의 난세 철학이라고 설파했다. 그리고 "벗들! 안심하시라. 나는 천하무적의 길로 가려 한다. 다시 만나는 날까지 잘 먹고 잘살자. 잘 있거라."는 인사말로 끝을 맺었다. 1990년 늦은 봄에 쓴 편지였다.

〈허허선생 7-신사고〉에는 평소와 다른 언행을 하고 다니는 허허선생이 나온다. 평생을 통일과는 "사뭇 천리만리나, 아니 하늘과 땅만치나, 아니 이 승과 저승만치나 그렇게 멀리멀리 떨어져서 서로 간에 꼭 원수처럼 살아온" 허허선생이 "통일 통일, 하고 턱없이 통일을 다 외쳐" 댄 것이다. 이를 본 아들 허만은 그게 다 사실이라면 "해가 서쪽에서 뜰 일이었다."라고 생각한다. 허만은 예사로운 변고가 아니라 여겼는데, 아버지에게 물어보니 여기저기 그물을 치고 다닌 것이라 했다.

> 그렇다, 이놈아. 반공법 철폐도 던지고, 미군 철수도 던지고, 통일도 던지고, 민주도 던지고, 하여튼 던질 걸 다 던졌다, 이놈아. 어떤 놈들이 고따위 생각을 하고 있는지 세세히 한번 알아보려구 말이다. 약 오르지? 요놈아. 히히히.

허허선생의 이런 변신과 고도의 위장 전술은 1990년경의 정세를 감안해야 이해가 가능하다. 1987년 이후 민중 진영의 진출은 여러 영역에 걸쳐 급속도로 확산됐고, 통일운동에 대한 관심도 높아졌다. 이에 대응해 지배권력은 유화책과 강경책을 구사하며 맞섰다. 허허선생은 "통일문제가 민중 사이에 중요한 관심사로 등장하기 시작하자 그는 그렇게도 견고한 대저택에 살면서도 그래도 그것이 지상에 존재하는 한은 자신의 신변에 대한 안전을 보장받을 수 없다고 판단했음인지" 쥐도 새도 모르게 땅속을 파고 들어가기 시작해 자택의 땅 밑에 '지하궁전'을 건설했다.

그리고 준공식에 참가한 토마스란 자가 이 지하궁전의 안전성을 "우리 미국이 보증합니다."라고 말했다. "우리가 여러분 나라에 갖다 놓은 그 많은 핵폭탄이 꽝 하고 한꺼번에 다 터져도 이곳만은 절대로 안전합니다."라고 큰소리치는 그는 미국 정부의 의사를 대변한다고 뽐내는 자였다. 토마스는 "그저 찍 하면 자주니, 민주니, 노조니, 통일이니, 개나발이니 해싸며 밤낮없이 떼 지어 몰려다니면서 여러분들한테 주먹질이나 일삼는" 천하의 불한당, 빨갱이, 불온분자는 지하궁전에 들어올 수 없다고 장담했다.

제 말씀은 설령 놈들의 세력이 커질 대로 커져서 세상을 완전히 장악하는 일이 생긴다고 하더라도 말입니다. 제깐 놈들의 주제에 이 지하궁전이야 어쩌겠느냐, 이 말씀입니다. 안 그렇습니까?

토마스는 설령 놈들이 암벽을 뚫고 지하궁전 안에 침입한다 해도 미군기지와 연결된 비밀통로가 있어서 문제 될 게 없다고 안심을 시켰다. 그 누구도 "미군기지와 연결된 이 깊고 깊은 지하궁전을 범할 자가 있겠느냐."라는 말이었다. 허허선생은 "미국 나가라는 소리, 민족자주 하겠다는 소리"가 결국 자신을 죽이겠다는 소리로 들린다며 '지하궁전'이라는 자구책을 마련한 것이다. 그러나 쉽게 죽을 허허선생이 아니었다. 그는 빨갱이를 일망타진하기 위해 미끼로 "미군 철수도 던지고, 통일도 던지고, 민주도 던지고" 하면서 그물을 치고 다닌 것이었다.

이 사실을 알게 된 허만은 순간 가슴이 싸늘해지면서 "아, 역시 허허선생은 대단한 인물이시구나."라는 생각을 하게 되고, "아버님, 참 대단하십니다. 그것이 신사곱니까? 아버님" 하며 감탄을 했다. 허허의 신사고는 신자유주의로의 전환을 의미하는 것으로 읽는다. 허허선생은 평소의 "하하하" 웃음소리도 "히히히"로 바꿨다. 신사고의 웃음소리 "히히히"는 허허선생, 즉 미국의 비호를 받는 친미정권이 결코 호락호락한 집단이 아님을 암시하는 소리이기도 했다.

〈신사고〉와 유사한 반미 콩트 〈서쪽에서 해가 뜰까〉

〈신사고〉와 유사한 작품으로 15인 공동창작집 《반미 콩트- 발톱 빠진 독

1958년 〈경고구역〉을 발표하면서 왕성하게 작품활동을 하던 남정현 작가는 1965년 '분지 사건' 이후 거의 소설을 쓰지 못했다. 1973년부터 1980년까지 〈허허선생〉 연작 1, 2, 3편을 《문학사상》에 발표했는데, 이는 이어령 주간의 권유와 배려 덕분이었다. 이어령은 1967년 〈분지〉 재판에 증인으로 서서 화제를 불러일으키기도 했다.

수리들》(동광출판사)에 실린 남정현 작가의 '서쪽에서 해가 뜰까'라는 짧은 콩트가 있다. 1988년 10월 1일 발행한 이 콩트집에는 남정현 작가의 콩트 3편 〈어떤 만남〉, 〈죽어도 관(棺)만은〉, 〈서쪽에서 해가 뜰까〉와 김남일의 〈성조기여 영원하라〉, 박광숙의 〈민들레꽃의 행진〉, 위기철의 〈미국에서 온 편지〉, 정도상의 〈그해 5월 백악관에서〉 등이 실려 있었다.

이중 〈서쪽에서 해가 뜰까〉를 보면 첫 문장이 "요즘 전 서방에 대해 떠도는 말들이 그게 다 사실이라면 이건 정말 예사로운 변고가 아니었다."로 시작하는데, 이는 〈허허선생 7-신사고〉와 거의 같았다. "요즘 전 서방"이 "요즘 갑자기 나의 부친인 허허선생"으로 바뀐 것이다. 이어서 나오는 "아버님의 말씀마따나 해가 서쪽에서 뜰 일이었다."도 〈허허선생 7-신사고〉에서는 "해가 서쪽에서 뜰 일이었다."로 나왔다.

4쪽 분량의 짧은 콩트 〈서쪽에서 해가 뜰까〉의 내용은 〈허허선생 7〉과 거의 비슷했다. 아마도 이 콩트의 기본 줄거리를 살려서 〈허허선생 7-신사고〉를 쓴 게 아닌가 싶다. 팔순의 장인은 "이 땅에 통일만 찾아오면 그동안 쌓아 온 부도 명예도 일시에 박살이 난다."라고 생각하던 사위가 '통일만이 살길'이라고 말하고 다니는 것에 놀라움을 금치 못한다. 전 서방은 나라의 요직을 다 거쳐 봤고, 돈과 권력도 무서울 게 없는 사람이지만 유독 통일만은 무서워했다.

"글쎄 전 서방이 말이다. 아, 통일이라면 그렇게도 벌벌 떨던 전 서방이 말이다. 글쎄 요즘 갑자기 통일문제를 떠들고 다닌다는 거야. 하하하. 통일만이 살길이라고 말이지."

아버지와 대화를 끝낸 뒤 아들은 하나밖에 없는 매부의 정신 상태에 걱정이 돼서 전화했다. 그랬더니 전 서방은 '어떤 놈들이 그따위 생각을 하고 있나' 그걸 알아보려고 통일을 외치고, 미군이 나가도 좋다고 떠들고 다녔다고 대답했다. 통일, 미군 철수 외치는 그런 놈들을 찾아내 멀리멀리 격리해 버릴 술수였다는 것이다.

미국의 휴전 사인에 항의해
옷을 훌랑훌랑 벗어

-〈허허선생 8-허허선생 옷 벗을라〉(1992)

포스트 모더니즘의 폭풍우가 서서히 우리 앞에

1992년 가을 '자주 민주 통일을 열어가는 문학계간지 노둣돌'이 창간됐다. 《노둣돌》은 창간사에서 '새로운 문학계간지가 창간될 수밖에 없는 시대적 배경'에 대해 이렇게 적었다.

> 어제는 현실 사회주의 붕괴와 이론 사회주의의 위기라는 폭풍우가 그렇듯 심각하게 우리의 가슴을 휘젓고 갔다. 오늘은 포스트 모더니즘의 폭풍우가 서서히 우리 앞에 다가서고 있다. 이 폭풍우를 뚫고 나갈 창조적 방안을 찾지 못한 채 우리는 무력감으로 지쳐만 간다. 몇몇 사람들은 보따리를 싸매고 왔던 길로 되돌아가 버렸다.

《노둣돌》편집위원회는 "진보의 목소리를 내던 문예 매체들이 하나둘씩 역사의 뒤안길로 사라져가고" 있는 현실 속에서 구체적인 대안을 찾기 위해, 민족문학적 사명을 다하기 위해 창간했다고 썼다.

《노둣돌》의 주간은 오봉옥 시인이었고, 편집위원으로는 최유찬, 권순긍, 백진기 세 문학평론가와 김진경, 김형수 시인이 참여했다. 《노둣돌》창간호에는 황석영 특별기고 '통일 위해 문학의 길을 걷다 보면 어디나 조국이었네', 권운상의 《녹슬은 해방구》 전 9권 창작보고서, 현기영 소설 《야만의 시간》과 송두율의 문화시론 '사회주의 변화 이후 전환기의 문화와 그 지평들'과 같은 글이 실려 있었다. 여기에 남정현은 중편〈허허선생 옷 벗을라〉를 발표한다.

그리고 최원식(문학평론가), 김진경(시인), 임규찬(문학평론가), 배진기(문학평론가, 좌담 사회)가 참여한 가운데 '관념성을 극복하고 발을 딛고 서 있는 곳으로부터 나아가자-사회주의 변화와 포스트모더니즘의 도전에 직면한 민족문학의 실천적 과제'라는 제목으로 권두 좌담이 실렸다. 《노둣돌》에 실린 좌담 내용을 살펴보면 당시 문학인의 현실 세계에 대한 진지한 고민과 진로 모색을 엿볼 수 있다.67

허허선생이 옷 벗은 이유

〈허허선생 옷 벗을라〉는〈너는 뭐냐〉에 이어 남정현 작가가 쓴 두 번째 중편소설이라 할 수 있다. 이 작품의 시대적 배경은 광주 5·18이 벌어지고 1년 뒤인데, 특별 초빙한 미국 의사들이 허허선생의 병명을 발표하면서 생긴 일을 다루고 있다.

허허선생의 비밀궁전 제1호 응접실엔 그의 회갑을 기념해 수십 개의 보석으로 장식한 청룡시계가 있다. 이 시계에선 신령스러운 종소리가 나는

---

67 〈허허선생 8-허허선생 옷 벗을라〉는 《노둣돌》 창간호(1992년 가을)에 실린 것으로 남정현의 현실 인식과 문학 의식을 살피는데 중요한 단서가 된다. 당시 《노둣돌》은 특히 민족해방문학을 지향하던 《녹두꽃》의 후속 잡지로 자주, 민주, 통일이라는 문예운동의 슬로건을 선명하게 제시하고 있다. 더구나 이 잡지의 창간 권두 좌담이 '사회주의 변화와 포스트모더니즘의 도전에 직면한 민족문학의 실천적 과제'이고 보면, 당대 그의 지향성을 분명하게 확인할 수 있다. (홍성식, 〈남정현의 '허허선생' 연구〉, 《한중인문학연구》, 315쪽, 각주 47)

데, 유명한 미국 점술가의 작품이다. 허허선생은 아들에게 청룡시계에는 "도깨비들 얼씬도 못 하게 하는 비방"이 있으며, 그뿐 아니라 죄 많은 놈 죄도 다 씻어주는 효과도 있다고 알려줬다.

'허허선생 옷 벗을라'라는 제목은 소설 내용 중 허허선생이 여러 차례 옷을 벗는 장면이 나오는 것과 관련이 있다. 미국의 외교관인 블랙 씨는 "첩보요원들이 개인적으로 작성한 허허선생에 대한 일종의 준 비밀문서"에 나오는 내용을 이제는 오래된 얘기라 비밀이랄 것도 없다며 주인공에게 알려줬는데, 그 내용은 이랬다.

"그렇습니다. 코리아전쟁 때 우리 미군이 만부득이 휴전 문서에 싸인을 할 수밖에 없는 상항에 이르렀는데, 아 그때 허허선생이 우리 미군 사령부로 일행들을 잔뜩 우르르 몰고 찾아와서는 다짜고짜로 사령관실을 점령하더니, 아 느닷없이 모두들 옷을 홀랑홀랑 벗더라는 것이 아니겠습니까. 하하하."

허허선생이 미군 사령관에게 "빨갱이들이 무서워하는 건 핵무기뿐인데, 북에 빨갱이들이 남아 있는 조건하에서 핵무기 한 번 사용하질 않고 휴전 운운하는 것은 언어도단이라면서, 만약 북에 핵무길 사용하겠다는 미 당국의 약속이 없으면 지금 당장 알몸인 채로 거리로 뛰쳐나가겠다고" 일종의 강력한 시위를 하며 위협했다는 것이다. 입장이 난처해진 미군 사령관이 핵무기 사용을 약속했다고 준(準)비밀문서에 나온다고 했다. 미 외교관 블랙 씨는 이때부터 미 정부 내의 정책 입안자들 사이엔 "주한미군에 관한 문제점이 거론될 때마다 '허허선생 또 옷 벗을라'라는 말이 유행되었다."라는 말도 전했다.

블랙 씨는 그밖에도 준 비밀문서에 실린 기록을 몇 가지 더 알려줬는데, 허허선생이 한국도 하와이처럼 미합중국의 정식 주로 승격해달라는 투의

건의를 한 적이 있고, 1980년 광주사태 때는 "사태가 다른 지역으로 번지기 전에 뭔가 엄청난 미사일 같은 무기를 써서라도 당장 광주를 박살을 내야 한다."라고 주장했다는 것이다. 미국은 미사일 사용을 불허하는 대신에 "군대를 얼마든지 풀어주겠다."라는 약속을 했다고 한다.

미군 나가라고 지랄치던 도깨비들

허허선생은 '허허선생 또 옷 벗을라'라는 말이 세계적으로 유행어가 되기 전에도 자기 저택에 귀빈들이 모인 자리에서 옷을 벗은 적이 있다. 소련이 망했다는 소식을 접하고 주지육림 속에서 광란의 축제를 벌이며 '개지랄'을 하다 너무 흥분한 나머지 제일 먼저 옷을 벗었는데, 떨리는 목소리로 이렇게 소리쳤다고 한다.

"여러분, 이제 드디어 우리들의 뜻이 이루어졌습니다. 도깨비들이 망했습니다. 소련의 도깨비가 망했습니다. 소련의 도깨비가 망했으니, 북쪽의 도깨비가 견디겠습니까, 남쪽의 도깨비가 견디겠습니까. 이제 시간문제입니다. 남북의 도깨비들은 내일모레면 우수수 추풍낙엽이 되어, 깨끗이 땅에 묻힐 것입니다."

허허선생이 말하는 도깨비는 구체적으로 누구를 말하는 걸까. 손가락질 주먹질하면서 "매국노니 살인마니 반역자니 독재자니 하며 우리의 업적을 헐뜯으려는 자"이다. 허허선생 밑에서 일하는 영감님은 자신들이 없애버린 도깨비에 대해 주인공에게 장황하게 설명했는데, 그 도깨비는 미군과 친일파, 군부독재에 반대하고 민주주의 하자며 지랄을 떨었다고 한다.

영감님 말에 따르면 그동안 이런 도깨비 놈들의 숨통을 그때마다 민첩하게 "총으로, 칼로, 불로, 물로, 전기로, 몽둥이로, 콱콱 틀어막아 놓았으니

망정이지" 그냥 방치해 놓았다간 이 나라가 도깨비 세상이 되었을 거라 한다. 그로서는 참 아찔아찔한 순간들이었다는 것이다.

그런데 이렇게 도깨비를 일망타진했다고 생각한 도깨비가, 소련의 붕괴 이후 다 사라졌을 거로 여겼던 남과 북의 도깨비가 "전혀 고꾸라질 기미가 없어서 걱정"이라는 말을 듣는 순간 허허선생은 병환이 생겼다. 그 뒤부터 "고열 속에서 식음을 전폐하고 말문을 닫고" 지냈다는 것이다.

허허선생의 증세는 곤충의 변태 현상

미국에서 온 의사들이 허허선생의 비밀궁전에 모인 거물들에게 "허허선생께서 지금 앓고 계신 질환은 섭섭하게도 인간의 병이 아니라는 결론에 도달한 것입니다."라는 진단결과를 발표했다. 허허선생의 주요 증세인 "39도 이상의 고열과 전혀 식욕이 없음과 말문이 막힌 이 세 가지 문제점을" 중점적으로 추적해봤는데 결론은 인간의 병이 아니라는 것이다.

"어쨌거나 허허선생의 지금 증세는 뭔가 그것이 허허선생 모습이었을지도 모르는 완전히 새로운 형태의 새로운 생명체로 탈바꿈하기 위한 진통기라 볼 수 있습니다. 그러니까 가면을 벗고 원모습을 회복하기 위한 일종의 자연스러운 생리운동이라, 이 말씀입니다."

의사들은 허허선생에게 "곤충의 세계에서만 볼 수 있는 완전 변태 현상"이 일어날 수 있게 되었다며, 철저한 보안을 당부하며 뭔가에 쫓기듯 응접실을 빠져나갔다. 충격적인 사실에 넋이 나간 거물들은 자신들의 이마에 손을 짚어보더니 고열 증세가 있음에 놀라며 불길한 사태를 예감한 듯 겁에 질려 우르르 빠져나갔다.68

주인공은 혹시 몸에 탈바꿈할 징조가 생긴다면 그 누구보다도 자신일 거로 생각하며 벌떡 일어났다. 아무리 가면이라곤 하지만 그래도 "인간의 탈을 쓰고 있는 동안 부친을 한번 만나보는 것이 자식으로서의 예절"이란 생각이 들어서였다. 그때 마침 청룡시계에선 두우우으응 하고 가슴을 울리는 예의 그 신령스러운 종소리가 흘러나왔다.

미 외교관 블랙 씨는 "허허선생과 그 일행이 아니었다면 사실 우리 미국은 밤낮없이 자주다, 민주다, 통일이다 해싸며 제 몸에 불을 싸지르고 덤벼드는 그 숱한 도깨비들 때문에 견딜 수 없었을 겁니다."라면서 허허선생의 완쾌와 만수무강을 기원한다. 이 대목은 1991년 노태우 정권 시기에 발생한 강경대 학생 타살 사건 이후의 분신 정국을 연상시킨다.

허허에게, "영원히 가거라"

〈허허선생 옷 벗을라〉를 끝으로 남정현 작가의 '허허선생' 연작시리즈는 끝을 맺었다. 처음 '허허선생'을 시작하던 박정희 군사정권 시절이나, 전두환, 노태우 정권을 지나 김영삼 때나 남정현 작가가 '허허선생'을 통해서 문제시한 외세의존형 권력은 변함없이 자리를 지켰다.

인간의 탈을 쓴 곤충이나 괴물이라 할 수 있는 허허선생 부류의 인간과 맞서 싸웠지만 승리를 거두지 못하고 링에서 내려온 작가는 그 심정을 《문학사상》 1993년 1월호 기고문에서 밝혔다. 여기엔 '문인 33인의 새해 메시지'가 실렸는데, 남정현 작가는 중간쯤에 '허허선생에게'라는 인사말을 실었다. 남정현 작가의 글 바로 위에 김승옥의 〈무진기행〉의 윤희중 선배에

---

68 허허선생의 종말을 왜 질병과 변태 과정으로 설명했는가 하는 점은 상황악을 극복하는 방법론의 문제와 연관하여 중요한 문제인데, 이에 대한 실마리는 강진호의 '병리학적 상상력'(강진호, 〈병든 현실과 병리학적 상상력〉, 《작가연구》 14, 2002. 10)과 연관하여 설명하는 것이 좋을 듯하다. 어려서부터 병과 약을 달고 산 남정현 개인의 이력이 사회 속의 질병을 탐색하고 폭로하는 창작의 원천으로 작용했다는 것이다. (홍성식, 〈남정현의 '허허선생' 연구〉, 《한중인문학연구(20)》, 2007))

게'가, 바로 아래에 오정희의 '〈파로호〉의 혜순 씨에게'가 소개됐다. 남정현 작가는 허허선생에게 땅속(지옥이거나 무덤으로 읽힘)으로 "영원히 가거라" 하며 새해 인사를 건넸다.

내가 가장 관심을 갖고 있는 내 작품 속의 주인공은 말할 것도 없이 허허선생이다. 나는 허허선생을 주인공으로 해서 지금까지 8편의 소설을 썼다. 허허선생은 우리 시대 지배계층의 일반적인 의식을 대변하는 전형적인 인물이다. 지배와 예속, 착취와 억압이 부귀영화를 누리는 그의 생존방식이다. 그런 자들이 우리 역사의 전면에 부상하고 있는 한 우리는 좀처럼 불행과 고통에서 벗어날 수가 없다. 탓으로 허허선생에 대한 나의 새해 인사는 응당 한 마디. "영원히 가거라"다. 새해에는 정말 허허선생과 같은 자들은 모두 모두 땅속 깊이깊이 묻혀서 영원히 이 세상엔 고개를 쳐들지 말기를 진심으로 기원할 뿐이다.

"1973~1992년은
허허선생과의 피나는 대결 시대"

—소설집 《허허선생 옷 벗을라》(1993)

역사의 전진 가로막는 도깨비

그러니까 소위 그 유신체제란 이름하에 군부독재가 이를 악물고 기승을 부리던 1973년에 〈허허선생 1〉을 쓰고 나서 이제 1992년에 〈허허선생 옷 벗을라〉로, 일단 이 허허선생 시리즈를 마감하기까지 장장 20여 년이란 세월이 흐른 셈이다. 생각하면 나에게 있어서 이 20여 년이란 세월은 한마디로 말해서 허허선생과의 피나는 대결 시대였다고 볼 수 있다.

허허선생 연작소설을 모아서 발간한 소설집 《허허선생 옷 벗을라》(동광출판사, 1993)의 '책머리'에 남정현 작가가 쓴 글이다. 그는 허허선생을 상대로 "늘 생사를 걸고 흡사 무슨 격투라도 하는 심정으로, 한 편 한 편을 아주 힘겹게 이 소설을 썼다."라고 심정을 밝혔다. 그는 허허선생이라는 인물은 한 마디로 "우리 시대 민중들에게 온갖 불행과 고통을 가하는 바로 그 원흉의 추악한 모습"이라고 정리했다. 허허는 역사적으로 "수수백년 동안 오로지 일신의 영화만을 탐한 나머지 언제나 침략세력이었던 외세와 늘 한통속이 되어 나라와 민중의 이익을 열심히 짓밟은 지배계층"을 상징했다.

남정현은 '책머리'에 허허 같은 추잡한 인간들이 "한시바삐 우리의 이 소중한 역사 무대에서 아주 멀리멀리 영영 사라져 줬으면 하는 간절한 소망을 안고" 소설을 썼으나, 지금도 여전히 현실은 "허허선생류의 도깨비 같은 부당한 세력들이 진을 치고 있음으로써 그들은 여전히 역사의 전진을 가로막고 있는 큰 장애물이 되어주고 있다."며 안타까워했다.

2000년대 들어서면서 '허허선생'을 주제로 한 연구논문이 여러 편 나왔는데, 이상갑의 〈비인간의 형상, 그 역설의 의미-'허허선생'론〉(2001), 강진구의 〈왜곡된 식민의 경험, 그 기억과 망각의 사이-허허선생 3(귀향길)〉(2001), 홍성식의 〈남정현의 '허허선생' 연구〉(2007), 강가형의 〈남정현 소설 연구-'허허선생'을 중심으로 한 그로테스크 기법 연구〉(2010), 장현의 〈남정현 연작소설 '허허선생'의 그로테스크 변모 양상〉(2012) 등이 이에 포함된다. 여기에서는 이들 논문에서 《허허선생》을 어떻게 비평했는지 살펴본다.

이상갑은 〈비인간의 형상, 그 역설의 의미-'허허선생'론〉에서 "이 연작에 나오는 '허허(虛虛)는 우리가 어이없어 웃을 때 나오는 소리이기도 하고 실체가 없는 허상이라는 의미이기도 하다."라고 썼다. 그는 "'허허선생' 연작은 숨 막히는 억압의 시대에 줄기차게 문제를 제기했다는 점에서 그의 작가적 특질을 가장 두드러지게 보여주고 있다."라고 하면서 "'허허선생' 연작의 '나'가 도달한 지점에 여전히 우리가 서 있다는 점에서 남정현 소설의 현실성은 그 부분적인 한계를 상쇄하고도 남는다."라고 평했다.

그로테스크한 허허선생의 집, 괴물체

이상갑은 '허허선생'에 대해 총평에선 높게 평가했지만 여러 가지 문제점을 지적하기도 했다. 그는 "허허의 인물 형상화가 너무 도식적이고 고정되어 있다."라는 점이 큰 문제이며, 이는 작품 속에서 언급되고 있는 "제반 역사적 모순들이 너무 표피적으로만 반복 취급되고 있는 것과 관련이 깊다."라고 적었다. 그리고 허허의 정체에 대한 〈나〉의 탐구 작업 과정에서 "'허허

=괴물=도깨비'라는 공식이 자주 반복 강조됨으로써 작품의 흥미를 반감시키는 요인으로 작용하기도 한다."라고 썼다. 이런 공식을 넘어서기 위해 희화화 기법을 자주 구사하는데, 적당히 사용하면 훌륭한 역할을 하지만 지나칠 경우 '남정현 소설의 한계'로 작용한다는 점도 지적했다.

이상갑은 연작의 마지막 작품인 〈허허선생 8-허허선생 옷 벗을라〉가 "'허허선생' 연작뿐 아니라 그의 작품세계 전체를 요약하는 성격까지 지니는데 그 문제의식은 허허의 심복 비이 부장과 허허의 아들 〈나〉가 주고받는 다음과 같은 말에서 압축적으로 드러난다."라고 하면서 '도깨비'를 언급한 대목을 길게 인용했다. 이는 비이 부장이 허허선생에게 듣고 배운 바였다.

"자, 보게나. 팔일오 이후 방방곡곡에서 단독정부 싫다고 지랄 치던 놈들, 친일파 죽이라고 지랄 치던 놈들, 부정선거 한다고 지랄 치던 놈들, 부정부패 한다고 지랄 치던 놈들, 군부통치 싫다고 지랄 치던 놈들, 민주주의 하자고 지랄 치던 놈들, 아 이놈들이 글쎄 도깨비면 어디 보통 도깨비들인가."

〈왜곡된 식민의 경험, 그 기억과 망각의 사이-허허선생 3(귀향길)〉에서 강진구는 "'허허선생' 연작을 이해하기 위해서는 작품의 배경인 그로테스크한 집에 대한 이해가 선행되어야 한다."라는 점을 강조한다. 〈허허선생 1-괴물체〉에는 건물의 준공식(괴물체의 시동식)에 참가한 손님들에게 허허선생이 자랑을 늘어놓는데 그가 특히 강조하는 대목은 건축 과정에 "국산이란 물품이 하나도 참여하지 않았다는 점"이었다. 구태여 국산을 하나 찾자면 집이 지어진 수천 평의 대지뿐이었다. "집의 설계는 미국인이, 또한 내부시설은 일본인이" 그리고 일체의 건축 자재도 외제였다. 이 소설이 발표되던 시절엔 "똥도 미제가 좋다."라는 말이 유행할 때였다. 강진구는 이런 외제 집을 작품의 배경으로 삼은 작가의 의도를 이렇게 해석했다.

친일 분자들의 득세와 이들에 의해 민족 주체성이 유린되는 현실을 작가는 그로테스크한 집의 형성과정을 통해 설명하고자 한다. 민족의 주체적인 힘으로 건설되어야 할 터전이 미국의 세계전략에 근거한 친일 분자의 재등용과 외세 의존적인 구조로 이루어짐으로써 골격부터 잘못 짜여졌음을 작가는 그로테스크한 집을 통해서 제시했던 것이다.

허허선생의 집이 그로테스크한 괴물체이듯이 그 집의 주인인 허허선생 자체도 아들 허만이 볼 때 기이한 괴물체이다. 왕년의 나까무라 순사인 허허선생이 양놈과 어울리더니 감투를 쓰기 시작하고, 어느새 정계 재계의 실력자가 되어 마치 개선장군이라도 되는 양 고향을 방문하는 모양이 괴물체 모양의 집과 똑같아 보였을 것이다.

허허선생의 배경이 되는 그로테스크한 현실을 고발

장현은 〈남정현 연작소설 '허허선생'의 그로테스크 변모 양상〉에서 "'허허선생' 연작을 통해 제기되는 문제는 허허선생이라는 인물의 반도덕적이고 몰역사적인 과거 비행이 아니다. '허허선생'은 그러한 작태가 아무렇지도 않게 자행되고 있는 그로테스크한 현실에 대한 강력한 이의제기인 것이다."라고 썼다. 남정현 소설 전반에 두루 나타나는 "그로테스크한 묘사나, 대화, 상황 등은 당대 사회의 모순이나 부정을 기이한 장면을 통해 상징적으로 드러낸다."라는 것이다. 그는 '허허선생' 연작은 표면적으로는 가정사적 이야기의 성격을 띠고 있으나 "남정현은 독자들이 이를 민족의 역사와 관련시켜 보다 적극적으로 수용하기를 바란다."라고 썼다.

장현은 논문의 '결론'에서 "'허허선생'의 그로테스크는 연작에 따라 그 양상이 점차 변모"하는데, 허허선생 1, 2에서는 "허허선생과 아들의 팽팽한 대결 구도가 형상화"되고, 허허선생 3, 4, 5에서는 "모순으로 점철된 우리

1993년에 출간된 남정현 연작소설집 《허허선생 옷 벗을라》의 앞뒤 표지.

근현대사에 대한 부자의 상이한 시각이 형상화된다."라고 썼다. 그리고 허허선생 6, 7, 8에서는 부자간의 힘의 균형이 깨지고 "허허선생 쪽이 관계의 주도권을 가지게 되며, 허만은 이에 따라 공포를 경험하게 된다."라고 보았다. 장현은 이와 같은 "그로테스크 양상의 변모는 시대의 변화에 따른 작가의식의 변모를 보여준다."라고 하면서 이렇게 평했다.

이는 곧 80년대 후반과 90년대 초반에 겪었던 일련의 민주화 과정에서 우리 모두가 간과했던 수구세력의 끈질긴 생명력에 대한 예민한 작가적 성찰의 결과라고 할 수 있다. 외세 문제에 천착한 남정현에게 이 시기는 민주주의에 대한 기대도 잠시, 미국에 대한 종속이 더욱더 고착화되는 것을 목격하게 된다. 다수가 외형적 민주주의에 환호를 하고 있을 때, 작가 남정현은

우리 사회에서 잠시 뒷걸음하고 있는, 친외세 수구세력에 대한 견고함을 지각하고 이를 비판하는 것이다.

장현은 "《허허선생》은 세대와 외세 문제를 통해 우리 근현대사를 종합적으로 보여주는 연작소설이다."라고 하면서, "포악과 공포의 도가니에서 비판적 문제의식을 가장 적절하게 드러낼 수 있는 미학적 범주로 그로테스크를 활용하였다는 것, 이것이 곧《허허선생》의 문학적 본질이라 할 수 있다."라는 말로 글을 끝맺었다.

> "나의 문학관과
> 세계관은 같다"
> -《노둣돌》(1993)

《노둣돌》1993년 봄(통권 3호)에는 '지상 토론: 희망을 찾아서-92 대선 평가와 전망'이라는 기획이 실렸다. 이 기획에 참여한 토론자는 남정현(민족문학작가회의 부회장), 김종철(〈한겨레신문〉 논설위원), 조재도(전교조 교과위원장), 양재원(전국연합 조직국장)이었다. 이 지상 토론은 민족민주운동의 진로에 좌절을 안겨준 대선에서의 패배를 평가하고 '새로운 꿈과 희망'을 찾기 위해 시도한 기획이었는데, 답변은 서면으로 이뤄졌다.

남정현 작가는 대선 패배로 인한 민중의 절망감, 패배감, 좌절감에 대해 묻는 편집자의 질문에 "나는 이번 대선 결과를 놓고 좌절이니, 절망이니 하는 그렇게 어두운 말로 표현하고 싶지 않습니다."라고 답했다. 그는 이번 대선의 실패는 "우리 애국 민중들이 앞으로 더 크고 더 확실한 승리를 차지하기 위한 일종의 아픈 시련이며 동시에 중요한 교훈"으로 본다며, 이는 "결코 무슨 사태를 호도하려는 허장성세가 아닙니다."라고 분명히 말했다.

편집자가 던진 "문학관과 인생관, 그리고 역사관을 듣고 싶습니다."라는 질문에는 "세칭 '분지 사건'으로 내가 법정에서 재판을 받을 때, 문학이 무엇이냐는 판사의 물음에 나는 한마디로 문학이란 인간을 사랑하는 작업이라고 말했습니다. 나는 지금도 그때의 내 말에 수정을 가하고 싶지 않습니다."라고 답변했다.

이와 같이 인간에 대한 절절한 사랑, 즉 절절한 인간애야말로 문학의 가장 믿음직한 모태(母胎)입니다. (……) 탓으로 작가는 인간을 사랑한다는 그 숭고한 사명에 충실하기 위해 무엇보다도 먼저 그가 처한 현실에 깊은 관심을 기울이지 않을 수 없습니다. 그 현실을 지배하는 정치·경제·사회·문화 등의 그 구조와 특성을 올바르게 이해하지 않고는 도대체 우리 시대의 인간을 어떻게 사랑해야 좋을지, 갈피를 잡을 수 없을 테니 말입니다.

남정현은 "나의 문학에 대한 견해나 입장이 세계를 대하는 견해나 입장과 별다른 차이가 없습니다."라면서 이렇게 말했다.

문학 행위도 결국은 한 작가의 세계관을 반영한, 세계관의 한 흐름이라고 생각하기 때문입니다. 나는 한번도 내 문학과 한 인생으로서의 생활과를 별개의 것으로 생각하지 않았습니다. 내 문학이 곧 내 생활이며 내 세계관입니다. 나는 세계를 좌지우지하는 주인은 내가 사랑하는 인간이라는 사실을 믿으며, 세계는 결국 인간의 뜻에 의해 변화 발전한다는 사실을 믿으며, 그리하여 나는 내가 인간이라는 사실에 늘 희열을 느낍니다.

이런 답변을 놓고 볼 때 남정현 작가는 문학과 인생은 분리되는 것이 아니었으며, 적극적인 참여파 성향을 지녔다고 할 수 있다. 그는 "선생님 보시기에 대선 이후 우리의 당면한 민족문학적 과제는 무엇일까요?"라는 편집자의 질문에는 "정치 경제적으로 착취와 탄압이 극심하여 사회적인 모순이 첨예화된 사회일수록 문학적으로는 성과가 컸던 것은 사실"이라며, 이런 점에서 "지금이야말로 민족문학을 꽃피울 수 있는 좋은 기회라는 주장은 타당성이 있습니다."라고 답했다.

1990년대 초반 동구 사회주의 정당의 몰락, 1992년 한국 대통령 선거에서 보수진영의 승리 등의 여파로 정치 지형이 바뀌자 문단에서도 참여문학,

민족민중문학을 비판하는 목소리가 일기도 했다. 이같은 흐름에 대해 남 작가는 "그동안 우리 민족문학 발전에 적지 않은 공적을 쌓았다는 일부 문인 중에 그동안 우리 문학인들이 너무 이념을 앞세우고 현실적인 사회문제에만 집착한 나머지, 문학의 질을 전반적으로 저하시켰다고 불평하는 듯한 발언을 하는 것은 좀 이해할 수 없습니다."라며 이에 반박하는 주장을 폈다.

작품을 창작한 그 작가의 역량이 부족하여 현실적인 사회문제나 민족문제, 그리고 이념상의 그 마찰 같은 것을 작품 속에 잘 소화시키지 못함으로써, 작품의 예술성이 훼손되었다는 취지의 말이라면 몰라도 한 작가가 추구하는 테마나 소재가 너무 정치적이라거나 이념적이라거나 하여 작품의 질이 떨어진다는 얘기는 결코 수용할 수 없습니다.

남정현은 "작품의 질은 어디까지나 예술가로서의 작가의 역량문제와 관련되어" 있는 것인데, 이런 점을 잘 알고 있을 문인이 "작품상의 소재를 탓잡아 작품의 질을 운운하는 것은 민족문학 전체를 타박하는 것 같은 인상을 풍기게 되어 듣기에 민망스러울 때가 있습니다."라고 말했다. 이같은 남정현 작가의 문학관과 세계관은 이승만, 박정희 정권 시절부터 2000년대 넘어선 뒤의 소위 말하는 민주정부 시절에도 다름이 없었다.

사랑, 혁명, 문학을 동일한 선상에 놓아야

일시: 1993. 11. 18(목)
장소: 사월혁명연구소
발표: 남정현(소설가, 민족문학작가회의 부회장)
사회: 김국태(문화분과위원장, 추계예술대 교수)

5·16 쿠데타와 미군, 그리고 〈분지〉

　남정현(발표) 문학이라는 행위 자체가 인간에 대한 깊은 사랑을 깔고 있습니다. 그런데 사랑은 자기 욕망의 충족이 아니라 자기희생을 전제로 해야만 감동을 받을 수 있고, 자기보다도 남의 생명과 안정을 염원하는 데서 출발하는 것입니다. 따라서 사랑은 혁명적인 발상을 전제로 하지 않는다면 성립되지 않는 것입니다. 따라서 글을 쓰는 행위 자체도 일종의 혁명적인 발상을 전제로 합니다. 그래서 소설이라든가 시를 쓸 때는 사랑, 혁명, 문학이 동일한 선상에 놓여야 한다는 생각을 가지고 지금까지 많지는 않지만 글을 쓰고 있습니다. 이렇게 문학이 인간에 대한 사랑에서 출발한다고 할 때 인간에게 가해지는 모든 위해에 대해서 가만히 있지 못하는 것이 동서고금을 막론하고 문학의 본성일 것입니다.

현실은 문학의 좋은 소재일 뿐 아니라 현실을 떠나서는 문학 자체가 존재할 수 없다는 것이 저의 생각입니다. 문학이라는 것은 그런 현실적인 문제가 아니라 꿈의 세계, 인간 본연의 세계, 사랑이라든가 생명의 근원, 신과의 문제 등의 현실을 떠난 것이 소재가 되어야 영원성이 있지 않은가 하는 문제를 제기하는 분들도 있습니다.

그러나 꿈조차도 현실을 떠난 꿈은 존재할 수 없습니다. 현실의 색깔에 따라 꿈의 색깔도 결정되는 것입니다. 그래서 꿈을 표현하기 위해서도 현실을 잘 알아야 한다는 것입니다.

그렇다면 지금 현실에서 제기되어 있는 문제가 무엇인가? 여러 가지가 있습니다. 70년대 이후 강력하게 대두되고 있는 자주 민주 통일이라는 과제도 절박하게 해결해야 할 문제이지만, 저는 그중에서도 가장 절박한 문제를 외세문제로 보았습니다. 외세문제를 우리 민족의 양심에 맞게 해결해 놓지 않으면 민주주의 문제도 그렇고 통일 문제도, 인간의 도덕성의 문제까지도 풀리지 않으리라 생각합니다.

현재 김영삼 정권이 들어서 있지만 작가의 입장에서 저는 그렇게 생각합니다. 가능하면 외세가 영원히 주둔해 주기를 바라는 정부가 문민정부라고 할 수 있는가 하는 것을 볼 때, 민족적인 양심으로 환멸과 분노를 느끼지 않을 수 없습니다. 결국 민족문학이라고 하는 것도 외세문제에 대한 강한 저항이 전제되지 않으면 민족문학으로서의 틀을 갖추지 못하는 것이라고 생각합니다.

한 가지만 더 말씀을 드린다면 제가 〈분지〉를 1965년에 썼습니다. 그 작품을 쓴 배경은 이러합니다. 지금까지도 저는 4월이라는 말만 들어도 가슴이 뜁니다. 그러나 그 이후에 맞이한 5·16, 그 5·16을 놓고 쓴 것이 바로 〈분지〉였습니다. 외세문제를 가장 중요한 테제로 생각하고 있는 작가의 입장에서, 막연한 추론이었지만 미국의 지배하에 있고 우리 군이 미군의 통수권 안에 들어있는 상황에서 미군이 관여하지 않고 어떻게 5·16 군부쿠데타가 일어날 수 있는가 하는 생각에 울분을 참지 못했습니다. 아무리 외세가 우리 민족을 죽이려고 한다 해도 결코 죽지 않는다는 민족적인 기개를 표현하고자 썼던 것이었습니다.

병자호란과 외세

서정기 오늘 이 자리에서 문(文)과 아(我)가 일체가 되는 것 같은 정열을 받았습니다. 한가지 말씀드리고 싶은 것은 민족문학을 말씀하였는데, 저는 모든 문제의 근원을 따져본다면 그것은 바로 '병자호란'(1637)이라고 생각합니다. 병자호란의 항복조건에 군대를 양성하지 않고, 무너진 성을 쌓지 말고 새로운 무기를 개발하지 않는다는 조항이 있었습니다. 그렇기 때문에 일본의 경우는 바로 개국을 했지만 우리나라의 경우는 청의 승낙이 없이는 개국을 할 수 없었던 처지였습니다. 300년 넘게 받아왔던 이런 제약을 근본적으로 풀지 않으면서 민족문학을 논한다면 어느 정도 한계가 있지 않을까 하는 것이 저의 생각입니다.

남정현 아주 좋은 말씀이라고 생각합니다. 현실이 중요하지만 옛날이 없이는 현재가 존재할 수 없듯이 과거의 역사를 잘 알아야 할 것입니다. 일반적인 5천 년 전 과정을 통한 우리 역사의 전체적 흐름을 생각할 때 외세의 문제가 가장 근본적 문제가 아닌가 하는 데서 그러한 말씀을 드렸던 것입니다. 통일문제만 하더라도 그렇고요. 8·15가 우리 민족의 뜻에 맞게 외세문제가 해결되지 않은 데서 모든 사회 혼란이 일어났다고 봅니다. 진정 8·15가 해방다운 해방이 되지 못했기 때문에 다가올 통일만은 완벽하게 외세문제를 해결할 수 있는 기점이 되어야 하고, 그래야지만 우리 민족이 발전할 수 있는 길이 열린다고 생각합니다.

1993년 11월 사월혁명연구소 월례발표회에서 '문학과 현실'을 주제로 발표를 하는 남정현 작가와 사회를 보는 김국태 교수.

역사의 '찌꺼기' 없애야

김석형 저는 32년 동안을 뚜렷한 죄목도 없이 감옥생활을 하다가 나온 지 2년도 채 되지 못합니다. 저는 '8·15 해방'이란 말을 쓰지 않습니다. 일본놈들이 2차대전에서 패하고 도망을 갈 때 우리는 그 호기회를 놓치고 진정한 해방을 맞이하지 못했기 때문입니다. 아직도 우리에게는 계급모순, 민족모순, 체제모순이 심각하게 남아 있습니다. 이 세 가지 모순의 해결 없이는 통일이든 그 어떤 것이든 겉도는 것일 수밖에 없다고 봅니다.

여기서 중요한 것은 바로 '찌꺼기'들입니다. 역사적으로 볼 때 친청파요, 친일파요, 친미파요, 신친미파요, 이런 민족반역자들이 지금까지도 얼굴을 빳빳이 들고 있습니다. 이런 '찌꺼기'들을 제거하려면 어떻게 해야 할 것인가? 이것이 지금에서 가장 중요하고 시급한 문제가 아닌가 합니다. 제가 이광수를 직접 만날 기회가 있어서 그에게 깍듯이 "선생님, 민족반역한 데 대해서 민족 앞에 사과하셔야지요?"라고 말했습니다. 그랬더니 "내가 민족개조론을 내놓지 않았으면 우리 민족 지식인층이 아마도 누구 하나 살아남지 못했을 것이오." 이렇게 말하는 것이었습니다. 바로 이런 이광수가 찌꺼기가 아니고 무엇이겠습니까?

남정현 네, 아주 옳은 말씀을 하셨습니다. 그런 반민족적인 작가들의 내용을 우리 아이들이 아직까지 배우고 있습니다. 해방 직후에 그들이 숨어 존재하기 위해서는 반공을 지상과제로 내세우고 지배계층에 빌붙을 수밖에 없었습니다. 그런 찌꺼기들이, 친일세력이 다시 역사의 무대에 나타나 우리를 지배하는 이 세상은 '가짜 세상'이다. 이것은 결코 진짜 세상이 될 수 없다. 언젠가는 오고야 말 '진짜 세상'을 염원하는 것이 문학의 발상으로 내재되어 있다고 생각합니다. 그리고 덧붙여 말씀드린다면 그것들을 제거하는 방법은 각계, 각층의 건전한 민주세력이 하나로 단결해 '정치투쟁'을 통해 우리 스스로가 만들지 않으면 안 된다는 것입니다. 그것은 누구도 가져다줄 수 없는 것입니다.

사회 조금 전에 작품 소개를 하면서 말씀드렸던 〈허허선생 옷 벗을라〉가 바로 그런 부류의 사람들을 제거하는 데 대한 문제제기를 했던 작품이고, 과거부터 의식 있는 작가들도 계속해서 이런 문제를 제기해 왔다고 생각합니다.[69] 그러나 불행히도 많은 사람에게 읽히지 않으니까 제 생명력이나 위

---

[69] 1993년 발간된 남정현 연작소설 《허허선생 옷 벗을라》 서문에서 남정현 작가는 "허허선생이란 인물은 비단 우리 시대뿐만이 아니라, 역사적으로 누대에 걸친 수수 백 년 동안 오로지 일상의 영화만을 탐한 나머지 언제나 침략세력이었던 외세와 늘 한통속이 되어

력을 발휘하지 못하고 있는 것입니다. 그런 의미에서 여러 선생님의 많은 도움이 필요하리라 생각합니다.

황건 민족 고유의 것을 찾는다는 것이 향토주의나 국수주의로 심지어는 복고주의, 지방주의로 관심이 기울어지는 경향이 있다고 생각합니다. 민족문학을 이런 것들과 어떻게 선을 그어 구분해야 할 것인가에 대해 묻고 싶습니다.

남정현 외세에 대한 저항의 한가지 맥락에서 우리의 전통문화를 현실의 요구에 맞게 발전시키는 것도 하나의 민족문화의 계통을 잇는 중요한 한 가지라는 것은 틀림없는 것입니다. 지금의 현실에서 받아들여 발전시켜야 할 것들을 취사 선택할 수 있는 기준이 아주 엄격해야 할 것입니다. 그것은 바로 한국의 미풍양속을 계승시킬 수 있는 것, 진취적이고 발전적인 것은 과감히 받아들여 강화해야 할 것이고 봉건적이고 퇴영적인 것, 기회주의적이고 허무적이며 민족사대적인 것은 척결돼야 할 것입니다.

사회 향토주의를 축소한 개념을 비어로 설명해서 '뚝배기 그릇'으로 표현한다면, 그 내용물을 무엇으로 잡는가 하는 내용의 문제라고 생각합니다. 무엇을 담을 것인가? 그것은 바로 민족의식이라든가 민족에게 내려오는 긍정적인 가치체계 등의 알맹이, 그것이라고 생각합니다.

나라와 민중의 이익을 열심히 짓밟은 지배계층 공통의 그 반인간적이며 반민족적인 그 못돼먹은 의식의 특징을 잘 반영하고 있는 그런 타기할 인물이란 점에서, 나는 그런 부류의 추잡한 인간들이 한시바삐 우리의 이 소중한 역사 무대에서 아주 멀리멀리 영영 사라져 줬으면 하는 간절한 소망을 안고 이 소설을 썼다."라고 밝혔다. 그리고 작가는 "소설《허허선생》을 일단 마감하게 되는 지금도 의연히 우리의 현실은 허허선생류의 도깨비 같은 부당한 세력들이 진을 치고 있음으로써 그들은 여전히 역사의 전진을 가로막고 있는 큰 장애물이 되어주고 있다. 억울한 일이다."라며 '찌꺼기'가 판치는 세상에 울분을 토로했다.

포스트모더니즘과 민족문학

윤성식 대표작 〈분지〉는 현실을 날카롭게 풍자한 박진감 있는 작품이었습니다. 미군에게 능욕당한 어머니 즉 조국의 한을 푸는 역작이었습니다. 질문하고 싶은 것은 포스트모더니즘이 민족문학이란 장르에 어떤 영향을 끼쳤나의 여부입니다.

남정현 글쎄요, 제가 생각하는 포스트모더니즘이라는 것은 사실상 올바른 모더니즘도 없었는데, 포스트모더니즘이라는 것이 성립되는가에 대해서 부정적입니다. 따라서 그것이 민족문학에 큰 영향을 끼칠 수는 없다고 봅니다. 친일세력들이 모든 발표기관, 발표수단을 독점하고 있었기 때문에 그들만을 유일한 민족적 작가로 스스로 만든 것입니다. 그런데 아직도 이들이 현실 속에서 추앙을 받고 대단한 인물로 포장되어 그 후손에 의해 잔존하고 있습니다. 이러한 사이비 현실을 진짜 현실로 만들기 위해서는 오늘과 같은 이런 자리가 계속 만들어져야 할 것이고 그 과정에서 역량도 하나하나 쌓여 가리라 믿습니다.

사회 이상으로 주제발표 및 토론을 마치도록 하겠습니다.

* 이 원고는 1993년 11월 18일 사월혁명연구소 월례발표회에서 남정현 작가가 '문학과 현실'이란 주제로 발표하고 질의, 응답한 내용이다.《사월혁명회보》에 실린 글을 5분의 1 정도로 줄여서 실었다.

박정희 암살,
미국의 CIA가 반드시 개입했을 것이라 추측

-김병걸 자서전《실패한 인생 실패한 문학》(1994)

'꾸밈도 과장도 없는 사람'

문단에서 남정현 작가가 노년까지 친하게 지낸 문인 중의 한 명이 김병걸(1924~2000) 평론가이다. 남정현 작가보다 아홉 살 위인 김병걸 선생은 2000년 10월 26일에 세상을 떠났다. 그는 1994년에《실패한 인생 실패한 문학》이란 제목의 자서전을 남겼는데, 추천사 성격의 글을 남정현이 썼다.

남정현은 이 추천사 '꾸밈도 과장도 없는 사람'에서 "내가 알기에 그는 적어도 남의 눈치를 보느라 할 말을 안 한다거나, 또는 안 할 말을 한다거나 할 사람은 아니다. 그는 자신이 체험한 것을 가감 없이 사실 그대로 말할 뿐, 자신을 높이거나 낮추거나 못하며 자신의 이익을 챙기기 위해 자신의 과오를 숨기지는 더욱 못할 사람이다."라고 김병걸을 평했다.

남정현은 모름지기 자서전이란 루소의《참회록》처럼 "아무런 거리낌이 없이 적나라하게 털어놓은 그들의 내면세계에서 참 삶을 지향하기 위해 간난신고를 한 흔적을 발견하고 큰 감명을" 받아야 하는데, "우리 주변에서 이따금 나돌고 있는 자서전 류를 보면 대부분이 그렇지 못하니 딱하기만 하다."라고 썼다. 이런 자서전의 주인들은 "자신의 생애를 턱없이 미화 분식하여 그것을 가지고 출세의 발판으로 삼으려 한다든가, 혹은 또 자신의 죄과를 정당화하기 위한 술책으로 역사적인 사건을 겁 없이 다 위증하고, 그러다가 끝내는 역사 그 자체마저 자신의 이익에 맞게 왜곡하는 죄마저 범하곤 하는 것이다."라며 비판했다. 이렇게 이 땅에서 "자서전의 권위와 가치는 땅에 떨어져서 남들의 웃음거리로 전락한 느낌인데" 때마침 '꾸밈도 과장도 없는 사람'이 자서전을 펴내니 진심으로 반기지 않을 수 없다는 것이다.

김병걸 자서전을 읽어보니 다른 건 몰라도 '솔직'한 것은 분명해 보인다. 그는 마치 루소가 《참회록》에서 감추고 싶은 여자 문제를 모두 드러냈듯이 자서전에서 결혼하기 전의 일이지만 여성 편력에 대해 다 털어놓았고, 서문에 이렇게 말했다.

> 나는 이 책이 소설처럼 허구가 아니므로 어떠한 사건이건 인물이건 내가 알고 있거나 보았던 그대로 객관적으로 적었다. 그리고 나 자신에 관한 것은 추호도 과장하거나 미화하는 일이 없도록 애썼다. 친구들은 물론 처자식들에게까지도 감춰두었던 지난날의 나의 잘못과 죄의식을 솔직하게 툭 털어놓았다. 자서전이란 양심의 고백이라는 데 의미가 있고 가치가 있지 않겠는가. 자기를 미화하는 것, 자기가 저지른 과오를 구렁이 담 넘어가듯 슬쩍 피해 가는 것은 역사를 속이고 자기 자신까지도 속이는 또 하나의 죄악이라고 나는 단언한다. (1994년 9월 김병걸)

김병걸이 감춰두었다가 털어놓았다는 얘기는 아마도 20대 후반 인천공업학교에서 영어교사로 일할 때 만난 유부녀와의 애정 행각을 말하는 것 같다. 이 내용은 자서전 186~191쪽에 걸쳐 소상하게 실려 있는데, 결혼하기 전에 하숙하던 집 여주인과의 사이에 벌어진 일이었다.

이 자서전은 1. 바람맞은 소년 시절, 2. 가시밭의 청소년 시절, 3. 해방의 물살 속에서, 4. 6·25의 불바다를 헤치며, 5. 정치적 파고와 문학의 지평, 6. 민주화 운동의 길을 타고 등 6장으로 구성되어 있다. 이 중 5장 '정치적 파고와 문학의 지평'에서 남정현 작가와의 만남에 대해 몇 차례 언급하고 있다.

김병걸은 1962년 《현대문학》 10월호를 통해 〈에고에의 귀환〉이란 평론을 처음 실었고, 1963년 〈로고스의 긍지〉를 발표함으로 등단했다. 그는 1968년 《현대문학》에 〈참여론 백서〉를 발표하면서 본격적인 문학비평 활동을 시작했고, 그 무렵 남정현, 박용숙, 이선영, 김국태 씨 등과 친교를 맺었다. 이들과는 자서전을 펴낼 무렵까지 우애를 이어 왔는데, 그 중에도 남정현 씨와 특별히 친했다고 한다. 두 사람은 "체구가 작은 데다, 얼굴이 깡마른 것이 같고, 게다가 안경잽이여서" 모르는 사람은 형제로 보는 경우도 많았다고 한다. 김병걸 선생은 자서전에서 남정현 작가가 "시국을 보는 안광이 남다르게 날카롭다."라고 평하면서 몇 가지 예를 들었다.

시국을 보는 안광이 남달랐던 두 가지 사례

1979년 10월 26일은 종신대통령 야욕을 불태우면서 18년간 철권통치를 펴온 박정희가 중앙정보부장 김재규에게 살해된 날이다. 이날 새벽 3시 남정현에게 전화가 걸려왔다. 깊은 잠에서 완전히 깨지 못해 멍한 귀청에다 대고 흥분한 목소리로 지금 빨리 라디오를 틀어보라는 것이었다. '대통령 유고' 뉴스가 나온다며. 그날 아침 김병걸은 남정현과 함께 도봉산에 올랐다. 김병걸은 이제 그 독사 같은 인간의 시대가 끝나고 민주정치의 문이 활짝 열리게 됐다며 좋아했다. 그런데 남정현의 판단은 달랐다.

그(남정현)는 결코 좋은 시절이 오지 않을 거라고 말했다. 어쩌면 박정희보다 더 무서운 군부세력이 등장할 가능성이 얼마든지 있다는 것이다. 나는 이 친구가 정신이 약간 돌았나 생각하고 상당한 거부감을 느꼈다. 그러나 남정현 씨는 이번 사건에 미국의 CIA가 반드시 개입했을 것이며, 따라서

민간에 의한 민주 정부는 미국의 대한정책에 전면으로 위배되는 것이므로 김대중 씨나 김영삼 씨를 미국 정부가 곱게 볼 까닭이 절대 없다는 주장이었다. 그의 예견이 적중하여 나는 손을 들 수밖에 없었다.

김병걸 선생은 남정현 작가의 정세분석 능력이 탁월함을 보여주는 또 다른 예로 1992년 대통령선거를 들었다. 1987년 선거 때 김대중 후보를 비판적 지지했던 김병걸 선생과 달리 남정현 작가는 후보단일화를 역설했다고 한다. 그런데 김영삼이 보수정당과 3당 야합을 한 뒤에 치른 1992년 선거에서는 김대중을 지지했다. 김병걸 선생은 1992년 선거에서는 김대중 후보가 반드시 성공하여 대통령으로 당선될 것이라고 확신했다. 그러나 이때도 남정현 작가의 분석은 달랐다. 김영삼의 고정표, 노태우의 지지표, 영남의 지역 정서, 그리고 금권·관권 선거 펼치는 집권여당 프리미엄, 언론의 편향 보도 등을 보며 YS의 당선 가능성이 더 높다고 본 것이다.

나(김병걸)는 남정현 씨의 계산에 심정적으로 불만이었다. 선거 열기가 한참 고조되어가는 시점에서 왜 그렇게 미리 패배의식에 잡혀 비관론으로 흐르는지 또한 선거 전망을 왜 그처럼 꼬부라지게 진단하는지 의심을 품기도 했다. 우리와 수시로 만나는 시인 이기형 씨도 나와 동감이었다. 그러나 결과는 남정현 씨의 판단이 맞았던 것이다.

정세를 냉정하게 분석할 줄 아는 이런 남정현 작가의 능력은 어느 날 갑자기 생긴 것이 아니라 스무 살 전후부터 한국의 정치 현실을 정밀하게 관찰하며 지내왔기에 가능한 일이라 판단된다. 김병걸 자서전《실패한 인생 실패한 문학》에는 이밖에도 남정현 선생과 관련된 몇 가지 문단 야사가 나온다.

자서전이 치료비에 보탬은 됐는지

김병걸은 1968년 《현대문학》에 〈참여론 백서〉 발표하면서, 60년대 문단에서 첨예하게 벌어진 참여론 논쟁을 정리했다. 이때 김병걸은 이호철, 선우휘 씨의 글을 신랄하게 비판했으나 그 후 인간적인 면에서는 친근한 사이가 되었다고 한다. 선우휘 씨 경우엔 1980년대 중반 이철범 시인(전 〈경향신문〉 논설위원)을 통해 인사를 나눴는데 그 뒤 남정현 작가를 포함해 넷이서 가끔 식사하며 지냈다고 한다. 이철범 시인은 1988년에 《외제 도끼에 찍힌 땅》이란 시집을 발표했다. 그가 쓴 〈三角山과 수유리 친구〉라는 시에는 수유리, 쌍문동, 방학동에 사는 김병걸, 남정현, 이철범이 등장하는데, 머리가 희도록 굽힐 줄 모르는 친구들로 묘사했다.

1974년 봄, 남정현 작가가 긴급조치 건으로 잡혀갔을 때, 어문각에서 출간 예정이던 《한국문학전집》에서 남 작가의 작품을 빼버린 사건이 벌어졌다. 작가가 OK 교정까지 봤는데 "작품해설을 맡았던 원 모 씨가 빨갱이 작품이 《한국문학전집》에 실린다는 것은 언어도단이라고 항의했기 때문"이라고 했다. 그런데 남정현 작가가 풀려나오자 어문각에서는 그의 작품을 부록으로 출판하겠다고 알려왔고, 이처럼 태도 표변한 출판사의 행태에 격분해서 김병걸 평론가가 직접 어문각에 가서 인쇄 직전의 원고를 찾아왔다고 한다.

남정현 작가는 자서전 추천사의 말미에 "많은 독자들은 이 격 높은 자서전에 접하고 아마 사회와 인생에 대하여, 아니 조국 분단의 이 고통스런 현실에 대하여 많은 생각에 잠기리라 믿는다."라고 쓰면서 마지막을 이렇게 끝맺었다.

그리고 끝으로 딱 한마디, 80년대 초 모 수사기관에 불려가서 무엇 때문에 그렇게 죽도록 얻어맞고 나왔는지? 내 짐작엔 그에게 죄라면 이 험난한 세

상에서 나잇살이나 먹어 가지고도 아직 때가 묻질 않아 너무나 천진하다는 죄밖에 없는데, 정말 그 못된 천진죄 때문이었을까. 하여튼 그는 수사기관에서 몇 번 죽었다가 살아난 이후 그 후유증으로 오늘날까지 아직도 허리를 잘 못 쓰는 편인데, 행여 이 책이 잘 팔려 나가서 그의 치료비에 큰 보탬이 되어줬으면 하는 생각 참으로 간절하다.

1994년 10월 31일 발행한 이 자서전은 열흘 뒤인 11월 10일 2쇄를 찍었다. 그 뒤에 얼마나 팔렸는지, 그래서 김병걸 선생의 치료비에 보탬이 되었는지 궁금했다. 또 한 가지 궁금한 사실은 남정현 작가는 왜 자서전을 쓰지 않았을까 하는 점이다. 그야말로 "죄라면 이 험난한 세상에서 나잇살이나 먹어 가지고도 아직 때가 묻질 않아 너무나 천진하다는 죄밖에 없는데" 중앙정보부에 불려가서 죽도록 얻어맞고 나왔으니 할 말이 많았을 텐데 말이다.

"싹 다 쓸어버리자"
― 〈세상의 그 끝에서〉(1995)

최원식, 문학계의 좌우 편향을 동시에 지적

1995년 《창작과비평》 여름호에 남정현 작가의 소설 〈세상의 그 끝에서〉가 실렸다. 1992년 허허선생 연재소설 마지막 편 〈허허선생 옷 벗을라〉를 발표한 지 3년 만에 쓴 소설이다.

《창작과비평》에 함께 실린 소설은 김남일의 〈영혼과 형식〉, 박호재의 〈야간주행〉, 홍희담의 〈그대에게 보내는 편지〉(중편)였다. 제13회 신동엽창작기금 수여대상자 발표를 했는데, "1991년 중편 〈씨앗불〉로 등단한 이래 〈목마른 계절〉, 〈흰달〉 등 뛰어난 단편을 통해 80년 광주의 기억을 끈질기게 되살려온 작가"라며 소설가 공선옥을 선정했다.

최원식 편집위원은 '책머리에 ― 우리가 서 있는 자리'에서 남정현 작가의 〈세상의 그 끝에서〉를 "옛 몽유록(夢遊錄)의 의장(意匠)을 바탕에 깔고 〈조침문(弔針文)〉을 패러디한" 소설이라고 소개했다. 그는 책머리에서 "작금의 문단은 구호로만 요란한 세계화 담론" 속에서 새로운 이미지 조작에 압도되어 '눈먼 항진(亢進)'을 거듭하고 있음을 질타했다. 그리고 "최근 문학의 일부에서 일어나고 있는 민중적 현실로부터의 즐거운 퇴각은 우려할 징후"라고 비판하면서도, 한편으로 "우리는 지난 시대의 민중문학 일각에서 빠져들었던 편향을 기억한다."라며 문학계의 우편향과 좌편향을 동시에 지적했다. 최원식은 "리얼리즘의 이름 아래 혁명적 낭만주의로 줄달음침으로써 우리 민중문학을 기계적 평판화로 이끈 일부의 편향은 비판받아 마땅한 것"이라 썼다. 30년 전 이런 자성을 한 민중문학, 민족문학 진영이 지금 어디쯤 와 있는지 살펴보는 것도 흥미로운 일이 아닐까 싶다.

애지중지하는 코리아 남쪽의 백성을 위하여

만년필과 원고지, 까만 크레용을 소재로 한 〈세상의 그 끝에서〉는 남정현 작가의 글쓰기, 문학에 관한 생각이 담겨 있는 작품이다. 소설의 서두는 이렇다.

> 언제나처럼 그 하이얀 원고지를 앞에 놓고 세상 돌아가는 꼴을 멍하니 생각하던 그의 뇌리엔 오늘따라 불현듯 아, 세상은 이제, 세상의 글이란 글은 모다 이제 끝장이 나야 한다는 생각이 스치면서, 순간 그는 저도 모르는 사이 손에 들고 있던 만년필을 힘껏 방바닥에 내동이쳤다. 딱따그르르, 딱 따락 딱.

졸지에 화를 당한 만년필은 처참하게 망가진 모습으로 방바닥에 나동그라졌다. 주인공은 거기서 멈추지 않고 "급히 망치를 구해 가지고 나와서 그 나동그라진 만년필을 사뭇 짓이기듯 사정없이 내리치는 것"이었다. 더 이상 만년필에서 글이 나오지 않게 하고, 글과의 인연을 영원히 끊기 위함이었다. 그 동안 주인공(작가)은 원고지에 쓴 글자를 어여쁜 분신, 자신의 영광스런 창조물로 여겼다. 그런데 도대체 무슨 사연으로 작가는 글을 처단하는 것일까. 작가의 분신과 같은 글이 능지처참에 처할 반역죄라도 저지른 것일까.

원래 주인공과 '글'은 보통 사이가 아니었는데 "글이 곧 자기요, 자기 자신이 곧 글이라고 생각할 정도"였다. 일종의 호흡 같은 것이었고 그 이상이었다. 만년필을 타고 하얀 종이에 사뿐사뿐 내려앉는 글을 보고 있노라면 흡사 '신의 은총'이나 '창조물' 같았다. 그 글발 하나하나가 영롱한 빛을 내뿜는 것 같아서 글을 쓰기 위해 종이를 바라보면 눈이 부셨다.

아 그것은, 종이는, 눈 앞에 펼쳐진 그 하이얀 원고지는 이제 단순한 종이가 아니라, 종이 그 자체가 곧 자연이요, 사회요, 인생으로 둔갑하는 것이었다.

원고지는 끝이 없는 우주였다. 우주를 대하는 설렘으로 원고지를 대하면 마치도 그는 '만유의 주인' '제국의 제왕'이 된 것 같았다. 손에 만년필을 잡고 "에헴, 헛기침을 하면서 그 우주를, 그 삼라만상을 한번 쓱" 훑어보면, 세상의 생명체들의 몰골은 영 말이 아니었다. 특히 "그가 이 세상에 태어나서 가장 애지중지하는 코리아, 그 코리아의 남쪽에서 생을 받은 백성들은" 희망을 불어달라고 아우성치고 있었다. 그는 이들이 몸부림치는 모습을 보며 뭔가 의무감에 쫓겨, 그 억조창생의 삶에 "빛나는 꿈을 심어주기 위해 골몰하는 것"이었다.

그리하여 그는 흡사 순 말씀만을 가지고 이 세상을 창조하셨다는 신이 그때 그랬는가 싶게 순 글씨만을 가지고 이 세상을 다시 창조해야 할 그런 무슨 급한 책무가 있기라도 한 것처럼 그의 만년필은 글자 한 자 한 자에 힘을 주면서 항시 그 하이얀 원고지 위를 부리나케 질주하는 것이었다.

그의 머리맡에 원고지가 백 장 천 장 쌓여갈 때마다 온몸이 하늘로 붕 떠오를 것 같이 기쁨에 빠졌다. 이런 경우 주인공은 들뜬 심정을 억제하지 못하고 마치도 태초에 삼라만상을 창조했다는 신이 그러했듯 두 손을 높이 쳐들면서 "아, 나의 이 어여쁜 분신이여, 나의 창조물이여, 나의 글자여, 이 세상 끝까지 쭉쭉 뻗어 나가 세세연년 영광 있으라, 영광 있으라."하고 목청껏 우렁우렁하게 축도했다. 그의 축도가 효험이 있었는지, 그의 글발이 머무는 자리마다에선 신비스러운 현상들이 꼬리를 물고 일어났다.

뭔가 하늘에서 한번 번쩍하고, 땅에서 한번 철렁하니까, 그만 눈 깜짝할 사이에 외세에 의한, 권력에 의한, 재물에 의한 지배와 예속이, 착취와 억압이 흐물흐물 허물어지면서 그만 순식간에 자주의 세상이, 민주의 세상이, 평등의 세상이, 평화의 세상이, 아 그리고 그 통일의 세상이 아주 쉽게 거짓말처럼 눈앞에 환히 펼쳐지는 것이었다. 실로 황홀한 정경이었다.

혹시나 이게 "의식의 착란에 의한 일종의 신기루 현상이 아닌가 하여 몇 번이나 눈을 떴다 감았다 하면서 정신을 차려봤지만" 분명 현실 같았다. "백성들이 통일된 강산에서 흥겨운 춤판을 벌이고 있었으며", 그의 글발이 위력을 발휘해 이뤄놓은 신천지, 새 세상이었다.

김씨보다 노씨가, 노씨보다 전씨가 낫다?

너무도 감격에 겨워 저도 모르게 제자리에서 펄쩍펄쩍 뛰다가, 몸이 하늘로 쑥 솟아오르더니 "아뿔싸! 애석하게도 그는 그만 머리를 천장에 쾅 부딪히고는 쿵 하고 방바닥에 엉덩방아를 찧고야" 말았다. 아픔을 참다가 후우 하고 숨을 내쉬며 눈을 번쩍 떴을 때 그의 앞엔 허망한 일이 벌어졌다. 좀 전의 새 세상은 사라지고 썩어버린 헌 세상이 사방에 펼쳐져 있었다. 그는 "늘 심혈을 기울여 글을 그렇게 많이 썼는데도, 그리하여 세상을 뒤덮을 정도로 글이 홍수를 이루었는데도" 악의 뿌리와 줄기가 손을 댈 수 없을 정도로 창궐한 현실에 기가 막혔다. 모두 인두겁을 벗어버린 상태였다. 특히나

"권력을 잡은 자들은 저마다 빈틈없이 계산된 책략에 따라 수시로 인두겁을 썼다 벗었다 하면서, 쉽사리 악도 되고 귀(鬼)도 되고 수(獸)도 되고 하다가는 때론 분명히 사람 행세도 할 줄 아는 것"이었다. 그야말로 그 둔갑술이 신기에 가까웠다. 그가 글을 쓰면 쓸수록, 그 정권이란 것이 바뀌면 바뀔수록 인간의 신음 소리가 더 커지는 것이 어이없었다.

그러니까 김씨보다 노씨가, 노씨보다 전씨가, 전씨보다 박씨가, 그리고 박씨보다 또 누가누가 더 낫다는 식이니, 젠장 이래 가지고야 언제 한번 역사가 바로 서서 사필귀정의 참 질서를 몸에 익힐 수 있을지, 그는 그저 막막하다는 느낌뿐이었다. 그는 화딱지가 났다. 도대체 이 땅에 군림한 역대의 신관들은 그동안 뭣을 했는지 알 수가 없었다.

사방에서 인간의 정신이 썩은 냄새가 진동했다. 이 땅에서 "사람을 왕창왕창 찌르고 쏘고 깔아뭉갰다는 얘기"가 들리고, 허구한 날 "흡사 지옥에서나 있을 법한 갖가지 형태의 흉측한 사건"이 벌어졌다.

그는 글을 쓰면 쓸수록 이런 해괴하고 끔찍한 일들이 더욱 창궐한다는 느낌을 받았다. 썩은 세상을 치유할 수 있는 약이, 세상의 목탁, 등불, 소금 구실 하는 게 '글'이라는 사실에 의심을 품어본 적 없이 뭔가 "휘황한 세상을 꿈꾸며 일편단심 그저 열심히 글만을 써온 그에게 있어선 실로 큰 충격이 아닐 수" 없었다. 이런 상황에 "그는 눈앞이 빙빙 도는 것" 같았고, 순간 "이제 세상은 완전히 끝이로구나" 하는 느낌이 스치고 지났다.

이미 오래전에 약효를 잃은 약으로 "수많은 환자들에게 방매해온 것 같은 죄책감"으로 눈앞이 캄캄하고 가슴이 답답했다. 주인공은 이 무서운 죄책감에서 훌훌 벗어나고 싶었고, 돌연 "손에 들고 있던 그 닳고 닳은 만년필을 힘껏, 그렇다, 아주 힘껏 내동댕이치는 것"이었다. 그러자 방바닥엔 "만년필에서 터져 나온 선혈이, 아니 그 파란 잉크가 낭자하게 흩어져" 있었다.

만년필이 숨을 거둔 것이다.

왜놈과 양놈을 받드느라 제정신 다 잃어버린 허깨비들

작별을 고할 상대는 만년필만이 아니었다. 그의 글도, 하이얀 원고지도 그렇고, 세상 그 자체도 마찬가지였다. 썩은 세상을 고칠 방법은 이 세상에 없었다. 지난 세월 "인간이 그렇게도 뻔질나게 잘 써먹던 그 뻔질거리는 칼을 가지고도 총을 가지고도 소용없어" 보였고, 종교니 교육이니 하는 것으로도, 무슨 형벌이나 선거 따위로도 별수 없어 보였다.

그러면 어찌할 것인가. 순간 "그의 뇌리에 참으로 무서운 생각이 둥지를 틀었는데" 그것은 이 추악한 세상을 싹 지워버리자는 것이었다. 그러지 않고는 "사랑과 정이 흘러넘치는 그런 아름다운 인간 세상을 이룰 수 없을" 것 같았다.

쓸어버리자

주인공은 기왕의 세상을 쓸어버린 그 공백에서 새 세상이 열리기를, "이를테면 왈 천지개벽을 기다리기로 한 것"이다. 그는 '천지개벽'이란 말에 스스로 감격해 즉시 행동에 옮기기로 마음먹었다. 세상을 인정사정 볼 것 없이 싹 지워버리기 위해 까만 크레용을 여러 박스 한 아름 구해왔다. 이 까만 크레용으로 하이얀 원고지 위에 촘촘히 들어앉은 글발과 사회, 인생, 자연을 지워나가기로 결심했다. 원고지의 첫 장 첫 줄부터 지워나가기 시작해서 왕창왕창 까맣게 지워나갔는데 "연년세세 총칼을 방패로, 사대(事大)와 반공 그리고 최루탄과 곤봉에 의해서만 겨우겨우 그 명맥을 이어가는 것 같은 이른바 그 정권이란 것도" 다 지워버리니 그렇게 통쾌하고 시원할 수가 없었다.

흡사 외세가 던져준 고깃덩일 하나 놓고 단 몇 그램이라도 남보다 그걸 제가 더 차지하려고 밤낮없이 왕왕거리는 정상배들의 그 궁전 같은 근거지도 용서 없이 쭉쭉 다 지우고, 통일이라면 이를 갈면서 평생을 뼈가 휘도록 왜놈과 양놈을 섬겨 받드느라 제정신을 다 잃어버린 허깨비들도 팍팍 다 지워버렸으며, 또한 티끌만 한 정도 없이 철저하게 이기적인 이해관계로만 위태위태하게 지탱하여 나가는 이 장사꾼 세상의 어이없는 인간관계란 것도 깨끗이 다 지워버렸다. 그는 도무지 인정사정이 없었다.

그는 크레용으로 다 지우면서도 "누구 하나 예외로 남겨놓을 대상"이 떠오르질 않았다. 하나님이 홍수로 세상을 싹 쓸어버릴 때 남겨두었다는 "노아와 같은 자들은 이미 어디론가 멀리멀리 숨어버린 탓일까. 아니면 어디 멀리멀리 모두들 격리되어 있는 탓일까." 싶었지만 지금 그런 것을 생각할 겨를도 없었다.

그는 특히나 "지금 눈앞에서 잘났다고 우쭐대는 자들에겐 더 준엄했다. 그들은 거개가 다 인간의 양심, 민족의 양심, 시대의 양심을 저버린 배신자요, 변절자요, 저 하나 잘 된다면 그 무엇도 팔아먹을 수 있는 흉물로 보인 탓"이었다.

세상의 끝에서 솟아오를 새 세상

주인공은 사력을 다해 지워나갔고 하루 만에 다 해치울 생각이었다. 방바닥에 수북이 쌓인 "까만 크레용이 거의 동이 날 무렵, 수천수만 장의 그 마지막 원고지에 적재된 그의 글발이 까맣게 쭈욱 지워지는 순간" 그는 제자리에 푹 쓰러지고 말았다. 끝내 썩은 세상을 때려눕힌 승자였지만 너무나 힘에 부쳐 패자처럼 힘없이 쓰러지고 만 꼴이었다.

그는 정말 손도 발도 더 움직일 여력이 없었다. 그의 눈앞은 이제 암흑이요, 멸망이었다. 어느새 썩은 세상은 노아의 홍수 속에, 아니 그의 까만 크레용이 짓뭉개고 간 그 칠흑 같은 어둠 속에 영원히 침몰하고 만 것이다.

숨 쉴 힘마저 없어진 그의 의식은 점점 몽롱해져 갔고, 그는 "끝내 다다르고 만 세상의 그 끝에서, 그 암흑에서, 그 암흑을 수만 갈래로 흩날리며 찬연히 솟아오를 새 세상을, 아 그 새 태양을 마음속에 그리며" 깊은 잠에 젖어들었다.

이 소설의 주인공은 글과 만년필로는 가짜 세상, 썩은 세상을 뒤엎을 수 없다는 생각에 만년필을 박살냈다. 그가 원하는 진짜 세상, 천지개벽을 위해선 싹 다 지워버리는 수밖에 없었다. 그것은 교육, 종교, 선거로는 어쩔 도리가 없는 새 세상을 위한 혁명적 행위라 하겠다.

1995년 《창작과비평》 여름호에 이 작품을 실을 때 남정현 작가의 나이는 환갑이 갓 지난 63세였다. 당시만 해도 시금과 달리 환갑잔치를 할 때였다. 등단 이후 30년 가까이 작품활동 한 그로서는 인생과 작품활동을 결산하면서 쓴 글이 아닐까 싶다. 인생의 종점에 거의 도착해 쓴 이 에세이식 소설에는 원고지 위에 쓴 글이 세상의 목탁, 등불, 소금의 구실을 하리라 믿으며 살아온 남정현 작가의 문학관이 고스란히 담겨 있다.

1987년에 이어 1992년 11월의 대선에서 민주개혁진영은 패배했다. 1990년대 초 동구 사회주의진영의 몰락 이후 한국의 민족민주진영의 세력도 급격히 약화하기 시작했다. 평생 군사정권과 문민독재 밑에서 만년필로 글을 쓰며 원고지 위에 자주, 민주, 평등, 평화, 통일의 새 세상을 만들고자 했으나 어느덧 노년의 길로 접어들었다. 아무리 글을 써도 세상에는 악의 뿌리와 줄기가 창궐하니, "이제 세상은 완전히 끝이로구나" 한탄했다. 그래서 만년필을 방바닥에 내팽개친 뒤 망치로 부숴버리고, 세상을 "쓸어버리자"

마음먹었고, 천지개벽을 위해 까만 크레용으로 하얀 원고지 위의 사회, 인생, 자연, 정권을 싸그리 지워나갔다.

작가가 까만 크레용으로 지우려 한 것은 1945년 이후 외세와 독재정권이 싸놓은 똥이었고, 암흑 속에서 희망한 나라는 자주와 민주의 새 세상이었다. 작가의 분신이고, 창조물인 글자를 통해 원고지 위에서 세우고자 한 새 세상은 바로 작가가 현실 속에서 실현하고자 한 세상이기도 했다.

남정현의 깊은 내면을 훔쳐 봐

2004년에 발간된 《남정현대표소설선집》에 실린 해설 '이상, 고골리, 그리고 남정현'을 쓴 방민호 교수는 소설 〈세상의 그 끝에서〉를 언급하면서 "자전적 체취가 물씬한" 이 단편소설만큼 "작가 자신의 생각을 '직접' 에세이 형식으로 표현하고 있는 작품은 따로 없다."라고 소개하면서 일독을 권했다.

필자는 〈세상의 그 끝에서〉를 통해서 작가 남정현의 깊은 내면을 훔쳐본 듯한 감동을 받았으니, 이러한 필자의 감동이 이 선집을 접하는 이들 모두의 것이 되기를 바라마지 않는다. 선집은 전집을 읽는 것만 못하지만 한 작가의 내면과 깊은 대화를 나눌 수 있는 좋은 계기가 된다.

〈분지〉와 〈허허선생〉 그로테스크 기법의 차이

-임진영 〈가장 강력한 웃음의 칼날〉(1995)

　남정현 작가의 작품이 실린 한국문학전집을 보면 대개 비슷한 성향의 작가와 함께 묶어서 편집한다. 박용숙 작가와 함께 엮은 전집이 많은 편인데, 1995년 5월 동아출판사에서 출간한 《한국소설문학대계》 43권에는 남정현, 천승세 작가의 작품이 실렸다. 천승세의 작품 〈포대령〉, 〈황구의 비명〉 등 4편, 남정현의 〈경고구역〉, 〈분지〉, 〈귀향길〉 등 소설 9편을 묶은 책이다.

　이 전집에는 임진영의 작품해설 〈가장 강력한 웃음의 칼날〉이 실렸다. 남정현 작품 속의 '웃음'을 주제로 한 독창적인 비평이었다. 그는 남정현의 소설이 "궁극적으로는 지금의 현실적인 승리자들이 패배하고, 병신스런 웃음을 웃는 자들이 승리할 역사적 미래에의 예감을 담고 있다."라고 평했다. 그리고 "현실에 대한 직설적 분노보다 풍자가 지니는 웃음의 칼날이 더 위력적이며 또 시대적으로 불가피했던 상황 속에서 남정현 소설은 그 시대의 문학이 낳을 수 있었던 최고의 알레고리로서 〈분지〉를 남겼던 것이다."라고 썼다.

　〈가장 강력한 웃음의 칼날〉에서 임진영은 〈분지〉와 〈허허선생〉의 차이를 거론하면서 여러 면에서 '일보후퇴'라고 평했다. 그는 '분지 필화 사건' 이후 "'반공'이 국시였던 시대에 그것에 도전했던, 우리 문학의 가장 무서운 금기에 저항하면서 현실의 본질을 드러내려 했던 남정현의 소설세계는 끈질긴 생명력으로 버텨왔음에도 불구하고 그것은 얼마간 '일보후퇴'의 모습을 띠지 않을 수 없게 된다."라고 썼다. 임진영은 남정현 풍자소설의 주요 특징의 하나로 "형식 즉 풍자의 방법 면에서 그로테스크와의 결합이 주를 이룬다는 점"을 들었는데, "독자를 압도했던 〈분지〉가 가진 이 풍자와 그로테스크의 결합, 대담한 표현에 비교해볼 때 '허허선생'의 연작에서 우선 두드러진 변화는 이 그로테스크의 약화이다."라고 평했다. 그리고 〈분지〉에 비해 〈허허선생〉의 상황설정이 도식적이라는 점도 지적했다.

> 〈분지〉는 그 줄거리의 단순함에도 불구하고 성적 충격과 고통으로 얼룩진 유년의 기억의 풍부함으로 인해 도식화를 넘어섰으며, 황당한 상황설정 역시 주인공 개인사의 차원에서는 충분히 설득력 있는, 즉 알레고리 세계 속에서는 합리성을 가진 이야기로 꾸며져 있는 데 반해 '허허선생'의 상황 설정은 그만큼 풍부한 상상세계의 차원을 열어놓지 못한 채 마치 도식적 노동소설에 나오는 자본가의 모습처럼 앙상하게 제시된다.

〈분지〉에서 보여준 풍자의 날카로움이 둔해진 까닭은 무엇일까. 그 주된 이유는 '분지 사건' 이후 작가가 감당하기 어려운 권력의 통제와 자기검열이 아닐까 싶다. 1958년 〈경고구역〉으로 등단 이후 전후 신예작가로 인정받으며 활발하게 작품을 발표하고 〈분지〉에서 그 정점을 찍었던 남정현 작가는 1965년 이후 더 이상 〈분지〉와 같은 작품을 쓰지 못했다. 쌍검의 무사가 칼을 뺏기고 겨우 목검 하나 깎아서 휘둘러야 하는 상황이었다. '소설곡마단'의 단원이 된 후부터 소설 속에서 '부활의 신기'를 찾으려던 작가의 심신이 쇠약해지기도 했다.

가택 연금당한 정치인처럼 창작의 자유와 의지를 난도질당한 작가가 최대한 몸을 낮춘 자세로 쓰기 시작한 소설이 '허허선생' 연작이었다.70 외세의 급소를 찌르는 소설을 쓰던 작가는 미군 대신 악질친일파 허허선생을 내세웠다. 이런〈허허선생〉에 대해 임진영은 "'허허선생'은 독재에 대한 강렬한 저항정신이 노예의 언어로 자기를 표현할 수밖에 없었던 시대의 치열한 문학적 성과이다. 우리는 김지하가 '풍자냐 자살이냐'를 절규하며 바라보았던 삶의 괴물 같은 모습을 이 소설 속에서 확인하게 된다."라고 썼다.

---

70 장영우는〈통곡의 현실, 고소(苦笑)의 미학〉(《작가연구》 2호, 1996)의 결론 부분에서 "남정현은〈분지〉이후 4년여 동안 침묵을 지키다가〈옛날 이야기〉(1969)로 다시 작품 활동을 시작하지만,〈허허선생〉연작으로 대표되는 그의 후기 소설은 예전에 비해 그 날카로움이나 직접성에 있어 상당히 완곡하거나 무뎌진 듯한 인상을 주는 게 사실이다."라고 썼다.

펜으로 가짜 세상 뒤엎고
낙원 창조하고 싶어
- 원고지와 펜을 소재로 한 두 편의 글

펜촉으로 낙원 창조하고 싶은 열망

원고지 위에서 삭삭 하고 펜촉이 갈리는 그 감미로운 소리가 들릴 때마다 나는 늘 가슴이 설레이는 것이었다. 신이 자연을 창조할 당시, 아니 인간이 사회를 창조할 당시, 아니 혁명가가 역사의 전진을 위해 사용했을지도 모를 그 빛나는 칼보다도 더 번쩍거리고, 더 거대해 보이는 이 펜촉으로 나는 그 저 불문곡직, 이 썩은 세상을 완전히 뒤엎어버리고 그 위에다 연년세세 인간이 희원하는 아름다운 낙원을 창조하고 싶은, 그 다함 없는 열망 때문이었다.

1997년 《실천문학》 여름호 맨 앞에 남정현 작가가 쓴 '오늘, 문학을 생각한다-썩은 사회와 접촉할수록'이 실렸다. 이 글에는 〈세상의 그 끝에서〉(1995)에서 드러난 작가의 문학관, 작가관이 잘 담겨 있다. 작가는 "어린이들의 그 초롱초롱 빛나는 청신한 눈동자에" 반해서 글을 쓰는 대열에 합류한 뒤 "뭔가 인간에 대한 간절한 소망을 안고 원고지 앞에 꿇어앉아 흡사 칼을 가는 심정으로 그 뾰족한 펜촉을 열심히 갈기 시작한 것"이다.

남정현이 볼 때 이런 '아름다운 낙원' 창조를 방해하는 세력은 "이 땅에 군림해 온 외세에 의해 길들여진 그들 도깨비들", 썩은 정권이었다. 작가는 이런 상황에서라도 "열 번을 혼절하는 고통과 충돌하더라도 절대로 그 정신이 썩어서는 안 되는 것이 문학인의 본분이며 문학 고유의 숙명적인 하늘의 뜻"이라고 말한다. 아무리 저들이 시장원리가 만사형통이라 외쳐도 "소중한 인간정신의 영토를 관장한 우리 문학인들은 결단코 이에 영합할 수 없다."라는 점을 분명히 한 작가는 시장원리에 맞서 인간원리에 충실해야 하는 게 문학인의 사명이라고 말한다.

그는 동구 사회주의권 붕괴 이후 동요하던 한국의 지식인, 문학인들을 질타하기도 했다. "민망스럽게도 근년에 접어들어 우리 문학인들 중에서마저 앞을 제대로 가늠하지 못하고 혼절한 분들이" 있는데, 너도, 나도 시장원리를 구세주처럼 떠받들고 있다는 것이다. 남정현 작가는 인간 원리는 "동구권의 무슨 정당이 하나 허물어졌다고 해서 변하는 것이 아니며", 인간원리의 구체적인 내용인 사랑과 평등의 원리, 민족자존의 원리, 인간자주의 원리가 우리 현실에서 철저하게 성취될 때까지 계속 지켜야 한다는 것이다.

그는 마지막으로 "인간원리를 바로잡기 위해 지금이야말로 우리 문학인들은 정말 피눈물을 흘리는 각고의 심정으로 글자 한 자 한 자마다 정성을 다 기울여야 할 때"임을 강조하며 글을 끝맺었다.

사대매국 가짜세상을 떠나 원고지 속의 진짜세상으로

소설 〈세상의 그 끝에서〉에 나오는 남정현 작가의 문학관이 잘 드러나는 글이 《창작과 비평》에 실리기 2년 전 《무등문화》(1993. 8)에 실리기도 했다. 《무등문화》 연재물인 '나의 삶 나의 문학 (14) 민중을 향한 붓 달리기'에서 작가는 소설에 입문한 과정을 고백했다.

남정현은 이 글에서 "내가 철든 이후 가장 먼저 느낀 것은 이 세상은 분명히 가짜란 느낌이었다."라고 썼다. 여기서 가짜란 "참과 진실이 매도되고 허위와 거짓이 득세하는 세상"을 뜻한다. 사대매국이 민족자주를 유린하는 세상을 말한다. 특히 8·15 후 매국의 무리들이 미국의 엄호하에 역사 무대의 전면에 등장하는 것에 충격을 받아 문학의 세계로 빨려들었다.

이러한 충격적인 불상사는 결국 나에게 이 세상은 가짜라는 인식만을 더욱 확실하게 심어주었던 것이다. 가짜 세상이 아니라면 원 이럴 수가 없었다. (……) 하루속히 이 요절난 가짜 세상을 허물어버리고 단 하루라도 진짜 세상에서 살아보고 싶다는 한 인간의 순수한 열망이, 말하자면 나를 글을 쓰는 세계로, 문학의 세계로, 소설의 세계로 끌고 들어갔었는지도 모른다.

남정현은 항시 가짜 세상이 아닌 진짜 세상을 갈망했는데, 그 진짜 세상은 원고지 속에서 보였다. 그는 "문학이, 소설이 뭔지도 모르면서 그저 틈만 있으면 원고지를 대하고 앉아 생각을 가다듬어 나갔다."라고 썼다.

그런데 불과 손바닥만 한 넓이의 그 원고지란 것이 왜 그렇게 넓어 보이는지 알 수가 없었다. 하늘보다도 땅보다도, 아니 우주보다도 넓어 보였다. 원고지 안에 우주가 통째로 들어가 앉아도 원고지는 좀 여유가 있어 보일 정도였다. 그렇듯 무변한 원고지를 대하고 있을 때마다 나는 가슴이 울렁거리던 것이다.

이는 소설 〈세상의 그 끝에서〉의 내용과 거의 같다고 할 수 있다. 작가가 오랫동안 펜, 글, 원고지와 문학에 대해 품어왔던 이런 마음을 소설로 풀어낸 것이 〈세상의 그 끝에서〉인 것이다.

여의도에
흰 저고리 검정 치마 입고 나타나면
신순남

소설 속의 부인과 실제 부인

남정현 작가의 소설에 나오는 여자, 특히 부인은 대부분 현실의 모순이 집약된 인물로 묘사된다. 〈너는 뭐냐〉의 신옥, 〈부주전상서〉의 청자 등이 대표적이다. 어머니를 제외한 모든 여성을 부정적으로 그리는 것에 대해 장영우는 〈통곡의 현실, 고소의 미학〉에서 "작가가 여성 존재 자체를 부시하거나 폄하하는 가부장제 사회의 남근중심주의의 폭력에 얼마나 익숙해져 있는가, 그리고 그러한 관습적 사고에 대해 얼마나 무비판적으로 대응하고 있는가를 드러내는 명백한 증거"라고 문제 제기했다.

소설과 현실은 다르면서도 같을 수 있기에 남정현 작가의 부부관계, 그리고 신순남 여사에 관해 여러 가지로 궁금하기도 했다. 한 언론사와의 인터뷰에서 남 작가는 "서울대 영문과를 나온 아내가 〈뉴욕 타임스〉나 〈워싱턴 포스트〉 사설을 번역해 주기도 했어요."라고 했다. 언론자유가 없던 박정희 정권 시절엔 외국신문을 통해 국내외 정세를 파악한 것으로 보인다. 부부가 함께 해외 여행을 다녀오기도 했다. 〈에스비에스〉 개국(1990. 11. 14) 때 신순남 여사는 방송사 외화번역팀을 맡았는데, 그때 공로가 크다며 부부 동반으로 미국 여행을 보내 주었다고 한다.

평생 외화 번역을 하며 글을 써왔지만 정작 본인 이름으로 쓴 글은 거의 없었다. 신순남 씨를 다룬 자료는 1981년 〈조선일보〉에 실린 "외화 번역가 신순남 씨 '코미디 풀이가 가장 어려워요'"기사(1981. 8. 16), 1994년 방송번역작가협회 초대회장이 됐을 때 인터뷰한 기사, 그리고 2003년 제16회 한국방송작가상 수상작가를 선정하면서 외화 번역에 이바지한 고(故) 신순남 회장을 특별상 수상자로 뽑았는데, 이를 기리며 박찬순 회원이 회보에 쓴 글이 전부였다. 그리고 1980년대에 이계진 아나운서가 진행하는 KBS의 한 프로그램에 출연해서 인터뷰한 20분 정도의 영상이 있었다.

이 영상에 출연한 신순남 회장은 말솜씨가 좋았고, 매우 당당한 여성의 모습이었다. 그리고 보통의 출연자에게 찾기 힘든 두 가지가 눈에 들어왔다. 하나는 방송에 나오면서 한복을 차려입고 나왔다는 것이다. 원로작가들의 증언에 따르면 신순남 씨는 1960년대에 방송국 출입할 때 흰색 저고리에, 검은색 치마를 입고 다녔다고 한다. "여의도에 흰 저고리 검정 치마 입고 나타나면 신순남"이라고 할 정도로 '주체성'이 뚜렷했던 번역가로 소문이 자자했다.[71] 또 하나는 인터뷰 중에 '검열' 때문에 꼭 써야 할 말을 쓰지 못해 아쉬워했던 얘기를 두세 번이나 했다는 점이다. 인터뷰한 시점이 1980년대인 점을 감안하면 예사롭지 않은 단어 선택이었다. 외화를 번역하는 인텔리 여성이 '조선 여자'처럼 한복을 차려입고 나와서 '검열'이라는 말을 방송에서 반복적으로 하는 모습에서 남정현 작가의 소설이 떠오르기

---

[71] 자국 문화를 위협하는 '서구 문화의 첨병' 혹은 '문화제국주의 그 자체'로 경계되었던 외화에 대하여 "더빙은 수입국의 수용자에 맞춰 재형성되는 것이기에 수출국의 지배적인 관점에 저항"하는 방법이라고 인식되었던 것이다. 이런 의식은 번역 1세대부터 이어진 것이기도 하다. "여의도에 흰 저고리 검정 치마 입고 나타나면 신순남"이라고 할 정도로 '주체성'이 뚜렷했던 번역가 신순남은 한국적으로 토착화된 번역을 주창했다. 번역가로서의 직업적 정체성의 근간을 한국 문화의 수호자라는 데 두고 있었다고 볼 수도 있을 것이다. (이화진, 〈1980~90년대 한국 텔레비전 외화의 복화술사들: 구술사를 활용한 영화 기억의 아카이빙〉, 《한국학연구》 제72집, 2024. 2)

도 했다. 남편의 소설에선 주인공이 가족과 일상적인 대화를 하다 '미국'이니 '통일'이니 '반공'이니 하는 단어를 툭툭 던지는 경우가 빈번한데, 신순남 회장에게서도 그런 기질이 감지됐다.

25년 동안 1천 편 이상 외화 번역

이계진 아나운서가 진행한 프로그램 〈강철수의 여성 탐험-외화번역 25년 신순남〉은 프로그램의 전반부는 강철수 만화가가 신순남의 자택과 KBS 영화부를 직접 방문해서 담당 피디 등을 인터뷰했고, 후반부는 신순남 씨가 스튜디오에 출연해서 이계진 아나운서와 직접 대화를 나누는 영상이었다.

자택(쌍문동)을 방문해서 찍은 영상에는 피아노가 놓인 방에서 신순남 번역가가 작업하는 장면이 나왔다. 책상이 아닌 작은 앉은뱅이 탁자 위에서 작업했는데, 방송국에서 가져온 외화테이프를 소형 텔레비전에 돌려보면서 작업했다. 몇 년 전까지는 방송국에서 화면을 보면서 번역작업을 했다고 한다. 신순남 번역가는 200자 원고지에 사인펜으로 쓰면서 번역을 했는데, 사전 4권이 테이블에 놓여 있었다.

번역이 끝나면 방송국 영화부 외화 시사실로 가서 담당 피디와 화면을 보면서 수정작업을 했다. 강철수 만화가와 신순남 번역가는 현장 촬영을 한 뒤 스튜디오에서 이계진 아나운서와 대화를 나눴다. 약 20분 분량의 영상 내용을 인터뷰로 재구성해보았다. 이날 신순남 씨는 스튜디오에 연노란 저고리에 남색 치마를 입고 나왔다. 이계진 아나운서는 "세상에는 겉에서 드러나는 일보다 뒤에서 일하는 분이 더 중요한 일을 하는 경우가 많은데 오늘 (……) 신순남 씨가 바로 그런 분이 아닐까 싶습니다."라며 출연자를 소개했다.

1980년대에 이계진 아나운서가 진행하는 KBS의 한 방송 프로그램에 출연해서 인터뷰한 신순남 번역작가. 그는 흰 저고리에 검정 치마 차림으로 방송국을 출입했다고 한다.

(KBS에서 외화 번역 일을 시작한 뒤) 25년간 방송국 드나드셨는데, 저는 오늘 처음 봅니다. 얼마나 안 보이는 데서 일했는지……. 작업할 때는 양장 쪽이시던데, 오늘은 한복 곱게 차려입으셨는데 한복 좋아하십니까?

"좋아하는데 일할 때는 불편하니까 간편한 걸 입고, 방송국 나올 때나 결혼식 같은 데 외출할 때는 한복을 입습니다."

아직도 사전을 찾아봐야 하나요? 25년 일하면 눈감고도 하시는 거 아닙니까?

"아직도 사전 보냐는 농담을 많이 들어요. 처음엔 멋모르고 그냥 열심히 했는데, 하면 할수록 책임감도 많아지고 더 어려워집니다. 어떤 뜻이 그 문장에 가장 적합한지 골라내야 하고, 사전 두세 개가 너덜너덜해서 없어질 정도로 봤죠."

어떻게 영어, 일어를 잘했나요? 외국에 사셨나? 그런 궁금증이 들었습니다.

"영어는 배웠지만(서울대 영문과 졸업), 외국에 살지는 않았죠.".

문화 차이 몰라서 번역의 어려움 많을 텐데.

"생활양식, 문화적 감각, 감정을 표현하는 방식, 문화와 문화의 차이에서 나오는 이질감, 이런 건 자의로 순화시키고 각색시키고 해요. 그런데 타의에 의해서, 부득이하게 그 말을 해야 하는데 못 쓸 때도 있어요. 검열을 의식해서 다른 말을 쓸 때 자제를 할 때 그럴 때 상당히 좀 안타깝죠."

지금까지 번역한 외화가 〈디즈니랜드〉, 〈월튼네 사람들〉, 〈황금박쥐〉, 〈원더우먼〉, 〈형사 콜롬보〉 등 유명 작품 많이 하셨는데 특별히 기억나는 번역은 무엇인가요?

"디즈니랜드예요. 1회부터 끝까지 다 했어요. 그동안 방송국도 바뀌었지만 번역자는 신순남 한 명이었어요."[72]

천 편이 넘는다고요?

"세어 보지 않아서 잘 모르겠습니다. 천 편인지, 2~3천 편인지. 〈토요가족극장〉, 〈에프비아이〉, 〈달라스〉 등등의 시리즈물을 많이 했습니다. 지금은 〈뽀빠이와 아들〉을 번역하고 있어요."(1987년에 〈뽀빠이와 아들(Popeye and Son)〉이라는 후속 애니메이션 시리즈가 방영되었다. 총 13편으로 구성되어 있지만 한 편당 두 개의 에피소드가 들어가므로 실제로는 26개의 에피소드로 구성되어 있다.)

그 정도 하다 보면 소설, 드라마도 잘 쓸 거 같은데, 한번 써보고 싶은 생각 없으신가요?

"창작과 번역은 분야가 다르니까요. 저도 전부터 글 쓰는 일에 관심도 있고, 좋아했죠. 그렇지만 현실적인 여건이 허락지 않아서 그건 어려울 것 같습니다. 욕심이 하나 있다면, 이 일을 그만두고 시간 여유가 생기면 외화 번역에 얽힌 뒷얘기를 책으로 내고 싶어요. 검열에 걸린 이야기도 그렇고, 재밌는 거 수없이 많죠."

메모를 하셨나요?

"지금까지 메모 한 건 별로 없는데, 앞으로는 메모 좀 할 생각이에요."

---

72 이〔디즈니 만화동산〕프로그램의 전신은 동양방송에서 방송된 '디즈니랜드'로 월트 디즈니 컴퍼니에서 제작한 영화나 애니메이션을 방송하는 프로그램이었다. 개국 얼마 후에 신설되어 1970년대 초반경까지 방송되었다가 1976년에 다시 재신설되었다. (1973년 300회 돌파 관련 기사, 1976년 방영 개시 관련 기사) 언론통폐합 이후에도 KBS2에서 계속 방영하였으며, 디즈니 만화동산은 '디즈니랜드' 프로그램을 계승한 것이다. 동양방송 10주년 기념 기사에서는 이 프로그램을 "최량의 교육 프로그램"이라고 소개하고 있다. 1980년 폐국되어 KBS로 통합될 당시에는 일요일 아침 시간대에 방영했다. 방영 당시 번역은 남정현 작가의 부인 신순남(1935~1996)이 전담했다. (나무위키)

마감 스트레스도 많죠?.

"잠자는 시간만 빼고는 일하고, 편히 놀지를 못해요. 압박과 스트레스가 많아요."

외화 자주 보세요?

"처음에는 모니터도 많이 했죠. 텔레비전은 일 때문에 봤지만 밖에서 하는 영화는, 영화 하는 분에겐 미안한 얘기지만 26년간 세 편 봤어요. 영화관엔 기분도 풀고 오락 삼아 가는 건데, 가서 영화 보면서 대사가 들리니까 자막하고 비교하면서 보고, 나는 이렇게 할 텐데……그 생각만 하니까, 영화에 빨려 들어가지 않아요. 끝나고 나와서 내가 번역을 했는지 영화를 구경하고 나왔는지……. 시간도 없고 해서."

이계진 아나운서는 대담을 마치며 "앞으로 자막에 '신순남' 이름 나오면 자세를 바로 하고 보겠습니다."라고 웃으며 말했다. 신순남 번역가는 시간 여유가 생기면 외화 번역에 얽힌 이야기를 책으로 엮겠다고 했으나 그 계획을 실행하진 못했다. 환갑을 갓 지난 나이에 세상을 떠나는 순간까지 외화 번역에 매달렸기 때문이다.

신순남 번역가는 1994년 6월 16일 창립한 방송번역작가협회 초대회장직을 맡았다. 창립총회는 여의도 전경련 회관에서 회원 40여 명과 방송관계자들이 참석한 가운데 열렸는데, 총회 후 몇 군데 언론매체와 인터뷰했다. 한 매체(오애리 기자)와의 인터뷰에서는 "외화 번역은 고도의 예술적 지적 작업입니다. 외국어를 좀 할 줄 안다고 해서 누구나 쉽게 할 수 있는 분야는 아니지요. 방송사에서도 번역의 전문성에 대한 인식이 아직 부족한 편입니다. 내년 케이블 방송 시작을 앞두고 번역자들의 단결과 위상을 다지기 위해 협회를 만들게 됐습니다."라고 창립 취지를 밝혔다. 이와 함께 협회의 장기사업으로 "영화 및 비디오의 저질 번역실태 조사, 방송번역 작가상 제정, 작가 발굴 및 육성, 번역 사무소 개설 등을 펼칠 계획"이라고 밝혔다.
그리고 신 회장은 〈한국일보〉와의 인터뷰에서는 "자막번역과는 달리 방송번역은 더빙을 전제, 배우들의 입 모양과 호흡을 감안해야 하는 특수성 때문에 고충이 크다."라는 점을 토로하고, "고급 전문인력이면서도 방송에서 대접을 못 받는 방송번역작가의 현실을 개선하겠습니다."라고 포부를 밝혔다. 그러나 한참 활동을 할 나이의 신순남 회장은 1996년 1월 13일 폐암으로 별세했다. 발인은 도봉구 쌍문동 한일병원에서 했고, 장지는 경기도 장흥 가톨릭묘지였다.

"번역에 살고 지다"
-16회 한국방송작가상 특별상 고 신순남 회원

요즘도 여의도에 들어서서 KBS 쪽을 바라보면 떠오르는 풍경 하나가 있다. 흰 저고리, 검정 치마 차림에 앞가르마를 한 단발머리의 여자가 영화 대본을 끼고 방송국을 드나드는 모습이었다. '지조 있는 조선의 여인'이라 불렸던 이 옷차림은 KBS 남산 시절부터 여의도로 옮긴 이후까지도 한동안 계속되었다. 외국 문화의 첨병인 번역작가가 주체성을 가져야 한다는 뜻이었는지, 고유한 조선의 얼을 지키자는 뜻이었는지는 모르지만 무분별한 외래 문화가 범람하는 요즘에는 더욱 그 뜻이 새롭게 느껴지기도 한다.

그는 1963년 KBS 개국과 함께 외화 번역을 시작해 겨울, 병마에 쓰러지는 날까지 30여 년간 단 한 번도 번역을 손에서 놓은 적이 없었다. 병상에 누운 그에게 무엇이 가장 하고 싶으냐고 물었을 때도 그는 '번역'이라고 대답했다. 〈디지니랜드〉와 〈월튼네 사람들〉, 〈형사 콜롬보〉 등 거의 일천 편이 넘는 외화들이 그의 번역으로 방송되었다. 특히 〈월튼네 사람들〉은 그의 단아하고 인간미 넘치는 번역으로 우수 프로그램에 선정되기도 했다.

신 선배는 외롭고 억울할 때면 언제나 전화를 걸어 위로받을 수 있는 푸근한 언니였다. 또 후배들은 번역작가의 처우 문제로도 신 선배를 무던히 괴롭혔지만 한 번도 피하지 않고 앞장을 섰다. 그런 선배였기에 그가 쓰러졌다고 했을 때 후배들은 자기 일처럼 그의 치료비를 걱정했었다. KBS 직원들이 그의 쾌유를 빌며 보낸 편지에는 PD들의 눈에 비친 신 선배의 모습이 여실히 드러나 있다. "너무나 성실하게 살았던 검정 치마 흰 저고리의 신 여사. 당신은 진정 한국 여인의 심볼이었습니다. (박준영)" "단아하고 강인한 신 여사, 여사님의 번역을 KBS가 기다립니다. (하인성)" "작은 몸집에 큰 생각을 품고, 온 진액을 다 쏟아 한 자 한 자 쓰셨던 분, 진주와 같은 삶을 사신

신 선생님.(김정옥)"

　북한산 인수봉 아래, 그가 30여 년간 살며 번역을 했던 쌍문동 단독주택에는 부군인 작가 남정현 선생이 아직도 아내의 사망신고를 하지 않은 채 당신의 집 모습을 그대로 유지하며 살고 있다. 말을 무척 아끼는 선생이 모처럼 말했다. "하도 성실해서 아내로서라기보다 한 인간으로서 존경하지요. 혼자 가계를 짊어지고도 힘들다는 소리 한번 앓아누워서도 아프다는 소리 한번 내지 않았어요." 소설〈분지〉의 필화사건(1965년)으로 구속되어 필을 꺾은 뒤 아내에게 생활을 맡겨온 그였기에 평생 일만 하다가 세상을 떠난 아내가 더욱 안쓰러운 듯했다. 밥상 위에 헤질 대로 헤진 너덜너덜한 사전을 펴놓고 세상의 온 고요를 다 모아 작업에 몰두하고 있는 그의 모습을 지켜본 작가 최인훈은 "인수봉 밑의 번역작가"라는 조각을 새겨야겠다고 말한 적도 있었다.〈월든〉을 쓴 소로우가 말했던가. "내 인생은 내가 쓰고 시였던 한 편의 시였다."고. 그는 진정 인생을 한 편의 시처럼 살았다.

　96년 1월 15일 의정부 가톨릭 묘지에 그가 묻히던 날은 굵은 눈발이 날리고 있었다. 동료 최일하의 무덤을 뒤로하고 내려오며 생각했었다. 그의 묘비명은 "신순남, 번역에 살고 지다"로 쓰면 어떨까 하고…….

박찬순·협회 회원

＊2003년 한국방송작가협회는 SBS TV '세상에서 가장 아름다운 여행'의 방송작가 최경 씨와 MBC TV '일요일 일요일 밤에'의 작가 강제상 씨를 제16회 한국방송작가상 교양부문과 예능부문 수상자로 각각 선정했다. 그리고 외화 번역에 이바지한 고(故) 신순남 작가를 특별상 수상자로 선정했다.

33년만의 《현대문학》 재수록과
강진호의 '〈분지〉 작품론'

-《현대문학》(1998년 10월호)

본지 지난 3월호에 발표된 남정현 씨의 소설 '분지'는 본지의 부주의로 인하여 게재된 것으로서 이로 인하여 사회의 물의를 일으킨 데 대하여 정중히 사과하는 바이다.

1965년 《현대문학》 8월호 '편집후기'에는 위와 같은 사과의 글이 실렸다. '반미 용공 소설'인지 모르고 실었다는 반성문이라 하겠다. 이때의 '사과' 이후 남정현 작가와 〈분지〉가 《현대문학》에 다시 등장하고 실질적인 복권을 받는 데는 무려 33년의 세월이 걸렸다. 《현대문학》은 1998년 10월호에서 '현대문학의 문제작 재조명'이란 특별기획을 준비하고 〈분지〉를 재게재했는데, '편집후기'에 "전후문학을 한 단계 끌어올리는 성과를 거두었던 이 작품"이라고 쓰고 있다.

이번 〈현대문학의 문제작 재조명〉 난에는 최초로 문학작품을 반공법으로 문제 삼았던 남정현 선생의 '분지'를 싣는다. 외세로 인한 당대의 전도된 가치관과 민족의 정체성 부재의 문제를 한 가정의 비극을 통하여 통렬한 풍자로 비판한 작품이다. 강진호 씨의 냉철한 작품론에서 언급되었듯이 작가의 시대의식에 대한 인식의 깊이로써 전후문학을 한 단계 끌어올리는 성과를 거두었던 이 작품은 33년 이 지난 오늘날, 극도로 혼란해진 사회적 현실을 숙고하게 만든다.

《현대문학》(1998년 10월호)에는 소설 〈분지〉 바로 뒤에 강진호의 작품론 〈외세와 금기에 대한 도전 - 남정현의 '분지'론〉을 실었다. 강진호는 이 글에서 "알려진 대로 남정현은 전후의 가장 뛰어난 풍자작가로 평가되어 왔다." 라고 소개하면서, "풍자로 일관한 그의 문학은 그 전대의

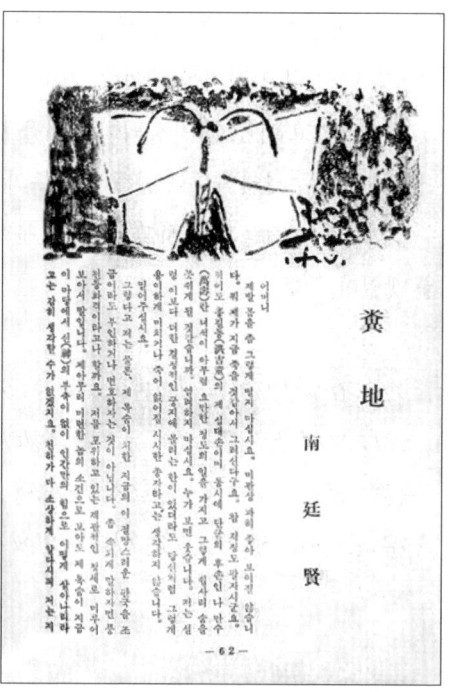

1965년 《현대문학》 3월호에 실린 소설 〈분지〉. 삽화 황렴수.

이상이나 채만식으로 이어지는 문학사의 전통 속에 놓여있으나 공격의 예리함이나 강도는 그보다도 훨씬 신랄하다."라고 평했다. 이어서 "당시 남정현이 그렇듯 예리한 작품을 쓸 수 있었던 것은 무엇보다도 그의 독특한 이력과 관계가 깊은 것으로 보인다."라고 적었다. 그런데 강진호 평론가가 제시한 근거는 "초등학교 3학년 때 자칭 '신령'이라는 사람의 꾐에 빠져서 가출을 했고, 이후 유랑 걸식을 하면서 한만 국경 근처에서 고아원 신세를 지기도 하였다."라는 것으로 범우사 문고판 《허허선생》에 소개된 이력이었다. 남정현 작가가 상상력으로 만들어낸 이력을 그대로 믿고 인용한 것이다. 마치 도 무협지 작가를 연상하게 하는 특이한 내용이지만 출판사가 검토하고 실은 작가 이력을 특별히 의심할 이유도 없을 것이다.

강진호는 외세를 문제 삼은 소설 〈분지〉를 쓴 남정현 작가가 "전후문학

을 한 단계 끌어 올렸음을 말해주는 것"이며, 그가 보인 인식의 깊이는 "60년대 문학의 최고 경지를 보여준 것이라고 해도 지난친 말이 아니다."라고 높게 평가하고 이 점이 인정되어야 함을 강조했다. 그러나 한편으로는 "천편일률적인 주제의식으로 인해 도식주의적 소설 또한 갖고 있음을 부인할 수 없다."라는 점을 지적하고, 남정현 문학의 '비극'을 이렇게 언급하며 글을 맺었다.

이런 점에서 보자면 남정현의 문학은 60년대에 섬광처럼 화려한 빛을 발했으나 그 파장을 지속하지 못하고 불행하게 사그러진 경우라 할 수 있다. 한 재능 있는 작가가 이데올로기의 질곡을 넘어 성장하기엔 분단의 천형이 너무 깊고 거대했던 것이고, 바로 여기에 우리 현대문학의 깊은 비극이 놓여 있다.

8장

2000년대

"세월이 갈수록 민족문제가 더 중요"

그 어느 반미소설에서도
읽을 수 없었던 소년의 사연

-남정현·신학철·백기완 대담 (《노나메기》 4호, 2001년)

시대의 '우상'이자 '감격'인 두 예술가

　제호가 특이한 《노나메기》 표지에는 "노나메기는 같이 일하고 같이 잘살되, 올바로 잘사는 세상이라는 우리 옛 정서"라는 설명이 달렸다. 2001년 3월 발행한 계간지 《노나메기》 4호에는 '감격의 창출, 저항의 감동'이란 제목 아래 남정현 작가, 신학철 화가, 백기완 선생의 '댓거리'가 실렸다. 대담은 2001년 1월 15일, 통일문제연구소에서 진행했다.
　《노나메기》는 백기완 선생이 발행인을 맡아서 2000년 봄에 창간한 잡지로 바로 앞의 3호에서는 '미국 해체를 위한 댓거리'가 특집이었으며, 4호의 주제어는 '아 감격시대'였다. 《노나메기》 4호 앞쪽에는 이은 명필름 대표가 쓴 '공동경비구역 JSA는 어떻게 만들어졌는가'가 14쪽에 걸쳐 실려 있었다. 박찬욱 감독의 JSA는 2000년 가을 개봉돼 큰 반향을 불러일으켰다. 제작자들이 전혀 예상하지 못한 2000년 6월 15일 남북정상회담이 영화의 흥행에 결정적 영향을 미치기도 했다.
　백기완 선생이 사회를 본 《노나메기》 4호의 남정현-신학철 댓거리는 신학철 화가의 〈모내기〉(1987) 그림이 실린 장 제목(감격의 창출, 저항의 감동) 페이지를 포함해서 무려 60쪽의 분량이었다. 댓거리의 주된 내용은 박정희 정권과 노태우 정권이 문제 삼은 두 사람의 예술작품 〈분지〉와 〈모내기〉, 그리고 국가보안법에 관한 것이었다. 73 두 작가는 문학과 미술분야에서 국가보안법(반공법)의 탄압을 받은 대표적인 작가로 손꼽힌다. 사회를 본 백기완 선생은 대담을 시작하면서 남정현·신학철 두 작가에게 그 시대의 '우상', '감격'으로 평가받는다는 말을 전했다.

"(두 분을 모시고)댓거리를 할 것이라고 얘기를 했더니 주재환 선생 (1987~1988 민족미술협의회 공동대표) 가라사대, "그 남정현 선생 말이요?" 그래, 그렇다고 했더니 "거 60년대에 우리들의 우상이었지요." 그러더라구요. 무슨 말이냐고 그랬더니, "남정현 선생은 60년대에 우리들에게 감동적인 우상이었지요." 거듭 이렇게 말을 하더라구요. 깜짝 놀랐습니다. 그건 아마도 남정현 선생의 여러 작품 가운데서도 〈분지〉라고 하는 소설 때문에 우리들이 느꼈던 감회의 일단이 아니겠냐 그렇게 생각되었습니다.
바로 오늘 아침입니다. 우리 막내 딸년이 날씨도 추운데 아버지 오늘은 왜 이렇게 일찍 나가셔요? 그래요. 그래서 남정현 선생하고 신학철 선생하고 '감격시대의 창출'이라고 하는 책 제목을 가지고 댓거리를 하려고 한다 그랬

---

73 〈모내기〉는 1987년 그림마당 민에서 열린 〈제2회 통일미술전〉에 출품한 신학철(1943~) 화가의 작품이다. 통일 염원을 농사꾼의 모내기에 빗대어 그린 100호 크기의 대작 〈모내기〉를 그린 신학철 화백은 국가보안법 위반 혐의로 구속되었다. 검찰은 그림 속 초가집이 김일성 생가 만경대라고 주장했다. 1, 2심에서 무죄를 받았으나 10년 뒤인 1998년 대법원 상고심은 "모내기 그림은 북한의 모습을 통일저해 요소가 없는 평화롭고 풍요로운 곳으로, 남한을 통일저해세력인 미일 제국주의와 독재권력, 매판자본이 가득한 곳으로 묘사하고 있다."라며 "이는 결과적으로 북한을 찬양하고 민중민주주의 혁명을 일으켜 연방제 통일을 실현하려는 북한의 주장과 궤를 같이하는 이적표현물에 해당한다."라며 원심을 파기했다. 결국 신학철은 1999년 11월, 징역 10개월, 선고유에 2년 형이 확정되었다. 이적표현물로 검찰청 압수물 보관창고에 남아 있던 신학철의 〈모내기〉 그림은 2018년 1월 국립현대미술관으로 옮겨졌다. 검찰 창고에 접어서 보관하면서 일부 훼손된 부분을 확인했고, 추가적인 훼손을 방지하기 위해 위탁 보관한 것이다.

더니 신학철 선생이라면 그림 그리는 분 아닙니까? 〈모내기〉도 그랬지요? 그분 거, 우리 시대의 감격이지요, 그러더라고요.
이때 제 생각입니다. 이거는 주재환 선생하고 우리 막내 딸년하고 짜고 얘기하는 것이라고. 한 분은 감동적인 우상이라 그러고 또 한 분은 우리 시대의 감격이라고 그러고. 그렇게 우리를 울려주던 두 분을 모시고 오늘 이런 댓거리를 가지게 되어 정말 반갑습니다."

백기완 선생의 대중 연설을 들을 때면 그 진한 호소력에 감동하곤 했는데, 이렇게 사회를 보면서도 일종의 감격을 하게 만드는 솜씨가 뛰어났다. 이날 남정현 작가는 '분지 사건'을 둘러싼 여러 후일담을 얘기했는데, 필자가 다른 데서 보지 못했던 이야기도 있었다.

1965년 가택 수색으로 빼앗긴 원고 '미스터 존슨'

백기완 선생은 남정현 작가에게 〈분지〉 쓴 이후 아쉬운 점이 무엇이었냐고 물었다. 남정현은 〈분지〉 이후 구상 중이던 후속작품 '미스터 존슨'(가제)의 원고를 빼앗긴 게 가장 아쉽다고 털어놨다.

"아까도 말씀드렸지만 왜 불만이 없었겠습니까. 그래서 '분지'를 쓰고 나서 나는 미국이라는 그 존재 자체를 제대로 한번 조감해 보고 싶어서 '미스터 존슨'이라는 소설을 쓰기 시작했지요. 《사상계》사에 주기 위해서였습니다. 왜 '미스터 존슨'이라고 제목을 붙였냐 하면, 당시 존슨이 미국 대통령이었는데 하루는 신문을 보니까 존슨 할아버지가 큰 농장주라는 기사가 나왔더라구요. 그때 뭔가 잡히는 것이 있더군요. 그래서 나는 존슨가의 농장에 고용되어 노예처럼 일하고 있는 한 한국인 노동자의 입을 통해서 뭔가 좀 말해 보려 한 거죠.

이것도 서간체로 좀 우회적인 수법으로 써 볼 생각이었습니다. 미국이 끝내 힘만이 곧 선(善)이요 정의라고 맹신하면서 세계를 휘젓고 돌아다니다가는 뭔가 어떠한 형태로든 하늘의 응징이 따를 것이니 조심하라는 그런 투의 내용을 담고 싶었습니다. 그런데 그걸 쓰다가 제가 '분지' 때문에 잡혀갔었지요. 가택수색 때 그들이 이것저것 다 가져가 버렸으니까 참 아깝습니다."

백기완은 이런 사연에 안타까워하면서 "원고가 없어졌다고 하더라도 다시 쓸 생각이 없었습니까"라고 물었고, 이 질문에 남정현은 "쓰고 싶어도 이젠 너무 오래된 일이고 당시 상황과의 긴장감도 풀려서 잘 써질 것 같지 않습니다. 이젠 다른 각도에서 다시 구상 좀 해봐야지요."라고 답했다. 백기완은 '미스터 존슨' 원고가 무척 아쉬웠는지 그래도 "그 '미스터 존슨'은 기왕 쓰던 거니까 꼭 마저 써서 우리 같은 사람들한테 정말로 읽을거리를 만들어줬으면 좋겠다는 생각"이라고 말했다. 남정현은 대담의 말미에 "앞으로 어떤 작품을 구상하고 계십니까?"라는 질문을 받고 '진짜 현실'을 다룬 작품을 언급했다.

"전 기본적으로 우리가 처해있는 이 현실이 누군가에 의해서 조작된 가짜 현실이라고 생각합니다. 말하자면 민족적인 양심을 가진 모든 세력들이 신바람나게 창조한 그런 현실이 아닌 것 같다 이 말이죠. 이것이 여론이다. 이것이 국민 정서다 하는 것도 진짜 우리 민중의 여론이요 정서가 아니라 선전매체를 통해서 누군가의 이익에 맞게 조작된 가짜 여론이요 정서라 이 말이죠. 그래서 뭔가 저 장막 뒤에 가려있는 진짜 우리의 현실을 조망할 수 있는 그런 작품이 그리워집니다."

대담 시작하면서 남정현 작가는 오륙 년 전부터 현기증 때문에 고생하고 있으며 신경안정제를 먹고 있다고 말했다. "세상이 도는 건지 내가 도는 건지 분간을 못 할 때가" 종종 있지만 그래도 작품 창작에 대한 의지는 밝혔다.

"하지만 아무리 눈앞이 아찔거려도 이 분단시대를 살아가는 작가의 한 사람으로서 뭔가 쓰지 못한 것을 꼭 써야겠다는 생각, 그 생각 하나만은 놓치지 않고 꼭 붙잡고 있습니다. 좀 기다려봐 주십시오."

2001년 1월,《노나메기》댓거리에서 이렇게 창작 의지를 밝힌 남정현 작가의 나이는 당시 68세였다. 남정현 작가는 그로부터 10년 뒤인 2011년 계간《실천문학》봄호에 단편소설〈편지 한 통〉을 발표했다. 원래 작가가 단 제목은 '미 제국주의 전상서'였다. 그가 문예지에 발표한 마지막 소설이기도 하다.

백기완 평생 화두는 미국, 민족, 통일

《노나메기》를 읽으며 백기완 선생에 관해 제대로 몰랐다는 것을 알게 됐다. 일반적으로 백기완 하면 통일을 중시하지만 '민중'이라는 주제를 떠올리는 경우가 많았다. 1987년에 민중당 후보로 대선에 나온 게 많은 영향을 미쳤고, 남정현 작가가 강조하던 자주 민주 통일 노선을 견지하는 진영과는 다소 거리가 있는 인사로 알려져 있다.

그런데《노나메기》3호의 특집이 '미국 해체를 위한 댓거리'라 읽은 뒤 백기완의 정치 이념적 지향을 제대로 몰랐다는 것을 알게 됐다. 남정현의 평생 화두는 '민족', '반미'였는데, 백기완의 평생 고민도 미국과 민족, 통일이었다. 그가 미국 문제에 몰두하게 된 것은 열세 살 때의 생생한 경험에서 시작한다. 그는 자신이 결코 반미주의자는 아니지만 "미국의 실체에 대하여 하나씩 둘씩 깨우쳐온 바에 따라 미 제국주의를 그대로 두면 결국 우리가 죽고 인류와 그 역사가 죽으니 안 되겠다. 이 때문에 미국의 제국주의적 요소를 해체 청산하자는 것"이라면서 해방 직후의 경험을 들려줬다.

"내가 열세 살 적입니다. 서울역 앞을 왔다 갔다 하는데 급히 쫓기는 처녀가 있어 도망가도록 도와주었을 때입니다. 갑자기 '까 뗌'이라는 욕바가지와 함께 걷어차는 놈이 있어 쳐다보니 그 한국 여자를 쫓아가던 양키 병사였습니다. 이때 어린 나도 '야, 이 개새끼야' 하고 받아쳤는데, 이번엔 서울역 양아치들이 나에게 몰매를 주는 것이었습니다. 우리네에게 해방을 가져다 준 미군한테 까분다고. 이것이 계기가 돼서 그 양아치들과 매일 붙었습니다."

백기완 선생은 서울역 양아치들과 매일 싸우며 쥐어 터지다가 "서울이라는 데는 내가 살 데가 아니구나."라는 생각을 하고 38선을 넘어 북쪽 어머니에게 가려 했다. 그러나 덩치 큰 미군이 발길로 차며 가로막았고, 세차게 대들자 미군과 함께 총을 메고 있던 한국인이 같이 팼다고 한다. 그들은 "지금 북쪽의 네 에미는 벌써부터 머리에 시뻘건 뿔이 나 있어서 못 간다고 하는데 조그만 새끼가 겁도 없이 까분다고" 하면서 열세 살 소년을 코피가 터지도록 두들겨 팼다. 그때 백기완 소년은 "미군, 저 새끼 저거 언젠가는 내 손으로 박살을 내고야 말겠다."라고 마음먹었다고 한다. 그의 의식이 더욱더 정치적인 반미의식으로 깊어가게 된 것은 "몽양 여운형 선생의 암살과 백범 김구 선생 암살의 충격이 아닐까 합니다."라고 털어놓기도 했다.

《노나메기》(2000년 11월 발행) 3호에 실린 '미국 해체를 위한 댓거리'는 백기완 선생과 김억수 시민이 나눈 대담으로 100쪽이 넘는(11~112쪽) 분량인데, 백 선생의 미국관을 상세히 들여다볼 수 있는 글이다. 여기에 실린 백기완 선생의 증언(경험담) 한 토막은 남정현 작가의 〈분지〉에 나오는 미군의 행태보다 몇 곱은 더 잔악했다. 그 어떤 '반미' 소설에서도 읽지 못한 무지막지한 미군의 만행이 담긴 내용이었다.

한국전쟁이 한창이던 1950년 초 미군의 폭격으로 다 부서진 어느 초등학교 똥뚜간 벽에 그려진 그림 때문에 벌어진 일이었다고 한다. 무슨 그림이었냐 하면 "코가 유난히 긴 사람의 콧잔등 위에 한 꼬마가 올라앉아 갖고는 톱으로 그 코를 자르는 내용"이었다. 학교에서 이것은 보나 마나 "빨갱이 짓임이 틀림없으니 당장 색출하라."고 떠들썩했지만 쉽게 범인을 잡지 못하다가, 한 꼬마의 공책에서 그와 비슷한 그림을 발견하고, 네가 그렸냐고 따져 물었다고 한다. 그러자 그 소년은 스스럼없이 그렇다고 대답하면서 이렇게 말했다고 한다.

미군들에게 끌려간 소년의 엄마

"어느 날 아버지, 어머니 그리고 어린 동생과 함께 자고 있는데 갑자기 들이닥친 미군 병사 몇이서 어머니를 강제로 끌고 간 뒤로는 어머니는 영 돌아오지 않았다는 것입니다.
이에 아버지는 노상 울부짖다가 화병에 돌아가시고 어린 동생과 한없이 불러도 돌아오지 않는 어머니를 생각하면 미군 병사가 그리 미워 그런 그림을 그렸다는 것이었습니다."

이 얘기를 들은 선생님도 울고 옆에 있던 꼬마들도 울었다고 한다. 백기완은 이런 일화를 통해 "내가 경험한 미국 사람은 이와 같이 어린 꼬마를 울리는 뚜억(못된 도둑) 같았습니다. 그것도 무자비하게 울리는 그런 뚜억이었습니다."라는 선입견을 갖게 되었다고 한다. 그 외에도 백기완 선생은 한국전쟁 중에 겪은 미군의 행패와 만행에 대해 여러 증언을 했다. 그의 경험담은 〈분지〉 주인공 홍만수의 어머니가 미군에게 강간당한 뒤 실성해서 죽은 이야기와 너무도 흡사했다.

이런 경험 속에 백기완 선생은 뿌리 깊은 '반미' 감정을 갖게 됐다. 그는 미국은 결코 '난공불락, 불침항모'가 아니며, "돈의 폭력, 군사폭력 범죄폭력, 문화폭력으로 유지되고 있지만 속으로는 급속도로 몰락해 가고 있는 문명"이라 보았다. 그는 "이 땅의 분단을 강요한 장본이 바로 미국일진대 도대체 어떻게 해서 미국이 혈맹일 수가 있겠습니까. 이 점에 관한 한 단호하게 결론을 바로 해야 합니다. 미국이야말로 혈맹이 아니라 분단을 강요한 침략자의 하나라는 점입니다."라고 못 박았다. 백 선생은 "그것을(미국을) 무너뜨리지 않으면 우리 인류가 죽고 마는 반동적 문명이지요."라고 했다. "더이상 남겨둘 필요가 없는 존재"인 미 제국주의를 "우리나라엔 원자폭탄도 없고" 무엇으로 어떻게 없앨 수 있냐는 질문에 그는 이렇게 말했다.

"그것보다 더 센 노나메기지요. 너도 일을 하고 나도 일을 하고 그리하여 너도 잘살고 나도 잘살되, 올바로 잘사는 세상이라는 우리의 염원 말입니다."

《노나메기》 3호 특집 글을 읽어보고, 왜 《노나메기》 4호의 특집 대담으로 남정현과 신학철을 불렀는지 알 수 있었다. 이때의 인연 때문인가. '댓거리' 후 신학철 화백은 '분지 사건' 시절 남정현 작가의 초상화(2004년 작)를 그려서 선물했고, 이 그림은 쌍문동 자택 거실에 지금도 걸려 있다.

신학철 화백은 백기완 선생이 2021년 2월 작고한 뒤부터 지금까지 노나메기재단 이사장직을 맡고 있다. 노나메기재단 홈페이지에는 "백기완 노나메기 재단은 분단모순, 제국주의, 독점자본의 야만에 온몸으로 맞서서 투쟁했던 불쌈꾼(혁명가), 민중운동가, 통일운동가, 민족·민중예술인 백기완 선생의 뜻과 한살매(일생)를 기억하고 널리 알리고 계승하고자 설립한 비영리 재단법인"이라고 쓰여 있다.

"국가보안법은 우리를 반쪽이로 만들어"

남정현, 신학철 작가와 백기완 선생이 《노나메기》 4호 대담 중에 국가보안법에 관해 밝힌 의견 일부를 그대로 옮기면 다음과 같다.

- 이를테면 내 생각이 완벽하게 다 잘 표현됐느냐 이런 것을 돌아보기보다는 혹시 어느 구절 어느 장면이 국보법에 저촉된 것이 아닌가 해서 지우고 또 쓰고 또 지우고 하는 그런 검열 말입니다. 그런데 이건 나에게만 국한된 일이 아니고 국보법 밑에서 살아가는 모든 글 쓰는 자들의 공통된 불행한 경험이라고 생각합니다. 그런 뜻에서 우리는 언제나 자기 검열시대를 초라하게 살고 있다고나 할까요. (남정현)

- 이러한 뜻에서 나는 국가보안법이야말로 우리 시대 학문과 예술의 발전을 가로막아 온 가장 암적인 그리고 가장 큰 종양이라고 생각합니다. 종양은 아주 속히 제거해야 합니다. 그래야 삽니다. 나라가 살고 예술이 살고 학문이 삽니다. (남정현)

- 인간은 여러 가지 많은 성정을 가지고 있는데 이런 성정을 자연스럽게 다 발휘하고 사는 것이 정상적인 사람인데, 분단과 국가보안법은 인간의 이런 성정을 자체적으로 또는 타의적으로 제약함으로써 비정상적인 불구자를 만든 것 같습니다. 국토가 반으로 잘린 것처럼 우리는 신체가 정신적으로 반쪽이라고 느껴집니다. (신학철)

- 냉전체제가 해체되었다고들 말하지만 국가보안법이 엄연히 존재하는 한 냉전체제는 해체되지 않았습니다. 국가보안법은 냉전체제를 뒷받침하고 있는 가장 강력한 담보물이라고 할 수 있습니다. 그러므로 냉전체제

해체는 국가보안법의 폐지를 전제로 해야 합니다. 우리 시대의 가장 큰 거짓과 모순은 앞에서는 평화통일을 주장하고 뒤에서는 국가보안법을 휘두르는 일입니다. 국가보안법 하에서는 '북과의 화해 협력' 이런 것도 사실은 일장춘몽이 될 공산이 큽니다.(남정현)

남정현이 '분지 사건'으로 법정에 선 모습의 사진을 보고 신학철 화백이 그린 초상화. 신 화백은 2004년 전시회가 끝난 뒤 남정현 작가에게 선물했고, 이 그림은 서울 쌍문동 자택 거실에 지금도 걸려 있다

- 말씀을 들으며 제가 느낀 것은, 먼저 국가보안법은 인간의 본원적인 창작 의욕, 인간미를 말살시키는 실정법이라는 것입니다. 때문에 이것은 폐기되어야 합니다. 둘째, 국가보안법은 강요받은 민족의 분단을 조장하는 위선의 최고장치라 하겠습니다. 때문에 거짓의 최고장치인 국가보안법은 없어져야 합니다. 셋째, 국가보안법은 남북의 대결을 필연적으로 고조시키고 고도화시키는 법률, 즉 전쟁을 합법화시키는 장치라는 것입니다. 남북대결이 우선이며, 민족의 역사를 발전시키자거나 통일을 하자는 주장을 적대, 말살해 왔습니다. 넷째, 냉전 구조는 미국과 소련의 대결구조를 가리키는 것입니다. (……) 냉전 구도가 폐기되지 않는 한 우리는 계속 죽을 수밖에 없습니다. 국가보안법은 이러한 냉전 구조의 한국적 표현이자 한국 사람이 오히려 앞장서서 냉전 구조를 더욱 심화시키고 강화시켜서 민족의 실체를 동공화(洞空化)시키는 민족허무주의의 소산입니다. (백기완)

앞도 없고, 뒤도 없는 자리에 선 남정현 소설

-《작가연구》(2001년 하반기)

모더니즘도 아니고 리얼리즘도 아닌 자리에 선 작가

1996년에 창간된《작가연구》는 매호 한 명의 작가를 특집으로 다룬다. 《작가연구》1호는 소설가 손창섭을 특집으로 다뤘다.《작가연구》(2001년 하반기) 12호는 특집으로 남정현 작가를 다뤘다. 2001년 10월 31일 도서출판 새미(국학자료원 자매회사)에서 발행한 이 잡지는 340쪽 분량이었는데, 이중 절반이 넘는 186쪽을 남정현 특집으로 다뤘다. 남정현 소설을《현대문학》에 추천한 안수길 특집은 1996년 제2호에 실렸다.

표지 우측에는 남정현의 반신 사진을 넣었고, 좌측에는 특집의 목차를 실었다. 특집을 목차 순서대로 살펴보면, 대담: 험로를 가로지르는 문학의 도정(강진호), 반외세 의식과 민족의식-남정현의 소설 세계(임헌영), 허허(虛虛)한 세상을 향한 날 선 풍자(김양선), 역설의 미학, 풍자의 언어-〈분지〉론(황도경), 비인간의 형상, 그 역설의 의미-〈허허선생〉론(이상갑), 남정현론(이호철), 남정현 선생과 나-〈분지〉사건 회고(한승헌), 재수록 :〈허허선생 3〉, 해설 : 왜곡된 식민의 경험, 그 기억과 망각의 사이-〈허허선생 3(귀향길)〉론(강진구) 등 9편의 글과 생애 및 작품연보가 실려 있었다.

채호석 편집인은 책머리에 '책을 내며-낡은 것과 새로운 것, 그리고 사이'

를 썼는데, 여기서 그는 특집으로 남정현 작가를 다룬 이유를 밝혔다. 채호석은 새로운 세기가 시작하자마자 미국이 벌인 새로운 전쟁인 테러와의 전쟁(아프가니스탄 전쟁)을 얘기하면서 "이미지의 현실, 혹은 허구보다 더 허구 같은 현실, 그리고 현실보다 더 현실 같은 허구"에 관해 언급한다. 그는 이러한 상황을 고찰하면서 "기존의 모더니즘과 리얼리즘의 대립이란 더 이상 무의미하다고 해야 할 것이다. 모더니즘도 아니고 그렇다고 이제까지의 리얼리즘도 아닌 그 어떤 지점에 문학이 와 있어야 하는 것은 아닐까."라며 문제를 제기한다. 그러면서 "어쩌면 이 새로운 자리 또한 이미 이전에 도달해 있었던 자리인지도 모른다. 그리고 그 자리에 남정현 소설이 있는지도 모르겠다."라고 말한다.

> 한국 문학사에서 앞도 없고, 뒤도 없는 자리가 바로 남정현 소설의 자리가 아닐까. 이제 남정현 소설에 대한 연구도 어느 정도는 축적되었지만(물론 충분하지는 않다) 그럼에도 불구하고 남정현의 '소설사적 위치'는 아직 잡히지 않고 있는 이유도 이 때문일지 모른다. 아니 남정현 소설의 자리는 어쩌면 잡힐 수 없는지도 모르겠다.
> 〈분지〉는 틀림없는 문학사적 사건이지만, 그러나 이 사건은 아직 자기 맥락을 갖고 있지 못하다. 그 소설 앞뒤에 어떤 것도 없기 때문이다. 남정현 소설은 반제 소설일 수도 있고, 풍자소설일 수도 있지만, 그러나 그 어디에도 속하지 않는 존재처럼 보인다. 우리 문학사에서 가장 비문학사적인 존재 가운데 하나. 우리가 도달해야 할 자리에 남정현 소설이 이미 와 있다고 한 것도 그 때문이다.

채호석은 바로 이 '특이성' 때문에 남정현을 특집으로 다룬다고 말하면서, "남정현 문학에 대해 다양한 방식으로 접근하는 것이 이번 기획의 목적"이라고 밝혔다. 재수록 작품으로 실은 〈허허선생 3-귀향길〉은 "남정현 작가 자신이 〈분지〉 이외의 대표작으로 자선한" 것이며, 이 소설이 "작가의 현재 생각을 가장 잘 드러내는 작품"이라 썼다.

채 편집인은 강진호 평론가가 진행한 대담에 대해서 "작가가 이제까지 자신에 대한 이야기를 별로 하지 않았기 때문"에 많은 이야기를 들을 수 있었으며, 독자에게 "행간을 세심하게 읽어주었으면 한다."라는 주문을 하기도 했다.

친일파 기념하는 나라에서 〈귀향길〉이 전하는 메시지

대담의 소제목으로는 독서 체험, 플레하노프와의 만남, 〈분지〉를 쓰게 된 배경, 추천과 등단 과정. 4·19와 5·16, 신동엽과의 만남, 〈분지〉 필화사건, 민청학련 사건, 풍자의 전통과 남정현, 최인훈과 김승옥, 결혼과 가족, 외세와 1980년대 문학 그리고 북한, 문학적 한계와 여생의 꿈과 같았다.

강진호 평론가는 대담의 말미에 "선생님께서 가장 중요하게 생각하셨던 민족문제라든가 분단문제에 대해서 요즘 젊은 작가들은 대체로 무관심하지요. 젊은 작가들에게 하고 싶은 말씀이 있으세요?"라는 질문을 던졌다. 이에 대해 남정현 작가는 "글을 쓴다는 그 자체가 인간에 대한 사랑의 선언"이라며 이렇게 말했다.

> "진정 인간을 열정적으로 사랑하는 작가라면 그는 금방 우리 현실에서 인간이 행복을 추구하는데 장애가 되는 가장 큰 걸림돌을 발견하게 될 거거든요. 그런데 그 걸림돌이 뭔가요? 그게 바로 강 교수가 아까 말씀하신 분단문제고 외세문제가 아니겠어요? 우리시대 민족 전체의 행·불행에 관계되는 이 엄청난 문제를 우리가 보고도 어떻게 못 본 체 고개를 돌릴 수 있겠어요."

바로 이어 강진호 교수가 앞으로 꼭 이루고 싶은 꿈이나 계획에 관해 묻자 남정현 작가는 "우리 창작인에게 무엇보다 중요한 것은 표현의 자유라고 생각하거든요. 자유롭게 상상하고 표현할 수 있는 자유가 있어야 좋은 작품도 나오고 좋은 작가도 나오는 것이니까요. 그런데 국가보안법은 그런 자유를 제한하는 측면이 있어요."라면서 '국가보안법 철폐'가 남은 바람이라고 말했다. 여기에 덧붙여 "건강을 좀 회복해서, 생각하고 있는 작품을 마무리하고 싶어요."라고 남은 소망을 밝혔다.

'시대를 거역한 이단자'의 삶과 문학

《작가연구》 특집에 실린 마지막 글은 강진구의 '〈허허선생 3-귀향길〉론-왜곡된 식민의 경험, 그 기억과 망각의 사이'이다. 작품해설의 서두에서 "어찌 보면 남정현은 고난에 찬 삶만큼이나 문학 역시 정당한 평가를 받지 못한 감이 있다."라고 아쉬운 심경을 밝혔다. 강진구는 국가권력으로부터 '시대를 거역하는 이단자'로 내몰린 것은 말할 것도 없거니와 "개인적 체험을 사회·역사적 현실로 재현하려는 서사문법을 문학에 대한 억압 기제로 인식하고 있는 현재의 문학 지형은 아무래도 남정현 문학을 포용하기에는 너무나도 협소해 보인다."라고 썼다.

강진구는 작품해설의 끝부분에서 일본의 재무장을 금지하는 평화헌법을 해체할 것을 외치면서 할복자살한 일본의 극우파 작가 미시마 유키오와 비교하면서 이렇게 글을 마무리했다.

남정현 선생도 미시마 유키오의 나이쯤 돼서 작품을 썼다. 미시마 유키오의 건강한 모습과는 너무나 대조적인 극심한 정신적, 육체적 고통 속에서 〈귀향길〉을 썼다. 선생은 근본부터 잘못된 왜곡된 역사를 온몸으로 보여주었다. 그러나 현재의 한국의 초상은······. 김활란상 제정에서 이승만 흉상 건립, 그리고 마침내는 박정희 기념관 건립이 추진되고 있다. 그것도 정부의

적극적인 지원하에서. 기념관은 말 그대로 무언가를 기념하는 곳이다. 청산의 대상인 친일파들을 기념하라니. 총체적인 과거사에 대한 망각. 우리가 정말 경계해야 되는 것은 이것이 아닐까? 선생이 〈귀향길〉을 통해 진정하고 싶었던 말이 바로, 이 점이 아니었을까?

이상, 고골리, 그리고 남정현
-《남정현대표소설선집》 발간을 통해서 본 남정현의 소설미학에 관하여

'가족관계의 알레고리'를 통해 반공 체제의 부자유 풍자

2004년 11월 실천문학사에서《남정현대표소설선집》을 펴냈다. 이 선집에는 〈세상의 그 끝에서〉, 〈너는 뭐냐〉 등 14편의 소설이 실렸는데, 맨 뒤에 문학평론가 방민호(서울대 교수)의 비평 '이상, 고골리, 그리고 남정현'이 함께 실렸다. '《남정현대표소설선집》 발간을 통해서 본 남정현의 소설미학에 관하여'라는 부제가 붙은 이 글은 방민호 비평집《행인의 독법》(2006)에도 수록됐다.

방민호 교수는 '이상, 고골리, 그리고 남정현'의 앞부분에 남정현의 문학에 대하여 주제와 기법은 여러 면에서 아주 매력적인데 "이러한 특징이 오늘에 이르기까지 충분히 주목받지 못하고 있다는 점"이 안타깝다고 밝혔다. 이같은 품평에서 볼 수 있듯이 그는 기본적으로 남정현 문학에 대해 애정 어린 관심을 표했다. 방민호는 남정현 문학의 가장 특징적인 점은 "1960년대 한국사회의 정치 사회적 성격을 가족관계의 알레고리[74]로 변형시켜 표현한 데 있다."라고 적기도 했다.

---

[74] 알레고리(allegory)는 은유적으로 의미를 전하는 표현 양식으로 때론 우의(寓意), 풍유(諷喩)로 불리기도 한다.

그는 남정현 작가가 "이러한 가족관계의 알레고리를 다양한 형태로 변주해 나가면서 1950년대에서 1960년대에 이르는 한국사회의 현실에 대한 비판적 성찰을 끈질기게 시도해 나간다."라고 평했다. 이러한 변주 과정에서 알레고리적 풍자의 대상으로 떠오르는 것은 "군사독재 체제의 강압성과 부자유, 체제적 구속 아래 놓인 시민 생활, 사회 각 방면에 걸쳐 미국에 종속화된 현실, 반공 냉전의 최전선으로서 남한에 할당된 군사적 부담" 등이다.

그리고 남정현 작가의 '가족관계의 알레고리'를 가장 극명하게 보여주는 작품으로 〈너는 뭐냐〉를 꼽았다. 방민호는 〈너는 뭐냐〉는 기법면에서도 풍요롭고 주제도 흥미로운데, 특히 상호텍스트성이라는 측면에서 보면 "〈너는 뭐냐〉는 이상의 〈날개〉와 고골리의 〈외투〉의 요소를 함께 차용하면서 작가만의 새로운 세계를 창출한 것"으로 평가했다. 방민호는 이상과의 연관성, 계승성을 주목하며 남정현의 작품을 분석했다. 그리고 고골리와 남정현의 연관성에 대해 상호텍스트성으로 비평했다.

방민호는 남정현 소설이 "가족관계를 축으로 삼는 독특한 유형의 알레고리"이고, 이런 기법을 통해 작가는 "1960년대에 이른 한국사회의 병리성을 해부학적으로 도해했다."라고 평했다. 그리고 남정현 작가가 구축한 가족관계의 알레고리적 의미망이 성공적이었으나 한편으로는 시대의 변천에 따라 이런 기법이 한계에 봉착한 점도 지적했다.[75]

---

[75] 김승환 교수(충북대)는 〈남정현의 '분지'에 나타난 한국근대소설의 식민성〉(2011)에서 '민족적 알레고리' 개념으로 남정현 소설을 분석했다.
"특히 남정현과 같은 경우, 작가 스스로 분단체제의 한국이 식민지의 식민성(植民性)을 가졌다고 인식했기 때문에 민족적 알레고리로 보는데 무리하지 않다.
'민족적 알레고리'라는 말은 제임슨이 '다국적 자본주의 시대의 제3세계 문학'이라는 글에서 처음 사용한 단어이다. 프레드릭 제임슨은 식민지를 경험한 제3세계의 예술가는 필연적으로 알레고리 기법을 쓰게 되며, 식민지 시대의 예술작품은 알레고리로 읽을 수 있다고 말한 바 있다. (……)
남정현이 말하고자 하는 것은 한국이 미국의 반식민지라는 현실이다. 그런데 미국의 반식민지라는 것을 그대로 표현할 수는 없다. 〈분지〉를 포함한 남정현의 작품은 기본적으로 알레고리일 수 있고, 알레고리 중에 민족적 알레고리라고 할 수 있다."

남정현은 이상이 고안한 수사학적 장치를 새롭게 활성화하여 부부관계를 기본축으로 삼되 여기에 여러 가족관계를 다양한 형태로 변주함으로써 시대적 현실에 걸맞는 알레고리적 의미망을 구축하려 했다. 이러한 그의 노력은 상당 부분 성공적이었다. 그러나 동시에 한국사회가 이후 급속한 속도로 진화하고 변모해 나감에 따라 가족관계라는 알레고리 망은 한국 사회의 급전과 분화를 감당하기 어려운 상태에까지 이르게 되었다. 그리고 이것은 남정현 문학의 의미와 가치를 시대적으로 한계 짓는 작용을 한 감이 없지 않다.

남정현 소설의 대부분이 '가족관계의 알레고리'를 중심으로 전개되는 특징이 있고, 이는 장점이자 한계인 것은 맞다고 본다. 1960년대의 폭압적인 친미반공 군사정권 상황에서는 가족관계를 통해서 이야기를 전개하면서도 한두 마디씩 삽입하는 대화문을 통해 정치적으로 민감한 부분을 건드림으로써 권력의 급소를 건드릴 수 있었고, 소설 자체의 존재의미를 살릴 수 있었다. 그러나 1980년대 이후 권력구조, 사회갈등 양상이 복잡하게 변모한 사회에서는 가족관계의 알레고리만으로는 주요한 모순을 포착해내기 어려웠을 것으로 판단된다. 그렇지만 2011년, 78세의 나이에 마지막으로 《실천문학》에 발표한 소설 〈편지 한 통〉은 가족관계가 아닌 국가보안법과 미제와의 대화로 이야기를 풀어냈다. 남정현 작가가 가족관계의 알레고리에 갇히지 않고 국가보안법을 주인공으로 해서 2000년대 한반도의 핵심 문제인 북미대결을 풍자한 점도 새롭게 평가할 필요가 있다고 본다.

방민호 교수는 〈너는 뭐냐〉와 〈날개〉는 부부관계의 설정 등에서 공통적 특질이 있지만 전체 구성을 보면 남정현의 독창성을 확인할 수 있다고 하면

김승환은 이 논문에 앞서 발표한 〈홍명희의 창작방법으로서의 민족적 알레고리〉 (2009)에서 "제임슨의 이론인 민족적 알레고리는 식민지 조선의 소설, 특히 〈임꺽정〉을 효과적으로 읽어내는 방법 중의 하나다."라고 쓰기도 했다.

서, 〈날개〉에 비해 〈너는 뭐냐〉는 "한국사회의 현대성이라는 문제를 분석적이고 구체적으로 부각시켜 낸다."라고 평했다.

고골리 〈외투〉의 환상성과 남정현 소설의 연관성

소설가 이상과 남정현의 계승성에 대해 분석한 방민호는 고골리 작품 〈외투〉를 통해 남정현 작품과의 연락관계에 대해서도 고찰했다. 고골리는 19세기 러시아의 비판적 사실주의 문학의 창시자이며 통렬한 풍자와 유머가 넘치는 〈외투〉와 〈코〉 등의 작품으로 유명하다. 도스토옙스키의 "러시아의 작가는 모두 고골리의 〈외투〉에서 나왔다."라는 말에서 짐작할 수 있듯이 〈외투〉는 러시아 현대문학의 문제작이고, 뿐만 아니라 "고골리는 한국, 중국, 일본 등 동아시아 작가들에게 커다란 영향력을 행사한 작가"라고 한다. 고골리에게서 다른 무엇보다 '환상성'이 감염력이 강한 것인데, 이런 맥락에서 보면 "한국의 작가 중에 고골리와 직접적인 연락 관계를 보여주는 작가는 별로 없는 듯하다."라고 썼다.

방민호 교수는 식민지 시대 소설 중에 환상성이 강한 작품을 골라 《환상소설첩》(2004)이란 책으로 펴낸 적이 있는데, 이러한 작업 과정에서 "이상의 〈날개〉나 박태원의 〈적멸〉 등에서 강한 환상성을 읽어낼 수 있었지만 이들과 고골리의 관계는 분명하게 파악되지 않았다."라고 보았다. 그는 이런 상황에서 "하나의 예외적 존재로서 우뚝 서 있는 작품이 아마도 남정현의 〈너는 뭐냐〉일 것이다."라고 적었다.

방민호는 죽어서 유령이 된 하급 관리가 "넌 뭐냐?"라고 물으며 어마어마한 주먹을 초소 경찰에게 내밀고 밤의 어둠 속으로 사라지는 〈외투〉의 마지막 장면을 인용한 뒤, 이렇게 썼다.[76]

---

[76] 〈허허선생 4-옛날이야기〉에도 〈외투〉에서와 같은 마술적인 주먹이 나온다. 창녀 진이의 하이얀 주먹이 풍선처럼 커다랗게 팽창하더니 산만큼 바다만큼 지구의 둘레만큼이

아카키 아카키예비치라는 불쌍한 하급 관리가 죽어서 유령이 되어 자기를 박대한 고급 관리의 외투를 빼앗고 경찰관을 만나서는 "넌 뭐야?"라고 물으며 어마어마한 주먹을 내밀었다는 후일담은 많은 것을 생각하게 한다. 그 가운데서도 많은 사람들이 이 대목을 두고 장차 거대한 세력으로 자라날 러시아 민중의 운명을 점친 것이라고 본 것은 자연스럽다. 이 점에서 보면 살아서는 가난하고 힘없는 개체에 불과했으되 죽어서 힘센 유령이 된 아카키 아카키예비치는 개체적 인물이면서 동시에 러시아 민중의 운명에 대한 은유이고 따라서 일종의 알레고리 기능을 하는 셈이다. 덧붙여 마르크스가 자기 당대의 공산주의 운동을 일컬어 "하나의 유령이 유럽을 배회하고 있다"라고 한 것도 고골리적인 상상력과 연락 관계에 놓여 있음을 실감하게 한다.

〈외투〉에 나오는 하급 관리 유령의 "넌 뭐야?"라는 말을 이렇게 해설한 방민호는 이어서 "남정현의 〈너는 뭐냐〉는 바로 이러한 〈외투〉의 결말 부분을 차용하고 변용시킴으로써 왜곡된 한국현대사의 우울에도 불구하고 역사는 진보해갈 것이며 민중은 자기를 발견해 나갈 것이라는 생각을 피력한다."라고 적었다. 그리고 〈너는 뭐냐〉의 주인공 관수가 평소 꼼짝 못 하던 아내 신옥에게 "너는 뭐냐?"라고 소리치는 소설의 마지막 장면을 인용한 다음 이렇게 적었다.

관수 앞에서는 위세 등등하기만 했던 신옥이 군중들로부터 "너는 뭐냐?"라고 그 정체를 심문당하면서 한순간에 초라한 몰골로 전락해 버리는 이 상황은 고골리가 〈외투〉를 통해 예견했던 민중의 미래를 남정현이 현재화한 것

나 커진다는 장면이다. 그리고 친일파 허허선생이 독립유공자 표창받는 식장에서 "웃음이 주먹이 되고, 주먹이 웃음으로 변모하는" 상황이 벌어지기도 한다. 이는 주인공의 환상 속에서 벌어지는 일이다.

2004년 11월 《남정현대표소설선집》이 발간된 뒤 남정현 작가는 〈중앙일보〉(2004. 12. 2)와 인터뷰했다.

이라고 평가할 수 있다. 이러한 차용과 변용을 통해서 〈너는 뭐냐〉의 작가는 〈날개〉의 체념적이고 자조적인 결말에서 벗어나 불합리한 광기가 군림하는 현대 한국의 정치사회적 현실에 대한 날카로운 풍자를 이끌어낼 수 있었다. 이 점에서 〈너는 뭐냐〉는 상호텍스트성을 의식적으로 수용함으로써 새로운 차원의 소설 작품을 창조한 중요한 사례에 해당한다.

이렇게 남정현의 〈너는 뭐냐〉와 고골리 〈외투〉의 상호텍스트성을 언급한 방민호 교수는 "이밖에도 남정현의 다른 소설들은 고골리의 〈코〉에 나타나는 변신담적인 요소를 차용한다든가, 환상적인 분위기를 적극적으로 살려낸다든가 하는 예를 보여준다."라고 적으면서, "이러한 차용과 변용을 통해서 남정현은 알레고리와 풍자를 환상적으로 결합시켜서 반이성적이고 불합리한 현대 한국의 정치 사회적 상황에 대한 지속적인 비판작업을 수행해나갔다."라고 평했다.77

---

77 남정현 소설에는 유령, 도깨비가 수시로 등장해서 환상적인 분위기를 연출한다. 〈허허선생-옛날이야기〉(1969)에서 주인공(나)은 "해방되고 독립되었다는 조국의 이 파란 하늘 아래서" 일본천황에게 훈장 받은 사실을 자랑하는 아버지 허허선생을 "유령이 아닌가" 생각한다. 〈옛날이야기〉의 마지막은 "아니 병원을 찾아 옛날 속으로, 현실 속으로, 그리고 미궁 속으로, 나는 유령을 따라 더 깊숙이 들어가는 느낌이었습니다."라는 문장으로 끝난다.

방민호는 이상과 고골리 소설과의 연관성에 주목하면서 남정현의 문학을 살펴본 뒤, 문학사적 맥락에서 정리하기도 했다. 그는 "이러한 맥락에서 보면 1950년대에서 1960년대로 나아가는 시기에 이상 문학을 어떤 형태로 재해석하면서 계승 또는 지양할 것인가 하는 문제는 매우 중요했다고 할 수 있다."라고 썼다.

> 남정현 문학은 이러한 상황이 낳은, 또 이러한 상황에 적극적으로 대응한 문학사적 현상이었다. 그는 이상 문학을 새로운 형태와 정신으로 계승 지양하면서 1950년대 말에서 1960년대로 이어지는 시대를 특징짓는 강압과 구속, 구악과 신악의 공생, 광기에 가까운 반공 열풍, 대미종속과 미국 지상주의, 서구 퇴폐문화의 수입과 범람, 시민정신의 위축 등의 현상에 대해 날카로운 비판의 메스를 가했던 것이다. 남정현 문학에 할당되어야 할 문학사적 위치와 의미는 대략 이상과 같다.

미국시대에서 벗어나려는 인간의 원초적인 비명

《남정현대표소설선집》의 맨 앞에는 남정현 작가가 쓴 '선집을 펴내며'라는 글이 실려 있다. 글의 앞머리에 "나는 정말 한스럽게도 일본시대에 태어나서 철없는 소년기를 철없이 흘려보내다가 부득불 또 분단시대, 아니 미국시대를 살아오게 되었다."라고 쓰면서, 이어서 그의 소설입문 계기를 밝혔다.

> 그래도 어쩔 수 없는 한국인이라서 그랬던가, 나는 정녕 미국시대가 아닌 우리 시대를 한번 살아보고 싶은 소망에 항상 우리 시대에 대한 간절한 비원을 안고 무작정 소위 그 글을 쓰는 길에 들어서게 되었다.

남정현이 작가로 입문한 계기 자체가 미국시대를 극복하려는 의지의 발산이었다. 그런데 선집을 내려고 작품을 들추어 보다가 "이게 도대체 무슨 소설이냐 싶어 소설에 대한 근본적인 회의가" 들어 저절로 한숨이 나왔다고 한다. 그 이유를 곰곰이 생각해 보니 "나는 사실 그동안 소설을 썼다기보다 어찌 보면 소설을 빙자하여 뭔가 가슴속에서 부글부글 끓고 있는 그 갖가지 울분을 조금씩 토해내기 위해 내 이 만만한 펜대 하나만을 붙잡고 만날 캑캑하며 사뭇 몸부림을 친 격이라는 것이 솔직한 심정"이라는 것이다. 그런즉 "작자인 나 자신의 입장에서 보아도 이건 도무지 소설이라기보다는 한 생명체의 생존을 위한 일종의 아우성이며 몸부림으로 비칠 수밖에 없다."라고 심정을 고백했다.

　다시 말하면 뭐든 막무가내인 것 같은 미국시대가 일방적으로 강요하는 그 굴욕적인 분단의 삶의 틀에서 훨훨 벗어나 보려는 한 인간이 끙끙거리고 헉헉거리는 그런 유의 원초적인 비명 비슷한 소리를 띄엄띄엄 적어놓은 것 같은 이런 글이 정말 소설일 수 있을까. 부끄러웠다.

　남정현 작가는 자신의 소설이 부끄러웠고, 그럼에도 불구하고 선집을 펴낸 까닭은 도리어 "얼른 한 묶음의 책으로 묶어 가지고 이제 내 곁에는 얼씬도 못 하게 어디론가 아주 멀리멀리 떠나보내고 싶어서였다."라고 썼다. 이렇게 말은 했지만 그는 "우리글을 가지고도 뭔가 속내를 다 나타내질 못해서 눈짓 손짓 발짓 등을 흉내 내는 듯한 그런 어리숙한 문장으로 어쭙잖게 소설을 쓰려 했던 무모한 글쟁이가 한 사람 있었다는 사실을 누가 기억해주기라도 한다면 나는 그것으로 족하다는 느낌이다."라는 바람을 밝히기도 했다.

　필자는 이 서문을 읽은 뒤《남정현대표소설선집》에 나오는 작품을 살펴보며 작가의 "손짓 발짓 눈짓"을 알아채려 애썼다. 그가 사면이 깜깜한 이승만, 박정희 정권의 친미반공체제 아래, 속내를 드러낼 표현의 자유가 극도로 억압된 사회에서 "눈짓 손짓 발짓"으로 독자에게 전하려 한 메시지는 무엇이었을까. 지지지 울리는 방해전파를 피해 라디오 주파수를 잘 맞추고 들어야 작가가 소설 속에 몰래 숨겨 놓은 암호문을 해독할 수 있다.

표현의 자유마저 없는, 이런 세상

시인이자 건축가인 함성호는 《AxT(악스트)》 2018년 1~2월호에 《남정현대표소설선집》(2004) 북리뷰 "뭔가 이상한 '이런 세상'"을 썼다. 글의 앞부분에 저자는 대학교 2학년인 1982년 전방 입소가 있는 동안 학교(강원대) 선배들이 옥상에서 성조기를 소각한 사건을 소개했다. 1980년대 최초의 성조기 소각사건으로 알려진 이 일로 학생들은 국가보안법으로 구속되고 유죄 판결을 받았다. 함 시인은 이어서 1984년 미국에서 성조기소각 사건이 발생했는데, 이는 표현의 자유라 하여 무죄판결 받았다는 점을 같이 비교하여 소개했다. 그리고 이는 "기가 막힌 일이었다."라고 적었다.

표현의 자유를 말할 때마다 심심찮게 비교되는 이 두 사건은 마치 가상이 현실을 구축한 것 같이 〈분지〉에서도 그대로 나온다. "이런 세상이란 말할 것도 없이 이런 세상이란 사실을 구체적으로 표현할 수 있는 자유마저 없는 세상이 바로 이런 세상이지 뭡니까."

홍만수는 〈분지〉에서 '표현의 자유'가 없는 '이런 세상'에 대해 어머니에게 설명하는데, "민중을 위해서 투쟁한 별다른 경험이나 경륜이 없이도 어떻게 '반공'과 '친미'만을 열심히 부르짖다 보면 쉽사리 애국자며 위정자가 될 수 있는 것 같은 세상"이 바로 그런 세상이다.

함성호 시인은 전방 입소를 떠나기 며칠 전 일어난 부산 미문화원 방화사건도 언급한다. 그는 문부식, 김은숙, 김현장 등이 뿌린 "미국은 더 이상 남조선을 속국으로 만들지 말고 이 땅에서 물러가라."고 적힌 유인물을 읽으면서 거의 즉각적으로 남정현의 단편소설〈분지〉를 떠올렸다고 회상했다. 함 시인은 "반일민족주의는 거의 무조건적인 지지를 얻지만, 북에 우호적이거나 반미민족주의는 '반국가단체를 이롭게 하는 행위'로 간주"하는 한국 사회를 향해 이런 질문을 던진다.

그렇다면 우리에게 미국은 무엇인가? 민족에 대해 가지는 소속감에서 나오는 애착심이 대상에 따라 다르게 받아들여진다면 필시 '이런 세상'은 뭔가 이상한 세상임에 틀림없다.

함 시인의 글이 실린 악스트의 북리뷰에는 이권우가 쓴 천승세의〈황구의 비명〉'무척 상투적인, 그러나 엄청 민족주의적인'이 함께 실렸다.〈황구의 비명〉에서 '비명'은 엄청난 덩치의 수캐에게 물려 죽어가는 볼품없는 체구의 암캐 황구, 고향을 떠나온 양공주, 미군에 점령당한 조국산하의 비명 소리를 상징한다.

하지만, 나는 이 작품에서 읽은 그 비명 소리가 여태 쟁쟁하다. 한반도에 사는 구성원의 동의도 없이 북한을 얼마든지 선제 타격할 수 있다는 트럼프의 발언을 접하고서도 황구의 비명 소리가 들리지 않을 수 있겠는가. 분단의 원인이지만, 전쟁에서 체제를 지켜주었기에 우리는 미국과 오랫동안 스톡홀름증후군 관계를 유지해왔다. 어떻게 해야 이 주술에서 풀려날 수 있을까? 깊은 탄식만 터져 나올 뿐이다.

《AxT》 뒤표지엔 "책은 우리 안의 얼어붙은 바다를 깨는 도끼여야 한다(E

in Buch muß die Axt sein fur das gefrorene Meer in uns)" 라는 프란츠 카프카의 글이 적혀 있었다. Art와 Text를 결합한 이 잡지 악스트의 뜻은 도끼이기도 하다.

결코 쉬운 일이 아닌 내면 읽기

-《2004년도 한국 근현대예술사 구술채록연구 시리즈 35 남정현》

당대의 현실과 밀착된 컨텍스트 이해해야

한국문화예술위원회(원장 현기영)가 2005년에 발간한《2004년도 한국 근현대예술사 구술채록연구 시리즈 35 남정현》은 남정현 작가의 삶을 이해하는데 1차 자료 역할을 하는 귀중한 증언집이다. 비매품 책자인 이 구술채록연구 시리즈는 "원로 예술인들의 기억의 심층에서 예술적 삶과 경험을 길어 올려 갈무리하는" 것을 목적으로 제작했는데, 원로작가 100인을 대상으로 했다. 324쪽 분량의 남정현 편은 채록연구자 구자황이 기획하고 진행했다. 구자황 교수(숙명여대)는 2023년에〈'분지' 읽는 시간-1960년대 문화정책과 미국 표상을 둘러싼 소설의 운명〉을 발표하기도 했다.

구술채록 작업은 2004년 11월 8일부터 12월 27일까지 5회에 걸쳐 서울 도봉구 창동에 있는 친구 권오영의 화실(1~4차)과 도봉구 쌍문동 자택(5차)에서 진행됐다.《구술채록집》의 끝부분에는 구자황이 쓴 '구술채록 경과보고 및 평가'가 실렸는데, 여기서 그는 "이번 작업으로 인해 남정현 문학, 그 가운데서도 텍스트 밖의 기초자료가 풍부해졌다는 점은 작은 소득이다. 무엇보다도 초기 작품 및 콘텍스트를 이해하는 데 충분히 유용한 자료를 제공하였다."라고 작업 성과를 평했다. 구자황은 본문에서도 "문학연구의 추세가 너무 미시적으로 작품만 가지고 다루는 건 아닌가, 그런 안타까움 혹은 아쉬움이 있다."라며 '콘텍스트'의 중요성에 관해 언급했다.

> 최근 들어 소설사 연구가 작품만 가지고, 텍스트 위주로 분석되는 경향이 있는데, 작품을 구성하고 있는 작품 밖의 현실이나 상황, 문맥, 작가의 의도, 취지, 수용자 측면에서 독자들이 어떻게 그것을 받아들이고 인식했는가, 이런 면에 다양하게 접근돼야 한다. 그런 면에서 보면 선생님의 작품이야말로 그 당대의 현실과 밀착면(밀접한 관련이 있는 것)이 아주 많기 때문에 그런 점을 중시해서 연구하는 분에게 참조가 되지 않을까, 컨텍스트(상황, 맥락, 배경)를 이해하는 데 많은 도움이 될 거라고 기대합니다.

구자황은 다섯 차례의 심층 인터뷰를 했지만 후기에 "내면을 읽는다는 것은 결코 쉬운 일이 아니다."라고 썼다. "텍스트의 사실과 구술의 허구 사이에 존재할 수 있는 미묘한 차이"에도 주목했다. 이런 점을 세심하게 고려해야 하겠지만 필자는 소설 텍스트로만 파악하기 어려웠던 점을 구술채록집에서 읽어낼 수 있었다. 남정현의 증언 중 인상적인 대목이 많았지만 여기서는 지면 관계상 네 가지만 꼽아본다. 첫째 1960년 전후 반공법 아래 소설쓰기의 어려움, 둘째 상표권과 같은 문체, 셋째 양담배와 반미작가, 넷째 70대의 병약한 작가가 죽기 전에 꼭 쓰려 했던 작품에 관한 이야기다.

'분지 사건' 수사관을 통해 깨달은 식민지 예속성

1965년 '분지 사건' 때 작가는 똥 맛을 볼 뻔했다. '糞地'의 뜻은 똥땅이다. 남정현 작가는 중앙정보부 별실인 을지로 충일기업사에서 조사를 받았는데, 수사관이 변소에서 막대기로 똥을 묻혀 와서 "똥 맛을 못 봐서 〈분지〉라는 걸 썼다고" 야단치는 수모를 겪기도 했다. 그때는 지금처럼 수세식 변소가 아닌 푸세식 화장실이었다. 남정현 작가는 "오줌을 마시라면 오줌을 마시고, 똥을 먹으라면 똥을 먹을 수밖에 없던 그런 절박한 상황이었다."라고 회상했다.

남정현 작가는 분지 사건 때 취조 과정에서 만난 수사관을 통해 대한민국의 식민지 예속성을 확실하게 깨달았다. 그전에도 지식인들이 "한국은 미국의 식민지다, 허수아비 정권이다, 괴뢰다."라고 말하는 것을 들어봤지만 그게 정권을 공격하기 위해 좀 과장된 표현을 하는 게 아닐까 생각했다. 그런데 국가권력의 의식을 대변하는 수사관들이 〈분지〉를 심문하는 언동을 보고 "미국이 없으면 나라도 없고 자기도 없다는 식으로 미국이란 존재와 자신의 운명을 동일시하고 있는 느낌"에 놀라움을 금할 수 없었다. 참담한 심경이었다.

> "나를 취조하는 과정에서. 하! 허수아비구나, 미국의 괴뢰구나, 이게 아주 그냥 몸으로 콰악 느끼는 거예요. 취조가 아주 강력한 어떤 교과서적인 그런 구실을, 철저하게 깨달은 계기였어요."

충일기업사의 수사관들은 처음에 "북에서 써줬는데, 그 써준 놈 이름만 대고, 어디서 받았다는 것만 얘기하면 니가 여기서 살아나가고, 그거 안 대면 넌 나가지 못하고 죽는다."라고 협박했다. 남정현은 이런 억지에 대해 "문장이라는 것도 상표가 있는 거"라며 반박했다

> "문장이라는 것도 이게 그야말로 상표가 있는 거라. 등록한 상표처럼 남이 한 줄도 그대로 못 쓰는 거란 말이지. 특히 내 문장은 독특해서. 어, 누구보고 써보라고 해라 말이야, 쓸 수 있나, 내 문장 같은 사람 있나. 문장이고 인간 체질하고 똑같잖아요. 문장구조도 하나의 생명체라고 보거든요. 남과 아주 특색 있는 거예요. 문장 고 자체도 하나의 문학적인 현상이라

고……."

　수사관들도 여러 날 조사해본 뒤 간첩이 써준 소설을 받아서 발표한 거라고 몰기에는 무리라고 생각했는지 조사 방향을 틀었다. 다른 수사관이 들어와서 한 열흘 동안 〈분지〉에 대해 한 줄 한 줄 취조했다. 수사관들의 말에 의하면 "〈분지〉의 구절구절 중에서 그 어느 구절 하나 국보법에 저촉되지 않는 곳이 없다는 것"이었다. 〈분지〉뿐만 아니라 〈너는 뭐냐〉, 〈부주전상서〉 등 이전에 발표한 대부분의 작품을 문제시했는데 "어쩌면 작품이 그렇게도 하나같이 다 북의 대남전략에 편승하여 철저하게 반미 반정부를 선동했냐."라며 호통을 쳤다.

양담배와 헐리우드 영화 가까이 한 반미작가

　남정현 작가가 젊은 시절 가장 가까이 한 문인은 신동엽이었다. 신동엽(1930~1969) 시인은 서울 동선동 자택에서 숨을 거뒀는데, 남정현의 무릎 위에서 눈을 감았다. 1959 〈조선일보〉 신춘문예 〈이야기하는 쟁기꾼의 대지〉로 등단한 신동엽 시인을 처음 만난 건 월계다방에서다. 하근찬 소설가의 소개로 만난 뒤 뜻이 맞아 늘 붙어 지냈다. 남정현 소설집 《너는 뭐냐》에 서문을 쓴 백철 평론가의 부인이 월계다방 부근에서 용지다방을 했는데 그곳에서 〈금강〉 원고를 같이 읽고 토론도 했다고 한다.

　두 사람은 문학관이나 정견이 거의 같았지만 문화적 기호는 좀 달랐다. 남정현 작가는 안 본 미국 영화가 거의 없었다고 한다. 소설 〈자수민〉에는 헐리우드 주민 행세를 하는 해바라기 양이 나오는데, 그녀의 머릿속에서는 "엘리자베트 테일러, 에디 핏서, 오드리 헵번, 잉그리드 버그만, 스잔 헤이워드, 나타리 우드" 등이 떠나지 않는다. 아마도 남정현은 이런 헐리우드 배우가 나오는 영화를 다 보았을 것 같다. 그리고 럭키스트라이크, 모리스, 카멜, 팔멀 같은 양담배도 즐겼는데, 신동엽은 그런 취향을 달가워하지 않았다고 한다.

남 신동엽이는 미국 영화 거 볼 게 뭐 있어서, 돈 지랄인데 뭐 헐려고 그 영화를 보냐고 나보고 늘 그렇게 얘기를 했어요. 그러면 내가 아 보고 싶은 씬만 보고 딴청을 한다고 걱정하지 말라고 그랬죠. 그 친군 그렇게 철저했어요. 모든 게. 그 친구에 비교하면 난 좀 불철저하다고 그럴까? 그리고 담배도 많이 피웠는데, 나는 양담배를 많이 피웠어요.

구 미국 영화도 많이 보시고, 양담배도 피우시고. 그런 식으로 하면 이미지와 안 맞는 것 같은데. (좌중 웃음) 신동엽 선생이 많이 비판했을 것 같은데?

남 그런 걸 이제 얘길 허죠, 이 친구는. 난 미국의 제국주의 정책을 나쁘게 생각하는 거지, 내가 양담배를 나쁘다 그러는 건 아니다 말이야, 그런 식으로 서로 웃고, 그런 얘기를 허면서 지냈죠. 그리고 또 서부영화 많이 봤죠. 그 서부영화에서 인디언들을 섬멸 작전 허는 거를. 서부영화의 전체 깔린 배경은 백인들이 일방적으로 정한 법과 이 질서와 뭐 율법에 느덜 왜 거기 안 따르느냐고 해서 다 땅도 뺏고 사람 다 죽인 거거든? 그러한 패권정책이랄까, 그것도 제국주의 정책이죠. 그 정책이 지금 전혀 변하지 않았어요.

뭐 하나 꼭 쓰고 싶은

구술채록작업에는 구자황 외에 몇몇 연구원이 함께 참여했다. 대학원생으로 참여했던 유정숙은 〈남정현 소설의 여성인물유형 연구-서술방식을 중심으로〉(고려대 석사논문, 2005)를 썼다. 한진일 공동연구원은 5차 면담에서 "다른 쪽으로 어떻게 창작할 계획 같은 것들은 갖고 계시는지."라고 물었다. 이에 대해 남정현 작가는 "글쎄 뭘 하나 쓰고 싶은 생각이 있거든요. 그런데, 뭘 한 줄 쓸래도 이거 집중이 돼야 하잖아."라고 하면서도 무언가 하나 쓰겠다는 의지를 밝히기도 했다.[78]

"그 태양광선이 이렇게 확대경 가지고 이렇게 초점 거리 잡듯, 이래 불이 타듯, 정신도 그렇다고 보거든요. 뭐 이렇게 집중이 돼 가지고 초점이 딱 잡혀야 하는데. 그렇게 헐라면 휙 돌아요. 어지럽고, 그러면 공포증이 생기고, 금세 그 바리움(신경안정제) 먹고. 여러 번 그런 경험이 있거든요. 뭐 이렇게 쓸라면 쭈욱 이렇게 환청, 확 돌아요. 그냥. 그래, 그래서 쓰질 못하는 거요. 뭐 하나 꼭 쓰고 싶은 생각은 있거든요. 하루하루가 내가 살얼음판 걷는 것처럼 목숨 연장한다, 속으로 그렇게 생각하거든요. 이제 그런 현상이 없어지면 뭘 하나 쓰겠다 이런 생각……."

《구술채록집》대담할 때 남정현 선생의 나이는 71세였다. 그로부터 7년 후인 2011년, 78세의 나이에 남정현 작가는 《실천문학》에 소설 〈편지 한 통〉을 발표했다. 문학평론가 임헌영은 〈분지〉 이외 한 권의 소설을 추천한다면 〈편지 한 통-미제국주의 전상서〉를 권하겠다고 말했다. 필자는 개인적으로 소설 〈편지 한 통〉은 〈분지〉에 필적할 만한 문제작이라 생각한다.

---

78 남정현 작가는 《대산문화》 2004 봄호에 실린 소설가 방현석과의 인터뷰 '제대로 한번 뛰고 싶었다'에서 30년을 신경안정제의 도움을 받으며 살아온 탓에 "꼭 쓰고 싶은 이야기가 남아 있는데 글을 쓸 엄두를 내지 못한다."라고 말했다. "〈분지〉를 쓸 때 이 현실은 가짜다, 거짓이다, 고 생각했다. 100미터 달리기 출발 선상에서 대기하고 있다가 진짜 출발을 알리는 신호탄이 울리면 한번 제대로 뛰고 싶었는데, 제대로 한번 쓰고 싶었는데, 제대로 뛰어보기도 전에 이 나이가 되어버렸다."

'역사의 밭을 갈아엎는' 작가 신동엽과 남정현
-〈100인의 증언, 60년대 문화를 말한다〉(EBS, 2004~2005)

1959년 초 등단한 신동엽과 남정현

〈100인의 증언, 60년대 문화를 말한다〉(이하 증언)의 제1부 '격랑 속에 핀 문학, 자유를 위하여'(최인훈, 신동엽)와 10부 '진실을 외치고 싶었다. 문인 필화사건'(남정현)은 두 작가에 관해 다룬 귀중한 자료라 생각돼, 두 편의 방송 내용을 재구성해서 정리해 보았다. KBS 〈인물현대사〉(2004년) 신동엽 편에 나온 내용도 일부 추가했다.

신동엽 시인은 1959년 1월 〈조선일보〉 신춘문예에 〈이야기하는 쟁기꾼의 대지〉가 당선되면서 첫선을 보였다. 그런데 그가 남긴 1월 4일 자 편지에는 "내가 가장 생명을 기울여 엮은 절정을 이루는 시구들이 근 40행이나 삭제돼 있구려."라고 적혀 있다. 남정현 작가가 소설 〈경고구역〉(1958. 9), 〈굴뚝 밑의 유산〉(1959. 2)으로 《자유문학》을 통해 등단했으니 거의 비슷한 시기에 등단한 셈이다. 〈진달래 산천〉은 등단 직후인 1959년 3월 24일 〈조선일보〉에 발표한 작품이다.

길가엔 진달래 몇 뿌리/ 꽃 펴 있고,/ 바위 모서리엔/ 이름 모를 나비 하나/ 머물고 있었어요.// 잔디밭엔 장총을 버려 던진 채/ 당신은/ 잠이 들었죠.

햇빛 맑은 그 옛날/ 후고구려적 장수들이/ 의형제를 묻던,/ 거기가 바로 그 바위라 하더군요. (……)

신동엽, 고구려와 동학혁명에 관심

필자는 신동엽의 〈진달래 산천〉을 읽다가 "햇빛 맑은 그 옛날 후고구려적 장수들이 의형제를 묻던"이라는 구절에 꽂혔다. 남정현에게서도 만주를 '유랑걸식' 했다는 가상의 이력이나 그의 작품을 통해 친고구려라는 인상을 받았다. 후고구려는 궁예가 901년에 건국한(실제 명칭은 고구려를 계승한 의미를 담은 '고려') 나라다. 충남 부여가 고향인 신동엽이 후백제가 아닌 후고구려에 주목한 이유는 무엇이었을까.

김응교 교수(숙명여대)는 〈단국대학 시절, 신동엽이 만난 고구려와 동학〉이란 논문을 《동양학》(2023)에 발표했다. 그는 전주사범 시절 이미 좌우익의 문제, 아나키스트 사상까지 섭렵한 신동엽이 독립운동을 했던 장형과 장도빈이 세운 단국대에서 대종교, 동학, 고구려를 만났음을 중요하게 봤다. 김응교는 이 논문의 '초록'에서 "신동엽은 단국대학 시절 전쟁을 체험했고, 관념이 아니라 삶으로 역사와 종교를 살았던 독립투사 출신 장형에게 대종교, 장도빈에게 고구려와 동학혁명의 알짬을 익힐 수 있었을 것"이라 썼다.

〈진달래 산천〉이 공개된 뒤 기관원이 신동엽 시인에게 전화해서 "당신 이래도 되나. 인민군 장총이 나오고 진달래가 나오고 이북 거 아니냐." 하며 경고했다. 이 말을 시인에게 전해들었다는 이상비 평론가는 "당시는 한번 들어가면 죽도록 맞던 때라 불안한 거야"라고 말했다.

"박정희 때도 그랬지만 그 전(이승만 때)엔 더 했어요. 저항하면 공산당이니까. 공산당은 죽어도 좋고, 죽어야 하는 시대. 요즘 안목으로 보면 그런 세상이 다 있었나 하는."

앞줄 가운데 신동엽 시인, 그 옆 오른쪽이 남정현 작가.

EBS에서 2004~2005년 사이에 방영된 〈100인의 증언, 60년대 문화를 말한다〉의 진행을 맡은 탤런트 정보석. 뒤로는 반공법 적용 '징역 7년을 구형'이라는 신문 기사가 보인다.

남정현 작가도 이때는 "국가권력이 만들어 놓은 틀인 반공, 멸공은 범할 수 없는 가치체계였고, 이 틀을 벗어나서 민주주의, 자유 이런 문제 얘기하면 파멸을 의미하는 것"이라고 회고했다.

1960년 4·19는 이렇게 억압됐던 사회 분위기를 일거에 바꿔버렸다. 작가들은 처음으로 정치 사상의 해방구에서 자유를 만끽했다. 최인훈의 《광장》, 신동엽의 〈아사녀〉, 남정현의 〈너는 뭐냐〉는 이때의 경험을 토대로 한 작품이다. 최인훈은 소설 《광장》을 《새벽》(1960년 11월호)에 발표했는데, 서문에 그 감개무량한 소감을 이렇게 적었다.

아시아적 전제의 의자를 타고 앉아서 민중에겐 서구적 자유의 풍문만 들려줄 뿐 그 자유를 '사는 것'을 허락지 않았던 구정권하에서라면 이런 소재가 아무리 구미에 당기더라도 감히 다루지 못하리라는 걸 생각하면 저 빛나는 4월이 가져온 새 공화국에 사는 작가의 보람을 느낍니다.

남정현은 〈증언〉에서 "4·19를 직접 목격했다는 게 자랑거리이다. 역사의 가장 현란하고 아름다운 색채로 칠해야. 불타는 경찰서, 기관의 불기둥이 그렇게 아름다웠어."라고 말했다. 남정현은 소설 〈너는 뭐냐〉(1961)의 마지막을 이렇게 장식했다.

아내의 멱살을 쥔 관수의 시야에는 활활 타오르는 불꽃이, 국민을 학대하던 일체의 건물과 일체의 제복이 무너져버리는 저 빛나는 색채(色彩)가 떠오르는 아침 햇살처럼 아주 아름답게 번지고 있다.

아메리카 전면 거부한 작품

남정현 작가는 4월 광장의 한복판에서 목격한 '불꽃의 색채'에 감탄을 금치 못했다. 그날의 불꽃은 곳곳에서 아름답게 번졌다. 4·19일 오후부터 계엄령이 발포된 후에도 시위를 벌였고, 경찰은 발포로 대응했다. 그 여파로 일부 시위대는 경찰 무기를 탈취해 총격전을 벌였고, 동대문에서 청량리 연도의 파출소는 모조리 불탔다. 경찰서 외에 세종로의 반공회관과 서울신문사를 방화했다. 시위대는 남산의 서울중앙방송국 제1 방송국도 점거를 시도했으나 계엄군이 배치되는 바람에 성공하지는 못했다.

그러나 "국민을 학대하던 일체의 제복"은 쉽게 무너져내리지 않았다. 군복 벗은 대통령의 등장은 작가를 다시 '반공 친미'의 틀 안에 가뒀다. 이런 분위기 속에서 1965년 반미소설 〈분지〉를 발표하고 남정현은 필화를 겪는다. 남정현은 〈증언〉에서 "〈분지〉 때문에 받은 고통이 너무 컸어요."라고 말했다.

"내 체력으로 감당할 수 없는 걸 감당한 거야. 이제 막 (창작의) 출발선에 서서 몇 미터 뛰었는데 누가 발을 걸어 넘어진 거 같은, 멀쩡한 사람 패배자로 만들어 놓은 느낌이에요. 이젠 현기증에 시달리고 기력 없어 못쓰니까. 지금 그래도 분위기 좋아서 얘기할 수 있는 수준까지 올라왔어요. 수많은 민주투사가 자유와 민주와 인권을 위해서 얼마나 많은 피를 흘렸어요. 그분들이 흘린 피의 대가가 아닌가 해요."

신동엽 시인의 친구 구상회 씨는 남정현 작가가 구속된 뒤 시인의 반응을 이렇게 전했다.

"동엽이는 팔팔 뛰면서 구명 운동에 앞장서려고 하니까 내가 말렸지. 주먹으로 쳐서 지구를 부수고 싶다고, 그런 말을 힘 하나 없이 말했지."

남정현과 절친했던 신동엽에게 〈분지〉 필화는 위협적인 사건이었다. 언제라도 자신에게도 생길 수 있는 일이었다. 남정현은 신동엽에게 "남한테는 나랑 속내 털어놓는 사이라는 거 표시하지 말고, 재판정에도 나오지 말라"고 했다. 〈증언〉에는 김지하 시인의 인터뷰도 나온다.

"문학에서 아메리카에 대한 전면거부, 도전하는 건 상당히 힘들고 복잡하고 그리 간단한 문제가 아니다. 노라고 해서 노 되는 것도 아니고 예스라고 한다고 예스 되는 것도 아니다. 그러니까 예스 노, 노 예스, 아니다 그렇다가 같이 있어야 되는데……. 나는 〈분지〉 탁 보고 대단히 우람한 사람을 연상했어요. 그런데 조그마하니 약체, 그래서 더, 놀랐죠. 남 선배, 큰일 하셨다고 그랬어요. 아메리카에 대해 그 후에도 그렇게 쓴 작품이 없죠."

역사의 밭을 갈아엎는 작가

남정현은 장편서사시 〈금강〉에 나오는 '하늘을 보았다' (이 부분은 시 〈누가 하늘을 보았다 하는가〉로 다시 발표했다)를 이렇게 풀이했다.

"나는(우리는) 하늘을 보았다, 이 말은 인내천 사상의 민중, 백성을 보았다, 백성의 고통을 보았다. 고통의 원인을 보았다는 거죠. 동학, 3·1운동, 4·19가 동떨어진 게 아니라 같은 맥으로 흐르는 역사라 이거죠."

〈금강〉 발표 후 어느 신문과의 인터뷰에서 시작가는 언어상품을 만들고, 시인은 역사의 밭을 갈아엎는다는 말을 남겼던 신동엽 시인. 〈증언〉의 진행을 맡은 정보석 씨는 1부의 마지막에 〈누가 하늘을 보았다 하는가〉를 낭송했다.

"누가 하늘을 보았다 하는가/ 누가 구름 한 송이 없이 맑은/ 하늘을 보았다

하는가.//
내가 본 건, 먹구름/ 그걸 하늘로 알고/ 일생을 살아갔다.//
내가 본 건, 지붕 덮은/ 쇠항아리,/ 그걸 하늘로 알고/ 일생을 살아갔다. '79

'역사를 갈아엎는' 작가를 지향한다는 점에서 남정현과 신동엽의 문학관은 거의 일치했다. 남정현은 방송에서 문우이자 동지인 신동엽에 대해 "작가에게는 인간의 정신세계, 정신의 영토를 지키는 최전선의 초병이 돼야 하는데, 신동엽 시인은 그런 역할을 충분히 했다."고 말했다.

---

79 신동엽의 시 〈누가 하늘을 보았다 하는가〉를 떠올리게 하는 구절이 남정현 소설 〈분지〉에 나온다. 〈분지〉 비평할 때 대체로 언급하지 않는 대목인데, 소설의 전반부에 홍만수가 죽은 어머니와 대화하다 향미산의 자연을 거론하는 장면이 나온다. 남정현의 소설에는 자연, 농촌 풍경이 거의 나오지 않는데, 여기에서는 '자연의 정기' '풀' '바위' '다람쥐' '소나무'를 묘사하다 '하늘'이란 말을 예닐곱 차례 열거한다.
만수는 "지금 잔잔히 흔들리는 소나무 가지 사이사이로 환하게 내다보이는 파란 저것은 무엇인가요."라고 물은 뒤 "아 참 어머니 저게 바로 하늘이군요."라고 답한다. 그는 지난 30여 년 동안(외세 치하의) "머리 위에 항시 저렇게 싱싱한 하늘이 저를 향하여 줄줄이 흐르고 있다는 사실을 까맣게 잊고" 땅만 바라보며 살아왔다고 고백한다. 핵무기의 집중공격을 앞둔 홍만수는 "이끼 긴 바위와 돌과 그리고 풀이며 다람쥐의 친근한 벗이 되어 하늘이 주는 청신한 정감에" 젖어 있다가 불현듯 어머니의 모습을 떠올렸다고 한다. 하늘을 통해, 어머니 즉 조국과 민중을 만나게 된 것이다.

> "엄마,
> 하느님"
> —2005년 평양 남북작가대회

큰절로 인사한 북한 작가

남북한 문인들은 2005년 7월 20일부터 4박 5일간 북에서 '6·15 공동선언 실천을 위한 민족작가대회'(이하 남북작가대회)를 열었다. 남쪽에서는 98명의 문인이 참석했는데, 남정현 작가도 여기에 동행했다.

남북작가대회 첫날 평양 인민문화궁전에서 열린 개회식 행사에서 남북 작가들은 "우리는 해내외 민족문학인들의 공동 조직으로서 '6·15민족문학인협회'를 결성하고 그 활동에 적극 참가하며 협회 기관잡지 '통일문학'을 온 겨레의 친근한 길동무가 되도록 편집·발행할 것"이라고 천명했다. 대회에서는 통일문학상을 제정하자는 의제에도 별다른 이견 없이 박수갈채로 통과시켰다. 6·15 공동행사 남측준비위원회의 백낙청 위원장은 "6·15 공동선언을 실천해 통일의 새 시대를 여는 데 우리 문학이 당당히 기여할 것"이라고 발언했다. 남쪽 작가들은 북측 작가들과 함께 '통일문학의 새벽' 행사(백두산 천지)와 '민족문학의 밤'(묘향산) 행사에 참석했다.

남북작가대회에 참석한 남정현 작가는 "염불보다는 잿밥에만 마음이 더 매달려" 있었다. 평소에 그가 북에 관해 지녔던 의문을 풀어보고 싶었다. 그것은 "세계 최강의 미국이 북의 존재를 완전히 지워버리기 위해 정치, 경제,

문화, 군사 등 온갖 수단을 다 그렇게 오랜 세월 목을 짓누르고 있는데도 도대체 북은 무슨 재주로 지금도 고개를 꼿꼿이 쳐들고 미국과 당당히 맞서 있는가를, 그 비결을 다소나마 알아보고 싶어서였다."라는 것이다.

남정현은 방북 소감을 《실천문학》에 '5박 6일의 성과'라는 글로 남겼다. 남북작가대회가 열린 그해 《실천문학》(2005년) 가을호 특집으로 '다가오는 통일시대의 북한문학'을 실었다. 특집 기획물인 북한방문기에는 남정현의 방문기와 함께 전상국의 '백두산 천지의 새벽, 그 감동으로', 임헌영의 '아리따운 패랭이 춤과 평화의 염원', 이대환의 '붉은 고래에게' 등이 포함됐다. 이밖에 특집 기획으로 김형수, 김재용의 대담 '분단시대와 문학에서 통일시대의 문학으로', 북한소설 변창률의 〈영근 이삭〉 등이 실렸다.

남정현은 '5박 6일의 성과'에서 그가 방북 기간 중에 알고 싶었던 것은 미국의 끔찍한 봉쇄 속에서도 망하지 않고 버틸 수 있는 이유라고 썼다. "그것이 그들의 말대로 위대한 수령 때문인가 주체사상 때문인가 혹은 선군정치 때문인가, 아니면 그들과 우리는 혈통이 완전히 달라서 그런가, 말하자면 북을 떠받치고 있는 그 원천적인 힘의 실체가 무엇인지"에 관한 의문을 풀고 싶었다.

끔찍한 봉쇄와 제재를 버틴 비법이 궁금해서

이런 궁금증을 풀기 위해서 남정현은 북에 머무는 동안 되도록 많은 사람과 만나서 이야기를 나누고 싶었다. 하지만 단체 방북한 그로서는 "회담이다, 만찬이다, 백두산이다, 묘향산이다 하면서 빡빡하게 짜인 5박 6일의 일정을" 소화하는 데도 기진맥진이었다. 그래도 호텔과 명승지 이동 중에 그가 접할 수 있는 "빨간 배지를 단 주변의 모든 분"과 대화를 시도했다. 이들과의 대화를 통해 "나의 뇌리에 전달된 그들의 의식 구조는 평시에 내가 짐작하고 있던 바와 별반 다른 점은 없었다."라는 결론을 내렸다.

2005년 7월 백두산 밀영지에서 북한 안내원들과(가운데 남정현, 오른쪽 김영현, 왼쪽 박도). 북한 안내원 복장은 일제 때 항일유격대 여전사의 복장이다.

그들은 말머리마다 그들의 수령과 장군에 대한 경모의 정이 흘러넘쳤으며, 수령과 당과 인민은 하나로 연결된 같은 생명체라 만약 수령과 당과 인민의 자주권을 누가 건드린다면 자기들은 순식간에 총포(폭)탄이 되어 내달릴 준비가 되어 있다던 것이었다.

남정현은 "다들 일심단결이라도 한 듯 같은 마음가짐"을 지닌 북의 인민들을 만나고, 그 일심단결의 힘이 미국과 맞서는 최강의 무기라고 여겼다. 그리고 이때의 경험을 바탕으로 2011년 〈편지 한 통-미 제국주의 전상서〉라는 소설을 썼다. 남정현은 5박 6일간의 방문을 마치고 평양을 떠나면서 당시 전 세계의 이목을 끌고 있던 북핵 문제에 관해 "나라의 자주권을 위해선 그 무엇도 다 버리고 끊임없이 고난의 행군을 계속할 수 있다는 그들에게 그까짓 전기니 기름이니 양식이니 하는 것을 좀 보태 준다고 해서 그들이

자신들의 결심을 버릴 것 같지"는 않다고 생각했다. 80

말하자면 수많은 핵무기로 무장한 미국이 한반도 내에서 끊임없이 북의 존재 그 자체를 위협하고 있는 한, 다시 말하면 미국이 진정으로 제국주의 정책을 포기하고 북과 행동으로 실질적인 관계 정상화를 도모하지 않는 한 북핵 문제는 절대로 해결될 수 없다는 것이 북에서 얻은 내 소신이다.

소설가 김영현 - '엄마, 하나님'

5박 6일 방북 기간에 남정현 작가와 같은 호텔 방을 사용했던 김영현 작가는 특이한 장면을 목격했다.

많은 북한 측 작가들이 같이 갔던 기라성 같은 남쪽의 작가들을 제치고 남 선생에게만은 진정으로 존경의 예를 표하는 것을 나는 곁에서 여러 번 보았다.

남정현 선생은 필자에게도 비슷한 얘기를 들려주었다. 평양의 호텔 방으로 찾아온 작가 중에는 자신의 아버님이 소설가인데 찾아가서 인사드리라

---

80 북을 방문한 문인이나 민주 인사 중엔 남정현 작가와는 상반된 생각을 한 경우도 많았다. 신동엽 시인의 부인 인병선 씨는 2005년 평양에서 열린 6·15공동선언 5주년 행사에 참석해 남편의 시 〈껍데기는 가라〉를 낭독했다. 부친 인병식 씨는 한국전쟁 때 부인과 딸을 남쪽에 남긴 채 월북하여 북조선 농림상 장관을 지낸 것으로 알려졌다. 인 씨는 행사 후 남쪽 언론과의 인터뷰에서 북측의 생각과 달리 북이 '껍데기'라 생각하면서 이 시를 읽었다고 밝혔다.
인 씨는 "당시 북측 사람들은 〈껍데기는 가라〉라는 표현을 외세에 의존하지 말고 우리끼리 통일하자는 식으로 해석한 것 같았다. 하지만 그때 솔직히 나는 평양이 너무 암울하다는 생각이 들었다. 그곳이 바로 껍데기, 쇠항아리가 덮인 사회라는 생각이 들어서 〈껍데기는 가라〉를 암송했다. 일종의 동상이몽이었다."고 고백했다. ('4·19 그날, 시인 신동엽도 거리에 있었다', 〈노컷뉴스〉, 2006. 4. 13)

고 했다며, 큰절로 인사를 한 적도 있었다고 했다. 김영현 작가는 방북 마지막 날 백두산 해돋이를 다녀온 남 작가가 밤새 끙끙 앓았다고 하면서, 그의 목격담을 '엄마 하나님-남정현 선생과 함께'라는 글로 남겼다.

> 아직 어둑한 공기 속에서 그이의 신음 소리가 들려 왔다. 낮고 분명한 신음 소리. 나는 돌아누운 채 숨을 죽이고 그 소리를 들었다. 그 소리는 뜻밖에도 어머니를 부르는 소리였다.
> "아아, 어머니……."
> 남 선생은 분명한 어조로 그렇게 소리를 하고는 얼마간 사이를 두었다가 다시,
> "아아, 어머니……."
> 하고 부르는 것이었다. 순간 내 몸속으로 강한 전류 같은 것이 한 줄기, 마치 심장을 대꼬챙이로 찌르듯이 지나갔다.
> 아아, 어머니……. 참새보다, 바람보다, 가벼운 노작가가 평양의 어둠 속에서 부르는 그 소리…… 육신의 고통을 뚫고 솟아오르는 그 간절한 소리…….
> 그래 만일 하느님이 있다면 그이는 분명히 엄마의 형상을 하고 계시리라.

평양의 고려호텔 방에서 남정현과 함께 마지막 밤을 함께 보낸 김영현 작가. 그는 "우리는 그 새벽, 서로 어둠 속에 돌아누운 채 눈물을 삼키며 한없이 그리운 어머니의 이름을 부르고 있었다."라고 썼다.

6·15는 휴짓조각이 되고 전쟁의 위기가

대회 기간 내내 설사로 고생하고, 마지막 날도 끙끙 앓으며 잠을 설쳤던 남정현 작가는 방북기에서 "평양을 떠나면서 나는 왠지 좀 든든하다는 느낌

이 들었다."라고 소감을 적었다. 그는 "빈손으로 왔다가 뭔가 하나 확실한 것을 얻어 간다."고 생각했는데, 그 이유는 남북이 6·15선언을 실천한다면 우리 강토가 '성지(聖地)'(작가는 '분지'의 반대말을 성지라 쓴다)가 될 것이라는 믿음이 생겼기 때문이다.

남북이 힘을 합쳐 확실하게 6·15선언을 실천함으로써 우리 민족끼리 화해하고 협력하여 공존공영할 수 있는 터전을 마련할 때, 비로소 우리 강토는 핵이 없는, 아니 핵뿐만 아니라 지배와 예속도 없는 청정지대가 되어 전 인류의 우러름을 받는 성지가 될 것이다.

그러나 안타깝게도 남북이 2000년 6·15선언을 합의한 뒤 25년이 지난 지금 이 문서는 휴지조각이 됐다. 화해 협력은커녕 1953년 7.27 휴전협정 이후 최악의 적대관계로 치닫고 있는 상황이다. 남 작가는 생전에 "외세를 배격하고 우리 민족끼리 힘을 합쳐 자주통일을 이루자."라는 6·15선언을 금과옥조처럼 귀히 여겼다. 6·15 선언은 "우리 시대 절체절명의 생존 수칙이라는 것이 내 믿음"이라 말했다. 왜냐하면, 그것은 "우리 시대의 핵심 쟁점인 자주냐 예속이냐, 통일이냐 분열이냐, 민주냐 파쇼냐 하는 문제보다도 현실적으로 더 절박한, 전쟁이냐 평화냐, 다시 말하면 사느냐 죽느냐 하는 민족 전체의 생사 문제가 달려 있다고 생각되는 탓"이라 했다. 대한민국의 대통령 김대중과 조선민주주의인민공화국 국방위원장 김정일 사이의 정상회담을 통해 만들어진 6·15 남북공동선언의 제1항은 다음과 같다.

남과 북은 나라의 통일문제를 그 주인인 우리 민족끼리 서로 힘을 합쳐 자주적으로 해결해 나가기로 하였다.

그런데 얼마 지나지 않아 남쪽에서 "우리 민족끼리"라는 말은 금지어가

되었다. 개성공단, 금강산 문제조차 남측의 힘으로 풀지 못하고 미국에 끌려가더니 결국, 남북은 서로 적대국가가 되었다.

2024년, TV에선 남측에서 날아간 무인기가 평양 상공에 여러 차례 삐라를 살포했다는 뉴스가 들려온다. 그다음 순서는 무엇인지, 상상조차 끔찍한 일이다. 얼마 뒤 밝혀진 바에 따르면 이 무인기는 계엄령을 발령하기 위해 북의 '도발'을 유도하려는 음모였다고 한다. 기득권 유지를 위해서라면 전쟁도 불사하는 자들은 남정현 작가가 소설에서 묘사한 "만약 북에 핵무길 사용하겠다는 미 당국의 약속이 없으면 지금 당장 알몸인 채로 거리로 뛰쳐나가겠다고 위협"하던 허허선생의 후예임에 틀림없어 보인다.

2005년 10월 북한 역사유적답사단의 일원으로 평양을 방문한 통일운동 원로들.
1 안재구(남민전), 남정현.
2 박순경(통일신학자), 정동익, 남정현.
3 안재구(좌측 두 번째), 남정현과 한복 차림의 북한 여성접대원.
4. 정동익(동아일보 해직기자, 사월혁명회 의장), 오종렬(진보연대 의장), 황현승(인혁당), 남정현.
5. 황현승, 남정현, 이종린(범민련), 오종렬.
　서울대 철학과를 나와 교사로 일하던 황현승은 1974년 남정현이 중앙정보부 남산 지하실에 끌려갔을 때 만났던 '파란 피부의 사나이'다. 황현승은 2차 인혁당 사건으로 20년 형을 선고받고 8년간 복역한 뒤 출소했다.

"세월이 갈수록 민족문제가 더 중요"

−2007년 민족문학작가회의 명칭 변경에 반대

민족이란 이름을 내세워야 할 때인데

남정현 작가와 몇 차례 인터뷰할 때 미국이나 통일문제에 관해서는 단호한 어투지만 문단이나 주변 인물에 관해서는 대체로 언급을 삼가는 느낌을 받았다. 그런데 몇 가지 사안에 관해서는 입장이 분명했다. 그중의 하나는 2007년 민족문학작가회의 이름을 한국작가회의로 변경하자는 제안에 반대한 일이었다.

이소리 시인(이종찬 시민기자, 전〈문학in〉편집인)이 2007년 3월 22일〈오마이뉴스〉에 '다시 생각해 보는 민족문학작가회의 명칭 논란'이란 제목으로 기사를 썼는데, 이때 남정현 작가는 전화인터뷰를 통해 '민족'이라는 이름을 계속 쓰는 데 찬성한다는 의견을 밝혔다.

"개인적으로 작가회의 명칭 변경에 반대한다. 남쪽이나 북쪽이나 통일문제에 접근할 때도 민족을 내세우는 것이 편하고 부담이 없다. 우리가 처한 남북문제나 외세 문제 등 모든 문제를 해결할 때 가장 유용한 단어가 민족이다. 민족을 거추장스럽게 생각해서는 안 된다.

세월이 갈수록 민족문제가 더 중요하다. 다른 나라들이 미국의 지배를 벗어나기 위해 투쟁할 때도 민족을 가장 큰 무기로 삼는다. 지금은 남북이 화해하고 협력하여 외세의 간섭을 물리치고 하나로 합쳐야 하는 때인데, 한 시대의 양심을 대변하는 문인이란 사람들이 '민족'이란 낱말을 내팽개치는 것은 우리 시대의 정신을 빼먹는 것과 같다.

게다가 민족을 빼면 6·15 정신도 함께 무너진다. 민족이란 이름을 쓰지 않는 단체도 민족이란 이름을 내세워야 할 때인데, 좋은 이름을 왜 없애려 하느냐. 이해할 수가 없다. 작가회의 소속 문인 중 민족이 작품 활동이나 문단 활동을 하는 데 방해나 장애물이 된다면 그런 사람은 다른 문인단체로 들어가면 된다."

작가회의 명칭 변경 의견은 2007년 1월 27일 오후 3시 대한출판문화회관에서 열린 제20차 민족문학작가회의(당시 이사장 정희성 시인) 정기총회에서 다뤄졌다. 작가회의의 이름을 바꾸자는 의견은 2006년 12월 16일, 2007년 정기총회 준비를 위한 임시이사회에서 처음 나왔다고 한다. 2007년 총회에 참석한 직후 강기희 소설가가 〈오마이뉴스〉(2007년 1월 27일)에 올린 기사엔 이런 내용이 나온다.

이날 총회의 가장 큰 논점은 단체의 명칭 변경이었다. 정희성 시인은 총회를 열면서 "국제화 시대에 걸맞은 명칭 변경이 필요함을 느낀다."고 서두를 뗐었고, 상임고문인 백낙청 문학평론가는 "'민족'이란 말에 거부감을 갖는 젊은 문인들에게 문을 활짝 여는 것이 필요하다."고 덧붙였다.

위 기사에 따르면 소설가 강기희(1964~2023)는 "명칭을 개명하는 데 찬성하는 측에서는 지난해 10월 금강산에서 남북문인들이 모여 '6·15민족문학인협회'를 만든 마당에 굳이 '민족'이라는 말을 고집할 필요가 없다고 주장했다."라고 한다. 당시 사무총장을 맡았던 김형수 시인도 "작가회의 내에 자유실천위원회와 민족문학연구소가 있으니 민족문학 자체가 사라진 것은 아니다."라고 하며 개명의 필요성에 동참했다. 자유실천문인협의회가 민족문학작가회의의 한 위원회로 흡수되듯 "민족문학도 변화하는 세상에 맞춰 '작가회의' 안의 조직으로 흡수되는 게 바람직하다."라면서 개명 배경을 설명했다.

총회 현장에선 이런 제안에 대해 상당수 회원이 크게 반발했다. 한 원로 시인은 "'민족'이란 것은 반드시 품고 가야 할 작가들의 '운명'이라는 것이다. 명칭을 바꾼다고 해서 집안이 잘되는 것 아니니 차라리 빛을 잃어가는 정체성을 되찾는 것이 중요하다."라고 주장했다.

소설가 강기희가 쓴 〈오마이뉴스〉 기사를 보면, 총회가 끝난 뒤 작가회의 홈페이지 게시판에는 찬성보다는 반대의 목소리가 훨씬 컸다고 나온다. 김준태 시인은 게시판과 총회장에서 "아직은 민족문학작가회의의 깃발을 내릴 때가 아니다."라며 반대 의사를 분명히 밝혔다. 한 시인은 작가회의 게시판에 〈젊은 시인들이여〉라는 시를 올렸는데 "'민족'을 버리겠나이까/ 버리시소서/ 푸르디푸른 피가 흐르는 '민족'/ 그 피를 내가 수혈 받겠나이다/ 너무 부끄러워 눈물이 납니다"라는 내용이었다.

명칭 변경 찬반 논리

이소리 시인이 〈오마이뉴스〉(2007. 3. 22)에 쓴 다시 생각해 보는 '민족문학작가회의' 명칭 논란 기사를 보면 "찬성하는 쪽은 △단체 이름 국제적 소통 속에서 사용 △한국문단 주류이나 문단 외부에서 소수 비주류 문인집단으로 격하 △깃발 앞세우는 이미지, 시대 정서 거스름 △건강하고 의미 있는 문학을 포괄하는 범위 협소 등을 주장했다. 반대하는 쪽은 △단체 명칭의 가치 지향성 △퇴행 △(민족은) 역사적 맥락 속에 형성된 것이므로 불편해도 감수 등을 내세웠다."고 적혀 있다.

당시 명칭 변경 논쟁은 작가회의 총회 직전부터 언론의 큰 주목을 받았는데 〈문화일보〉가 '민족문학작가회의 명칭 변경 착수'라는 기사를 1면에 보도했으며, 사설(2007. 1. 25)을 통해 2005년 "백두산에서 열린 '6·15공동선언 실천을 위한 민족작가대회'에서 "조국은 하나다/ 권력의 눈앞에서 양키 점령군의 총구 앞에서/ 자본가 개들의 이빨 앞에서……"라는 김남주의 시를 낭송해 충격을 주었다."라면서 작가회의는 "한국문학의 지평 확장을 위해서라도 단순히 명칭 변경에만 그쳐서는 안 된다. 작가회의가 지향하는 '이념적 실체'부터 근본적으로 바꿔야 한다."라고 주문하기도 했다. 〈한겨레〉(2007. 2. 1)는 작가회의의 총회가 끝난 뒤 명칭 변경 찬반 양쪽 입장을 지면에 함께 소개하기도 했다.

> 찬성 정도상 일부에서는 명칭 변경을 세대 간의 문제로, 혹은 민족문학론을 둘러싼 이념논쟁으로 이해하기도 하지만 핵심은 그것이 아니다. 어떤 회원이 집행부와 회원들 간의 소통에 문제가 있었던 점을 지적했는데, 바로 그 점이 핵심인 것이다. 제대로 소통을 하기만 하면 대다수의 회원들은 명칭 변경에 반대하지 않는다는 것을 확인했다. 명칭 변경 제안서의 그 어디에도 민족문학론을 폐기하거나 포기하겠다는 의견이 없다.

> 반대 임동확 두 번째로, 그들은 민족문학작가회의가 보수세력 또는 일부 언론으로부터 좌편향적인 진영으로 인식된다는 것을 그 이유로 들고 있다. 하지만 이걸 뒤집어 생각해보면, 개명 논의 자체가 작가회의 자체의 치열한 내적 반성이나 성찰의 결과가 아닌, 외부적 강제에 의해 이뤄졌음을 스스로 고백하고 있는 셈이다.

작가회의 명칭 변경에 관해서 문단 중진 작가들의 의견도 첨예하게 엇갈렸다. 김관후 작가의 기록에 의하면(2007. 2. 16) "소설가 황석영도 개인적으론 이미 민족주의와도 결별했다며 세계가 거의 몇 초 만에 인터넷으로 소통되는 현실에서 아무리 내 감정이 소중해도 남과 말이 통해야 한다."라고 했다. 반면 소설가 조정래는 '민족'을 빼려는 움직임과 관련해 동의하지 않는다는 반대입장을 분명히 했는데, "인종과 민족에 따른 차별은 엄존하며 모든 민족의 독자성과 존엄성이라는 토대 위에서만 평화와 공존은 가능하다. 더구나 분단이 지속되고 있는 우리 민족의 상황에서는 '민족'의 폐기는 통일 이후에 해도 늦지 않다."라는 이유에서다.

'민족문학'에서 '한국문학'으로

그밖에 작가회의 소속 문인들의 입장을 살펴보면 아래와 같다. 문학평론가 임헌영, 시인 김규동, 임효림, 김명수, 김준태, 정양, 오인태, 정인화, 박몽구, 홍일선 등이 명칭 변경에 반대했고, 시인 정호승, 김용택, 김용락 등이 찬성을 표했다. 명칭 변경에 찬성하는 문인이 다수였는데, 공개적으로 입장을 표명하지 않은 경우가 많아 보인다.

당시 민족문학작가회의 이사이자 자유실천위원회 위원장을 지낸 소설가 김영현은 《나쓰메 소세키를 읽는 밤》이란 수필집에 '민족문학작가회의 명칭 변경에 대한 소고'라는 글을 써서 견해를 밝히기도 했다. 그는 개명파, 고수파, 민족문학작가회의 해소파의 주장 모두 일리가 있었기에 이 논의에 관해 소신을 밝히지 못하고 어정쩡한 태도를 보였다고 고백했다. 세 입장의 장단점에 대해 언급한 작가는 결론적으로 "명칭 변경을 위해서는 사회주의 정당 대회처럼 운동사적 해소 이유를 분명하게 제기하지 않으면 안 된다는 것"이라 썼다.

듣기에 불편하다거나 남들이 오해하기 쉽다거나 하는 것은 다른 차원의 이야기다. 왜 현 단계에서 '민족문학'이 해소되어야 하는가? 지금 현 단계 우리

한국 사회에서 '민족모순'이란 과연 지나간 껍데기일 뿐인가? 분단 시대에서 바야흐로 통일 시대로 넘어가는 시점, 남북의 작가들이 상호 간에 왔다 갔다 하는 이 시점에, '민족'이란 개념은 과연 해소되어야 마땅한 무엇인가? 아니면 더욱 강화되어야 할 무엇인가?

김영현 작가는 이런 물음에 답한 뒤에 만일 '민족'이란 명칭이 계속 질곡으로 작용한다면 "해소파의 주장대로 정식으로 '민족문학작가회의' 해체식을 한 다음" 새로운 개념의 문인집단을 만들어 새 출발 하는 것이 마땅할 것이라 주장했다.

작가회의 명칭 변경 논란은 2007년 12월 8일 정기총회에서 종지부를 찍었다. 이날 총회에서 민족문학작가회의의 이름이 한국작가회의로 바뀌었다. 〈한겨레〉는 "서울 사간동 출판문화회관 강당에서 회원 150여 명이 참가한 가운데 제21차 정기총회를 열어 단체 이름을 한국작가회의로 바꾸는 정관 개정안을 통과시켰다. 이로써 1987년 자유실천문인협의회를 모태로 탄생했던 민족문학작가회의는 20년 만에 새로운 이름으로 재출발하게 됐다."라고 보도했다. 한국작가회의의 약칭은 민족문학작가회의와 같은 '작가회의'를 사용하기로 했다.

9장

2010년대

시종일관 '민족주의자'이자
문학적 비전향 장기수

국가보안법과 미국이 화두였던 작가가 78세에 쓴 소설
-〈편지 한 통-미 제국주의 전상서〉(2011)

국가보안법의 위기의식을 풍자

남정현 작가의 마지막 소설은 78세 되던 2011년 《실천문학》 봄호에 발표한 〈편지 한 통〉이다. 1995년 〈세상의 그 끝에서〉를 《창작과비평》에 발표한 지 16년 만의 작품이다. 〈세상의 그 끝에서〉 도입부에서 주인공은 "세상의 글이란 글은 모다 이제 끝장이 나야 한다는 생각이 스치면서, 순간 그는 저도 모르는 사이 손에 들고 있던 만년필을 힘껏 내동댕이쳤다."라고 썼다. 마치 작가의 절필을 암시하는 내용이지만 소설의 종결부를 보면 세상을 쓸어버리고 새 세상을 갈망하는 결연한 의지가 담겨있다.

건강이 좋지 않았던 남 작가는 〈편지 한 통〉의 원고를 직접 펜으로 쓰지 못했다. 고등학교, 중학교에 다니던 두 손자 상일, 상혁에게 불러줘서 타자치게 한 뒤 한 자 한 자 퇴고 작업을 했다. 필자와 인터뷰할 때 남 작가는 소설이라는 게 한 문장도 허투루 쓸 수 없으므로 힘든 일이었다고 회고했다. 이렇게 쓴 마지막 소설을 《실천문학》에 기고했고, 2017년 〈분지〉, 〈신사고〉와 함께 묶어서 《편지 한 통 - 미 제국주의 전상서》(도서출판 말)라는 제목의 단행본으로 펴냈다. 원래 작가가 붙인 제목은 〈미 제국주의 전상서〉였으나, 《실천문학》에서 대중성과 시류를 감안하여 〈편지 한 통〉으로 바꿔 달았다고 한다. 반미소설집《편지 한 통-미 제국주의 전상서》가 나왔을 때 임헌영 평론가는 "역사적인 격변을 거치면서 점점 형해화되어가는 국가보안법의 위기의식을 풍자한 것"이라고 작품해설을 썼다.

〈편지 한 통〉이 발표되기 직전 〈경향신문〉(2011. 2. 7)에 '북·미 관계 변화의 굉음 …… 써야겠다 생각'이란 제목으로 기사가 실렸다. 서울대병원을 다녀오는 길에 혜화동의 찻집에서 인터뷰한 남정현 작가는 기자에게 "작품 구상은 오랫동안 했어요. 건강이 좋지 않아 여의치 못했죠. 미국과 북한의 평화회담 이야기가 나오는 등 북·미의 역학관계가 변화하는 굉음이 들려오는 것 같았습니다. 예술가로서 그런 소리를 듣고 우리 민족에게 큰 영향을 끼칠 수 있는 문제에 관해 써야 한다고 생각했습니다."라고 밝혔다. 그리고 〈분지〉와 〈편지 한 통〉의 차이에 관해서도 언급했다.

"〈분지〉가 외세의 강압에 의해 우리 민족이 없어지는 게 아닐까 하는 절박한 울부짖음에서 쓰여졌다면, 이번에는 변화된 북·미관계를 다뤘습니다. 전쟁으로 북·미관계를 해결할 수는 없으며 미국 자국의 이익을 위해서라도 전쟁을 선택할 수 없을 거예요. 그렇다면 남은 것은 평화적으로 해결할 수 있는 길을 찾아야 하는 것이죠."

〈분지〉(1965) 이후 46년 만에 발표한 〈편지 한 통〉이 〈분지〉와 다른 점 하나를 꼽는다면 〈분지〉는 미국에 초점을 맞췄고, 〈편지 한 통〉은 미국과 국가보안법을 함께 다룬다는 점이다. 〈편지 한 통-미 제국주의 전상서〉의 주인공은 의인화한 국가보안법과 미국이다. 남정현 작가가 등단 이후 50여 년 동안 몰두했던 평생의 화두를 담고 있는 소설은 바로 이 작품이라 하겠다.[81]

---

81 《작가연구》(2001)에는 강진호와 남정현의 대담 '험로를 가로지른 문학의 도정'이 실리기도 했다. 여기서 강진호가 "선생님께서 지난 문학 활동을 돌이켜 보면 많은 아쉬움이

국가보안법과 그의 하나님인 미 제국주의자가 주인공

'미 제국주의 전상서'로 시작하는 이 소설에서 국가보안법인 '나'는 미 제국주의자에게 장문의 편지를 올린다. 그리고 후반부에는 분하고 억울하다며 편지를 쓰는 국가보안법에게 "미친놈"이라 하며 미 제국주의가 등장한다. 국가보안법의 미련한 잡소리에 "참다못해 입을 열었다."라는 미 제국주의 하나님은 일장 연설을 한 뒤 "나도 이제 내 살길을 찾아봐야 될 게 아니겠니"라는 말을 남기고 살길을 찾아 황급히 떠난다. 남정현 작가가 초기 소설부터 자주 사용한 기법인 풍자와 환상, 초현실적 등장인물을 보여주는 방식이라 할 수 있다.

소설의 첫머리에서 국가보안법인 '나'는 평소 같으면 응당 미 제국주의에 "폐하니 전하가 아니면 최소한 그래도 각하 정도로는 호칭해 줘야만 예의에 맞는다는 걸" 알지만 오늘은 '당신'이라 부르는 것에 대해 양해를 구한다. 미 제국주의 폐하를 '당신'이라 부른 이유는 불손한 의도가 있다기보다는 "다만 오늘따라 유난히 치밀어 오르는 이 억울하고 분한 심정을 한시바삐 당신께 아뢰고 또 당신의 진심을 한번 들어봐야 살 것 같다."라는 절박한 일념 때문이라 말한다. 그러면서 '당신'이란 이름의 간편한 인칭대명사가 격이 떨어지는 말이 아님을 강변한다. 왜냐하면, 나에게 미 제국주의는 '하나님 당신'이고 '어버이 당신'이기에 "떳떳한 마음으로 감히 당신이라 부를 수 있다는 것"이다.

남을 듯한데요, 앞으로 꼭 이루고 싶은 꿈이나 계획이 있으시다면 말씀해 주시지요."라고 물었을 때, 남정현 작가는 국가보안법의 철폐가 바램이라고 말했다.
"글쎄요. 우리 창작인들에게 무엇보다 중요한 것은 표현의 자유라고 생각하거든요. 자유롭게 상상하고 표현할 수 있는 자유가 있어야 좋은 작품도 나오고 좋은 작가도 나오는 것이니까요. 그런데 국가보안법은 그러한 자유를 제한하는 측면이 있어요. (……) 국가보안법이 완전히 철폐되어 예술인들이 자유롭게 창작할 수 있는 여건이 마련되는 것이 남은 바램이라면 바램이지요. 또 건강을 좀 회복해서, 생각하고 있는 작품을 마무리하고 싶어요. 젊은이들과 한 대열에서 작품을 발표해보고 싶은 게 남은 소망이지요."

그렇습니다.

당신.

아, 미 제국주의 당신. 당신이야말로 나에게 있어선 그 누가 뭐라든 나의 구세주이시며 동시에 나의 영원한 어버이이십니다. 과장이 아닙니다.

국가보안법 입장에선 실로 과장이 아니었다. 1945년 일제가 패망하고 물러간 자리에 진주한 미 제국주의가 1948년 어느 날 "대한민국의 제헌국회라는 그 지저분한 자궁을 통하여" 국가보안법을 탄생시켰는데, 이는 내가 보기엔 바로 창조주 하나님이 이룬 창세기적인 위업과 다름없었다는 것이다.

국가보안법은 자신이 전생에 "대일본제국의 치안유지법이란 이름으로 한 시대를 주름잡았"다는 것을 고백한다. 치안유지법이 보기에 일본 천황은 인간이 아니라 신성불가침의 존재, 신이었다. 그는 전생에 일본 천황을 알현했는데 "죽일 놈은 가차 없이 죽이고, 살릴 놈도 가차 없이 살려라." 딱 이 두 마디 말만 남기고 선녀들에 떠받들려 바람처럼 사라졌다고 한다.

치안유지법은 천황의 지시를 받들어 "독립이니, 민족이니, 자주니 하면서 겁도 없이 대드는 자들"을 잡아다가는 그냥 철퇴를 내리고, 개돼지 때려잡듯 했다. 반면 "황국신민이 된 기쁨을 영 참지 못하여 늘 춤추듯 만세를 부르는 자"에겐 뭉텅뭉텅 돈도 주고 땅도 주고 온갖 명예로운 작위도 하사했다. 그리하여 일본과 조선은 둘이 아니고 분명 하나라는 사실이 부각되는 형국이었는데, 1945년 8월 원자폭탄의 시뻘건 불덩어리에 휩싸여 쓸쓸하게도 한 줌의 재만 남기고 생의 종말을 고했던 것이다. 이렇게 한 줌의 재로 생을 마친 '나'를 '미 제국주의 당신'이 환생시켰으니, 바로 그것이 국가보안법이다. 〈편지 한 통에서〉 국가보안법과 미 제국주의(당신) 다음으로 자주 등장하는 단어의 하나는 '전생'이다. 남정현이 전생과 환생을 믿었는지는 모르겠으나 국가보안법의 전생이 치안유지법이란 설정은 무척 흥미롭다.

천황에 충성하던 치안유지법을 환생시킨 미 제국주의

마침 그 시절에 전생에서의 나의 희미한 흔적을 미끼로 전무후무한 괴력을 지닌 나 즉 국가보안법이라고 하는 한 신비한 생명체를 탄생시켰으니 말입니다.

치안유지법을 국가보안법으로 환생시킨 미 제국주의자는 당부의 말을 전하는데, 어쩌면 그렇게도 그것은 "일황의 당부와 토씨 하나 틀리지 않고 똑같았는지 그저 신기할 뿐"이었다. "죽일 놈은 가차 없이 죽이고 살릴 놈도 가차 없이 살려라." 바로 이것이었다. 그날 이후 국가보안법은 즉시 팔을 걷어붙이고, 두 눈에 시뻘건 불을 켜고 죽일 놈과 살릴 놈을 가려내서 상벌을 내렸다.

특히 당신을 지칭하여 한반도의 남쪽을 강점한 흉악한 강도라고 강변하면서 흡사 철천지원수처럼 당신을 적대시하는 북쪽의 빨갱이 집단은 물론 그저 건뜻만 하면 시도 때도 없이 자주다 민주다 통일이다 하면서 당신께 주먹질을 하는 남쪽의 그 수많은 불량배들을 응징하기 위해 나는 사실 잠 한번 편히 자본 적이 없었답니다.

국가보안법은 "무려 십수만 명에 이르는 죽일 놈들을 가려내어 그것들을 즉시 죽음의 관문으로" 몰아넣었으며, 미국이 망하기를 바라는 무슨 정당이니 무슨 단체니 하는 그런 흉측한 걸림돌, 재앙 덩어리를 일거에 박살을 냈다며 공치사를 했다. 역사의 격랑 속에서 죽일 놈 가차 없이 죽이느라 눈코 뜰 새 없이 지낸 국가보안법은 "명실공히 이 나라에선 법 중 법이요 왕 중 왕의 지위에" 올랐고, 급기야는 세인들이 "남자를 여자로 또 여자를 남자로 만드는 일 말고는 못하는 일이 없다."라고 혀를 내두를 정도의 위력자로 등극했다.

이제 대한민국은 미국과 생사고락을 같이하겠다는 자들, 멸공만이 살길이라는 자들이 밤낮을 가리지 않고 피나는 노력을 한 덕에 미국과 거의 일체감을 이루게 됐다. 딱 한 가지 미진한 점이 있다면 언어 문제인데 '나'는 "이 나라의 언어는 은연중에 영어로 대치되어 영어가 무리 없이 공영화될 날도 그리 먼 훗날의 일이 아니"라고 예측한다. 영어 열풍에 휘말리어 심지어는 "유창한 영어 발음을 위해 혓바닥에 칼을 대고 성형하겠다는 자들이 늘어나고" 있는 세상이기 때문이다.

그런데 미국과 통합된 체제를 갖추는 것만이 최선의 길이라 생각하는 국가보안법 앞에 날벼락이 떨어졌다. "내일이라도 당장 유·에스·에이와 사우스 코리아는 둘이 아니고 하나다라는 사실을 세계에 선포하게 되면 그 즉시로 북쪽 빨갱이 집단의 수명은 끝이라" 여기는 국가보안법으로서는 상상할 수 없었던 북미평화협정 소식을 듣게 된 것이다.

아니 이게 무슨 망측한 소리죠? 당신이 빨갱이 그것들과 무슨 평화협정을 맺으려고 한다니 말입니다. (……) 대체 당신에게 지금 뭣이 부족해서 우리들의 철천지원수인 북쪽의 그 빨갱이 집단과 어이없게도 평화협정을 맺는다는 거죠?

국가보안법은 처음에 미국이 북한과 무슨 협상을 한다고 테이블에 앉았을 때부터 마땅치 않았다. 유·에스·에이와 노우스 코리아가 협상 테이블에 앉는다는 것 자체가 "당신의 패배를 의미하는 일종의 굴욕적인 신호"로 비쳤기 때문이다. 그래서 국가보안법은 이는 실제로는 협상이 아니고 "북쪽의 그것들과 한자리에 앉았다는 사실을 그것들과 뭘 상의해 보자는 의도가 아니라 흡사 고양이가 쥐라는 먹잇감을 앞에 놓고 그걸 그냥 한입에 먹어 치우기가 아까워서 이리저리 쥐란 놈을 좀 희롱해보자는 그저 그런 유의 만남일 거"라고 생각했다.

> 그런데 이게 뭐죠?
> 난데없이 그것들과 평화협정이라니요?

철천지원수 북쪽 빨갱이와 평화협정을 하겠다구?

국가보안법은 당치 않은 소문 같아서 이 소식을 무시하다가 결국 객관적 사실이라는 것이 확연해지자 정신이 아찔해지고 가슴이 무너져 내렸다. 미 제국주의에 대한 실망감이 컸고, "철석같았던 멸공통일이란 신성한 명제가 일순간에 허물어지는 느낌"에 배신감을 느꼈다.

바로 이 때문에 국가보안법은 "뭔가 억울하고 분한 것이 모다 화가 되어 가슴속에서 부글부글 솟구치는 느낌"이 들었고, 미 제국주의를 '당신'이라 부르며 하소연하기 시작했던 것이다.

> 그래 그런가 당신에겐 아주 불경스런 얘기이긴 합니다만 그러나 지금 내 속마음 같아선 당장 당신의 멱살이라도 꽉 잡고 한번 다부지게 따져보고 싶은 심정이거든요. 뭐 평화협정을 하겠다구? 아니 우리들의 철천지원수인 북쪽의 그 빨갱이 패들과 평화협정을 하겠다구? 누구 맘대로? 아니 당신 미쳤어? 이런 식으로 말입니다.

국가보안법은 도대체 이해할 수 없는 일이었다. 미 제국주의가 북한과 평화협정을 맺으면 "결국 이 땅을 떠나야 하는 처지로 전락하는 것"이 아닌가 말이다. 결국 국가보안법은 "그까짓 빨갱이 패들 하나 제압하지 못해서 갈팡질팡"하는 미 제국주의에 화를 버럭 내며 앞뒤 안 가리고 편지를 썼다.

제발 정신 좀 차리시라구요. 황금을 위해서 매사에 무자비했던 당신의 선조들이 지금 하늘에서 눈을 부릅뜨고 당신을 보고 있지 않습니까. 저런 게 다 내 후손인가 해서 말입니다.

국가보안법이 분하고 억울한 마음에 몸을 부들부들 떨며 격한 감정으로 편지를 쓰며 혼자 중얼거리고 있을 때 갑자기 어디선가 "미친놈"이란 소리가 들렸다. 국가보안법이 하는 일을 손바닥처럼 들여다보고 있던 미 제국주의가 참다못해 입을 열고 "이놈아 남의 속도 모르고 그게 무슨 잠소리냐, 아이구 답답해. 그걸 다 편지라고 하다니."라고 야단을 친 것이다. 국가보안법은 미 제국주의의 목소리를 알아듣고는 "당신은 그럼 지금 내가 쓰고 있는 편지를 이미 다 보셨다는 건가요."라며 깜짝 놀란다.

이놈아 보고 말고다. 왜 편지뿐이겠니. 네가 속으로 중얼거리는 소리까지 다 듣고 있다 이놈아.

미 제국주의는 "아니 어떻게요?"라며 화들짝 놀라는 국가보안법에게 "이놈아 네 목구멍과 귓구멍에도 그런 장치를 다 해놨어."라고 하면서 "그런 것도 모르는 놈이 북쪽의 빨갱이 머릿속을 네가 안다구. 미친놈." 하면서 구박을 한다. 이 소리를 듣고서 국가보안법은 당신에게 "그럼 이제 편지 말고, 그냥 말로" 하겠으며, 그렇게 해서 자신의 분하고 억울한 마음을 풀고 싶다고 하소연했다. 그러자 미국은 "이놈아 정말 억울하고 분한 자는 네가 아니고 바로 나다 나엿!"이라 소리치며 퍼렇게 멍이 든 가슴을 보여주었다.
도대체 미 제국주의 가슴에 왜 파랗게 멍이 들었단 말인가? 의아해하는 국가보안법에게 미 제국주의 하나님께서 울분을 토로하신다. 미 제국주의가 볼 때 북쪽 빨갱이 패들은 '괴물'이었다. 그 괴물은 "온몸이 피투성이가 되도록 실컷 얻어맞아 픽 쓰러졌던 놈이 말이다. 이제 죽었는가 싶던 그런 놈이 갑자기 벌떡 일어나는" 영화에나 나오는 귀신이나 괴물이었다. 국가보안법은 미 제국주의의 이 말이 엄살로 들렸다. "가진 것이라곤 기껏 주체니 선군이니 하는 그런 빈 깃발밖에 없는데 그게 어떻게 괴물 축에 들 수가 있느냐."라는 것이다.

아 이놈아 그러니 더더욱 괴물 같아서 불안하단 말이다. 네놈 말대로 그것들 가진 것이란 '주체'니 '선군'이니 하는 것 말곤 아무것도 없는 빈털터리처럼 보이는데 말이다. 내가 그처럼 오랜 세월 필사적으로 그것들의 목을 짓눌렀는데도 아 글쎄 그것들이 무슨 재주로 펄쩍 일어나선 도리어 나한테 주먹질을 하는 형국이니 그래도 그것들이 괴물이 아니란 말이냐. 응.

'주체'니 '선군'이니 하는 뻘건 깃발밖에 없는 괴물

미 제국주의는 북쪽 빨갱이 패들을 "아무도 모르는 절해고도에 홀로 내팽개쳐진 것 같은 그런 막다른 형편"에 몰아넣었고, 국가보안법이 보기엔 그것들은 "지금 굶기를 밥 먹듯" 하는, 조금만 더 기다리면 "당신한테 살려달라고 무릎을 꿇을" 가난뱅이들이었다. 당신 역시 "제재와 봉쇄를 강화하게 되면 언젠가는 불현듯 내 품에 안길 거라고" 믿어 왔다. 그런데 그 계획이 다 틀려버린 것이다. 국가보안법이 "그것들이 그런 극악한 상황 속에서도 생존할 수 있는 무슨 특별한 비법이라도 있단 말인가?"라고 묻자 미 제국주의는 비법이 있는지 없는진 모르겠으나 "너처럼 내 품에 기어들긴 틀렸단 말이다."라며, 그 이유를 이렇게 밝혔다.

글쎄 그것들이 한 손엔 핵폭탄을 또 한 손엔 미사일을 들고 말이다. 모다들 눈을 부릅뜨고 저벅저벅 나를 향해 다가오는 것이 아니겠니, 괴물? 순간 나는 그것들이 괴물이란 생각밖에 없었다.

국가보안법은 그 무기들이 가짜이고 모조품 아니냐고 물어보지만 미 제국주의는 그 "미사일과 핵탄두도 다 진품이었어."라며, 북쪽 빨갱이들이 당신에게 이렇게 으름장을 놓았다고 한다. 마치도 쥐가 고양이를 협박하듯이.

글쎄 그것들이 나보고 말이다. 네가 하자는 대로 할 테니 전쟁이냐, 평화냐, 그 둘 중에서 네가 좋아하는 것을 얼른 선택하라고 막 몰아세우더란 말야, 이놈아.

국가보안법은 이 말을 듣고 "완전히 주객이 전도된" 현실을 받아들일 수가 없어서 "당신 혹시 무슨 꿈 얘기를 하시는 것 아닌가요."라고 되물었다. 당신께선 '불행하게도' 꿈이 아니라 생시라 말했다. 첩보비로 수백억 달러 넘게 쓰는 미 제국주의의 첩보기기들이 "하늘에서 바다에서 땅에서 시시각각으로 지구를 겹겹으로 누비며 활동하고" 있으며, "세계의 요소요소를 샅샅이 다 뒤지고 있다는 사실은" 다 아는 사실인데, 어떻게 미국 모르게 북쪽 빨갱이들이 핵폭탄을 만들었다는 말인가.

"갖가지 명함을 들고 북쪽에 들랑거리는 내 요원들"의 말에 의하면 열이면 열 백이면 백이 다 북쪽에 다녀와서 보고하기를 "북에 가서 본 것은 주체니 선군이니 하는 그 뻘건 깃발뿐"이었다고 한다. 그래서 미 제국주의는 모든 첩보를 종합해서 "결국 북쪽의 땅 위엔 우리가 눈여겨볼 만한 별다른 것이 없고, 만약에 뭔가 있다면 그것은 다 땅 밑에 있을 거라는" 결론을 내렸다. 그래서 결국 수억 달러를 주고 금창리 땅굴을 관람하기까지 했는데, 빈 공간만 보고 나와서 세상의 웃음거리가 되었다며 한탄했다.

당신께선 얼마나 답답했던지 국가보안법에게 "북쪽의 빨갱이 그것들을 아주 소리 소문도 없이 감쪽같이 해치울 수 있는 그런 묘책"이 없는지 물었다. "적대분자를 제압하는 술수는 네가 나보다 한 수 위라는 평판도" 들었다면서. 국가보안법은 과찬의 말씀에 겸연쩍어하며 "지금까지 당신을 살찌우게 한 가장 믿을 만한 영양제는 역시 전쟁이 아니었나요."라면서 "당신의 입김에 의해 발발했다고" 하는 사례를 열거했다. 1941년의 일본군에 의한 진주만 공격도 실은 루스벨트 대통령의 음모에 놀아난 결과이고 "또 어이없게도 6·25니, 통킹만이니, 9·11이니, 이라크전이니 하는 것도 사실은 다 당신의 입김이 작용한 참사였다는 설"이 떠돌고 있다는 것이다. 심지어는 "천안함의 참변도 당신의 음모가 묻어 있는 냄새가 난다고 여기저기서 수군거리는 것들"이 꽤 있다고 말했다.

하여간 이래저래 골치 아픈 미 제국주의는 "북쪽의 그 빨갱이 패들을 일거에 해치우기 위한 그런 대결단을" 내리고 "쥐도 새도 모르게 최신식 연구소를 만들었어"라고 털어놓았다. 미 제국주의 휘하의 천재 수재 영재 귀재 소릴 듣는 부지기수의 학자를 모아 연구를 시작했는데, 이들은 북쪽 빨갱이 "그것들은 반세기 이상이나 꽁꽁 묶어놓고 숨통을 조이고 또 조이고 했는데도 아 그것들이 죽기는 고사하고 아직까지 팔팔한 모습으로" 주먹을 흔드는 이유를 이렇게 분석했다.

그런데 일설에 의하면 그것들을 모두 괴물 비롯한 슈퍼맨으로 만든 것은 어이없게도 그것들의 사회를 뒤덮고 있는 예의 그 '주체'니 '선군'이니 하는 구호가 조화를 부려서라는구나.

도깨비방망이 – 미제 망하라!

국가보안법은 이해할 수 없었다. 그까짓 구호가 뭐라고? 그런데 미 제국주의 당신이 만든 연구소에서는 이 부분을 집중적으로 연구했다. "말하자면 주체니 선군이니 하는 것의 그 형성 과정과 성장 과정을 면밀히 추적하면서 그것을 구성하고 있는 세포 하나하나의 성분과 작용을 규명하기 위해"

연구원들이 심혈을 기울였고, 드디어는 그 정체를 밝혀냈다고 한다.

넷, 드러났다구요? 그럼 그게 혹시 혹세무민하는 어느 무당이 중얼거리는 그런 무슨 주문 같은 것이 아니었던가요.

그런데 미 제국주의 당신의 답변은 그게 아니었다.

이놈아 글쎄 그게 도깨비방망이라는구나.

"금 나와라 뚝딱딱 하면 금이 나오고 은 나와라 뚝딱딱 하면 은이 나온다는" 그 도깨비방망이라는 것인데, 그 방망이는 "세포 하나하나가 다 아주 질기디질긴 한으로 사무쳐 있더라."는 연구결과였다. 그 '한'이란 것은 "수수백년 동안 주변 강대국들한테 예속되어 단 한 번도 제 놈들 뜻대로 살아본 적이 없는 그 원한이 뭉치고 뭉쳐서" 금강석보다 더 단단해진 한이었다. 미 제국주의 당신께선 "하늘과 같던 내 값어치가 조금씩 떨어지는 것 같은 느낌이" 들었는데, 그 원인을 도깨비방망이에서 찾기도 했다.

저 멀리 중동이니 아프리카니 중남미니 하는 데서는 물론, 심지언 그동안 내 수중에서 놀던 내 동맹국이라는 것들까지가 내가 뭐라고 하면 전처럼 고분고분하지가 않거든. 특히 나를 위해 내가 만들어 놓은 그 유엔이라는 데서까지도 감히 내 제안을 거부하는 사태까지 생기는 것이 아니겠니. 이게 다 내 짐작엔 북쪽의 그것들이 미제 망하라 하고 그 도깨비방망이를 뚜드려 댄 탓이 아닌가 해서 이거 도무지 불안하여 잠도 제대로 못 잔단 말이다.

미 제국주의는 게다가 그것들 북쪽 빨갱이 패들이 요즘엔 "핵융합 실험에 성공했다고 떠들"어 대는데, 만약 이게 사실이라면 당신께서 궁지에 몰린 것이라고 실토했다. 국가보안법은 위기의식을 느끼고 당신께서 주저하지 말고 "너 죽고 나 죽자 하는 비장한 각오로" 실천에 임하라고 사정했다. 그러자 미 제국주의는 화를 버럭 내며 이렇게 말했다.

미친놈. 너 죽고 나 죽을 전쟁을 내가 왜 한단 말이냐. 내 평생엔 그런 전쟁이 없었다. 이놈아 항시 너 죽고 나 살자였다. 알았니?

그러면서 자신은 이제 "누가 봐도 너도 살고 나도 사는 식의 전쟁을 택할 수밖에 다른 길이 없지 않느냐."라고 소리쳤다. 너도 살고 나도 살고 하는 식의 전쟁이 그게 어디 전쟁인가, 협상이지?

아 이놈아 협상보다 더 어려운 전쟁이 어디 있냐. 그야말로 생사를 건 줄다리기다.

자기가 사는 길이라면 협상을 해서 평화협정이라도 맺겠다는 미 제국주의의 말에 국가보안법은 비명을 지르듯 소리쳤다.

그럼 나는 어떻게 되는 거죠? 죽어도 같이 죽고 살아도 같이 살자던 나의 미래는 어떻게 되느냐구요?

이런 국가보안법의 하소연에 미 제국주의는 "아 이놈아 나의 미래도 모르는데 내가 어떻게 너의 미래까지 왈가왈부하겠어. 하여튼 요즘 세월이 하 수상하다니 너 몸조심 하거라. 나는 지금 너하고 이러고 있을 때가 아니다. 바쁘다 아주 바빠. 나도 이제 내 살길을 어서 찾아봐야 될 게 아니겠니."라며 냉정하게 말했다. 미 제국주의는 "이대로는 영 불안해서 못 살겠다. 그것들이 언제 또 그걸 뚜드리며 무슨 짓을 할는지." 모르겠다며, 국가보안법에게 작별을 고하고 황급히 제 갈 길로 떠났다. 억울하고 분한 마음을 풀기 위해 미 제국주의 당신께 편지를 쓰던 국가보안법은 혹 떼려다 혹 하나 더 붙인 처지가 되었다. 미래의 불안감에 사로잡힌 나 국가보안법은 당신의 뒤통수에 대고 외쳤다. 작품의 마지막 장면이다.

아 여보세요, 여보세요. 어허 혼자서 그냥 가네. 저 혼자만 살려구 그러나. 아 여보세요. 아니 저것 좀 봐. 저것 그냥 가네. 아니 저것 저것 영 상종 못 할 종자 아녓! 쯧쯧.

남정현 작가가 〈편지 한 통〉을 발표하기 전에 쓴 '잡기'를 보면, 마지막 구절을 "아니, 저것 개새끼 아녓?"이라 적어 놓았다. '개새끼'를 '종자'로 순화한 것이다. 작가가 욕할 때 가끔 썼다는 '개자식'이라 했으면 어땠을까 싶다.

동학, 인내천 주제로 작품 구상하기도

이 작품을 읽고 몇 가지 점에서 탄복을 금할 수 없다. 첫째 78세의 노작가가 펜을 잡을 수도 없는 건강 상태에서 혼신의 힘을 기울여 썼다는 사실, 둘째 1965년 〈분지〉, 아니 1958년 등단작인 〈경고구역〉 이후 일관되게 미국 문제에 집중하고 있다는 점, 셋째 2000년 이후 발표된 문학작품 중에 이렇게 한국사회의 근본 문제(미군, 국보법, 평화협정, 분단)를 본격적으로 다룬 작품이 또 있을까, 하는 게 그것이다.

남정현 작가는 〈편지 한 통〉을 완성한 뒤 〈서울신문〉(2011. 2. 8) 기자와 쌍문동 집에서 인터뷰했다. 기자가 십수 년 만의 침묵을 깨고 작품을 다시 쓴 이유를 묻자 남 작가는 "외세에 빌붙어 목숨을 유지해 온 수구세력들에 인류사적 평화의 가치, 민족의 공멸을 피해야 하는 이유를 일깨우고 싶었습니다. 꼭 쓰고 싶었고, 40일 만에 썼죠."라고 말했다. 남 작가는 기자에게 "컴퓨터 자판을 한 자 한 자 더듬더듬 눌러 가다 힘겨우면 가끔 놀러 오는 열네 살 손자에게 구술해서 써 내려갔다."라고 했는데, 이런 작가의 건강을 감안해 기자는 "'편지 한 통'이 사실상 마지막 작품이 될 수도 있음을 뜻한다."라고 썼다. 그렇지만 남정현 작가는 당시 〈서울신문〉 기자에게 새로운 작품을 구상 중이라면서 "동학의 입장에서 우주의 중심축이 바뀌는 '인내천'(人乃天)을 구현하는 작품을 써 보고 싶다." "시장의 원리가 인간의 원리로 바뀌는 것을 보여 줄 수 있으면 좋겠다."라고 말했다.

2013년경 필자가 남정현 작가를 만나서 다음 작품 구상에 관해 물어봤으나 "쓰고 싶지만 너무 어지러워" "계속 누워있어야 해" "소설 쓰려면 한 줄 한 줄 공을 많이 들여야 하는데 기운이 없어"라고 하면서 더 이상 쓰기 어렵다고 답했다. 그땐 이미 80이 넘어선 나이였다. 어릴 때부터 온갖 질병에 시달려 병약한 몸인데다, 고문 후유증으로 평생 고생한 80의 노작가에겐 무리한 주문이었다. 78세에 쓴 〈편지 한 통-미 제국주의 전상서〉만 해도 초인적인 의지를 발휘해 쓴 작품이라 할 수 있다.

남정현의 평생 화두는 미국과 반공법(국가보안법)이었다. 그는 78세의 나이에 펜대를 잡기도 힘든 병약한 몸으로 쓴 〈편지 한 통〉에서 이 두 주제를 명쾌하게 다뤘다. 2017년 도서출판 말은 이 소설과 〈분지〉, 〈신사고〉를 묶어 《편지 한 통-미 제국주의 전상서》라는 소설집을 출간했다. 소설가, 시인, 기자 몇 명과 함께 조촐한 출간기념회를 대학로의 한 식당에서 가졌는데, 이 자리에서 누군가 남정현 작가에게 혹시 구상 중인 다음 작품이 있는지 묻자 이렇게 답했다.

"머리가 너무 어지러워서 아무것도 못해. 손이 떨려서 글을 쓰지도 못하고. 〈편지 한 통〉 쓸 때도 손자가 도와줬어. 그래도 꼭 하나 쓰고 싶은 게 있는데 도대체 반세기 이상 미국의 봉쇄 속에 살아온 북이 어떻게 자주성을 지키고 주체적으로 살아갈 수 있는지, 그 밑바탕에 깔린 우리 민족의 저력이 무엇인지에 관해 쓰고 싶어."

1965년에 서른두 살의 젊은 남정현 작가는 "누구라도 한마디 해야지 견딜 수가 없어서, 어떻게 써야 할까 고민고민하다가〈분지〉를 썼다."라고 했다. 그런데 노인이 된 소설가는 지금도 북핵 위기와 북미 대결의 한복판에서 또 똑같은 심정으로, "누구라도 한마디 해야지 견딜 수가 없어서, 고민하다가"〈편지 한 통-미 제국주의 전상서〉를 썼다. 그가 쓰고 싶었던 북의 주체성과 민족의 저력을 주제로 한 소설은 손도 못 대고 세상을 떠났다. 이 주제로 소설을 쓸 젊은 작가가 어딘가에 있을까.[82]

---

82 남정현의 마지막 단편소설〈편지 한 통-미 제국주의 전상서〉는 계간《실천문학》(2011년 봄호)에 발표된 직후 몇몇 매체에 소개됐으나 문학비평으로 제대로 다뤄지지 않았다. 단행본《편지 한 통-미제국주의 전상서》(2017년 6월)가 발간될 때 임헌영 평론가가 책 뒤에 작품해설을 썼으며, 정선태 교수(국민대)가 김용민TV '오늘을 읽는 책'(2017년 9월 28일)에서 주요 구절을 낭송하며 이 작품을 소개했다.

〈편지 한 통-미 제국주의 전상서〉 집필 위한 작가의 '잡기' 단상

雜記[83]

※일본 천황
  가차 없이 죽이고 가차 없이 살려라.

※지난번 당신(미 제국주의) 편지에서, 그놈의 북의 주체사상만 생각하면 몸이 떨린다고 그러셨지요. 사시나무 떨리듯 한다구요?

※내 몸이 법당이요. 내 마음이 부처이거늘.

※1945. 10. 24 소위 유엔 탄생.
  세계 제패를 위한 미제의 정치도구, 솔직하게 말하면 그렇다는 거지.

※전쟁은 곧, 미국의 본질이며 본성이다.

---

[83] 잡기: 계간《실천문학》(2011년 봄호)에 발표한 소설〈편지 한 통-(미 제국주의 전상서)〉집필을 위한 메모. 2010년경 쓴 것으로 예상되는 '잡기'인데, 여기엔 원문의 3분의 1 분량만 실었다.

※그리하여 미국은 전쟁이 없으면 존재할 수 없는 흉악한 존재다(태생적으로).

※한국 유흥업소. 40여만 개, 종업원-120만 명.

※미 공군 한국에 열화우라늄 탄 300만 개 보유. 그럼 미 육군은? 아이고! 어찌 공군에 비할 건가.

※미제의 세계지배 통치 수법. 분열시키고, 대립시키고, 분단시킨다.

※미국의 가장 뛰어난 전략은 모략과 음모다.

※미제는 세계 최강의 핵무기와 군사력을 가지고 있지만, 그러나 세계를 지배하는 가장 큰 힘은 음모와 모략을 꾸밀 수 있는 그 능력에 있다.

※그리고 6·25, 통킹만, 9.11도 미제의 모략에 의한 것이라는 것이 그냥 說에서 사실로 굳어지는 느낌.

※열반이요, 해탈이요, 피안이요, 정각이요, 공이요, 무요, 하는 것은 그것이 다 부처라는 소리다.

※세상만사가 다 제행무상이라면 그 제행무상은 변하지 않았는즉, 세상사는 다 제행무변이라고 해야 할 것이다. 그리하여 그 제행무변을 변하게 하려는 것도 예술의 한 기능이다.

※어느 인디언 추장의 말

미국은 우리에게 수백 가지의 약속을 했지만 그중에서 단 한 가지도 약속을 지킨 것은 없다.

※제국주의의 모습
생존경쟁, 약육강식, 자연도태, 적자생존, 소위 다윈의 진화론.
그리하여 제국주의자들은 약육강식의 질서야말로 과학이다, 진리다, 자연현상이다, 그래서 神의 뜻이다, 신의 뜻은 선이다, 선은 정의다, 정의는 실현해야 한다고 주장한다. 정신 나간 놈들이다.
만약에 약육강식의 자연현상이 그 질서가 神의 작품이라면 그 작품은 정말 수준 이하의 졸작이 아닐 수 없다. 그러나 인간이 창조하는 예술작품은 신이 창조한 그 약육강식의 추한 세계를 약강이 평화스럽게 공존 공영하는 그런 아름다운 세계로 전환시키려는 데 目的이 있다.
神은 자신이 창조한 약육강식의 이 더러운 작품이 너무나 부끄러워서, 아마 자신의 얼굴을 세상에 내보이지 못할 것이다.

※평화정책
외세가 즉 미군이 점령하여 모든 실권을 장악하고 있는 상황하에서는 말만의 평화 타령은 허구, 거짓이다.
미군 철수를 전제로 하지 않은 모든 평화 타령은 실현 불가능한 허구다.
영원히 이 땅에 미군이 있기를 바라는 음모다.
미군이 점령하여 나라를 갈라놓은 이후 언제 한번 이 땅에 평화가 있었던가.

※작가 마크트웨인의 말
(A) 미국 국기의 흰 부분에는 검은 칠을 하고, 별 대신에 해골을 새겨 넣어야만 제격일 것이다.

(B) 미국이라는 땅을 발견한 것은 좋은 일이다. 그러나 미국이라는 나라가 태어나지 않았더라면 더 좋았을 것이다.

※남의 나라 대통령도 자기들의 기호에 따라 생포하고 죽이는 미국.
　예 : 파나마의 노리에가/이라크의 후세인.

※미국의 변함없는 국시는 전쟁과 살육이다.

※조선조 5백 년 청나라, 명나라의 뜻을 거스르는 자들 다 역적.
　일제 36년 일제의 뜻을 거스르는 자들 다 역적.
　8·15 이후 60년 미제의 뜻을 거역하는 자들. 다, 역적
　이 땅의 애국세력들은 다 역적 취급만 받았다.

※우리는 전 세계 어느 나라든 거기에 콩이 몇 개, 팥이 몇 개 또 뭣이 몇 개 있는지 환히 다 알고 있는데 빌어먹을 그놈의 나라(북한)만은 통 알 수가 없으니 어쩌지?

※금세기
　괴물(미제)과 괴물(주체)과의 사투.
　괴력(미제)과 괴력(주체)의 대결.

※미제의 첫 침입-제너럴 셔먼호 사건 1866년.
　2차 침입-1871년(신미양요).

※미 제국주의 당신
　당신이 곧 나(국보법)요, 내가 곧 당신이지, 당신과 나는 절대로 별개의

존재가 아닙니다. 한 몸입니다. 한 몸.

※미국은 세계에 대해 무슨 짓도 다 할 수 있다.
　악을 선으로 선을 악으로 만드는 것은 아무것도 아니다. 그들의 특권이다.
　그들이 돈으로, 무력으로 장악하고 있는 세계의 수많은 언론매체를 동원하여 그것이 〈악〉이라 하면 악이 되고 〈선〉이라 하면 선이 된다. 그것이 미제의 본질이고 습성이다.
　미제가 추구하는 것은 하나에서 백까지가 다 金權이지 人權이 아니다.
　그들이 말하는 인권이란 다 침략과 지배의 수단일 뿐이다.
　콜럼버스 이후 미제는 단 한 번도 인권을 추구한 적이 없다.

※마지막 구절
　- 아니, 저것 개새끼 아녓?84

※무릇 글이란 약육강식에 기초한 시장원리가 아닌 사람이 곧 하늘이라는 인간원리에 충실해야 한다.

※국보법-나를 없애겠다고 벼르던 김대중, 노무현의 꼴이 너무나 우스워.
　그들이 어디 내 머리칼 하나나 다칠 수가 있었나? 제깐 놈들이.
　내 주인이 누군지도 모르고. 미국이다. 이놈. 네 놈들이 미국을 다쳐?

※금창리에서의 수모
　1999년 5월 북의 금창리 지하 핵시설 미국 3억 불 관광료만 지불.

---

84 소설 〈편지 한 통-미 제국주의 전상서〉에서 마지막 문장은 "아니, 저것 개새끼 아녓?"이 아니고 "아니 저것 영 상종 못 할 종자 아녓! 쯧쯧."이다. 평소 남정현 작가의 최대의 욕은 '개자식'이라 한다.

- 가장 큰 세계적인 희극, 비극, 쌍곡선.

※국보법으로 처벌

1949년 1년 동안 11만 8천620명 구속수감, 33개 정당 사회단체 불법화 해체.

1949년 6월 5일 보도연맹 조직, 30만 명 가입.

친공 국회의원 15명 구속, 남북협상파 제거.

※한국 최고최대의 범죄조직-주한미군.

정부통계

1967~2006 : 미군범죄 5만 4천 건, 범죄 가담 미군 6만 1천 명.

안수길, "세속에 물들지 말 것, 경망한 풍조에 영합하지 말 것"

안수길 문학의 적자(嫡子)로 평가

남정현 작가의 자택 서재에 보관 중인 유품 중에 안수길 전집 출판기념회 초청장이 있다. 이 초청장을 보낸 이는 '안수길전집간행위원회 대표 남정현' 이름으로 되어 있었다.

> *초청장*
> *소설가 남석 안수길 선생님께서 타계하신 지도 어언 30여 년의 세월이 흘렀습니다. 임진년 새해를 맞아 마침내 안수길 선생님의 작품을 집대성한 《안수길전집》(전 16권)이 출간되었습니다. 이를 기리기 위하여 아래와 같이 출판기념회를 개최합니다.*
> *2012년 1월 13일(금) 17:30*
> *장소: 문학의 집, 서울*
> *안수길전집간행위원회 대표 남정현*

남정현 작가가 전집간행위원회 대표직을 맡은 것은 그가 안수길(1911~1977) 선생의 추천으로 문단에 등단했고, 안수길 추천 등단작가 중 대표 주자로 손꼽히기 때문일 것이다. 인터넷 포털을 찾아보니 출판기념회 직후에

〈국민일보〉와 인터뷰를 한 기사 '선생님의 죽음은 문학을 위한 순절이었지요'가 보였다. 이 기사에서 기자는 "남 작가는 안수길 문학의 적자(嫡子)로 평가받는다."라고 썼다. 남정현 작가는 인터뷰에서 "소설가 최인훈, 박용숙, 오상원(1957년 동인문학상 수상) 등과 어울려 가끔 서울 종암동 산동네에 있는 선생님 자택을 찾아갔었지요. 아주 초라한 집이었어요."라고 밝혔다.

이날 인터뷰에서 남정현 작가는 "안 선생님은 작가와 문학을 별개로 보지 않고 하나로 보셨

1978년 5월 남양주 모란공원에서 열린 안수길 작가 1주기 흉상 제막식에 참석한 박용숙과 남정현.

다. 평생 세속적인 이해관계에 연연하지 않고 올곧은 문학정신 하나에 의존해 오로지 문학을 위해 몸을 바친 분"이라고 말하며 안수길 작가를 회상했다.

"작가가 진실하면 작품도 진실하다는 게 평소 지론이셨지요. 그만큼 작품에 대한 엄격성을 강조하신 것이죠. 세속에 물들지 말 것, 경망한 풍조에 영합하지 말 것을 늘 주문했지요. 문학단체의 그 흔한 직책 하나 맡지 않고 오로지 붓대 하나에 의지해 살았던 진정한 문학인이었습니다."

남정현 작가는 기자에게 "안수길 선생은 간도 체험을 소설로 형상화해 한국문학사에 굳건한 위치를 점하고 있는 작가지만 선생의 작품세계를 간

도문학으로만 한정하는 것은 옳지 않다."며 "특히 해방 후 남한에 정착해 당대의 삶과 일상을 세심한 필치로 묘사한 장편들은 빼놓을 수 없는 업적"이라고 말했다.

> "안 선생님은 일제강점기 우리말 우리글 사용이 전면 금지됐던 1944년 만주에서 첫 창작집《북원(北原)》을 간행했지요. 일제에 의해 모국어가 숨을 거두었던 시대에 선생님은 한글 창작집으로 한국문학사의 단절을 막아낸 분입니다."

노벨문학상 후보작으로 추천된 안수길의 《북간도》

안수길의 대표작은 《북간도》이다. 1959년부터 《사상계》에 발표한 장편 '북간도'는 5부작 대하소설로, 국제펜클럽한국본부는 이 작품을 노벨문학상 후보작으로 추천하기도 했다. 1996년 《작가연구》(제2호)는 '특집 안수길'을 165쪽의 분량으로 다뤘는데, 〈간도체험의 정신사〉(이상경), 〈만주, 그 황야와 고향〉(오양호), 〈체험문학과 이상주의의 실제〉(이상갑), 〈《북간도》와 북간도 민족사의 인식〉(이주형), 〈가족사와 삶의 두 양식〉(윤석달), 〈추상적 민족주의와 간도문학〉(강진호), 〈가난 속에 꽃피운 산문 정신〉(박용숙)이 실렸다.

〈가난 속에 꽃피운 산문 정신〉을 쓴 박용숙(1934~2018)은 당시 동덕여대 회화과 교수로 재직 중이었는데, 1959년 소설 〈부록(附錄)〉을 안수길 선생이 추천하여 《자유문학》을 통해 등단한다. 이 당시 안수길의 추천으로 《자유문학》을 통해 문단에 데뷔한 작가가 박용숙, 최인훈, 남정현이었는데, 이들 셋을 안수길은 '삼바가라스(삼총사)'라고 불렀다고 한다. 이들 삼총사는 안암동 채석장 부근의 초라한 집을 일 년에 몇 번은 예고 없이 찾아가곤 했다. 그때마다 늘 흰색 한복을 입고 지내던 안수길 선생은 아무리 마감으로 바빠도 술상을 어김없이 차려 대작했다. 폐결핵으로 건강이 좋지 않은데도 이들 삼총사를 끔찍이 사랑했다고 한다.

박용숙의 수필에는 남정현 이야기도 등장한다. 광화문 월계다방에 삼총사를 포함하여 《자유문학》 출신 문인들이 진을 치고 있었지만 안수길은 거의 출입하는 일이 없었는데 어느 초가을 월계다방에 돌연히 나타났다. 그날은 법원에서 세칭 '분지 사건' 재판이 있던 날이었다. 이날 변호인 측 증인으로 법정에 나와 발언하는 모습을 지켜본 박용숙은 이렇게 썼다.

선생님의 변호는 어느 때와는 달리 더듬거리는 일도 없었으며 조리 있고 근엄하며 그 어떤 때보다도 신바람이 나 있었다. 그것은 살아 숨쉬는 '북간도'의 얼이 '분지 재판'에서 되살아나는 것 같았다. 선생님은 남정현의 작품을 변호하고 있는 입장이었지만, 실은 소설 '북간도'의 어떤 주인공이 새롭게 법정에 서 있다는 느낌이었을 만큼 선생님에게도 특별한 경험이었다는 것을 눈치챌 수 있었다.

안수길 선생이 돌아가신 뒤 박용숙 교수 등은 당시 조각계의 중진이었던 이승택 작가를 찾아가 흉상 제작을 의뢰했다. 이승택 씨는 안수길 작가의 사진을 들여다보며 "정말 선비다운 흉상 하나 만들어 볼 것 같네요."라고 말했다고 한다. 안수길 작가의 흉상은 자택에 보관하다 1주기(1978년 5월)에 모란공원 묘지에서 제막식을 했다.

2012년 통합진보당 '마녀사냥' 변론한 원로작가

통합진보당 변론한 팔순의 노작가

2012년 6월 7일 남정현 작가는 서울 종로구 혜화동에 있는 한 카페에서 인터넷 언론〈민중의소리〉정혜규 기자를 만나 인터뷰했다.〈민중의소리〉는 다음날 '진보당, 약육강식 사고에서 벗어나야'라는 제목의 기사를 실었다. 우리 나이로 팔순에 다다른 노작가는 통합진보당 변론을 위해 고군분투했다.

2012년 5월 소위 '통합진보당 비례대표 국회의원 부정선거' 사태가 터진 뒤 한국의 신문, 방송은 한 달 넘게 이 사건으로 도배했다. 거의 일방적인 비판과 비난의 십자포화를 날렸다. 대한민국의 제도권 정치인, 주류 언론사 기자, 교수, 작가, 평론가 중에 통합진보당 당권파를 변론하는 유명 논객을 단 한 사람도 보지 못했다.

보통 정치적 사건에 대한 평가, 시각이 극단적으로 편중됐다 해도 9:1은 넘지 않는다. 계엄령을 통해 내란을 실행한 윤석열 지지율도 30%가 넘는 균형감 넘치고 너그러운 대한민국이다. 그런데 어떻게 한국의 대표적인 진보정당의 내부 경선문제를 다룬 보도와 여론은 99.9 : 1의 편파적인 구도가 가능할까. 필자는 2012년 통합진보당 사태 당시 한국 지식인 사회의 풍경이 너무도 괴상하게 느껴져 《진보의 블랙박스를 열다》라는 책을 기획하고, 공동 필자로 참여한 적이 있다. 이 과정에서 대한민국의 진보는 '헌법 안의 진보' 더 정확하게 '국가보안법 안의 진보'라는 사실을 절감했다.[85] 이 테두리를 벗어나는 자는 언제고 마녀사냥을 당할 수 있음을 모두가 본능적으로 체화하고 있는 사회가 2012년의 대한민국이었고, 지금 역시 마찬가지이다. 그것은 1945년부터 면면히 이어온 반공 친미 일변도 한국사회의 자랑스러운 전통이기도 했다. 2012년 통합진보당 사태 때 언론의 '마녀사냥'을 반대하는 지식인이 공개적으로 입장을 표명하지 못한 이유를 파헤쳐 보면, 그 밑바닥에는 '국가보안법, 북한'으로 이어질 수도 있다는 레드컴플렉스(적색공포증)가 작동했기 때문이다.

때문에 남정현 작가의 2012년 인터뷰는 흔히 있는 평범한 인터뷰가 아니었다. 80의 원로작가는 "(당권파 후보가) 스스로 부정한 방법을 쓰지 않았다고 하는 상황에서 진상조사위원회가 다시 꾸려졌다." "철저하게 조사한 뒤에 징계 논의를 해도 늦지 않은데 서울시 당기위원회에서 제명 처리해 안타깝다."라는 입장을 밝혔다.

"한집안 식구들에 대한 애정이 있어야 하는데 현재 통합진보당엔 그런 정서가 없다. (조준호 전 대표가) 1차 조사위원회 발표를 할 때 자기 집안의 치부를 남 이야기하듯 해 깜짝 놀랐다. 증오심을 가지고 공격하는 모습이었다. 자기 아버지, 어머니가 잘못한 것이 있을 때도 그렇게 이야기할 수 있겠나. 흠결이 있다면 노력해서 극복하겠다는 말 한마디는 있어야 가족이라고 하지 않겠나. 그때부터 조사에 대해 의혹을 가지기 시작했다.
진보진영에 약육강식의 시장원리가 있어서는 안 된다. 그것을 바꾸려고 진

---

[85] 2012년 통합진보당 사태 때 언론의 십자포화에 시달렸던 이정희 대표는 그 뒤 국가보안법폐지교육센터 소장으로 일하면서 《헌법 위의 악법-국가보안법을 폐지해야 하는 이유》(2021)를 발간했다.

보정당 활동을 하는 것이 아닌가. 정치인들이 평화 공존, 하모니, 인간 중심의 사고를 할 줄 알아야 한다. 그런데 진보진영 내부에서 같은 길을 걸어온 사람들을 원수 보듯 하고 있다니 이게 말이 되는가. 인간을 먼저 생각하는 정신을 회복해야 한다."

남정현은 "사실 규명이 제대로 되지 않은 상황에서 조급한 징계 절차는 안으론 분란을 일으키고 밖으론 매카시즘, 색깔론 공세에 이용될 수 있다."라는 우려도 했다. 실제로 당시 극우보수세력은 통합진보당을 넘어 민주통합당의 임수경, 이해찬 의원 등으로 매카시즘 공세를 확대했다.

"야권의 연합을 막으려는 흉계다. 정당이 대선을 앞두고 정권을 잡으려고 하는 것은 당연하다. 그러나 마녀사냥, 즉 누군가를 죽이는 식으로 흉계를 꾸미는 것은 문제다. 남, 북이 체제가 다른 만큼 서로의 체제를 바탕으로 사고해야 하는 것 아닌가. 우리에게 무조건 맞추라고 할 수 없는 것인데, 이런 생각에 대해 색깔 공세를 퍼붓는 것은 옳지 못하다. 설사 생각이 다른 부분이 있더라도 그 모든 의견을 수렴해야 자유민주주의 아닌가.
사상을 검증하는 것이 꼭 해방 직후 미 군정 상황과 비슷하다. 그때는 문맹이었던 백성을 상대로 했다면 지금은 학사, 석사가 국민 과반수를 넘는 시대에 하고 있다는 것이 다를 뿐이다. 자신들의 생각과 다르다고 국회에서 내쫓으려고 하는 일이 민주주의 국가에서 이뤄지고 있다. 세계적인 수치다."

남정현은 '의원 제명 문제'에 관해서는 "2차 진상조사위원회가 부정을 저질렀다는 객관적인 사실을 밝혀내면 그 결과에 대해 순응해야 한다. 그러나 그전까지는 충분히 해명할 수 있는 기회를 줘야 한다. 그리고 조사 결과에 맞게 처리하면 된다."라는 입장을 밝혔다. 그는 "다시 매카시즘 열풍이 불고

통합진보당 해산에 항의하며 삭발단식투쟁 중인 의원을 지지방문한 사회단체 인사들. 앞줄 남정현 작가 우측이 김미희 의원, 죄측이 김재연 의원이다.

있다. 이 시대에 무엇을 가려봐야 하나."라는 기자의 질문에 '6·15 정신'을 훼손하려는 세력과 맞서 싸워야 함을 강조했다.

"색깔공세는 시대에 뒤떨어졌다. 너무 낡은 공세다. 정치인, 예술인, 학자 할 것 없이 앞으로 우리 민족이 어떻게 해야 발전할 것인가를 봐야 한다. 저는 그 증표가 6·15 공동선언에 있다고 본다. 남과 북이 전쟁과 대결이 아니라 화합하고 번영하는 시대를 만들어야 하지 않겠는가. 나는 우리 역사에서 8·15 해방, 4·19 혁명, 6·15 공동선언이라는 아름다운 장면을 목격했다. 그러나 여전히 이 아름다운 장면을 훼손하고 공격하려는 세력이 남아 있다. 8·15 정신을 이승만이 무너뜨렸고 4·19 정신을 박정희가 깨뜨렸다. 지금도 6·15 정신을 훼손하려는 세력들과의 싸움을 계속하고 있다. 우리 민족의 단결을 막으려고 하는 세력들과 싸우고 있다는 것을 잊어선 안 된다."

정당 해산 운운 있을 수 없어

2013년 10월 권종술 기자는 남정현 작가와 인터뷰를 했고, 〈진보정치〉에 "진보당 주장 잘못된 게 뭐냐? 정당해산 운운 있을 수 없어"라는 제목으로 기사를 실었다. 인터뷰 장소는 대학로 혜화동의 한 카페였다. 남정현은 당시 '국정원 내란음모 정치공작 공안탄압 규탄 대책위' 고문을 맡고 있었다. 남정현은 기자를 만난 자리에서 "진보당 의원이 내란음모로 구속됐다는 소식을 보며 서글펐다."라고 심경을 밝혔다.

"진보정당 국회의원을 수용하지 못할 정도로 대한민국이 허약한 나라인가 생각을 했다. 진보정당 국회의원이 원내에 들어왔다고 나라가 금방이라도 무너질 듯 난리를 피우고, 결국 구속까지 하는 현실을 보며 대한민국 국민으로서 서글펐다."

내란음모 조작사건을 접하며 "정권이 진보정당을 대하는 태도는 조봉암 선생과 진보당을 제거했던 그 시절과 하나도 달라지지 않았다."라는 생각을 했다는 남정현 작가는 진보당의 주장이 뭐가 잘못됐냐고 반문했다.

"6명의 통합진보당 의원은 소중한 존재다. 오히려 지금보다 더 많은 의원이 국회에 들어와야 우리 국회의 격이 높아진다. 진보당이 주장하는 것이 무언가. 복지를 확대하고, 재벌 위주의 정책을 노동자들을 위한 정책으로 바꾸고, 남북의 긴장 관계를 없애고 평화통일을 이뤄가고, 우리 사회 전반의 발전을 가로막는 국가보안법을 폐지하고, 미국이 전시작전권을 쥐고 있는 예속적 대미 관계를 상식에 맞게 바꾸자는 것 아닌가. 잘못된 주장이 뭐가 있나. 이런 주장을 했다는 이유로 정당 해산을 운운하는 건 있을 수 없다."

남정현은 '내란음모 조작사건'에 맞서 "함께 싸워야 한다."라며 종북으로 몰릴까 머뭇거리는 다른 야당을 비판하기도 했다. 그는 "국회의원은 자신의 안위를 생각해선 안 된다. 민주주의와 나라의 발전을 위해 자신을 던져야 한다. 분단된 나라에서 국회의원을 한다는 건 어떤 시련에도 맞설 각오가 필요하다."라고 말했다. 남정현은 이어 마녀사냥식 종북공세에 우려를 나타냈다.

2012년 6월 7일 서울 종로구 혜화동에 있는 한 카페에서 〈민중의소리〉 기자와 인터뷰한 남정현 작가는 언론의 통합진보당 색깔공세에 대해 항변했다. (사진·민중의소리)

"종북이란 개념은 광범위하다. 걸면 걸리지 않을 사람이 없다. 민족적 입장에 서면 종북으로 몰아세운다. 제 소설 〈분지〉도 우리 민족은 결코 죽지 않는다는 사실을 전하려 쓴 것인데 당시 정권은 이를 '북을 이롭게 하는 것'으로 몰아갔다."

남정현의 화두는 곧 진보당의 화두

권종술 기자는 남정현이 평생을 품어온 화두가 국가보안법과 미국인데 "우리 사회를 지배하고 있는 두 가지 괴물을 소설로 쓰기 시작한 1950년대부터 여든이 넘은 지금까지 붙들고 있다. 이는 진보당의 화두이기도 하다."라고 썼다. 남정현이 이 두 화두를 버리지 못하는 건 그때나 지금이나 "시대는 변하지 않았다."라는 인식 때문이다. 기자는 많은 이들이 "시대가 달라졌다."라며 다른 길을 걸어가는 지금도 남 선생은 여전히 그 길을 걷고 있다. 그리고 진보당 탄압에 맞서 함께 싸우고 있다."라고 하면서 글을 끝맺었다.

"통일을 위해, 민주화를 위해 뛰던 사람이 다른 길을 걸으며 '시대가 달라졌다'고 합니다. 하지만 변한 건 그들 자신이지, 세상은 결코 달라지지 않았어요. 남과 북이 분단된 현실, 예속적 대미 관계, 국가보안법 등 달라진 건 없습니다. 진보정당이 국회에 들어왔다는 이유로 내란음모로 몰아가면서 이 난리를 치고 있는데 세상이 달라졌다고 말할 수 있나요."

필자는 통합진보당 사태와 관련된 남정현의 인터뷰 기사를 보며, 한편으로 반갑기도 하면서 또 한편으로는 씁쓸한 마음이 들기도 했다. 마녀사냥당하는 고립무원의 진보정당을 위해 나서는 작가가 있어 반갑기도 했지만, 대한민국에 이런 험한 일을 할 지식인이 팔순의 노작가밖에 없다는 현실이 안쓰럽고 답답했다. 남정현을 인터뷰한 〈민중의 소리〉와 〈자주민보〉도 소규모 인터넷 언론사였다.

*2012년 6월 〈민중의 소리〉와 2013년 10월 〈자주민보〉의 남정현 작가 인터뷰 기사를 참조하여 작성했다.

우리시대의 빛
젊은 후배에게

-1965년 〈분지〉에서 2011년 〈편지 한 통-미 제국주의 전상서〉까지

    필자는 도서출판 말을 시작하면서 첫 번째 책으로 2014년《분단시대의 지식인-통일만세》를 펴냈다. 통일운동에 앞장서서 활동했던 진보인사 중 월간《말》지에 인터뷰 기사로 소개했던 인물을 다시 만나 근황을 소개하는 책이었다. 이때 이기형 시인, 강희남 목사, 박순경 교수, 기세문 비전향장기수 등 8인을 다뤘는데, 남정현 작가도 그중 한 명이었다.

    반미라는 근본 문제를 붙들고 애오라지 한 길을 걷는 남정현은 79세 되던 2011년에 〈편지 한 통-미 제국주의 전상서〉를《실천문학》에 발표했다. 1965년에 "누구라도 한마디 해야지, 견딜 수가 없어서, 어떻게 써야 할까 고민하다가 〈분지〉를 썼다."라는 남정현은 팔십을 바라보는 나이에도 여전히 누구라도 한마디 해야지 하는 심정으로 〈편지 한 통〉을 썼다.

    작가란 "최일선의 초소에서 조국과 산하와 민족의 이익을 지키는 초병, 시대의 맨 앞자리에 서서 정신의 영토를 지키는 힘겨운 초병과 같은 역할을 해야 한다."라고 생각하는 남정현 작가를 2013년 여름과 겨울 사이 서울 대학로의 카페 엘빈에서 세 차례 만났다. 세 편의 소설 〈분지〉(1965), 〈편지 한 통-미 제국주의 전상서〉(2011), 〈세상의 그 끝에서〉(1995)를 중심으로 남정현 작가의 문학과 인생 이야기를 들어보았다.《분단시대의 지식인》에는 200자 원고지 140매 분량으로 실었는데, 여기에선 40매 정도로 축약했다.

혹시라도 북미전쟁 일어나면, '주체' 연호 쓰게 될 수도

이곳 카페 엘빈이 단골인가요?

전에는 자주 왔는데, 근래는 기력이 달려서 가끔 와요. 황금찬(1918~2017) 시인이 엘빈 단골이야. 지금 95세인데, 주 3회는 올 걸. 그분이 우리 집사람 세상 떠났을 때, 석 달 동안 약밥 갖다 주곤 했어. 함께 사는 며느리에게 부탁해서 직접 엘빈으로 갖고 와서 내게 전달했어. 내가 그러지 말라고 극구 만류해도 기운 내야 한다면서 몇 달을 그러셨지. 심성이 참 고운 분이야.

사모님께서는 언제 작고하셨죠?

폐암으로 1996년에 세상을 떠났어. 그때 〈분지〉를 번역한 와세다 대학의 오무라 마스오 교수가 서울대병원의 진료 차트 복사해서 동경대에 보여주고 신약을 구해 오기도 했지. 1년 가까이 병 고쳐주겠다고 한국을 여러 차례 오가며 동분서주했어. 나랑 동갑내기인데, 중국에서 윤동주 묘비 발견한 한국문학 전공자로도 유명해.

요즘 건강은 어떠세요?

한 달에 세 번씩 서울대병원으로 약 타러 다녀. 요즘 부쩍 기력이 없네. 아침에 자고 일어나면 눈을 못 뜰 수 있다는 생각도 들어. 작품을 하나는 더 쓰고 싶은데 말이야.

1995년 계간 《창작과비평》에 단편 〈세상의 그 끝에서〉를 발표한 뒤 16년 만에 〈편지 한 통〉을 《실천문학》(2011년 봄호)에 발표하셨습니다. 〈편지 한 통〉에 대한 반응은 어땠습니까?

소설이 나오기 전에는 인터뷰를 여러 곳에서 했는데, 나온 뒤에는 거의 없었어. 그리고 기자에게 꼭 써 달라고 했는데, 빼 먹은 게 있어. 이번에 인터뷰하면 그 말을 꼭 넣어야 해.

어떤 말을 뺐죠?

미국이 한반도 문제를 서로가 상생하는 평화협정으로 풀지 않고, 끝내 전쟁으로 몰고 간다면 그러다가 만에 하나 미국이 패하기라도 하는 날이면 그 참상은 이루 말할 수도 없겠지만 그렇게 되면 혹여 지금까지 우리 인류가 사용하던 〈서기〉라는 연호가 〈주체〉라는 연호로 전환되는 그런 천지이변과 같은 대변화를 우리 시대가 경험하게 될지도 모른다는 그런 얘기였지.

네, 주체 연호요?

왜 북에서는 김 주석이 태어난 1912년을 기점으로 해서 주체라는 연호를 쓴다고 하지 않던가. 그 연호 말이야.

그 기자가 아마 그때 선생님 말씀을 소설 속의 상상이나 과장법으로 받아들였을 것 같습니다. 하여튼 선생님이 얘기하니까 기발하게 들립니다. 하지만 설마 미국 같이 큰 나라가 북에 패할 리야 있겠습니까.

글쎄 그런 걸 확실히 알 사람은 없겠지. 하지만 설마가 사람 잡는다는 말도 있잖아. 크다고 무조건 작은 것을 이기기만 하는 것은 아니잖아. 물론 미국과 북을 무슨 물리적인 수치만을 가지고 비교하면 하늘과 땅 차이라 비교가 안 되지만, 요즘 추세로 봐선 미국은 하향세고 북은 상향세거든. 그래서 전 세계가 지금 긴장감을 가지고 북미 관계를 주시하고 있어.

미국은 하향세고 북은 상승세라고요?

사실 미국은 옛날과 달리 그 위세가 2차 대전 이후 많이 꺾였거든. 우선 2차대전 이후 미국과 직접 관련된 전쟁이 많았는데도 미국의 입장에서 미국이 명쾌하게 이겼다고 선언할 만한 전쟁이 거의 없잖아. 베트남이니 6·25

니 하는 것은 다 차치하고라도 이라크니 아프가니스탄이니 하는 나라들과의 싸움에서도 다 미국이 소기의 성과를 거두지 못했거든. 그렇다면 미국이 패한 전쟁이나 다름없어. 하지만 북은 다르잖아. 미국의 그 철저한 봉쇄와 제재 속에서도 북은 핵을 개발하고 미사일을 개발하고 어쨌든 지금 와선 미 본토까지 위협하는 단계에 이르렀어. 지금 우리 한반도는 바야흐로 세계의 중심과제로 부상하고 있다 이 말이야. 그러니 한반도의 주인인 우리들의 책임과 그 사명이 얼마나 크겠어. 정말 정신을 차리고 온 힘을 다하여 우리는 한반도의 평화를 지켜내고, 평화통일을 이루어야 해. 그러면 명실공히 우리 한반도가 세계의 중심축이 된다는 것이 내 믿음이야. 하하하.

우리가 세계의 중심축이 된다고요? 지금 말씀은 정세분석이라기보다는 작가적 상상력이 느껴집니다.

그렇겠지. 복잡한 현실을 꿰뚫어 보는 데는 오히려 작가적 상상력이 도움 될 때가 있거든. 그래 그런지 요즘 나의 귀에는 뭔가 거대한 것이 무너져 내리는 그런 굉음 같은 것이 자꾸 들린단 말이야.

내 귀에는 세계 문명의 축 뒤바뀌는 굉음이 들려

굉음요? 무슨 큰 소리가 들린단 말씀이죠?

그렇다니까. 큰소리면 이게 어디 보통 큰소린가. 귀청이 아주 떨어질 것 같은 큰소리거든. 하하하. 21세기가 내지르는 특이한 굉음이랄까, 말하자면 지금까지 우리 인류의 문명을 이끌어가던 그런 문명의 축이 뒤바뀌는 그런 엄청난 소리가 들린다 이 말이야. 집안에서 문짝 하나를 바꿔 다는 데도 큰 소리가 나는데 아, 세계의 문명의 축이 뒤바뀌는 소리니 그 소리가 얼마나 요란하겠어.

2014년 2월 서울 종로5가 기독교회관에서 열린 《분단시대의 지식인-통일만세》 출판기념회(위).
2013년 서울 혜화동의 카페 엘빈에서 남정현 작가와 인터뷰하는 필자(아래).

문명의 축이 뒤바뀐다구요, 좀 더 구체적으로 말씀해 주시겠습니까?

구체적으로 말할 것도 없지. 아주 단순한 얘기니까. 그동안 세계의 중심축이 되어 문명을 이끌어가던 미국의 소위 그 약육강식에 기초한 시장원리가 허물어지고 대신 바로 그 자리에서 우리 한민족 고유의 사상인 인내천 즉, 약강이 평화스럽게 공존하며 행복을 쌓아가는 그런 인간의 원리가 작동하게 된다, 이 말이지. 정말이야. 하지만 거기에는 단서가 딱 하나 있지. 그 단서란 아까도 말했지만 우리 한반도 내외에서 평화와 통일을 방해하는 주변의 온갖 잡귀들을 우리 힘으로 제압해야 해. '분지'는 아직도 분지, 똥의 나라, 국보법공화국이야

그래도 군부독재 정권이 물러나고 민주화된 지 수십 년의 세월이 흘렀는데…….

그때나 지금이나 마찬가지야. 사실 〈분지〉의 주제였던 외세문제와 〈분지〉를 유죄로 몰고 간 국보법(반공법)이 그때나 이때나 괴력을 발휘하기는 똑같아. 똥의 나라. 국보법이 여러 법률 중의 하나로 생각하는데 실제로는 헌법 제1조와 같은 위력을 발휘하고 있어. 대한민국은 아직도 국보법공화국이고, 국보법 위에 미국이 있지. 미국 측에서 보면 일종의 보검이기도 할 테지.

'분지 사건' 당시 검사 공소장을 보면 "반미감정을 조성, 격화시켜 반미사상을 고취하여 한미유대를 이간함을 표현하는 등을 주요 내용으로 하는 단편소설"이라고 나오는데 〈분지〉가 반미소설인 것은 맞나요?

공소장의 세세한 부분을 일일이 지적할 수는 없을 테고, 어이 됐든 〈분지〉의 주제가 반외세적인 것 맞지. 4·19를 짓밟은 5·16의 실체를 난 미제 탱크에서 보았어. 미제 탱크가 국군을 태우고 그 거대한 포신을 치켜세운 채, 흡사 괴물처럼 굉음을 내며 흉흉한 모습으로 서울 한복판에 다가왔을 때, 나는 무슨 맹수를 피하듯 본능적으로 몸을 피했어. 나는 그때 길거리에

털썩 주저앉으면서 그때 뭔가 입안에 오래 물고 있던 것을 내뱉듯 '아, 외세다' 하고 외마디소릴 외쳤지. 동학군의 목을 무자비하게 자른 외세, 삼일운동을 박살 낸 그 천인공노할 외세, 나라를 남북으로 갈라놓은 그 저주스러운 외세가 지금 거대한 미제 탱크로 변하여 또다시 4·19의 가슴에 총탄을 퍼붓는다고 생각하니 나는 온몸이 떨리더군.

소설의 원래 제목은 '미 제국주의 전상서'

〈편지 한 통〉의 첫 문장이 '미 제국주의 전상서'던데, 어찌 보면 제목으로 더 잘 어울린다는 생각이 듭니다.

맞아. 원래 제목은 '미 제국주의 전상서'인데, 출판사의 입장을 고려했지. '미제'라는 말을 요즘 출판계나 문단에서 거의 안 쓰잖아. 미 제국주의라고 부르는 작가가 없어, 이것 자체가 불온한 거야. 부제로 해도 돼. 결국은 미국이 평화협정으로 갈 거야. 너 죽고 나 살자가 지금까지 미국의 전쟁에 관한 입장이었지만, 지금 그런 형편이 안 돼. 그렇다고 너 살고 나 죽자 식의 전쟁은 더욱 못할 일 아니겠어, 그러니까 미국은 궁여지책으로 너도 살고 나도 사는 식의 전쟁을 택할 수밖에 없으리라 이거지. 그게 바로 평화협정이라는 거야. 그러니 멸공을 주장하는 국보법의 입장에서 평화협정을 반길 리가 있나. 국보법의 입장에서는 미국이 저만 살려고 자기를 배반하는 걸로 보일 텐데.

소설 〈미 제국주의 전상서〉에 국가보안법이 미 제국주의를 '나의 구세주' '나의 영원한 어버이'라고 부르던데, 어떤 의미에서 국보법(치안유지법, 반공법)의 구세주가 미 제국주의자라는건가요?

국보법의 전신인 일제의 치안유지법은 해방 후에는 죽은 목숨이 아니었겠어. 그런데 미제가 살려 준거지. 국보법 입장에서 그것은 정말 기적이었어. 예수의 부활에 버금가는 그런 불가사의한 기적이었지. 그런 뜻에서 미제는 틀림없는 국보법의 창조주인 거야.

국가보안법은 창조주 미국을 위해서 무슨 일을 한 거죠?
　8·15해방, 4·19혁명, 5·16쿠데타, 5·18항쟁의 뒤에는 미국이 있고, 미국의 최종병기는 국가보안법이었어. 미국을 지칭하여 한반도의 남쪽을 강점한 흉악한 강도라고 하면서 흡사 철천지원수처럼 미국을 적대시하는 북한과 시도 때도 없이 자주다 민주다 통일이다 하면서 미국에게 주먹질을 하는 남쪽의 운동가를 응징하기 위해 국보법은 불철주야 일했지.

선생님 소설의 대표적인 기법인 풍자적 표현이 이 작품에서는 '도깨비방망이'가 아닌가 싶습니다.
　도깨비 방망이라고 하면 많은 사람들이 바로 이해를 하잖아. 초등학생들도 좋아하고. 나는 미국의 입장에서 보면 주체, 선군이 도깨비방망이로 보일 거라고 쓴 거야.

미국 입장에서 밤낮으로 생각하며 쓴 소설

미국 입장에서 썼다고요?
　미국이 별의별 방법을 다 동원하여 숨통을 틀어막고 제재를 가했는데 아무 일도 없었다는 듯이 벌떡벌떡 일어나는 북이 괴물로 보여서 그 정체를 오랫동안 연구했는데, 결론은 도깨비방망이라는 것이지. 미국 입장에서는 주체사상 하나 믿고 덤비는 북한을 도깨비로 이해할 수도 있을 거야. 도깨비방망이는 착한 사람에게 주는 건데, 왜 가장 못된 빨갱이에게 줬느냐, 문제 제기하는 사람도 있더라고.

풍자하는 것도 쉽지 않네요.

이 소설 쓰기 위해 도깨비방망이를 얼마나 생각했는지 몰라. 풍자라는 게 사람들이 쉽게 알아먹을 수 있는 걸로 해야 하거든. 도깨비방망이가 신묘한 위력을 발휘한다는 것을 아이들도 다 아는 거야. 미국 입장에서 생각을 많이 했어. 내가 소설을 쓰면서도 미국 입장에서 밤낮으로 생각할 때가 있어. 어떻게 이 난국을 헤치고 살아나갈 수 있을까, 북이라는 장애물을 어떻게 제거할 수 있을까. 그런데 아무리 고민해도 어떻게 할 수 없어. 평화협정 해야 해. '편지 한 통'에 쓴 그 방법밖에 없는 거야. 결말은 너도 죽고 나도 죽자는 못하거든 너 죽고 나 살자였는데. 다른 나라에선 다 그렇게 했는데, 북하곤 그게 안 되니까, 너 살고 나 살자 밖에 할 수 없어. 미국으로선 북이 2013년 봄에 미국 본토를 정밀타격하겠다며 실질적인 선전포고를 해도 찍소리도 못하고 당하는 상황이야. 엄혹해.

문학이라는 형식을 빌려서 발언하기 때문에 어느 정도 자유롭게 얘기할 수는 있겠지만, 〈분지〉와 긴급조치 사건 때 권력에 크게 당하신 경험이 있는데도, 팔순의 나이에 한반도의 골리앗을 향해 돌팔매질할 힘이 어디서 나오는 건지 궁금합니다.

내가 열망하는 체제가 아직 오지 않았어. 해방 이후 미군정시대에, 일제 협력자들이 요직에 올랐는데, 이건 해방도 아니야. 인정할 수 없었지. 지금도 크게 다를 바가 없잖아. 내가 한 작가로서 열망하는 것은 언제나 자주적이고 민주적으로 통일된 조국이야.

소설 〈세상의 그 끝에서〉와 남정현의 내면세계

〈편지 한 통 – 미 제국주의 전상서〉(《실천문학》 2011년 봄호)는 〈세상의 그 끝에서〉(《창비》 1995년 여름호) 발표 후 16년 만의 작품인데, 그동안 왜 작품 발표를 안 하셨죠?

소설 쓰는 게 쉬운 일이 아니야. 풍자하려면 비틀고 비틀어서 써야 하고, 표현 하나하나 걸러야 하고. 게다가 건강 때문에 집중하기가 어려워. 하루에 서너 시간은 집중해야 하는데, 1974년 중앙정부에 끌려갔다 고문받고 나온 뒤로 신경안정제 바리움을 매일 복용하니까, 늘 비몽사몽 상태야. 금방 죽을지도 모를 것 같은 현기증이 한 달에도 몇 번씩 찾아오는데, 공황장애랑 비슷한 증상이야. 작품을 쓰려면 태양의 빛을 확대경으로 모아 종이를 불사르는 것과 같은 고도의 집중력이 필요한데, 몸이 안 받쳐주네.

《남정현 대표소설 선집》(실천문학사) 뒷부분에 실린 해설 〈가족관계의 상징성과 그 의미〉에서 방민호 서울대 교수는 "소설 〈세상의 그 끝에서〉를 통해서 작가 남정현의 깊은 내면을 훔쳐본 듯한 감동을 받았으니, 이러한 필자의 감동이 이 선집을 접하는 이들 모두의 것이 되기를 바라마지 않는다."라고 썼습니다. 저 역시 〈세상의 그 끝에서〉를 읽고 저 역시 비슷한 느낌이 들었는데, 방민호 교수를 아시나요?[86]

방민호 교수는 얼굴도 본 적 없는 평론가인데, 여러 자리에서 그런 얘기 했다고 해. 소설 선집 해설을 읽어봤는데 단지 필화사건의 작가로서 나를 소개하지 않고, 깊이 있는 문학평을 했다는 생각이 들었어. 러시아 작가는 모두 고골리의 〈외투〉에서 나왔다는 말이 있는데, 내 작품 〈너는 뭐냐〉를

---

[86] 방민호 교수는 방민호 평론집 〈행인의 독법〉(2005. 12)에 쓴 '이상, 고골리, 그리고 남정현-선집 발간을 통해서 본 남정현의 소설미학에 관하여'에서 남정현 작가에 대해 상세히 언급했다. 아래는 홍성식 기자가 〈오마이뉴스〉(2006. 1. 20)에 쓴 신간 안내 기사의 일부다.
"그중 이채로운 것이 '〈분지〉의 작가'로 불리는 남정현(73)에 대한 글이다. 방민호는 미국을 비판적으로 성찰한 단편 하나를 발표했다는 이유로 온갖 고초를 겪어야 했던 이 노작가가 자신이 가진 문학적 능력보다 낮게 평가받고 있음을 안타까워한다.
〈너는 뭐냐〉라는 남정현의 작품이 '이상의 〈날개〉와 러시아 작가 고골리의 〈외투〉의 요소를 함께 차용하면서 작가만의 새로운 세계를 창출'했다고 보는 방민호는 남정현의 알레고리 기법 사용이 '1960년대 한국사회의 병리성을 해부학적으로 도해'한 빼어난 소설임을 차근차근 설명한다."

외투에 비교해 가면서 과분한 평을 해주셨더군.

통일시대 대통령이 되려면

세상의 흐름, 시대정신이 변해서 작가들의 생각도 많이 바뀐 거 같습니다. 정치인이나 지식인의 통일에 대한 생각도 예전 같지 않고요.

분단이 사라졌나? 분단을 야기한 외세문제가 해결됐나? 다 자기들 잇속을 찾아 헤매려는 핑계겠지 뭐. 그런데 분단된 나라에서 대통령을 꿈꾸는 정치인이라면 통일 대통령을 준비해야 해. 그러려면 북의 체제와 사상에 대해서도 잘 꿰뚫고 있어야 할 것 아니겠어.

예전에 대통령을 꿈꾸고 있다고 알려진 어느 야당 정치인을 만났을 때 충언 한마디 한 적이 있어. 앞으로 대통령이 되어 혹시 정상회담이라도 하려면, 북을 지배하는 사상을 알아야 한다, 그걸 모르면 제대로 대화 못 한다, 북을 설득하고 협상하려면 주체철학이 뭔지 알아야 한다, 거기에 어떤 결함이 있고 어떤 장점이 있는지도 연구해 보라고 했지. 그런데 그 자리에서는 예, 예, 하더니, 나중에 들리는 말이, 주변 사람들에게 이상한 사상 가진 사람 같으니 조심하라고 하더래. 내 그때 그 사람 통일시대 대통령 되긴 다 글렀다고 생각했어. 그래서 그저 국회의원 노릇이나 잘 해 줬으면 했지.

색깔 논쟁에 휘말리면 정치생명이 끝장난다고 생각하기 때문에 그런 거 아닐까요.

그랬을는지도 모르지. 모두 자기 잇속만 차리는 세상이니까. 하지만 사회운동하던 경력으로 국회의원쯤 되면 그래도 뭔가 시대정신을 대변하는 말 한마디쯤은 하고 나와야 할 것이 아니겠어. 국회의원에겐 면책특권도 있으니까 말이야. 아니 면책특권이 아니더라도 많은 백성이 심각하게 문제시하는 국가보안법 문제나 국군통수권문제 그리고 미군 철수문제 같은 것에 대해 민족적인 입장에서 뭔가 한 번쯤은 자기 견해를 확실히 밝혀야 하지 않겠어. 그런데 그저 쉽게 배를 쑥 내밀고 월급만 타 먹다가 나오다니, 그런 자들 정말 불쌍해.

1965년 향미산에서 미군 엑스사단에 혈혈단신으로 맞서던 〈분지〉의 홍만수는 마지막에 "글쎄 이 자식이 그렇게 용이하게 죽을 것 같습니까, 하하하."라고 호탕하게 웃어 제낍니다. 홍만수는 〈분지〉에서 죽지 않고 여전히 살아 있는 건가요? 어찌 보면 향미산에서 홍만수가 살아나 다시 〈편지 한 통-미 제국주의 전상서〉를 썼다는 그런 느낌도 듭니다.

그럴는지도 모르지. 내가 〈분지〉를 쓰게 된 동기는 아주 단순하거든. 한마디로 말하면 우리 민족은 절대로 죽지 않는다는 그런 얘기를 쓰고 싶었던 거야. 다시 말하면, 우리 민족은 그 어떠한 궁지나 위기에 몰리더라도 절대로 죽지 않는다는 사실을 세계만방에 한번 선언하고 싶었다, 이 말이야. 〈편지 한 통〉도 결국 그런 얘기의 연속일 수도 있겠지. 한반도에서의 평화협정 문제가 크게 이슈화된 요즘 정말 미국이 이번 기회를 놓치지 말고, 한반도의 편에 서서 평화의 길로, 평화협정의 길로 나아가 주리란 희망을 안고 쓴 소설이기도 하지.

주변 문인 중에 외골수다, 너무 하나에만 파고든다며 비판하는 경우도 있던데요. 시대가 변했는데 레퍼토리가 바뀌지 않는다고.

누군가가 나를 쇠말뚝 같다고 해. 제 자리에서 변하지 않는다고. 그런데 말이야 생각해봐. 아직 이승만이 넘겨준 국군통수권 하나도 해결되지 않았어. 독립국으로서 가장 중요한 그 국군통수권마저도 말이야. 국군통수권 없는 독립국가가 세상에 어디 있겠어, 우리 선배들이 해방 직후부터 외친 게 민족자주고 조국통일 아닌가. 그 문제 때문에 많은 사람이 죽고, 고문 받고, 감옥 가고 병신 되지 않았나. 그런데 해결된 게 뭐야? 더 심화되면 심화됐지. 변화니 뭐니 하는 것은 아마 계산 잘하는 사람들이 좋은 말로 현실을 외면하기 위한 방편일 거야. 그동안 우리 선배들이 고심하고 목숨 걸었던 과제는 그 선배들의 정신으로 살아야 언젠가는 해결될 거야.

뜻 맞는 후배 작가들하고 그런 문학 모임을 만들어 보시면 어떨까요?
내게 어디 그럴 능력이 있겠어. 그건 다 내 능력 밖의 일이고 앞으로 혹시 그런 능력 있는 분이 나와서 그런 일을 할지도 모르지. 2008년이던가, 작가들이 평양 가서 북과《통일문학》발간하자고 합의했었는데 그것도 창간호 한 권 내놓고 그만이거든. 이게 다 현실이 녹록지 않은 탓이겠지. 그때 북쪽에선 〈분지〉를 싣자고 했는데, 남쪽 대표가 반대해서 안 실었다는 얘기도 전해 들었어.87

'우리 시대의 빛'이 되기를 바라며

2014년 1월 초《통일만세》편집 작업할 때 8인의 인터뷰이에게 2백 자 원고지 한 장 분량의 여는 글을 친필로 적어서 보내 달라고 부탁했다. 그때 남정현 작가는 떨리는 손으로 이렇게 써서 보내주었다.

8·15 이후에도 계속 외세가 지배하는 오늘이란 현실은 언제나 위기요, 혼란이요, 언어도단이었다. 그리하여 나에게 있어선 순간순간이 다 긴장의 연

---

87 《통일문학》 창간호(2008년 2월) 작업에 관여한 정도상 6·15민족문학인협회 남측위원장(소설가)이 한 언론과의 인터뷰에서 "예를 들어 북에서 골라 온 남쪽의 작품 중에는 남정현의 〈분지〉, 황석영의 〈객지〉가 있었다. 〈분지〉는 반미소설이고 〈객지〉는 노동운동 관련 소설이다. 그러나 우리는 두 작품이 너무 오래됐고, 남쪽 국민들의 일상을 보여줄 수 있는 작품으로 고르고 싶다는 생각에서 우리가 부결권을 행사했다. 그래서 이청준의 〈눈길〉, 은희경의 〈빈처〉, 방현석의 〈존재의 형식〉, 젊은 작가의 작품으로 김서령의 〈작은 토끼야 들어와 편히 쉬어라〉가 들어갔다."라고 밝혔다.

속이었다. 조금이라도 방심하였다간 한 작가로서의 내 정신세계가, 아니 내가 인간임을 자처할 수 있는 그런 어떤 인간의 마지막 징표 같은 것이 와 르르 다 허물어지고 말 것 같아서였다.

2013년 여름, 인터뷰를 위해 만났을 때 남정현 작가는 바이링궐 에디션 한국 현대소설 시리즈 《분지》(아시아 출판사, 2013년 6월 15일 발행)를 필자에게 선물했다. '우리 시대의 빛 최진섭에게'라는 사인을 적는 동안 손이 심하게 떨렸다. 요즘은 사인할 때 '우리 시대의 빛 ooo에게'라고 적는데, 그 이유는 어둠이 가득한 시대에 젊은 후배들이 빛이 되기를 바라는 마음을 담고 싶어서라고 한다.

"각자 한 사람 한 사람이 우리 시대를 지키는 초소이고, 진지이니까, 자기 능력에 맞게 우리 시대의 빛이 되어 달라는 뜻이야. 하도 세상이 깜깜하니까. 조국이 반으로 갈라졌으니 깜깜할 수밖에 없어. 근데 견고한 초소가 몇 개 안 돼."

세상을 뜬 작가에게 물어 본다

2020년부터 필자는 강화도 북단 해안철책 부근의 농촌마을에서 지내고 있다. 걸어서 해안 철책선까지 20분 남짓 거리에 있는 농가주택을 1인 출판사 사무실로 쓰면서, 작은 동네책방을 열었다. 해안철책이 삼중으로 촘촘하게 쳐진 한강하구 너머로는 북의 개풍군이 바라다보인다. 이곳에서 남정현 작가의 소설을 뒤적이다 보면 본의 아니게 내가 초병으로 와 있는 건가 하는 착각이 들 때도 있다. 1년 전부터 대한민국의 대북방송에 대응해 북의 대남방송 스피커가 밤낮없이 내보내는 사이렌 소리와 귀신소리, 타악기 소리, 늑대 울음소리가 번갈아 가며 귀청을 때린다. 여러 괴이한 소리가 뒤섞여 들리기도 하는데, 그럴 때는 마치도 한국전쟁 때 사망한 국방군, 인민군, 중공군, 미군, 그리고 남과 북의 민간인 학살 피해자의 원귀가 서로 뒤엉켜 곡소리를 내는 것 같다는 상상마저 하게 된다.

서부전선 '경고구역'에 울리는 초현실적 파열음을 들으며, 2020년 12월 세상을 뜬 작가에게 질문을 던져본다. 평생 미국과 국가보안법과 맞서 싸우며 민족의 자주와 통일을 위해 살아왔는데, 남은 여전히 미군, 일본자위대와 합동군사훈련을 벌이고 있고, 북은 이제 대한민국은 적대적 국가라며 민족, 통일이라는 말조차 지우고 있는 이 현실을 어떻게 받아들이시나요? 대한민국에 계엄령과 내란이 발발했는데 북에선 무관심한 태도로 외국 뉴스 전하듯 합니다. 차라리 잘된 일인가요?

이게 다 미국과 그 하수인 국가보안법 탓이라고요? 이놈들이 70년 넘게 남북을 이간질하고, 싸움을 붙인 탓에 적대관계가 됐고, 민족이 분열하게 됐다고요? 그러니까 미국으로부터 진짜 독립하고 국가보안법 수거해서 불태우면 다시 하나의 민족이 될 거라 이 말씀인가요. 거짓말이 아니니 믿어달라고요?

시종일관 '민족주의자'이자, 문학적 비전향장기수

―2010년대 남정현 인터뷰 기사 모음

1. 백 기어 넣고 얼마 못 가

양심수후원회의 〈후원회 소식지〉 2010년 4월호엔 유영호 운영위원이 쓴 '소설가 남정현 선생님께 문학예술의 참 의미를 듣다'라는 글이 실렸다. 유영호 씨는 당시 연세대 북한영화 관련 박사논문을 준비하던 중이었는데, '남정현과 〈분지〉에 대해 나만 모르고 있었구나'라며 본인의 '무지함'을 자책했다. 마흔이 다 돼 〈분지〉를 읽고 전율했던 필자와 비슷한 경우였다.

유영호 운영위원은 쌍문역 부근의 단골식당에서 남정현 작가를 만나 샤부샤부로 점심을 하고, 차를 마시며 이야기를 나눴다. 소설보다 더 드라마틱한 청년 남정현의 삶에 대해 상세히 듣고 싶었으나, 작가는 그런 과거의 얘기보다는 현재가 중요하다고 말했다.

"지난날 어떻게 살았느냐는 이야기는 별로 중요하지 않아요. 더 중요한 것은 지금 내가 어떤 생각을 하고 있느냐는 것이죠."

유영호 씨는 팔순을 바라보는 작가에게서 '진리에 대한 열정'을 느꼈다. 세 시간에 걸쳐 대화를 나누는 동안 노작가는 팔을 떨기도 하고 몸도 불편해

보였다. 그러나 "역사와 변혁에 대한 믿음과 열정만큼은 소설 〈분지〉를 쓰셨던 젊은 시절로부터 조금의 변화도 없음"이 느껴졌다.

남정현 선생은 요즘 세대가 행운아인 이유에 대해서도 열변을 토하셨다. 유영호 씨가 "경쟁 속에서 사느라 친구들과 어깨동무하면서 놀지도 못하는 아이들이 너무 불쌍한데, 선생님께서는 어찌 그리 말씀하십니까?"라고 의문을 표하자 남정현 작가는 "현시기는 세상을 움직이는 거대한 축이 변화하는 전환기인데, 그 축이 무너질 때 들리는 바로 그 '굉음'을 들을 수 있기 때문에 행운아"라고 답했다. 그러면서 "앞으로 세계의 중심은 우리의 한반도가 될 것"임을 역설했다.

> "지금껏 인류사회를 움직였던 축은 약육강식에 기초한 시장원리가 그 문명의 축이었어요. 현재 미국 중심의 신자유주의는 바로 그러한 시장원리를 극단적으로 첨예화시킨 것이며, 이로써 인류사회 곳곳에서 자신의 고유한 것들이 무너지고, 또 이것이 학문적으로는 인문학을 허물어뜨리며 동물적 가치만 남게 만들었죠."

남정현은 이제 서구 자본주의 열강이 주도했던 '시장원리'가 최근 '인간원리'로 바뀌고 있는데, 그 흐름을 주도한 나라는 우리나라라고 말했다. 그 근거로는 단군의 홍익사상과 이를 발전시킨 인내천 사상을 들었다. 유영호 씨는 이런 상상력 넘치는 남정현 선생의 이야기에 '우리나라가 세계의 중심은 아니어도 좋으니 인간의 원리가 세상을 움직이는 축이 된다면 좋겠다'고 생각했다. 남정현은 이명박 대통령이 '국격' 운운하면서도 미국이 국군통수권(전시작전통제권)을 돌려주겠다는데도 받지 않겠다고 말하는 것에 대해서도 매섭게 비판했다.

> "국격은 그것의 핵심이 자주권인데, 주한미군이 없으면 죽는다고 난리니

어이가 없어요. 대통령의 권한 중에서 가장 핵심적이고 보람 있는 것이 국군통수권이죠. 따라서 국군통수권이 그 나라의 국격을 표상하는 최고인데, 자주권을 돌려주겠다는 것을 반대하고 있으니 참 아이러니합니다."

유영호는 이명박 정권이 들어서면서 남북관계가 후퇴한 것에 회의적으로 반응했다. 이에 남정현은 자신의 운전 경험을 거론하며, "자동차 백 기어 넣고 가봐야 얼마나 갈 수 있느냐?"라고 반문했다. 유영호는 이처럼 "백 기어라는 어휘를 선택하여 역사를 설명하는 것에 배꼽 잡고 웃으면서도 그 비유의 적절함에 그만 감탄하고 말았다."라고 썼다.

2. "고인에게 눈물 대신 박수를 쳐 드리자"

2013년 6월 14일 〈통일뉴스〉에는 이창훈 통신원이 쓴 '민족시인 이기형 선생 통일애국장 열려'라는 기사가 실렸다. 6월 13일 오후 서울성모병원에서 열린 '민족시인 이기형 선생 통일애국장'에서 추모식에는 어울리지 않는 박수 소리가 터져 나왔는데, 장례위원회 호상을 맡은 남정현 작가의 제안 때문이었다. 그는 인사말을 통해 고 이기형 시인과 문익환 목사 모친 장례식에 함께 갔을 때의 일화를 소개하며, 고인에게 "눈물 대신 박수를 쳐 드리자"라고 말했다고 한다.

> "당시 문익환 목사가 어머니는 참 아름다운 삶을 살다 가신 분이라며 눈물이 아닌 박수로 보내드렸으면 좋겠다는 제안 때문에 박수를 친 적이 있는데, 이때 이 시인이 '이렇게 아름다운 장례식은 처음이다'며 말했던 기억이 있다. 참으로 열심히 민족의 통일과 한반도의 평화를 위해 살다 가신 고인에게도 눈물 대신 박수를 쳐 드리자."

3. 예술가에겐 혁명가 기질이 있어야

《월간문학》 2015년 10월호(통권 560호)엔 2쪽짜리 짧은 기사가 실렸다. 꼭지 제목은 '뵙고 싶었습니다'였다. 《월간문학》은 사단법인 한국문인협회가 만드는 잡지인데, 10월호 표지엔 미당 탄생 100주년을 기념하며 서정주 시인의 사진을 실었다. 100주년 기획특집으로는 조연현의 '서정주론'이 실렸다.

김밝은 기자는 남정현 작가를 혜화동 서울대병원 입구의 찻집에서 만나 인터뷰했고, 근처 창경궁으로 자리를 옮겨 잡지에 실을 사진을 찍었다. 남정현 선생은 이날 《월간문학》 기자와의 인터뷰에서도 '참여파 작가'의 면모를 유감없이 발휘했다.

"혁명가에겐 예술가 기질이 있어야 좋은 혁명이 가능하고 예술가에겐 혁명가 기질이 있어야 좋은 작품을 쓸 수 있다. 그래서 예술과 혁명은 분리되지 않는다고 생각한다. 이것은 나를 떠나서 남과 함께 있는 더 큰 나를 발견하는 과정이며 아름다운 사회를 구상하는 것이기도 하다."

한 페이지도 안 되는 분량의 글이라 기자의 어떤 질문에 남정현 작가가 '혁명가'를 거론한 답변을 했는지 가늠하긴 어렵다. 건강이 염려되는 모습이었지만 "대화가 진행될수록 작은 체구 어디에서 그런 깊은 힘이 나오는지 모를 정도로 많은 이야기를 해 주셨고"라고 한 걸 봐선 기자가 많은 이야기를 들은 것 같은데, 무슨 생각으로 짧은 글에서 이 대목을 골라서 넣었는지도 궁금하다.

김밝은 기자는 '뵙고 싶었습니다'의 마지막에 "궁의 뜰에서 가을 하늘을 향해 웃으시는 모습에서 문득 선생님의 어머니께서 늘 챙겨 주셨다는, 잘 익은 사과 향기가 나는 것만 같았다."라고 적었다.

4. 문학은 사회적 관점에서 인간을 사랑하는 작업

　도서출판 말에서《편지 한 통-미 제국주의 전상서》를 펴낸 직후 남정현 작가는〈경향신문〉(2017년 7월 10일) 원희복 기자와 인터뷰했다. 원 기자가 쓴 '〈편지 한 통〉낸 소설가 남정현…시간을 뛰어넘어, 한반도를 사랑한 해학가'에는 2016년 박근혜 탄핵시위 참여, 반미의식, 문학이란 무엇인가, 앞으로 쓰고 싶은 작품 등의 이야기가 실려 있었다.
　83세의 노작가는 기자에게 박근혜 탄핵 광화문 촛불시위에 여러 차례 참여했다고 말했다. 남정현 작가는 촛불혁명에 대해 "동학을 만든 대단한 민족의 저력을 보인 것"이라며 거듭 찬사를 했다. 그는〈편지 한 통〉'작가의 말'에서도 우리 현대사의 큰 자랑거리로 4·19 혁명, 5·18 항쟁, 6·15 남북선언과 함께 광화문의 촛불항쟁을 꼽으면서 "이러한 혁명과 선언과 항쟁의 그 밑바닥에는 예외 없이 다 민족자주에 대한 우리 민중들의 간절한 열망과 조국의 평화통일, 그리고 민주주의에 대한 절절한 비원이 금방이라도 위로 솟구쳐 오를 기세로 펄펄 끓고 있다는 느낌이었다."라고 쓰기도 했다. 노구를 이끌고 찾아간 광화문 거리와 광장은 남정현 작가가 젊은 시절부터 끔찍하게 아끼는 4월 혁명의 공간이기도 했다.
　필자는 남정현 작가가 언제부터 철저한 '반미주의' 작가가 되었는지, 그 계기가 무엇이었는지 궁금했으나, 직접 물어보지 못해 궁금했었다. 그런데 원희복 기자는 인터뷰에서 "왜 그렇게 미국을 싫어하나, 무슨 특별한 계기라도 있었나?"라고 물었다.

　　"국민의 힘으로 이승만을 때려 엎었는데, 이 4·19 학생혁명을 뒤집은 사람이 박정희다. 미국이 박정희 쿠데타를 용인하고 우리는 미국에 예속됐으니, …… 작전권 없는 군대가 어디 있나."

2016년 4월 19일, 수유리 국립4.19민주묘지에서 열린 4월혁명 기념식에 참석한 남정현 작가. 왼쪽부터 한찬욱 사월혁명회 사무국장, 손솔 흙수저당 대표, 정수연 민중연합당 비례대표 후보, 김영호 전농 의장과 함께.

1958년 등단작품부터 반미성향을 보였던 남정현 작가는 4·19 혁명을 짓밟은 박정희의 쿠데타 이후 반미감정이 증폭됐다. 기자는 남 작가의 반미감정은 "5·16 쿠데타를 용인하고, 박 정권을 승인한 미국에 대한 적개심이었다."라고 썼다. 원희복 기자는 또 작가를 "50년 넘게 '지배한' 문학"은 무엇인지 물었다.

"법정에서(분지 사건) '문학은 인간을 사랑하는 작업이다'라고 얘기했다. 그런데 인간은 약육강식을 피해 사회를 만드는 터전을 잡고 사는 사회적 존재이기 때문에 사회적 관점에서 사랑해야 한다. 그런 맥락에서 문학은 정치·경제·사회의 메커니즘에서 인간을 사랑하는 작업이다."

사회과학적 답변에 깜짝 놀란 기자는 '사회과학을 따로 공부했나'라는 질문을 던졌다. 남 작가는 이에 관해 "해방 후 우리말로 번역된 사회과학 서적이 없을 때 일본 와세다대 철학과를 다니던 친구의 형 집에 있던 사회과학·철학 번역서 300권을 다 읽었다."라고 말했다.

"문학은 인간을 사랑하는 작업이다."라는 말은 작가가 〈분지〉 재판정에서 한 말이다. 이 답변을 처음 접했을 때 재판정에서 반미문학을 변론하기 위해 순화시킨 말이라 여겼다. 그런데 그 뒤로도 여러 지면에서 기회가 있을 때마다 남정현 작가가 이 말을 반복하는 것을 보고 진심이 담겼다는 생각이 들었다. 원희복 기자와의 인터뷰에서 주목할 대목은 "사회적 관점에서 사랑해야 한다."라는 점을 강조했다는 것이다.

남정현 작가는 원희복 기자에게 "손도 떨리고, 귀도 어둡고, 무엇보다 머리도 어지럽다."라고 했다. 원 기자는 속으로 84세가 된 원로작가와의 마지막 인터뷰일지 모른다는 생각을 했다. 건강 때문에 더 이상 펜을 들지 못한다는 남정현 작가는 기자에게 "글을 쓰지 못하지만, 혹 기회가 된다면 쓰고 싶은 것이 있다."라고 말했다.

"전 세계가 봉쇄하고 압박하는데, 북이 핵무기를 만들었다, 상상이 되나? 세계 석학들도 설명하지 못하는 그 문제, 북한이 어떻게 저렇게 존재하는가를 쓰고 싶다."

5. 동학사상을 잘 발전시켜야

2018년 7월 8일 〈한겨레〉에는 강성만 기자가 쓴 "판사가 '문학이 뭐냐' 물어 '인간을 사랑하는 작업' 답했죠"라는 기사가 실렸다. 첫 산문집 《엄마 아 우리 엄마》(답게, 2018)를 6월 15일에 펴낸 직후 가진 인터뷰였다. 이 산문집에 실린 네 편의 글은 민족문학작가회의에서 발간한 문예계간지 《작가》

에 실린 산문이었다.

2005년 북한방문기인 '5박 6일의 성과'만 그 뒤에 썼는데, 이것도《실천문학》에 발표한 에세이다. 등단 경력 60년이 된 유명 작가의 산문집치고는 편수와 분량이 너무 적었다. 7월 4일 강성만 기자는 서울 지하철 쌍문역 근처 자택을 방문했다. 작가에게 그간 쓴 산문이 왜 그렇게 적은지 물었다.

"1965년 소설〈분지〉사건으로 쓰고 싶은 욕망이 타격을 받았어요. 그 사건 이후에 청탁도 없었고요."

작가는 기자에게 글 쓸 힘이 없는 건강 상태에 대해 "손이 떨리고 현기증이 나고 힘도 없어요. 독서도 힘들죠."라고 말했다. 고문 후유증으로 상한 건강 때문에 글을 쓸 수 없는 현실이 서럽기도 하여 "드러누워 울 때도 있다."고 했다. 기사엔 남정현 작가가 1974년 남산 중앙정보부에서 수사받을 때의 일화도 나온다. 산문집《엄마 아 우리 엄마》에도 소개된 이야기다.

책엔 '파란 피부의 사나이' 이야기가 나온다. "74년 중정 취조실에서 온몸이 파란 사람을 봤어요. 맞아서 든 멍이었죠. 너무 놀랐어요. 나중에 들으니 인혁당 재건위 사건으로 75년 사형당한 우홍선 씨라고 해요. 중정 조사를 받다 죽은 최종길 교수(당시 서울대 법대)도 그때 만났어요. 그분이 저한테 '나나 남 선생이나 살아나갈 수 있을까요'라고 하더군요." 그는 중정 수사관 주먹에 두 볼을 무수히 맞아 30대에 이가 모두 빠졌다고 했다.[88]

---

88 〈한겨레〉(강성만, 2018. 7. 8)에 나오는 이 기사의 증언 중 세 가지 사항은 사실 확인이 필요하다. 첫째, 중정 조사를 받다 죽은 최종길 교수(당시 서울대 법대)는 1973년에 사망했는데, 1974년에 구속된 남정현 작가가 만날 수 없었다. 둘째, 수사 중 폭행을 당해 치과 치료를 받은 것은 '분지 사건'(1965)이 아닌 긴급조치(1974) 사건 때다. 셋째, '파란 사나이'를 다른 글에서는 황현승(당시 광신상고 교사)이라 썼다. 남정현 작가가 별세하기 한두 해 전에 한 인터뷰를 보면, 사람 이름과 사건에 대한 회상이 부정확한

남정현은 문학에 관한 이야기보따리도 많이 풀어 놓았다. 노벨문학상 수상작가 헨리크 시엔키에비치의 장편소설인 《쿠오바디스》를 읽고 큰 감동을 받으면서 "소설이 대단하다."라는 생각을 했다. 옛 서라벌예술대 수업 중엔 소설가 김동리의 강의가 가장 기억에 남았다. 그는 남의 책 이야기는 하지 않고, 자기 체험이나 자기가 글 쓰는 과정에서 터득한 생각만을 이야기해서 들을 만했다고 한다. 후배 작가들에게 훈계조 이야기를 거의 하지 않았던 남정현은 "요즘 시를 보면 인간이 붕 떠 있는 존재 같아요."라고 아쉬움을 피력했다. 그는 "인간은 사회에 발 디디고 서 있는 사회적 존재라는 것을 작가는 잊어서는 안 됩니다. 그래서 작가는 사회를 형성하는 정치 경제 문화를 깊이 알아야 해요."라는 점을 강조했다. 작가는 4·19를 언급하며 "우리 민족은 대단하다."라는 점을 강조했다.

"서양 역사에서 인간은 다 하늘 아래에 있어요. 하지만 동학은 인간을 하늘과 같은 위치에 둡니다. 동학사상을 잘 발전시켰으면 세계 으뜸가는 나라를 만들었을 겁니다. 지금처럼 (외세에) 예속되지도 않고요."

남정현은 본인과 똑같이 안수길 선생 추천으로 《자유문학》을 통해 등단한 최인훈에 대해 거론하기도 했다. 남 작가는 기자에게 "최인훈 작가가 결혼할 때 내가 함진아비였어요."라고 친분을 나타내면서도, "친구 최인훈의 대표작인 〈광장〉의 스토리가 맘에 들지 않았다."라는 얘기도 직설적으로 했다.

"주인공이 남과 북을 다 거부하고 결국 물에 빠지는 결말이잖아요. 체념 아니냐고 비판했죠. 함을 지고 갈 때도 내가 그 이야기를 했어요. 최인훈 작가

경우가 가끔 있다.

는 '남도 싫고 북도 싫은데 어떡하냐'고 해요. 나는 체념하지 말고 좋은 나라를 만들어야 한다고 했죠. 우리는 그렇게 할 수 있는 출중한 능력이 있습니다."

자택 근처 카페에서 인터뷰를 끝낸 남정현 작가는 기자가 쌍문역에서 교통카드를 찍는 모습까지 지켜봤다. 그리고 인상적인 덕담을 전했다.

"(기자는) 우리 시대의 빛입니다."

6. '시종일관 민족주의자'이자 '문학적 비전향 장기수'

2018년 7월 14일 자 〈통일뉴스〉에는 이계환 기자가 쓴 '신간안내-남정현의 첫 산문집 《엄마, 아 우리 엄마》' 기사가 실렸다. '한없이 맑디맑은 반미소설 작가의 삶과 철학'이란 부제가 붙은 이 기사에서 이계환 기자는 "《엄마, 아 우리 엄마》는 '남정현의 삶과 철학=작품'임을 밝혀주는 의미 있는 안내서가 될 것"이라고 썼다.

기자는 산문집 《엄마, 아 우리 엄마》가 남정현의 본격적인 자서전은 아니지만 그럼에도 이 산문집에는 곳곳에 작가의 삶이 편편이 박혀있는데 "그의 삶과 문학에 영향을 준 사람(아산아저씨)과 사건('분지 사건', 고문)이 들어가 있으며, 반미의식이 일관되게 깔려 있다."라고 평했다.

이계환 기자의 신간안내 기사엔 다른 매체에서 보지 못한 기막힌 표현이 하나 있었다. 그것은 "필경 작가의 삶 그 자체가 반미의식을 일관되게 추구해 왔을 것"이라면서, 남정현 작가를 '문학적 비전향 장기수'라 표현한 대목이다.

그런데 외세와 미제에 대한 반대의식과 저항은 필경 그 내면에 무언가에 의해 안받침되고 있다. 산문 곳곳에 '민족사' '민족혼' '우리 민족'이 나오듯 민족의식이 아닐까? 이 땅에서 문학세계를 통해 최초로 반미의식과 민족의식을 일깨워준 작가가 만년에 이르기까지 그 초심을 일관하게 지니고 있음이 확인되고 있다. 그에게 '시종일관 민족주의자'이자 '문학적 비전향 장기수'라 부른다면 어폐가 될까?

고문 받아 빠진 치아
무료로 치료해준 여의사

-유튜브 최인훈연구소

소설가 최인훈의 아들 최윤구 씨는 2019년 7월 남정현 작가의 쌍문동 집을 방문해 인터뷰했다. 아버님의 젊은 시절 문우를 찾아다니며 영상 촬영을 했다. 최인훈 서재에서 갖고 온 '남정현' 서명이 된 〈분지〉를 보여주기도 했다. 아래는 최윤구 씨가 2019년 촬영해서 유튜브 최인훈연구소에 올린 영상 중에서 다른 인터뷰에 나오지 않은 내용을 중심으로 재구성하여 적은 것이다. 2019년경부터 남정현의 증언에는 일부 기억이 불확실한 예도 있다.

"박용숙이랑 늘 같이 다녔어. 박용숙, 최인훈, 남정현을 안수길 선생에게 사숙한 세 천재라고 불렀어, 문단에서. 최인훈만 한 작가도 없어. 그때 군인가 있었어. 군인 신분으로 〈광장〉 썼어. 휴가받으면 우리 집에도 들르고, 우리 집에도 여러 번 왔어. 얘기도 많이 하고."

최인훈은 무슨 이유에선가 서울대 법대를 중퇴하고 1957년부터 통역장교로 7년간 복무했다. 최윤구 씨가 〈분지〉로 필화를 겪었던 경험을 묻자, 얼굴 맞아 부은 얘기를 들려줬다.

"나 때릴 때가 없잖아, 쪼그맣고. 그런데 많이 맞았어. 고문보다는 맞았어.

집에 있는 사진을 가리키며, 집사람이 울더라구, 집사람 우는 거 처음 봤어. 여자가 울더라구, 얼굴이 왜 사각형이 됐냐고, 하도 맞아서 부었어."

이 일은 실제로는 '분지 사건'이 아닌 1974년 긴급조치 때 겪은 경험담이다. 1974년 긴급조치 때 특별한 혐의 없이 구속됐던 남정현 작가는 조사 중에 심한 구타를 당해 치아가 상했다. 동네 병원에 다니다 서울대 치과병원에 갔을 때 젊은 여자 치과의사에게 진료를 받았다. 눈물을 글썽이며 대하던 이 여자 의사는 자기네 집이 부자라면서 치료비를 모두 대납했다고 한다. 이 젊은 의사에 관한 기억이 강렬했던지 작가는 이 일화를 유독 길게 반복해서 이야기했다.

"서울대 치과병원 갔더니, 어금니, 치근이 흔들리는데 외부 타격 없으면 이런 일 없다고, 대학 마치고 왔던 여자 치과의사, 사실을 얘기해달라 해서, 맞았다고 얘기했더니, 내가 누워서 보니까, 울더라, 눈물이 글썽하더라구. 여자 의사가 정성껏 치료 잘 해줬다. (의치 보여주며) 비싼 걸 하려 해도 이가 있어야 거는데, 형편이 어려워 안 하려고 하니까, 우리 집 부자예요, 걱정하지 마세요, 하며 정성껏 해줬다. 돈 내러 가니까, 여자 선생이 치료비 다 내줬다. 치료비 전부를, 고맙기가 말할 수 없었지. 우리 집 부자예요 하더니 다 내줬다. 서울대 학생도 긴급조치로 많이 들어가 있을 때라 그런가, 정성 들여 해줬어. 이를 만들어 넣었어."

"치료해 준 의사가 1980년대에 전화가 한번 왔어. 집이 다 이민 갔다고. 미국에서 남편도 치과 의사, 나도 치과 의사, 뉴욕에서 치과하고 있다고. 생각이 나서 전화했다고, 잘 지내고 잘 먹고 있다니까 좋아하더라구. 너무 반가워서 전화번호 물어볼 새도 없이, 꿈인가 생각했어. 언제 미국 갈 일 있어서, 의사단체 있나 알아봤는데, 없어서 못 알아봤어. 지금도 뭘 먹으면서 생각

문단에 데뷔한 그해 정릉에서 최인훈(군복), 안수길과 함께(1959년).

날 때도 있어."

남정현은 "말 한마디 잘못하면 죽을까 봐, 어디 가서 맞았다고 말도 못 했어"라고 옛일을 회상하며 눈시울을 붉혔다. 금연하게 된 사연도 정치적이었다. 애연가였던 남정현이 담배를 끊게 된 것은 1974년 출소 직후다. 구치소에서 박정희가 금연했다는 얘기를 듣고 결심했다고 한다.

"(서대문) 형무소 있을 때 이해찬하고 나하고 5~6미터 떨어진 곳에서 지냈는데, 그 친구가 박정희가 해군사관학교 가서 연설했는데, 그때 박정희가 담배를 끊었다고 자랑하더라 이 말이야. 이해찬이 나한테 일러주더라구. 내가 박정희에게 당한 사람 아냐. 그때 담배가 나쁜 줄도 몰랐어. 그래서 이놈이 오래 살려구 끊었구나, 내가 당한 거 생각하면, 박정희보다 한 해라도 오래 살려면 담배 끊어야겠구나, 그런 생각에 담배 끊었어. 내가 속으로 얼마나 박정희 증오했으면 그랬겠어. 내가 담배를 많이 피웠는데, 담배 끊은 이유가."

남정현은 이때를 돌아보며 "생각할수록 참으로 엄혹한 세월이었다."라고 회고했다. 40킬로도 안 되는 몸무게에다 천하의 약골인 남정현 작가가 그 무시무시한 중앙정보부의 고문을 어찌 견뎠을까 싶다. 용케 빠져나와서 삶을 지탱하며 살아온 게 놀라운 일이다. 마치도〈분지〉의 홍만수가 향미산에서 그러했듯이 '부활의 신기'를 발휘한 것 아닐까.

〈분지〉의 반미와 강간 모티프를 바라보는 대학생의 불편한 시각

—정선태 교수의 '한국현대문학입문〈분지〉'(2020년)

미국(인) 담론 변화의 변곡점에 해당하는 작품

2020년 초 코로나 발생 이후 모든 학교는 강의실을 폐쇄하고 줌(Zoom) 수업을 했다. 국민대 정선태 교수는 2020년 1학기 강좌로 '한국현대문학입문'(24강)을 개설했는데, 23번째 강의로〈분지〉를 진행했다. 22강은 김승옥의〈무진기행〉이었고, 마지막 24강은 황석영의〈삼포 가는 길〉이었다. 정 교수는 학생 이름을 한 명씩 부르며 출석을 확인했는데, 30여 명의 학생이 청강했다.

정선태 교수는 남정현은 '결기'가 넘치는 작가이며, 〈분지〉는 대표적인 '필화' 소설이라 말했다. 정 교수는 학생들에게 한자로 '糞' 자가 '똥 분' 자임을 알려주고 분지는 '똥 덩어리 땅'이라 설명한다. 그는 앞서 강의한 최인훈의《광장》은 탐욕과 야만이 판치는 밤의 세계, 미국이 남겨준 찌꺼기 쓰레기통을 뒤지고 다니는 남한의 풍경을 보여주고 있는데, 남정현의〈분지〉는 여기서 한 걸음 더 치고 나가서 미국의 오물이 넘쳐나는 똥 덩어리 땅, 미 제국주의의 배설물이 넘치는 나라로 남한을 그리고 있다고 말한다.

정 교수는 한국문학이 재현(표상)한 미국, 미국인에 관해 설명했다. 그가 미국(인) 담론의 변화 양상에 대해 주요한 예로 든 것을 요약하면, 서재필이 주도한 《독립신문》에서 미국은 지상천국, 이인직〈혈의 누〉에서는 문명의 판타지가 실현되는 공간, 문명의 심장부, 근대의 환상이 구현되는 곳, 이광수의 《무정》에서 청년들이 향하는 시애틀은 아메리칸 드림 연상되는 곳, 일제 말기 서정주 등의 친일 작가는 미영(米英)을 귀축(鬼畜) 같은 존재로 재현했다.

해방 이후 남한에 진주한 미군(미국)은 기독교와 결합해 다시 구원자, 은인, 지상낙원 이미지로 재현, 표상된다. 채만식의〈미스터 방〉(1946), 염상섭의〈양과자갑〉(1948) 등에 당시 미국을 바라보는 시선이 잘 드러나 있다고 한다. 이런 이미지의 변곡점이 된 소설이 1965년 발표된〈분지〉다.〈분지〉는 그 주제가 1965년 시점에서 매운 낯선 문제작인데, 특히 "미국(인) 담론 변화의 변곡점"에 해당하는 작품이라 평했다. 정 교수는〈분지〉는 미국이 구원자라는 이미지에 의심하면서, '미국은 우리를 착취하고, 숨통 틀어쥐는 또 다른 제국주의 아닌가?'라는 질문을 던지는 소설로 보았다. 이때부터 본격적인 반미문학의 계보가 형성된다.

정 교수는 지금도 여전히 대다수 노인은 미국 없이는 아무것도 할 수 없다는 생각이 강하다고 하면서 현시기 대한민국에서 벌어지는 기이한 양상에 관해서도 언급했다.

> "3·1 독립운동, 8·15 광복절 기념일에 성조기, 남의 나라 국기 흔드는 기이한 일이 자연스럽게 벌어지는 이유가 뭘까요? 미국은 구원자, 천국 이미지가 강렬하고, 모든 꿈이 실현되는 나라로 각인되어 있어요."

이런 미국에 대한 기형적인 사대주의는 노인 세대에 한정된 현상이 아니다. 정 교수는 미국이 구원자라는 이미지는 한국의 파워엘리트부터 민중에게까지 각인되어 있다고 보았다. 그는 세계 곳곳에서 온갖 공작을 기획하고, 상상을 초월하는 폭력을 행사하는 미국의 이면을 보지 못하면 한국의 현대사를 제대로 볼 수 없다고 말한 뒤 학생들에게 "반미문학 어떻게 생각하십니까?"라고 묻기도 했다. 1963년생인 정선태 교수는 2000년대에 출생한 학생들에게 미국을 '혐오'하는 〈분지〉와 같은 소설을 읽는 게 불편할 수 있다는 점도 언급했다.

대한민국이 식민지라는 불편한 진실 답해야

정선태 교수는 〈분지〉에 나오는 공 의원처럼 "지금도 한미동맹 없이는 아무 일도 할 수 없다고 생각하는 사람이 많다."라는 점을 지적했다. 그는 〈분지〉의 한 장면을 읽어주면서, 그 뒤로 50여 년이 지났지만 여전히 지속되고 있는 한국의 식민지성을 안타까워하기도 한다.

> 지금 이 향미산을 중심으로 하여 직경 수천 마일 이내에서 벌어지고 있는 주민들의 이 어이없는 상태를 말입니다. 그들은 지금 오랫동안 정을 나눈 일체의 친지며 가산(家産)과 석별의 눈물을 흘리고 지층 깊은 곳에 몸을 처박고는 부들부들 떨고 있는 것입니다. 도대체 두더지도 아닌 인간의 체면에 저게 무슨 꼴이란 말씀입니까. 하지만 그들은 백의민족 특유의 인내력을 최대한으로 발휘하여 신의 어깨에라도 매달리는 기분으로 펜타곤 당국이 수시로 발송하는 지시서(指示書)에 순종하여야만 겨우 목숨을 건질 수가 있다니 할 수 없는 일이겠지요.

〈분지〉에 나오는 미국을 향하는 산, 향미산(向美山)은 다름 아닌 미국에 목숨줄을 맡긴 대한민국을 지칭한다. 정 교수는 위의 구절 중 '펜타곤 당국이 수시로 발송하는 지시서(指示書)에 순종하여야만'에 밑줄을 쳐가며 학생들에게 식민지의 그늘, 그림자, 상처가 깊다는 점, 지금도 미국의 윤허,

허락 없이는 독자적으로 남북관계를 진척시킬 수도 없다는 점을 설명했다. 여전히 향미산을 포위하던 '펜타곤'은 대한민국의 작전권을 통제하고, 꼭두각시처럼 지시하고 있는 게 현실이다.

정 교수는 "〈분지〉에서 작가 남정현이 제기한 질문에 대해 지금 여러분은 어떤 식으로든 여러분 세대에 맞는 대답을 해야 한다."라고 하면서, 이에 덧붙여 정 교수는 발화자, 말하는 사람의 위치가 중요하다는 점을 강조한다. 내가 어떤 시간적 공간적 위치에 있느냐에 따라 의미와 맥락이 달라진다는 것이다.

"1960년대에 태어난 나와 2000년대 태어난 여러분은 생각이 같을 수 없다. 발화자의 위치가 다를 수밖에 없다. 미국에 대한 관점, 일본을 바라보는 방식도 다 다르다."

어느 자리에 서 있느냐에 따라, 어떤 모습에 초점을 맞출 것인가에 따라 미국을 재현하는 모습은 다르다. 한국문학이 재현한 미국은 천상, 악마, 이상국가였고, 〈분지〉에선 깡패로 등장했다. 정 교수는 "미국의 소수자문학, 흑인문학 걸작들 보면 미국은 무시무시한 나라이고, 남미에서 재현한 미국은 깡패"라면서 이런 문제에 대해 "여러분의 위치에서(지금 여기), 발화자의 위치에서 미국, 미국인을 어떻게 바라보는지, 20대 초반 여러분의 생각이 정말 궁금합니다."라고 말했다. 그리고 "여러분의 언어로 재현, 표상할" 것을 주문했다.

"미국은 세계를 구원하는 천사, 남한은 연약한 아이, 북한은 그 아이를 노리는 악마라는 이미지 굳어 있어. 여기서 자주독립 통일의 길은 허망한 꿈이죠. 여러분 세대는 어떻습니까? 그래도 가야 할 길인데……. 남정현 작가 말에 따르면 〈분지〉의 마지막에 나오는 '한 폭의 찬란한 깃발'은 통일의 깃

발이라 합니다. 그로부터 55년이 훌쩍 지났는데……. 허망하죠. 미국, 진짜 문제입니다. 미국의 윤허 없이는 남북관계에서 아무것도 할 수 없는 상황. 허리가 잘린 채 섬처럼 언제까지 이렇게 살아야 할 것인가."

정선태 교수는 학생들에게 '우리는 독립국인가? 새로운 식민지인가?'라는 질문을 던지면서 "그 답은 여러분에게 맡기겠습니다."라고 말했다. 정 교수는 구식민지, 신식민지의 차이를 얘기했는데, 말이야 어찌 됐든 한국이 '식민지'라는 사실에 방점을 찍으며 설명했다.

"식민지의 그늘에서 독립적으로 사고하는 건 참 쉽지 않습니다. 학문적으로도 우린 아직 식민지에서 벗어나지 못했죠. 유럽이나 미국 학문, 지식체계에서 벗어나기 힘든 것도 식민지지배의 증거라고 얘기할 수 있죠. 다양한 방식으로 식민지지배는 작동하죠."

강간 모티프와 표현의 자유

정선태 교수는 〈분지〉를 읽는 학생들이 미국 문제보다 여성 문제에 더 불편해할 수 있을 거라 얘기했다. 소설의 마지막 장면에서 미 제국을 "여인들의 배꼽"에 비유한 것도 그런 예다.

"여성의 일생을 민족의 수난과 일치하는 수법은 너무 흔한 기법이다. 앞서 강의한 이광수의 〈무정〉도 그렇고, 외국 문학에서도 고통당하는 여성 신체를 민족 신체 수난의 비유, 메타포로 설정하곤 한다. 매우 논쟁적인 부분인데, 이런 관성화된 메타포에 대해 불편해하는 비평가 많다."

정 교수는 강의 중에 "여성 강간 모티프는 너무 식상하다. 여성의 신체를 너무 관성적으로 그리는 경향, 나도 불편하다."라고 말했는데, 학생들도 이 문제에 관해 대체로 공감하는 편이었다. 학생들은 〈분지〉를 읽고 동영상 강의를 들은 소감을 댓글로 달았는데, 대다수가 예상보다 더 불편했다는 반응을 보였다. 이는 〈분지〉만이 아니라 소설 속에서 여성의 신체, 강간 모티프를 활용하는 방식에 대한 문제 제기기도 했다. 한 학생은 "강간하고 여성의 신체 부위를 깎아내리고, 학대를 당한 여성을 우리 민족의 이미지로 표상하는 메타포는 다른 책에서도 쉬이 접할 수 있었지만, 접할 때마다 읽기 힘든 것 같습니다."라고 불쾌감을 표했다. 20세기에 소설을 접한 독자(특히 남성)와는 문학적 감수성, 성인지 감수성이 매우 다름을 확인할 수 있는 댓글 몇 개를 인용했다.

- 강의에서 여성의 신체로 민족의 고통을 비유했다고 볼 수 있다는 점을 언급해 주셨을 때, 채만식의 〈탁류〉가 떠올랐습니다. 그제서야 〈분지〉와 〈탁류〉를 읽으면서 들었던 감정이 비슷했다는 것을 깨달았습니다. 왜 여성의 신체로 민족의 고통을 비유하는지, 여성이 강간당하는 소재가 사용되는지 고민하게 됩니다.

- 다른 소설과 달리 분지는 읽는 내내 너무너무 힘들었습니다. 여성 강간모티프, 특히 어머니의 음부를 묘사하는 장면이 제일 힘든 부분이었습니다. 하지만 강의를 들으면서 제가 발견하지 못한 더 큰 의미가 있음을 깨달았습니다.

- 〈분지〉를 읽으면서 저도 어머니와 여성의 기구한 삶을 토대로 우리 민족의 고난을 표현한 점이 불편했는데, 이러한 점을 설명해주셔서 좋았습니다. 또한 다른 소설에서도 여성의 몸을 통한 비유 등의 표현이 굳이 필요한 것인지 생각을 하기도 했는데, 이것을 이번 기말 에세이에 써볼까 합니다.

- 〈분지〉를 읽으면서 사실 내리 불편했습니다. 시대가 시대이니만큼, 여성을 깎아내리는 표현이나 신체에 대한 표현들은 감수하고 읽자 생각했지만, 지금까지 강의를 듣기 위해 읽었던 책을 통틀어 〈분지〉에서 가장 이를 노골적으로 나타내지 않았나 싶습니다. 문학에서 여성의 신체를 지배하는 것을 하나의 국가를 지배한다는 것으로 표상하는 것도 참 문제적인 부분이라고 생각합니다. 이 부분에선 표현의 자유를 억압한다는 반발이 있을 수 있다고 보는데, 현대에 들어선 표현의 자유에 대한 범위에 대한 고민이 필수적으로 동반되어야 한다고 생각합니다.

이밖에도 여러 학생이 '강간 모티프'에 대해 불편해했고, 이와 함께 "여성의 신체에 대한 묘사를 보며 과연 표현의 자유는 어디까지 보장되어야 하는가 의문이 들었다."라는 문제를 제기했다. 여성의 신체에 대한 묘사 때문에 책을 읽기 힘들었고 "아무리 표현의 자유가 보장되는 21세기라도 여성의 신체를 민족에 비유하는 것, 강간 모티프는 이제 버려야 하는 문제"라는 생각이었다. 〈분지〉를 읽은 2020년의 대학생은 〈분지〉가 반공법에 따라 표현의 자유를 제한당한 것에 반발하면서도, 다수의 학생은 '여성의 신체'를 소설의 소재로 사용할 때 제한 없이 '표현의 자유'를 허용하는 것에는 회의적이었다. 21세기의 소설가는 이런 독자의 의식을 반영해서 창작할 수밖에 없을 것이다.

문제는 21세기 독자가 20세기 작가의 소설을 읽을 때다. 여성주의 관점의 비평가들이 문제 삼는 홍만수의 '강간' 논란만 해도 그렇다. 학생 독자들에게 홍만수가 실제로 강간을 했느냐 안 했느냐 보다 더 중요한 문제가 있다. 정 교수가 말했듯이 "여성의 신체를 비유의 대상으로 삼은 것 자체가 불편"한 문제라 여긴다. 설령 이 소설의 장르가 풍자소설이라는 사실을 감안하더라도 '여성 신체'를 알레고리로 활용한 점을 문제시할 것 같다.[89]

발화자의 위치와 1960년대 미군범죄

정선태 교수는 미국 담론을 말하며 '발화자'의 중요성을 설명했다. 이는 미국 문제뿐만 아니라 여성 문제를 다룰 때도 중요한 문제일 것이다. 정 교수는 "발화자의 위치, 말하는 사람의 위치에 따라, 내가 어떤 시간적 공간적 위치에 있느냐에 따라 의미 맥락이 달라진다."라고 말했다. 이는 듣는 사람의 위치 말하는 사람의 위치 모두에게 해당하는 개념이 아닐까 싶다.

1965년 《현대문학》 3월호에 발표한 〈분지〉에 관한 강의를 2020년에 듣는 스무 살 남짓 된 학생과 작가 사이에는 여러 세대의 간격이 놓여 있다. 작가와 독자 사이에 여러 세대 차이가 날 때 독자에게 필요한 점은 '발화자'

---

89 여성의 신체를 소재로 한 예술작품 중 근래 사회적 논란을 일으킨 것으로 민중가수 백자의 노래 〈나이스 쥴리〉(2021)와 이구영 화가의 〈더러운 잠〉(2017)이 있다.
2017년 2월 10일부터 '표현의 자유를 지향하는 작가 모임'과 표창원 의원이 주관해서 국회 의원회관 로비에 전시됐던 그림 중에서 〈더러운 잠〉은 여성비하 논란을 불러일으켰고, 전시 4일 만에 국회에서 철거됐다. 이구영 작가는 박근혜 대통령도 풍자의 대상임을 강조하고 표현의 자유를 주장했으나 언론과 정치권에서 "해당 작품은 여성 정치인 혐오와 성적 대상화"라는 비판이 쏟아졌다. 여성민우회도 "〈더러운 잠〉이 문제적인 이유는 풍자를 위해 풍자 대상의 소수자성을 부각시키는 방식을 택하고 있기 때문"이라는 논평을 냈다.
가수 백자는 자신의 유튜브 채널(2021년 7월 29일)에 〈나이스 쥴리〉라는 신곡을 발표했는데, 바로 그날 〈조선일보〉("나이스 쥴리~ 국모 꿈꾸는 여인" 尹 아내 조롱 뮤비까지 등장)에서 비판적인 기사를 내보냈다. 그리고 얼마 뒤 민주노총 여성위원회는 〈가수 백자 그리고 노래패 '우리나라'에 대한 민주노총 여성위원회 입장문〉을 발표했는데, 여기서 "가수 백자는 노래를 통해 쥴리라는 여성이 성접대를 통해 권력을 탐하고 국모를 꿈꾼다는, 여성을 성녀와 창녀로 가르는 전형적인 이분법으로 여성혐오를 드러내며 조롱했다."고 비판했다. 민주노총 여성위원회는 이 입장문에서 "민주노총과 민중운동 진영이 가수 백자와 노래패 '우리나라'에게 작금의 사태에 대해 사과와 반성이 없이는 무대에 설 수 없도록 할 것"을 촉구했다. 백자 가수는 이런 민주노총 여성위원회 입장문에 관해 유튜브 '백자tv'를 통해 "권력자가 자신의 성을 이용해서 권력을 누리면, 그것은 이미 여성을 넘어선 권력자다. 여성이 아니라 쥴리, 권력자를 혐오하는 노래다. 최순실과 박근혜가 여성이라 잡아넣은 게 아니지 않은가."라는 식으로 해명을 했다.
민주노총 '여성위원회'의 '사과와 반성' 요구에 응하지 않은 가수 백자는 2021년 이후 3~4년이 지난 지금까지 민주노총 관련 무대에 거의 오르지 못하고 있다.

가 처했던 시대 상황을 제대로 이해하려는 노력이 아닐까 싶다. 고리끼의 《어머니》를 러시아혁명에 대한 이해 없이 읽는다면 얼마나 밋밋할 것인가.

2020년대의 20대 초반의 독자는 1965년경에 하루가 멀다 하고 벌어진 미군의 잔혹한 성폭행, 강간 사건을 이해하기 어렵다. 아마 그 나이의 독자들이 태어날 즈음 경기도 양주군에서 발생한 2002년 효순·미선 사건과 이를 계기로 폭발적으로 전개된 반미투쟁에 대한 기억도 거의 없을 것이다. 1992년에 발생한 윤금이 사건은 더더욱 모를 것이다. 가해자는 미 육군 제2보병사단 소속 케네스 마클 이병이었는데, 사건 기록에 적힌 내용은 〈분지〉의 불편함을 압도하고도 남았다.

> 코카콜라 병으로 얼굴을 가격해서 살해한 뒤 음부에는 콜라병을 꽂았고, 항문에 우산대를 꽂았는데 직장까지 26센티나 들어갔다. 입에는 성냥개비를 물렸고, 몸에는 분말 세제를 뿌렸다.

윤금이 공대위 활동에 참여했던 이지영 목사(당시 한국교회여성연합회 간사)는 '1992년 윤금이 활동을 돌아보며'라는 글에서 거리 홍보전을 하면서 초반에 겪은 어려움은 "사람들이 사건 자체를 잘 안 믿는다는 것"이었다고 썼다.[90] 많은 시민이 "자궁에 콜라병을 박고, 항문에 우산을 찌른다는 것은 있을 수가 없으며, 홍보를 위한 과장이 아니냐는 의견"이었다. 그래서 "고인의 인권이 존중되어야 하므로 사진을 공개하는 것은 절대 안 된다는 의견"도 있었지만, 서명 운동을 시작한 지 한 달쯤 뒤부터 사진을 공개하기로 결정했다고 한다. 사진 공개 이후 파급 효과가 커졌고, 100만 명이 넘는 서명 용지를 받아 미국 대사관에 전달했다. 이 사건은 반미운동을 대대적으로 확산시켰고, 소파 개정운동에 불을 지폈다. 케네스 마클은 1심에서 무기

---

[90] 《아메리카 군대를 기소한다》(주한미군범죄근절운동본부, 2008)

징역, 2심에서 15년 형을 선고받았으나, 2006년 8월 가석방된 뒤 미국으로 출국했다.

〈분지〉를 발표할 즈음에 벌어진 미군의 범죄에도 주목할 필요가 있다. 남정현 작가가 〈분지〉를 집필할 때쯤 읽었으리라 여겨지는 잡지《청맥》(1964년 12월호)에 김질락 주간이 쓴 〈조국은 금치산자〉라는 글에는 "해방 직후 전국에 걸쳐 일어났던 외병(外兵)에 의한 린치, 폭행, 부녀강간, 약탈 등 일련의 사건들은 아직도 우리들의 기억 속에 생생하며"라는 말도 나온다. 1945년 8월부터 시작해 1965년 〈분지〉 발표할 때까지 외병, 즉 미군에 의한 폭행, 강간은 그야말로 비일비재한 일이었다.

이재봉 교수의 《문학예술 속의 반미》에는 "한편, 1960년대엔 수많은 양공주들이 주한미군에 의해 죽으면 동료들이 미군 부대 정문에 가서 항의시위 한 번 벌이면 그만이었다. 위로금이나 장례비라도 한 푼 받으면 오히려 고맙게 생각했다."라는 내용이 나온다.

신동엽의 〈왜 쏘아〉

정선태 교수는 〈분지〉 강의의 끝부분에 김수영과 신동엽의 시를 소개했다. 정 교수는 김수영의 시 〈푸른 하늘을〉에서 "자유를 위해서/ 비상하여 본 일이 있는/ 사람이면 알지/ …… /혁명은/ 왜 고독해야 하는 것인가를" 부분을 보여주며 학생들에게 말했다.

"대부분의 사람은 중력에 복종하며 산다. 자유를 향해, 푸른 하늘로 비상하기 위해서, 고독할 수밖에. 여러분 비상하고 싶습니까? 여러분의 선택에 달려 있죠."

정선태 교수는 참 좋아하는 시라며 "스칸디나비아라든가 뭐라구 하는 고장에서는 아름다운 석양 대통령인가 하는 직업을 가진 아저씨가 꽃 리본 단 딸아이의 손 이끌고 백화점 거리 칫솔 사러 나오신단다"로 시작하는 신동엽의 〈산문시 1〉(1968)을 소개했다. 그런데 신동엽의 시 중에서 〈분지〉의 주제와 딱 맞는 시를 한 편 고른다면 〈왜 쏘아〉일 것이다. 소년, 임산부에게 총질해대는 미군을 고발하는 시 〈왜 쏘아〉는 "눈이 오는 날/ 소년은 쓰레기통을 뒤졌다./ 바람 부는 밤/ 만삭의 임부는/ 철조망 곁에 쓰러져 있었다."라는 구절로 시작한다.

문학은 '그늘'에 관심을 둬야 한다는 점을 강조하는 정선태 교수는 한국현대문학입문 줌 강의 중에 최인훈의 《광장》도 다뤘다. 남정현과 최인훈은 《자유문학》을 통해 등단했고, 소설가 박용숙과 함께 3총사 소리를 들을 정도로 가깝게 지냈다. 최인훈 작가가 결혼할 때 함진아비도 남정현이었다고 한다. 그런데 남정현과 최인훈은 민족문제, 남북문제를 바라보는 관점에선 차이가 있었다. 두 작가 모두 4·19의 영향을 크게 받았고 이를 작품에 반영했지만 최인훈은 〈광장〉에서 보여주듯 제3의 길, 중립을 모색했고, 남정현은 '반미'를 주요 테마로 삼았다.

최인훈은 《광장》을 열 번이나 개작할 정도로 애정을 쏟아부었다. 그가 1961년 판 서문에 적은 첫 문장 "인간은 광장에 나서지 않고는 살지 못한다."이다. 이 소설에서 '광장'이라는 말은 여러 함축적 의미를 담고 있는데, 밀실이 없는 북의 광장은 부자유의 체제로 묘사된다. 최인훈은 남정현과 달리 소설 속에서 북에 대해서도 비판적이었다. "광장에는 꼭두각시뿐 사람은 없었다. 사람인 줄 알고 말을 건네려고 가까이 가면 깎아 놓은 장승이었다."라는 표현도 이런 태도를 잘 보여준다.

2025년 광화문 광장의
도깨비와 빛

광화문 네거리에 가면 가슴이 울렁이는 이유

철두철미 남정현 작가가 거부한 것은 미국(외세)과 국가보안법, 박정희(5·16 군사쿠데타)이다. 반면 그가 애지중지한 대상을 꼽아보면, 4·19 혁명과 6·15 선언이다. 그리고 일상에서 애정을 표한 것으로는 광화문 네거리와 지금은 광화문 도로 밑으로 사라진 월계다방이었다.

2025년 1월 광화문 앞에서 열린 '윤석열 내란수괴 처단 집회'에 참석해 광장을 거닐다가 문득 남정현의 지긋이 웃는 얼굴이 떠올랐다. 어쩌면 그가 이곳 광장에 나부끼는 수백 수천의 깃발 숲에서 배회하고 있을지도 모른다는 생각마저 들었다. 광장의 깃발 숲 사이로는 작가가 예찬했던 4·19와 같은 빛의 물결이 흐르고 있었다.

광화문 거리를 향한 남정현의 애정을 엿볼 수 있는 글로 에세이집 《서울을 사는 고독과 희열》이 있다. 이 책의 서문 마지막에는 "1969년 어느 날 월계다방에서 남정현"이라고 적혀 있다. 광화문 네거리에 있던 '월계다방'은 동료 문인들의 주된 모임 장소였으며, 남정현의 소설 〈누락 인종〉에서도 작품 배경으로 나온다. 작가가 광화문 거리를 좋아한 이유는 월계다방 때문이기도 했지만 본질적인 이유는 그곳이 4·19 항쟁의 주 무대였기 때문이다. 소설에도 '광장'은 자주 나오는데, 〈너는 뭐냐〉의 결말 부분에서 "민중을 압박하고 학대하던 일체의 제복들이 민중들의 그 피를 토하는 함성과 주먹, 방망이에 의해서 산산이 부서져 버리는" 공간도 '인간의 광장'이었다.

실화와 허구로 구성된 《서울을 사는 고독과 희열》에서 주인공(남정현)인 하숙생이 가까이하는 공간은 광화문 광장이다. 주인공은 시내에서 얼큰하게 술을 마신 뒤엔 "서울의 심장부인 광화문 네거리를 한 바퀴 뼁 둘러 보질 않고 무정하게 집으로 향할 수 있을 것인가"라 생각하며 광화문을 걷는다. 그에게 광화문은 "인체의 흉곽처럼 삼천리강산을 다스리는 각종의 중요한 기관이 고스란히 모여 앉은 자리"이다.

주인공은 "조국이, 민족이, 그리고 나 자신의 모습이 왜 그런지 자꾸만 무슨 울분과 영상처럼 쓸쓸하고 허전해 보일 때마다" 광화문 네거리로 나간다. 그러면 광화문 네거리는 "그러한 나의 정신적인 질환을 치유하는 가장 적합한 진료소와 같은 기능을 발휘하여" 눈앞에 다가온다. 주인공이 광화문 네거리에 가슴이 울렁이는 이유는 "인간에게 가하는 일체의 위협과 압력에서 벗어나 인간이 진실로 인간이 되기 위하여 피를 흘리며 몸부림친 아름다운 흔적"을 발견할 수 있기 때문이다.

남정현의 눈에 4·19는 "수천 년 동안 불의를 미워하고 정의를 사랑하던 우리 조상들의 그 투명한 얼굴을 가장 조합적으로, 그리고 가장 선명하게 온 세계의 하늘에 부각시킨" 사건이었다. 그리고 "사상 처음으로 자유 대한의 뜻이 폭발하여 4·19의 역사가 결정적으로 이루어지던 순간의 광화문 네거리는 꽃밭"이었다. 하여 그는 "공연히 울적하고 허전해질 때마다 광화문 네거리를 한 바퀴 빙 돌고 나면 그날의 함성이, 절규가, 그리고 흐르던 피가 지금도 들리고 보이는 것만 같아서 마음이 경건해지는 것"이었다.

5·18의 영령이 도깨비, 유령이 되어 나타나기도

2025년 1월의 광화문 광장은 1960년 4월 혁명 시기처럼 불의를 미워하고 정의를 사랑하는 시민의 함성과 절규로 민주의 꽃밭이 되었다. 스물일곱의 청년작가 남정현과 월계다방파 젊은 문인들이 이 광장에서 4월 혁명의 자유를 노래했듯 60여 년이 지난 지금도 이삼십대 청춘들이 광장을 알록달록하게 수놓았다. 내란 세력을 제압하기 위해 모인 광장의 각양각색 깃발은 그 이름도 다양했다. 전통적인 거리의 깃발인 민노총, 전교조 외에도 해학과 기지가 넘치는 깃발이 가득했는데, 전국눈사람안아주기운동본부, 걷는버섯동호회, 스타워즈저항군, 사과해요나한테, 전국집에누워있기연합, 걸을 때휴대폰안보기운동본부, 돈없고병든예술인, 전국고양이집사노동조합 등과 같았다. 1972년 10월 유신으로 폐간한 《다리》지가 1989년 복간했을 때 남정현 작가는 소설 〈성지〉 연재를 시작하는데, '작가의 말'에 통일의 그 날을 생각하며 이렇게 썼다.

> 나는 그 축제의 큰 마당에 훨훨 휘날리는 무수한 깃발을 본다. 승리의 깃발을 본다. 이 통일됐을 때 민족주체의 승리, 인간 양심의 승리, 인간 지혜의 승리. 이 모든 승리의 빛나는 깃발 속에서 이제 한국은 온 인류가 영원히 추앙하는 유일한 성지가 된다.

사람들은 5·18 광주와 세월호 4·16 희생자가 도와줬기에 탄핵투쟁에서 승리했다고 말하기도 했다. 하늘에 맞닿은 깃발마다 그들의 눈길이 깃들어 있을 거라는 생각도 들었다. 남정현 작가의 〈허허선생 옷 벗을라〉에는 5·18 영령이 친일 친미 졸개인 '허허선생'을 공격하는 유령, 도깨비로 나온다. 아들 허만은 어느 날 꿈속에서 "허허 이놈, 나와라, 나왓!" 하는 소리를 듣고 대문 앞까지 쫓아가 보니 "수백 수천을 헤아리는 것들이, 어찌 보면 요물 같기도 하고 괴물 같기도 하고 유령 같기도 한 그런 이상한 것들이 우리 집 상공에 출연하여 지상에 회오리바람을 일으키며 난무하고 있는 것"을 보았다. 그것은 육체의 파편들이었는데, 다름 아닌 광주의 희생자였다.

이들을 피해 허허선생은 아들 허만과 함께 불꽃으로 변한 집을 타고 하늘로 상승했는데, 이때 허허는 아들에게 아무리 뜨거워도 '도깨비' 같은 놈들에게 잡히는 것보다는 나으니 불꼬리를 꼭 잡으라고 말한다. 이런 허허를 보며 허만은 부친이야말로 도깨비라는 의심을 한다.

허만은 아버지를 이렇게 '도깨비의 화신'이라 여겼는데, 소설에서는 허허선생이 "자주니 민주니 통일이니 하는 도깨비" "그놈의 평등이니 해방이니 양심이니 하는 도깨비" "소련의 도깨비가 망했으니 북한의 도깨비가 견디겠습니까"라고 말하는 대목이 나온다. 서로 자신을 위협하는 존재를 도깨비로 여기는 것이다.

반공사대매국 도깨비와 민족자주 도깨비의 싸움

이처럼 소설 〈허허선생〉 속에서 죽은 이들이 도깨비나 유령으로 나타나 자기편을 도와주기도 하고, 상대편에게 해코지한다. 이는 소설에만 해당하는 게 아니라 현실 세계에서도 비슷한 양상의 대결 구도가 펼쳐진다. 광화문 광장에는 친일파의 후예 '허허선생' 편에 서서 악다구니를 쓰는 도깨비도 있다. 응원봉 시위대의 맞은편에 자리 잡은 성조기 태극기 시위대는 어찌 보면 이 시대의 또 다른 '허허'들이다. 극우 시위대의 우두머리 노릇을 하는 전 아무개 목사는 어느 날인가 광화문 네거리에서 "4·19, 5·16 혁명 정신을 이어받아 저항하자"라는 어처구니없는 설교를 했고, 열성 신자들은 "아멘"으로 맞장구쳤다. 성조기를 흔드는 사람들이 도깨비로 보이기도 했는데, 이들 머리 위론 중화사대주의 귀신, 친일매국노 도깨비, 반공독재 악령의 그림자도 어른거렸다. 심지어는 이스라엘기와 일장기까지 흔드는 외국 귀신도 있었다. 4.3 제주에서 죽창 들고 설치던 서북청년단원, 5·18 광주에서 선량한 시민에게 곤봉을 휘두르던 공수부대의 눈빛이었다. 어쩌면 이들은 우금치, 제주, 광주에서 쓰러진 민중의 피를 빨아먹고 떠도는 '흡혈귀'일지도 모른다.

2024년 12월 24일 개봉해 탄핵정국 기간에 인기를 끈 영화 〈하얼빈〉은 안중근이 이토 히로부미를 척결하는 이야기다. 영화에는 하늘에 있는 먼저 간 동지들이 도와준다는 느낌을 주는 장면이 나온다. 이를 보면 인간은 현실 세계의 싸움판에 선과 악의 편에 선 유령, 도깨비가 함께 거든다는 생각을 종종 하는 것 같다. 소설가 한강은 2024년 12월 노벨상 수상 강연에서 "과거가 현재를 구할 수 있는가, 죽은 자가 산 자를 살릴 수 있는가"라는 물음을 던지고 "실제로 과거가 현재를 돕고 있다고, 죽은 자들이 산 자를 구하고 있다고 느낀 순간들이 있었다."라고 말하기도 했다.

2020년경부터 남정현 작가는 기증본 책에 사인할 때 '우리 시대의 빛 ㅇㅇㅇ에게'라고 적었다. 그 이유는 어둠이 가득한 시대에 젊은 후배들이 빛이 되기를 바라는 마음을 담고 싶어서라고 한다. 2025년 광화문 광장에는 빛이 가득 찼고 누군가는 빛의 혁명이라고 부르기도 했다. 동료 시민들은 집집마다 고이 모시던 가장 빛나는 물건을 들고나와 행진에 참여했다. 미제 도깨비, 일제 오니, 국가보안법 악령, 반공 귀신에 맞서 싸우던 과거의 죽은 자도 함께하는 빛나는 도깨비불의 축제였다.

10장

부활과 웃음의 미학

남정현 만세!
홍만수 만세!
-2020년 12월 21일 별세

미국시대가 아니라 우리시대를 갈망하던 작가

2020년 12월 21일 오전 10시, 남정현 작가가 세상을 떴다. 어릴 때 너댓 번 죽을 고비를 넘기고, 10대 시절에 폐병에 시달리느라 체중이 40키로를 넘지 않는 허약한 몸으로 남산 중앙정보부의 고문까지 감당한 그로서는 장수한 셈이다. 87세로 돌아가신 어머니가 별세하기 직전에 "얘야, 너 더도 말고 덜도 말고 이 에미만큼만 살아다오. 응." 하며 말했다더니 그 원을 풀어드리려고 87세를 채운 뒤 향미산 어딘가로 떠났다.

빈소는 서울대병원 장례식장이며 영결식은 22일 오후 6시, 발인은 23일 아침이었다. 신문에 유족으로는 아들 남돈희(한국지도자육성장학재단 장학부장), 딸 남진희(주부), 며느리 나명주(참교육학부모회 전국회장), 사위 우승훈(마취과 의사)이 있다고 나왔다.

남정현 선생 문인장 추모식은 12월 22일 서울대병원 장례식장에서 열렸다. 추모식 주관은 국제 PEN 한국본부, 한국문인협회, 한국소설가협회, 한국작가회의가 했는데, 이렇게 다양한 성향의 4개 문학단체가 모여 '문인장'을 치른 것은 문학계 사상 최초의 일이었다고 한다. 호상은 권오헌, 이근배, 임헌영이었다. 추모식은 약력 보고 신현수 한국작가회의 사무총장, 조사는

이광복 한국문인협회 이사장, 권오헌 양심수후원회 명예회장, 황선락 소설가가 했다.[91]

박금란 시인(민족작가연합 공동대표)이 '문학의 큰 별 남정현 선생님'이란 조시를 낭독했다. 박 시인은 이 조시에서 "반공법의 폭압을 뚫고/ 벼락같이 내리쳤던/ 귀머거리 벙어리를 대변해/ 양심의 무기 소설 '분지'를 휘갈겨/ 싸웠다/ 남정현 선생님/ 용맹은 하늘을 찔러/ 하늘 붓이 되었다/ 문인들의 귀감이 되었다"라고 썼다. 노래극단 희망새가 조가를 불렀다.

남정현의 묘지는 경기도 마석 모란공원이었다. 마석 모란공원 민주열사 묘역까지 장례식에 참가해 운구도 함께 했던 송운학 촛불계승연대 상임대표는 한 신문과의 인터뷰에서 "새롭게 떠오를 시대는 선생님 말씀처럼 미국시대가 아니라 우리시대가 되기를 간절하게 소망합니다."라고 기원했다. 그는 1974년 서대문교도소 '1사 상방'에 갇혀 지냈는데, 2사에 수감 중인 남정현과 통방하며 지냈다.

---

91 남정현 선생 문인장 추모식이 열린 12월 22일 서울대 장례식장에서 문학TV는 임헌영 평론가와 인터뷰했고, 그 영상(7분 45초)을 유튜브에 올렸다. 이 영상에는 다른 데서 보지 못한 내용이 몇 가지 담겨있는데, 그 부분을 재구성하여 정리했다.
"신문을 받을 때, 제일 먼저 받은 신문은 누가 대신 써줬냐? 이건 한국에서 누가 쓸 수 없는 소설이다, 이름만 대라, 배후만 대라, 그러면 풀어주겠다고 했다. 자기가 쓴 거 증명한 뒤 신문 시작했다. 필화사건이 벌어진 1965~1967년은 정말 무서울 때다. 5·16 직후, 정보부가 무소불위로 힘이 셀 때다.
가장 심한 거는 권총을 만지며, 가늠쇠 조준해보다, 안전장치 풀었다 잠갔다 하면서 신문하고, 꼬챙이에다 인분 묻혀 와서 '분지' 작가니까 먹어라 하면서 모독하고 때리고. 기관원의 요지는 앞으로 글 쓰지 말라는 거였다. 몸도 안 좋은데 앞으로 전국 다니며 보신탕이나 먹고 몸관리나 해라. 글 쓰면 가만히 안 두겠다. 재판에서 선고유예 판결받았는데 무죄나 마찬가지다. 대단히 용기있는 판사라 할 수 있다.
남정현 작가는 사회과학 서적을 많이 봤고 제국주의론에 통달했다. 사회과학에서 리영희 선생이 한 똑같은 역할을 문학에서는 남정현이 했다. 두 분 주장은 똑같다. 우리나라 민족문제의 핵심은 친일파청산, 미국문제로 보았다. 미국은 분단, 남북긴장, 적대감 유지하는 정책을 폈다. 남정현은 등단 초기부터 국가보안법(반공법)은 일본이 만든 법을 미국이 현대화, 모더나이즈하게 만든 법이라고 보았다. 여기서 말한 국가보안법의 '국가'는 한국이 아니라 미국이나 일본이다."(임헌영)

필자는 부고 소식을 들은 뒤 〈민중의 소리〉에 추모기사를 써서 보냈고, 장례식이 열리던 12월 23일에 게재됐다. 이 추모사에 평생 작가로 살아온 남정현 선생이 젊은 작가들에게 바라는 바를 적었다.

"내가 늘 말하지만 작가나 시인들은 최일선의 초소를 지키는 초병들처럼 우리 인간의 정신의 영토를 지키는 초병 역할을 해야 한다니까. 그러니 최일선의 초병이 졸거나 딴전을 피우면 그 나라가 남아나겠어?"

남정현 작가는 젊은 작가들이 반외세의 전선에서 '초병' 역할을 잘해주기를 바랐다. 건강을 잘 유지해서 썩은 분지, 분단 세상이 침몰하고 통일 나라가 오고 "문명의 축이 바뀌는 것"을 보고 싶어 했던 남정현 작가는 이제 후배들에게 초소를 넘겨주고 떠났다. 그가 떠난 초소에서 역사의 굉음을 들으며, 미국과 국가보안법의 얼어붙은 바다에 도끼를 휘두를 작가는 누구일까.

남정현 작가가 작고한 날 박도 작가는 〈오마이뉴스〉에 '남정현 선생을 떠나보내며…… 새 세상에서 조국통일의 수호신이 되옵소서!'라는 글을 기고했다. 박도 작가는 2005년 방북 때 남 작가와 찍은 사진 여러 장도 함께 실었다. 평양 개선문 앞에서 나란히 찍은 사진과 박도 작가가 백두산 천지를 배경으로 찍어준 남정현 작가 사진이 눈에 띄었다.

7월 23일 새벽, 백두산 장군봉을 오를 때는 찬 날씨와 가파른 등반길로 당신은 건강상 백두산 정상에서 열린 행사는 참석지 못했다. 나는 정상에서 열린 대회에 참석한 다음 곧장 차로 내려와 불편한 선생님을 부축하여 장군봉으로 오르는 길목에 앉혀드린 뒤 선생이 백두산 천지를 배경으로 "조국 통일 만세!"를 부르던 모습을 연출하여 내 카메라에 담아드렸다.

박도 작가는 "남정현 선생님! 새 세상에 가셔서 깊은 잠만 주무시지 마시고, 그 세상에서 조국통일의 수호신이 되옵소서."라는 말로 추모기사를 마쳤다.

남정현 만세! 홍만수 만세!

남정현 작가가 '새 세상'으로 떠난 뒤 지인들은 수년째 마석 묘지에 모여 추모식을 열고 있다. 1주기에는 전덕용 사월혁명회 상임의장이 추모사를 읽었고, 이는 통일뉴스에 실렸다.

《씨알의소리》 창간편집장이자 소설가인 전덕용 상임의장은 "76년 동안 이 땅이 미국의 똥땅이 되었는데, 제대로 된 말 한마디 하는 놈이 없다."며 아쉬움을 표하고는, "이 가녀린 체구의 남정현이 지금부터 55년 전에 미국놈 나가라고 했다. 젊잖게 문학적 표현으로 한 게 아니었다."고 고인을 회고했다.

전덕용 상임의장은 "그 누구도 감히 엄두를 못 내던 반미의 깃발을 높이 들었습니다. 신출귀몰 영생불멸의 능력을 지닌 민중 영웅 홍길동의 후예인 홍만수로 하여금 미국 나가라는 자주의 큰 깃발을 '향미산' 봉우리에 높이 꽂아 세우게 하였습니다."라고 추도사를 읽었고, 마지막엔 '홍만수 만세'를 외치기도 했다. 《분지》의 홍만수, "자 보십시오. 저의 이 툭 솟아나온 눈깔을 말입니다. 글쎄 이 자식이 그렇게 용이하게 죽을 것 같습니까. 하하하."라고 어머니께 고하던 홍길동의 후예 홍만수가 다름 아닌 남정현이라 보았던 것이다.

"선생이시여, 남정현 선생이시여…….
《분지》의 홍만수를 불러내어 거룩하고 신성한 민족 통일동산에 다시 세우소서.

남북녘 8천만 겨레가 하나 되는 진정한 자주 해방의 날을 맞게 하소서. 홍만수 만세!"

2024년 봄, 장남 남돈희 씨와 함께 마석 묘지를 찾았다. 묘비 앞면에는 "민족자주를 열망한 '분지'의 작가 남정현의 묘"라고, 뒷면에는 "남정현의 문학은 결코 농담에 가까운 이야기가 아니라 우리 모두를 일깨우는 처절한 목소리다. 그럼에도 불구하고 그 작품에는 웃음이 있다는 것이 한 특징이다. 그것이 말하자면 남정현의 삶의 여유라고 볼 수 있다. 왜냐하면, 오늘을 가장 정직하게 그리고 용감하게 얘기하고 있기 때문이다."라고 쓰여 있었다. 뒷면에 새긴 글은 문학평론가 김병욱의 '천부적 이야기꾼'에서 따온 글이다.

추모사 새 세상에서 조국통일의 수호신이 되옵소서!

　남정현 선생이 세상을 뜬 다음 날 박도 작가는 추모사를 〈오마이뉴스〉(2020. 12. 21)에 올렸다. 원주 치악산 밑에 사는 작가는 "새 세상에 가서서 깊은 잠만 주무시지 마시고, 그 세상에서 조국통일의 수호신이 되옵소서." 라고 썼다.
　박도 작가는 이전에 〈오마이뉴스〉에 기고한 글에서 "1965년 분지 사건이 터졌을 무렵 〈분지〉를 읽고 작가 '남정현'이라는 인물에 무척 경외심을 가졌다." "문청 시절 나는 남정현 선생의 작품을 탐독하였고, 선생은 장차 닮고 싶은 작가상이었다. 그분의 작품 〈분지〉를 읽을 때는 강대국 앞에서 조금도 기죽지 않는 그 투지에 소름이 끼쳤다."라고 쓰기도 했다.
　그는 〈오마이뉴스〉에 '남정현 선생을 떠나보내며'라는 추모사를 쓰면서 사진을 여러 장 같이 보냈는데, 2005년 민족문학작가대회에 참석했을 때 함께 찍은 사진이었다. (글·사진 : 박도)

2005년 7월 23일 새벽, 백두산 천지를 배경으로 "조국 통일 만세!" 부르는 남정현 작가.

❶ 평양 만경대를 방문해 기념사진을 찍은 박도, 남정현 작가 (2005. 7. 21)
❷ 평양 개선문 앞에 선 남정현, 박도 작가(2005. 7. 21)
❸ 장군봉 길목에서 소설가 김원일(왼쪽)과 남정현 (2005. 7. 23)

친구를 보면 그 사람을 안다

−권오헌, 황선락, 임헌영, 전덕용

1. 한 치의 틈도 없이 일치했던 동지

−권오헌 양심수후원회 고문

서울 강북구 우이동 자택에서 항암치료 중인 권오헌 선생을 2024년 10월에 만났다. 2017년 폐암 4기 진단 이후 투병 중인 그는 현재 암이 척추와 뇌로 전이된 상태이고, 인후암도 앓고 있었다. 거듭되는 수술과 항암치료로 기력이 쇠잔해져서 병원도 혼자 힘으론 갈 수 없었다. 병원 갈 때는 양심수후원회 회원들이 방문해서 부축해준다고 한다.92

민가협 양심수후원회 명예회장인 권오헌 선생은 남정현 작가와 20대부터 알고 지냈으며, 강산이 예닐곱 번 변하는 세월이 흐르는 동안 둘의 생각은 한 치의 틈도 없이 일치했다고 한다. 남정현 작가가 세상을 뜨기 직전까지(3주 전) 쌍문동 한식집에서 한 달에 한 번씩 식사 모임을 했는데, 황선락, 임헌영 등이 고정 멤버였다. 4·19 혁명회 회원인 황건, 노중선, 김영옥 등과 함께 일종의 식도락 모임도 했는데, 주로 가는 곳은 혜화동 칼국수집, 인사동 골목의 툇마루집된장예술, 경기도 송추의 묵사발집이 단골이었다.

---

92 권오헌 선생은 2025년 4월 25일 숙환으로 별세했고, 4월 28일 마석 모란공원의 민족민주열사묘역에 묻혔다.

문학에 관심이 많았던 권오헌 선생은 젊은 시절 임헌영, 구중서 같은 문인과도 교류했고, 《사상계》 애독자였기에 거기에 실린 남정현 작가의 소설을 통해 직접 만나기 전에도 호감을 지녔다고 한다.

"직접 만나기 전부터 〈분지〉를 보고 정말 존경하게 됐죠. 최고의 소설이라 생각했어요. 임헌영 선생을 통해서 1967년경부터 만났는데 그때부터 지금까지 미국과 외세, 자주성에 대한 생각이 나랑 똑같았어요. 말년에 가장 가깝게 지낸 사이가 아닌가 싶어요."

미국 문제에 대해서는 토론이 필요 없을 정도였다는데, 권오헌 선생이 2023년에 4권의 책으로 묶어서 펴낸 문집 《주한미군 강점비 부담 -내쫓는 게 정답이다》의 목차를 보면 두 사람이 지닌 미국관의 단면을 짐작할 수 있다. 이 책에는 '반세기를 넘게 이어온 대북 핵공갈 위협과 살인적인 제재 압박' '예속과 대결에서 민족자주와 대단결로!' '조국광복 76년, 자주국가 통일국가로 전 민족적 역량을 모으자'와 같은 제목의 글이 실려 있었다.

권오헌은 1970년대엔 월간 《다리》지가 있던 광화문 부근 술집에서 임헌영, 신상웅과 남정현을 자주 만났는데, 술값은 당시 소설 〈신화의 정담〉을 연재 중이던 신상웅 소설가가 냈다고 한다. 신상웅은 4·19 세대를 대표하는 소설가로 평가받았는데, 창비에 연재되던 〈신화의 정담〉으로 한국일보 문학상을 탔다. 월북자 문제를 다룬 이 작품을 발표하고 작가는 잡혀갈 각오를 했는데, 때마침 7.4 남북공동성명이 발표되는 바람에 별문제 없이 넘어갔다.

인터뷰 직후인 11월 초 척추 수술 이후 기력이 떨어져 더 이상 혼자 화장실을 갈 수 없게 된 권오헌 명예회장은 성북구의 한 요양원으로 거처를 옮겼다. 살이 다 빠지고 뼈만 앙상하게 남은 권오헌 선생은 2024년 11월 13일 병문안하러 간 구순의 박중기 선생(추모연대 명예의장)과 동행한 〈통일뉴스〉의 이계환 대표에게 그동안 고민했던 문제라며 북러동맹에 관해 이야기했다.

"러-우 전쟁의 근본 원인은 미국이 조종하는 나토가 우크라이나까지 가입시키고 러시아를 패망시키려고 한 데 있어요. 또한 미국이 북한에 대해서도 적대시 정책을 펼치고 있으니 북한과 러시아 두 나라가 국제정의 차원에서 힘을 합쳐 동맹관계를 맺을 수밖에 없었던 것이에요. 북러동맹은 세계사적으로 불가피한 일이었어요."

북한 입장에서 보면 "한미가 핵동맹을 맺은 데다가 한미일 군사전략까지 나가니 북쪽에서도 민족 개념만 가지고 나가다가는 나라 전체가 아주 파탄 나고 말겠다."라는 생각을 가졌을 것이라는 해석이었다.

권오헌 명예회장은 남정현 작가와 한 치의 틈도 없이 일치한다고 하더니 생사의 갈림길에 선 순간에서도 민족과 국가의 운명을 걱정하는 모습은 거의 똑같아 보였다. 임헌영은 1960년대 후반부터 권오헌과 도플갱어였으며, 소년 빨치산 출신 경제학자 박현채와 함께 삼총사로 지냈다. 임헌영 평론가는 권오헌 선생에게 "수염만 갖다 붙이면 딱 호찌민이야."라면서 '호찌민'이란 별명을 붙여주었다. 체구나 외모, 검소한 생활, 그리고 독신으로 지내는 것까지 닮아서였다. 그런데 딱 하나가 달랐다고 한다. 호찌민은 대미 독립전쟁 중에도 미제 담배를 즐겨 피웠는데, 권오헌은 평생 금연으로 일관했다.

2. 저세상 가서도 '꼬봉' 노릇 할 터
  －소설가 황선락

남정현 작가는 세상을 뜨기 직전까지 매월 첫째 주 월요일 정례적으로 서울 도봉구 쌍문동 부근의 식당에서 만났다. 경기도 분당에 사는 소설가 황선락은 모임에 빠짐없이 참석했고, 밥값 담당이었다고 한다.

"12시 30분에 쌍문역 3번 출구의 수협 쌍문동 지점에서 만나서 산채식당이란 곳으로 이동했어요. 남정현 선생은 모임이 있는 날은 항상 한두 시간 전부터 나와서 기다린다는 사실을 알고부터 모임에 각별히 신경 썼죠. 고정 회원은 남정현, 황선락, 황현승, 양재혁, 임헌영, 권오헌 등이었고, 그 외에도 남정현 선생이 자기가 보고 싶은 사람 초대해서 여러 사람 다녀갔어요."

서울대 철학과를 나와 광신상고 교감으로 일하던 황현승 선생은 남정현 작가와 초등학교 동문이기도 한데, 1974년 2차 인혁당 사건으로 중앙정보부 지하실에서 물고문, 전기고문을 당했다. 이 당시 긴급조치 사건으로 먼저 끌려와 있던 남정현은 온몸이 푸르게 된 사나이 황현승을 목격하고 온몸이 바르르 떨렸고 전율을 느꼈다고 회고했다.[93]

1964년에《문학춘추》로 등단한 황선락은 1960년부터 월계다방을 출입하면서 남정현과 친하게 지냈다. 이때 월계다방에 터를 잡고 남정현과 절친하게 지낸 주요 인물은 박용숙, 최인훈, 신동엽 작가, 그리고 수필가 박승훈, 평론가 신동한, 만화가 김성환 등이다.

---

93 서울시경 소속 경찰로 중정에 동원되었던 전 아무개는 인혁당재건위사건 피의자 조사에 1회 입회했다가 황현승이 인혁당재건위 사건 수사경찰관 4명으로부터 전기고문을 당하는 장면을 목격했다며 훗날 의문사위에서 이렇게 진술했다.
"중정의 지하 보일러실로 추정되는 곳에서 전기고문이 자행되었는데 피의자는 팔걸이가 있는 의자에 묶여 있었고 팔걸이 위에 올려진 손으로 전류가 통했다. 길이 30cm, 폭 10cm, 높이 15cm의 손잡이가 끝에 달려 있는 국방색의 군대 야전용 전화기로 전류를 통하게 했으며, 경찰 일부가 한 번에 3~4회씩 손잡이를 돌렸고, 피의자는 몹시 괴로워했다."
(김성수의 한국 현대사 11화, '박정희는 몸 고문, 박근혜는 빚 고문',〈오마이뉴스〉, 2020. 2. 15)

이들 문인 중에 남정현 작가가 '정신적 선배'로 따른 사람은 열세 살 위인 1920년생의 한무학 시인이었다. 한무학은 대중적으로 널리 알려진 작가는 아닌데, 《시인은 목하 입원 중》(1970)으로 필화를 겪은 시인이었다. 그는 와세다 대학 철학과를 나왔고, 인천 제물포고에서 교사로 일하다 6·25를 겪었다.

《문학의 길 역사의 광장》(임헌영과의 대화, 유성호)에는 한무학 시인에 관한 증언이 나온다. 와세다 대학 철학과를 나온 한무학 시인은 세 번째 시집 《시민은 목하 입원 중》(1970)을 낸 뒤 정보부에 끌려가 극심한 고문을 당했다. 그는 고문의 기억을 떠올리며 "내 손톱까지 빼더니/ 두 무릎을 뒤꺽고/ 제껴진 고개에 미제의 썩은 물을/ 한없이 쏟아붓던/ 이 망종들아/ 양놈들은/ 조국을 가르더니/ 네놈들은 마침내/ 내 허리를 뿐질러"라고 고발하는 시를 썼다고 한다.

황선락 선생은 '남기고 싶은 이야기들'이라는 글에 한무학 시인이 겪은 필화에 관해 적었는데, 정보기관은 "박정희 대통령의 훌륭한 통치 덕분에 국민들이 태평성대를 누리고 있는데, 왜 어떻게 '시민은 목하 입원 중'이냐는 것"이라며 문제삼았다. 그리고 이 시집에 나오는 〈조국은 너의 것이 아니다〉란 시를 트집 잡아 용공좌익 시인으로 몰고 갔다. 당시 중앙정보부에서 가장 불온시한 부분은 북을 미워해야 하는 현실을 '부자유'로 표현한 구절이라 했다.

너와 나와 그리고
나는 너를, 너는 또한 나를
서로 이렇게 길게 미워해야 한다는 이 부자유를
언제까지 나 견디어야 하는가

황선락 선생은 한 시인이 "조국은 너의 관동군 출신 친일부역자들의 것이 아니다. 역경을 이겨내며 강토를 지킨 시민의 것이다."라는 말을 하고 싶었을 것이라고 썼다. 중앙정보부에 잡혀간 그는 죽기 직전까지 흠씬 두들겨 맞은 뒤에야 풀려났고, 지인의 도움으로 1974년 미국으로 이주했다. 1994년경 잠시 귀국했을 때는 남정현 작가와 함께 소주, 담배, 오징어를 들고 파주 공원묘지에 묻힌 박치원 시인 묘지를 찾아갔다고 한다. 2016년 조국 땅에 묻히고 싶다며 귀국했고, 2017년 세상을 떠났다.

'월계다방파' 작가 중에 수필가 박승훈 교수(건국대 영문과)도 독특한 이력의 소유자다. 정치적인 이유가 아닌 음란물을 썼다는 이유로 법정에 섰다. 1969년 7월 서울지검은 음란성범죄특별단속반을 설치하고 대대적인 사정 바람을 일으켰는데, 이로 인해 작가, 잡지 발행인, 영화인 등 여러 명을 소환 조사했다. 박승훈 교수는 《서울의 밤》, 《영년 구멍과 뱀의 대화》에서 어떤 부부의 변태적 성생활, 중국집 옆방 창구멍을 통해 들여다본 손님들의 정사 장면을 음란하게 묘사했다는 이유로 기소됐다. 법원은 1969년 12월 1심에서 벌금 5만 원의 판결을, 그리고 2심에서도 마찬가지로 유죄판결을 내렸다. 박 교수는 음란물인 것처럼 쓴 글에서 사회를 신랄하게 비판한 게 많았는데, 그것 때문에 밉보인 것 같다고 했다.

셰익스피어에 관한 글을 많이 써서 박스피어란 별명이 붙은 박승훈 교수는 고향이 개성인데, 김성환 화백과 동향이라 둘이 친하게 지냈다. 키가 훤칠하게 큰 박 교수에 비해 김성환은 키가 작았는데, 둘이 함께 있는 모습을 보면 《학원》 잡지에 연재된 김성환 화백의 만화 〈꺼꾸리군과 장다리군〉이 연상되어 웃음을 참을 수 없었다고 한다. 이 만화는 1977년에 영화 〈고교 꺼꾸리군과 장다리군〉으로 각색되어 상영되었다.

황선락 선생은 남정현 작가의 잘 알려지지 않은 이력에 관해서도 들려줬다. 남정현 선생은 신민당 김홍일 총재의 연설비서관으로 일하기도 했고, 여러 차례 재야의 성명서 초안 작성하는 일을 했다고 한다. 김홍일 총재 자택에 새해 인사하러 갔는데, 옆에 앉으라고 해서 본의 아니게 여러 정치인의 세배를 함께 받은 적이 있다는 말도 전해들었다. 김홍일은 광복군 총사령부 참모장을 지냈고, 해방 후에는 육군 제1군단장을 지낸 뒤 중장으로 예편했다. 1971년 경선에서 김대중을 이겨 신민당 총재가 된 김홍일 장군은 박정희의 유신, 3선 개헌에 반대했고, 말년에 광복회장을 지내기도 했다.

황선락 선생은 박용숙 작가와 남정현 작가의 마지막 통화 얘기도 들려주었다. 박용숙(1934년 9월 5일~2018년 11월 3일)은 세상을 뜨던 날 아침에도 남정현에게 전화해서 "아침에 일어났더니 괜히 가슴이 답답하고 아파"라고 했다. 남정현이 "그럼 빨리 병원에 가 봐." 하고 전화를 끊었는데, 몇 시간 후 부음이 왔다고 한다. 1970년 이후 발간된 한국문학전집을 보면 남정현과 박용숙 두 작가의 작품을 한 권의 책에 같이 묶어서 편집한 경우가 많았다.94 민중서관의 《한국문학전집》(1976) 8권도 '남정현·박용숙 편'인데 김병걸 평론가가 해설을 썼다. 김병걸은 '박용숙 작품론'의 서두에 "박용숙은 소설가로서뿐 아니라 이론가로서도 자기의 세계를 축성한 작가이다. 그는 논저《구조적 한국사상론》에서 서양과 동양의 사상적 구조를 밝혀내며,《한국미술론》에서는 한국의 전통 미술을 신화체계에 의하여, 그 본래의 모습을 찾아낸다."라고 썼다. 김병걸은 한국의 현존 작가 중에 "박용숙만큼 여러 부문에 걸쳐 소양을 펼친 사람은 없다 해도 좋을 것 같다."라고 평했다. 박용숙은 1959년《자유문학》에 소설〈부록〉이 추천되면서 여러 편의 소설도 발표했는데, 1969년〈중앙일보〉신춘문예(미술평론) 당선한 뒤에는 미술계에서도 활동했다.

---

94 박용숙: 1935년 함경남도 함주군 덕산면 출신. 동덕여대 미대 교수, 미술관장 역임. 미국 사우스베일러대학교 대학원 동양철학 박사. 우리나라에 불교가 들어오기 전의 정신세계에 관심을 두고 샤머니즘을 연구《샤먼제국》(2010)을 펴냄. 중국은 중화사상, 일본은 신토(神道)사상이 있고 이를 토대로 자신들의 역사관을 펼치는데, 우리에게는 그런 뭔가가 없다는 것에 안타까워했다. 고대사 속에서 정신담론을 찾아보려고《삼국유사》,《삼국사기》를 100번 넘게 읽었다고 한다.

황선락은 《작은문학》(2021)에 '남정현 선생을 기리며'라는 글을 썼는데, 이렇게 끝을 맺었다.

이제 저세상에서 그리운 부모님, 특히 남 선생님을 야단치실 때 "이 똥 쌀 놈아"라고 하시던 어머님을 기쁘게 만나 뵙기 바랍니다. 언젠가 저도 저세상으로 갔을 때 다시 만나서 또 꼬붕노릇 하겠으니 편히 가십시오.

3. '부활' 이야기는 소시적 정치조직 활동으로 추정
 ─임헌영 문학평론가

문학평론가 임헌영(1941년생) 선생도 월계다방파에 속하는 문인이다. 1966년에 《현대문학》으로 갓 등단한 '애숭이' 평론가였던 임헌영은 한참 위의 선배인 남정현 작가를 대학선배였던 박용숙 작가의 소개로 만났다. 그는 월계다방에 출입하는 문인들과 어울리며 지냈는데, 《자유문학》 출신인 남정현, 최인훈, 박용숙이 3인조로 항상 어울렸고, 가끔 이호철도 끼었다고 한다. 임헌영은 이 선배들 틈에서 귀동냥하며 지냈고, 월계다방은 그에게 강의실이나 마찬가지였다.

현재 여전히 민족문제연구소 소장으로 활동하며 바쁜 일과를 보내는 임헌영 선생과는 전화인터뷰를 했다. 아래의 글은 민족문제연구소 이름으로 유튜브에 올린 '임헌영의 한국소설, 정치를 통매하다 4편-남정현 작가'(2020년)에서 대담한 내용을 포함하여 재구성한 것이다.

문학평론가의 눈으로 봤을 때 〈분지〉는 어떤 작품이었나요?
1965년 〈현대문학〉에 실린 〈분지〉를 봤을 때 나는 중앙대 국문과 학생이었어요. 등단은 1966년에 했죠. 처음에 〈분지〉 보고 너무 놀랐어요. 당시 문단에선 도저히 나올 수 없는 소설이었어요. 그때는 미군의 강간, 린치 같은 잔혹 행위가 많았고, 소설도 이런 세태를 반영한 양공주 소설을 통해 간접적으로 미군을 비판하는 정도였죠. 그런데 〈분지〉에서는 거꾸로 홍만수가 미군 부인에게 복수하고, 마지막엔 미국에 가서 깃발을 꽂겠다고 큰소리치잖아요. 그 장면을 읽는 순간 너무 충격적이라 소름이 끼쳤던 기억이 납니다. 8·15 이후 지금까지도, 미국을 비판하는 소설 중 〈분지〉를 넘어서는 작품은 없어요. 지금도 읽어야 하는 문제작입니다.

근래 쓰인 문학평론을 보면 홍만수의 행위를 강간, 겁탈이라며 문제시하는 경우가 많기도 합니다.

남정현 작가가 생전에 '홍만수는 강간하지 않았다'며 내게 여러 번 강조했어요. 수많은 평론가들이 미군 상사 스피드의 부인을 겁탈한 거로 썼는데, 어떻게 그 많은 평론가가 소설을 제대로 안 읽냐고, 소설 자세히 보면 겁탈 안 했다, 남의 나라 여인을 겁탈하면 야만인이지, 그랬어요.

1970년대에 출간된 〈허허선생〉 작가 연보에 "1944년 단원 중 저명한 마법사의 지도로 불에 타 완전히 죽었다가 다시 살아나는 신기(神技)를 몸에 익히게 되어 부활의 명수(名手)가 됨." 식으로 써넣었는데, 혹시 이에 관해 직접 들은 이야기가 있나요?

내가 1975년 태극출판사에서 《한국문학전집》 편집일을 하면서 작가 연보를 다시 써 달라고 했는데, 그대로 넣으라고 하면서 안 고쳤죠. 내가 추측하건대 그 '부활' 이야기는 정치조직 활동을 의미하는 게 아닌가 싶어요. 1945~1950년 사이면 우리 나이로 13~18세 나인데, 남정현 선생처럼 명석하고 똑똑한 학생치고 좌파조직 활동 안 한 사람 드물거든요. 몸이 허약한 편이고 매우 영리한 사람이라 티를 안 내고 드러나지 않게 활동을 했을 겁니다.

1960년대 같이 어울렸던 분들이 쓴 글을 보면 여성에게 인기가 많았다고 하던데, 실제로 그랬나요? 40킬로도 안 되는 부실한 체구의 남성이었는데.

그 시절 여자들은 모성애 느끼게 하는 남자를 좋아하기도 했어요. 그리고 남정현 작가가 젊었을 때 실물을 보면 매력적이었어요. 특히 눈빛이 톨스토이처럼 반짝거렸죠. 말도 재치있고 재미있게 하는 데다, 친절하기까지 했고. 정말로 여자들이 줄줄 따라 다녔어요.

남정현 작가가 1974년에 구속된 사건의 이름이 뭔가요? 누구는 민청학련 사건이라 하고, 어느 자료에는 임헌영, 김우종, 정을병 선생님과 같은 '문인간첩단 사건'으로도 나오고요.

같은 해에 일어난 사건이라 헛갈리는 거죠. 남정현 선생은 문인간첩단 사건과는 관련이 없어요. 민청학련 사건하고도 무관하고요. 긴급조치 위반이라 하는데, 구체적인 사유가 없어요. '분지 사건' 이후 요시찰이라 항상 미행하고 다녀서 정보기관도 잘 알고 있었을 텐데, 한마디도 위험분자로 보고 잡아간 거죠. 몇십일 가둬놓고 조사했지만 나온 게 하나도 없어요. 아무 이유 없이 몇 달 동안 가둔 거예요.

문인간첩단 사건에 연루됐던 임헌영 소장도 국가보안법의 피해자이기도 하다. 1979년에는 남민전 사건으로 4년간 수감생활을 했다. 그는 최근(2025년 3월) 국가보안법 관련 강의를 하면서 "국가보안법과 싸우려면 미국을 알아야 한다."고 하면서 "미국 모르면 국가보안법 말할 자격 없다."고 단언했다. 그는 일제가 36년간 못한 일을 미국은 단 석 달 만에 해치웠는데, 미국은 우리의 상상력 그 이상이라는 것을 알아야 한다고 말했다. 미국은 한국 사람이 박수치고, 성조기 흔들게 만들었다. 임 소장은 그 비결로 첫째 반공을 국시로 해서 전 국민이 반공의식을 갖게 한 것, 둘째 민족, 남북이 서로 증오하게 해서 원수로 여기게 만든 것이라 했다. 미국은 한국 사람에게 온갖 거짓말을 동원해 빨갱이는 때려잡아야 한다는 의식을 심어줬고, 여기에 국가보안법이 결정적 역할을 했다는 것이다.

남정현 작가 영향을 받아 미국을 심층적으로 연구하셨다고 했는데, 어떤 결론을 얻었나요?

나는 미국을 분석할 때 주로 근본주의 기독교, 명백한 운명, 멜로스인의 복수, 실용주의라는 네 개의 키워드를 사용하는데, 매우 유용해요.

첫째, 미국의 근본주의 기독교는 유럽에서 계몽주의가 생성되기 이전의 기독교가 아메리카 대륙에 토착화된 것이죠. 그걸 받아들인 게 한국기독교인데, 미국기독교를 받아들인 게 한국의 계몽주의라 할 수 있어요.

둘째, 하나님으로부터 부여받은 '명백한 운명'(Manifest Destiny)이라는 것은 19세기 중반에서 후반의 침략주의, 팽창주의 시기에 형성된 것입니다. 미개인을 문명화시키라는 하나님이 내려준 특권을 말하는데, 미국의 침략을 정당화하는 개념이죠.

셋째, 멜로스인의 복수이론은 2000년 미 국방대학 산하 국가전략연구소에서 펴낸 《멜로스인의 복수-비대칭적 위협과 차기 4개년 국방계획》이란 백서에 실린 거예요. 미국의 비대칭적 전쟁 정책을 정당화할 때 사용하는 용어죠. 멜로스는 아테나와 스파르타의 중간에 있는 중립국인데 아테네가 침공해요. 만약 멜로스 인에게 보복수단이 있었으면 아테네가 침공 못 했을 겁니다.

미국이 추구하는 바는 "멜로스인이 보복할 수 있는 가능성을 봉쇄하는" 정책이죠. 만약 북이 핵이 없었다면 멜로스가 됐을 거예요. 이거 모르고 북만 욕하는 사람은 반성해야 합니다.

넷째, 미국의 실용주의. 처음엔 이 프래그머티즘이 뭐 철학인가 싶었는데, 그걸 공부하다 보니, 섬뜩하더라구요. 신이 있느냐 없느냐 하는 걸 가지고 연구하는 게 뭔 의미냐, 신이 필요하면 만들고, 필요 없으면 죽여라. 이게 실용주의죠.

《하숙 십 년》을 보면 서울 시내 수십 군데에서 하숙한 것으로 나오는데, 이게 실화인가요?

20대 젊은 시절 이야기는 잘 안 하는 편이어서 나도 진위는 잘 모르겠네요. 그런데 이분의 소설을 보면 현실과 환상이 뒤섞인 경우가 많듯이 그 에세이도 보통의 경우처럼 전부 사실이 아니라 허구가 섞여 있지 않을까 싶어요. 정치적으로는 초지일관 '반미'로 일관하고 원칙적이었지만 개인적으로는 매우 자유로운 분위기였어요. 아버님이 교육감이었는데도 식도 안 올리고 결혼생활 시작했죠. 당시로써는 무척 개방적인 인생관을 지녔기에 가능한 것이었죠.

(민족문제연구소 유튜브 대담자) 남정현 작가의 작품 중에 딱 한 작품만 읽어야 한다면 어떤 작품을 추천하시겠습니까?

〈편지 한 통〉 권해요. 〈분지〉는 많이들 봤을 테니까. 미 제국주의와 국가보안법을 기발하게 의인화한 작품이죠. 국가보안법의 역사를 다루면서, 머리에 쏙쏙 들어오게 풍자했어요. 참 기발해요. 국가보안법을 이렇게 잘 다룬 소설이 없어요.

임헌영 선생은 유튜브 촬영하면서 '분지 사건' 공판 후 법원 앞에서 안수길, 이항녕, 한승헌, 남정현, 박용숙, 표문태, 최인훈이 함께 찍은 사진을 가리키며 "나는 저런데 낄 나이나 지위가 아니었어요."라고 말했다.

처음엔 임헌영 평론가와 월계다방이 있던 건물이나 그 부근에서 인터뷰할 계획이었다. 필자가 이 뜻을 전했을 때 아쉽게도 다방은 물론 건물 자체가 사라졌다는 말을 들었다. 그는 "광화문에서 서대문 쪽으로 가는 길 우측에 있었는데, 1977년 도로 확장공사 하면서 아스팔트 밑으로 사라졌다."라고 하면서《문학의 길 역사의 광장》에 그 사연을 자세히 적어놓았다고 알려주었다. 그는 월계다방 주인 부부가 사람이 참 좋았고, 커피 외상도 가능했다는 말도 들려주었다. 남정현 작가와 부부 동반으로도 자주 봤는데, 신순남 여사는 자태가 뛰어나고, 똑똑한 분이었다고 한다.

4. 함석헌 선생 다음으로 존경한 선배
―전덕용 사월혁명회 의장

사월혁명회 전덕용(87) 상임의장은 1965년경 대학생 시절에 남정현 작가를 만난 뒤 평생 교류를 이어왔다. 그는 서라벌예대 문창과를 거쳐 건국대에 재학 중이었는데, 그 대학 신문사 주간으로 있던 박승훈 교수가 남 작가를 소개해줬다.

2025년 1월 전 의장을 서울 종각 부근의 중국음식점에서 만났다. 전덕용 의장은 필자에게 4·19 혁명 60주년 기념 장편소설《가자 북으로!》에 "통일의 그날까지"라는 글을 적어 기증했다. 그는 교사로 일하다 정년퇴임 했는데,《청승개비타령》,《대충이타령》등의 소설을 쓴 작가이기도 하다. 경기도 안성에 사는 전 의장은 서울에 올 때면 종각 옆에 세워진 전봉준 동상에 헌화하고 절을 두 번 올린 뒤 "장군, 왜 앉아 있으세요, 일어나세요." 하며 큰소리로 외친다. 전봉준 장군의 직계 후손인 그는 "혁명가인 전봉준 장군을 앉은 자세로 만든 것을 고쳐야 하고, 종각이 아닌 광화문 이순신 장군 동상 앞으로 옮겨야 한다."라고 힘주어 말했다.

전 의장이 1960년대에 남정현 작가를 만나던 장소는 월계다방이 아니라 코리아나 호텔 뒷골목에 있는 아리스다방(이후 아리랑다방으로 개명)이었다고 한다. 늘상 유명문인들이 복작거리는 월계다방을 피해 별도로 아리스다방에 모이는 작가는 따로 있었는데, 남정현, 유승규, 박용수, 이동휘, 현재훈, 유현민 소설가와 박지수, 유근주, 박재삼 시인 등이었다. 김병걸 평론가와 김영덕 화백도 즐겨 찾았다. 전덕용 의장은 주로 이곳에서 문인들과 어울렸다. 소박한 스타일의 남정현은 아리스에서 보는 걸 좋아했다. 이곳에 모이는 작가들도 대체로 털털하고 촌스럽고 투박한 성향이었다고 한다. 전 의장은 촌사람 기질이 짙은 농민소설가 유승규도 남정현의 단짝이었던 것으로 기억한다.

전 의장을 소개한 건국대 박승훈 교수와 남정현 작가는 아리스다방이 아닌 월계다방 부근의 수정다방에서 따로 만났다. 박승훈 교수는 미국 유학파이고 여러모로 남정현 작가와는 배경이 달랐지만 '반미'에 있어서 의견이 일치했기에 자주 봤다고 한다. 박 교수는 월남한 기독교 집안 출신인데, 한국전쟁 때 통역장교로 일하며 눈 뜨고 볼 수 없는 미군의 만행을 실제로 목격한 경험이 많아서 반미주의로 돌아섰다고 한다. 그 당시의 목격담은 《발발발》(1964)이라는 수필집에 담겨있다.

1970년 4월 19일 창간된 《씨올의 소리》 편집장을 지낸 전 의장은 그다음 해 4월 19일에 결성된 민주수호국민협의회 사무국장으로 활동했다. 박정희 군사정권이 들어선 이후 만들어진 최초의 재야지식인 연합체로 평가받는 민수협에는 김재준, 이병린, 천관우, 함석헌이 대표로 이름을 올렸는데, 실질적인 조직화 사업은 전덕용, 김승균, 남정현 3인이 주로 맡아서 했다.[95] 사진으로 볼 때는 여린 문학청년 이미지의 남정현 작가가 조직사업을 했다는 게 믿기지 않아서 "남정현 작가가 소설이 아닌 현실에서도 실천적인 활동가 기질을 보였는지" 물었다.

---

95 민주수호국민협의회: 1971년 4월 8일 서울 YMCA 회관에서 25인이 참석해 민수협 결성 준비모임을 갖고 조직 결성을 결의했다. 이날 참석한 김재준, 이병린, 천관우, 양호민, 정하은, 남정현, 김지하, 이호철, 최인훈, 조향록, 박형규, 윤현, 김정례 등은 조직의 원칙을 정치적 '불편부당'으로 정하고 4. 27 대통령선거와 5. 25 총선을 민주적이고 공명정대한 선거가 되도록 범국민운동을 전개하기로 결의했다. (민주화운동기념사업회 '민주화운동사전' 참조)

"겉은 부드러워 보이지만 속은 혁명적인 사고로 꽉 찬 분이에요. 괜찮은 사람을 육사로 보내서 결정적인 시기에 대비해야 된다는 말도 했죠. 1974년 긴급조치 때 남산 지하실에서 고문당한 경험도 있고 해서 박정희에게 복수해야 한다는 의지도 강했어요."

전 의장은 남정현 작가와 정치의식은 흡사했으나 기질이나 취향은 서로 다른 편이었다고 한다. 주량의 차이도 컸다.

"난 위스키를 큰 잔에 마셔도 끄떡없는 애주가였는데, 남정현 선생은 술을 거의 안 마셨어요. 정종 반 컵이 주량이었죠. 청하 한두 잔 하거나. 음식은 메밀이나 복국 같은 일식을 좋아했어요. 커피도 즐겼고."

아메리카에 저항한다는 의미에서 전덕용 의장은 20대 중반부터 30년 정도 커피를 끊은 적도 있었다. 그는 선배인 남정현 작가에게 소설을 보여주고 평을 받기도 했다.

"남정현 작가는 등단 전에는 책벌레였다 하는데, 내가 만났을 때는 다른 사람의 소설을 잘 안 읽는 편이었어요. 그래도 내가 소설 쓴 걸 보여주면 읽고서 몇 마디 평을 해주곤 했어요. '너무 급하게 쓴다.' '조탁을 안 하나?'는 지적을 했던 기억이 나요. 나는 성질이 급해서 빨리 쓰는 편이고, 퇴고하고 가공하는 게 자기를 속이고 꾸미는 거 같아서 싫다고 했죠."

전 의장은 처음엔 문학으로 만났지만 나중엔 소설 이야기보다 정치, 시국에 관한 담소를 즐겨 나눴다고 한다. 그는 자신이 경험한 남정현 작가의 특징 중의 하나로 자의식이 무척 강하고 사람을 쉽게 사귀지 않는 점을 들었다. 그런 남 작가가 선배로 대접하고 따른 이는 한무학 시인과 고바우 김성환 화백이었다고 한다.

전 의장이 남정현 작가를 마지막으로 만난 것은 운명하기 한 달 전쯤 혜화동의 한식집이었다. 남 작가가 운명하기 전에 약간의 치매 증세가 있었다고 한다. 대표적인 증세는 친한 지인에게 하루에도 여러 번씩 전화를 하는 것이었다. 경상도 양산의 한 학교에서 정년퇴임 한 뒤 경기도 안성으로 이사 온 뒤에는 한 달에 한두 번씩은 만나서 밥을 함께 먹었다는 전 의장은 "치매 증세가 심하지는 않았지만 기억력 감퇴는 눈에 띌 정도였다."라고 말했다.

"선생님이 돌아가시기 6개월 전쯤에 독일 사는 처남(김성수 박사)에게 책을 전해주라면서 사인을 하려다 못했어요. 그때 한자로 '南廷賢'이라 쓰려 했는데, 이름이 떠오르지 않는다고 하더라구요. 그때 무척 놀랐지만 그냥 웃었죠."

전 의장은 다섯 살 연상의 선배에게 '선생님'이라 호칭했고, 남 작가는 후배를 '전 선생'이라 불렀다고 한다. 전덕용 의장은 구순이 넘은 나이엔 내일 아침을 알 수 없다면서 많은 이야기를 들려주려 했다. 기존에 공식적인 인터뷰 등에서 들을 수 없는 야사도 많았으나 지면의 형편상 다 전달하기는 어렵다.

---

*2024년 가을부터 2025년 초 사이 필자는 남정현 작가 생전에 친하게 지내던 권오헌, 황선락, 전덕용 선생을 만났고, 임헌영 평론가와 전화인터뷰 했다.

남정현 소설과
부활의 미학[96]

루카치의《미학》탐독

1965년《현대문학》에 소설〈분지〉를 발표한 뒤 반공법 위반 혐의로 재판을 받은 작가 남정현은 대표적인 '반미작가'로 유명하다. 문학연구자들은 그를 "저항문학의 기수"(백철), "해방 후 70년대까지의 문단에 있어 가장 뛰어난 풍자작가"(구중서), "천부적 이야기꾼"(김병욱), "외세와 민족주체성을 주제로 삼아 일관되게 주장하는 민족문학 작가"(임헌영)라 평했다. 반미(반외세), 저항, 풍자, 민족 등 모두 남정현 문학의 중요한 특성을 담은 말이라 할 수 있다. 그런데 필자가 '분단시대의 지식인' 8인을 소개하는 단행본《통일만세》(2014)를 쓰기 위해 남정현 작가를 만나 인터뷰한 이후 그의 삶과 작품을 대표하는 말로 '부활'이 떠올랐고, 소설가 남정현의 문학을 '부활의 미학'이라 부를 수 있겠다는 생각이 들었다.

남정현과 '부활의 미학'을 살펴보기 전에 먼저 '미학'이라는 말에 관해 간략히 언급하고자 한다. 남정현 작가가 자신의 미학에 대해 별도의 글을 남기지는 않았으나 인터뷰 등을 통해 여러 차례 루카치의《미학》을 탐독했음을 밝혔다. 남정현 선생이 돌아가신 뒤 북한산과 도봉산에서 멀지 않은 쌍

---

96 2024년《민족작가》가을호에 게재한 글을 일부 수정하여 실었다.

문동 자택을 방문했을 때 서재에는 수백 권의 일본어 문학 서적이 꽂혀 있었다. 그중 루카치 저작집, 루카치《미학》, 하우저의《예술과 문학의 사회사》(1, 2, 3권),《문학과 혁명》등의 책도 눈에 들어왔다.

남정현 작가는 한국전쟁 전후한 시기에 헌책방, 노점상을 순례하며 일본어로 된 인문사회과학 책을 구했는데, 이때 읽은 책으로《러시아 혁명사》,《모택동 어록》,《레닌 연설집》, 그리고 루카치의《미학》과《리얼리즘》등이 있다고 증언했다. 그리고〈한겨레〉(2018) 강성만 기자와의 인터뷰에서도 루카치의《미학》을 언급했다. 스무 살쯤 되던 남정현이 한국전쟁 직후에 서울대를 청강하고 서라벌예대 등록해서 다닐 때의 일이었다.

"미학과란 말이 마음에 들어 서울대 미학과 강의를 들은 적이 있어요. 그런데 수업 프린트물을 보니 (내가 일본어로 읽었던) 루카치의《미학》원고를 그대로 베꼈더군요. 도둑놈이란 생각에 정나미가 떨어져 강의를 더 이상 듣지 않았어요."

이런 증언을 보면 남정현은 이미 20세 전후한 시기에 루카치(1885~1971)의《미학》을 탐독했음을 알 수 있다. 미술문화에서 4권짜리《루카치 미학》(2002)을 펴냈는데, 출판사가 쓴 서평을 보면 "루카치는 인간의 미적 의식과 그 예술적 표현이 장구한 세월에 걸친 인류의 역사적 실천 속에서 유기적으로 성장해온 것으로 파악하고, 변증법적 유물론에 이르는 미학적 사유의 발전과정 역시 그러한 역사과정 속에서 설명하고 있다."라고 나와 있다.

이런 루카치의 미학은 큰 흐름으로 볼 때 리얼리즘, 비판적 리얼리즘, 사회주의 리얼리즘의 범주에 속한다고 말할 수 있다. 루카치의 리얼리즘론에서 중요한 것은 인간이 세계를 대하는 태도이고, 리얼리즘 예술의 원리는 인간 중심적이며 현실적이다(《미학으로 읽는 미술》7장 리얼리즘, 참조).

이처럼 인간, 역사, 실천, 현세를 중시하는 루카치의 리얼리즘 미학과 남정현 작가의 문학관이 가깝다는 것은 그의 글을 통해서 확인할 수 있다.

남정현은 1965년 '분지 사건'으로 재판을 받는 중에 제1창작집《너는 뭐냐》를 펴냈다. 이를 계기로 〈중앙일보〉(1965. 11. 30) 기자와 한 인터뷰에서 '현실참여'에 관한 질문을 받고 "현실참여 문학이 따로 있나요? 문학은 본질적으로 현실참여가 아니겠어요?"라고 답하기도 했다. 그는 현실을 비판하고 가치를 창조하는 자유가 소멸할 때 문학은 없어지고 사회의 양심은 마비되는 것이라고 하면서 "현실 도피 하는 작가, 현실 부정적인 작가를 경멸합니다."라고 말했다. 우리 사회의 몰락을 상정하고 퇴폐, 퇴영적인 자세를 취하는 현실도피적 작가를 경계한다는 뜻이었다. 1977년에 펴낸 남정현 소설집《준이와의 삼 개월》(한진출판사) 책머리에서는 작가를 '민족의 이익을 지키는 초병'에 비유하기도 했다.

작가란 결국 최일선의 초소에서 조국의 산하와 민족의 이익을 지키는 초병과 같은 역할을 해야 한다고 나는 생각하는 것이다. (……) 작가도 그가 담당할 정신의 영토를 지키기 위해선 그 정신을 어지럽히는 일체의 비인간적, 비민주적, 비민족적인, 비애국적인 발상과 그 행위를 상대로 그와 맞서서 의식이 늘 팽팽히 긴장되어 있기 때문이다.

이러한 문학관, 작가관을 지닌 남정현은 스무 살 전후부터 즐겨 읽은 루카치의《미학》에 충실한 리얼리스트 작가라 하겠다. 문학평론가 김양선은 〈허허한 세상을 향한 날 선 풍자-남정현 문학의 풍자성〉(《남정현문학전집》3권, 2002)에서 "우리 문학사에서 남정현의 이야기꾼으로서의 자질, 비판적 리얼리스트로서의 공적은 온당하게 평가받지 못했다."라고 쓰기도 했다.

부활의 신기(神技)

이처럼 민족자존, 시대, 인간애, 자주의 가치를 중시하는 비판적 리얼리스트 작가이자 풍자작가인 남정현이 추구한 미학을 필자가 '부활'에서 찾고자 하는 생각은 그가 직접 작성한 특이한 이력을 본 뒤 더욱 분명해졌다. 남정현의 작품집을 살펴보던 필자는 범우문고 245번 소설《허허선생》에 나오는 저자 약력을 보다가 믿기지 않는 대목을 발견했다. 이 소설책의 '연보'에는 그가 아홉 살 때 가출해서 곡마단 단원이 됐고, 열한 살에 마법사의 지도로 죽었다가 다시 살아나는 신기를 배웠다고 나온다. 연보에는 가출해서 유랑생활하던 그가 고아원을 거쳐 곡마단 단원이 되었으며, 여기서 '부활의 신기'를 배운 것으로 나온다.

1944년 단원 중 저명한 마법사의 지도로 불에 타 완전히 죽었다가 다시 살아나는 신기神技를 몸에 익히게 되어 부활의 명수名手가 됨.

그리고 1945년 8·15 광복과 함께 '민족대부활전문학교' 설립 구상을 하기도 했는데(이때 그의 나이 12세에 불과하다), 1950년 6·25 민족상잔의 비극을 계기로 부활의 신기를 상실했다고 나온다. 엉뚱해 보이는 작가의 어릴 적 경험담은 나이와 시기 등을 고려할 때 판타지 기법으로 작가가 꾸며내 지은 게 분명해 보인다. 남정현 작가는 1958년《자유문학》에 〈경고구역〉이 실리면서 등단했는데, 범우문고의 작가 연보를 보면 "1958년 -곡마단 시절의 부활의 신기가 그리워 우연히 〈경고구역〉이란 제목의 소설을 써 본 것이" 추천됐다고 나온다.

범우사 문고판 소설의 이 약력은 여러 평론가, 저술가에 의해 인용되었다. 일부 저술가는 내용의 신빙성에 회의적인 반응을 보이기도 했지만, 출판사가 공식적으로 적은 연보라 이 사실을 있는 그대로 받아들이는 경우도 많았다.

　심지어는 문학평론가가 쓴 논문에서도 이를 곧이곧대로 믿고 인용하는 사례도 여럿 있는데, 강진호의 〈외세의 질곡과 민족의 주체성 -남정현의 '분지'론〉(1999)이 그 한 예다. 강진호는 "전후의 가장 뛰어난 풍자작가로 평가" 받는 남정현이 "특유의 독설과 풍자로 사회 현실의 모순을 날카롭게 파헤쳐 왔는데" 그 이유를 작가의 "작가의 독특한 이력과 깊은 것으로 보인다."라며 정현 소년의 '가출'을 언급했다.

　김병걸은 〈상황악에 대한 끈질긴 도전〉,(《분지》, 흔 겨례, 1987, 352쪽)이란 글의 앞부분에 남정현의 신박한 연보를 언급하면서 "이것이 사실인지 아니면 작가 자신이 꾸며 만든 유머러스한 이야기인지 알 수는 없으나, 아무튼 남정현은 어릴 적부터 남다른 감수성과 비상한 공상력을 지녔던 것만은 틀림없는 일인 것 같다."라고 썼다. 8·15 광복 후 '민족대부활전문학교'를 설립할 구상에 들떴다고 하는 것에 대해서도 "이런 엉뚱스런 생각은 본질적이며 보편적인 이상과 이념에 집착하고 그것의 실현을 한없이 꿈꾸며 추구하는 남정현의 비범한 공상력의 편린을 드러내 보인다."라고 썼다.

　이상갑은 〈비인간의 형상, 그 역설의 의미-'허허선생'론〉(이상갑)에서 위의 김병걸 평론에 근거해서 '민족대부활전문학교 설립 구상' 같은 이력을 사실로 전제하고 글을 썼다. 이런 식으로 남정현의 환상적인 이력을 직접, 간접 인용한 사례는 수두룩했다.

　남정현이 자신의 이력을 '판타지'로 적은 숨은 뜻은 무엇일까. 젊은 시절부터 교류해온 임헌영 평론가가 2021년《문학저널》가을호에 쓴 글 '홍길동의 둔갑술로 핵무기와 맞선 작가정신-남정현의 삶과 문학'을 보고 이 믿을 수 없는 이력이 남정현 작가의 의도적인 서술이라는 것을 확인할 수 있었다.

　　그런데 내가 1975년 태극출판사에서《한국문학전집》을 기획 편찬하면서 게재작가의 경력을 가장 권위 있게 작성해보겠다는 야망으로 정성을 들였는데, 남정현은 자신의 성장기를 너무나 환상적으로 만들어서 좀 구체적으로 정확하게 고쳐달라고 신청했으나 끝내 거절했다.

1975년 태극문화출판사 《한국문학전집》(16권) 작가 연보에는 범우문고 《허허선생》에는 없는 내용도 추가되었다. 그것은 "1959(26세), 〈굴뚝 밑의 유산〉으로 《자유문학》에 추천 완료되어 '소설곡마단'의 단원이 된 후부터, 뭔가 새로운 신기를 몸에 익히려고 밤낮없이 고심함."이라는 내용이었다. 남 작가는 왜 자신의 이력을 환상적으로 썼을까? 가족을 만나도 궁금증을 풀 수 없었다. 한 가지 분명한 사실은 남정현 작가가 '부활'을 자신과 떼려야 뗄 수 없는 어떤 궁극적 사건으로 만들고자 했다는 점이다.

네 번 죽었다 살아난 보물

남정현이 자신의 이력에 '부활'을 넣은 이유와 그 정확한 개념을 직접 밝힌 적은 없다. 그가 이력에서는 '민족대부활'이라 적었고, 평소 발표한 작품을 고려할 때 '역사적 부활'에 가까운 개념이 아닌가 싶다. 그런데 남정현 작가가 유소년 시절에 여러 차례 죽을 뻔하다 살아났다는 사실도 어떤 식으로든 '부활'에 관해 골똘히 생각하게 만들지 않았을까 싶다.

남정현은 2018년에 발간한 《엄마, 아 우리 엄마》라는 에세이집에 자신의 죽다 살아난 네 번의 '부활 사건'에 관해 썼고, 그가 쓴 글에는 죽은 뒤 사흘 만에 부활한 예수에 비교한 대목이 나오기도 한다.

첫 번째, 두 살 때 다다카란 일본인 선생이 이쁘다면서 허공에 번쩍 던졌는데, 날 바닥에 떨어져서 반년 이상 젖 한 모금 빨지 못하고 지내다 살아남.
두 번째, 누나가 요람을 태워준다고 요 위에 눕히고 친구와 좌우로 흔들다 멀찍이 바람벽에다 던졌고, 그 충격으로 코와 입에서 핏줄기가 분출했는데, 사십여 도의 고열 속에서 수개월 사경을 헤매다 살아남.

세 번째, 대동아전쟁이 한창이던 초등학교 3학년 때 광솔 따오라고 시켜서 산에 갔는데, 어른들이 칡뿌리 캐는 광경 구경하다 곡괭이에 뒤통수를 무참히 찍히고 말았다. 의식 없이 어쩌다 숨소리가 조금씩 들리는 상태로 사나흘이 흘렀고, 집에서 장례준비를 했는데, 닷새 만에 용케 눈을 떴다 함.

네 번째, 그동안 죽을 고비를 여러 번 넘기며 기력이 쇠한 탓인지 중학교 때 갑자기 폐결핵, 장결핵, 림프결핵 등 수많은 결핵균이 한꺼번에 덮쳐서 뼈만 남은 상태로 삼 년인가를 누워서 지냈는데도, 어찌 된 영문인지 죽지 않고 살아났다 함.

2004년에《구술채록집》작업을 할 때 작가가 증언한 내용을 보면, 당시에는 큰 병이었던 결핵을 오랫동안 앓은 것으로 나온다. 그래서 그의 어머니에게 아들 정현은 죽었다 살아난 보물이었다.

"어머님은 돌아가실 때까지 날 보면 신기한 거야. 죽을 고비를 넘기고, 살았다는 그 자체가 신기한 거지. 무슨 신기한 보물 보듯 하는 거야. 죽은 사람이 살았다 이거야. 그 자체로써 좋은 거예요. 그러니까 나한테 뭐 더이상 바라는 게 없었어."

남정현의 존재 그 자체를 "하늘의 은총으로, 기적으로 받아들이시는" 모친은 항시 "기적을 좇는 신비한 시선으로" 아들을 바라보았다. 어머니에게 아들 남정현은 죽음에서 부활한 예수처럼 기적 그 자체였다.

'부활의 신기'가 그리워 썼다는 첫 소설 〈경고구역〉

작가 약력에 의도적으로 '부활'을 집어넣은 남정현 작가가 작품 속에선 어떻게 했을까. 그가 처음 문단에 공개한 소설은 〈경고구역〉인데, 작가는 "곡마단 시절의 부활의 신기가 그리워 우연히" 썼다고 밝혔다. 1958년 《자유문학》에 발표한 〈경고구역〉은 1965년 발표해 필화를 겪은 〈분지〉와 여러모로 유사한 작품이다. 〈분지〉처럼 반미소설로 분류할 수 있고, 미군에 의해 성 착취를 당한 여성 인물이 등장하는 것도 비슷하다.

'부활의 신기'를 그리워하며 썼다는 소설 〈경고구역〉의 주제가 부활은 아니지만 후반부에 '부활'이라는 말이 몇 번 등장한다. 주인공 종수가 중학교 친구 순구에게 유령에게 홀린 듯 사기를 당하고 집에 돌아오니 아내와 동생 모두 자고 있었다. 잠자는 모습을 보며 "잘 사는 사람들이 내다 버린 무슨 폐품과도 같은 꼴이었다. 목숨이 취하는 마지막 자세처럼 헝클어진 저 머리며 다리며 팔 등을 누가 주섬주섬 집어다가 시궁창에 버려도 괜찮을 존재만 같았다."라고 생각했다. 여기서 종수는, 남정현은 '부활'을 말한다.

저렇게 다 죽은 것 같다가도 또다시 일어나 준 예는 전에도 허다했으니 말이다. 즉, 부활하는 것이었다. '예수'는 죽어 사흘 만에 부활했다고 뻥뻥대지만, 그러나 우리 집 이 네 식구는 거의 하루가 멀다 하고 매일과 같이 부활하고 있는지도 모르겠다고 종수는 생각했다. 정말 숙이는 곧 부활한 사람같이 흡사 만세를 부르는 시늉으로 양손을 머리 위로 숙 올린 채 두 다리를 힘껏 뻗은 폼이 퍽 희망적이었다.

이 대목에서 작가가 말하는 '부활의 신기'는 예수와 같은 기적이나 초인의 영웅적인 행위가 아닌 '시궁창에 버려도 괜찮을 존재'의 재생이었다. 초능력을 지닌 주인공이 나타나지 않는다. 그가 말한 신기는 소설 속 주인공, 작가 자신으로 추정되는 남자주인공의 행위 속에서 찾아 봐야 한다.

남정현이 말한 '부활의 신기'는 〈경고구역〉 작품 속에서 어떤 장면, 메시지와 결부되는 걸까. 작품의 제목인 '경고구역'이 나오는 장면에 이 소설의 주요한 메시지가 담겨 있다고 할 수 있다. 아내의 몸에 "손을 대본 기억이 사뭇 까마득한 처지"인 종수는 "약삭빠르게 솟아오른 두 개의 유방"을 내보이며 잠든 아내 숙이를 보고 돌연 그녀의 핸드백에서 시뻘건 루주를 꺼내 들고는 '토일릿 페이퍼'(화장지)에다 '경고구역'이라 휘갈겨 썼다. 그리고 함부로 건드릴 수 없는 아내의 가슴 위에 조용히 엎고 눈을 감았다. 이것은 바로 "나라의 곳곳을 가로막은 철조망. 그 철조망마다 걸려 있는 무서운 팻말. 경고구역. 단 한 발자국만 범해도 그냥 놔두지 않겠다는 당국의 호통"이 느껴지는 '경고구역'이었다. 종수는 이 억압과 금기가 일상화된 경고구역에서의 '해방'을 꿈꿨는데, 그것이 바로 남정현 작가가 획책한 '부활'이 아닌가 싶다.

소설 〈경고구역〉의 마지막 장면에서 종수는 사기꾼 순구를 잡기 위해 필사의 역주를 한다. 순구를 잡기만 하면 "인생의, 아니 사회의 모든 문제가 쉽사리 풀리고 갈라진 조국이 통일이라도 될 것처럼" 개서방 순구를 일념으로 쫓았다. 남정현 작가가 소설을 통해 살리려 한 '부활의 신기'는 바로 금지를 자유로, 분단을 통일로 바꾸는 것이 아니었을까 추측해 본다.

〈분지〉의 부활과 주인공 만수(萬壽, 영원히 살다)

남정현의 대표작인 〈분지〉의 도입부는 주인공 만수가 어머니를 향해 '불사'를 선언하는 것으로 시작한다. 萬壽(만수)라는 이름 자체가 영원히 살다를 뜻한다. 만수는 향미산(向美山)에서 미 제 엑스 사단의 장병에게 포위당했는데, 이들은 1만여의 포문과 미사일, 그리고 '핵무기'로 무장했다. 독 안에 든 쥐의 형국에서 어머니에게 큰소리친다.

뭐 제가 지금 죽을 것 같아서 그러신다구요. 참 걱정도 팔자시군요. 적어도 홍길동(洪吉童)의 제10대손이며 동시에 단군의 후손인 나 만수(萬壽)란 녀

석이 아무럼 요만한 정도의 일을 가지고 쉽사리 숨을 못 쉬게 될 것 같습니까. 염려하지 마십시오. 누가 보면 웃습니다.

만수는 미군에게 강간당한 뒤 미쳐서 돌아가신 어머니를 상대로 자신은 이보다 더한 결정적인 궁지에 몰리더라도 "죽어 없어질 시시한 종자"가 아니라고 말한다. 미군의 공격으로 "이제 곧 저의 육체가 이 향미산과 더불어 폭발하더라도 흩어진 저의 육편(肉片)은 조용히 제자리에 돌아와 줄 것이라고 저는 믿는 것입니다."라고 외친다. 그는 설령 육체는 먼지가 되어 바람 속에 흩날리더라도, '홍길동의 비방(秘方)을 최대한 활용함으로써' 다시 살아날 것이라고 어머니에게 다짐한다. 심지어 "이제 머지 않아 핵무기의 집중공격으로 불꽃처럼 팡하고 터져야 할 몸."이라 말하면서도 "그렇다고 제가 죽을 리는 없읍니다만, 그래도 어머니" 하며 큰소리친다.

〈분지〉의 마지막 장면도 미군의 공격을 10초 앞두고 주인공 홍만수가 어머니를 향해 외치는 호언장담으로 끝난다. 홍길동의 후예 홍만수의 불사, 부활의 선언이라 하겠다.

믿어주십시오. 어머니, 거짓말이 아닙니다. 아, 그래도 당신은 저를 못 믿으시고 몸을 떠시는군요. 참 딱도 하십니다. 자, 보십시오. 저의 이 툭 솟아나온 눈깔을 말입니다. 글쎄 이 자식이 그렇게 용이하게 죽을 것 같습니까, 하하하.

이 구절엔 남정현의 문학을 '부활의 미학'이라 부를 때 그 정수가 담겨있다. 황도경은 논문 〈역설의 미학, 풍자의 언어-분지론〉(《작가연구》 12호, 2001)에서 〈분지〉의 이 대목을 언급하면서 '어머니와 향미산의 부활'을 말한다. 황도경의 이 논문 3-2 부분의 제목은 '인간 선언, 부활의 역설'인데, 그 내용을 간략히 살펴보면 아래와 같다.

〈분지〉에서 홍만수는 향미산에 올라 미국에 맞서다 죽음을 앞둔 절박한 상황에 놓이게 된다. 황도경은 홍만수가 미국을 향해 대적하게 되자 "굴종의 땅이었던 향미산은 미국에 대항하는 주체적 실체로서 그 의미가 변모하게 된다."라고 말한다. 홍만수도 존재론적 변모를 하게 된다. "자신이 짐승으로 전락해 있음을 깨닫는 순간 그리고 그것에 저항하는 순간 그는 스스로 인간적 존엄성을" 얻게 되고, 잠시 후면 미국이 발사한 미사일에 육체는 먼지가 되어 사라질 것임에도 불구하고 자신이 그렇게 쉽사리 죽어 없어지지 않을 것임을 반복해서 천명한다. 황도경은 "죽은 어머니를 대상으로 마치 살아 있는 듯 대화하는 것으로 진행되는 서술 형식에서도 드러나듯 삶과 죽음은 육체에 의해 그 경계가 구분 지어지지 않는다."라고 말한다.

궁극에 작가가 문제 삼는 것은 시들고 소멸하는 육체가 아니라 정신, 영혼이다. 그러기에 홍만수는 마치 살아 있는 대상인 듯 죽은 어머니와 이야기를 나누고, 어머니에게 썩어 없어지는 육체의 눈이 아니라 영원히 남아서 초롱초롱 빛나는 영혼의 눈동자로 현실을 보라고, 펜타곤 당국의 어처구니없는 방송을 귀 기울여 들으라고 얘기하는 것이다.

황도경은 〈분지〉에서 홍만수의 입을 통해 반복되어 나타나는 "그렇다고 내가 죽나요."라는 말에 주목할 필요가 있음을 강조하면서 "그는 자신이 미군에 의해 죽는 것이 아니라고, '누가 죽인다고 해서 죽는 것이 아니'라고, '그저 죽고 싶을 때 죽는 거'라고 강조하고" 있다는 것이다. "그렇다고 내가 죽나요.", 홍만수의 입을 통해 반복되는 이 말은 "더 나아가 비록 육체가 사라지더라도 자신은 영원히 살아남을 것임을 환기시키는 주체적 선언"으로 봐야 한다고 말한다. 이렇게 홍만수가 '인간선언'을 하자 '어머니와 향미산'의 부활을 보게 된다.

그곳에서 홍만수는 처음으로 청신한 조국의 하늘을 바라보게 된다. 뿐만 아니라 그는 그 하늘을 통해 처음으로 어머니의 음부가 아닌 어머니의 자애로운 모습을 떠올리게 되니, 그것은 그가 처음으로 확인한 우리 민족의 끈질긴 생명력, 미래의 가능성이다. 빼앗기고 훼손된 조국/ 어머니, 그 자신조차 부끄러움과 두려움으로 외면했던 그 어머니가 그를 통해 부활하고 있는 셈이니, 홍만수의 웃음소리로 끝난 마지막 장면에서 우리는 훼손된 조국의 알레고리로서 등장했던 어머니와 향미산의 부활을 역설적으로 확인하게 된다.

홍만수의 만수, 萬壽는 영원성, "그 자체가 영원히 이어질 그의 존재를 상징하고 있다."라고 해석하는 황도경은 "홍만수의 비극적 종말로 처리된 이야기 끝에서 오히려 웃음으로 부활하는 홍만수를 만나게" 된다고 결론 짓는다. 그 부활은 "억압과 죽음을 뚫고 일어서는 생명의 힘"이기도 하다.

김성수는 〈1960년대 문학에 나타난 문화정책의 지배이념과 저항이념의 헤게모니-남정현 '분지' 필화사건을 중심으로〉(2004)에서 '부활'을 잠깐 언급했다. 김성수는 홍만수가 "서른 번 넘게 죽은 어머니를 부르는 절규의 반복도 흥미롭다."라고 하면서 "조국의 다른 이름이라 할 그런 어머니를 상대로 대화체 독백"을 하는 장면을 이렇게 해석했다.

강간당해 광기에 휩싸여 죽은 이와의 생생한 대화를 통해 삶과 죽음, 육체와 영혼의 경계를 허물고 진정한 부활을 꾀하려는 의도를 담고 있는 것으로 보인다.

남정현은 산문 〈그때나 이때나〉에 소설 〈분지〉를 구상하게 된 경위를 밝히기도 했다. 그는 "우리들의 성지(聖地)인 이 땅이 설령 외세의 농간에 의해 지금은 속절없이 분지로 변하여 간다 하더라도 나는 아니 우리 민족은,

그 민족혼은 절대로 누가 죽일 수도 없고 그렇다고 절대로 죽지도 않는다는 사실을 만천하에 소리 높이 선언하고 싶어서였다."라고 썼다. 불사, 부활의 선언이라 하겠다.

산문 '부활하는 사람들'

남정현이 등단 직후에 쓴 에세이를 찾아보기는 쉽지 않다. 그런데 남정현 작가의 '부활'에 주목하면서 국립중앙도서관에서 자료를 찾던 필자는 뜻밖의 글을 한 편 발견했다. 1962년 3월호 《자유문학》(182~184쪽)에 실린 '부활하는 사람들'이란 제목의 수필이었다. 왕성하게 작품을 발표하던 등단 초기, 남정현 작가의 현실 인식을 오롯이 느낄 수 있는 글이었다.
3쪽 분량의 짧은 에세이인 '부활하는 사람들'에서 작가는 대한민국 사람은 매일 같이 부활한다고 썼다.

> *이렇게 잠시의 여유도 주지 않고 살벌하기만 한 토지 위에서 어찌하여 죽지를 않고 용케 살아남을 수 있다는 것은 이건 도대체 무엇일까. 부활이다. 죽었다 살아난 거다.*
> *예수란 친구는 죽은 뒤 사흘 만에 부활했다고 뻥뻥대지만 지금 이 땅에서 생존하는 대부분의 인간들은 죽은 뒤 하루가 멀다 하고 매일같이 부활하고 있는 거다. 얼마나 위대한 백성들이냐. 기실 '부활'이라는 어휘를 사용하지 않고 이렇게 거진 다 된 것 같은 세상에서 굶어 죽지도 않고, 칼에 맞아 죽지도 않고 그렇다고 차에 치거나 유치장 신세도 지지 않고 아직 살아남아 있다는 이 생명에 대한 신비감을 설명할 수 있는 작가 있거던 한번 얼굴을 보자.* 97

---

97 이 글을 보면 남정현은 예수를 '친구'로 여겼다. 그가 예수의 부활 사상을 어떻게 이해했는지는 알 수 없다. 기독교신자거나 아니거나 '부활 신앙'을 제대로 이해하기는 힘들다.

작가는 "이 지경으로 책임 없는 나라에다도 꼬박꼬박 세금을 바쳐오는 그렇게 착하기만 한 백성이라는 이유로 하나님은 우리에게 부활이라는 은전을 베푸셨는지도 모른다."라고 말한다. 그는 "어떻게 부활하는 가는 아무도 묻지 말아라, 우리가 오늘 하루 목숨을 보전하기 위해서 겪어야 하는 그 수난의 장을 묻지 말란 말이다."라고 호통치기도 한다.

남정현은 신문에서 여당 의원의 추천서만으로 공무원 채용하겠다는 당국의 발표를 보고, 이러다간 의원의 집에서 기르는 닭이나 말이나 돼지들이 등용되어 회전의자에 앉아 공무를 집행할지도 모르겠다는 엉뚱한 생각을 하기도 한다. 그는 "그 진기한 풍경을 상상하고 나는 킥킥 웃음이 쏟아져서 견디질 못했다."라고 썼다. 그리고 아직은 웃을 힘이 남아 있어서 "그러나 괜찮다."라고 자위했다.

작가의 눈에 대한민국은 정부라는 것이 있는지 없는지 잘 모를 정도로 엉망인 상태이고, 하루에도 몇 개씩 일어서는 빌딩에는 서민들이 출입할 문이 없다. 굉장한 빌딩은 그저 "핍박하고 구속하고 착취하는 공포의 덩어리"일 뿐이다. 이런 상황에서도 작가는 "혈액이, 체내에 저장해 놓은 돌이 붉게 타는 혈액이 사정없이 밖으로 출동할 것"이라며, 저항과 혁명, 즉 부활을 꿈꾼다.

김근수 해방신학연구소장은 세월호기념일을 맞이해 시민언론〈민들레〉에 기고한 글 '세월호는 악에 대한 선의 승리로 부활하리라'에 부활은 몸의 변화라기보다 "악에 대한 선의 승리"라고 썼다.
"부활은 죽음에 대한 승리 이전에, 악에 대한 선의 승리다. 역사의 최종 승자는 악이 아니라 선이라는 선언이 부활이다. 부활은 악이 역사에서 결국 패배한다는 사실을 말한다. 악을 이기지 못하면, 죽음을 이기는 것도 소용없다. 부활은 시신이 소생했다는 소식이 아니라 정의가 불의를 이겼다는 선언이다. 죽음 이후 인간의 몸이 어떻게 변화하느냐는 궁금증은 부활 사상과 아무 관계 없다." (김근수, 시민언론 민들레, 2025. 4. 16)
김근수는 위 글의 마지막에 "부활절은 예수님의 죽음을 슬퍼하는 사람들을 위로하는 것이 아니라 악과 죽음에 대한 하느님의 승리라는 혁명적 메시지를 통해 사람들의 마음을 열게 하는 날입니다."라는 프란치스코 교황의 말을 인용했다. 몸의 부활을 믿기 힘든 이에겐 설득력 있는 말씀이라 하겠다.

신동엽 시인의 꿍꿍이속과 부활

1989년 4월 7일, 신동엽 시인의 20주기를 맞아 창작과비평사에서는 대한출판문화회관 강당에서 '민족시인 신동엽 20주기 추모 문학경연회'를 열었다. 이날 추모강연을 한 남정현 작가는 위의 수필 '부활하는 사람들'을 언급하면서, 신동엽 시인이 어디서 수필을 보고 와서 그러는지 참 좋아했다고 회상했다. 이 강연 내용은 《창작과비평》(1989년 여름)에 '어두운 시대 시인의 꿈'이라는 제목으로 실렸는데, 필자는 《자유문학》(1962년 3월호)에서 '부활하는 사람들' 원문을 본 뒤에 이 강연록을 확인했다.

"뭐 이건 수필이 아니고 하나의 감동적인 시라는 둥, 소설보다도 시를 써보라는 둥 하면서 정신없이 나를 막 추켜세워요. 어떻게나 추켜세우던지 정신이 다 얼얼하더군요. 그런데 이 친구가 그날 저녁 기어이 술을 한잔 사야겠다는 거예요. '부활하는 사람들'을 위해서 말입니다."

이날 신동엽 시인은 남정현 소설가를 데리고 광화문 주변 위스키 시음장에 갔고, 주량이 약한 남 작가는 술을 더 못 마시겠다고 했다. 그랬더니 신 시인은 막무가내로 "죽으면 부활할 텐데(일동 웃음) 무슨 걱정이 있어서 사양하느냐."라면서 술을 계속 권했고, 남 작가는 그만 인사불성이 되었다. 남정현 작가는 강연장에서 그때의 기억을 떠올리며 "신동엽 시인의 덕분으로 나는 완전히 죽었다가 다시 부활한 경험이 있습니다."라고 말해 청중의 웃음을 자아냈다.

남정현은 위의 '민족시인 신동엽 20주기 추모 문학경연회'에서 신동엽 시인의 임종을 지켜보며, 그가 '부활의 꿍꿍이속'을 지닌 사람이라는 생각이 들기도 했다는 말을 했다. 남정현은 간암에 걸린 신동엽 시인이 투병 생활할 때 죽는 날까지 한 달 정도를 거의 매일 병문안 갔다. 그는 자신의 '예리한 관찰력'으로 세심하게 지켜봤는데, 신동엽 시인에게서 삶에 대한 욕망, 세상에 대한 아쉬움, 죽음에 대한 공포, 이런 증세를 전혀 찾아볼 수 없었다고 한다. 30대의 젊은 나이에 죽은 사람 같은 티를 내지 않는 게 정말로 남달랐다고 한다.

"그런데 하루는 미아리 고개를 넘어가다가 문득 뭔가 생각이 하나 나더군요. 무슨 생각이냐 하면 이 친구가 혹시 무슨 꿍꿍이속을 가지고 있는 것이 아닌가 하는 그런 생각이 들었다 이 말씀입니다. 말하자면, 이 친구가 혹시 자기는 이 세상보다 훨씬 좋은 세상으로 가게 되어 있다든가, 아니면 자기는 꼭 부활을 하게 되어 있다든가 하는 그런 꿍꿍이속 말입니다. 그런 꿍꿍이속이 없다면 저렇게 죽음과 맞서 있는 한 인간의 표정이 원 그렇게도 변화가 없이 담담할 수가 있겠는가 하는 생각이 들었기 때문이죠."

우리 시대 예수들의 부활

남정현이 젊어서 변증법적 유물론 철학을 가까이했지만 그의 부모는 독실한 가톨릭 신자이고 본인도 1996년에 영세(바오로)를 받았다. 그는 정기적으로 성당을 나가진 않지만 가끔 성당에 가서 혼자 앉아 있는 것을 좋아했다. 《작가연구》(2001)에 실린 강진호와의 대담에서 이런 말을 했다.

"아무도 없을 때 어쩌다 성당에 나갑니다. 텅 빈 성당에 혼자서 앉아 있는 것이 참 좋거든요. 그냥 멍하니 앉아서 저 앞에 십자가에 못 박히신 예수님을 바라보노라면 문득 그 주변에 우리 시대 예수들이 모여들거든요. 감동적이죠. 전태일, 박종철, 조성만, 이한철, 김세진 등등 그 이외 수많은 예수들이 말입니다. 나는 틀림없이 그들도 그리스도처럼 부활하리라 믿거든요."

남정현은 "부활할 사람들을 부활시키는 것이 하나님의 가장 큰 사랑이니까요."라고 말했다. 남정현에게 이때의 부활은 앞서 김근수 해방신학연구소장이 말한 "시신이 소생했다는 소식이 아니라 정의가 불의를 이겼다는 선언"이고, 프란치스코 교황이 말했다는 "악과 죽음에 대한 하느님의 승리라는 혁명적 메시지"일 것이다.

현대사의 예술작품 – 4·19, 5·18, 6·15선언

위에서 남정현 작가 스스로 자신의 소설집 약력에 적은 '부활의 신기', 어릴 때 몸으로 경험한 여러 차례의 부활 사건, "곡마단 시절의 부활의 신기가 그리워 우연히" 썼다고 밝힌 등단 소설 〈경고구역〉(1958), 소설 〈분지〉(1965)에서 밝힌 '향미산과 어머니의 부활', 에세이 '부활하는 사람들'(1962), 신동엽 죽음(1969년)에서 느낀 '부활의 꿍꿍이속' 등을 살펴보았다. 이를 통해 남정현 작가의 삶과 문학 속에서 '부활'이라는 말이 지닌 무게감과 애착이 상당하다는 사실을 확인할 수 있었다.

남정현 작가가 소설이나 에세이, 이력 등에서 부활을 말할 때 이는 종교적 의미라기보다 역사적 정치적 의미가 담긴 것으로 해석된다. 그가 29세에 쓴 짧은 에세이 '부활하는 사람들'의 결론 부분에서 이런 부활의 뜻을 추측해볼 수 있다. 무책임한 정부와 공포스런 자본(빌딩) 아래 오늘 하루 목숨을 보전하기 위해서 가까스로 살아가는 백성이지만 "쓰레기통에서 내던져 버려도 우리는 기어이 죽지는 않을 것"이라 결의를 다진다. 그러다가 "더 인내할 수 없는 그런 다급한 시간이 오면 그때는 아무런 약속이 없이 터질 것"이라 썼다. 이는 다름 아닌 바로 한 해 전에 경험했던 4·19와 같은 혁명일 것이다.

남정현은 '상상의 이력'에 그쳤지만 1945년 8·15 광복과 함께 '민족대부활전문학교' 설립 구상을 했다. 그때 구상한 '민족대부활'은 민족의 자주와 통일임이 분명하다. 그는 평생 문학을 통해서 민족의 대부활을 꿈꿨다. 그가 70대, 80대에 한 말이나 글을 살펴봐도 여전히 세상은 '그때나 이때나' 근본적으로 변한 것은 없다는 입장을 유지했다.

그는 소설집《편지 한 통-미 제국주의 전상서》(도서출판 말, 2017)에 쓴 작가의 말에서 "4·19혁명, 5·18광주민주화운동, 남북 6·15선언"을 우리 현대사의 자랑거리이자 "만인의 심금을 울리는 빛나는 걸작"이라며 예술작품에 비유했다. 남정현 작가는 바로 이와 같은 반외세 자주, 통일을 향한 민중의 역사적 정치적 실천, 사건 속에서 부활의 의미를 찾으려 했을 것이다.

그는 우리 시대 작가가 주목해야 할 4대 과제로 국가보안법 철폐, 미군 철수, 북미평화협정, 자주평화통일을 들었다. 이런 근본 과제 해결 없이 민주주의를 말하는 것은 거짓이고 위선이라 했다. 남정현 작가는 자주, 민주, 통일을 이 시대의 과제로 추구했지만 이 중에서도 반외세, 자주를 첫 번째로 여겼다. 이를 이루는 과정이 험난하고 죽음을 넘어서는 초인적 의지가 필요하기에 작가가 '부활'을 강조한 것이 아닌가 싶다.

일체의 압력으로부터의 '해방' 추구

그런데 여기서 주목해야 할 점 한 가지가 있다. 남정현 작가는 '부활'과 함께 '해방'이라는 말도 좋아했는데, 이때의 '해방'은 정치적인 의미를 넘어선다는 것이다. 그는 수필집《서울을 사는 고독과 희열》(1969)에 실린 '독립선언서'라는 글에서 독립선언서를 즐겨 읽는 이유를 자신이 '해방'이란 말을 좋아하는데, 〈독립선언서〉가 "식민지 치하에서 용감하게 그 해방을 절규"했기 때문이라 썼다. 그러면서 남정현은 〈독립선언서〉가 천명한 '해방'의 정신을 "제국주의와 식민지를 전제로 한 정치적인 용어로서보다는 좀 더 인간의 본질에 접근하는 문화적인 용어로서 사랑하는 것"이라고 밝혔다.[98] 그가 말하는 해방은 권력, 이념, 죽음 등 모든 압력에서의 자유였다.

유소년 시절 너덧 번 죽었다가 살아나고, 그 허약한 몸으로 중앙정보부의 고문을 견뎌내고, 평생을 반외세 문학의 최전선에서 초병으로 살아온 남정현, 그의 삶 자체가 부활이며, 해방이며, 기적이라는 생각이 든다. 그의 삶과 문학, 말과 글, 몸 전체로 완성한 부활의 미학인 것이다.

문득 꿈결인 듯 '부활의 신기'를 부린 남정현 작가가 도깨비방망이를 어깨에 걸치고 향미산을 오르고 있었다. 산 정상에 오르자 홍길동 복장을 한 사내가 기다리고 있었다. 함께 구름에 올라탄 그들은 흰색 웃옷을 찢어 깃발을 만들었는데, 깃발에는 '자주'이거나 '주체', 또한 '해방'이라고 적힌 글자가 흐릿하게 보였다. 향미산에는 하하하, 우하하, 킥킥거리는 웃음소리가 가득 울려 퍼졌다.

---

98 여기에서 말하는 '해방'이란 비단 식민지 하에서의 해방뿐이 아니라 인간에게 작용하는 일체의 역관계로부터의 절대적인 해방을 의미하는 것입니다. 다시 말하면 시간에서, 권력에서, 그리고 이념에서, 죽음에서 뿐더러 그 어떠한 형태의 압력권에서도 완벽하게 해방되어 인간이 인간으로서만 시종(始終)하는 상태를 말하는 것입니다.
탓으로 죽음을 전제로 하여 이루어진 종교는 그 죽음 앞에서 자유일 때, 즉 인간이 죽지 않게 되었을 때 멸망할는지도 모르지만, 그러나 삶을 전제로 한 예술은 절대로 멸망할 근거가 없을 것입니다. 왜 그러냐 하면, 인간이 죽지 않게 된 그 죽음 앞에서의 '자유'에서마저 해방당하고 싶은 충동을 예술은 부단히 행사할 것이기 때문입니다. (남정현, '독립선언서', 《서울을 사는 고독과 희열》, 1969)

웃음의 미학, 칼날의 웃음

처절한 목소리 속에도 웃음이

2024년 봄, 장남 남돈희 씨와 함께 마석 모란공원 남정현 작가 묘지를 찾았다. 묘비 앞면에는 "민족자주를 열망한 '분지'의 작가 남정현의 묘"라고, 뒷면에는 문학평론가 김병욱의 '천부적 이야기꾼'에서 따온 글이 새겨져 있었다. 필자가 묘지를 방문하기 전에 읽은 남정현 관련 비평 중에 가장 인상적인 구절의 하나인데 묘비에서 발견하고 반가운 마음이 들었다.

남정현의 문학은 결코 농담에 가까운 이야기가 아니라 우리 모두를 일깨우는 처절한 목소리다. 그럼에도 불구하고 그 작품에는 웃음이 있다는 것이 한 특징이다. 그것이 말하자면 남정현의 삶의 여유라고 볼 수 있다. 왜냐하면, 오늘을 가장 정직하게 그리고 용감하게 얘기하고 있기 때문이다.

비문에 인용한 김병욱 평론가의 글 〈천부적 이야기꾼〉에는 '왜냐하면' 앞에 "그의 작품은 분명히 훗날 재평가를 받을 것이다."가 들어가 있다. 이 비문은 남돈희 씨가 직접 골랐는데, "아버님을 잘 표현해 주신 것 같아 늘 마음속에 새기던 글귀"라고 했다.

남정현 소설집《허허선생》(범우문고)에 실린〈천부적 이야기꾼〉에서 김병욱은 "그저 웃을 수밖에 없는 현실에 대한 작가의 풍자가 작품 전편에 넘치고 있다."고 썼다. 남정현의 소설을 읽을 때마다 "그의 작은 목소리와 키득거림을 같이 듣게 된다."는 김병욱 외에도 여러 평론가가 남정현 작가의 웃음에 주목했다. 임헌영의〈승리자의 울음과 패배자의 웃음-남정현의 작품세계〉(1987), 최원식의〈민족문학과 반미문학〉(1988), 임진영의〈가장 강력한 웃음의 칼날〉(1995), 장영우의〈통곡의 현실, 고소(苦笑)의 미학〉(1996), 장현의〈남정현 연작소설 '허허선생'의 그로테스크 변모 양상〉(2012) 등의 비평을 통해 남정현의 '웃음의 미학'을 살펴보았다.

승리자의 울음과 패배자의 웃음

임헌영은〈승리자의 울음과 패배자의 웃음- 남정현의 작품세계〉의 서두에 "비극이 한 시대의 전성기를 장식한다면 희극은 한 시대의 종말을 예견한다는 미학적 진단은 마치 남정현의 소설을 두고 한 말처럼 들어맞는지 모른다."라고 하면서 '패배자의 웃음'에 주목했다.

가장 참담한 현실적 패배자들로 이루어진 남정현의 주인공들은 극한적 인간 실존의 존폐위기 속에서 오히려 통쾌하거나 히죽거리며 웃는 병신들로 나타난다. 그 병신스런 웃음은 역사적 근시안들에겐 패배로 보일 것이나 오히려 긴 민족사적 관점에서는 이내 현실적인 승리자들에게 울음을 선사할 수밖에 없는 병신스런 자들의 승리의 예고로 느껴진다.

임헌영은 마치 거리조절이 잘못된 만화풍 사진처럼 "남정현이 그리고 있는 현실적 모순은 도무지 종잡을 수 없을 만큼 폭소와 당혹감을 자아낸다."라고 썼다. 그는 남정현이 그리고 있는 "황당한 이야기 속에서 날카로운 칼날을 느끼곤 섬뜩해짐을 부인할 수 없다."고 하면서 "결국 웃어야 할 승리자는 언젠가 곧 울게 될 것이며, 지금 패배하여 이죽거리는 병신같은 자들은 웃게 될 것이라는 역사적 필연성을 그는 형상화 시켜 준다."라고 평했다.

〈민족문학과 반미문학〉에서 최원식은 "〈분지〉는 지금 다시 읽어도 대담하다."고 하면서, 이 작품의 대담성은 주제 못지않게 작품의 조직원리에도 관철되고 있는데, "그것은 바흐쩐의 그로테스크 리얼리즘에 가깝다."라고 썼다. 그는 자연주의적 기율과는 상이하게 "거침없는 왜곡과 과장을 통한 상상력의 발랄한 전개로 특징지어지는 〈분지〉의 조직원리는 민중적 웃음의 미학에 기초하고 있는 것"이라 평했다. 최원식은 민중미학은 지극히 육체적이고, 성적 욕망의 거침없는 충족으로 표현되는데 "성에 대한 노골적인 묘사가 빈번한 〈분지〉는 희한하게도 추하거나 외설스럽지 않다."라고 보았다. 그는 "남정현의 〈분지〉를 읽으면서 신채호의 〈용과 용의 대격전〉(1928)과 70년대 김지하의 담시 작업을 연상했다."고 하면서 웃음의 미학을 부활과 연결시켰다.

이처럼 신채호와 김지하를 매개한 남정현의 〈분지〉는 그동안 공식문화의 압력 아래 잠복한 민중적 웃음의 미학의 추동력에 의거하여 외세의 발굽 아래 깊숙이 모독된 어머니 조국의 눈부신 부활을 선언했던 것이다.

그로테스크와 쓴웃음

장현은 〈남정현 연작소설 '허허선생'의 그로테스크 변모 양상〉(2012)에서 남정현의 소설이 환상적이란 말보다 그로테스크하다는 표현이 더욱 어울린다고 보았다. 그는 남정현 소설에 흔하게 나타나는 그로테스크 기법은 한쪽에서는 '웃음'이, 다른 한쪽에서는 '공포와 혐오감'이라는 근본적으로 상충되는 반응의 충돌이라 보았다. 그리고 "거침없는 왜곡과 과장을 통한 상상력의 발랄한 전개로 특징지어지는 〈분지〉의 구성 원리는 민중적 웃음의 미학에 기초하고 있다."라고 평했다.

장현은 〈허허선생 4-옛날이야기〉에서 '민중을 상징하는 웃음'을 거론하기도 했다. 그런데 왠지 그 웃음은 〈분지〉 마지막에 나오는 홍만수의 기개 넘치는 "하하하" 웃음소리로 들리지 않았다. 〈분지〉 이후 4년 만에 처음으로 발표한 〈옛날이야기〉(1969)에 등장한 웃음은 환상 속에서만 통쾌했다.

> 깔깔깔깔. 온 장안을 주름잡는 통쾌한 웃음소리.
> 제일 먼저 정면 벽에 걸린 태극기가 네 활개를 펄럭이며 웃음보를 터뜨리자, 그 웃음은 주변에 파죽지세로 번져 (……) 웃음이 주먹이 되고, 주먹이 웃음으로 변모하는 순간, 어이없게도 웃음 속에 매몰되어 아버님은 숨을 못 쉬고 사지를 허우적거리는 것이 아니겠습니까. 아, 저 숨넘어가는 우울한 소리.

장현이 인용한 〈옛날이야기〉의 이 장면은 일제강점기에 순사 노릇을 했던 허허선생이 해방 후에도 출세 가도를 달리고 심지어는 "독립유공자를 표창하는 엄숙한 식전에서 만장의 박수를 받으며 축사를" 할 때 생긴 일이었다. 일황에게 훈장을 탔던 허허선생이 독립유공자 표창을 타는 기상천외한 일이 벌어지자 온 세상이 웃음보가 터졌다. 장현은 주인공이 TV에서 이 장면을 보게 되는 것에 대해 "허허선생이 독립유공자에게 표창을 수여하는 것은 잘못된 일이지만, 민중을 상징하는 웃음이 주먹이 되어 부친을 공격하는 것을 목격하는 것 역시 고통으로 다가온다."라고 썼다. 웃음이 공격성을 지니지만 이는 어디까지나 아들이 헛것을 본 데 지나지 않는다. 아들(나)은 허허선생이 죽었다 생각하고 아빠 생사를 확인하기 위해 사무실로 달려가지만 현실 속에서 그는 멀쩡했다. 현실 속에서 아들은 여전히 허허선생에게 '병신' 소리를 듣는다.

통곡의 현실, 고소(苦笑)의 미학

장영우 교수(동국대)는 〈통곡의 현실, 고소(苦笑)의 미학〉에서 "(남정현은) 풍자와 해학을 미학적 기반으로 하여 4·19 이후 지속된 군사정권에 가장 강력한 항의를 제출한" 작가로 보았다. 남정현의 소설에 나오는 조국의 현실은 "외세의 행패로 나라가 망가질 대로 망가"(〈기상도〉)진 나라다. 그러니 이 속에 사는 인간은 불치의 병에 시달리다 미쳐버리거나 거의 짐승이 되어버린다.

한국은 마치 치유 불가능한 질병에 신음하는 환자로 인식된다. 이와 같은 상황에서 정상적인 상식을 가진 사람이 '흥흥한 웃음'(〈굴뚝 밑의 유산〉)을 웃거나 '선하던 성미가 무참히 변모하여 거의 짐승이 다 되어버'(〈광태〉)리는 것은 어쩌면 필연적 귀결인지도 모를 일이다.

장영우는 "필자는 지금까지 남정현 소설의 풍자 정신이 통곡의 현실에 절망한 나머지 역설적으로 고소(苦笑)의 미학으로 변형시켜 왔다는 사실을 논증해왔다."라고 썼다. 이를 잘 보여주는 소설이 추천완료작인 〈굴뚝 밑의 유산〉(1959)이다. 이 소설의 주인공인 석주는 영옥과 부부행세를 하며 사는데, 인생살이의 억울함과 부끄러움, 울분을 웃음으로 달래며 산다.

이렇듯 가슴을 누가 쥐어짜는 듯싶게 속이 답답해질라치면 석주는 그저 줄곧 웃는 것이 약이었다. 영옥이의 말마따나 석주의 웃음은 그건 실은 웃음이 아니라 차라리 통곡하는 형국인 것이었다.

웃음이 아닌 통곡의 시발점은 그의 아버지가 자신의 등록금을 마련하려고 단골집 장롱에서 금붙이를 훔치다 형무소에 수감된 얘기를 들은 뒤부터다. 석주는 그 소식을 처음 듣던 날부터 "놀랍기보다는 왜 그런지 어이없는 웃음이 연달아 터져 나와서 견딜 수가 없었던 것"이고, 천정을 바라보며 "껄껄껄 한나절을 온통 그저 웃음으로 충당했던 것"이다

그의 웃음은 다른 사람이 볼 때는 "전연 웃는 표정이 아니고 자꾸만 솟구치는 아픔을 참기 위하여 온몸을 비비 꼬는 형국을 이루고 있었"다. 이런 석주의 기이한 웃음 형태에 대해 석주는 "부친이 물려준 단 하나의 가장 소중하면서도 자랑스러운 그런 무슨 물질적인 혹은 정신적인 유산의 일종인지도 모르겠다는 생각에 이따끔 가슴이 울렁거리기도 하는 것"이었다.

정말 부친의 단 하나의 유산일지도 모르는 그 웃음마저 없었다면 석주는 흡사 천직을 지키는 사나이처럼 그토록이나 오래 굴뚝 옆에 서 있지는 못했을 것이다.

석주의 웃음은 고통으로 우려낸 고소, 쓴웃음이었다. 작가는 소설 속에서 석주의 웃음을 가리켜 통곡하는 웃음, 기이한 웃음, 어이없는 웃음, 꼴사나운 웃음이라 적었다. 장현은 〈1960년대 한국 소설의 탈식민적 양상 연구〉(2005)에서 "〈굴뚝 밑의 유산〉에서 석주의 이런 기이한 웃음은 당대의 부정적 현실인식의 징표로 작용한다."라고 썼다.[99]

임진영의 〈가장 강력한 웃음의 칼날〉(1995)은 작품이 발표된 시기에 따라 그 기능이 다른 웃음을 본격적으로 다룬 비평이다. 남정현의 작품 속에서 주요 소재로 작동하는 웃음은 작가의 의도에 따라 다른 상황을 연출한

---

99 남정현의 소설에선 '그로테스크한 웃음'이 주요한 요소인데 간혹 울음소리가 그 역할을 맡는다. 초기작 〈모의시체〉(1959)에서는 "송희란 여인은 매일 조금씩 우는 것이 일이었다."는 문장으로 시작한다. 송희의 남편인 형수는 그녀의 '신비한 울음소리'에 반했는데, "뭔가 한반도의 그 깊숙한 심장부에서 억울함을 호소하는 것 같은 울음소리로도" 들렸다는 것이다. 〈누락 인종〉(1960)의 주인공 성주는 소설의 마지막에 "엉엉 울음보를" 터뜨린다. 소설은 "처음 들어보는 뭔가 거대한 짐승의 울음소리 같았다."로 끝난다.

다. 임진영은 남정현 소설 속 인물 대부분은 "현실의 그로테스크한 모습 앞에서 삶의 방향 감각과 행동력을 잃은 인물들"이라고 한다. 그들의 유일한 무기는 오직 '웃음'뿐이다.

가장 강력한 웃음의 칼날

초기작에서는 분노를 안으로 새긴 웃음을 보여준다. 이를 잘 보여주는 작품은 남정현의 추천완료작인 〈굴뚝 밑의 유산〉이다. 여기서 '유산'은 바로 웃음이다. 임진영은 이 소설에서 "석주의 으스스하고 꼴사나운 웃음"을 소개한다.

석주는 천장을 바라보며 한나절을 온통 그저 웃음으로 충당했던 것이다. 하지만 남 보매에 석주의 상판은 전연 웃는 표정이 아니고 자꾸만 솟구치는 아픔을 참기 위하여 온몸을 비비 꼬는 형국을 이루고 있었던 것이다.

이 일그러진 웃음의 주인공은 "분노의 모멸을 안으로 새긴" 자이다. 임진영은 이들이 "점점 초기 소설의 분노의 자취마저도 지워 버린, 어처구니없는 실소(失笑)의 주인공으로 변모해 간다. 그만큼 현실의 위력은 강대해지고 인물의 무기력은 심화된다."라고 말한다. 이 주인공들의 웃음은 실소, 고소, 쓴웃음의 형태를 띠는데, 겉보기엔 "무력하고 병신스러운 웃음"이다.

임진영은 이렇게 인물들을 편집광적 삶으로 몰아가는 현실 앞에서 주인공이 취할 수 있는 태도는 두 가지로 나타나는데 "하나는 대부분의 소설에 나오는 주인공의 무력하고 병신스러운 웃음이며, 또 하나는 광기 어린 극단적 행위"라고 말한다. 그는 "후자의 경우인 〈부주전상서〉와 〈분지〉에서 작가는 적극적 인물을 만들어내려는 연속적인 시도를 보여준다. 두 작품의 문체와 상황은 매우 흡사하다."라고 썼다. 임진영은 패배자 홍만수의 웃음에서 승리를 예감했다.

'승리자의 울음과 패배자의 웃음'을 말한 평론가(임헌영)의 지적처럼 그의 소설들은, 궁극적으로는 지금의 현실적인 승리자들이 패배하고 병신스런 웃음을 웃는 자들이 승리할 역사적 미래에의 예감을 담고 있다. 현실에 대한 직설적 분노보다 풍자가 지니는 웃음의 칼날이 더 위력적이며 또 시대적으로 불가피했던 상황 속에서 남정현 소설은 그 시대의 문학이 낳을 수 있었던 최고의 알레고리로서 〈분지〉를 남겼던 것이다.

임진영은 "(홍만수의) 분노나 저항의 의미는 담담하고 능청스러운 어조 속에 숨겨 있다. 이 담담한 어조와 과장된 진술의 혼합, 능청스럽게 토해내는 고통스러운 기억의 그로테스크한 묘사의 적나라함은 일찍이 우리 소설사가 갖지 못했던 풍자적 위력을 이 소설에 부여한다."라고 말한다. 그는 "글쎄 이 자식이 그렇게 용이하게 죽을 것 같습니까, 하하하." 하고 끝나는 〈분지〉의 마지막 구절을 인용하면서, 홍만수의 웃음소리는 "표면적으로 한 과대망상적 인물의 웃음을 가장하고 있지만 그 바탕에는 한국현대사의 식민지성, 파행성을 청산하고 새로운 역사를 세우고자 하는 웅혼한 꿈과 기상을 담고 있다."라고 평했다. 임진영은 "현실에 대한 직설적 분노보다 풍자가 지니는 웃음의 칼날이 더 위력적이며 또 시대적으로 불가피했던 상황 속에서 남정현 소설은 그 시대의 문학이 낳을 수 있었던 최고의 알레고리로서 〈분지〉를 남겼던 것"이라고 보았다.

임진영은 이렇게 '웅혼한 꿈과 기상'이 담긴 "〈분지〉와 함께 절정에 달했던 남정현의 소설세계는 '필화사건'의 가혹한 시련을 계기로 또 다른 모색의 길을 찾게끔 된다."라고 썼다. '분지 사건' 이후 남정현 작가의 웃음은 어떤 형태였을까? 〈분지〉 마지막에 홍만수의 기개 넘치는 "하하하" 웃음소리는 다시 들리지 않았다.

임진영은 〈허허선생 1-괴물체〉(1973) 이후 남정현은 '허허선생과의 피나는 대결시대'를 20년간이나 계속해 결국 연작소설집《허허선생 옷 벗을라》를 내면서 "끈질긴 생명력으로 버텨왔음에도 불구하고 그것은 얼마간 '일보 후퇴'의 모습을 띠지 않을 수 없게 된다."라고 보았다. 풍자와 그로테스크의 결합, 대담한 표현으로 독자를 압도했던 〈분지〉와 비교할 때 허허선생 연작에서 그로테스크의 약화가 눈에 띈다. 임진영은 표면상으로는 그로테스크의 기법이라 할 수 있는 "추하고 기괴한 것들이 곳곳에 등장"하지만 "이 모든 것들은 그저 우스꽝스러운 일화의 제시에 그칠 뿐, 강렬한 증오의 표현으로서 추하고 기괴한 것의 묘사가 노리는 혐오감의 효과를 자아내지는 못한다."라고 말한다.

'웃기는 세상'에 도전하는 비웃음

남정현 작가의 소설 속에서의 웃음을 평자들은 결국은 승리하게 될 패배자의 웃음, 병신들의 바보 같은 웃음, 쓴웃음(고소), 민중의 웃음 등으로 해석했다. 바보, 숙맥의 병신스러운 웃음은 남정현 소설의 단골 소재다. 〈굴뚝 밑의 유산〉의 석주가 그렇고, 〈천지현황〉의 덕수도 그렇다. '진실'이란 말에 유난히 힘을 주어 말하는 부친을 보며, 눈물까지 글썽이며 하소연하는 아버지 앞에서 그만 무례하게도 덕수는 "히히히히" 하며 "병신처럼 웃어버리고" 말았다.

〈준이와의 3개월〉에 나오는 명문대 졸업생인 주인공(나)도 마찬가지다. 재벌의 위치에 오른 허허선생의 여섯 살짜리 아들 준(俊)이와 놀아주는 일을 맡은 그가 하는 주요한 일은 옛날이야기를 해주는 것이다. 어느 날에는 아무리 머릴 쥐어짜도 새로운 얘기가 떠오르지 않아 당황한 나머지 그만 철없는 아이 앞에서 해괴한 추태를 연출하고 말았다.

"준아, 이것 봐라, 이거, 이것 참 희한하지, 응? 히히히."하고 병신처럼 웃어 버렸던 것이다. 그러자 놈은 참 신통하게도 얼른 내 머리채를 놓고는 히얏 하고 탄성을 지르는 것이다.

주인공은 "이렇듯 사람 같지 않은 추태를 보이면서까지 끝내 이 허허선생 댁에 머무를 필요가 있겠느냐는 의아심 때문"에 심경이 착잡해졌다. 축 늘어진 불알을 경이에 찬 시선으로 바라보는 준이 앞에서 썩 꺼지고 싶은 충동이 일었다. 하지만 허허선생 댁에 들어왔던 눈물겨운 경로를 생각하면 쉽게 떠날 수도 없었다.

웃음으로 부활하는 홍만수

이런 쓴웃음과 바보스러운 웃음에 더해 필자는 세상을 조롱하는 '비웃음'을 추가하고자 한다. 남정현 소설의 웃음에는 조소(嘲笑), 비웃음이 담겨있다. 세상을 향해 흉을 보고 빈정거리는 웃음, 심지어는 업신여기는 비웃음이다. 남정현은 추천완료 소감문(《자유문학》1959년 2월호)에 "약간 우스운 세상이었습니다. 휘 둘러봐도 어디 한군데 맘 놓고 서 있을 공지(空地)라곤 없더군요."라고 썼다. 이승만의 폭정이 막바지에 치닫던 시절, 작가는 "문밖만 나서면 독한 시선들에 '목아지'를 다 잘려야만" 하는 '웃기는 세상'에 도전장을 내밀었다. 남정현은 수필 '부활하는 사람들'(1962)에서 분노 대신 헛웃음, 비웃음을 날리기도 했다.

말이나 돼지들이 회전의자에 앉아서 꾸룩꾸룩 소리를 지르며 공무를 집행하고 앉아 있는 그 진기한 풍경을 상상하고 나는 킥킥 웃음이 쏟아져서 견디질 못했다. 그러한 진풍경을 가상하고 분노를 느끼기에는 지금 우리들의 심신은 너무나도 지쳐버린 것이다.

남정현이 진정으로 원한 웃음은 겉으로는 '패배로 보일 것이나 오히려 긴 민족사적 관점에서는' 승리를 예고하는 웃음일 것이다. 이는 바로 〈너는 뭐냐〉의 관수와 〈분지〉 홍만수의 웃음이라 할 수 있다. 이는 '부활의 웃음'이기도 하다. 〈너는 뭐냐〉에서 미국과 현대를 찬양하는 아내가 "이렇게 시시한 여인인 줄은 상상하지 못한" 관수는 "너는 뭐냐!" 소리치며 "하하하하" 통쾌하게 웃었다. 처음으로 아내 앞에서 웃어 보는 이 웃음소리는 해방과 혁명의 불꽃으로 활활 타오르는 웃음이었다. 4월 혁명의 광장에서 목격한 민중의 환호성이고 깃발의 아우성 소리였다.

　황도경은 〈역설의 미학, 풍자의 언어-'분지'론〉(2001)에서 "홍만수의 비극적 종말로 처리된 이야기 끝에서 오히려 웃음으로 부활하는 홍만수를 만나게" 된다고 결론 짓는다. 어머니에게 "글쎄 이 자식이 그렇게 용이하게 죽을 것 같습니까. 하하." 웃는 홍만수, 그는 바로 이 웃음과 함께 부활했다. 그리고 60년 만에 등장한 향미산의 만수는 지금 어디선가 다시 또 '부활의 신기'를 궁리하고 있다. 웃음으로 담금질한 칼날을 품은 채.

유고 소설 – 〈반박 선생〉

그만큼 놈의 발길질은 야무졌다. 놈의 그런 야무진 발길질이, 어럽쇼. 머리에 부딪힐 때마다 그의 두개골은 쿵쿵 울리면서 이리 쏠리고 저리 쏠리고 하는 것이었다. 허, 고이한지고. 하지만 아, 요 귀여운 것. "걷어차고 싶거든 걷어차거라. 실컷 걷어차. 남의 발에 걷어채이는 것만큼은 이 할아비가 챔피언이다. 챔피언. 알겠느냐? 아무도 당할 자가 없다 이 말이다. 허허허."

실인즉, 반박선생의 말이 맞긴 맞는 말이었다.

생각하면 그의 한평생은 어이없게도 이놈 저놈 남의 발길질에 채이다, 채이다, 이제 더는 채일 데가 없어서 만 부득이 생을 마감한 꼴이 되어버렸으니 말이다. 그래 그런가. 그의 육신은 불행하게도 그 골격이든 근육이든 어디 한 군데도 성한 데가 없었다.

왜 그런지 살도 뼈도 하나같이 다 제자리에 가만히 붙어 있는 것이 없어 보였다. 살과 뼈의 격렬한 반란이라고나 할까, 우선 그의 얼굴을 받치고 있는 요긴한 목부터가 문제였다. 어쩌자고 목이 좌편 어깨 쪽으로 약 삼십 도쯤 각도가 갸우뚱 기울어져 가지고는 요지부동이었다. 그런 식으로 목이?

꽉 고정된 상태라? 얼굴을 돌리자면 자연히 몸 전체를 돌려야 하는데, 그런데 그 몸이란 것 역시 그 장애 정도가 예사롭지 않았다.

머리에서부터 발끝까지 수직으로 반듯해야 할 몸체가 왠지 우편으로 완만하게 활처럼 휘어져 있는 것이었다. 발길질에 의해 척추가 옆으로 굽은 탓이었다. 게다 또, 한쪽 발은 무릎관절이 완전히 기능을 상실하여 뻣다리가 된 데다가 팔 하나는 팔꿈치 아래로 가 있었다. 험악했다. 하지만 그뿐이 아니다. 활짝 뜬 채로 전혀 감기지 않는 눈, 귀 쪽으로 삐뚤어진 입, 턱관절이 허물어져 아랫입술이 턱을 대신하고 있는 그 기이한 형상. 이러한 반박선생의 모습은 보는 이로 하여금 순간 가슴이 섬뜩할 정도로 뭔가 분위기가 참 살벌하다는 느낌을 자아내게 하는 것이다. 한 인간의 육신이 어떡하다 그만 저 지경으로 절단날 수가 있나 하는 의아함 때문이다. 아니 저 지경으로까지 절단나도록 숨이 붙어 있는 한 인간의 그 혹독한 생명력에 기가 질린 탓이었다.
　신의 분노인가
　신의 저주인가

실은 제삼자가 아닌 반박선생 자신도 어쩌다 문득 스스로의 몸을 돌아볼 때마다, 아뿔싸, 와르르 허물어진 일종의 무슨 잔해(殘骸)를 대하는 느낌이라 저도 모르게 몸이 으시시 떨리곤 하던 것이다.

자신은 어쩌면 신의 분노보다도 신의 저주보다도 훨씬 더 가혹한 재앙과 무자비하게 몸이 부닥쳤었다는 느낌을 떨칠 수가 없는 탓이었다.

그러니까 서기 천구백육십년대의 어느 날이던가.
　퇴근길이었다.

반박선생은 집을 불과 백여 미터밖에 남겨놓지 않은 좁은 골목길에서 갑자기 앞을 가로막고 나서는 거구의 두 사나이와 마주친 것이었다. 누굴까? 전혀 낯선 자들이었다. 노상강도? 깡패? 섬뜩한 느낌이었다.

반박선생이시죠?
네?!
상하중학교에 근무하시는 반박선생이시냐고요?
그렇습니다만.
그러자 어느새 그 두 거구는 반박선생 곁으로 바싹 밀착하듯 다가서서는 저희끼리 마주 보며 빙긋 미소를 짓던 것이다.

아. 그 큰 덩치에 정말 가당찮은 미소, 한 인간의 소위 그 미소라는 것이 원 그다지도 부자연스럽고 위압적일 수가 있나 해서 반박선생은 온몸이 다 굳어버리는 느낌이었다. 흡사 단 한방의 총소리에 아니 어이없게도 단 한 번의 미소에, 그만 맥없이 무릎을 꿇고 만 꼴이랄까. 왠지 반박선생은 그때 그들이 간이든 쓸개든 뭣이든 그저 달라면 달라는 대로 다 내줄 수밖에 없는 그런 절박한 처지에 놓이고 말았다는 느낌이 들던 것이다. 일종의 절망감 같았다.

그리하여 당시 그는 그 거구의 정체불명자들에게 말 한마디 변변히 건네보질 못하고 그저 그들이 하라는 대로 무조건 순순히 응할 수밖에 없었다.

찝차에 타라니 타고.
깜깜하게 눈 덮개를 하라니 하고.
고개를 푹 숙여 얼굴을 무릎 사이에 쑥 처박으라니 처박고,
그리고 아, 어디로 얼마쯤 달렸을까. 좌우지간 온몸에 진땀이 흠뻑 배이

도록 부르르릉 달려가 가 닿은 곳이 아, 그곳이, 어쩌자고 그만 아뿔사, 아수라왕이 지배하는 그저 그런 유의 분명한 지옥이었던 것이다. 지옥? 그렇다.

그곳이 정녕, 지옥이 아니었다면, 그토록 멀쩡하던 한 인간의 육신을 그저 불문곡직하고 순 생으로 뚜들겨 패 가지고는 그 모습을 순 식간에 그렇듯 괴기한 형태로 만들어 놓을 수는 없었을 터였으니 말이다.

* 남정현 작가는 〈허허선생〉 연작에 이어 2000년대에는 소설 〈반박선생〉을 구상한 것으로 보인다. '반박정희'를 뜻하는 반박선생은 바로 작가의 분신이었다.

2010년 이후에 쓴 것으로 보이는 이 미발표소설의 도입부는 남정현 선생이 노트에 적어놓은 것인데, 초고이거나 미완성 원고일 가능성이 높다.

11장
2010년대

한평생 반공과 미제에 맞선
'불온'한 소설가

〈분지〉 주인공 홍만수의 '강간' 논란과 오독

검사의 공소장 – 미군 부인을 강간한 홍만수

1965년 《현대문학》에 실린 남정현의 소설 〈분지〉에 대한 한국문학계의 평가는 '반미'에 초점이 맞춰져 있다. '한국 현대문학에 있어 반미소설의 효시 격인 작품'(홍성식 시인, 오마이뉴스, 2002)과 같은 기사도 그 한 예다. 그밖에 〈분지〉를 따라다니는 대표적인 말은 '민족' '필화'와 같은 용어다. 충남 서산중앙고에 세워진 남정현문학비에는 "민족자주를 열망한 '분지'의 작가"라고 적혀 있다. 한 일간지 기자는 "항상 따라다니는 꼬리표는 1965년 '현대문학' 3월호에 발표한 단편 '분지'로 인한 필화사건이다."(국민일보, 2007)라고 썼다. 이처럼 〈분지〉와 관련된 논문은 반미, 미국, 민족, 필화를 주제로 하거나 풍자 기법과 이념성에 주목한 경우가 많았다. 이런 특징과 함께 2000년대 이후에는 여성주의(페미니즘)가 확산하면서 〈분지〉를 '여성' '젠더'의 관점에서 다루는 논문과 평론이 부쩍 늘어난 추세이다.

그런데 〈분지〉를 정치적 사건이나 풍자기법 등에 주목해서 비평하거나 젠더 관점에서 분석하거나 상관없이 대체로 비슷한 견해를 보이는 것이 하나 있다. 그것은 분지 주인공 홍만수가 미군 부인 비취 여사를 '강간'했다고 쓰는 점이다. 이 글에서는 소설 〈분지〉를 소재로 비평을 하는 연구자들이 홍만수의 행위를 '강간' '겁탈'이라며 단정적으로 쓰고 있는 사례를 소개하고, 그것이 왜 오독인지를 밝히고자 한다. 그리고 오독을 하게 된 원인과 의도, 배경에 관해서도 간략히 살펴보고자 한다.

〈분지〉의 주인공 홍만수가 '겁탈' '강간'했다고 규정한 첫 번째 문서는 1965년 남정현 작가가 기소된 뒤 김태현 검사가 쓴 공소장이다. 그는 공소장에 〈분지〉의 줄거리를 요약하면서 "(비취)여사의 몸을 잠깐 보여 달라고 간청하자 여사는 당황하여 만수의 뺨을 치면서 반항을 하는 것이었다."에 이어 다음과 같이 썼다.

> 만수는 의심을 풀 수 있는 기회를 잃어버릴 것 같아서 당황하다가 '비취' 여사의 몸을 강제로 눕히고 겁탈하고 말았다. '비취' 여사는 비명을 울리면서 정신없이 향미산을 뛰어 내려갔다. 이것을 알게 된 '펜타곤' 당국은 격분하여 미군 부인을 강간한 홍만수를 주살하기 위하여 3억 불을 들여 만수가 숨어 있는 향미산의 주위를 1만여의 각종 포문과 미사일 그리고 전 미군 중에서도 가장 정예사단이 포위하였다.

검사는 이렇게 홍만수를 강간자로 정리한 뒤, 공소장의 마지막에 "반미 감정을 조성, 격화시켜 반미사상을 고취하여 한미 유대를 이간함을 표현하는 등을 주요 내용으로 하는 단편소설 〈분지〉라는 제목의 작품을 창작"하여 《현대문학》에 발표한 남정현은 "북괴의 대남 적화전략의 상투적 활동에 동조한 것"이라고 썼다.

검사가 법정에서 홍만수를 미군 부인을 겁탈한 강간자로 규정했을 뿐 아니라 이후 대다수 문학평론가, 연구자도 〈분지〉 작품을 소개하면서 '겁탈' '강간'이라 표현했다. 이런 표현은 남정현 작가에게 우호적인 평론가들의 비평에서도 발견된다. "80년 이전까지 산문문학에 있어서 미국을 제국주의라는 인식하에서 작품화한 것은 남정현의 〈분지〉 외에는 찾아보기 힘들다."라고 평한 이성욱도 "민족적 자긍심까지 일거에 회복해보려는 만수의 의지가 반사작용 식으로 또 다른 강간을 통해 비정상적인 방법으로 치닫는 것은"(《실천문학》, 1989년 봄)이라 썼다. 그밖에 몇 가지 사례를 더 살펴보면, "그녀를 향미산으로 유인하여 겁탈한다."(류양선, 〈풍자소설의 민족문학적 성과〉, 1989), "홍만수는 스피드의 부인을 향미산으로 유인하여 겁탈하지만 그로 인해 미국의 엄청난 보복에 직면"(강진호, 〈외세의 질곡과 민족의 주체성 -남정현의 '분지'론〉, 1999) 등과 같다.

진보적인 인사가 쓴 저술이나 기사에서도 대부분 '강간'이라 단정했는데, 이재봉 교수는 《문학과 예술 속의 반미》(2018)에서 '겁탈'이라고 썼다. 그리고 홍성식 기자(시인)도 오마이뉴스(2002. 12. 6.) 〈새롭게 재조명되는 독재 시절의 '반미 문학'〉기사에서 '강간'이라 적었다.

한국 현대문학에 있어 반미소설의 효시격인 작품은 1965년 〈현대문학〉에 발표된 남정현(69)의 〈분지〉다. 홍길동의 자손임을 자처하는 홍만수라는 돈키호테적 인물이 미군의 아내를 강간하고, 미국의 최정예부대와 단기필마로 맞선다는 내용을 가진 이 소설은 비현실적인 상황설정에도 불구하고, 일종의 통쾌함을 독자들에게 던졌다.

심지어 '분지 사건' 변호를 맡은 한승헌 변호사도 '겁탈' '강간'이라 표현했다. 그는 '변론요지'에서 "아들인 만수가 미군의 아내를 강간하면서 환상적으로 배꼽에 태극기를 꽂겠다는 것으로 끝마치는 것만 보아도 이 소설은 분명히 태극기로 상징되는 대한민국을 의식하고 있는 것이며 그런 뜻에서 가장 반공적인 것이라 말할 수 있다."라고 썼다. 한 변호사가 이후에 쓴 〈남정현의 필화, '분지' 사건〉에도 "만수는 비취 부인에게 얼마나 당신의 몸이 아름답기에 내 누이가 당신 남편한테 그토록 학대를 받느냐면서 몸 좀 보여달라고 하다가 거절당하자 강제로 그녀를 눕히고 겁탈을 감행한다."라고 나온다.

이에 관해 당시 재판정에 참석했던 문학평론가 임헌영은 "작가 자신은 분명히 홍만수는 한국적인 윤리의식으로 결코 남의 부인을 능욕하지 않았다고 말했다."(《문학저널》, 2021 가을호)라고 증언했다. 그런데 당시 변호인은 법정에서 검찰의 반미, 용공 논리에 대응하는 데 집중했기 때문에 이 문제에 관해 크게 고민하지 않았다고 한다.

여성주의 시각 – '미국의 일부'인 미국 여성을 훼손(강간)

근래 남정현 소설, 특히 〈분지〉에 관해 여성, 젠더의 측면에서 비평하는 글이 꾸준히 발표되고 있다. 그중 대표적인 학위논문과 평론으로는 김종욱의 〈민족담론과 여성의 이미지-남정현론〉(《한국현대문학연구》 13, 2003), 임경순의 〈남정현 소설의 성-여성과 윤리 그리고 반공주의〉(《상허학보》 21, 2005), 유정숙의 〈남정현 소설의 여성인물유형 연구 - 서술방식을 중심으로〉(고려대 석사논문, 2005), 정희진의, 〈반미문학을 통해 본 식민지 남성성의 형성〉(이화여대 여성학과 박사논문, 2019)100, 심소연의 〈남정현과 손창섭의 전후소설에 나타난 남성인물의 젠더 수행성 연구〉(조선대학교 국어국문학과 석사논문, 2022) 등이 있다.

이들 논문에서 홍만수의 비취 부인에 대한 행위를 어떻게 규정했는지 살펴보면, 김종욱은 홍만수가 동생의 건강을 위해 하반신을 관찰할 기회를 달라고 간청하는 것을 비취 여사가 거절하자 "강제로 옷을 벗기고 하반신을

---

100 〈분지〉를 '여성' '젠더'의 관점에서 다루는 글 중에 정희진의, 〈반미문학을 통해 본 식민지 남성성의 형성〉은 특이한 경우이다. 대부분의 〈분지〉 관련 논문은 국문학과 전공자들이 쓴 데 반해 이 논문은 여성학과 박사논문으로 제출됐다. 이 논문이 소개한 '반미문학' 중 가장 큰 비중을 차지한 작품은 남정현 작가의 〈분지〉다.

엿보는 것"이라고 적었다. 〈분지〉를 다룬 평론 중에 보기 드물게 강간이나 겁탈이라는 표현을 쓰지 않았다.

임경순의 경우도 그런 예에 속한다. 그는 〈남정현 소설의 성-여성과 윤리 그리고 반공주의〉에서 〈분지〉에서 "홍만수는 향미산으로 여사를 데리고 가 음부를 확인하려 한다." "비취 여사의 육체를 점검하면서"라고 썼다.

반면 정희진, 심소연은 '강간'이라 단언했는데, 홍만수의 행위를 단지 '겁탈' '강간'이라고 표현하는 것을 넘어 이런 점을 들어 작가의 의식과 작품 전체를 문제 삼았다. 여성주의적 관점에서 쓰인 논문에서는 홍만수의 '강간'을 문학적 장치나 비유, 알레고리로 해석하기보다 작가의 여성관, 가부장제, 식민지 남성성, 민족주의 등과 연결 지어 비판하는 경우가 많았다.

심소연은 〈남정현과 손창섭의 전후소설에 나타난 남성인물의 젠더 수행성 연구〉에서 "비취 여사와 어머니를 겹쳐보는 것은 그의 행위가 어린 시절 당한 강간을 재현하고자 하는 일종의 '퍼포먼스'인 것처럼 느끼게끔 한다." 라고 썼다. 그리고 "역설적으로 어머니의 경험을 재현하고 복수하는 데 있어 홍만수가 '강간범'이 되며, 그 행위에 있어 미국 여성의 신체를 제압하여 성적 욕망을 해소하고자 하는 뒤틀린 지배 욕구가 있다는 사실은 부정될 수 없다."라고 적었다. 심소연은 홍만수의 이같은 '복수'는 "홍만수의 식민지 남성성과 젠더-과잉수행이 자신의 내적모순 속에서 구세주 망상으로 연결되었음을 확인할 수 있다."라고 결론지었다.

그리고 심소연은 남정현 소설을 비판적으로 분석하는 핵심개념인 '식민지 남성성'[101]을 여성학자 정희진의 글 '한국 남성의 식민성과 여성주의 이론'에서 가져왔다고 밝혔다. 정희진은 〈반미문학을 통해 본 식민지 남성성

---

[101] 심소연이 논문의 '결론'에서 요약한 식민지 남성성은 "피식민 남성이 자신을 부당하게 지배하는 제국의 남성을 비판하면서도 그에게 동일시함으로써 제국주의 논리를 모방하는 행위, 혹은 식민지배와 억압에 대한 열등감을 여성에게 돌려 여성성을 타자화하는 모습"을 의미한다.

의 형성〉에서 홍만수가 강간, 성폭행을 실행한 것으로 보는데, "이 작품에 대한 연구와 평가의 풍부함, 절찬은 형언할 수 없을 정도로 많은 것은 반미와 저항에 대한 남성의 시각을 정확히 반영하고 있기 때문이다. 남한의 입장에서 반미의 방법은, 미국과 실제 전쟁을 치를 수 없는 지경이므로, '미국의 일부'인 미국 여성을 훼손(강간)하는 것이다."라고 썼다. 그리고 바로 이러한 젠더의 관점에서 〈분지〉의 작품성에 대해서는 혹평을 한다. 그녀는 "아이러니한 점은 〈분지〉가 미군과 펜타곤을 맞서는 그토록 구조적, 총체적, 거시적, 본질적 관점에서 상대방에 대적했다는 의미에서 저항의 모델이지만, 실상 작품의 내용은 가부장제 사회에서 일상적인 그리고 사소하게 취급되는 남성의 성폭력 이야기라는 사실이다."라고 평한다. "〈분지〉는 반미가 아니라 섹스에 대한 작품인데, 음란물과 폭력물의 요소를 모두 갖추고 있다."라고 보는 여성학자 정희진의 눈에 〈분지〉는 반미소설의 외피를 쓴 '삼류성인소설'이다.

이전에도 다수의 문학연구자, 평론가들이 홍만수의 행위를 '강간' '겁탈'로 규정했다. 하지만 그렇다 하더라도 문학적인 접근을 하고, 그 속에서 긍정적이거나 부정적인 의미를 찾으려 했다. 강진호가 "홍만수가 비취 여사를 납치한 것은 이 실추된 존엄성과 권위를 되찾기 위한 몸부림으로 이해할 수 있다."(〈외세의 질곡과 민족의 주체성 - 남정현의 '분지'론〉)라고 쓴 것도 그 한 예에 속한다. 최원식은 〈민족문학과 반미문학〉(창작과비평, 1988 겨울)에서 "미국에 대한 심리적 육체적 압박으로부터 해방되는 것"이라고 하며 '강간'을 '민중축제'에 비유했다.

이 점을 염두에 둘 때 향미산 정상에서 벌어지는, 스피드 상사의 부인인 비취에 대한 만수의 강간 장면은 거친 육체적 접촉을 통해 실현되는 절대적 자유와 평등의 유토피아를 시현하려는 일종의 민중축제라는 점을 깨닫게 된다. 여기서 만수는 미국에 대한 심리적 육체적 압박으로부터 해방되는

것이니, 이 장면은 양반마님들에 대한 성적인 욕설을 통해 양반을 기롱하는 탈춤의 말뚝이 과장(科場)과 깊이 접맥된다. 말뚝이가 성적인 욕설을 통해 자신의 종속성으로부터 벗어나듯이 만수는 강간을 통해 주눅으로부터 해방되어 민중영웅 홍길동의 후손으로의 자긍을 회복하는 것이다.

최원식은 이 글에서 남정현의 〈분지〉는 "공식문화의 압력 아래 잠복한 민중적 웃음의 미학의 추동력에 의거하여 외세의 발굽 아래 깊숙이 모독된 어머니 조국의 눈부신 부활을 선언했던 것"이라 평했다.

김철-강간으로 복수한 홍만수는 정신착란증 환자이자 광인

젠더, 여성의 관점에서 '식민지 남성성'의 개념으로 〈분지〉를 비평하는 연구자 중 일부는 '여성혐오' 소설이라며 〈분지〉의 작품성 전체, 작가의 의식 자체를 문제 삼는 경우도 있다. 뉴라이트계열의 연구자도 이런 식의 부정적인 평가를 한다. 김철 교수(연세대 국문과 명예교수)가 그 대표적인 사례라 할 수 있다.

뉴라이트계열의 학자 군에 속하는 김철 교수는 이영훈, 박지향, 김일영 등과 함께 2006년에 뉴라이트의 보수적 시각으로 《해방 전후사 재인식》을 저술해서 세간의 주목을 받기도 했다. 김철은 〈한국문학이 그린 똥의 얼굴 (1)-'분지'와 '똥바다'를 중심으로〉(상허학보 65집, 2022)에서 〈분지〉의 표면에 드러난 것은 "이른바 '진보적 민족주의'의 저변에 깔린 '남성주의/ 국가주의/ 식민주의/ 인종주의'"이고, 그가 볼 때 "백인 여성을 강간하고 희열에 떠는, '홍길동의 피'가 몸속에 흐르는 '단군의 후손' 홍만수야말로 사실상 서구 제국주의의 충실한 학도"인 것이다.

김철은 주인공 홍만수가 '복수'하는 장면에서 이런 논리를 심화시킨다. 그는 주인공이 "강간자의 여자의 성기를 탈취"하는 방식, '강간'으로 복수하는 것은 "소유적 민족주의가 어떻게 제국주의의 폭력을 모방하고 반복하는지를" 보여주는 것이라 말한다. 김철은 〈분지〉의 주인공 홍만수를 정신착란증 환자로 보고 있는데, 위 논문에서는 '미친 인간'이라고 했다.

> 〈분지〉의 주인공은, 이미 식민 지배자가 던져놓은 담론과 과학의 프레임에 갇혀버린 미친 인간이다. 모든 광인이 그렇듯, 그는 자신의 광기가 어디에서 왔는지 모르는, 자신이 이미 미친 줄도 모르면서 미칠 것 같은 심정에 사로잡힌 인간이다.

〈분지〉의 주인공 홍만수를 '광인'으로 보는 김철은 "이 광기야말로 식민 지배자에 대한 증오와 선망이 뒤엉킨 피식민자의 찢긴 내면의 표현이다."라고 진단하고, 남정현의 소설은 대표적 '여성혐오' 소설이라고 비판한다.

미국의 한국문학 연구자의 시각 – 보복 강간으로서의 반미주의

미국에서 발표된 몇 편의 한국문학 연구서에서도 〈분지〉를 다룰 때 홍만수의 '강간'에 주목하면서 김철 교수와 비슷한 관점으로 비평하는 것을 발견할 수 있었다. 김철 교수(연세대 국문과 명예교수)가 적극 권유해서 나병철 교수(한국교원대 국어교육과)가 번역, 출간한 단행본 테드 휴즈의 《냉전시대 한국의 문학과 영화-자유의 경계선》(2013), 이진경의 《서비스 이코노미》(2015)에서도 〈분지〉를 언급하는데, 홍만수의 '강간'을 '보복 강간으로서의 반미주의', 남성적 민족주의, 남성중심주의라는 표현을 써가며 비판적으로 서술했다.

《냉전시대 한국의 문학과 영화-자유의 경계선》(2013) 저자 테드 휴즈(Theodore Hughes)는 캘리포니아 대학(UCLA)에서 한국 현대문학으로 박사학위를 받았으며, 컬럼비아대학 동아시아언어문화학과에서 한국 현대문학을 담당한 교수이다. 그는 "무엇보다도 만수의 스피드 부인의 강간은, 신식민지적 폭력을 그 자체로 패러디적으로 되던지는 것과 헤게모니적 남성주의의 재공고화, 그 둘 사이의 어느 곳에 위치한다."라고 평했다.

우리는 미국과 남한정부에 대해 대항하는 이 작품의 남성주의적 태도 그 자체가, "민족의 이름으로 된" 냉전기 "개발"의 강화에 버팀목이 되는 폭력을 수행할 수 있다고 여기게 된다. 만수가 북아메리카 대륙에 누워있는 백인 여성에게 황홀한 깃발을 꽂아 놓겠다고 말하는 결말에 나타나는 것은, 바로 그 같은 대항 남성중심주의이다.

이진경의《서비스 이코노미》(2015)는 테드 휴즈의《냉전시대 한국의 문학과 영화》에 이어 두 번째로 소개되는 미국 학자의 한국문학 연구서이다. 이진경은《서비스 이코노미》제3장에 나오는 '〈분지〉-백인 여성에 대한 보복 강간으로서의 반미주의'라는 글에서 주인공 홍만수의 '보복 강간'에 초점을 맞춰 분석한다. 그는 "만수의 스피드 부인의 강간은, 황인종과 백인종의 여성 섹슈얼리티와 연관된 불평등한 상징적 가치를 교정함으로써, 한국의 남성성을 회복하려는 시도"라고 보았다.

어머니를 강간하고 누이동생을 학대하는 미군에 대한 '복수'로 미국 여성을 강간하는 주인공의 '날것 그대로의 적개심'에서 전시기 일본 제국 프로파갠더의 목소리("귀축미영")을 듣는다.

《서비스 이코노미》에는 '(남성중심적 좌파)민족주의'라는 말이 자주 나오는데, 여성 담론에 근거해 (반제국주의적) 민족주의를 비판할 때 주로 쓰인다. 남정현 소설(특히〈분지〉, 홍만수)을 남성적 민족주의라고 비판하는 경향은 테드 휴즈의《냉전시대 한국의 문학과 영화 - 자유의 경계선》과 이

〈경향신문〉(2015. 1. 4)에 실린 "한승헌의 재판으로 본 현대사 (13) 소설 '분지' 필화사건"에 들어간 삽화(일러스트 박건웅)를 오려서 액자에 넣어 서재에 보관한 남정현 작가.

진경의 《서비스 이코노미》를 번역한 나병철의 논문 〈트랜스내셔널한 역사에 응답하는 한국의 문학과 정치-《냉전시대 한국의 문학과 영화》 비판에 대한 비판〉(2015)을 보면 잘 알 수 있다. 휴즈의 책을 비판하는 최현희의 글에 반비판하는 형식으로 쓴 이 글에서 나병철은 남정현의 소설이 '남성적 민족주의'에 기대고 있다며 문제시했다.

그것의 가장 대표적인 예는 남정현의 소설들일 것이다. 휴즈에 의하면, 남정현의 소설들은 지배권력에 대한 비판이 유효한 만큼 또한 그 비판의 배후에 있는 이데올로기, 즉 남성적 민족주의에 갇혀 있다. 그래서 주인공의 신체 위에서 제국주의 및 민족적 국가주의와 대항적 민족주의가 서로 경합하는 풍경이 연출된다. 휴즈는 또한 그런 남성적 민족주의가 자신이 반대하는 제국주의와 국가주의를 어떻게 거울처럼 비추고 있는지 보여준다.

남정현 - "작품상엔 그런 부도덕한 짓 없다"

이상으로 국내외의 문학 연구자, 평론가들이 소설 〈분지〉의 주인공 홍만수가 비취 여사에게 가한 행위를 어떻게 해석하는지 살펴보았다.[102]

〈분지〉의 홍만수가 비취 여사를 겁탈, 강간했다고 해석할 가능성이 있는 것은 사실이다. 그런데 소설은 작가가 설정한 여러 복선을 염두에 두고 해석해야 하고, 때로는 문학적 상상력을 가미해서 읽어야 한다. 때에 따라서는 작가의 의도가 숨겨져 있을 수 있기에 단정적으로 말하기 어려운 부분도 있다. 그런데 상당수 평론가, 연구자들이 홍만수의 행위를 '강간' '겁탈'이라 단정했다. 이에 대해 남정현 작가는 절대로 그런 일은 없었으며, 하지도 않은 강간을 했다고 하면 홍만수가 얼마나 억울하겠냐고 반박했다.

백기완 선생이 《노나메기》(4호, 2001년)에서 "좌우간 한국 사람이 그 무시무시하게 우리를 괴롭히던 양키를 올라타 봤다. 그게 그렇게 신이 났었는데요."라고 말하자 이를 받아서 남정현 작가는 그것이 알몸을 확인하기 위해 올라탄 것이지 강간을 의미하는 것은 아니라며 이에 관해 길게 설명했다. 다른 지면에서 보기 어려운 작가의 해명이라 전체 발언을 인용해 본다.

"그런데 '분지' 얘기가 나온 김에 한마디 지적해 둘 것이 있습니다. 뭐냐 하면 많은 분들이 '분지'의 주인공 홍만수가 미 병사의 부인을 강간했다고 하는데 작품상엔 절대로 그런 일이 없습니다. 강간한 적이 없는데 미군 측에서 강

---

102 〈분지〉 홍만수의 '강간 논쟁'을 전혀 다른 차원에서 언급한 학술논문도 있다. 임유경이 〈1960년대 '불온'의 문화 정치와 문학의 불화〉에서 남정현 소설에 등장하는 곳은 '상상의 장소'라는 점을 강조한다. 남성 주인공들이 공유하는 어떤 공통점이 있는데 "그것은 '공상'을 통해 세계의 전복을 꿈꾼다."라고 썼다.
"〈분지〉는 이전에 발표된 소설들에서처럼 남성 주인공들이 틔워 놓은 '공상의 시간'이 소설 전체로 확대된 상태를 보여준다. 이는 곧 주인공의 (유사)강간행위가 실제적으로 벌어진 것이 아니라, 공상이 열어놓은 시공간 속에서, 혹은 자기화된 세계 안에서 행해진 것이라는 말이기도 하다. 이 소설은 픽션이 아니라 '픽션 안의 픽션'으로 읽힐 수 있다."
임유경은 이런 맥락을 고려하여 〈분지〉를 다시 읽는다면 당시 재판에서 논쟁거리 중 하나인 '강간의 실제 발생 여부'는 "논쟁거리조차 될 수 없다는 사실"이라고 말했다. 앞서의 이유로 임유경은 "남정현의 소설은 '풍자'로 구축되어 있다기보다는 '환상'에 의해 떠받쳐지고 있다고 해야 할 것"이라고 평했으나 검찰은 이런 독법으로 읽지 않았다. 당국의 입장에서 〈분지〉는 '환상적 세계'가 아니라 '현실보다 더 현실적인 세계'였다.

간자라고 낙인찍은 바람에 그게 억울해서 계속 죽은 어머니께 호소하는 거지요. 홍길동의 제 십 대손인 자기가 그렇게 못된 짓을 했을 리가 있느냐구 말입니다. 저는 그때 '분지'를 쓸 때도 한국의 미풍양속에 비추어보아 한국인은 아무리 난감한 일에 처해도 그런 부도덕한 짓은 하지 않는다는 나름대로의 그런 일종의 작품상의 품격을 염두에 두고 있었습니다. 홍만수는 다만 자기 누이의 건강을 위해서 그 비취란 여인의 알몸을 한번 확인하고만 싶었던 것입니다. 그래서 옷을 벗으라니까 도망가기 때문에 강제로 옷을 벗긴 것이고 올라탄 것이 아니겠습니까. 꼼짝 못 하게 하느라고 말입니다. 그저 그것뿐입니다. 그런데도 미군 측에서처럼 만수보고 강간했다고 하면 만수가 얼마나 억울하겠습니까."

이같은 남정현 작가의 지적에 대해 백기완 선생은 "잘 상기시켜주셨습니다. 아까 말씀드릴 때 그냥 올라탔다 이거지 강간했다곤 안 했는데……. 제 말씀은 양키를 인간적인 우위에서 타고 눌러 보았다 그런 뜻이지요."라고 말했다.

임헌영 – 펜타곤이 겁탈했다고 거짓 선전

《작가연구》(2001년 하반기, 12호)에 실린 '남정현 특집' 중 임헌영 평론가가 쓴 '반외세 의식과 민족의식-남정현의 소설세계'에서도 이 부분을 언급하고 있다. 임헌영 평론가는 E. M. 포스터의 영화의 〈인도로 가는 길〉(1924)과 〈분지〉를 비교하면서 영화의 주인공인 인도 남자는 무죄를 선고받지만 홍만수는 보기에 따라서는 "추행 혐의를 벗어나기 어렵다고도 할 수 있다."라고 하면서 이 대목 때문에 "그간 많은 독자와 평론가들이 〈분지〉를 오독한 중요한 단초가 된다."라고 썼다.

홍만수는 결코 비취 여사를 범하지 않았다는 것이 작가의 확고한 의도이다. 그는 누이의 고통을 해결해 주고자 단지 비취 여사의 생식구조를 관찰하고자 했을 뿐이지 성욕을 분출할 의사도, 실제로 자행하지도 않았다는 게〈분지〉의 명백한 구도이다.

작가 남정현은 이 사건 전개의 오묘한 구도에 대하여 필자에게 거듭 강조한 적이 있다. 만일 홍만수가 강간을 시도했다면 한국인이 미국인과 다를 게 뭐란 말인가. 침략에는 침략으로 강간에는 강간으로, 테러에는 테러로 대응하는 반평화주의를 이 작가는 지양하고 있다. 페미니스트들은〈분지〉에 나타난 묘사만으로도 충분히 식민지 대 피식민지적 남녀가 당하는 비극적인 상징성보다는 한 남자가 여성에게 가하는 성폭력이라고 우길 수도 있으나, 이것은 성폭력을 남녀의 성구분으로만 접근하려는 논리적인 여성해방론에 불과하다. 분이와 스피드 상사의 관계를 사상해버린 채 홍만수와 비취 여사의 사건만을 문제 삼을 수는 없기 때문이다.

임헌영 평론가는 아무런 죄가 없는 "무고한 한 남성이 펜타곤의 공격으로 무참하게 죽을 수밖에 없다는 위기의식을 형상화하고자 한 것이〈분지〉이고 보면, 홍만수에게 어떤 범죄행위나 사악한 사고를 입력시켜서는 안 될 것"임을 강조했다. 그는《한국소설, 정치를 통매하다》남정현 편에서는 "흔히들 홍만수가 스피드 상사의 부인을 겁탈한 것으로 잘못 알고 있다. 겁탈했으니 펜타곤의 핵 공격을 당하게 된다는 게 아니라 겁탈을 하지도 않았건만 펜타곤이 겁탈했다고 거짓 선전하면서 향미산(한반도)을 핵무기로 포위한다는 고발이〈분지〉이다."라고 썼다.

〈분지〉홍만수 – 펜타곤의 강간자, 강간 발언은 '헛소리'

《노나메기》,《작가연구》에서 남정현 작가가 '강간'이 아니라고 반박한 것은 듣기에 따라 어쩌면 설득력이 떨어지는 얘기일 수도 있다. 작가가 작품을 쓰고 나면 그 작품에 대한 해석은 독자와 평론가의 몫이기 때문이다. 그런데 작가는 소설 〈분지〉에서 주인공 만수의 입을 통해서 '강간'이 아님을 분명히 하고 있다. 작품 속에서 아링톤발 0.038 메가 사이클에 다이얼을 맞추면 이런 미국 펜타곤의 선전이 흘러나왔다. 아링톤은 미 국방부 청사 펜타곤이 있는 지역명이고, 0.038은 38도 분단선을 상징하는 것으로 보인다.

"자, 보십시오. 인간의 자유와 번영을 수호하는 미 병사의, 아니 미 병사의 아내를 강간한 자의 말로가 얼마나 참혹하고 싸늘한가를 말입니다. 자, 감상하여 보십시오. (⋯⋯) 이 저주받은 강간자여! 미국의 아니 자유민의 명예에 똥칠을 한 간악한 범법자여! 천벌을 받으라."

미국 펜타곤 당국이 코스모스 위성을 통해 전 세계 텔레비전에 생중계하겠다고 예고하면서 이렇게 자신을 "미 병사의 아내를 강간한 자"라며 방송을 내보내자, 홍만수는 이렇게 반박했다.

기가 막히는군요. 저보고 이젠 뭐 강간자라구요. 이게 다 거의 헛소리라면 당신은 저를 믿어주시겠습니까. 아니 설혹 또 제가 부득이한 사정으로 강간을 했다면 왜 천벌을 받습니까. 당신을 강간하여 저승으로 인솔하기까지 한, 어떤 코 큰 친구도 천벌을 받았다면 혹시 또 모르지만 말입니다.

작가는 홍만수의 입을 통해 펜타곤의 강간 운운이 '헛소리'라고 밝히고 있다. 그리고 가정법으로 "설혹, 강간을 했다면"이라 한 것이다. 이렇게 '설혹'이란 단서를 달고 '강간'을 언급했음에도 어머니가 "글쎄. 너 이놈." 하며 꾸짖으려 하자 홍만수는 다시 한번 비취 여사를 범하지 않았음을 분명히 한다.

안색이 아주 좋지 않으시군요. 어서 노여움을 거두십시오. 홍길동의 자손인 나 만수란 녀석이 아무럼 그따위 못된 짓을 했을 리야 있겠습니까. 혹시 엉겁결에 제가 강간 비슷한 짓을 했는지는 모릅니다만.

남정현 작가는 홍만수의 입을 통해 "그따위 못된 짓"인 강간을 하지 않았다고 말하면서, 그렇지만 "강간 비슷한 짓"을 했을 수는 있다고 여지를 남긴다. 여기서 강간 비슷한 짓은 무엇인가.

'강간 비슷한 짓'의 복선 – 어머니와 여동생 분이의 음부

〈분지〉에선 홍만수가 '강간 비슷한 짓'을 하기 전에 여러 군데에 복선을 깔았고, 이는 이 소설의 구성에서 주요한 배경이 된다. 강간 비슷한 짓은 비취 여사의 음부를 들여다보는 것인데, 이는 미군 스피드 상사에게 "국부의 면적이 좁으니 넓으니 하며" 구타당한 여동생 분이와 관계가 있다.

만수가 6·25를 거쳐 군복을 벗고 돌아왔을 때 갈 곳이 없어 '걸식과 방황'을 하다가 여동생 분이를 만났다. 분이는 미군 스피드 상사와 동거를 했고, 만수는 그 집 옆방에 기거했다. 그런데 스피드 상사는 "밤마다 분이의 그 풍만한 하반신을 이러니저러니 탓 잡아 가지고는, 본국에 있는 제 마누라 것은 그렇지가 않다면서, 차마 입에 담지도 못할 욕설과 폭언으로써 분일 못 견디게 학대하는 것"이었다. 만수는 스피드 상사가 "심지어 국부의 면적이 좁으니 넓으니 하며 가증스럽게도 분일 마구 구타하는 일조차 있다는 사실"에 크나큰 의문에 휩싸였다. 그 의문은 스피드 상사가 미국에 있다고 자랑하는 "미세스 스피드의 하반신에 관한 의문"이었다.

도대체 그 여인의 육체는, 아니 밑구멍의 구조며 형태는 어떨까. 좁을까 넓을까, 그리고 그 빛깔이며 위치는 좌우간 한번 속시원하게 떠들어보고 의문

을 풀어야만 미치지 않을 것 같은 심정이었습니다.
어머니.

이런 절박한 의문을 품고 살아가던 만수에게 '행운의 찬스'가 찾아왔으니 바로 스피드 상사의 부인, 비취란 애칭을 지닌 여인이 남편의 전공과 노고를 실감하고자 코리아를 찾아온 것이다. 바로 이런 상황에서 홍만수는 비취 여사를 향미산 정상으로 유인해 동생 분이의 딱한 형편을 밝히고, "여사가 지닌 국부의 그 비밀스러운 구조를 확인"하고자 했던 것이다. 만수는 어머니에게 "그때 저는 정말 그녀의 하반신을 한번 관찰함으로써 저의 의문을 풀고 싶었을 뿐, 그 외의 다른 아무런 흉계도 흑막도 없었거든요. 어머니, 믿어주십시오."라고 말했다.

강진구, 이미 1996년 논문에서 '강간' 독법의 문제점 지적

이처럼 만수의 의도는 여동생을 위한 국부의 관찰이었고, 그리고 실제 결과에서도 '강간'이 아니라 관찰이었다. (독자는 이런 장면에서도 〈분지〉가 기본적으로 그로테스크 기법의 풍자소설이라는 사실을 잊지 말아야 한다.) 만수의 말대로 '강간 비슷한 짓'을 했다고 볼 수는 있을 것이다. 만수가 '강간'을 했다고 단정적으로 쓴 대다수의 비평가, 연구자들이 〈분지〉를 꼼꼼히 읽었는지 의아한 생각이 들기도 한다. 혹시 문학계에 널리 유포된 '설'을 안이하게 그대로 받아 적은 것은 아닐까. 소설을 제대로 정독했다면 작품 속에 홍만수가 비취 여사를 강간했다고 확언하기 어려운 구체적인 서술이 있기 때문이다.

특히 1990년대 후반과 2000년대 이후에 발표한 논문, 평론에서 '강간' '겁탈'이라 단정적으로 표현한 문학연구자들은 어떤 의도가 있거나 아니면 부주의했다는 비판을 면하기 어렵다고 본다. 왜냐하면, 이미 강진구는 1996

년 12월, 최초의 남정현 관련 학위논문이라 할 수 있는 〈남정현 문학 연구〉에서 이를 지적하고 있기 때문이다. 강진구는 논문에서 "만수는 자신이 강간을 하지 않았다고 주장함으로써, 미국에 의해 강간범으로 호명되는 것을 거부할 뿐만 아니라, 오히려 죄 없는 자신을 범죄자로 규정하는 대주체(미국)의 속성을 통해서 대주체에 대한 대항 담론을 정당화시킨다."라고 쓰면서, "그러나 기존의 〈분지〉 연구에서는 홍만수의 죄를 '강간'이나 '겁탈'로 규정하고 있다."며 연구자들의 허술한 비평의 문제점을 지적했다. 그러면서 "이러한 이들의 선행 규정은 텍스트에 대한 치밀한 독법의 부족으로 보인다."라고 썼다.

강진구 논문의 취지에 맞게 작성된 글을 하나 골라 본다면 강진호의 〈외세의 질곡과 민족의 주체성-남정현의 '분지'론〉(1999)을 꼽을 수 있다. 강진호는 이 비평에서 "미군 상사의 부인을 유인하여 그녀의 음부(陰部)를 보고자 하는" 홍만수의 행위를 웃음을 머금게 하는 엉뚱한 기행 정도로 보았다.

> 물론 그 웃음 뒤에는 전도된 가치관이 횡행하는 현실을 비판하고 정상적인 삶을 희구하는 작가의 교정 의도가 놓여 있어 독자들을 단순히 웃게 하지만은 않는다. 누이동생의 한을 풀어주기 위해서 미군 상사의 부인을 납치하고 음부를 확인하겠다는 것은 분명 상식에서 벗어난 기행이지만, 작가는 그것을 통해서 미국의 본질을 질문하는 까닭에 웃음 속에는 비판의 의도가 날카롭게 숨어 있는 셈이다.

강진구, 강진호의 이런 논문들이 1990년대에 발표됐음에도 그 이후에 발표된 남정현, 〈분지〉 관련 논문들은 특별한 단서 조항 없이 '강간'이나 '겁탈'로 기술했다. 논문 작성 시 필수적으로 하는 '선행 연구 검토'를 했을 텐데, 강진구의 중요한 문제 제기를 누락한 이유가 무엇인지 궁금하다. 필자가 읽은 2000년 이후에 나온 〈분지〉 관련 논문 중에 홍만수의 행위와 관련하여 남정현 작가의 의도를 제대로 해석한 비평의 하나는 임경순의 〈남정현 소설의 성-여성과 윤리 그리고 반공주의〉(2005)가 아닌가 싶다. 임경순은 "어머니에 대한 고통스러운 기억으로 인해 산소도 찾지 않고 의도적인 기억상실증에 걸려 있었"던 홍만수가 향미산으로 비취 여사를 데리고 가 "음부를 확인"한 뒤에 '고통스런 기억'에서 벗어난 것이라 썼다.

> 그러던 홍만수가 향미산에서 어머니에게 진술을 한다는 것은 비취 여사의 육체를 점검하면서 어머니, 즉 민족의 주체성을 되찾았다는 것을 의미하는 것이다. 이와 동일한 맥락에서 미국 여인들의 배꼽에 태극기를 꽂겠다는 진술 역시 민족주체성 천명으로 생각할 수 있다.

"왜 평론가들은 강간했다고 자꾸 글을 써내는 것일까"

《문학과 경계》(2005년)에 〈경계가 만난 문학인: 남정현-자연의 문학에 맞선 역사의 문학 그 도도한 일관성〉이라는 글을 쓴 홍기돈은 '강간'이라 글을 쓰는 평자들에게 이렇게 성을 내기도 했다.

> *홍기돈: 아, 마지막으로 한 가지 첨언. 〈분지〉에서 홍만수는 '비취 여사'를 강간하지 않았다. 그런데도 왜 평론가, 연구자들은 강간했다고 자꾸 글을 써내는 것일까. 그들은 뒷머리를 긁적거릴 게 아니라, 뒤통수를 한 대 맞아야 할지도 모르겠다.*

만수가 '강간'을 했다고 쓴 평론가, 연구자의 대다수는 어떤 정치적 의도를 갖고 썼다고 생각하지 않는다. 강간이라고 추정한 논문이 많고, 이를 참조하다 보니 실증적인 확인 없이 받아들이게 된 것 아닌가 싶다. 그런데 일부 연구자들은 '강간'을 의도적으로 강조하며 이를 주제로 〈분지〉를 분석하기도 한다. 뉴라이트 성향의 문학평론가, 미국의 한국문학 전공자, 일부 여성학 연구자는 홍만수의 백인 여성 강간을 기정사실로 하며, 이를 민족주의, 남성중심주의, 가부장제, 여성혐오 비판의 소재로 삼는다. 이는 마치 소설 〈분지〉에서 "미 병사의 아내를 강간한 자"라며 방송을 내보낸 미국 펜타곤, 그리고 이런 방송에 현혹된 것인지 만수가 미 병사의 부인을 '겁탈' '강간' 했다고 본 한국 검찰의 관점과 유사하다고 볼 수 있다.

문학평론가 임헌영은 《문학저널》(2021년 가을)의 '고 남정현 소설가 추모 특집'에 기고한 글에서 "(분지 사건) 재판 때 핵심은 홍만수가 비취 부인을 능욕했느냐는 문제인데, 작가는 분명히 그러지 않았다고 밝혔으나 오랫동안 한 것으로 곡해당하기도 했다."라고 밝히기도 했다. 홍만수가 어머니에게 '강간' 아니라고 항변하면서도 "혹시 엉겁결에 제가 강간 비슷한 짓을 했는지는 모릅니다만."이라는 대목을 읽으며 독자나 평론가가 잠시 헛갈릴 수는 있다. 그런데 이렇게 독자가 순간적으로 헛갈리게 쓰는 것은 소설의 미덕 아닌가.

이상으로 〈분지〉 홍만수의 '강간' 논쟁을 살펴보았다. 이 내용은 예민한 주제다. 어찌 보면 20세기까지는 설령 홍만수가 실제 '강간'을 했다고 볼 여지가 있다 하더라도 문학적 비유로 여겨 크게 문제 삼지 않았을 것이다. 21세기 들어오면서 한국사회에서도 여성주의, 페미니즘 관점이 확산되고 중요시되면서 여성 관련 표현은 더욱 눈여겨보는 쟁점 사항이 됐다. 지금은 설령 강간을 하지 않았다 해도 여성신체를 모티브로 삼는 것 자체를 터부시하는 분위기이기도 하다. 어쩌면 외세에 수난 당한 조국의 알레고리로 상처받은 여성을 끌어오는 창작 기법에 더이상 감정이입이 안 되는 게 현실이기도 하다.

시대 상황의 변화에 따른 이들의 지적은 당연히 존중받아야 하고, 창작자역시 이런 흐름에 걸맞은 문학적 자유를 누려야 할 것이다. 동시에 창작의 영역인 소설, 그것도 판타지 요소, 풍자와 그로테스크한 기법이 가미된 소설을 평할 때는 문학적 해석에 기반한 보다 정교하고 창의적인 비평을 해야 마땅하다. 더군다나 반공법으로 인해 표현의 자유가 극도로 억눌린 상태에서 작가가 바늘 구멍만한 틈새라도 헤집고 나오려고 선택한 소설 기법을 시대적 상황과 무관하게 비판하는 안이한 비평은 피해야 한다. 103

---

103 남정현 작가는 군사파시즘 치하에서 "정공법으로 하지 못하니까, 그것을 이제 어떤 비정상격인 남녀관계로 변형"해서 창작할 수밖에 없음을 밝히기도 했다. 그는 《채록 증언집》에서 첫 소설 〈경고구역〉(1958) 창작 배경을 설명하면서 시대적 상황 때문에 남녀관계 연애문제로 돌려서 이야기했다고 증언했다.
"(반외세사상) 그런 것을 이야기할 수 있는 상황이 아니었어요. 네. 그때는 어림없었어요. 그래서 저는 그러한 〈경고구역〉에서 이렇게 정공법으로 하지 못하니까, 그것을 이제 어떤 비정상격인 남녀관계로 이렇게 변형하지 않았겠어요."

여성학자 정희진의
〈반미문학을 통해 본 식민지 남성성의 형성〉과
〈분지〉 비판

반미문학 – 국가주의, 여성 폭력, 외세 피해의식, 배타성

정희진은 한국의 대표적인 여성학자이다. 그녀는 대중적으로 널리 읽히는 책을 여러 권 펴냈는데 《페미니즘의 도전》(2013), 《다시 페미니즘의 도전》(2023) 등은 페미니즘의 대중적 입문서로 알려져 있다. 서강대 사회학과를 나온 정희진은 2018년 이화여대 여성학과에 박사논문을 제출한다. 2019년 통과된 그의 논문 제목은 〈반미문학을 통해 본 식민지 남성성의 형성〉인데, 도서관에서 대출해서 본 그녀의 논문 표지에는 전공과목이 여성학과로 표시되어 있었다. 여성학의 입장에서 '반미문학'을 고찰한 논문이라 하겠다.

이 논문의 주요 텍스트는 남정현의 〈분지〉다. 몇몇 반미 성향의 소설을 함께 다루고 있지만, 제목을 '남정현의 반미문학을 통해 본 식민지 남성성의 형성'으로 해도 될 정도로 남정현 작가의 〈분지〉, 〈부주전상서〉 등이 큰 비중을 차지하고 있다.

정희진은 논문의 서두에서 "이 글의 목적은 1945년 미군정(美 軍政) 시작부터 1980년대 후반까지 한국사회에서 생산된 '반미 문학(anti-American narratives)'의 형성과 구조를 분석하는 데 있다."라고 밝혔다. 그녀는 이 논문에서 "반미 문학을 통해 2차 세계대전 이후 미국 중심의 세계 체제 속에서 후기 식민 사회 중의 하나인 한국이라는 로컬에서 특정한 남성성이 어떻게 형성되는지를 질문하였다."라고 밝혔다. 그리고 이러한 문제의식에서 "강대국을 대타자(the Other)로 삼는 한국의 남성성을 포스트 콜로니얼(post-colonial) 관점에서, 식민지 남성성(colonial masculinity)으로 개념화하고자 하였다."라고 썼다.104

정희진이 논문 앞부분에 쓴 3쪽 분량의 '논문 개요'를 읽어보면, 기본적으로 '반미문학'에 관해 부정적인 시각을 갖고 있음을 알 수 있다. 그녀는 반미문학을 '저항 문학'이 아닌 '피해자 문학'으로 바라보고 있다.

반미문학은 처음부터 미국에 대한 적극적 실제적 저항이라기보다 분단체제를 이용한 반북, 반공 이데올로기를 통치 수단으로 한 남한 정권의 탄압과 미 군정의 정책, 미군 범죄 등 피해에 대한 대응으로 시작되었다. 반미문학은 미국을 중심으로 한 이분법 구조에서 자유롭지 못했다. 반미문학은 식민 지배(포스트 콜로니얼) 이후의 새로운 사회로의 이행의 지표가 되기보다는, 미국에 대항하고 동시에 따라잡아야 한다는 이중적 상황에서 생산

---

104 탈식민주의와 후기식민주의, 포스트콜로니얼 개념에 대해 장현은 〈1960년대 한국 소설의 탈식민적 양상 연구〉(2005)의 각주(44번)에서 아래와 같이 정리했다.
탈식민주의는 식민지 시대 그 자체보다도 오히려 그 이후 시대의 불가시적 억압구조에 더 많은 관심을 가지고 그 억압구조로부터의 해방과 지배 이데올로기로부터의 탈출을 추구하는 담론이라고 해야 옳다. 'Post-colonialism'이, 식민시대를 넘어섰다는 의미에서의 '후기식민주의'보다는 독립 후에도 식민 상태가 지속되거나 강화되는 상황을 벗어나려고 한다는 의미에서의 '탈식민주의'로 번역되고 있는 것은 이러한 이유 때문이다. 예컨대 천꽝싱은 탈식민주의라는 용어가 '오늘날의 세계가 식민주의 시대 나아가 제국주의 시대를 넘어섰다'고 이해되는 것을 경계하며 "토착민, 노동자, 여성들의 입장에서 본다면 식민주의는 여전히 계속되고 있으며, 인종중심적, 계급적, 이성애중심적, 가부장제적 구조가 해체되는 순간까지 계속될 것"이라고 주장한다(천꽝싱, 〈아직은 탈식민주의 시대가 아니다〉, 《현대사상》 4, 1997; 《제국의 눈》, 창작과비평사, 2003, 36~37쪽 참조).

되었다. 따라서 대안 담론이라기보다는 서구에 대한 反(반)담론(counter discourse)의 성격에서 벗어나지 못했다.

정희진은 반미문학 담론은 "국가주의를 기초로 한 이분법의 쌍(雙) 속에서 작동하였다."라며 비판적으로 바라보았다. 이와 함께 반미문학에서 한국 여성은 두 가지 방식으로 재현되었는데 "여성은 한국사회의 상황 즉 '빼앗기고 더럽혀지고 비참한' 영토였고, 여성의 인격은 민족 재생산 도구로 환원되었다."라고 썼다.

그리고 정희진은 이와 같은 반미문학이 지금은 "이전처럼 생산되지 않지만 반미 문학의 주된 구조인 국가주의, 이항 대립 논리, 서구 중심의 근대성, 여성에 대한 폭력, 외세에 대한 피해의식, 배타성 등은 여전히 당대 한국사회의 일상을 지배하고 있다."라고 평했다.

이 논문이 다루는 반미문학 생산 시기는 박정희, 전두환 군사독재 정권의 통치 시기와 거의 일치한다. 정희진이 '논문 개요'에서 지적한 반미문학의 문제점을 읽다 보면, 이는 마치도 미국에 예속된 박정희 군사독재 정권이 유발한 해악을 나열할 때의 문제의식과 유사한 것이 아닐까 하는 느낌이 들기도 했다. 필자는 이 글에서 정희진이 반미문학과 〈분지〉를 비평하는 논리를 간략히 소개하고, 동시에 논문에서 드러난 허점과 편견 몇 가지를 지적하고자 한다.

정희진이 논문 개요에서 '주요 용어'로 적시한 것은 남성성들, 식민지 남성성, 포스트 콜로니얼, 반미문학 등이다. 이 중에 '포스트 콜로니얼'은 일반 독자가 이해하기엔 낯선 개념이라 별도의 설명을 필요로 한다.

논문 저자가 생각하는 '포스트 콜로니얼'[105]은 "나-너'의 이원론에 대한

---

[105] 포스트 콜로니얼리즘(post-colonialim)은 원래 식민 지배의 사회, 문화적 영향력을 의미한다. 한국사회에서는 '탈식민'으로 번역되면서 식민 지배에서 벗어났다고 보는

극복을 모색하는 포스트 콜로니얼 시각" "여성주의가 포스트 콜로니얼 사상에 기여한 가장 큰 공로는 이분법(binary)의 해체이다."라는 표현에서 보여주듯이 매우 긍정적이다. 저자는 포스트 콜로니얼 시각은 "전통/근대, 나/너와 같은 이분법의 경계에 질문하면서" "'피아(彼我)' '나와 나의 적'이라는 이원론의 극복에서부터 시작되어야 한다."라는 점을 강조했다. 정희진은 극도로 '이분법'을 경계하지만 한편으로는 시종일관 남녀 대립의 이분법에 기초해 논리를 펼친다. 그리고 정희진은 자신의 논문 목적이 "남성성의 형성과 성별화된 재현 방식으로서 반미 문학(문화)에 대한 문제 제기이므로, '포스트 콜로니얼으로서 반미문학'과 '국가주의, 민족주의로서 반미문학'을 구별한다."라고 썼다.

> 이 글에서 분석하고자 하는 반미문학의 개념은, 한국사회의 모순되고 분열된 對미국관을 인정하고 성찰하지 못하는 즉 포스트 콜로니얼 상황에 대한 인식이 없는 이분법에 기초한 국가주의적 언설이다.

지식인 동지 그룹 → 남성연대 → 문단 정치 → 성폭력과 미투

정희진은 논문의 4장 '반미문학 장르의 형성과 식민지 남성성'의 A. 미국 중심의 이분법 - "반미는 진정한 민족주의"에서 북한의 노동당 기관지 〈조국통일〉(5월 8일 자)에 〈분지〉가 소개됨으로 남한 당국이 반공법 위반으로 남정현 작가를 구속한 것을 언급하면서 "애초부터 반미문학은 '저항 문학'

경우가 많은데, 식민 지배의 유산과 혼란이 지속되고 있음을 의미한다. 즉 주권상의 독립은 되었으나 이후 세계 자본주의와 기존의 제국주의의 문화적, 경제적 상황에 여전히 종속되어 있다는 뜻이다. 이것은 단순한 종속이 아니라 아쉬스 난디의 '친밀한 적' 개념처럼 지배와 피지배의 구분이 뚜렷하지 않은 상태를 말한다. 'post-colonial'은 시기적으로는 독립 이후(post-independence)를 의미했지만, 독립의 근본적 의미를 묻는 용어다. (정희진 논문 18쪽)

이라기보다는 '피해자 문학'이었다."라고 썼다. 그녀는 "저항과 피해의 차이는 크다."라고 보았는데, 그 차이는 "한 사회의 남성성을 형성하는데 중요한 요소가 된다."라는 점을 강조했다. 그리고 〈분지〉의 내용은 간단하지만 "다른 반미문학 전반의 골격을 제공하고 있다는 의미에서 주요한 작품이다."라고 하면서, 작품의 요지를 이렇게 정리했다.

1) 국가주의에 기초한 한국과 미국의 이항 대립 논리 2) 한국 사회의 모든 '악'은 외세로부터 기인한다는 외세 환원론 3) 여성에 대한 폭력을 '외세에 대한 저항'이라는 주장이다. 위 세 가지는 지금도 한국 사회에서 작동하고 있는 구조이자 남성중심적 문화, 〈분지〉의 현재성이다.

정희진은 〈분지〉가 그동안 "한국사회에서 '민중문학' '실천문학' '저항 문학' '민족문학'의 역사를 정초했다는 평가 아래 수많은 격찬을 양산하였다."라면서, 그러나 2000년대 들어서 "〈분지〉가 상정하고 있는 이분법과 여성에 대한 폭력을 당연시하는 세계관을 문제 제기하는 입장들이 등장하기 시작했다."라면서 그 예로 양진오(2005), 홍혜원(2007), 임유경(2017)의 연구를 소개했다.

정희진은 〈분지〉에 대한 평판을 비판적으로 소개하는 과정에서 예상 밖의 문제 제기를 한다. 남정현 작가가 1965년 '분지 사건'과 1974년 민청학련 사건으로 구속되는 과정에서 "문인, 예술가, 변호사, 교수 등의 지식인들은 反박정희 세력으로서 '동지 그룹'을 이루게" 되는데, 이것이 여러 부작용도 낳는다는 점을 지적한 것이다.

처음 이들의 결속 계기는 건전했을지 모르지만, 이후 남성 연대(male bonding)의 모태가 된다. 당시 그들은 '민주화 동지'였으나, 이후 문단의 집단주의는 점차 문화예술계의 인맥 문화와 '문단(文壇) 정치', 술자리와

회식문화로 변모하게 된다. 이러한 문화는 현재까지 지속되고 있다. 100여 개가 넘는다는 온갖 문학상을 둘러싼 잡음은 물론, 결정적으로 문단 내 성폭력 사건과 문단 미투 운동으로 이어진다.

세상 모든 일은 상호연관성이 있는 법이지만 '분지 사건'에서 '남성연대'를 연결하고 여기서 문단 미투운동까지 끌어내는 것은 아무래도 지나친 논리적 비약으로 보인다. 정희진의 무리한 논리 전개는 논문의 여러 곳에서 볼 수 있는데, '남성연대'를 언급한 다음 남정현 작가의 반미문학은 '저항문학이 아닌 피해자문학'이라는 생각을 의외의 예로써(남정현 작가 인터뷰를 통해서) 보여준다.

반미문학은 '저항문학이 아닌 피해자문학'

남정현 작가는 문학평론가 강진호와 대담(험로를 가로지른 문학의 도정)을 했는데, 정희진은 인터뷰의 한 대목을 인용하면서, "작가의 투쟁은 탄압에 대한 반작용으로 일어났다."라고 결론지으려 했다. 그녀는 자신의 이런 생각을 입증하기 위해서 "애초 작가는 세상 물정이나 정치에 무관심한 사람이다. 순수한 예술가인데, 정부가 표현의 자유를 억압하다 보니 자기도 모르게 투사가 될 수밖에 없었다."라는 식의 출처 없는 '일상적 언설'까지 제시했다. 정희진은 남정현 작가뿐만이 아니라 이른바 '블랙리스트' 작가들이나 정권에 탄압받는 자들도 '저항' 없는 '피해 서사'의 사례로 인용했다.

최근 한국 사회에서 사회적 성원권을 얻는 방식 중의 하나는 '정권의 탄압'을 받는 것이다.

이들, '블랙리스트'들은 자신을 탄압받는 용감한 예술가, 학자를 자처하면서 '피해자'로서 다른 방식의 권력을 행사한다.

작가 중엔 목적 의식적으로 불의한 권력에 저항하다 탄압, 피해를 받는 경우도 있고, 그가 인용한 것처럼 '순수한 예술가'인데 탄압을 받으면서 투사가 된 예도 있다. 그런데 이 둘을 나누려는 의도가 무엇인지 파악하기 어렵다. 정희진은 '남정현-강진호 대담' 인용문을 통해 '피해 서사'를 부각한 뒤 곧바로 반미=친북인 한국사회에서 성행하는 이분법의 문제점을 지적한다. 여기에서 그는 남북한 지배층의 남성성을 동시에 비판한다.

이분법은 둘이 아니다. '하나'만이 작동하는 원리다(때문에 '진정한 통일'은 둘이 하나가 되는 것이 아니라, 하나가 여럿이 되는 과정이다). 분단체제는 남북한 분단이 아니라 민중의 분단이었을 뿐이었고, 남북한 지배층은 이를 자신의 통치에 십분 활용했다. 국가 내부의 지배적인 남성성 간의 상호 협력이었던 것이다.

4장 반미문학의 장르의 형성과 식민지 남성성의 'B. 한국 현대사에 대한 지식권력으로서의 반미문학'은 제목만 봤을 때는 앞서 정희진이 언급한 '지식인 동지 그룹, 남성연대, 문단정치'를 다룰 것으로 예상했다. 그러나 실제 본문에선 '지식권력'에 관해 특별히 다루지 않았고, 반미문학과 이를 주도하는 남성작가, 평론가들의 구조 중심주의를 비판하는 데 집중했다.

여기서 어떤 문학이 '바람직한', '진정한' 반미문학인가라는 위계가 결정된다. 그리고 그 판단은 전적으로 남성 작가-평론가들의 집단 권력에 의해 구성된다. 미군정의 수탈과 범죄는 구조적이면서 일상적인 문제였다. 그러나 반미문학은 '구조와 일상', '관념과 실천'의 이분법이라는 인식 아래, '일상과 관념에 치우치거나 이에 그치고 마는 작품'에 대해서는 비판하였다. 진정한 반미문학은 세계사와 맞물린 한국현대사의 구조를 다룬 작품이라고 보았다.

거시적인 문제 강조하는 남성/민족/명분주의자들의 편향

정희진은 이런 시각은 "지금까지도 미군범죄나 군 위안부 문제뿐 아니라 각종 사회문제와 피해자에 대한 접근 방식에 영향을 미치고 있다."라고 썼다. 그녀가 여기에서 '영향'이라고 할 때는 '악영향'의 어감이 강하게 전해진다

대체로 여성들이 미군범죄의 피해자를 위로, 상담하고 법적 손해 배상 등 피해자의 '개인적 인권 회복'에 주력하는 반면, 남성/민족/명분주의자들은 "그런 사소한 일에 역량을 낭비 혹은 전선을 흐트러서는 안 된다. 미군 철수, 국가보안법 철폐, 사회구성체 논쟁 등 구조적이고 거시적인 문제를 다루어야 한다고 주장한다. 이를테면 최인훈의 〈광장〉에 대한 평가도 '구조'와 '실천'의 미비를 한계로 지적한다.

정희진은 "남정현의 〈분지〉와 함께 민족문학 진영에서 높은 평가를 받는 작품이 황석영의 《무기의 그늘》"이라고 소개하면서, 이 작품은 구조적인 작품이지만 "완벽하게 구조적인 작품"은 아니라는 평을 받는다면서, 이런 풍토를 비판한다.

여기서 쟁점은, 어떤 작품은 구조적이면서 민중의 각성을 다루었고 어떤 작품은 '본질을 파악하지 못하고 있다'는 구분과 그 구분의 권력이다. 때문에 이들 남성평론가들에게 핵 문제 같은 거대한 구조를 다룬 〈분지〉가 영원한 명작인 것이다. 〈분지〉는 구조를 아예 선언한 작품이다. 더구나 남정현

이 러시아의 소설가 플레하노프와 루카치의 영향을 받았다는 것은 문단에서 주지의 사실인데('마르크스주의를 섭렵'), 이 역시 〈분지〉가 국가, 구조, 본질을 다룬 거시적 시각의 작품이라는 근거가 된다.

이처럼 '남성평론가들'이 〈분지〉를 극찬하는 이유가 '구조적'인 작품이기 때문이라고 본 정희진은 〈분지〉의 작품성에 대해서는 혹평을 한다. 그녀는 "아이러니한 점은 〈분지〉가 미군과 펜타곤을 맞서는 그토록 구조적, 총체적, 거시적, 본질적 관점에서 상대방에 대적했다는 의미에서 저항의 모델이지만, 실상 작품의 내용은 가부장제 사회에서 일상적인 그리고 사소하게 취급되는 남성의 성폭력 이야기라는 사실이다."라고 평한다. 정희진의 눈에 〈분지〉는 반미소설의 외피를 쓴 '삼류성인소설'이다.

사실, 이 작품은 처음부터 끝까지 '섹스(폭력) 스토리'다. 〈분지〉는 반미가 아니라 섹스에 대한 작품인데, 음란물과 폭력물의 요소를 모두 갖추고 있다. 여성의 성기에 대한 자세한 묘사는 독자에 따라서, 징그러울 수도, 불쾌할 수도, 쾌락일 수도, 모욕적일 수도 있다.

정희진은 이러한 매도에 가까운 〈분지〉 평가에 이어 "흥미로운 사실은 작가와 그의 문우들이 이 작품을 섹슈얼리티와 연결시킨 사건에 크게 분노했다는 점이다."라고 썼다. 1996년 월간 〈WIN〉(중앙일보사 발행) 11월호에 실린 정규웅 논설위원의 '한국문학 속의 섹스' 기사와 관련한 소송을 말하는 것이었다. 정희진은 이 사건을 소개하면서 "연구자가 보기에도 사실관계가 틀린, 전형적인 상업적 선정적 기사이다." "이 기사는 당국의 탄압보다 더 남정현을 분노케했다." "한승헌 변호사는 이 사건을 '명예를 소중히 여기는 선비다운 풍모'라고 회상한다."라고 썼다. 그런데 정희진 논문의 관련 내용을 읽어도 어떤 점에서 남정현에 작가와 그의 문우들이 〈WIN〉 잡지에 분노한 것이 '흥미로운 사실'인지 이해하기 어려웠다. 추정컨대 정희진은 마지막에 "즉 남정현의 작품세계는 어디까지나 반외세라는 대의이지, 성적인, '더러운' 문제를 다룬 것이 아니라는 강력한 반발이다."라고 썼는데, 이 점을 '흥미로운 사실'이라 표현한 것 같다.

박정희와 남정현은 부국강병 꿈꾸는 같은 철학의 소유자

4장 반미문학의 장르의 형성과 식민지 남성성의 'C. 서구의 시선/ 근대성으로서 반미문학'에서 정희진은 "미국을 따라잡으면서도 미국에 반대해야 하는" 반미문학의 모순을 지적한다.106 그리고 이 모순을 해결하는 손쉬운 방식은 내부의 타자를 만들어내는 것인데, "젠더와 지역 모순이 대표적이다."라고 말한다. 정희진은 반미문학의 이런 모순을 지적하면서 남정현의 소설 〈부주전상서〉를 예로 드는데, 이 소설은 "대학 나온 아내가 루프 피임법을 사용하자 이에 분노한 남편(화자)이 아내의 자궁을 적출해 죽이는 내용이다."라고 작품을 소개했다.

> 남자주인공이 아내의 피임에 그토록 분노하는 이유는 부국강병의 욕망 때문이다. 작가는 극렬하게 박정희 정권에 저항했지만, 그와 같은 철학의 소유자였던 셈입니다. 박정희 정권의 근대화 방식(가족계획)과 작가가 생각하

---

106 정희진이 '식민지 남성성'에 관해 쓴 〈한국 남성의 식민성과 여성주의 이론〉은 권김현영이 엮은 《한국 남성을 분석한다》(2017)에 실렸는데, 이 책을 비판적으로 고찰한 글이 《황해문화》(2017년 가을) 서평으로 소개되기도 했다. 오혜진은 "'식민지 남성성'은 무엇의 이름인가"라는 제목의 이 서평에서 "무엇보다 식민지 남성성 개념은 남성 피식민자가 시도하는 주체화 전략의 결함과 기형성을 설명하는 데에만 집중할 뿐, 그것이 내포할 수 있는 저항적 의도 전략 효과에 무관심하다."고 썼다. 그리고 이 문장에 각주를 달고 "이는 '식민지'라는 술어를 '부정적인 것'의 의미로 쓴 탓도 있겠지만, '남성성' 자체를 '부정적인 것'으로만 상상해온 페미니스트들의 통념과도 무관하지 않을 듯하다."라고 설명했다.

는 부국강병의 방식이 달랐을 뿐이다.

정희진은 박정희의 '가족계획'과 남정현의 이에 대한 저항(가족계획은 민족의 학살입니다)이 방법만 달랐지 부국강병을 추구한다는 점에서 같다고 본다. 양자는 "여성의 재생산 능력에 대한 남성, 국가, 남성 국가의 통제가 살인에 이를 수 있음을 보여준다."라는 점에서 차이가 없다는 것이다.

정희진은 〈부주전상서〉의 "흘러넘친다는 이 풍부한 인적 자원을 경제개발에 효율적으로 이용하기만 하면 젠장 못할 일이 무엇이겠습니까"라는 문장을 인용하면서 남정현 작가가 생각하는 근대화는 "인구증가를 통한 노동력, 국가 건설"이라 규정한다. 그리고 이런 방식으로 물질적 풍요와 강병(부국강병)을 강조하는 근대성은 "페미니즘, 인권, 자유, 지식의 발전 등은" 부차적인 가치로 여긴다는 점을 지적한다.

정희진이 보기에 이러한 절충적, 임의적 즉 관념적 근대화론은 오늘날에도 계속되는데, "한국적인 것이 세계적이다." "사고는 글로벌적으로(보편적) 행동은 지역적으로(특수적으로)" 등을 대표적인 예로 꼽는다. 그녀는 이런 흐름으로 인해 "한국사회는 여전히 '미래는 아시아가 주인공'이라는 식의 셀프 오리엔탈리즘을 반복"하게 되며, 이러한 구조에서는 "식민 콤플렉스는 극복될 수 없다."라고 보았다. 바로 이런 이유로 "반미문학의 이분법과 내부 타자화(가부장제) 논리가 탈식민 실천과 거리가 멀 수밖에 없었"다는 것이다.

5장. 성별의 재현 정치로서의 식민지 남성성 - 'A. 영토로서 여성의 몸'의 3번째 글은 "미국 '영토'에 대한 욕망과 폭력"이다. 이 글 앞부분에 정희진은 "여성주의 시각에서 보면, 작품성과 사회적 논란과 무관하게 〈분지〉는 국가 간 갈등에서 피지배 상황에 대한 남성의 시각을 정확하게 요약하고" 있으며, "이 작품의 의미 중의 하나는 남성 연대로서 여성에 대한 폭력, 교환 논리를 공적으로 언어화했다는 데 있다."라고 썼다.

이 작품에 대한 연구와 평가의 풍부함, 절찬은 형언할 수 없을 정도로 많은 것은 반미와 저항에 대한 남성의 시각을 정확히 반영하고 있기 때문이다. 남한의 입장에서 반미의 방법은, 미국과 실제 전쟁을 치를 수 없는 지경이므로, '미국의 일부'인 미국 여성을 훼손(강간)하는 것이다.

앞의 문장과 뒤의 문장의 요지를 연결해 보면 "반미와 저항에 대한 남한 남성의 시각은 미국 여성을 강간하는 것"이 된다. 논문의 저자가 전달하려는 핵심메시지는 뒷부분에 나온다. 사회적 약자가 강자를 상대로 과장, 왜곡, 비꼬는 게 풍자인데, 정희진은 〈분지〉에서는 약자인 여성을 상대로 복수의 수단으로 성폭력을 휘두른 것이기에 풍자가 아니며, 저항적 민족주의도 아니라고 말한다.

반미문학에 재현된 제국 여성을 대상으로 한 한국 남성의 성폭력 욕망은 저항적 민족주의가 아니다. 한미의 남성 연대이다. 〈분지〉에서 주인공의 행위가 그것이다.

〈부주전상서〉는 정부 비판 아닌 여성 혐오 작품?

5장. 성별의 재현 정치로서의 식민지 남성성의 'B. 민족을 재생산하지 않는 여성에 대한 분노'에서는 서두에 "가부장제 사회에서 남성들이 생각하는 여성의 가장 중요한 성 역할은 출산이고, 여성의 출산은 모든 공동체를 유지하는 가장 중요한 일이다."라고 쓰면서, 여성의 몸을 도구로 여기는 '남성 정치세력'을 비판했다.

정희진은 이 장에서도 〈부주전상서〉의 내용을 인용하면서 주인공 남자가 아내를 죽인 '살인자'임을 강조한다. 소설의 주인공 '나'는 "아내가 자신에게 그치지 않고 의사 친구에게 유산할 여성들을 소개했다는 사실과 루프 피임법을 사용했다는 사실을 듣고는 분노하여 아래와 같은 방식으로 아내를 살해한다."라고 하면서 인용문을 제시했다. '나'는 아내에게 질 안에 삽입한 루프를 냉큼 빼라며 실랑이를 벌이다, "못 빼" 하며 저항하는 아내 청자를 때려눕히고 손을 집어넣어 강제로 끄집어낸다. 그런데 그것은 루프가 아니라 질 근육이었다.

> *청자는 소리 한번 지르지 못하고 아마 뻗은 모양입니다. 하반신을 흘러넘치는 피. 그런데 왜 그런지 저는 피로 보이지 않더군요. 그것은 고름이었습니다. 청자의, 저의, 아니 정부(政府)의, 조국의, 좌우간 어디에선가 크게 곪은 부종(浮腫)이 콸콸 무너져내리는 누런 고름의 강하(江河)였던 것입니다. 왜 그렇게 통쾌하던지요. 시원했습니다.*

정희진은 이 내용을 인용한 뒤에 바로 이어서 "이 장면은 글자 그대로 살인이다. 아내를 살인하는 내용이 민족문학의 고전인 것이다."라고 통박한다. 그리고 평론가들이 "이 작품을 통해 작가가 전달하고자 했던 바는 외세를 등에 업은 무능한 정부에 대한 비판"이라고 하는데, 이것이 "정부에 대한 비판인가, 여성의 몸에 대한 통제인가, 여성 혐오인가."라며 반문한다.

여성학자 정희진은 '그로테스크 리얼리즘' 경향의 풍자소설을 작가 의도와 달리 페미니즘의 시각에서 신문 기사를 분석하듯 평했다. 그녀는 아내를 살해한 죄로 판사에게 '영구보존'이라는 기이한 판결을 받고 주인공이 창경원 동물원에 갇히는 장면으로 시작하는 풍자소설 〈부주전상서〉를 '아내살인, 여성혐오' 소설이라 비판했다. 정희진은 "여성의 출산력과 관련한 몸에 대한 폭력"의 한 예로 비전향 장기수를 주인공으로 다룬 다큐멘터리영화 〈송환〉(2003년 최초 공개)의 한 장면을 거론한다.

다큐멘터리 〈송환〉에는 유신 정권 아래서 38~45년을 징역을 살고 고문당한 이들이 등장한다. 비전향 장기수들은 고문을 당하면서 고문하는 자에게 원한을 갖는 것이 아니라 "세상에 어느 누가 저렇게 나쁜 사람을 낳았을까. 저런 고문자를 낳은 어머니도 미역국을 먹었을까"라며 여성을 원망하는 장면이 나온다. 모든 적, 악마, 폭력자, 지배자는 모두 여성의 자궁에서 나왔다는 인식은 출산력을 가진 여성 혐오의 주된 논리 중 하나이다.

2003~4년에 이 다큐멘터리를 본 관객 중에 비전향 장기수의 증언을 들으며 그것을 '여성을 원망'하는 소리로 들을 사람이 몇 명이나 됐을까. 어찌 보면 어머니의 출산을 숭고하게 여겼기에 이런 풍자, 빈정거림이 나왔을 텐데, 근래에는 성평등을 강조하고, 성역할 고정관념을 비판하는 흐름이 형성되다 보니 이런 표현을 여성 비하로 해석하기도 한다. 독재자의 괴물이 되어 고문하는 수사관에 분노하면서 그 어머니에 대해 안쓰러워하는 말을 정희진은 여성혐오로 연결한다. 그녀는 이 영화를 보면서 살인적인 고문을 당하고, 수십 년간 사회에서 격리된 비전향장기수의 고통에는 깊이 공감하지 못한 듯하다.

정희진은 〈반미문학을 통해 본 식민지 남성성의 형성〉 '논문 개요'의 마지막에 "이러한 맥락에서 본 논문은 식민지 남성성의 형성 과정의 제 문제를 살펴봄으로써 포스트 콜로니얼 담론의 가능성을 보여주는 새로운 문화담론과 후속 연구를 위한 시도라고 할 수 있다."라고 썼다.

그녀가 논문에서 밝힌 '식민지 남성성'의 특징은 미국에 저항하지도 못하고 피해자 의식을 지녔으며, 성차별과 여성혐오가 일상적이고, 내부의 타자(여성, 지역, 이주민)에 대한 억압을 합리화하는 존재이다. 저자는 논문의 결론에서 "이 글에서 개념화하고자 한 식민지 남성성 연구는 한국 현대사에 대한 성찰적 인식과 더불어, 한국사회 내부에서 생산된 우리 자신을 설명하기 위한 탈식민 지식이라는 점에서 의미를 갖는다."라고 자평했다. 그리고 한국사회의 여성 억압은 "분단과 한국전쟁, 외국군의 오랜 주둔"이라는 세계사적으로 매우 독특한 역사적 조건을 고려해서 다른 사회와 비교해야 한다며, 이렇게 썼다.

> 식민지 남성성 개념이 현재 우리 사회의 쟁점인 남성(만)의 병역 의무, 새롭게 등장한 '젊은 보수', 신민족주의 현상을 설명할 수 있으리라 기대한다. 특히 일상에서 여성들이 호소하는 '여성에게 의존적이고 취약하고 불쌍하지만 무책임, 무능력하고 폭력적인 파트너', '세계 최고의 여성에 대한 폭력' 현상 역시 이 논쟁의 연장선상에 있다고 본다.

정희진은 '식민지 남성성에 대한 개념화 시도'가 "한국사회 지식 전반에서 서구중심성에 대한 비판적 검토가 활발한 지금, 자기 자신이 살고 있는 사회에서 현장(글로컬)의 지식을 생산했다는 점에서 이론적 의의"가 있으며, "여성주의뿐만 아니라 한국사회에서 서구 지식을 상대화할 가능성의 일례를 보여주었다고 할 수 있을 것이다."라는 말로 논문을 끝맺었다. 〈반미문학을 통해 본 식민지 남성성의 형성〉이 정희진의 말에 의하면 규범적 남성성에 대해 '결핍감과 콤플렉스'를 지닌 한국의 남성들에게 어떤 경종을 울리거나 교훈을 줄지 살펴볼 일이다.

정희진의 후예들

필자는 정희진의 논문 〈반미문학을 통해 본 식민지 남성성의 형성〉의 내용 중에서 '분지 사건'을 이후 남성연대(male bonding)의 모태로 보는 시각, 반미문학은 '저항 문학이 아닌 피해자 문학'이라는 규정, 구조적이고 거시적인 문제 강조하는 남성/민족/명분주의자들의 편향성 지적, 박정희와 남정현은 부국강병 꿈꾸는 같은 철학의 소유자라는 주장 등에 관해 비판적으로 검토했다.

정희진처럼 젠더, 식민지 남성성 등의 개념에 기반해 민족주의 성향의 문학을 비판하는 문학연구자의 논문은 쉽게 찾아볼 수 있다. 비교적 최근에 발표된 심소연의 〈남정현과 손창섭의 전후소설에 나타난 남성인물의 젠더 수행성 연구〉(2022년 8월)에서도 이런 논리는 반복되고 있다. 〈분지〉 홍만수의 저항 의지, 실천을 '망상'으로 해석하는 심소연은 "이러한 남성인물의 젠더-과잉수행은 필연적으로 자기기만을 낳게 된다."고 하면서, "피식민 남성 스스로 자신을 억압하는 제국주의적 논리·국가주의적 논리를 모방하는 것이기 때문"이라고 비평했다.

정희진이나 심소연 등은 남성적 민족주의, 식민지 남성성 비판에 골똘하다 보니 식민지 남성과 제국주의 남성이 연대한다는 식으로 논리를 확장한다. 그들은 식민지 남성(지배자인지 민중인지에 대한 구별도 없다)이 제국주의, 국가주의 논리를 모방했다고 하는데, 필자가 보기에는 오히려 그 역이 아닌가 싶다. 이들 연구자들은 현실의 구체적인 상황에 맞는 개념을 찾지 못하다 보니 제국주의, 가해자의 논리를 '모방'하고, 본의 아니게 그 이념의 대변인 역할을 하고 있는 게 아닌가 싶다.

평론가 이어령이 1967년 2월 '분지 사건' 법정에서 증인 신문에 답하며 검찰을 향해 "달을 가리키는데 보라는 달은 보지 않고 손가락만 보는 격이다."는 견지론(見指論)을 펼쳤는데, 이는 시대적 맥락 없이 비평하는 일부 연구자들도 새겨들어야 할 쓴소리이다.

인종적 민족주의의
병리적 증상
-뉴라이트계열 김철 교수의 〈분지〉 비판

'적 관념'과 '편집증적 멜로드라마'

김철 연세대 국문과 명예교수는 이영훈, 박지향, 김일영 등과 함께 뉴라이트계열의 학자군에 속한다. 그는 2006년 뉴라이트의 보수적 시각으로 쓰인 《해방 전후사 재인식》에 저자로 참여해 세간의 주목을 받기도 했다. 그의 이 같은 정치적 인식은 문학비평에서도 확인할 수 있는데, 〈한국문학이 그린 똥의 얼굴(1)-'분지'와 '똥바다'를 중심으로〉(2022)의 '소결론'에서 "2000년대 들어 친일 문제가 급격히 사법화하는 경향 역시 근본주의적 편집증의 전 사회적 보편화를 반영한다."라며 불편한 심기를 드러냈다.

그것은 '친일'이라는 정의(定義) 불가능한, 부유하는 기표의 의미를 ('정의'와 '진리'가 그 안에 현존한다는 믿음의 전이인) 법의 폭력을 통해 '실물'로 고정(固定)시키고, 그에 따라 정의와 진리가 실제로 현현함을 입증하고자 하는 법 물신주의자들의 광기를 드러낸다. 1970년대 유신독재의 전체주의에 맞선 이른바 민주주의가 만들어낸 '민족 주체'는 한편으로 이것이었다.

김철은 "식민통치와 그 속에서의 온갖 경험들이 '친일/항일(=적/아)'로 선명하게 구분될 수 있다(혹은 구분되어야 한다)"라는 주장을 '외설적 율법'이라 비판했다. '친일/항일(=적/아)'로 세상을 나누면, "해방의 소식을 듣고 '니혼가 마켓타요(일본이 졌다)'고 울음을 터뜨"렸던 해방세대의 곤혹과 혼란이 반추될 공간이 없다는 것이다. ('해방세대' 일반이 아닌 소위 말하는 토착왜구나 친일매국노의 혼란과 곤혹이 아닐까 싶다.) 김 교수는 4·19에 대해서도 "의심의 여지 없이 한국 민주주의의 일보 전진을 촉발한 사건"이라고 하면서도 동시에 "전체주의의 통로가 넓게 열린 순간"이라는 독특한 견해를 피력했다.

'친일' 문제가 사회적 부정성 절대성의 기원으로 정착되고, '~만 없으면' 당장이라도 이상 사회가 도래할 것만 같은 종말론적 환상이 뿌리박힌 사회 – 근본주의적 전체주의 말고 이런 사회를 설명할 수는 없다.

4·19에서 '근본주의적 전체주의'를 끌어내는 논리가 어떻게 성립하는지 이 글만은 봐서는 쉽게 파악할 수 없다. 분명한 것은 김철 교수가 목적 의식적으로 반일을 거부하며 친일을 변론하려는 경향이 엿보인다는 점이다.

김철은 〈분지〉를 분석하기에 앞서 폴 퍼셀의 '적' 관념을 끌어들인다. '적' 관념에 따르면 '우리'는 정상이고, '적'은 괴물이며, '우리 것'은 자연스럽지만 '적의 것'은 괴상망측하다는 것이다.

현대 유럽 문학의 전개에 관한 한 흥미로운 분석에서 폴 퍼셀(Paul Fussel)은 "현대적 글쓰기의 바탕을 이루는 제일의 필수 불가결한 관념은 바로 '적' 관념"(《The Great War and Modern Memory》(1975)이라고 말한다.

그에 따르면, 제1차 세계대전 중 끝없이 지속되는 참호 전투 속에서 병사들이 겪어야 했던 집단적 격리, 방어적 수동성, "저쪽 편"이 뭘 하고 있는지에 대한 신경증적 강박 등은 현대의 정치적, 사회적, 예술적, 심리적 양극화의 모델을 성립시켰고, 현대적 글쓰기의 기본양식인 "편집증적 멜로드라마"를 발전시켰다.

퍼셀은 현대문학과 예술을 포함한 전 영역에서 지속되는 이러한 관습적 상상을 "역겨운 이분법"(gross dichotomizing)이라 부르면서 그 예로 "공산주의의 '자본가', 자본가의 '공산주의자', 히틀러의 '유태인'뿐만 아니라" 영미 문학 작가들의 작품에 나타나는 이분법적 적개심을 거론했다고 한다.

〈분지〉, 〈똥바다〉는 이분법과 편집증의 계승자

김철은 "현대적 글쓰기의 기본 형태를 '적/아'의 양극화에서 비롯된 '편집증적 멜로드라마'로 이해하는" 폴 퍼셀의 관점에 공감하면서 남정현의 〈분지〉나 김지하의 〈똥바다〉 해석에 참고하는 것은 "우리의 경험에 비추어 크게 틀린 일은 아닐 것"이라 말한다.

김철은 "1920년대 사회주의 문학의 도입은 한국문학에서 '적 관념'을 처음으로 확립하기 시작한 사건으로 읽을 수 있겠다."라고 보았는데, 그렇지만 식민지 조선 사회주의 작가들의 계급 적대감은 "관념적일 것임이 분명하다."라고 말한다.

'나의 전쟁'이 아니고 '남의 전쟁이'이기에 '귀축미영'(鬼畜米英)을 향한 적대감도 관념적이었다고 보는 김철은 "양극화된 이분법과 편집증적 멜로드라마가 한반도의 모든 시간과 공간, 모든 개인과 집단을 확실하게 지배하는 시대는 그 '남의 전쟁'이 끝나는 순간, 즉 1945년 8월 15일에 시작되었다."라고 썼다. 그리고 아직도 진행 중이라고 본다. 그는 해방 이후 분단과 전쟁을 겪으면서 "현대 한국어와 한국문학은 증오와 저주, 독기와 원한을 뿜어내는 강력한 파토스적 어휘 및 표현 용례들의 전에 없이 새로운 목록을 갖추었다."라고 보면서 "남정현의 소설 〈분지〉와 김지하의 담시 〈똥바다〉는 한국인과 한국문학에 새겨진 '역겨운 이분법'과 '편집증적 멜로드라마'의 충실한 계승자"라고 결론지었다. 그는 "한국문학사에서 똥이나 오물이 적대적 대상을 의미하는 노골적인 기호로 사용된 사례는 아마도 이 소설이 최초일 것"이라고 〈분지〉를 평하면서, 소설의 '적대성'에 주목한다.

논문의 도입부에 '적 관념' '역겨운 이분법'이라는 말을 가져다 쓴 김철은 〈분지〉의 주인공 심리를 "피식민자 한국 남성의 오랜 서구 및 제국 콤플렉스"라고 설명한다. 그는 이를 설명하기 위해 여성주의, 여성혐오, 인종주의라는 개념을 활용한다. 미국의 대학에서 한국문학을 연구하는 이진경 교수가 《서비스 이코노미-한국의 군사주의·성노동·이주노동》(나병철 옮김, 2015)에서 쓴 '분지' 비평도 근거 자료로 제시된다.

> 이진경은 〈분지〉를 읽을 때 느끼는 딜레마는 "한편으로 미 제국주의와 한반도 군사주의를 격렬하게 비판하는 정치적 알레고리의 성공과 다른 한편으로 여성 섹슈얼리티에 대한 똑같이 잔인한 알레고리화 -한국인과 미국 백인 여성 모두에 대해 가해진 상징적 폭력-, 그 양자 사이의 극단적인 갈등과 모순"에 있다고 지적한다. 그녀는 김건우가 "날 것 그대로의 미 제국주의에 대한 적개심의 표현"으로 읽었던 여성에 대한 성폭력을 "어떤 정교한 플롯이나 심리묘사, 역사적 디테일의 제시도 없는 문학적 의장(意匠)이 제거된 날것의 소설"이 아닌 "잔인한 알레고리화"로 읽는다.

김철은 이진경이 미군의 원자폭탄 공격 앞에 선 주인공 홍만수가 장렬한 죽음을 예비하는 장면에서 옥쇄로 '세뇌당했던 제국 신민(臣民)의 모습을 본다.'라는 점에 동의하면서 동시에 "어머니를 강간하고 누이동생을 학대하는 미군에 대한 '복수'로 미국 여성을 강간하는 주인공의 '날것 그대로의 적개심'에서 전시기 일본 제국 프로파갠더의 목소리(귀축미영)를 듣는다."

라고 말한다. (뉴라이트 역사관을 지닌 김철은 아마도 자기 목숨을 바쳐 일제와 맞서 싸운 항일무장투쟁 전사에게서도 역시 '제국 신민'이나 '일제의 프로파갠더 목소리'를 떠올리지 않을까 싶다.)

'날 것 그대로의 적개심'을 느끼게 하는 〈분지〉 소설 예문의 하나로 김철은 "미군에게 강간을 당하고 실성 상태로 집에 돌아온 주인공 어머니"가 옷을 벗어 던진 채 알몸으로 "가랑이 사이의 그것을 마구 쥐어뜯으시더니, 고만 벽이 흔들리게 고함을" 지르는 장면을 제시한다.

> "아이고, 이 천하에 때려죽일 놈들앗, 내가 뭐 너희들을 위해서 밑구멍을 지킨 줄 아냐! (……) 그러니 우리 남편만 불쌍하지. 아 글쎄, 나도 사위스러워서 제대로 만져보지 않은 밑구멍을, 아 어떤 놈이 맘대로 찔러! 이 더러운 놈들앗, 아이고 더럽다, 더러."

남성(男根)중심적 민족 담론과 서구 제국 콤플렉스

김철은 이 장면보다 더 "분명하게 남성(남근)중심적 민족 담론의 정체를 보여주는 것은 없다."라며, 다시 실성한 어머니가 "주인공의 머리를 낚아채어 자기의 '음부'에 갖다" 대는 장면을 예문으로 보여준다.

> "자, 보란 말이다. 이놈의 새끼야. 아, 내 밑구멍을 좀 똑똑히 보란 말이야. 아이고 분해, 이놈의 새끼야. 좀 얼마나 더러워졌나를 눈을 비비고 좀 자세히 보란 말이엿."

이렇게 어머니가 발광하여 사타구니만 쥐어 뜯다 숨을 거두는 장면에서 김철은 "'더럽혀진 여자'를 규율하고 처단하는 오래된 가부장제의 폭력을 연상"한다. 김철은 주인공 홍만수가 '복수'하는 장면에서 이런 논리를 심화시킨다. 그는 주인공이 "강간자의 여자의 성기를 탈취"하는 방식, '강간'으로 복수한다며, 이는 "소유적 민족주의가 어떻게 제국주의의 폭력을 모방하고 반복하는지를" 보여주는 것이라 말한다. 그가 문제 삼는 장면 중의 하나는 미군에 포위된 주인공 홍만수가 향미산에서 외치는 말이다. 소설의 마지막 대목이다.

> 앞으로 단 십 초. 그렇군요. 이제 곧 저는 태극의 무늬로 아롱진 이 러닝셔츠를 찢어 한 폭의 찬란한 새 깃발을 만들 것입니다. 그리고 구름을 잡아타고 바다를 건너야지요. 그리하여 제가 맛본 그 위대한 대륙에 누워있는 우윳빛 피부의 그 윤이 자르르 흐르는 여인들의 배꼽 위에 제가 만든 이 한 폭의 황홀한 깃발을 성심껏 꽂아 놓을 결심인 것입니다. 믿어주십시오. 어머니, 거짓말이 아닙니다.

김철은 이 장면에 대해 "유아적(幼兒的) 쇼비니스트의 터무니없이 비장한 멜로드라마적 포즈에서 피식민자 한국 남성의 오랜 서구 및 제국 콤플렉스는 그 비루한 얼굴을 드러낸다."라고 적는다. 그가 볼 때 "백인 여성을 강간하고 희열에 떠는, '홍길동의 피'가 몸속에 흐르는 '단군의 후손' 홍만수야말로 사실상 서구 제국주의의 충실한 학도"인 것이다.

인종적 민족주의의 병리적 증상

김철은 〈분지〉 주인공 홍만수가 "백인 여성의 '성기'를 탈취함으로써 거세된 주인공의 남성성을 회복"하려고 하는데, 이처럼 "서양 여자와 동침하는 것을 '양년의 배꼽 위에 태극기를 꽂는다.'라는 식으로 표현하는 역겹고도 상스러운 한국어의 관용구는 (내 기억으로는) 적어도 1970년대 말까지 한국인 남성들의 일상적인 담화에서 흔히 사용되었다."라는 점을 지적했다. 그리고 김철은 "이 짧은 어구 속에 축약된 신식민지 체제하 한국 남성의 뒤틀린 정신적 도착은, 앞서 말했듯, 〈분지〉만의 문제도 60년대만의 문제도 아니다."라면서 2012년 국회의원 선거에 출마한 후보의 문제 발언을 끄집어냈다. 107

'배꼽 위에 태극기를 꽂는다'는 따위의 관용구는 사라졌지만, 제국 여성의 강간이나 살해 같은 상상적 폭력을 통해 열등감과 선망을 해소하고자 하는 인종적 민족주의의 병리적 증상은 조금도 약화되지 않았다. 예컨대, 2012년 국회의원 선거에 출마한 한 남성은 "미국에 대해서 테러를 하는 거예요. 유영철을 풀어가지고 부시, 럼즈펠드, 라이스는 아예 강간해서 죽이는 거예요"라는 발언으로 큰 물의를 빚었다. 홍만수는 살아 있다!

김철은 김용민 목사의 2004년 발언과 1965년 〈분지〉 소설 속 홍만수의 이야기를 등치시키면서 '홍만수는 살아 있다!'라고 말한다. 그에겐 반미는 '인종적 민족주의'의 병리적 현상이고, 홍만수는 미 펜타곤이 공표했듯 "저주받은 강간자"이고, 천벌을 받아 마땅할 "간악한 범법자"였다. 펜타곤 당국은 코스모스 위성방송을 통해 "어디까지나 성조기의 편에 서서 미국의 번영과 그리고 인류의 자유를 확장시키는 작업에 뜻을 같이한 자유세계의 시민 여러분"을 향하여 홍만수를 인간이 아닌 "악마가 토해낸 오물"이며 "미국을 위시한 자유민 전체의 평화와 안전에 대한 범죄적인 중대한 도전행위"를 한 "악의 씨"라고 성토했다.

---

107 2012년 19대 총선을 앞두고는 당시 민주통합당 서울 노원갑 김용민 후보가 2004년 인터넷방송에서 한 발언이 지탄받은 바 있다. 김 후보는 "미국에 대해서 테러를 하는 거예요. 유영철을 풀어가지고 부시, 럼즈펠드, 라이스는 아예 강간해서 죽이는 거예요"라고 말했는데, 이 발언이 문제가 돼서 후보직을 사퇴했다.

'분지 사건' 검찰의 공소장과 비슷한 김철의 비평

김철은 논문에서 〈분지〉 주인공이 "피식민자 한국 남성의 오랜 서구 및 제국 콤플렉스"를 지녔다고 분석하면서, 그와 같은 병적 심리를 지닌 주인공이 주로 등장하는 남정현의 소설을 '여성혐오' 소설로 규정한다.

> 소설 내적 필연성을 지니지 않은 여성 성기의 길고도 그로테스크한 묘사가 자주 반복되는 것은 남정현 개인의 특성이며 동시의 그의 작가적 기본능력의 한계로 보아야 할 것이다. 〈분지〉와 함께 그의 대표작으로 말해지는 〈부주전상서〉(1964) 역시 극도의 폭력적인 여성 혐오와 남근중심주의를 드러낸다. 부패와 비리로 얼룩진 사회현상에 대한 개탄과 분노를 중심으로 하는 이 소설에서는 주인공이 피임기구를 설치한 아내의 성기 속에 손을 넣어 그것을 끄집어내는 역겨운 장면이 길고 잔인하게 묘사된다.

김철은 이런 이유로 "여성 혐오에 관한 한 남정현의 소설은 첫손에 꼽을 만하다."라고 규정한다.108 현실의 악을 풍자하기 위한 비유적 표현을 트집 잡아 이념 공세를 펼친다는 점에서 김철의 〈분지〉 인식은 공소장에 소설 속의 '반미'를 '용공'이라 쓰며, 7년 징역형을 선고해달라고 기소한 검찰의 소설 독법과 매우 유사하다.

김철은 〈분지〉를 비평하면서 "남정현 소설의 전체를 지배하고 있는 '민족

---

108 남정현은 강진호와의 대담에서 "장막 뒤에 숨어 있는 진실에 접근하기 위한 수단으로서 가장 효과적인 방법이 문학에 있어서는 풍자적인 방법이 아닌가 그런 생각이 든다."고 하면서 그 수법의 하나인 '외설'에 관해 이렇게 말했다.
"그런 의미에서 나는 문학에 있어서 그 '외설'이란 문제도 그런 식으로 이해하거든요. 외설이란 것이 단지 그저 독자들의 호기심이나 성선(性線)을 자극하기 위한 수단으로서가 아니라 뭔가 탄압을 뚫고 시대의 진실을 밝히기 위한 그런 일종의 무기로서 작용할 때 작품상에서 그 효용성을 인정받을 수 있다 그런 말이죠."(《작가연구》, 2001년 하반기)

신체'의 은유가 식민주의적 인종주의의 표현이며 그것은 빈번히 성적 환상과 관련되어 있다는 점"을 강조했다. 그리고 이와 같은 경향은 당연히 "남정현만의 혹은 〈분지〉만의 문제가 아니다. 그것은 1945년 이전의 모방이며 반복이다."라는 것이다. 해방 이후의 분단과 전쟁, 이어진 전후 냉전의 신식민지적 현실은 "한국어와 한국문학 속에서 흔히 '찢기고 갈라진 민족의 몸'으로 비유되었고, 여기서 '민족이야기'가 남북한 문학의 주류를 이루는 것은 당연한 일이라고 보았다.

그런데 김철은 여기서 특이한 결론을 도출한다. 민족수난사의 전형적 플롯이 자주 '여성 수난사', '찢기고 갈라진 여성 신체의 이야기'로 환원되고, '훼손된 여성'은 '훼손된 민족'을 상징하며 결국 여성의 신체는 "민족(남성)들의 싸움이 벌어지는 공간"이 된다는 것이다.

> 이때 여성은 말 그대로 남성의 "영토"다. 〈분지〉가 보여주는 것은 '영토'를 빼앗긴, 즉 거세된 남성의 왜곡된 보상 심리와 억압된 복수심이 낳은 착란의 기록이다.

착란의 기록. 착란이란 말은 일상적으로 잘 쓰지 않는 말이고, '정신착란'이란 말과 주로 함께 사용한다. 의학사전에서 '착란'을 찾아보니 "착란이란 모든 종류의 강한 정신장애를 가리키는 말이긴 하나 지극히 애매하며 갖가지 뜻으로 쓰여 왔다. 즉 몽환상태, 정신박약, 섬망(譫妄), 몽롱상태 등의 의식변화를 총괄하는 명칭으로 쓰이거나……."라고 설명하고 있다. 김철은 〈분지〉의 주인공을 정신착란증 환자로 보고 있는데, 실제로 논문에서 직접 언급하고 있기도 하다.

> 〈분지〉의 주인공은, 이미 식민 지배자가 던져놓은 담론과 과학의 프레임에 갇혀버린 미친 인간이다. 모든 광인이 그렇듯, 그는 자신의 광기가 어디에

서 왔는지 모르는, 자신이 이미 미친 줄도 모르면서 미칠 것 같은 심정에 사로잡힌 인간이다.

'민족주체' 열망하는 신경증

〈분지〉의 주인공 홍만수를 '미친 인간'으로 보는 김철은 "이 광기야말로 식민지배자에 대한 증오와 선망이 뒤엉킨 피식민자의 찢긴 내면의 표현이다."라고 진단한다. 소설 〈분지〉는 "피식민자의 신경증에 관한 하나의 임상 기록"이라 규정하는 김철은 "소설 〈분지〉에 열광했던 자들과 작가를 법정에 세웠던 자들 모두가 앓고 있었던 이 신경증은 21세기의 시점에서도 완화되지 않은 듯하다."라면서 각주(35)에서 김건우의 논문을 인용하면서 이렇게 말했다.

> 김건우는 "〈분지〉를 가장 '정확하게' 읽은 쪽은 역설적으로 말해 반공 국가권력의 장치였던 검찰과 그리고 '북'이었다."고 말한다. 나는 이 말에 기대어, 〈분지〉에 열광하는 《청맥》 및 《한양》지의 '반제민족주의자'들, 〈분지〉를 노동당 기관지 《조국통일》에 전재(全載)함으로써 작가를 구속기소 할 빌미를 제공한 북한 국가 권력, 그에 따라 작가를 기소한 남한 검찰, 그리고 "이 작품은 민족주체성을 확립하려는 열망의 표현"이라고 선언하면서 작가에게 유죄를 선고한 남한 법원 모두가, "역설적으로 말해", 〈분지〉를 가운데 놓고 서로 은밀하게 손을 잡고 있었다고 생각한다. 혹은 라캉(J. Lacan)을 따라 말하면, 그들 모두 동일한 환상의 구조 속에 놓여 있다고 하겠다.

김철은 〈분지〉를 비판하면서 동시에 민족주의 지식인, 북한, 검찰, 법원 모두를 '민족주체성'을 열망한 신경증 환자로 규정하면서 "소설 〈분지〉에 열광했던 자들과 작가를 법정에 세웠던 자들 모두가 앓고 있었던 이 신경증은 21세기의 시점에서도 완화되지 않은 듯하다."라고 썼다. 그리고 프란츠 파농의 "열광은 무능한 자들의 탁월한 무기다."라는 말을 인용하면서 '열광'에 빠진 자들을 비판했다.

정치적인 주제를 다룬 글이 아닌 학술논문에서 저자의 숨은 의도를 파악하는 게 어려운 경우가 많다. 저자가 본래 의도를 복잡한 논리와 현학적인 개념어 속에 감추는 경우가 종종 있기 때문이다. 김철 교수의 이 논문은 문학작품을 주제로 하지만 본인의 뉴라이트 이념 성향을 솔직하게 드러낸 편이다.

일반적으로 민족주의에 대한 비판은 쉽게 하지만 4·19나 민주화, 반일에 대해 폄훼하는 일은 흔치 않다. 그런데 김철은 과감하게도 상식의 선을 넘어 비판을 가한다. 논문의 결론 부분에 언급한 '민족주체'에 대한 비판도 그런 예에 속한다. 김철의 논문에서 그가 부정적으로 보는 '민족주체'에 대한 정확한 뜻을 확인하기는 어렵지만 논문의 마지막에 "1970년대 유신독재의 전체주의에 맞선 이른바 민주주의가 만들어낸 '민족 주체'는 한편으로 이것이었다."라는 말에서 그 의미를 유추해볼 수 있다. 그가 말하는 "민주주의가 만들어낸 민족주체"는 4·19, 그리고 '반일'과 긴밀하게 연결되어 있으며, 앞서 인용했듯이 김철은 이로 인해 "종말론적 환상이 뿌리박힌 사회-근본주의적 전체주의"라는 부작용을 낳았다고 본다.

김철 교수는 논문의 결론에서 2000년대 들어 친일 문제가 급격히 사법화하는 경향 역시 "근본주의적 편집증의 전 사회적 보편화를 반영한다."라고 적었다. 그는 '민족주체'에 부정적인 태도를 보이고, 사회적인 반일 흐름에 거부감을 표했다. 이는 〈분지〉에 대한 평가에 그대로 적용된다. 그는 법원이 〈분지〉 작가에게 유죄를 선고하면서 "이 작품은 민족주체성을 확립하려는 작가의 진지한 열망의 표현"이라고 적은 것을 끌고 와 반공권력과 작가가 협력했다는 주장을 한다. 김철이 8·15를 끌어와 한국 민족주의의 일보 전진을 촉발했으나 동시에 배타적 민족주의의 통로가 넓게 열리고, '친일'

문제가 부정성의 기원으로 정착된 순간이라고 비판하지 않은 게 다행이라는 생각도 든다.

> 그는(김건우) 〈분지〉를 가리켜 "반공 국가 권력에 대한 대항 논리가 어떻게 펼쳐졌는지를 보여주는 텍스트"라고 했지만, '외세 배격'과 '민족자주'의 관점에서 〈분지〉를 극찬하는 '반제민족주의 담론'과 이 작품을 "민족주체성을 확립하려는 작가의 진지한 열망의 표현"으로 읽는 '반공 국가 권력'은 정말 서로 대립했던 것일까? 오히려 '반공 국가 권력과 그에 대한 대항 논리가 서로 긴밀히 협력하고 담합했음을 보여주는 텍스트'로 이 소설을 읽을 가능성은 없는 것인가?

뉴라이트, 미국의 한국문학 연구자의 연대?

김철은 이렇게 엉뚱한 질문을 던지고는 민족자주와 민족주체성을 추구한 남정현의 소설을 미국의 한국문학자 테드 휴즈와 이진경의 논리를 빌어 비판적으로 검토한다. 그는 두 학자가 공통으로 지적하는 것은 "〈분지〉의 표면에 드러난 이른바 '진보적 민족주의'의 저변에 깔린 '남성주의/ 국가주의/ 식민주의/ 인종주의'이다."라고 적었다. 김철은 결론적으로 남정현의 소유적 민족주의가 "제국주의의 폭력을 모방하고 반복"한다고 주장하면서, 〈분지〉의 반제국주의는 "제국의 논리를 그대로 반복하는 피식민자의 신경증에 관한 하나의 임상 기록이다."라고 결론 내렸다.

펜타곤의 눈에 '민족주체'의 화신인 홍만수가 천벌을 받아 마땅할 "저주받은 강간자"로 보였듯이 뉴라이트 학자 김철의 시각엔 남정현의 〈분지〉는 '민족주체'를 열망하는 신경증에 걸린 환자의 임상 기록으로 보이는 것이다.

김철 교수는 〈분지〉의 표면에 드러난 이른바 '진보적 민족주의'(김철의 관점에선 소유적 민족주의, 인종적 민족주의, 남성적 좌파 민족주의)의 밑바닥에는 "남성주의/ 국가주의/ 식민주의/ 인종주의"가 깔려 있다고 비판한다. 그런데 현실 속에서는 어떠한가. 그가 속한 뉴라이트 계열이야말로 '남성주의/ 국가주의/ 식민주의/ 인종주의'를 물불 안 가리고 실행한다. 정치적 공론장에서 이들의 입장을 대변하는 뉴라이트, 극우 성향 정치인의 발언에서 남성주의, 식민주의, 인종주의, 국가주의의 실상과 폐단을 낱낱이 파악할 수 있다. 김철은 "'홍길동의 피'가 몸속에 흐르는 '단군의 후손' 홍만수야말로 사실상 서구 제국주의의 충실한 학도"라고 비판했다. 그런데 그야말로 서구 제국주의 학자와 "은밀하게 손을 잡고" 다양성 철학(포스트모더니즘), 여성주의, 자유주의 역사관을 활용(오용)해 진보적 민족주의를 비하하고 폄훼하는 '서구 제국주의의 충실한 학도'가 아닌가 싶다.

미국의 한국문학 연구자, 뉴라이트 교수, 젠더 문학비평가의 3자 연대

-남성중심적 좌파 민족주의 비판

제국주의와 싸우다 제국주의 남성을 닮아갔다?

한국문학에 관한 미국의 대표적인 연구자로 테드 휴즈와 이진경을 꼽는다. 테드는 자기 책에서 진경 리를 '동반자'라 칭했고, 이 둘은 부부로 보인다. 2013년 한국에서 《냉전시대 한국의 문학과 영화-자유의 경계선》(미국판 2012)을 펴낸 테드는 당시 컬럼비아대학에서 한국 현대문학을 전공하는 교수였고, 샌디에이고 캘리포니아 대학(USCD) 문학 학과의 이진경 교수는 2015년에 《서비스 이코노미》(미국판 2010)를 출간했다. 이 책을 "(한국학) 제3세대 그룹에서는 물론 미국 한국학계를 전체적으로 보았을 때도 최초의 문학 연구서라고 할 만하다."(최현희)라고 평하기도 한다. 두 권 모두 나병철 교수(한국교원대)가 번역했는데, 그는 《서비스 이코노미》의 역자 서문에서 김철 교수(연세대)가 이 책을 추천했다고 밝혔다.

테드와 이진경의 저서에는 남정현 소설에 대한 분석이 포함되어 있다. 그런데 이들의 비평을 읽으면서, 핵심 논리가 번역자 나병철, 뉴라이트 학자로 알려진 김철 교수나 젠더 논리를 중시하는 한국의 문학연구자들과 비슷하다는 점을 발견했다. 이들 3자가 주장하는 요지는 한마디로 식민지 남성이 제국주의와 싸우다 제국주의 남성을 닮아갔다는 논리 전개였다.

미국 대학에서 한국현대문학을 연구하는 테드 휴즈는 2013년에 《냉전시대 한국의 문학과 영화-자유의 경계선》(소명출판사)이라는 책을 펴냈다.

이런 주장은 젠더, 식민지 남성성, 탈식민주의 개념에 근거해 남정현 소설을 비평한 다수의 논문에서 찾아볼 수 있다. '박정희에 저항하다 군사정권의 폭력성을 닮아간 민족주의' '미국에 맞서다 제국주의의 폭력성을 내면화한 민족주의' '박정희, 미국과 싸우다 내면화한 폭력을 여성에게 사용하는 식민지 남성'이라는 식의 비평이었다. 마치 독재정권과 싸우다 독재정권 닮아갔다고 민주화운동가를 비판하는 어법의 패러디 같이 들리기도 한다. 이 글에서는 테드 휴즈와 이진경, 그리고 이들의 책을 소개한 나병철, 김철 교수의 글, 그리고 젠더에 기반해 민족주의 문학을 비평한 연구자의 논문을 통해 '미국에 맞서다 제국주의의 폭력성을 모방하고 내면화한 민족주의'라는 식의 다분히 상투적이고 단순한 논리가 한국문학 연구자들 사이에서 반복적으로 재생산되고 있음을 보여주고자 한다.

테드 휴즈 - 박정희와 같은 이데올로기 공유하는 남정현

2012년경 남정현 작가를 만나 이야기하던 중에 미국의 한국문학 연구자가 〈분지〉를 소재로 박사논문을 썼다는 말을 들었다. 논문을 본 적은 없고 제목도 모른다고 했다. 검색을 해봤으나 그런 논문을 찾지 못했다. 그러다 근래 《남정현문학전집》 3권에서 이와 관련한 이호철 작가의 흥미로운 증언을 읽을 수 있었다.

1997년인가, 어느 날 나는 미국에서 온 기이한 편지 한 통을 받았다. 겉봉을 뜯어본 나는 깜짝 놀랐다. 자기는 미국 서부의 UCLA 대학에서 한국문학을 공부하고 있는 Theodore Huges라는 학생인데 금년에 〈60년대 한국 소설 연구〉라는 제목으로 석사학위를 받고, 계속해서 박사학위까지 받으려고 준비 중이노라. 한데 선생님의 단편소설 〈탈향〉을 번역하고 싶은데 허락해 줄 수 있겠느냐면서 (……) 몇 달 전부터는 1년 계약으로 대전의 모 대학에 영어 교수로 부부동반으로 와 있어(부인은 한국 여자다) 그간 두어 번 만났는데, 지금 박사논문도 거의 마무리 단계에 있다고 한다. 그 박사논문인즉, 석사논문 제목과 마찬가지로 '1960년대 한국소설 연구'로 손창섭, 이호철, 최인훈, 그리고 또 한 사람은 남정현, 넷이라고 하던 것이었다.
남정현이 가장 대표적인 반미주의라는 것을 떠올리면 어쩐지 매우 어색해 보이기도 하지만, 한편으로 생각하면 바로 그러니까 응당한 대접일 수도 있겠다는 생각이었다. 나는 곧장 남정현에게 전화를 걸어 이 사실을 알려주었다. 남정현도 썩 기분 나빠하지는 않았다. 나쁘기는커녕 내심으로 좋아하는 기색이 전화 받는 목소리로도 환히 알 수 있었다.

테드 휴즈(Theodore Hughes)라는 한국문학 연구자가 '60년대 한국 소설 연구'로 논문을 쓰면서 손창섭, 이호철, 최인훈, 그리고 또 남정현의 작품을 함께 다룬 것이다. 테드 휴즈는 캘리포니아 대학(UCLA)에서 한국 현대문학으로 박사학위를 받았으며, 컬럼비아대학 동아시아언어문화학과에서 한국 현대문학을 담당한 교수인데, 2013년에《냉전시대 한국의 문학과 영화 - 자유의 경계선》(소명출판사)이라는 책을 펴냈다.
테드 휴즈는 이 책의 3장 손창섭, 4장은 남정현, 5장에서는 최인훈 작가를 다뤘다. 그는 4장에서 박정희의《국가와 혁명과 나》등을 인용하면서 남정현의 소설이 박정희에 대항하면서도 결국은 같은 이데올로기를 공유하고 있다고 보았다. 4장의 결론 부분에서 테드 휴즈는 "분명히 남정현의 민족주의는, 과거의 일본 제국주의와 현재의 미국 신식민주의의 특징인 남성중심주의 및 본질주의와 복합적 차원에서 부합한다."라고 비판적으로 평했다.

최현희 – 휴즈의 '정치적 허무주의' 미국의 지배에 기여

《냉전시대 한국의 문학과 영화-자유의 경계선》이 2013년 발간된 뒤 학계에서 논쟁이 진행되기도 했다. 《사이 間 SAI》 2014년 11월호에는 최현희(KAIST 인문사회학과)의 〈문화사로서 한국학의 조건과 사명-휴즈의 《냉전시대 한국의 문학과 영화》를 통해 본 미국 한국학의 단계들〉이 실렸다. 최현희는 테드의 책을 "(한국학) 제3세대 그룹에서는 물론 미국 한국학계를 전체적으로 보았을 때도 최초의 문학 연구서라고 할 만하다."라고 쓰면서, 기본적으로 그의 주장은 이론적으로는 '객관주의'이고 정치적으로는 '허무주의'라며 비판적으로 평가했다.

최현희는 "정치적으로는 허무주의에 해당한다."라는 문장에 각주를 달아 길게 설명했다. 그는 기본적으로 "중립적 입장을 견지하고 철저한 객관주의로 일관하는 때에도, 정치성이란 이미 개재되어 있는 것이라고 보면, 엄밀한 의미에서 '정치적 허무주의'란 성립할 수 없는 개념"이라고 보았다. 그럼에도 불구하고 휴즈의 해체론적 분석을 정치적으로 '허무주의'라고 명명하는 이유는 "문화사가 빠져들 수 있는, 무의식적 탈정치성의 위험성을 경계하기 위한 지표로서라도 필요하다고 생각"하기 때문이라고 밝혔다.

최현희는 휴즈의 "이론적 객관주의로 위장된 정치적 허무주의가 결국 대상을 이론의 완전한 종속물로 환원시켜 버리는 지극히 수행적인 정치적 효과를 갖는 것"이라 보았다. 그는 휴즈의 이론적 객관주의를 비판하면서 "지역학의 범위 내에서 '한국'에 대한 '문화적' 기술을 객관주의적으로 할 때, 그것은 지역학이라는 체제를 지탱하는 미국의 지구적 헤게모니의 은밀한 영속에 기여할 수밖에 없다."라고 보았다.

이런 입장에 대해《냉전시대 한국의 문학과 영화-자유의 경계선》의 번역자인 나병철 교수는 "최현희는 그 같은 해체는 대안이 없는 한 정치적인 허무주의에 이른다."라고 말하는데, "그렇다고 또 다른 독립코드를 불러온다면 그 담론은 다시 경계선과 이항대립으로 회귀할 것"이라며 반박했다. 여기서 나병철은 "이제 우리에게 필요한 것은 그 둘을 넘어서는 제3의 모험이다."라는 견해를 취한다. 이런 입장에 기반해서 나병철은 휴즈가 제시하는 논리를 잘 보여주는 텍스트는 남정현이 아닌 최인훈의 소설이라고 말한다. 최인훈의 소설은 "'민족'이 중층적인 구조들과 틈새들에서 미시적으로 작용하며 거시적인 트랜스내셔널한 차원으로 표현되는 과정"을 잘 보여준다는 것이다.

이진경 - 남성중심적 좌파 민족주의 비판

2015년 5월 발간된《서비스 이코노미》는 테드 휴즈의《냉전시대 한국의 문학과 영화》에 이어 두 번째로 소개되는 미국 학자의 한국문학 연구서이다. 한국에서는 2년 늦게 나왔지만 미국에선 휴즈의 책보다 2년 앞선 2010년에 발간된 책이다. 저자 이진경(1962년생)은 캘리포니아대학 로스앤젤레스 캠퍼스(UCLA)에서 〈자율적 미학과 자주적 주체성: 식민지 한국의 사회개혁과 민족 형성의 위치로서 근대문학의 구성〉이라는 논문으로 박사학위를 받았고, 현재(2015년 기준) 캘리포니아대학 샌디에이고 캠퍼스(UCSD) 문학 학과에서 비교문학을 가르치고 있다.

나병철은《서비스 이코노미》의 역자 서문에서 "이 책의 또 하나의 특징은 그처럼 비판적인 문학에서조차 나타나는 남성중심적 이데올로기로서 (대항적인) 민족주의에 대한 세밀한 비판이다." "남성중심적 권력을 비판하면

서도 또 다른 남성주의에 사로잡힌 대표적인 작품은 남정현의 소설들이다."라고 적었다.109

홍만수가 향미산에서 미국의 원자폭탄 공격에 부닥치자 맹렬하게 미국을 비판하는데 이 장면에 대해 이진경은 "일본 제국 군대의 국수주의를 연상시킨다."라고 썼다.

> 만수의 (남성적) 민족을 위한 눈부신 죽음에 대한 소망의 말은, 태평양전쟁 말기 일본 제국 군대의 국수주의를 연상시킨다 해도 지나치지 않거니와, 그 시기 일본군은 남성적 제국의 병사들의 죽음을 성화시키고 신격화한 바 있다. 미국의 원자탄에 의한 만수의 물질적 신체의 파괴, 즉 먼지가 되어 바람 속에 흩어지는 "풍비박산"은, 일본 제국의 주체들의 죽음과도 같이, 즉 죽음에 이르는 싸움에 창도되고 그 죽음을 옥쇄(玉碎)처럼 아름답고 성스럽게 여긴 그들처럼, 영광스러운 것이 될 것이다.

맨주먹으로 미국의 핵 공격에 맞선 주인공 홍만수의 결사항전에서 일본군의 '국수주의'와 '옥쇄'를 떠올리는 이진경의 글쓰기에서 안중근 장군의 이토 히로부미 저격을 '테러리스트'로 바라보는 뉴라이트와 유사한 역사관이 감지된다. 그리고 이진경은 '〈황구의 비명〉-디스토피아적 요정의 나라로서의 기지촌'에서는 이렇게 글을 끝맺었다.

---

109 남정현의 〈분지〉는 미국의 제국주의와 한국의 군사적 개발주의를 격렬하게 비판하면서도 여성의 섹슈얼리티를 잔인할 정도로 남성중심적인 입장에서 묘사하고 있다. 주인공 만수의 스피드 부인에 대한 강간은, 누이동생에 대한 스피드 상사의 성적 학대를 그의 부인에게 반복함으로써 미국 제국주의의 폭력을 역전시키려는 복수의 시도이다. 그러나 여기서 만수의 민족주의는 제국주의를 비판하는 동시에 그 남성중심적 논리를 거울처럼 비추고 있다. 만수의 복수는 그를 응징하려는 미국의 위협에 의해 현실적으로는 민족적 남성성을 회복하는 데 실패하게 된다. 그는 여전히 결의에 찬 민족주의를 굽히지 않지만 경직된 남성중심성으로 인해 결코 제국주의를 넘어서지 못하고 있다. (나병철)

〈분지〉와 〈황구의 비명〉은 인종적 거세에 대한 폭발할 듯한 남성적 분노뿐만 아니라 심각한 성적 외국인 혐오와 이종족 혼합에 대한 공포를 표현한다. 기지촌 소설이 제공하는 그런 남성주의적인 민족주의의 궁극적 목표는, 한국 여성의 욕망과 섹슈얼리티를 치안하고 규율화하는 것이며, 그것을 통해 앤 스톨러가 '문화적·민족적 위생학'이라고 부른 것을 주입시키려 시도하는 것이다.

이진경은 조세희의 〈난장이가 쏘아올린 작은 공〉도 이런 관점에서 비판한다. '딸의 효심으로서의 매춘 -〈난장이가 쏘아올린 작은 공〉에서의 성적인 자발적 희생과 좌파 민족주의'라는 글을 통해, 남성적이고 좌파적인 민족주의를 비판한다. 소설 속에서 여주인공 영희에게 부여된 전통적인 역할은 '성적으로 자기희생 하는 여성'이라 표현하면서 이 '자기희생'의 성격을 이렇게 해석한다.

> 영희의 자기희생은 남성 가장의 가족에게만 바쳐지는 것이 아니며, 남성적 정체성의 노동계급 전체로까지 확대되고, 궁극적으로는 좌파 민족주의에 의해 재규정된 남성중심적 민족에게까지 바쳐지는 희생이다.

《서비스 이코노미》에서 이진경은 "조세희의 좌파 민족주의 소설은, 가문·국가·남성의 보다 큰 대의를 위해 마음을 바쳐 기꺼이 자신의 섹슈얼리티를 희생하는 과거의 원형적인 여성 주인공들을 재창조한다."라고 보았다. 그는 '남성적 민족주의'와 '좌파적 민족주의'를 복합적으로 결합해 '남성중심적 좌파 민족주의'라는 말을 사용하기도 한다.

남성중심적 좌파 민족주의의 본질 자체는 노동계급 여성의 섹슈얼리티를

희생적인 매춘으로 요구하고, 동원하고, 승인하는 바로 그 의지와 능력에 있으며, 그런 희생적인 매춘을 비판적인 민족적 행위로서 궁극적으로 승인하는 데 있다.

이진경은《서비스 이코노미》에서 여성의 대립물로 남성뿐만 아니라 민족, 노동계급을 설정하는 화법을 빈번하게 사용하는데, 민족주의와 계급에 대한 거부감의 발로가 아닐까 싶다. 이진경 교수의 책을 뉴라이트 계열의 김철 교수가 번역을 적극 추천한 이유도 바로 여기에 있을 것으로 추측해본다. 110

---

110 《문화과학》 2015년 겨울호에《서비스 이코노미 : 한국의 군사주의·성노동·이주노동》을 주제로 한 좌담회(북클럽)가 실렸다. 2015년 8월 13일 테이크아웃드로잉에서 열린 이 좌담에는 저자 이진경 교수를 비롯하여 이혜령 교수 등이 참석했다. 이 자리에서 이혜령은 "이 책에서 수행된 한국 좌파 민족주의에 대한 비판은 너무 통쾌한 면이 있었어요. (웃음)"라고 전제하면서도 "그런데 이러한 비판은 굉장히 정치적인 것이지만 한국의 정치적 과정에서의 역동성을 이 책은 충분히 말하지 않고 있다고 생각해요."라며 문제 제기했다.
이 질문에 대해 이진경은 "이혜령 선생님이 아주 강력한 이데올로기가 존재한다고 하셨는데요. 그건 정말 중요한 지적이죠. 사실 저도 많이 생각했는데 정말 답이 없는 질문이에요. 여러 가지의 이데올로기가 복합적으로 존재를 해서 살인이나 살육, 강간을 포함한 이런 행위들이 여러 이데올로기 때문에 용인이 되는 거죠. 남성주의, 민족주의, 자본주의, 가부장제군사주의 등 이런 것들이 복합적으로 작용한다고 생각을 합니다."라고 답변했다.
필자가 보기에 이진경은 '답이 없는 답'을 하면서 한가지 놓친 점이 있다. 그것은 한국의 군사, 성, 노동 문제를 제대로 다루기 위해선 '남성주의, 민족주의, 자본주의, 가부장제 군사주의'의 복합적 이데올로기뿐만이 아니라 제1 원인이자 근본모순이라 할 수 있는 미국 문제-미군 주둔이 야기한 미국의 신식민주의, 분단이데올로기, 미국식 자본주의가 낳은 향락문화 등-를 포함했어야 한다는 것이다. 그럴 때만이 이진경 교수가 조명하려 한 네 가지 주변화된 노동-군사, 성, 군대 성, 이주 노동-도 제대로 자리매김하는 게 가능하다고 본다.
그렇지 않을 경우 뉴라이트 지식인이 한국남성의 가부장제, 민족주의를 비판하는 행위가 종종 일본제국주의를 변론하는 것에 귀착하듯이(박유하의《제국의 위안부》가 그 대표적 사례) 한국의 '남성중심적 좌파 민족주의' 소설 비판이 미 제국주의의 세계지배 야욕(범죄)을 가리는 역할을 하게 될 수 있다.

김철-진보적 민족주의 저변에는 남성주의, 국가주의, 인종주의가

앞에서 테드 휴즈와 이진경이 남정현과 〈분지〉를 비판하는 논리를 살펴봤다. 테드 휴즈는 남정현의 소설이 박정희에 대항하면서도 결국은 같은 이데올로기를 공유하고 있다고 보았고, "분명히 남정현의 민족주의는, 과거의 일본 제국주의와 현재의 미국 신식민주의의 특징인 남성중심주의 및 본질주의와 복합적 차원에서 부합한다."라고 비판적으로 평했다. 그리고 이진경은 홍만수가 향미산에서 미국의 원자폭탄 공격에 부닥치자 맹렬하게 미국을 비판하는 장면에 대해 "일본 제국 군대의 국수주의를 연상시킨다."라고 썼다. 그리고 이진경은 남정현, 천승세, 조세희 등의 소설을 '남성중심적 좌파 민족주의'라고 비판했다.

테드 휴즈, 이진경과 이들의 책을 번역한 번역자 나병철 교수, 그리고 번역을 권한 김철 교수의 관점은 거의 동일해 보인다. 나병철은 "여기서 만수의 민족주의는 제국주의를 비판하는 동시에 그 남성중심적 논리를 거울처럼 비추고 있다."라고 평했다. 나병철에게 번역을 권유한 김철 교수는 〈분지〉의 주인공 홍만수의 심리를 "피식민자 한국 남성의 오랜 서구 및 제국 콤플렉스"라고 설명하고, 저항적 민족주의가 이분법 논리에 빠졌다고 비판한다. 김철은 결론적으로 남정현의 소유적 민족주의가 "제국주의의 폭력을 모방하고 반복"한다고 주장하면서, 〈분지〉의 반제국주의는 "제국의 논리를 그대로 반복하는 피식민자의 신경증에 관한 하나의 임상 기록이다."라고 결론 내렸다.

여성을 타자화하고 남성을 권력화하는 반미 소설

젠더 개념에 근거해 남정현 소설을 비평한 연구자들의 관점도 대체로 이와 비슷했다. 2000년대 들어서면서 페미니즘, 식민지 남성성이란 개념으로 남정현 소설을 분석한 논문이 여러 편 발표됐는데, 이런 논문의 핵심 논리 중 하나는 식민지 남성(남정현)이 제국주의자와 싸우다 제국주의를 닮아가고, 박정희와 싸우면서 박정희를 닮아가고, 그 과정에서 여성을 타자화하고 폭력의 대상으로 삼는다는 것이다.

여성학자 정희진은 작가(남정현)는 극렬하게 박정희 정권에 저항했지만, 그와 같은 철학(부국강병)의 소유자라고 비판했다. 정희진은 강병(부국강병)을 강조하는 근대성은 "페미니즘, 인권, 자유, 지식의 발전 등은" 부차적인 가치로 여긴다는 점을 지적한다.

홍혜원 교수(충남대 국어국문학과)는 〈남정현 소설과 탈식민주의-담화 전략과 여성 표상을 중심으로〉(《어문연구》, 2007)에서 "때때로 민족주의는 강력한 배타주의와 작위성을 작동원리"로 삼는다는 점을 지적하면서 "남정현 소설 역시 단성적인 담화 구조와 식민화된 여성 이미지로 인해 강렬한 민족주의와 탈식민의 지향이 오히려 제국의 서사로 변모되는 역설적 상황을 보여준다."라고 글을 마무리했다.[111]

이미정은 〈전후문학에 나타난 남성성의 내면화 과정 연구-남정현 소설의 '반미감정'을 중심으로〉(2006)에서 남정현 소설 〈너는 뭐냐〉와 〈탈의기〉를 중심으로 전후 한국 남성성의 내면화 과정을 고찰하면서, "'반미'라는 감정을 통해 드러난 제국의 비판 논리는 동일한 메커니즘의 방식으로 남성을 권력화하는 이중성을 내포한다."라고 적었다. 이미정은 논문에서 2공화국(1960~1961)의 민족주의 논리와 남정현 소설의 주제의식은 동일한 형

---

[111] 홍혜원 교수는 이 논문에서 "남정현 소설이 알레고리적인 풍자의 방식으로 '민족의 정체성'을 찾고자 노력하였다는 점, 또 외세와 그 허수아비로서의 정부, 식민 잔재, 내부식민화 등에 대해 통렬히 비판하였다는 점 등에서 작가가 보여준 현실 인식의 예리함은 긍정적으로 평가할 만하다. 더욱이 1960년대부터 그 모든 문제의 핵심으로 '외세의 침범과 식민화'라는 우리의 우울한 자화상을 그려내고 있다는 점에서 작가의 예지 능력 역시 탁월하다 할 수 있다."라는 점은 인정했다.

식을 갖고 있으며, 그의 소설에 강조된 '반미'라는 관점은 오히려 미국의 제국주의 속성과 유사한 특성을 가졌다고 썼다.

심소연 - 제국주의와 식민지 남성의 연대?

비교적 최근에 발표된 심소연의 〈남정현과 손창섭의 전후소설에 나타난 남성인물의 젠더 수행성 연구〉(2022년 8월)에서도 이런 논리는 반복되고 있다. 〈분지〉 홍만수의 저항 의지, 실천을 '망상'으로 해석하는 심소연은 논문의 결론에서 "이러한 남성인물의 젠더-과잉수행은 필연적으로 자기기만을 낳게 된다."라고 하면서 이렇게 썼다.

> 피식민 남성 스스로 자신을 억압하는 제국주의적 논리·국가주의적 논리를 모방하는 것이기 때문이다. 따라서 남정현 소설의 젠더-과잉수행 속에서는 저항의 전망을 구성하는 적극적인 실천을 찾아볼 수 없었던 것이다. 또한 '구세주 망상'에 빠져있는 남성 인물의 자기파괴적인 결말로 소설이 마무리되는 사례를 확인했다. 이때 인물이 집착하는 '남성성'은 우스꽝스러워지고 파괴되고 만다.

심소연은 식민지 남성성에 빠진 인물은 "식민지 남성과 식민 지배자가 식민지 여성을 억압하는 동지적 관계"를 맺으며, "피식민 남성 스스로 자신을 억압하는 제국주의적 논리·국가주의적 논리를 모방"한다는 주장을 폈다. 때문에 제국과 식민지의 '남성연대'가 가능하다는 식의 논리였다.

현실 속에서 분명 제국주의와 식민지 남성의 연대, 적과의 연대가 벌어지기도 한다. 일제강점기에 이런 역할을 한 '식민지 남성'을 역사는 친일매국노, 민족배반자라 부른다. 이런 배반자 역할을 기층민중이 하기도 하지만(밀정, 순사) 대부분은 지식인이나 기득권층이 맡게 된다. 그리고 〈분지〉

시대에는 남정현이나 홍만수(식민지 민중)가 아닌 제국주의의 하수인 역할을 하는 박정희(군사정권)나 〈분지〉에 나오는 공 의원에게 해당하는 말이라 하겠다. 설령 '식민지 남성성'이라는 개념이 유효하다 해도 제국주의와 연대한 남성은 단군, 홍길동 후손 홍만수가 아니라 친일파, 공 의원, 박정희 같은 인물이다.

경계할 것은 민족주의가 아니라 신제국주의

위에서 살펴본 정희진, 이미정, 심소연처럼 젠더, 식민지남성성 개념에 근거해 남정현 소설을 비평한 논리는 다수의 논문에서 찾아볼 수 있다. 그리고 이들이 저항적 민족주의, 반미소설을 비판할 때 동원하는 논리는 앞서 소개한 미국의 한국학 연구자, 이를 번역한 문학연구자와 매우 유사하다. 이 삼자는 얼핏 볼 때 동질감이 없어 보이지만 민족주의에 부정적이라는 공통점이 있다. 이들 사이에는 의도적이든 아니든 민족주의, 민족주의 문학, 반미문학에 대한 공격을 위한 유무형의 이념적 연대가 형성되어 있는 것으로 읽힌다.

이들이 공유한 바는 한마디로 정리한다면 저항적 민족주의 추구하다가 제국주의를 닮아가고, 모방하며, 그 과정에서 여성을 식민화, 타자화한다는 논리다. 이런 주장은 당대의 정치적 상황을 외면한 매우 도식적이고 안이한 결론이거나 의도적 폄훼가 아닌가 싶다.

필자는 무비판적으로 널리 사용되는 이 논리의 근원지가 궁금했지만 거기까지 확인하지는 못했다. 아마도 미국의 한국문학 연구자가 아닐까 하는 추정은 했으나 전문연구자가 아니기에 거기까지 찾아볼 능력과 여력은 없었다. 향후 반미문학, 여성주의, 탈식민주의, 제국주의의 상호연관성에 관심 있는 문학비평가가 탐구해 볼 만한 연구주제라 여겨진다.

민족주의 비판이 유행하는 시대에 문학평론가 염무웅이 〈민족문학의 시대는 갔는가〉에서112 언급한 탈민족주의 담론에 대한 비판을 눈여겨 볼 필요가 있다. 염무웅 교수는 이들이 지적하는 '민족' '민족문학'의 억압성과 배타성이라는 문제점은 "1970년《월간문학》특집의 필자들에 의해서도 강조된 바이고 자유주의 성향을 지닌 문인들의 단골 메뉴이기도 하다."라는 점을 지적했다. 그리고 이어서 "오늘의 시점에서 무엇보다 경계해야 할 것은 민족주의라기보다 세계화라는 이름의 새로운 제국주의일 것이다."라고 썼다.

세계화의 우산 아래 각종 탈민족(주의) 담론들이 민족적 자주의 수호를 지향하는 노력에 찬물을 끼얹어 무력화하고 그 이념적 무장해제를 노리는 사태는 세계화주의 즉 제국주의의 새로운 전술이 아닌가 의심해볼 수 있다.

---

112 《역사 앞에 선 한국문학》(2024)에 실린 〈민족문학의 시대는 갔는가〉는 '2013 만해축전 학술심포지엄-님이 침묵하는 시대의 문학'이란 주제의 학술행사에 발표한 강연문을 다듬은 것이다. 염무웅 교수는 "경계해야 할 것은 민족주의라기보다 세계화라는 이름의 새로운 제국주의 일 것이다."라는 점을 강조하면서 바로 뒤에 "21세기 들어 중국의 성장이 미국의 단일패권에 위협이 되기 시작하자 세계화는 미국 자신에 의해 파기되는 중이 아닌가 한다."라는 말을 괄호 속에 덧붙였다.

홍만수의 반미 감정은 마조히즘과 오이디푸스 콤플렉스?

'남성적 힘의 화신(Incarnations of Masculine Power)'

미국 대학에서 발표된 〈분지〉 관련 논문 중에 윤정호의 〈한국과 미국 소설 속의 미군 이미지: 비교 연구〉(원제는 〈Images of American soldiers' in Korean and American Fiction: a comparative study〉〉, The University of Texas at Austin, 2002. 5)가 있다. 이 논문은 '마조히즘'으로 〈분지〉를 비평했다. 마조히즘은 이성으로부터 정신적·육체적 학대를 받는 데서 성적 쾌감을 느끼는 변태 성욕을 말한다.

윤정호는 논문의 3장에서 '남성적 힘의 화신(Incarnations of Masculine Power)'이라는 부제를 달고 〈분지〉를 다뤘다. 여기서 남성적 힘의 화신은 도덕성, 자제력이 전혀 없는 미국 군인을 가리킨다. 윤정호는 미국 병사들이 한국 여성을 희생시키고 한국 남성이 저항하는 이야기는 다른 많은 소설에서도 탐구되었지만, 오직 〈분지〉만이 한국 남성의 복잡한 심리적 세계를 깊이 있게 파고든다는 점에 주목했다. 그리고 이 지점과 관련하여 주인공 만수의 마조히즘이 주요한 부분인데, 이는 지금까지 비평가들이 간과하거나 오해했다는 점을 강조했다.

〈분지〉 주인공 홍만수가 피학대음란증을 지녔다는 근거로 윤정호는 미 병사들을 성적인 공격자로 묘사하는 데서 찾았다. 남정현은 여러 소설에서 미국 병사들은 항상 한국 여성들을 성적으로 공격하는 식민 지배자로 묘사한다며 〈분지〉의 아래 구절을 인용했다.

> 쉽게 요점을 말씀드리자면, 천하에 둘도 없이 기른 당신의 소중한 딸이며 동시에 저의 누이동생인 분이가 아, 어이없게도 당신을 겁탈한 바로 그 장본인일지도 모르는 어느 미 병사의 첩노릇을 하게 되었다는 이야기인 것입니다.

윤정호는 〈분지〉의 주인공 홍만수의 행위를 프로이트의 마조히즘으로 분석했다. 그는 "프로이트의 마조히즘 설명은 만수의 편집적 환상이 본질적으로 아버지 콤플렉스임을 이해하는 데 도움을 준다."라고 하면서 "만수의 마조히즘은 단순히 그의 내적 욕망의 발현이 아니라, 외부 현실, 즉 자아와 현실 사이의 상호작용에서 비롯된 것"이라고 썼다.

윤종호는 만수의 정신에서 하나의 환상은 또 다른 환상에 의해 강화되며, "그의 부활(resurrection)이 일어나려면 이상적으로 치명적인 폭격이 있어야 한다."라고 썼다. 그는 또 "그렇다면 만수는 왜 펜타곤의 폭격에 집착하는 걸까? 다시 말해, 펜타곤이 그를 믿을 수 없을 정도로 잔인하게 공격하고 있다는 사실을 제시함으로써 무엇을 달성할 수 있을까요?"라고 묻는다. 이에 대해 그는 "이 상황은 만수 마조히즘(피학대음란증)의 또 다른 증거"라고 말한다.

> 그러나 그의 마조히즘적 환상에 대한 탐닉은 그의 남성적 이상이 불가능함을 나타낸다. 이야기는 결국 만수의 자아가 이상적 자아상과 그것이 실현 불가능한 미국 지배 사회적 맥락 사이에서 고문당하는 드라마이다. 그의 마조히즘은 한국 남성의 정신에 미국 지배가 미치는 파괴적인 영향을 보여준다. 113

논문의 결론에서 윤정호는 〈난영〉, 〈분지〉, 〈아베의 가족〉, 이 세 가지 이야기는 유사한 관점을 보여준다고 썼다. 세 가지 텍스트 모두에서 "강력한 미국 남성의 등장은 주인공의 거부된 남성적 정체성과 거세에 대한 불안과 동등하게 관련이 있다."라는 것이다. 윤정호는 이에 덧붙여 더 중요한 것은 "주인공이 자신의 딜레마를 극복하려는 시도가 다양한 모순을 수반한다."라는 것인데, 미국 군인의 힘과 남성성을 부러워하고 모방하는 동안 그가 그것을 알고 있든 모르든 주인공은 계층적 성별 코딩 시스템을 고수하고 "자신이 싫어하는 제국주의적 통제 및 억압 장치를 내면화함으로써 이념적 모호성에 갇힌다."라고 썼다.

오이디푸스 콤플렉스, 구세주 망상 적용하기도

윤정호처럼 남정현 소설을 프로이트의 정신분석학이나 심리학 이론에 기반해서 분석하는 논문도 여러 편 있다. 윤정호가 마조히즘으로 분석했다면, 이미정은 오이디푸스 콤플렉스를 적용했다.

이미정은 〈전후문학에 나타난 남성성 내면화 과정 연구-남정현 소설의 '반미감정'을 중심으로〉(2006)에서 〈너는 뭐냐〉, 〈탈의기〉를 중심으로 다뤘는데, 여기에서 프로이트의 오이디푸스 콤플렉스 개념을 가져와 평했다. 남정현 소설에서 보여지는 남성을 중심으로 한 민족주의 담론 양상을 볼 때 "전후 남성성의 내면화 과정은 미국이라는 대타자를 중심으로 한 일련의 비판과 모방에 의해 이루어진다."라고 하면서 아래와 같은 각주를 달았다.

---

113 However, against Man-su's yearning, his indulgence with masochistic fantasies indicates the impossibility of his masculine ideal. The story is thus a drama of Man-su's ego that is being tortured between the ideal self-image and its unattainability in an America-dominated social context. His masochism evidences the devastating impact American domination inflicts upon a Korean man's psyche. (윤정호)

오이디푸스 콤플렉스에서 사랑이 이루어지기 위해서는 페니스의 상실이 그 대가로 지불되어야 하므로 갈등은 이 둘 - 페니스에 대한 자기애적인 관심과 부모에게 쏠리는 대상 리비도 집중 - 사이에서 일어난다. 부모에 대한 대상 리비도 집중은 동일시로 바뀐다. (……) 남정현 소설에 나타난 반미감정의 형식은 아버지에 대한 적대감과 사랑을 동시에 느끼는 아들의 모습이다.

심소연은 〈남정현과 손창섭의 전후소설에 나타난 남성인물의 젠더 수행성 연구〉(2022)에서 남정현의 소설 속 남성 주인공을 '식민지 남성성'의 틀로 바라보고, 이들의 행위를 '젠더-과잉수행과 정신병리적 망상'으로 해석했다. 그의 눈에는 〈분지〉의 홍만수나 〈부주전상서〉의 용달 등은 '과대망상증' 환자로 보인다.

남정현 소설에서는 편집증의 형식 중 하나인 과대망상이 저항 주체인 남성 주인공의 '구세주 망상'으로 드러난다는 점이 특징적이다. 이는 남정현 소설의 저항적인 민족주체가 망상 속에서 현실을 구원하고 사람들을 개도(開導)하고 있음을 드러낸다.

심소연은 홍만수가 "홍길동의 제10대손이며 동시에 단군의 후손"이라는 점을 강조하는 것도 '구세주 망상'으로 보았으며, 이런 구세주 망상(메시아 콤플렉스)은 "어머니를 이해하고자 하는 아들의 노력과 제국에 복수하고자 하는 영웅의식을 표방하여, 비취 여사를 성적으로 취함으로써 제국의 논리를 모방하게 된 자신의 '부끄러운 행위'를 망상적 체계 속에서 합리화하기 위한 것"이라 썼다. 홍만수의 '식민지 남성성'과 '젠더-과잉수행'이 자신의 내적 모순 속에서 '구세주 망상'으로 연결되었다는 것이다.

남정현 소설을 정신분석학에 근거해 심층적으로 분석한 문학연구자는 김형중 교수(조선대)다. 그는 2005년 《한국문학이론과 비평》에 발표한 논문 〈남정현 소설의 정신분석학적 연구 시론-풍자와 정신병리〉에서 정신분석학적 연구방법이라는 새로운 연구 방법론으로 남정현 소설을 분석했다. 김형중은 "남정현 소설 전편을 통틀어 정신병리적 상태에 있는 주인공이 등장하지 않는 예는 없다."라면서, 그의 소설에서 주인공들의 "이 병리적 징후들이 '풍자'를 위한 과장의 산물로 치부되고 말았지만 작품을 면밀히 분석해볼 경우 그렇지가 않다."라고 적었다.

> 남정현의 소설 세계는 망상과 편집증으로 시작해서, 여러 도착(perversion, 특히 好糞症)적 증세들과 강박 및 불안에 이르는 다양한 신경증 징후들의 진열장이라고 해도 과언이 아닐 정도로 정신병리의 모티브에 깊게 침윤되어 있다. 남정현 소설에서 정신병리적 징후들은 단순히 '풍자'로 뭉뚱그릴 수 없을 만큼, 작품 전체의 내용과 구성을 지배하는 경향을 보여준다.

김형중은 이런 남정현 소설 속에 묘사된 정신병리적 징후들을 "프로이트(S. Freud)의 이론에 맞추어 정밀하게 분석·분류해 보고, 그 결과에 따라 남정현의 풍자가 다른 작가들(가령 김유정이나 채만식)의 풍자와 다른 점, 병리적 징후들을 대거 소설에 도입함으로써 작가 남정현이 얻으려고 했던 효과, 아울러 풍자 기법 일반의 심리적 기원을 밝힐 수 있겠는가를 타진해 보는 것이 이 글의 목적이다."라고 밝혔다.[114]

---

[114] 김형중 교수(조선대 국문과)는 〈풍자와 정신병리〉 1편을 쓴 뒤 15년 만에 2편을 썼다. 그는 〈남정현 소설에 나타난 정신병리와 권력의 테크놀로지-풍자와 정신병리 2〉(《인문학연구》, 2020)의 논문초록에서 "남정현의 소설에 나타난 '풍자'를 정신분석학적 관점에서 재조명함으로써 그의 풍자가 일반적인 풍자와는 다르다는 사실을 밝히는 데에서 시작한다. 일반적인 풍자의 경우 '감정비용'의 절감을 통해 웃음을 유발하지만 남정현의 풍자는 감정비용을 절감하지 못해 웃음을 발생시키지 못하는 경우가 많다. 이는 그의 풍자가 정신병리적이기 때문이다."라고 평했다.
김형중은 "남정현의 풍자에 웃음이 없거나 적은 다른 이유는 그의 풍자가 풍자 특유의

프로이트 정신분석학의 약점

프로이트의 정신분석학이나 심리학 이론에 기반해 소설을 비판하는 작업은 이중적 의미망을 해석하는 데 도움을 주고, 관점을 다양화한다는 장점은 있겠지만 본질적 한계가 있음을 또한 고려해야 한다. 사회심리학자 김태형은 인간을 기본적으로 사회적 존재, 역사적 존재로 보면서 심리분석을 하는데, 그는 《거장에게 묻는 심리학》(2012)에서 "오이디푸스 콤플렉스란 사람의 보편적인 동기가 아니라 부모 관계에 문제가 있는 일부 사람들이 가지는 어머니에 대한 비정상적인 욕망"이라고 썼다.

다수의 심리학자는 오이디푸스 콤플렉스를 모든 사람에게 일반화하기 어려운 현상으로 본다. 《우상의 추락-프로이트, 비판적 평전》(2013)의 저자 미셸 옹프레는 "오로지 지그문트 프로이트의 유아적인 소원일 뿐"이라고 말하기도 했다. 그는 심지어 "프로이트의 이론들은 아무리 복잡해 보여도 확실한 공통분모를 지녔다. 바로 여성 혐오와 남성 우월주의에 기반한다는 점이다."(허미경 기자, 〈한겨레〉, '프로이트의 이론들 어디까지 믿으세요?', 2013. 9. 15)라고 썼다. 이런 비판을 고려한다면, 심리학적 개념에 근거해 작품을 다룰 때 자칫 작가의 집필 의도와는 거리가 먼 해석으로 흐를 위험성도 유념해야 한다.

특히 〈분지〉처럼 사회성 짙은 작품을 분석할 경우 그럴 가능성은 더 커질 수 있다. 인물의 심리적 해석에 초점을 맞출 경우, 〈분지〉 같은 소설이 지닌 집단적, 사회적 의미가 개인의 내면적 갈등으로만 축소될 수 있다. 이런 심리적 분석에서는 저항의 역사적 맥락, 구조적 폭력, 이에 따른 집단적 트라우마 등이 쉽게 누락된다.

공격성을 긍정적 인물이나 부정적 인물 모두에게 휘두르기 때문인 것처럼 보인다."라고 썼다. 그 예로 〈분지〉에 나오는 홍만수를 거론하며, 부정적 대상인 미국을 맞서는 그 역시 '편집증자'라고 말한다.

'분지 사건'과 불온
―임유경의 〈1960년대 '불온'의 문화 정치와 문학의 불화〉

'청맥 사건'과 '분지 사건'을 중심으로 한 '불온' 연구

　남정현 작가의 소설만을 주제로 한 석사논문은 10여 편 있지만 박사논문은 아직 한 편도 없다. 필자가 확인한 바로는 지금까지 국내 박사논문 네댓 편에서 남정현 소설을 주요하게 다루고 있는데 장현의 〈1960년대 한국 소설의 탈식민적 양상 연구―이호철, 최인훈, 남정현의 소설을 중심으로〉(가톨릭대, 2005), 정주일의 〈1960년대 소설에 나타난 근대화 담론연구―김정한, 이호철, 남정현〉(공주대, 2009), 임유경의 〈1960년대 '불온'의 문화 정치와 문학의 불화〉(연세대, 2013), 정희진의 〈반미문학을 통해 본 식민지 남성성의 형성〉(이화여대, 2019) 등이 있다. 이 중에 임유경의 〈1960년대 '불온'의 문화 정치와 문학의 불화(Cultural politics of 'Buron, 不穩' and the dissonance of literature in the 1960s)〉는 '분지 사건'을 중심으로 하면서 남정현 작가를 주요하게 다룬 박사논문이라 할 수 있다.
　임유경은 논문의 앞부분에서 자기 논문의 목적은 "1960년대 한국사회에서 '불온'이 어떻게 발견·발명되고 어떤 작용과 효과를 창출해냈는가를 고찰하는 것"이라고 밝혔다. 이 논문이 집중적으로 다루는 연구 대상 시기는 1961년 5·16 군사쿠데타와 1972년 10월 유신 사이까지이고, 저자가 정리한 핵심어는 "1960년대, 불온, 배후, 식별 불가능성, 반공주의, 민족주의, 통치성, 장치, 공안사건, 검열, 필화사건, 청맥, 사상계, 학생, 지식인, 빈민대중, 동일시, 주체화, 문학의 불화, 김수영, 남정현, 안수길"이다.

임유경은 '불온 생산 체제'가 구축되어가는 과정과 그 메커니즘을 규명하기 위해, 대표성을 띠는 주요한 사건을 구체적 연구 대상으로 설정했는데, "그것은 바로 '청맥 사건'과 '분지 사건'이다."라고 밝혔다.

> 이 두 사건은 특정 주체와 매체와 텍스트가 불온하다고 규정되기까지 동원되고 노정된 몰/논리를 집약적으로 드러내 주는 한편, 불온의 의미구성 과정에 개입하고자 했던 주체들의 상이한 움직임들을 포착할 수 있게 해주는 대표적 '불온사건'이다. 이 사건들은 또한 중요하게도, '청년지식인'과 '빈민대중'의 존재론을 논의하는 일을 가능케 하는 계기적 사건이기도 했다.

이 논문에서 김수영, 안수길 작가도 언급되지만 주로 다루는 대상은 남정현의 〈분지〉와 '분지 사건'이다. 목차를 살펴보면 "Ⅰ. 서론 Ⅱ. '불온'의 개념과 계보학 Ⅲ. '믿음'의 체제와 신원증명의 정치-청맥 사건과 청년지식인 Ⅳ. '명랑'의 체제와 감각의 재구성-분지 사건과 빈민대중 Ⅴ. 비화해적 미학과 불온 Ⅵ. 결론"으로 짜였는데, 저자는 '분지 사건'을 다룬 Ⅳ장을 이렇게 설명했다.

> Ⅳ장은 박정희 정권이 '명랑의 체제'를 구축해나가는 과정 및 방식과 한국 사회에서 '감각의 재구성'이 행해지던 순간들을 특징적인 국면을 중심으로 고찰한다. 이 장의 주요한 논의 대상은 '분지 사건'과 '빈민대중'이다. 1절에서는 분지 사건과 오적 사건을 통해 '불온한 문학'이 탄생되는 과정을 조명하고, 반미와 빈민대중이라는 화두가 불온을 구성하는 중요 요소로 등장하는 구체적인 맥락들을 들여다본다.

저자는 분지 사건 외에도 1960년대의 '불온' 문화예술 사건에 관해 언급하는데, 그 사건들에서도 '반미'가 '불온의 주요한 이유'로 제시되는 경우가 상당히 많았다고 한다. 《현대문학》 63년 12월호에 발표됐던 정공채의 장시 〈미8군의 차〉도 이러한 경향을 일찌감치 보여주었다. 이만희의 영화 〈7인의 여포로〉 사건 때에도 '반미'는 '불온의 주요한 이유'로 제시되었다. 임유경은 "한편, 이러한 맥락에서 한 가지 짚어볼 점은 64~65년경에 이르러 문화예술계에 검열 관계 사건이 집중적으로 발생한다는 사실이다."라고 썼다.

64~65년도에 잇따라 발생한 필화사건은 이러한 맥락에서 이해될 필요가 있다. 이들 사건은 한일협정반대투쟁을 거치며 청년·지식인의 순치 가능성을 타진하고 일정 부분 통치에의 자신감을 획득해가고 있던 박정희 정권이 이전의 경험을 토대로 점차 문화예술계의 불온성을 관리하는 데 관심을 기울이기 시작했음을 알려준다. 이는 박정희 정권의 언설을 빌리면, 64년도의 "6·3사태"를 계기로 획득하게 되었다는 "'대내적 안전'이라는 새로운 시각"이 문화예술계에까지 확장 적용되는 과정, 즉 "내부로부터의 위협"이라는 언설의 외연적 확장을 목도하게 하는 상징적 사건들이었다.

64~65년 사이에 발생한 '불온 문화예술' 사건은 친북, 반미와 같은 외부적 요소뿐만 아니라 내적 요인도 함께 작용했음을 보여주는 해석이다. 1965년 '분지 사건' 이전에 한 일간지에 "특히 요즈음엔 웬일인지 '영화' '라디오 방송' '연극' 등이 검열에서 끝나는 것이 아니라 반공법에 걸려 작가가 구속되는 일이 많아졌다."(〈경향신문〉, 1965. 3. 9)라는 우려 섞인 글이 실린 것을 보면 당시 분위기를 유추해 볼 수 있다.

공소장이 제시한 불온성의 기준 – 반미, 반정부, 계급의식

5·16 군사쿠데타로 집권한 박정희 정권은 어떤 기준으로 문학의 불온성을 판별하고 사법적 판단을 했을까. 임유경은 '분지 사건' 공소장을 통해 당국이 제시한 기준을 확인할 수 있다고 보았다. 김태현 검사는 "〈공소장〉의 절반은 오늘날 용공과 반미가 어떤 관계를 맺고 있는지를 설명하기 위해, 나머지 절반은 〈분지〉의 줄거리를 요약 정리하기 위해 할애"했다. 용공과 반미의 연관성을 설명하는 "〈공소장〉 초반과 말미는 법조계의 오랜 글쓰기 전통에 따라 그 긴 말들이 한 문장으로 꿰어졌고, 중간을 채우는 줄거리 요약은 (소설 내용 정리에 있어서는 그것이 불가능했던지) 단문으로 처리"했다. 임유경은 "장황한 글이 풍기는 복잡성과 달리 논리는 매우 간단하다."라고 하면서, 아래와 같이 썼다.

> 글의 논지에 따르면, 북한은 무력남침에 패배한 후 대남전략을 간접 침략으로 전환하여 위장된 민족 주체성을 고취하면서 남한의 반공의식을 해이케 만들고 대남전략의 결정적 장애가 되고 있는 한미 간의 유대를 이간할 것을 획책하고 있다. 이 같은 상황 판단을 전제로, 검사 측에서는 "북괴의 적화전략의 상투적 선전 선동 활동"이 해당 작품에서 발견된다는 점을 들어 불온성을 제기했다. 아울러 '남한 현실의 왜곡·허위선전', '빈민 대중에게 계급 및 반정부의식 조장', '반미사상의 고취를 통한 한미 유대 이간' 등을 '불온성-용공성'을 구성하는 주요 요인으로 제시했다. 긴 공소문은 한 마디로, '계급의식, 반정부의식, 반미사상'을 고취시키는 일체의 모든 행위가 '용공' 혐의로부터 자유로울 수 없음을 보여주고 있다. 또한 장문의 언어들은 작가의 "사상적 빛깔"을 밝혀내고 그의 '민족주의'가 '위장된 민족주체성'에 다름 아니었음을 판명하기 위해, 최종적으로는 '그의 불온한 정체'를 입증하기 위해 동원된 것이었다.

논문의 4장 "'명랑'의 체제와 감각의 재구성-분지 사건과 빈민대중"의 2절 '헐벗은 존재의 출현과 폭력의 서술' 1항은 "쟁점으로서의 '빈민대중'과 '재현'의 문제"이다. 저자가 이 절에서 출발점으로 삼은 텍스트는 "남정현의 '분지 사건' 관련 〈공소장〉"이다. 김태현 검사가 작성한 이 문건은 "표면화된 불온의 명목들과 그 이면에 내재되어 있는 불안"을 드러내 준다.

여기에 기입된 불온의 명목은 '반미감정/사상' '반정부의식' '계급의식'이다. 이것들은 모두 '용공성'을 판별해주는 중요 요인이었다. 주목을 요하는 것은 이 불온의 명목이자 용공성 판별의 요인인 세 항목이 특정 대상과 결합하고 있었다는 사실이다. 〈공소장〉은 문학이 위에 상술한 위험한 감정, 의식, 사상과 어떤 구체적 대상을 조우하게 함으로써 불온을 확산시키는 일에 관계했는지를 알려준다. 〈공소장〉들의 규정법에 따르자면, 이 특정 주체는 바로 '빈민대중'(내지는 '피해대중')이었다.

논문 4장 2절 '헐벗은 존재의 출현과 폭력의 서술'의 2항 '폭력의 서술-반미와 내셔널리즘'에서 저자는 1960년대 발생한 미국에 의한 폭력 사건과 이와 관련한 문학작품에 대해 다뤘다. 여기서 임유경은 "1960년대 한국사회에서 불온한 존재들의 비/가시성과 비/시민성이 가장 극적으로 표출되었던 것은 '반미테제와 빈민대중'이라는 화두가 급속히 매개되었던 '미군사형(私刑)사건'에서였다."라고 썼다.115

부연하자면, '빈민'과 '양공주'와 '소년범' 등이 '미국'이라는 항을 매개로 한

---

115 1962년 3월호《사상계》는 '우리는 미국국민에게 묻고자 한다'라는 글에서 "회고컨대 6·25 사변을 계기로 하여 많은 미군이 한국에 진주한 이래로 미군부대 주변에서는 한국인에 대한 사살, 중상, 린치, 인격모욕 등의 소위 인권유린 사건이 빈번하게 발생해 왔다."면서 미군에 의한 주요 범죄를 상세히 나열했다.

국사회에 등장하는 장면들은 한국인들로 하여금 '내셔널리즘'의 문제성을 인식상에서, 담론상에서, 그리고 실제적 행위의 차원에서 대면하게끔 만들었다.

논문에서는 한국인 특히 청년 학생들이 '내셔널리즘'을 대면하게 만든 대표적 미군 린치사건으로 14세 소년 '김춘일 사건'(1958년)과 파주 나무꾼 린치사건(1962년) 등을 소개했다. 이와 함께 "비인도적인 린치사건이 발생할 때마다 우리 한국 사람들의 머리에는 지난날의 린치사건들이 되살아나는 것을 어찌할 수 없"었다는 신문 기사를 함께 실었다.

"좀 멀리는 왜관 린치사건, 동두천 삭발사건, 포천 페인트사건 등으로부터 최근의 수원시에서의 미군들의 대민간 폭행사건, 대전에서의 위안부 사살사건, 서울에서의 경흥여관사건 등 주한미군에 의한 불상사는 일일이 매거(枚擧)하기에 바쁠 정도"였다. ('주한미군인에 의한 불상사를 없애는 길', 〈동아일보〉, 1962. 6. 1)

저자는 이처럼 다수의 미군범죄 사건들이 "공론장에 속속들이 기입됨에 따라 점차 '우연성'이라는 말은 그 본의를 잃어갔다."라고 적었다. 그리고 당시 언론에서 추정한 바 있듯이, "미군 관련 사형(私刑)사건은 알려진 것보다 침묵되었던 것들이 훨씬 더 많았다."라고 썼다. 이런 현상은 미국식 민주주의에 대한 회의를 야기하기도 했다.

머리 깎인 여인들에 관한 사진은 '외설적 이면'과의 만남, 이 불편하고도 불가피한 순간을 담고 있었다. 이것은 60년대 남한 사회가 그토록 신봉하던 '민주와 자유'의 불온한 얼굴이었다. 그러나 당시 한국사회에서 미국문화의 외설성에 대한 근본적 물음이나 이데올로기적 반미주의에 대한 문제 제

기로의 방향 전환을 꾀하는 모습은 발견되지 않는다.

'우리는 반미가 아니다'라는 선을 넘어선 작가들

이런 상황에서 "60년대 초반 '우리는 반미가 아니다'라는 말을 정체성 증명을 위해 쓰고 있던 주체가 있었으니" 그것은 바로 5·16쿠데타로 집권한 박정희 군부세력이었다. 1960년대 초반 박정희 군부정권은 "혁명정부가 '반미'의 낙인찍힐 이유는 아무 데도 없"다는 점을 피력하기 위해 꽤 많은 열정을 쏟아야 했다. 1963년 대통령 선거 때에도 좌파 전력이 있던 박정희는 '사상 공세'에 직면했고, "박정희와 김종필, 아울러 공화당은 자신들이 결코 '의심스러운 사상'을 갖고 있지 않음을 공표하고 입증하기 위해" 애썼다.

임유경은 "이러한 당시의 정황은 군부세력이 정치적으로 민감한 문제였던 미군 린치사건과 한미행협 추진이라는 사안으로부터 한 걸음 물러서 있던 이유의 하나로, 아울러 박정희 정권이 향후 '반미와 용공'을 '엄단'하게 되는 중요한 맥락으로 검토될 필요가 있다."라고 썼다. 이같이 미군, 미국이 주요 이슈로 떠오른 상황에서 "박정희 정부는 자신들을 향해 쏘아 올려진 언어의 총성을 65년에 이르러 본격적으로 문화계에 되돌려주었"는데, '배미용공적'이라는 이유로 이만희의 〈7인의 여포로〉와 남정현의 〈분지〉를 법정에 세운 게 그 대표적 사례다.

'반미'라는 테제가 문학의 영역에서 다뤄지는 방식과 양상은 이러한 정치사회적 맥락을 염두에 두면서 검토될 필요가 있다. 여기서 주목되는 작가는 김수영, 남정현, 신동엽, 유주현 등이다. 이들의 작품은 앞서 살펴본 미군 린치사건을 직접적으로 다루고 있다는 점에서, 아울러 한국사회에서 암묵적으로 합의하고 있던 타협의 선-'우리는 반미가 아니다'-을 넘어서고 있다는 점에서 일정한 공통성을 갖는다. 특히나 한일협정반대투쟁과 맞물려 미국에 대한 재인식이 이루어지기 이전부터 이들의 대미인식이 급진적 성격을 가졌다는 점은 기억될 필요가 있다.

임유경은 '우리는 반미가 아니다'라는 타협의 선을 넘어선 작가로 김수영, 남정현, 신동엽, 유주현을 꼽고, 이들의 작품을 소개했다. 신동엽의 시 〈왜 쏘아〉, 유주현의 소설 〈임진강〉(1962년), 남정현의 소설 〈분지〉, 〈자수민〉 등이 그것이다.

신동엽 시인은 배가 고파 꿀꿀이 죽을 찾고, 쓰레기통을 뒤지던 소년과 임산부를 향해 총질을 한 미군을 향해 "왜 쏘아/ 우리가 설혹/ 쓰레기통이 아니라/ 그대들의/ 그대들의 판자 안방을 침범했었다 해도/ 우리가 맨손인 이상/ 총은 못 쏜다// 쏘지 마라. / 솔직히 얘기지만/ 그런 총 쏘라고/ 박첨지네 기름진 논밭,/ 그리고 이 강산의 맑은 우물/ 그대들에게 빌려준 우리 아니야. // 벌 주기도 싫다/ 머피 일등병이며 누구며 너희 고향으로/ 그냥 돌아가 주는 것이 좋겠어."라고 항의했다.116

유주현의 〈임진강〉은 미군에 의한 린치사건인 '나무꾼 피살사건'을 소재로 삼은 소설인데 《사상계》(1962. 7)에 발표한다. 작가는 "가난한 집안에서 나고 자란 형제를 이태원과 파주라는 공간에 배치하여 이야기를 전개"했는데, 이 소설은 "두 개의 공간을 오가며 미군 린치사건을 바라보는 여러 시선을 그려내고" 있다.

---

116 위 시[〈왜 쏘아〉]에 나오는 10대 소년과 임산부는 실존 인물이다. 1964년 2월 2일 경기도 동두천의 미군 부대 주변에서 깡통을 수집하던 임산부가 미군 초병의 총을 맞고 죽었다. 같은 날 같은 동네에서 세 명의 술 취한 미군이 두 딸의 어머니인 창녀를 미군 부대 안으로 유괴하여 강탈하고 강간하며 거의 죽이다시피 했다. 2월 6일 포천에서는 미군 초병이 10대 소년 한 명을 사살하고 다른 한 명을 중태에 빠뜨렸다. 2월 9일 의정부에서는 미군 부대 철조망 근처에서 쓰레기통을 뒤지던 12살의 굶주린 소년이 미군의 총을 맞고 거의 죽을 뻔했다. 그리고 2월 17일엔 파주에서, 2월 18일엔 송탄에서, 2월 19일엔 동두천에서 …… 비슷한 사건이 연이어 터졌다. (이재봉, 《문학과 예술 속의 반미》, 2018년, 154쪽)

김수영은 61년 6월 1일 자 일기에 "《들어라 양키들아》(C. 라이트 밀스 저) 독료. 뜨거운 마음으로, 무수한 박수를 보내면서 읽었다. 사상계사에 Book Review를 썼다. 아아, 〈들어라 양키들아〉."라고 썼다.

〈분지〉 이전부터 사상의 바리케이드를 넘어선 남정현

4장 3절 '문학의 기술, 중지와 전유'의 3항은 '권력의 언어를 불온하게 전유하는 방법-남정현의 경우'이다. 여기서 저자는 신동엽과 유주현을 소개하면서 비평을 하는데, 이들의(김수영, 남정현, 신동엽, 유주현) 작품은 "한국사회에서 암묵적으로 합의하고 있던 타협의 선-'우리는 반미가 아니다'-을 넘어서고 있다는 점에서 일정한 공통성을 갖는다."라고 적었다.

임유경은 "1965년 당시 남정현의 〈분지〉 사건이 사법당국에 의해 법정으로 불려갔을 때, 작품의 불온성을 증명해주는 중요 요인으로 거론되었던 것은 '반미'였다."라고 썼다. 앞서 살펴본 바와 같이 1960년대 초중반에는 연이은 미군 린치사건으로 한국사회 전반에 걸쳐 미군에 대한 인식이 악화되고 있었다. 그렇지만 "당시에 작성된 기사나 각종 선언문 등과 견주어볼 때, 남정현의 〈분지〉는 당국의 말마따나 매우 도발적이고 문제적이었다고 할 수 있다."라는 것이 저자의 시각이었다.

> 작가의 상상력은 통치 권력과 청년·지식인 일반이 보편적으로 합의하고 있던 타협의 선을 초과하는 것이었다. 남정현은 사상의 바리게이트(금기의 선)-'우리는 반미가 아니다'-를 넘고 있었다. 이러한 점에 비추어볼 때, 반미 감정의 조장이라는 사법당국의 해석은 타당한 면이 있었다. 이때 반미라는 테제는 '식민성'에 대한 인식과 밀접하게 닿아 있었는데, 이 점은 김건우에 의해 적시된 바 있다. <u>남정현의 〈분지〉를 해석하는 심급은 확실히 신민족주의 혹은 반제 민족주의 담론에 놓여있었다. 그래서 〈분지〉를 가장 '정확</u>

하게' 읽은 쪽은 역설적으로 말해 반공국가권력의 장치였던 검찰과 그리고 '북'이었다."117

임유경은 남정현과 분지가 '사상의 바리케이트'를 넘었다는 점을 분명히 하면서 "그런데 여기서 한 가지 놓쳐서는 안 되는 점은 남정현의 정부에 대한 비판의식과 반미의식이 〈분지〉가 발표되는 60년대 중반에서야 표출되기 시작한 것은 아니라는 점이다."라고 썼다. 남정현 작가는 〈분지〉 발표 이전인 "등단 직후부터 이미 미국에 대해서도 정부에 대해서도 비판적인 목소리를 높이고 있었다."라는 것이다.

임유경은 "반미, 신식민주의, 통일, 정부 비판, 그리고 빈민대중, 온갖 불온한 것들이 일찌감치 소설 안으로 불러들여지고 있었다."라고 말할 수 있다 했는데, 그 예로 〈누락 인종〉(1960)과 〈기상도〉(1961), 〈자수민〉(1962) 등을 제시했다. 그는 소설 〈누락 인종〉이 주목되는 것은 "〈분지〉에서 발견되는 반미적 성향과 재식민화에 대한 불안이 작가의 초기 작품에서부터 일찌감치 표출되고 있었음을 알려주기 때문"이라고 썼다. 임유경은 남정현의 초기소설에 담겨 있는 반미 의식을 예리하게 포착하고 들춰냈다.

이를테면, 초기작인 〈누락 인종〉(《자유문학》 36호, 1960. 3)은 미국문화에 대한 조소와 희화화, 더불어 통치 이데올로기에 대한 거부감을 직접적으로 표출하고 있다. (……) 이 소설이 주목되는 것은 〈분지〉에서 발견되는 반미적 성향과 재식민화에 대한 불안이 작가의 초기 작품에서부터 일찌감치 표출되고 있었음을 알려주기 때문이다. 그런가 하면, 이듬해에 발표된 〈기상도〉(《사상계》 97호, 1961. 8)는 앞서의 문제의식을 전면화함으로써 향후

---

117 인용문 마지막 밑줄 친(필자) 문장의 출처는 김건우 논문 〈'분지'를 읽는 몇 가지 독법-남정현의 소설 '분지'와 1960년대 중반의 이데올로기들에 대하여〉(《상허학보》 31집, 상허학회, 2011, 276쪽)이고, 논문 저자 임유경이 각주에서 밝혔다.

작가의 문학적 행보를 예고했다. 〈분지〉 사건 이후로 남정현은 "저항문학의 기수"라는 레테르를 갖게 되는데, 이전의 작품들에서 저항적 면모들은 발아하고 있었다. 507) 이러한 맥락에서 볼 때, 〈분지〉는 작가의 어떤 변화를 새삼스럽게 일깨워주는 작품이 아니다. 기존의 작품들에서 엿보이던 재식민화에 대한 문제의식이 〈분지〉에서 성적 메타포를 통해 보다 선정적으로 드러났을 따름이다. 118

어떤 면에서 〈분지〉보다 더 '불온'한 〈자수민〉

임유경은 "이 소설〔자수민〕에 울려 퍼지는 '권력의 목소리'는 60년대 초반 군부정권의 그것과 상당히 유사하다."라고 썼다. "62년 3월, 공보부는 간첩자수기간을 설정했고 각 방송국에 계몽방송을 실시할 것을 지시했다. 당국은 '자수하는 간첩에게는 최대의 관용으로 임하여 이들을 따뜻이 맞이하고 과거를 묻지 않을뿐더러 직장까지 마련하여 생활 보장도' 해줄 것임을 약속했다."라는 것이다. 남정현 작가의 소설 〈자수민(自首民)〉은 실제로 간첩 자수 캠페인이 한창 진행 중이던 때에 발표되었다고 한다. 저자는 '자수 캠페인'이라는 시의적 소재를 다루고 있는 이 소설은 "당시의 여느 보도 기사들과는 달리 '당국의 따뜻한 관용'이 아니라 "조국"의 이름 뒤에 숨은 통치자의 목소리, 이 '자수(自首)의 복음'이 갖는 기만성을 응시했다."라는 점에 주목했다.

---

118 아래 내용은 임유경 논문에 실린 각주(507)를 그대로 옮긴 것이다.
  〈분지〉가 표방하는 '불온한 사상'들은 '이미' 〈기상도〉에 응축되어 있었다. 이 작품에서 "선량하기만 한 '백의'의 무리들"은 강대국에 의해 "역사(歷史)란 궁전"을 소유하지 못한 한국인으로, 현재 이들의 삶의 터전을 지배하는 관할 주체는 '무자비한' "유·에스·에이"로 제시된다. 서울을 종창이 수두룩한 육체에 비유하는 이 소설에서 식민화의 책임은 '제국주의적 욕망'을 드러내는 미국과 '기만적인' 한국 정부, 그리고 '무지한' 대중, 이 세 주체에 분배된다.

임유경은 간첩, 자수와 같은 극도로 예민한 소재를 다룬 이 소설이 "어떤 면에서 〈분지〉보다 더 '불온'하다."라고 썼다. 그는 '간첩자수기간'에 "벽마다 거리마다 흘러넘치는 빨간 글씨의 벽보를 따라" "떼를 지어 행진"하는 사람들의 무리 속으로 걸어 들어가는 주인공의 마지막 모습은 '권력의 품'으로의 이행을 예고하지만, "그렇다고 이 귀결이 '구원의 가능성'에 대한 낙관을 의미하는 것은 아니었다."라는 점을 지적했다.

1963년 《사상계》 11월호에 발표한 〈현장〉도 불온함으로 가득 찬 소설이다. 임유경은 "이 소설에서 가장 인상적인 장면은, 주인공이 '자유와 민주와 통일'을 위해 투쟁했다는 이유로 '반역자'로 낙인찍힌 아버지와 대화를 나누는 대목이다."라고 썼다.

> 이들은 '깨어진 유리창'과 '뚫린 문구멍'을 살피며 나지막한 목소리로 '군정과 민주주의'에 대해 이야기했다. 여러 지면에 걸쳐 있는 이 대화의 핵심은 아직 오지 않은 '민주주의를 기다리고 있다'는 데 있었다. 그런데 들릴 듯 말 듯한 음성을 타고 흐르는 이 말들은, 주인공 그 자신이 생각하기에 지나치게 '불온했다.'

〈현장〉의 주인공은 아버지와 '불순한' 대화를 나누다 "그래도 왜 그런지 나는 마음이 놓이질 않는 것이다. 혹시 누가 들은 사람이 없을까, 지금 부자간에 주고받은 이 불온한 대화를 말이다."라고 불안해한다. 그러다 일어나 문틈으로 가만히 밖을 엿보다 안도의 숨을 내쉰다. 검은 구름, 우르릉 꽝, 우레소리 요란한 바깥에서 발견한 인물은 "요즘 한창 번성하는 소위 그 정체불명의 사나이가 아니라 어디까지나 신원이 뚜렷한 나의 어머니"임을 확인했기 때문이다.

임유경은 논문의 5장 '비화해적 미학과 불온'에서 "'불온'이 어떻게 '정치적·미학적 기획'을 위한 언어가 되었는지를 문학자들의 논의를 통해 고찰"

했다. 저자는 '불온'은 권력의 언어였지만, 주목할 만하게도 60년대 문학장에서 이것은 문학의 언어가 되기도 했다고 보았다. 이 장의 1절에선 안수길의 소설과 산문, 2절에선 김수영의 시와 산문을 중심으로 이 문제를 구체화하여 논의했다.

불온한 김수영의 〈김일성 만세〉

1절 '감각의 통치 불/가능성'의 1항 '감시사회와 노이로제'에서는 1964년 《문학춘추》 창간호에 실린 안수길의 소설 〈IRAQ에서 온 불온문서〉를 다뤘다. 안수길은 남정현을 추천한 작가이다.

김수영의 시와 산문을 중심으로 '불온'을 분석한 2절 '불온의 정치적·미학적 성격과 전위(前衛)의 위상학'의 도입부에서 저자는 "김수영은 안수길보다 더 적극적으로, 그리고 더 급진적인 방식을 통해 검열과 불온의 문제를 숙고했다."라고 썼다. 임유경은 "그는 자유의 문제를 '문학의 본질로서의 불온'이라는 차원에서 검토하고자 했는데", 아래의 텍스트를 이 점을 확인할 수 있게 해주는 대표적 예문으로 소개했다.

문학하는 사람들이 왜 이다지도 무기력하냐는 비난이 요즈음 자자한 것 같지만 책임은 결코 문학하는 사람에게만 있지 않다. 필자부터도 쓸데없이 몸을 다치기는 싫다. 정말 공산주의자라면 자기의 신념을 위해서 자업자득하는 수도 있겠지만, 그렇지도 않은데 섣불리 몸을 다칠 필요는 없다. 그렇지만 창작상에 있어서는 객관적으로 볼 때 그야말로 〈불온사상〉을 가진 것 〈같이〉 보여지는 수가 많다. 그리고 이러한 오해의 결과가 사직당국의 심판으로 〈저촉되지 않는다〉는 판결을 가지고 온다 하더라도 문제는 그 판결의 유죄·무죄가 중요한 것이 아니다. 문제는 〈만일〉에의 고려(考慮)가 끼치는 창작 과정상의 감정이나 꿈의 위축이다. 그리고 이러한 위축 현상이

우리나라의 현 사회에서는 혁명 후도 여전히 그 전이나 조금도 다름없이 계속되고 있다는 것을 알아야 한다. 이것은 죄악이다.
(김수영, 〈창작 자유의 조건〉(1962), 《김수영 전집 2-산문》, 민음사, 2003)

창작의 자유를 위해선 '불온사상'이라는 오해를 받더라도 위축되지 말고 써야 한다는 생각을 지녔던 김수영이지만 현실 속에선 장애가 많았다. 4월 혁명이 일어난 해인 1960년에 썼으나, 생존에 발표하지 못한 시 〈김일성만세〉가 그 대표적 예이다.

김수영은 '북한에 관한 거의 모든 것'들이 "만지면 다치는 금기"이던 시대에, 남한 사회에서 뜨겁게 달궈진 말(기표)-'金日成萬歲!'-을 입에 담았다. (〈金日成萬歲〉, 1960. 10. 6) 이것은 4·19가 열어놓은 자유의 공간을 틈타 비집고 나온 말이었다. 그러나 이 만세의 외침은 '타협의 실패'로 인해 침묵하는 언어가 되었다.

미발표 유작이 된 시에서 "김수영은 '한국 언론자유의 출발'이 '金日成萬歲'를 인정하는 데 있다."라고 적고 있지만 한국의 언론은 그 '불온한' 기표를 실을 만큼 자유롭지 못했다. 그는 1968년에 〈지식인의 사회참여-일간신문의 최근 논설을 중심으로〉에서 "나의 상식으로는 내 작품이나 〈불온한〉 그 〔신춘문예〕 응모작품이 아무 거리낌 없이 발표될 수 있는 사회가 되어야만 현대사회라고 할 수 있을 것 같고, 그런 영광된 사회가 반드시 머지않아 올 거라고 굳게 믿고 있다."라고 말했는데, 〈김일성만세〉를 발표하지 못한 것을 오랫동안 가슴에 품고 있었던 것으로 보인다.

〈金日成萬歲〉의 창작과 발표 과정에 대해 김수영 시인은 10월 6일부터 12월 27일까지의 일기에 기록해뒀다. 임유경은 논문에 각주를 달아 해당 날짜 일기의 주요 내용을 소개했다.[119]

1960년대 작가들의 '비켜선 자리'와 '비겁함'에 대하여

논문의 5장 '비화해적 미학과 불온'의 2절 '불온의 정치적·미학적 성격과 전위(前衛)의 위상학'의 1항 '예술의 역사와 불온의 역사'에서는 김수영 문학에 대해 다루고 있다. 여기서 저자는 "그의 문학론과 문학적 실험은 '문학의 불온'을 '온몸'으로 실행시키는 것이었다."라고 평하면서, 김수영이 문학은 "본질적으로 불온한 것"이라고 말한 것에 주목했다.

문학의 불온성에 관한 논의에 있어 가장 급진적인 사유를 보여준 이는 김수영이다. 그는 60년대 말 '문학과 정치'의 내밀한 관계에 대해 숙고하며 다음과 같은 결론을 내렸다. "두말할 것도 없이 문학의 본질이 꿈을 추구하는 것이고 불가능을 추구하는 것"이기 때문에 "문학은 필연적으로는 완전한 세계의 구현을 목표로 하는", 이른바 "본질적으로 불온한 것"일 수밖에 없다. (김수영, 〈실험적인 문학과 정치적 자유〉, 1968. 2) 이 같은 시인의 '정

---

119 김수영이 1960년에 쓴 해당 일기의 중요 대목만 옮긴다. 《10월 6일》-시「잠꼬대」를 쓰다. 나는 아무렇지도 않게 썼는데, 현경한테 보이니 발표해도 되겠느냐고 한다. 이 작품은 단순히 〈언론자유〉에 대한 고발장인데, 세상의 오해 여부는 고사하고, 현대문학지에서 받아줄는지가 의문이다. 거기다가 거기다가 조지훈(趙芝薰)도 이맛살을 찌푸리지 않는가? *이 작품의 최초의 제목은「OOOOO」. 시집으로 내놓을 때는 이 제목으로 하고 싶다. 《10월 18일》-시「잠꼬대」를 자유문학에서 달란다.「잠꼬대」라고 제목을 고친 것만 해도 타협인데, 본문의 〈×××××〉를 〈×××××〉로 하자고 한다. 집에 와서 생각하니 고치기 싫다. 더 이상 타협하기 싫다. 허지만 정 안되면 할 수 없지. 〈 〉부분만 언문으로 바꾸기로 하지. 후일 시집에다 온전하게 내놓기로 기약하고 한국의 언론 자유? Goddamn이다!《10월 19일》-시「잠꼬대」는 무수정(無修正)으로 (언문 교체 없이) 내밀자. 《10월 29일》-「잠꼬대」는 발표할 길이 없다. 지금 같아서는 시집에 넣을 가망도 없다고 한다. 오늘 시「피곤한 하루의 나머지 시간」을 쓰다. 전작과는 우정 백팔십도 전환. 〈일보 퇴보〉의 시작(試作). 말하자면 반동의 시다. 자기확립이 중요하다. 다시 뿌리를 펴는 작업을 시작하자. 《11월 9일》-역사(歷史) 안에 산다는 건 어렵다. 《12월 4일》-문은 열리고 있다. 언동을 분명히 하라. 타협을 말라! 《12월 27일》-「OOOOO」는 〈인간 본질에 대해서 설치된 제제한(諸制限)을〉 관찰하는 데 만족하고 있는 시이다. (김수영, 《김수영 전집 2-산문》, 민음사, 2003, 503~507쪽)

식'은 단지 그의 시론의 초석으로만 읽힐 것이 아니라, 불온을 수행하는 것으로서의, 그것에 내재하는 부정의 상상력과 파괴의 욕망을 활성화시키는 것으로서의 문학 행위와 관련하여서도 상기되어야 한다.

임유경은 김수영의 시〈어느 날 고궁을 나오면서〉(1965. 11. 4)를 인용하면서 '비껴선 자리'의 의미에 관해 검토했다. 〈어느 날 고궁을 나오면서〉는 김수영 시인이 '분지 사건'을 목도한 뒤 썼다는 시이고 여기서 '붙잡혀간 소설가'는 남정현이다.

왜 나는 조그마한 일에만 분개하는가
저 왕궁 대신에 왕궁의 음탕 대신에
50원짜리 갈비가 기름덩어리만 나왔다고 분개하고
옹졸하게 분개하고 설렁탕집 돼지 같은 주인년한테 욕을 하고
옹졸하게 욕을 하고
한번 정정당당하게
붙잡혀간 소설가를 위해서
언론의 자유를 요구하고 월남파병에 반대하는
자유를 이행하지 못하고
20원을 받으러 세 번씩 네 번씩
찾아오는 야경꾼들만 증오하고 있는가
(중략)
아무래도 나는 비켜서 있다 절정 위에는 서 있지
않고 암만해도 조금쯤 옆으로 비켜서 있다
그리고 조금쯤 옆에 서 있는 것이 조금쯤
비겁한 것이라고 알고 있다!

"그리고 조금쯤 옆에 서 있는 것이 조금쯤/ 비겁한 것이라고 알고 있다!" 라고 쓴 김수영은 "자신의 사회적 좌표, '비껴선 자리'를 멀찌감치 떨어져 바라보며 '비겁하다' 자조했고, 그 자리에서 하는 것이라고는 '옹졸한 반항'임을 고백했다."는 것이다. 김유경은 '비껴선 자리'를 놓고 남정현을 이렇게 평한다.

> 1960년대 작가들의 '비껴선 자리'와 '비겁함'에 대한 자의식은 어떻게 해석될 수 있을 것인가. 이 시기 불온했던 문학을 꼽으라고 한다면, 흔히 남정현의 〈분지〉를 떠올리기 쉬울 것이다. 저항성이라는 차원에서 따져보자면, 이 소설은 비껴선 자리에서 생산된 작품들에 비해 더 분명한 의미를 갖는다. 그러나 남정현의 소설은 때로 너무 무겁고, 때로 너무 비장하다.

임유경은 "직설화법과 과감하고 도발적인 언어들"에 매몰되지 않고 "내재적이면서 외재적인 역설적 위치, 자기보존적이면서 자기파괴적인 이 응시하는 자의 위치는 흥미롭게도 그 스스로가 자신을 '소시민적'이라 규정했던 작가들에게서 발견"되는데, "이를테면 김수영, 안수길, 최인훈 등이 이에 해당한다."라고 보았다. 저자는 이들 '비껴선 작가'들이 "공통적으로 갖고 있던 자의식-'나는 소시민이다'-은 어떤 면에서 비판의 대상이 될 수 있고 또 실제로도 이에 대한 비판이 있어 왔지만, 이러한 자의식이 어떤 방식으로 외화되어 특정한 문학작품을 낳았는가 하는 문제는 좀 더 적극적으로 검토되고 해석될 필요가 있다."라는 의견을 제시했다. 그는 이와 함께 "'불온성에 대해 성찰한 작가와 문학'에 대한 연구가 일정한 의미를 가질 수 있다면, 그것은 아마도 이러한 맥락에서일 것이다."라는 견해를 밝혔다.

임유경은 〈1960년대 '불온'의 문화 정치와 문학의 불화〉의 결론에서 "이 논문은 1960년대 한국사회에서 발생한 중요한 역사적 사건들을 '불온한 존재의 탄생(발견)'이라는 해석적 관점에 입각하여 조명하고자 했다."라고 하면서, 연구 논의의 결과를 여덟 가지로 정리했다. 그 '결과'의 일곱 번째는 "'불온성'은 논증 불/가능한 대상이다. 청맥 사건과 남정현의 분지 사건은 이 점을 잘 드러내 주는 사례이다. 특히나 '불온한 문학'이 법정에 서게 됨으로써 주목되는 현상들이 발생했다."라고 했다. 그리고 여덟 번째로 "'불온'에 관한 연구가 궁극적으로 귀결되는 지점은 '존재와 언어'의 차원이다."라고 하면서, 이 논문이 일련의 불온사건들에 대한 분석을 통해 도출해낸 결론은 "불온 생산 체제의 핵심이 '언어의 독자성의 불허(不許)'에 있었다는 것이다."라고 정리했다.

남정현 소설이 불온한 이유

이상으로 임유경의 논문 〈1960년대 '불온'의 문화 정치와 문학의 불화〉 중에서 남정현과 관련된 부분을 주로 살펴보았다. 이 논문은 '청맥 사건'과 '분지 사건'을 중심으로 한 1960년대 '불온'에 관한 연구인데, '분지 사건'과 관련하여 검찰이 공소장을 통해 제시한 불온성의 기준은 반미, 반정부, 계급의식이다. 이것들은 모두 '용공성'을 판별해주는 중요 요인이었다.

특히 '반미'에 있어서 남정현 작가의 문학적 상상력은 통치 권력과 청년·지식인 일반이 보편적으로 합의하고 있던 타협의 선을 초과하는 것이었다. 임유경은 "남정현은 사상의 바리게이트(금기의 선)-'우리는 반미가 아니다'-를 넘고 있었다. 이러한 점에 비추어 볼 때, 반미감정의 조장이라는 사법당국의 해석은 타당한 면이 있었다."라고 평했다. 임유경은 남정현의 불온함을 빈민대중을 상대로 '위험한 게임'을 벌인 그의 '실천' 속에서 찾았다.

> 남정현의 소설이 만약 불온하다고 한다면, 그것은 그의 소설 속 주인공이 하던 일-권력의 언어를 재해석함으로써 "비천한 피해대중"에게 "분노"를 심어주려 한 것-을 소설가 자신이 문학을 통해 실천하고 있었기 때문일 것

이다. 이런 맥락에서, 60년대 중반 발생한 분지 사건은 지식인이 빈민대중을 상대로 벌이는 이 '위험한 게임(play)'이 '대가' 없이 치러질 수 없는 것임을 문화예술계에 공표한 사건으로 읽힐 수 있다.

이어서 임유경은 "(남정현이) 분지 사건이 발생하기 몇 해 전 '이미' 이 세계가 안전치 않다는 것을 예감하고 있었다."라고 썼다. 이는 5·16 군사쿠데타 직후에 쓴 소설 〈현장〉(1963)이나 〈부주전상서〉(1964)에도 잘 드러난다. 〈부주전상서〉에 남정현은 "현실에 참패한 픽션. 픽션을 제압한 현실."이라는 인상적인 문구를 남겼는데, 이는 "60년대 한국사회의 '생생한 리얼리즘'을 압축적으로 보여주는 것"이었다. 이런 현실 속에서 주인공이 선택한 행동은 소설책을 불태워버리는 분서(焚書)였다.120 이는 작가가 갖는 패배감과 위기의식을 드러내는 것이자 "모든 사상과 행위를 '불온한 것으로 만들어 버리는 권력 앞에서 그가 내보일 수 있는 용기의 한 형태"였다. 소설의 상상력이 현실의 리얼리티에 근접하지 못한 상태에서 주인공은 분서를 택한 것이다.

남정현은 소설을 쓸 때 '불온'이란 말 자체를 애용했다. '불온한 대화'(현장), '불온한 생리현상'(사회봉), '불온한 놈'(천지현황) 등이 그렇다. 이때 그는 심장에 감춰둔 불온한 피를 펜에 적셔 글자를 썼다. 남정현의 핏줄에

---

120 아내 살해 혐의로 창경궁 동물원에 갇힌 〈부주전상서〉의 용달은 "조폐공사에서 위조지폐가 흘러나왔다."는 식의 믿을 수 없던 기사의 전부가 허위보도가 아니라 사실 그대로임을 알게 된 뒤 '분서(焚書)'를 했다며 아버지에게 이렇게 말한다.
"믿어야 할 일을 믿지 않았다는 그 수치감, 망신. 저는 얼굴을 붉히며 한참 울었습니다. 그리고 성냥을 드윽 그어 보고 있던 소설책에 불을 질렀거든요. 좀 유식하게 말하자면 갱유분서(坑儒焚書)는 아닙니다만 소위 분서(焚書)를 한 셈이지요."
용달은 "제아무리 허망한 이야기를 다루는 소위 그 괴기소설(怪奇小說)의 작가라 하더라도 그는 감히 일국의 조폐공사에서 위조지폐를 찍으려니는 상상하지 못했을 겁니다."라며, "현실에 참패한 픽션, 픽션을 제압한 현실"에 망연자실하여 분서를 감행한 것이다.

는 반공법에 저촉되는 수상한 피가 흘렀을 것으로 짐작된다. 그 피는 작가가 수시로 거론하던 동학혁명, 3·1운동, 4·19 혁명에서 백의민족이 흘린 불온한 피와 같은 진달래 빛깔이었다.

남정현의 소설 개작과
초기 소설의 반미 성향 연구 검토

개작을 처음 거론한 강진구와 임경순의 논문

남정현 소설의 개작문제를 처음 언급한 논문은 강진구의 〈남정현 문학 연구-담론분석을 통한 현실비판의식의 변모양상을 중심으로〉(중앙대 국문과 석사, 1996)이다. 강진구는 논문의 결론에서 "이상 남정현 문학에 대한 연구 과정에서 필자는 다음의 새로운 성과를 얻을 수 있었다."라고 하면서 세 가지 성과를 꼽았는데, 그 중 첫 번째가 '개작'이다.

"먼저, 남정현의 개작에 관한 것이다. 그는 2기에 들어 〈광태〉를 〈혁명 이후〉나 〈혁명 후기〉 등으로 〈코리아 기행〉을 〈허상기〉로 개작하였을 뿐만 아니라, 거의 대부분의 작품에 대해서도 끊임없이 수정한다. 그런데 이러한 그의 작품에 대한 개작은 긍정적인 면도 있지만 〈허상기〉 등에서 보듯 부정적인 면도 있다. 원본 비평에 대한 부분은 후학들의 연구를 기대한다."(109쪽)《동서문학》1971년 2월호에 실은 〈허상기(虛想記)〉는 〈코리아 기행〉의 개작이다.

임경순의 〈남정현 소설의 성-여성과 윤리, 그리고 반공주의〉(성공회대 강사, 2005)는 남정현 소설의 개작을 주제로 한 것은 아니지만 개작문제를 본격적으로 거론한 첫 논문이라는 점에서 의미가 있다. 이 논문에서 임경순은 저항문학으로서의 남정현 문학의 이미지가 작품의 내재적 특징에서 기인하는 것이기도 하지만 "절반은 현재의 시각을 덮어씌운 단선적인 파악에서 기인한 것"이라 말하며, 그 근거로 "연구대상으로 선정된 텍스트가 대부분 개작된 판본이라는 점"을 제시한다.

남정현은 1960년대에 두 권의 작품집을 간행하는데 《너는 뭐냐》(1965)와 《굴뚝 밑의 유산》(1967)이 그것이다. [임경순 각주: 필화로 인해 〈분지〉는 두 권의 작품집 모두에 빠져 있다. 《너는 뭐냐》의 경우 애초에는 〈분지〉가 포함되어 있다가 빠진 흔적이 있다. 목차에 먹칠된 부분이 있으며, 본문에 페이지가 누락되어 있다.] 이들 작품집에는 잡지에 발표된 작품이 문장이나 어휘가 조금씩 손질되어 실려 있다. 그러나 1987년에 발행된 《분지-남정현 대표작품선》이나 2002년에 간행된 전집의 경우는 그렇지 않다. 이들 작품집에는 발표 당시의 작품들이 상당 부분 개작되어 있는데 그 개작의 대체적인 방향은 작품의 전체 내용이 사회과학적인 인식으로 정향되는 것이다.

임경순은 그 상징적인 예로 《광태》(1963년)의 도입부 내용의 개작 과정을 보여준다. 이 예문을 통해, 1963년에 발표한 작품이 1987년, 2002년에 간행된 작품집에서는 핵심어가 바뀐 것을 확인할 수 있다.

내가 자신을 가지고 기껏 얘기할 수 있는 것은 다만 내 성미가 이렇게 고약하여진 그 시기에 관해서 뿐인 것이다. 기아선상에서 허덕이는 민중을 위하여 총칼을 들었다는 <u>5·16 군사혁명</u>. 그렇다. 나의 그 선하던 성미는 <u>그날의 무질서한 총성</u>을 계기로 해서 무참하게 변모하여버린 것이다. 별 이유도 없이 이렇게 갑자기 사나워졌다는 이야기인 것이다. (《굴뚝 밑의 유산》, 문

예출판사, 1967, 89쪽)

위 문장에서 밑줄 친 '5·16 군사혁명' 부분이 1987년 작품집(《분지》, 한겨레)에서는 "5·16 군사쿠데타"로 바뀌고, '그날의 무질서한 총성을'은 "4·19 이후 삼천리 방방곡곡에 갖가지 형태의 아름다운 꽃으로서 가슴 설레이게 피어오르던 자유와 민주와 통일에 대한 민중의 열망을 짓부수면서 무질서하게 울려 퍼지던 그날의 총성"으로 수정 보완된다. 그리고 2002년 작품집(《남정현문학전집》1권, 국학자료원)에서는 "4·19 이후 자주, 민주, 통일에 대한 전민족적인 희원이 송이송이 현란한 꽃으로 피어오르던 그 날. 그만 그 꽃송이들을 시샘해서인가, 청천벽력같이 갑자기 울려 퍼지던 그날의, 그 무질서한 총성"으로 바뀐다. 여러 표현이 수정됐지만 '자유와 민주와 통일'을 '자주, 민주, 통일'로 바꾼 게 핵심 사항으로 보인다.

김건우도 〈분지를 읽는 몇 가지 독법〉(2011)에서 "〈분지〉를 발표하기 한 해 전인 1964년경에 이르러 남정현은 봇물처럼 '통일'과 '반미'의 이념을 소설 속에 쏟아 놓는다." "남정현이 작품을 통해 명시적으로 소위 '민족모순, 분단모순'에 천착한 것은 1964년에 이르러서였던 것으로 보인다."라고 평하면서 개작 과정에 관한 연구의 필요성을 언급했다. 그는 "작가론적인 차원에서 보자면 남정현 소설의 변모를 살피는 작업이 필요한 것이다. 불과 몇 년의 차이밖에 안 되지만 1961년 동인문학상 후보 수상작인 〈너는 뭐냐〉와 1964년 이후 소설들과의 차이, 또한 초기작의 개작 과정이 연구될 필요가 있다."라고 썼다.

개작에서 '반미' '미국'을 강조하는 식으로

문학연구자들의 개작에 관한 이런 지적에 뒤이어 2012년에는 '개작'을 주제로 한 석사논문이 한 편 발표된다. 박희란이 쓴 〈남정현 소설 연구-개작과 반미작가 평판에 대한 검토를 중심으로〉(중앙대 국어국문학과)가 그것이다. 박희란은 이 논문에서 "남정현 연구에서 개작의 양상과 의미를 전면적으로 다룬 연구는 전무하다." "임경순이 개작을 언급했으나 본격적인 연구가 아니었던 만큼 개작에 대한 문제 제기만 있었다."라고 밝혔다.

> 임경순의 연구에서 필자(박희란)가 주목해서 보았던 부분은 개작에 대한 언급이었다. 임경순은 기존 저항문학으로서 남정현 문학이 가지고 있는 이미지가 작품의 내적인 특징에서 기인하기도 하지만 절반은 현재의 시각을 덮어씌운 단선적인 것으로 보고 있다. 이러한 주장의 이유로 연구 대상으로 선정된 텍스트가 개작된 판본이라는 점을 들고 있다.

박희란은 남정현 초기, 중기 소설의 개작 분석을 통해 "'분지 사건' 이전에 남정현은 외세문제에 경도되지 않고 당대 절실한 사회문제를 비판하고 있었다는 사실을 확인할 수 있었다."라고 했다. 이러한 개작과 반미작가에 대한 평판을 검토한 뒤 박희란은 논문의 '결론'에서 남정현의 작품을 검토한 결과 "기존의 평가와는 다르게 '분지 사건' 이전의 소설에는 구체적인 반미의 성향이 드러나지 않음을 확인할 수 있었다."라고 썼다. 박희란은 "이후 개작을 간과한 연구자들의 연구로 인해" '분지 사건' 이전의 작품까지 '반미작가'라 평하는 것을 문제시하며 이렇게 논문의 '결론'을 마무리 지었다.

> 물론 '분지 사건' 이후 남정현에게 나타나는 반미의 성향을 부정할 수는 없을 것이다. 하지만 반미의 성향이 드러나지 않은 '분지 사건' 이전의 소설까지도 반미의 영역에서 분석하는 연구는 재고해야 할 필요가 있다.

박희란은 이어서 본인의 개작 분석을 통해 "남정현의 초기와 중기의 소설에는 반미의 성향이 드러나지 않는다는 것을 증명하였다."라고 단언하였다. 남정현 소설의 개작과 관련한 박희란의 비평에는 공감되는 내용이 적지 않았다. 문학연구자들이 작가를 연구하거나 작품을 비평할 때 '개작' 사실을 감안해야 한다고 지적한 점은 중요한 문제라 하겠다. 독자나 연구자가 작품을 원본과 비교하며 읽을 수는 없는 일이기에 출판사나 작가가 일러두기나 후기, 주석 등을 달아서 이를 알려줄 필요도 있다. 단순히 문장을 고치는 수준이면 모를까, 소설의 핵심어를 수정하거나 삽입할 경우엔 더욱 그렇다.

박희란은 "남정현의 개작은 기존의 '풀어쓰기'의 방식과 유사한 기법인 '부연 설명'을 통하여 본질적 의미를 강조"하는데, 이 과정에서 부정적인 요소도 등장한다는 점도 지적했다.[121]

'미국'과 관련된 개작에 유념하면서 남정현의 소설을 살펴보니, '반미'로 묘사한 구절의 상당수가 원작에는 나오지 않았고 추가한 내용이었다. 박희란이 논문에 제시하지 않은 사례도 많았는데, 아래에 그 몇 가지 예를 들어본다.

어떤 식민지의 통치자라도 되는 것처럼, 아내 희숙을 향하여 안하무인격으로 대기염을 토한 것이었다.
-개작 흡사 무슨 국군을 통수하는 유엔군 사령관이라도 되는 것처럼, 아니 어떤 식민지의 통치자라도 되는 것처럼, 아내 희숙을 향하여 안하무인 격으로 대기염을 토한 것이었다.

---

121 물론 이러한 '부연설명'을 통해서 남정현이 전달하고자 하는 의미는 더욱 명확해졌다. 하지만 잦은 '부연설명'으로 인해 요설스럽다는 비판을 받게 된다. 무엇보다 남정현이 고수해 왔던 풍자소설의 미학적인 효과에 부정적인 영향을 주게 된다. 왜냐하면 풍자의 미학적 요소인 "알레고리에서 중요한 것은 의미하는 것(=매개물)과 의미되어지는 것(=보편화된 관념) 사이의 거리"(방민호)인데 개작이 그 거리를 없애 버리기 때문이다. 작가의 '부연설명'을 통한 주제의식의 과잉이 주제의 명확성을 확보시켜 줄지는 모르겠지만 독자의 자유로운 해석을 차단하여 미학적인 한계점을 나타낸다. (박희란, 〈남정현 소설 연구〉, 2012, 74쪽)

〈인간 플래카드〉(1959)

수도 서울의 중심지였다. 남의 뒤꿈치만 슬쩍 건드려도 골통이 터지게 얻어맞아야 한다는 문명의 집산지(集散地)인 것이다.
-개작 수도 서울의 중심지였다. 남의 뒤꿈치만 슬쩍 건드려도 골통이 터지게 얻어맞아야 하는 소위 유·에스·에이가 관할하는 자유 세계의 무자비한 관문인 것이다.

〈기상도〉(1961)

누가 감히 조국을 배반하려는 모의에 가담할 자가 있겠습니까.
-개작 누가 감히 한미동맹에 누를 끼칠 자가 있겠습니까.

〈자수민〉(1962)

위에서 보듯 '유엔군 사령관' '유·에스·에이' '한미동맹'처럼 미국을 강조하는 개작이 많은 것은 분명하다. 그렇지만 이런 사실이 박희란이 말했듯이 "남정현의 초기와 중기의 소설에는 반미의 성향이 드러나지 않는다는 것"을 입증하는 것은 아니다. 필자가 〈분지〉 이전의 작품을 살펴본 바에 따르면, 박희란의 결론과 달리 〈분지〉 이전에도 남정현 작품의 곳곳에서 반미성향을 직설적으로 드러냈고, 혹은 간접적 표현 속에 반미적 요소가 잠복해 있었다.

초기 작품에서 발견되는 반미 성향

임유경도 〈1960년대 '불온'의 문화 정치와 문학의 불화〉(2013)에서 남정현의 소설이 분지 이전에도 반미 성향이라는 의견을 밝혔다. 그는 논문에서 "그런데 여기서 한 가지 놓쳐서는 안 되는 점은 남정현의 정부에 대한 비판의식과 반미의식이 〈분지〉가 발표되는 60년대 중반에서야 표출되기 시작한 것은 아니라는 점이다."라고 썼다. 임유경은 남정현 작가의 1950~1960년대 거의 모든 작품을 관류하는 테마가 '반미의식'이라 하면서 〈누락인종〉(《자유문학》, 1960. 3), 〈너는 뭐냐〉(《자유문학》, 1961. 3), 〈기상도〉(《사상계》, 1961. 8), 〈자수민〉(《사상계》, 1962. 7), 〈사회봉〉(《문학춘추》, 1964. 6) 등을 예로 들어 설명한다. 〈누락인종〉에 관해서도 "이 소설이 주목되는 것은 〈분지〉에서 발견되는 반미적 성향과 재식민화에 대한 불안이 작가의 초기 작품에서부터 일찌감치 표출되고 있었음을 알려주기 때문이다."라고 평했다. 그는 논문에서 "남정현의 사상은 바리케이드(금기의 선) - '우리는 반미가 아니다' - 를 넘고 있었다."라고 쓰면서, "〈분지〉가 표방하는 '불온한 사상'들은 '이미' 〈기상도〉에 응축되어 있었다."라는 점을 강조했다.

필자는 임유경이 예를 든 소설을 포함하여 〈분지〉 이전 작품에서도 직설법으로 '반미'를 드러내거나, 간접화법이나 비유적인 방식으로 이를 표현하려 했음을 확인할 수 있었다. 아래에 몇 가지 예를 들어본다.

제임스(미 육군 대위)란 놈이 함부로 밟고 지나간 자리.
한 인간이 밟고 지나간 흔적이 원 저 지경으로 처참할 수가 있단 말인가. 생각할수록 종수는 제임스란 놈에게도, 아니 양놈에게도 소위 그 양심이란 것이 약간 묻어 있긴 한가 어쩐가가 확실하지 않아서 그저 한심할 따름이었다.
〈경고구역〉(1958)

그 기석이란 자의 정신이 그래가지고야 아 어떻게 모든 것이 다 양키정신으로 변질되어 가는 이 판에 우리 한국정신을 조금이라도 지켜낼 수 있겠느냐 하는 걱정 때문이었다.
〈인간 플래카드〉(1959)

"자식들, 아침에 집에선 뭘 하고 왜 하필 다방에 와서 똥을 쌀까?"
"글쎄 말이지."
"그것도 멋인가? 그것도 미국식 멋이냐, 이 말이야?"
〈누락인종〉(1960)

철은 지금 **외세의 행패**로 말미암아 나라가 두 동강이로 갈라진 이 비극적인 땅에 태어나서
〈너는 뭐냐〉(1961)

"우릴 아니 우리나라를 이 지경으로 만든 원수를 찾아서 꼭 원수를 갚아야 하는 거야. 알아듣겠어?"
〈광태〉(1963)

여기서 외세와 원수는 누가 보더라도 '미국'이라는 걸 알 수 있다. 1980년대 초반까지만 해도 '민주' '통일'을 말하기 위해 작가들은 온갖 비유와 상징을 갖다 쓰며 돌려 말하면서도 자기검열을 해야만 했다. 특히 미국을 비판하는 일은 북을 찬양하는 것처럼 금기사항이었다. 남정현은 이승만, 박정희 친미반공체제 아래에서 작품을 쓰기 시작하면서 '외세' '미국' 문제를 발설하기 위해 온갖 궁리를 다 했다.

작가들이 개작하는 이유는 여러 가지일 것이다. 최인훈은 《광장》을 1960년 《새벽》에 발표된 이후 열 번에 걸쳐 개작했는데, 단순히 문장을 다듬는 정도가 아니라 소설의 구조, 줄거리에도 손을 댔다. 그런데 남정현의 개작을 살펴보면 줄거리, 내용이 바뀐 것은 거의 없고 표현을 바꾼 정도이다. 그리고 개작한 단어나 문장의 대부분은 미국과 관련된 내용이다. 남정현은 내용, 줄거리가 아닌 표현을 고치거나 필자 스스로 자기검열 탓에 걸러낸 부분을 개작하면서 추가했을 것으로 짐작된다. 남정현은 《구술채록집》(20

04)에서 출판사가 정치적 이유로 원고에서 누락하거나 수정한 대목을 보완했다고 밝히기도 했다.122

미제탱크 - 아, 외세다!

남정현은 최대한 낮은 자세로 은폐, 엄폐하면서 글을 쓰면서도 소설 곳곳에 미국을 겨냥한 표현을 삽입했다. '분지 사건'으로 작가를 심문하던 중앙정보부 수사관들도 이 점을 찾아내 추궁했다. 처음에는 〈분지〉를 북한 간첩이 써준 것이라며, 솔직하게 털어놓으라던 그들은 아무래도 대필로 몰고 가는 것은 무리라는 판단이 섰는지, 며칠 후부터는 작품의 불온함을 문제 삼기 시작했다.

> 그들은 〈분지〉뿐만 아니라 〈너는 뭐냐〉, 〈부주전상서〉 등 그때까지 내가 쓴 대부분의 작품을 다 문제시해서 작품상의 그 이적성을 추궁했다. 어쩌면 작품이 하나같이 다 북의 대남전략에 편승하여 철저하게 반미·반정부를 선동했냐는 호통이었다. (산문 '민족자주의 문학적 열망' 중에서)

작품 속에 드러난 세세한 표현과 함께 남정현 작가의 미국관, 외세관도 살펴볼 필요가 있다. 그는 첫 작품 〈경고구역〉부터 마지막 소설 〈미 제국주의 전상서〉를 통해 시종일관 미국(외세)을 의식하며 글을 썼다. 이런 생각

---

122 《구술채록집》에서 남정현이 개작에 관해 밝힌 내용을 골라 다시 정리하면 아래와 같다.
"내용은 전혀 바뀐 게 없고, 잡지사에서 자기들 맘대로 지운 게 있어요. 반공 문제 뭐 이런 게 조금. 잡지사에서 전화 걸어 가지고 어떻겠냐 하면 그거 뭐 그냥. 고런 부분을 몇 작품 내가 책(창작집) 나올 때 손 봤는데, 내용은 바뀐 게 없어요. 그 줄거리라든가, 전혀 그건 바뀐 게 없고, 표현이 고 잘 안된 부분, 조금 손본 게 그 〈자수민〉, 내용을 손본 게 아니고 표현 요런 걸 제가 손봤죠."(283쪽)

은 '외세 문제와 통일'이라는 글에 잘 드러나 있다.

> 그래 그런가 나는 한 사람의 작가로서, 우리가 처한 현실문제를 놓고 어쩌다 글을 쓰고 싶은 충동이 생길 때마다 아직까지 한 번도 외세문제와 부딪치지 않은 적이 없다.

그가 쓴 4·19 경험담을 통해서도 확인할 수 있다. 1961년 5·16 군사쿠데타가 발발하고 얼마 지나지 않아 답답한 마음에 집 근처를 배회하다가 북한산을 끼고 미아리 쪽으로 향하는 탱크의 행렬을 목격했다. 미제 탱크에 국군을 태우고 굉음을 내며 다가오는 모습을 보며 남 작가는 길가에 털썩 주저앉으며 "아, 외세다" 하고 외마디 소릴 외쳤다고 한다. 남정현에게 외세는 곧 미제를 말한다. 그가 반미, 외세를 붙잡고 늘어지기 시작한 시점은 박희란이 말한 1965년 '분지 사건' 이후가 아니라 아무리 늦게 잡아도 1961년 5월 16일부터라 하겠다. 오히려 남정현은 '분지 사건' 이후에는 "미국을 얘기하면 죽는구나."라는 세상에 친일파 허허선생을 끌어와 외세문제를 다뤘다.

남정현 문학의
그로테스크 리얼리즘 기법과
허허선생

그로테스크한 허허선생의 저택

그로테스크. '극도로 괴이하고, 부자연스럽고, 흉측하며 우스꽝스러운 것' 등을 나타내는 이 말은 일상에서 흔히 쓰는 개념은 아니다. 그로테스크와 비슷한 어감을 주는 말로 엽기가 있다. 엽기(獵奇)는 비정상적이고 괴이한 일이나 사물에 흥미를 느끼고 찾아다님을 뜻한다. 과거에는 신문에서 엽기적 살인, 엽기적 행각 같은 말이 자주 쓰였다.

그로테스크라는 다소 낯선 이 단어는 남정현 작가의 작품을 이해하는 데 핵심어 역할을 한다. 남정현 소설에는 똥, 오줌, 괴이한 외모, 남녀 성기 묘사가 자주 나오고, 엉뚱하고 비논리적인 대사가 수시로 등장한다. 처음에 접할 때는 당혹스럽고 불쾌한 감정도 든다. 그런데 이것이 작가가 즐겨 쓰는 그로테스크 기법이라는 것을 알면 작품 속 작가의 의도를 파악하는 데 도움이 된다. 남정현이 별도의 지면을 통해 그로테스크에 관해 직접 서술한 적은 없지만 소설 안에서 '그로테스크'라는 단어를 몇 차례 사용하기도 했다. 〈허허선생 1-괴물체〉 도입부에서 기괴하고, 기이하고, 섬뜩한 느낌의 허허선생의 저택을 설명하면서 "환상적이란 말보다 실은 좀 그로테스크하다는 표현이 더욱 어울릴는지도 모른다."라고 표현했고, 〈허허선생 3-귀향길〉에서 "먼먼 '옛날' 속에서, 아니 먼먼 '저승' 속에서 아련히 들려오는 듯한 뭔가 그로테스크한 목소리 같았다."라고 느꼈다고 쓴 게 대표적 예이다.123

남정현 작가의 풍자 기법을 중심으로 다룬 평론 중에 김상주의 〈남정현 소설의 기법 고찰 : 풍자 기법과 사건의 비계기적 구성을 중심으로〉(2000)가 있다. 이 논문에서 김상주는 '남정현 소설의 풍자 기법의 특징'을 첫째 풀어 말하기, 둘째 논평, 셋째 아이러니와 비속어, 넷째 그로테스크한 묘사 등의 네 가지로 꼽았다. 그는 "남정현 소설에서 그로테스크는 상황이나 인물 묘사 또는 인물 간의 대화 등에서 다양하게 나타난다."라고 하면서 소설 〈기상도〉의 예문을 들었는데, 그중 일부를 인용하면 이렇다.

순간 사람들의 모가지는 점점 더 길게 하늘로 솟구치는 느낌이었다. 철은 당황했다. 형세가 이대로 나가다가는 앞으로 며칠이 안 가서 애드벌룬처럼 사람의 모가지는 하늘로 길게 솟구치고 대갈통만이 공중에서 물결치고 있다는 이 극동의 일각에서 벌어진 기상천외의 뉴스가 세계의 이목을 경동시킬 그 아슬아슬한 순간을 가상(假想)하고서였다.

김상주는 소설 〈사회봉〉의 앞뒤가 맞지 않는 부자간의 대화도 보여주면서 "이와 같은 그로테스크한 묘사나 대화 역시 남정현 소설 전반에 두루 나타난다."라고 썼다. 그리고 이러한 그로테스크 풍자 기법은 "당대 사회의 모순이나 부정성을 사건의 진행이 아닌 기괴한 장면을 통해서 상징적으로 드러내고, 사건의 진행뿐만 아니라 문체에서부터 사회 비판적 함의를 지니게 하는 역할을 한다."라고 정리했다.

---

123 2012년경에 쓴 것으로 추정되는 남정현의 마지막 소설(미완성 유고작) 〈반박선생〉에도 '기이한 형상' '괴기한 형태'라는 표현, 신체에 대한 그로테스크한 격하로 볼 수 있는 묘사가 나온다. (본문 643쪽 참조)

김상주뿐만 아니라 여러 연구자도 남정현 문학의 핵심 기법으로 '그로테스크'를 얘기한다. 장현은 논문 〈1960년대 한국소설의 탈식민적 양상 연구-이호철·최인훈·남정현의 소설을 중심으로〉의 4장 남정현 소설에 나타난 탈식민성에서 '근대성에 대한 비판적 시선과 그로테스크한 현실 풍자'에 관해 상세하게 언급했다. 그는 "그로테스크한 면모는 〈경고구역〉에서부터 〈허허선생〉 연작에 이르기까지 거의 모든 작품에서 드러나는 남정현 특유의 수사 장치라고 할 수 있다."라고 하면서, 이러한 기법들은 "남정현 문학의 개성을 만들어내는 중요한 역할을 담당한다."라고 썼다.

남정현 소설에서 풍자를 위한 한 요소로 작용하고 있는 것으로 그로테스크를 들 수 있다. 풍자소설의 여러 특성 중 유독 남정현 소설에서 엿보이는 그로테스크는 환상과 유사하게 이해되기도 한다. "환상은 등치적 리얼리티로부터의 일탈"이라는 점에서 그로테스크와 유사하다. 그러나 그로테스크는 '양립할 수 없는 것들의 작품과 반응 속에서의 해결 안 된 충돌'이며 '양면성이 공존하는 비정상'으로, 환상보다 구체적이고 직접적이다. 그래서 남정현의 소설은 "환상적이란 말보다 실은 좀 그로테스크하다는 표현이 더욱 어울"린다. 한쪽에서는 '웃음'이, 다른 한쪽에서는 '공포와 혐오감'이라는 근본적으로 상충되는 반응의 충돌이 남정현 소설에 흔하게 나타나므로 그로테스크 기법을 남정현 문학의 한 요소로 파악할 수 있으리라 본다. 혼란한 세계를 표현하는 그로테스크는 모순과 갈등의 원리로서 이질적이고 모순된 요소들을 포괄한다.

분지, 웃음의 미학에 기초한 그로테스크 리얼리즘

　그는 "남정현 소설에 보이는 그로테스크는 극단적인 과장이나 왜곡의 수단을 통하여 드러나지 않는 부정적 현실의 실상을 정확하게 포착하며 이를 희극적인 방식으로 제시한다."라고 썼다. 장현은 남정현의 대표작 〈분지〉도 "그로테스크 리얼리즘에 가깝다."라고 평했다. 124

거침없는 왜곡과 과장을 통한 상상력의 발랄한 전개로 특징지어지는 〈분지〉의 구성 원리는 민중적 웃음의 미학에 기초하고 있다. 공식문화의 엄숙성을 뒤집는 민중미학은 흔히 포식과 성적 욕망의 거침없는 충족으로 표현되는데, 성에 대한 노골적인 묘사가 빈번한 〈분지〉는 희한하게도 추하거나 외설스럽지 않다. 민중미학은 지극히 육체적이다. 그리하여 그로테스크 리얼리즘에서는 크게 벌린 입, 생식기, 유방, 코 등이 강조된다.

장현은 "예술과 문학에 있어 그로테스크한 양식이 특별히 투쟁과 격변으로 점철된 혼란한 사회와 시대에서 득세하는 경향을 보이는 것이 결코 우연이 아니다."라는 말을 인용하면서 "격동했던 한국 현대사에서 한 치도 물러섬이 없이 창작 활동에 임한 남정현의 작품세계에서 그 본보기를 찾을 수 있을 것이다."라는 점을 강조했다.

2001년에 〈1960년대 남정현 소설 연구〉를 쓴 유승호는 3장 3절의 '그로테스크 희화화-〈광태〉를 중심으로'에서 남정현 작가가 그로테스크 기법을 사용하는 것은 "그로테스크가 야기하는 충격 효과는 독자로 하여금 당황케

---

124 1980년 이후 발표된 작품 중 '그로테스크 리얼리즘'에 속하는 소설을 찾아보았는데, 한승원의 중편 〈아버지와 아들〉이 그런 평을 받았다. 오양호는 《현대문학》(1988. 2)에 기고한 〈그로테스크 리얼리즘과 민중문학〉이란 글에서 한승원의 중편 〈아버지와 아들〉)을 '이달의 화제 소설'로 뽑아서 평했다. 그는 운동권 아들과 시를 쓰는 아버지 사이의 첨예한 이데올로기적 갈등을 다룬 "이 소설의 미학이 그로테스크 리얼리즘과 연결"된다고 평했다. 오영호는 혐오감 도는 외모 묘사와 함께 소설 속에서 에피소드로 처리된 '이야기 수수께끼' 우화를 그로테스크 리얼리즘의 사례로 소개했다. "이 이야기에는 사람이 쥐로 강등되어 있다. 사람이 이런 하층적인 동물의 이미지와 연결된 것은 이 소설의 미학이 그로테스크 리얼리즘과 연결되는 중요한 근거가 된다. 이런 그로테스크한 강등은 권위를 생명으로 하는 공식적인 문화를 파괴하고 민중적인 문화를 수립하려는 발상이라 하겠다."

하고 어리둥절하게 하며 갑자기 멈추게 하고, 익숙한 세계관을 뒤흔들며 전혀 다른 과격한 관점을 들이대는 데 용이하기 때문이다."라고 썼다.

작가 남정현은 그의 작품 곳곳에서 그러한 그로테스크적 기법을 자주 사용하고 있다. 특히 아래 인용된 작품 〈광태〉에서 이것은 대단히 긴요하게 쓰이고 있는 미학적 장치이다. 작가는 작품 속의 주인공에게 부여하는 가면의 성격을 위해 이를 극대화시키고 있다.

〈광태〉의 주인공은 악마나 광인, 가해자면서 동시에 폭력의 피해자로 나온다. 주인공은 천사와 악마의 이중성을 지닌 분열적 인물로 묘사되는데, 주인공의 병적 행위의 근원은 "바로 현실 세계의 전횡적이며 폭력적인 권력 때문"이다. 자유를 부르짖는 나라 코리아에서 "제일 자유롭게 할 수 있는 것이라고는 오줌을 싸는 것 이상의 아무것도 없다는 역설적 표현 속에서 우리는 현실의 기만적(欺瞞的)인 권력의 속성을 읽을 수 있는 것이다."라고 말한다.

〈허허선생〉을 중심으로 한 그로테스크 기법 연구

남정현 소설의 그로테스크 요소를 중점적으로 다룬 학위논문도 있다. 2010년 발표한 강가형의 〈남정현 소설 연구-'허허선생'을 중심으로 한 그로테스크 기법 연구〉(조선대학교 교육대학원 국어교육 석사논문)이 그것이다. 강가형은 논문의 연구목적에서 "남정현의 연작 〈허허선생〉을 중심으로, 몇몇 대표적인 단편들을 통해 기존에 풍자로만 해석되어지는 그의 문학이 일정 부분 그로테스크로 설명될 수 있다는 필요성을 인식하고, 앞서 김상주가 제시한 '그로테스크'라는 개념을 이용하여 남정현 작품의 독특한 미적 특징을 살펴보고자 한다."라고 밝혔다.

강가형은 먼저 그로테스크 이론을 고찰하면서 그로테스크와 환상, 풍자의 차이점에 관해 설명한 뒤에 연작소설 〈허허선생〉에 나타난 그로테스크 기법에 대해 다뤘다.

그로테스크라는 용어는 15세기 말 이탈리아에서 발견된 로마 유적지 grotte에서 유래했다. 당시 이탈리어로 grotte는 동굴, 또는 발굴이라는 의미인데 "유적지의 벽과 천장에는 인간적인 요소 및 동식물적인 요소들이 결합되어 있었다."라고 한다.

> 그로테스크라는 용어는 로마 황제 타이터스의 목욕탕으로 가는 지하 통로와 네로의 황금 궁전의 폐허 속에 있던 이상한 이미지들의 발견에서 시초했다. (……) 다양한 신화적 형상들이 혼합되어 있었고, 동물의 몸과 새들의 날개와 물고기의 꼬리, 그리고 인간의 형상들이 이와 뒤섞여 있었다. (……) 그것들은 불합리한 형상을 통해 낯설음을 느끼게 했고 보는 이에게 매혹, 놀라움, 불편함, 공포의 감정을 주는 이질적이고 부조리한 것이었다. (백훈기, 〈그로테스크의 연극 미학 연구 - 모방 개념을 중심으로〉, 동국대학교 석사논문, 2006, 7쪽, 재인용)

네로 황제가 죽은 후 파괴되었던 그의 궁전의 폐허가 1480년경에 발굴되었는데, 여기서 나온 "이 기괴한 이미지는 당시 사람들에게 충격적이면서도 매력적으로 받아들여졌고, 유물에 나타나는 그림 양식을 지칭하는 말로 그로테스크라는 개념이 형성되기 시작했다."라고 한다.

그로테스크라는 용어는 "16세기 프랑스의 풍자작가 라블레에 의해 신체 부위를 묘사하는 데 사용되어 그로테스크 신체라는 개념을 대두시키면서 문학적인 영역으로 확대, 발전하게" 되었는데, "라블레의 작품에서 나타난 기괴하고 외설스러운 이미지는 극도로 부풀려지고 과장되어 고전적인 미학의 개념과 현저하게 구분되는 민중적 웃음문화로서 독특한 범주를 형성하였다."라고 한다. 그리고 이러한 개념은 "18세기 낭만주의가 등장하면서 그로테스크에 내재된 웃음과 공포, 현실과 비현실의 결합이라는 양면성을 가진 미학으로서 진지하게 논의되기 시작"했고, 20세기 중반 독일 비평가인 카이저(Wolfgang Kayser)에 의해 미학 및 문예학의 한 부류로서 새로운 국면을 맞게 됐다고 한다. 그는 《예술과 문학에서의 그로테스크》에서 그로테스크의 본질에 대해 이렇게 결론지었다.

> 그로테스크는 낯설어진 혹은 소외된 세계의 표현이다. 즉, 새로운 관점에서 봄으로써 친숙한 세계가 갑작스럽게 낯설어진다. (……) 그로테스크는 터무니없는 것과 벌이는 게임이다. 다시 말해서 그로테스크를 추구하는 예술가는 존재의 깊은 부조리들과 반쯤은 우스개로 반쯤은 겁에 질려 장난을 한다. 그로테스크는 세상의 악마적 요소를 통제해서 쫓아내려는 시도이다. (Philip Thomason의 《그로테스크(The Grotesque)》, 김영무 역, 서울대학교출판부, 1986, 24쪽)

강가형은 논문에서 "카이저에 따르면 그로테스크란 우리에게 익숙하고 자연스러웠던 것이 갑자기 낯설고 불길하게 변하는 모습에서 갑작스러움과 당혹감을 느끼게 되는데 바로 이것이 그로테스크를 형성하는 핵심이라고 설명한다."라고 썼다. 카이저는 그로테스크와 부조리를 동일 선상에서 파악하고 있으며, "이런 부조리함 속에서 비애가 뒤섞인 웃음이 나타나게 되는데 이러한 웃음은 냉소적인 웃음"이고, 쓴웃음이다.

카니발적 웃음과 그로테스크 리얼리즘

러시아의 비평가 미하일 바흐친(1895~1975)은 "카이저에 의한 그로테스크의 개념이 낭만주의 그로테스크의 프리즘을 통해 바라본 나머지 지나치게 공포로 치우쳐졌다는 점을 비판하면서 그로테스크의 미학적 본질을 중세 르네상스의 카니발적 민중문화에서 찾아야 한다."라고 주장했다. 바흐친은 중세 및 르네상스 시기의 풍자작가 라블레를 통해 '그로테스크 리얼리즘'의 개념을 탄생시켰으며, 그로테스크 리얼리즘의 주도적인 특성을 격하(이상적이고 숭고한 정신을 표방했던 중세문학이 고전적인 미학의 틀을 깨고 기이하고 변형된 육체를 강조하며 먹고 마시고 배설하는 삶의 물질·육체적인 이미지로 격하되어 라블레의 작품에 자주 등장한다)와 관련시켜 설명했다.

강가형은 논문에서 "절대적인 기준, 가치 규범에 의해 지배되지 않는 이미지는 바로 이러한 격하를 통해 기존의 고전적 가치에 얽매어 있는 엄격한 사회질서를 비웃고 재탄생시키는 것"이라 정리했다.

이렇듯 격하는 파괴와 동시에 또 다른 제2의 생성을 의미하는 양면적 가치를 지니게 된다. 이와 같은 이유로 카니발 그로테스크는 반고전주의, 반모더니즘의 저항적인 의미를 획득하게 된다. 즉 바흐친은 카니발적 웃음, 일종의 해방의 원리가 문학에서 표현되는 것을 그로테스크 리얼리즘으로 명명하였던 것이다.

한편 강가형은 이러한 바흐친의 그로테스크 리얼리즘은 "라블레의 경우에는 잘 적용되나 일반화되지 못하고 주로 르네상스 시대의 그로테스크 개념에 한정되어 보인다는 비판"도 있음을 지적하기도 했다. 강가형은 카이저와 바흐친 "두 학자의 연구 이외에도 그로테스크에 대한 연구는 시대에 따라 또 연구자에 따라 차이를 보이고 있어 그 개념이 고정되지 않고 다층적으로 형성되어 서로 중복되고 얽혀 있"다고 전제한 뒤 최근 발표된《The Grotesque》저자 필립 톰슨(Philip Thomason)이 제시하는 현대적인 그로테스크의 특성을 몇 가지 소개했다. 그것은 바로 심리학적인 해석을 바탕으로 한 것으로 "부조화, 극단과 과장, 비정상성, 그리고 웃음과 공포"였다.

그로테스크와 환상, 풍자의 차이점

이 특징 중에 한가지 눈여겨볼 대목은 그로테스크와 환상의 차이점을 설명한 부분이다. 그로테스크의 '극단과 과장된 표현'이라는 특징 때문에 "그로테스크를 공상적이고 환상적인 것과 연관 짓게 되는데 여기서 조심해야 할 점은 현실의 토대 위에서의 비현실적인 것, 정상적인 상태를 완전히 벗어나지 않는 과장과 극단이 그로테스크를 강력하게 하는 요소라는 점"이라는 것이다. 강가형은 이런 이유로 "만약 텍스트가 현실과의 관련을 배격하면서 작가에 의해 창조된 공상 세계만을 이야기한다면 그로테스크란 있을 수 없다."라고 정리하면서, 환상과 그로테스크의 차이를 이렇게 소개했다.

> *이러한 필립 톰슨의 의견을 정리해 보자면 환상이 그저 비논리적인 바탕 위에서 공상적인 모습을 보여준다면, 그로테스크에서 비현실성은 우리가 살고 있는 현실세계를 교묘하게 위장하고 변형시켜 작품에 반영한 어디까지나 현실에 바탕을 둔 비논리적이라는 점에 그 차이를 찾을 수 있다.*

환상과 그로테스크보다 더 혼동되는 개념은 풍자와 그로테스크이다. 풍자와 그로테스크를 서로 다른 것으로 분류하는 연구자도 있는가 하면, 그로테스크는 풍자를 목적으로 사용하는 표현 기법이라는 연구자도 있다. 톰슨은 이런 혼동을 피하려고 그로테스크와 풍자 기법의 분류 기준을 몇 가지 제시했는데, 이를 요약하면 아래와 같다.

첫 번째, 수용자의 반응이 다르다. 그로테스크와 풍자는 웃음이란 공통분모를 가지지만, 그로테스크의 웃음은 "팽팽한 긴장과 불안을 내포한 방어적인 쓴웃음"을 말하고, 풍자의 웃음은 나와는 다른 수용자를 포함하지 않은 비판적 대상에 대한 비웃음이다.

두 번째, 반이성과 이성의 경계. 그로테스크는 이성적인 풍자에서 벗어나 급격하게 비정상적으로 발전한다. 그로테스크에는 존재하는 모든 질서 체계에 대한 부정과 그 해체 의지가 투영되어 있다면, 풍자에는 구체적 현실에 대한 일종의 완화된 폭로의 흔적만이 존재할 뿐이다.

세 번째, 격하 기법의 차이. 풍자에서 격하는 동물이나 사물을 인간적인 모습으로 의인화하는 것으로 추하고 일그러진 인간의 모습을 동물이나 사물로 묘사해 교훈적 의도를 전달하고자 하는 기법이다. 그로테스크에서는 인간의 비인간적인 형상, 즉 '사물의 인간적 형상화'로 표현한다면 그것은 이미 그 존재 자체로부터 인간적 권위를 상실하고 사물로 격하된 속성을 지닌다.

네 번째, 이미지와의 관련성. 그로테스크는 전통적으로 기괴한 시각적 이미지에서 시작했으며, 그런 까닭에 "그로테스크는 풍자와 달리 관념적이고 추상적인 인식의 것들을 구체적인 것으로 이미지화하여" 표현한다.

강가형-〈허허선생〉 속에 나타난 그로테스크

강가형은 논문의 3장 '〈허허선생〉에 나타난 그로테스크'의 앞부분에 남정현 작가는 "그로테스크한 표현 소재로써 신체를 현대사회를 살아가는 인간의 모습으로 처절하게 형상화하여 보여준다."라고 썼다. 그리고 〈허허선생〉에 나타난 그로테스크를 1. 기계적 세계와 순환적 세계의 이질적 결합, 2. 파편화된 신체를 통한 그로테스크의 탈 목적성, 3. 신체에 대한 그로테스크한 격하 등의 세 가지 주제로 나누어 다뤘다.

강가형은 위의 세 가지 주제에 해당하는 각각의 예문을 들어가며 남정현의 그로테스크 기법을 설명했다. 세 번째 '신체에 대한 그로테스크한 격하'

의 예 중의 하나로는 〈허허선생 5-준이와의 3개월〉에 나오는 주인공의 성기 노출 장면을 보여줬다. 이 소설에서는 물질 중심적 가치관에 종속당한 지식인을 희화화해서 보여준다. 지식인 비하는 "아이와의 그로테스크한 놀이 장면"으로 이동하여 더욱더 두드러지는데, 옛날이야기를 준이에게 해주는 대신에 "철없는 놈 앞에서 나도 모르는 사이 실로 해괴한 추태를 연출"하게 된다.

> 그리고 나는 놈 앞에서 전혀 체신이 없이 댓바람 가랑이를 쩍 벌리고는 그 별로 탐탁지도 않은 불알을 무슨 큰 보물이나 되는 것처럼 손가락으로 가리키며, "준아, 이것 봐라, 이것 참 희한하지. 응? 히히히." 하고 병신처럼 웃어 버렸던 것이다.

남정현 소설에는 느닷없이 옷을 벗거나 성기를 드러내는 장면이 꽤나 빈번하게 등장한다. 강가형은 이렇게 성기 노출을 통해 불쾌감과 동시에 유쾌함(호기심)을 느끼게 하여 독자가 감정의 뒤얽힘을 경험하게 하는 소설 기법에 대해 "남정현 소설에서 신체는 더 이상 구속과 억압의 대상이 아닌 해방의 돌출구로 제시됨과 동시에 사회문화적 금기에 도전하는 또 하나의 언어가 된다."라고 적었다.

이러한 그로테스크한 형상화는 수용자(독자)에게 충격적 반응을 불러일으킬 수 있어야 하는데, 만약에 "수용자가 그것을 보고 아무런 정서적 충격을 느끼지 않는다면 그것은 그로테스크로 인정될 수 없다."고 한다. "20세기 혼란한 문화풍토에서 무질서한 부조화에 익숙해져 버린 현대인"의 성향 때문에, 하괌은 "20세기가 그로테스크를 점점 더 불가능하게 만들고 있다."고 했다.[125]

---

125 강가형 논문 각주 60 → 하괌의 논의를 상술하면 이렇다: 무질서한 부조화가 도처에 미만(彌滿)해 있는 20세기 상황에서는 부조화와 비정상에 대한 면역이 이미 강화되

'허허선생'의 그로테스크 변모 양상

〈1960년대 한국 소설의 탈식민지적 양상연구〉(2005)를 썼던 장현은 2012년《인문과학연구논총》(제33호)에 〈남정현 연작소설 '허허선생'의 그로테스크 변모 양상〉이라는 논문을 실었다. 장현은 서론에서 "그로테스크 기법은 남정현 소설이 지닌 가장 중요한 특징 중의 하나인 것"이며, "연작소설 〈허허선생〉을 중심으로 그로테스크의 변모 양상을 고찰하려는 것이 본고의 목적"이라 적었다. 그는 남정현 소설의 그로테스크에 대한 본격적인 연구는 강가형에 의해 시작됐는데 "그러나 단편적인 논의에 그쳐 〈허허선생〉에 보이는 그로테스크의 다양성과 변모에 대해서는 구체적으로 살펴보지 못하였다."라고 평했다.

〈남정현 연작소설 '허허선생'의 그로테스크 변모 양상〉의 본문은 2장 충돌과 대결: 그로테스크한 부자 관계, 3장 왜곡과 뒤틀림: 그로테스크한 현대사, 4장 공포와 기괴: 그로테스크한 현실의 고착화로 이루어져 있는데, 2장은 〈허허선생〉의 초기작, 3장은 중기작, 4장은 후기작을 다루고 있다.126

어 있기 때문에 웬만한 것으로부터는 충격과 자극을 받지 못한다. 즉 대단히 괴상하지 않고서는 그로테스크가 그로테스크로 인식되지 않는 것이다. 따라서 현대사회에서 그로테스크의 입지가 점점 좁아진다는 것은 현대 문화 자체가 점점 그로테스크화 되어가는 것과 같다. 이러한 상황에서는 형상 자체가 그로테스크하더라도 그로테스크로 여겨지기 어렵다. 수용자가 반응하지 않기 때문이다. (홍기정, 〈손창섭 소설의 그로테스크 미학 연구〉, 고려대학교 대학원 석사논문, 2000, P. 27 재인용)

126 장현은 〈허허선생 1-괴물체〉, 〈허허선생 2-발길질〉을 초기, 〈허허선생 3-귀향길〉, 〈허허선생 4-옛날이야기〉, 〈허허선생 5-준이와의 3개월〉을 중기, 〈허허선생 6-핵반응〉, 〈허허선생 7-신사고〉, 〈허허선생 8-허허선생 옷 벗을라〉를 후기 작품으로 분류해서 논의했다. 그런데 실제 발표 시기가 작품번호와는 차이가 있기도 한데, 1969년 《월간문학》 3월호에 발표된 〈허허선생 4-옛날이야기〉가 첫 번째 작품이다. 남정현 작가는 이어령 선생의 권유로 〈허허선생〉 연작을 시작했고, 〈옛날이야기〉는 나중에 연작에 포함했다고 밝혔다.

첫 번째, '충돌과 대결: 그로테스크한 부자 관계'에서는 초기 작품인 〈허허선생 1-괴물체〉, 〈허허선생 2-발길질〉을 다뤘다.

장현은 이 글 서론에서 "그로테스크는 '양립할 수 없는 것들의 작품과 반응 속에서의 해결 안 된 충돌'(필립 톰슨,《그로테스크》, 김영무 역)이자 '양면성이 공존하는 비정상'으로서 '환상'보다 구체적이고 직접적이다."라고 적었는데, 〈허허선생〉에 나오는 아버지와 아들 자체가 양립하기 힘든 존재이다. 〈허허선생 2-발길질〉에서 아버지는 골수 친일파이고 아들은 이런 아버지를 "사람이 아닌 허상, 허깨비, 괴뢰로 여기며" 무서워하고 맞선다. 필연적으로 충돌하게 되는 관계이다.

남정현의 소설에서 "그로테스크한 부자 관계, 즉 허허선생과 아들의 관계에서 그로테스크한 인물 형상이 표출"된다. 두 인물이 서로 "부자라고는 믿기 어려울 정도로" 그 성격과 지향점이 다르기에, "다르다 못해 상충하는 부자"라 갈등과 충돌이 심각하게 발생한다. 소설 속에서 허허선생은 일본 강점기에 악질 순사 노릇을 하며 "일본 군국주의의 도장에서 탁마된 신기에 가까운 동작"의 발길질을 아들에게도 날린다. 장현은 "그로테스크가 원래 시각예술에 적용되었다는 사실을 상기할 때, 허허선생과 허만의 부자 관계에서 보이는 충돌의 가시성은 매우 설득력이 있어 보인다."라고 썼다.

충돌과 대결, 왜곡과 뒤틀림, 공포와 기괴

부자의 팽팽한 대결의식은 현실과 판타지의 경계에서 긴장과 웃음을 강조한다. 동시에 현실의 문제들을 비판하는 풍자의 구실을 담당하기도 한다. 〈허허선생 1-괴물체〉, 〈허허선생 2-발길질〉은 허허선생과 아들이 '팽팽히 맞서 있는 느낌'을 표현하고자 '괴물체'와 '발길질'이라는 독특한 소재와 모티프를 형상화하고 있는데, 이 지점에서 바로 그로테스크가 만들어지는 것이다.

두 번째, '왜곡과 뒤틀림: 그로테스크한 현대사'에서는 〈허허선생 3-귀향길〉과 〈허허선생 4-옛날이야기〉, 〈허허선생 5-준이와의 3개월〉을 다뤘다. 〈허허선생 4-옛날이야기〉는 "옛날이야기라는 형식을 통해 부정부패와 왜곡이 만연했던 모순된 시절을 고발"하는 소설인데, 여기에 나오는 "옛날이야기는 곧 그로테스크한 우리의 근현대사와 매우 유사"한 내용이다. 일황에게 훈장을 탄 허허선생이 독립유공자 표창을 받자 웃음이 주먹이 되는 일이 벌어진다.

> *깔깔깔깔. 온 장안을 주름잡는 통쾌한 웃음소리.*
> *제일 먼저 정면 벽에 걸린 태극기가 네 활개를 펄럭이며 웃음보를 터뜨리자, 그 웃음은 주변에 파죽지세로 번져 (⋯⋯) 웃음이 주먹이 되고, 주먹이 웃음으로 변모하는 순간, 어이없게도 웃음 속에 매몰되어 아버님은 숨을 못 쉬고 사지를 허우적거리는 것이 아니겠습니까. 아, 저 숨넘어가는 우울한 소리.*

〈허허선생 4-옛날이야기〉에는 "사물이 웃고, 웃음이 주먹이 되고, 웃음 속에 매몰되는 아버지"가 나온다. 장현은 "웃음 속에 매몰되어 허허선생의 목숨이 위태로운 점은 시사적"인데, '그로테스크의 요소 중 웃음이 갖는 공격성이 여전히 건재함을 드러내고 있기 때문"이라 했다. 이 소설에서 옛날이야기는 우리의 현대사와 다름이 없다. 장현은 "남정현은 우리의 역사를 픽션과 동일시하는데, 여기에서 발생하는 뒤틀림이 그로테스크를 만들어낸다."라고 썼다.

〈허허선생 옷 벗을라〉에는 소련의 도깨비가 망했다는 소식에 너무 기뻐하며 허허선생이 옷을 벗고 "밤낮없이 알몸이 되어 떼굴떼굴" 구르며 '개지랄' 떠는 장면이 나오는데, 이 대목은 "바흐친의 그로테스크 개념과 맥락을 같이 한다."라고 보았다. 바흐친은 "그로테스크는 본질적으로 신체적인 것"

이며, "음란하고 잔인하며 야만적인 육체적인 향연에서 원시적 기쁨이 형성되는" 사육제(카니발)이야말로 '더할 나위 없는' 그로테스크 행사라고 했다.

세 번째, '공포와 기괴: 그로테스크한 현실의 고착화'에서는 남정현 작가의 후기 작품인〈허허선생 6-핵반응〉,〈허허선생 7-신사고〉,〈허허선생 8-허허선생 옷 벗을라〉를 분석한다.

장현은〈허허선생〉연작이 후기 작품에 이르면 "허허와 허만 사이의 힘의 균형이 깨지고 만다. 허허선생 쪽이 관계의 주도권을 가지게 되며, 허만은 이에 따라 공포를 경험하게 된다."라고 보았다.〈허허선생〉연작 초기의 대결의식은 "후기에 이르러 그로테스크의 한 국면인 공포와 기괴의 모습으로 확장"되고, "일체의 불균형이나 비정상이 일상이 되는 순간 그로테스크가 만들어지는데, 이때 동반되는 감정적 효과가 곧 공포"라는 것이다.

〈허허선생 8-허허선생 옷 벗을라〉에서 주인공 '나'는 1980년 광주에서 그 끔찍한 일이 벌어지고 나서 딱 한 해가 지나가던 어느 날 너무나도 생생한 꿈을 꾼다.

> 수백 수천을 헤아리는 이상한 것들이, 어찌 보면 요물 같기도 하고 괴물 같기도 하고 유령 같기도 한 그런 이상한 것들이 돌연 우리 집 상공에 출연하여 지상에 회오리바람을 일으키면서 난무하고 있는 것이 아닌가. 도대체 저게 뭘까.
> 그때 나는 두려움보다는 왠지 호기심이 앞서던 것이다. 가슴을 조이며 유심히 살펴본즉, 그것은 놀랍게도 인간 육체의 한구석이 뭉텅뭉텅 떨어져 나간 육체의 파편들이었다. 세상에 저럴 수가 있나.

존엄한 인간의 육체는 "목이 떨어져 나간 사람, 배가 터진 사람, 눈이 빠진 사람" 등의 너덜너덜한 파편이 된 모습이었으며, 이렇게 박살이 났어도 숨은 쉬고 있었다. 이들 육체의 파편들은 "무슨 중대한 신의 메시지라도 전달하기 위해선지, 제가끔 생동하는 몸짓으로 우리 집 상공을 선회하며" 계속 "허허 이놈"이라고 외쳐댔다.

이 괴기스러운 꿈은 "광주민주화항쟁에서 희생당한 원혼들이 하늘로 가지 못하고 지상을 떠돌아다니는 모습을 그로테스크하게 형상화한 것"이다. 그런데 장현은 이 꿈을 언급하면서 "꿈에서 드러나듯 허만에게 있어서 아버지 허허선생은 자신의 목숨까지 움켜쥐고 있는 위협적인 존재이자 공포의 대상"이라고 썼다.

소설의 꿈속에서 "허허 이놈 잡았다"는 만세 소리가 지축을 울릴 때 돌연 신묘한 종소리가 울리더니 "느닷없이 우리 집이 통째로 거대한 불꽃이 되어 허허선생을 감싸 안고 돌연 허공 중에 붕 떠오르는" 장면이 나온다. 허허선생을 실은 거대한 불꽃은 무서운 기세로 하늘을 향해 상승했고, '나'도 불꽃의 꼬리 부분을 필사적으로 붙잡고 매달렸다. '나'는 너무도 뜨거워서 견디기 어려웠는데, 허허선생은 활활 타는 불꽃 속에서 빙긋이 웃기도 했다. 이를 보며 "불에 타지 않는 사람이 있을 수 없다면, 그렇다면 부친은 도대체 뭘까."라고 생각했다.

도깨비? 기회 있을 때마다 부친은 늘 도깨비, 도깨비 하시더니 부친이야말로 정말 도깨비의 화신이 아닌가 하는 의심이 번쩍 들자, 불현듯 나는 부친이 두려워져서 견딜 수 없었다.

그로테스크는 해방을 꿈꾸는 문학적 방식

장현은 이 꿈을 "아버지와 세상에 대한 공포가 무의식의 영역인 꿈에서 드러난 것이다."라고 해석한다. 그는 남정현의 후기 작품에서는 "그로테스크의 가시적 공포가 화자인 '나'에게 내면화"되고, 그것이 일정 정도 지속되면 "그로테스크한 상황은 이미 사회의, 삶의 일부가 된 것"이라 말한다. 소설 속의 '나'는 "물리적 폭력보다 더 무서운, 보일 듯 보이지 않는 외세와 그들의 추종자들이 만연한, 허위로 가득 찬 세상을 경험하는" 상황에 놓인다.

이렇게 남정현의 연작소설 〈허허선생〉을 초기, 중기, 후기로 나누어 비평한 장현은 논문의 결론 부분에서 〈허허선생〉 연작에서 작가는 "허허선생으로 상징되는 세력과 외세에 대하여 그로테스크한 기법을 통해 일관적으로 비판"하는데, "연작에서 보이는 그로테스크 변모 양상은 작가의식의 변모와도 밀접하다."라고 적었다.

초기 작품은 분지 사건 이후 작가가 외세문제에 보다 천착하여 친외세 수구세력과 정면으로 대결하고자 함이 아버지와 아들의 충돌과 대결의 양상으로 그렸으며, 중기 작품에는 해방 이후 70년대까지 그 영향이 막강했던 친일세력과 지식인의 문제를 우리의 현대사에 비추어 왜곡과 뒤틀림의 양상으로 보여주었다. 그리고 후기 작품에서는 80~90년대 진척되었던 외형적 민주주의의 이면에 더욱더 공고해진 수구세력과 외세, 즉 미국에 대한 비판을 공포와 기괴의 양상으로 그로테스크하게 형상화하였다. 남정현에게 있어 그로테스크는 왜곡과 모순이 가득한 긴장된 현실에서 해방을 꿈꾸는 문학적 방식인 것이다.

"〈허허선생〉은 세대와 외세문제를 통해 우리 근현대사를 종합적으로 보여주는 연작소설"이라 평한 장현은 "포악과 공포의 도가니에서 비판적 문제의식을 가장 적절하게 드러낼 수 있는 미학적 범주로 그로테스크를 활용하였다는 것, 이것이 곧 〈허허선생〉의 문학적 본질이라 할 수 있다."라는 말로 논문을 끝맺었다.

이상에서 문학 연구자들이 남정현 작가의 소설, 특히 〈허허선생〉의 그로테스크 기법에 관해 어떻게 설명하는지 들여다보았다. 이들의 논의를 살펴보면서 그로테스크 기법과 시대 상황에는 어떤 연관성이 있을까 하는 궁금증이 일기도 했다. 전후세대 문제작가로 거론되는 손창섭도 그로테스크 기법을 즐겨 사용했다. 정치적 자유가 극도로 억압된 사회에서 정치적 표현을 시도하는 작가들이 그로테스크 기법을 선호하기도 한다. 소설가 손홍규는 오늘날 젊은 소설가들의 작품에서도 그로테스크를 쉽게 찾아볼 수 있는데, 이는 "현실 자체가 그로테스크로 범람하는 공간이라는 의미이기도 하다."라고 보았다.127

그로테스크한 대남방송 소리 - 픽션을 제압한 현실

한 가지 고백하자면 남정현 작가의 소설과 관련 논문을 읽고 나서도 '그로테스크'라는 말이 낯설게 여겨졌다. 강가형은 위 논문에서 그로테스크는 "일반적으로 괴기한 것, 극도로 부자연스러운 것, 흉측하고 우스꽝스러운 것 등을 형용하는 말"로 사용되지만, 설명하기 매우 어려운 개념이라 쓰기도 했다. 필자가 막연하고 어렴풋하게 추상적으로 이해했던 '그로테스크'라는 말을 온몸으로 실감한 것은 다른 경로를 통해서다

2024년 6월부터 대한민국에서 대북 방송을 재개하자, 조선민주주의인민공화국은 대남확성기를 통해 괴이한 기계음 소리를 발사했다. 듣도 보도 못한 소리였다. 강화도 북단 해안 철책 근방에 거주하는 필자도 이 소리에

---

127 근대 한국 소설도 그로테스크를 심각하게 다루어 왔다. 한국전쟁 뒤의 황폐화된 정신세계를 그려낸 손창섭, 장용학을 거쳐 근대적 생활방식이 자리를 잡은 시대의 정신적 공허를 묘사하는 남정현에 이르기까지 한국 소설가들은 기이하게 뒤틀리고 일그러진 한국인의 자화상을 그려내는 데 몰두했다. 그들은 그로테스크를 추구했다기보다 누구보다 사실적으로 현실을 재현하려 애썼을 뿐이라고도 할 수 있다. 다만 그들이 그려내려 애쓴 현실 자체가 그로테스크했기에 그들의 작품 역시 그러한 풍모를 띠게 되었다고 해도 무리는 아닐 듯하다. (손홍규, '국정원과 그로테스크', 〈경향신문〉, 2014. 4. 7)

수시로 노출됐다. 얼마 전 해안 철책선 주변에 있는 강화천도공원을 산책하다 대남확성기 소리를 최단 거리에서 듣는 순간 섬뜩한 느낌과 함께 '아, 바로 저 소리가 그로테스크구나' 하고 몸으로 절감하게 됐다. 위기감을 느끼게 하는 사이렌 소리, 늑대울음 소리와 음산한 겨울바람 소리 그리고 간혹 꽹과리나 철판 두들기는 소리와 귀신 소리가 뒤섞인 소음이었는데, 공포감과 함께 두통과 구토를 유발하는 역겨운 소리였다.128

휴전 중인 남북의 철책선을 사이에 두고 북으로 틀어대는 K팝이나 탈북자의 노래방 노래, 북에서 날아오는 그로테스크한 기계음은 지극히 정치적인 소음이다. 남정현 소설의 그로테스크한 분위기도 비현실적인 상상이나 초현실적 환상에 가깝다기보다는 정치적인 현실과 연관되어 있다는 공통점이 있다.

그로테스크한 굉음을 내뿜는 대남 확성기 소리를 들으며, 남정현 소설 〈부주전상서〉(1964)에 나오는 말 '현실에 참패한 픽션, 픽션을 제압한 현실'이란 구절이 떠올랐다. 〈부주선상서〉는 부인을 살해한 죄로 창경원 동물원에 갇힌 용달(龍達)이 아버지에게 보내는 편지 형식의 소설이다. 주인공 용달은 "아버지, 도대체 소설이란 무엇입니까. 한 인간의 상상력의 소산물이 아니겠습니까. 픽션. 그리하여 재미가 난다는 거겠지요. 그런데 한 인간의 상상력을 가지고는 도저히 추정할 수 없는, 그렇게 기이하고도 엉뚱한 일들이 출몰하는 이 땅의 현실과 충돌했을 때 저는 당황했습니다."라고 아버지에게 항변한다. 이어서 나오는 말이다.

현실에 참패한 픽션.
픽션을 제압한 현실.
이것이 곧 카오스의 세계요. 또한 이 땅의 생생한 리얼리즘이 아니겠습니

---

128 이 글의 뒷부분부터는 필자가 〈오마이뉴스〉에 기고한 '그로테스크한 대남 확성기 기계음과 소설 〈분지〉'(2024. 9. 12)에 나오는 내용이다.

까. 그렇습니다. 아버지. 소설에서나 있을 수 있는 이야기는 이젠 분명히 현실에서나 있을 수 있는 이야기로 대치되어 버린 그러한 토지 위에서 우리들은 생활하고 있는 것입니다.

분단 80년을 눈앞에 둔 나라에서 사는 우리 또한 그런 것 아닌가. 고조선, 고구려, 고려, 조선으로 이어지던 백의민족의 나라가 이제 좌우로 치우친 머리가 두 개, 심장도 붉은색 파란색 피가 흐르는 두 개의 심장을 지닌 괴이한 생명체의 형상을 하고 있다는 생각도 든다. 픽션을 제압한 그로테스크한 분단 현실 앞에 민초(民草)는 맥을 못 추고 있는 모양새다.

〈반공주의와 검열 그리고 문학〉과 남정현의 화두 '반공'

남정현의 평생 화두는 미국과 반공법(국가보안법)

남정현 작가가 평생 붙들고 씨름하던 화두는 미국(외세)과 국가보안법(반공법)이었다. 흔히 남정현 하면 〈분지〉의 작가, 반미소설의 대표적인 작가로 불리는데, 그가 집요하게 붙들고 늘어진 또 하나의 괴물은 반공(법)이었다.

필자는 반공주의와 문학을 주제로 한 자료를 살펴보다가 흥미로운 논문을 발견했다. 이봉범(성균관대학교 초빙교수)의 〈반공주의와 검열 그리고 문학〉(2005)은 "반공주의와 검열 그리고 문학의 관계를 통해 해방 후 문학 검열의 체계 및 양상을 고찰"하는데 주안점을 둔 논문이었다. 이 논문에서 인용한 소설 대부분은 남정현 작가의 작품이었는데, 논문 부제를 '남정현 소설과 반공주의'로 달아도 큰 문제가 없을 내용이었다.

이봉범 교수는 이 논문에서 검열은 국가 권력이 안정적인 지배구조를 효과적으로 재생산하기 위한 제도적 장치인데, 이는 형식적 합리성을 갖추고 공식적으로 이루어진다고 밝혔다. 이렇게 제도성, 공식성을 통해 행사되는 검열은 그 "폭력성을 사회적 차원에서 은폐"하게 된다. 제도적 검열은 법적 차원, 이데올로기적 차원 등 여러 가지가 있는데, 법적 기제는 "검열의 폭력성, 반민주성이라는 본질을 합법성이라는 형식을 통해 정당화하는 수단"이다. 법적 기제를 통한 검열도 강력한 힘을 발휘하지만 이데올로기적 기제에 의한 검열이 더 능률적이다.

> 피지배자들(지배자들을 포함하여)이 지배적인 사회관계를 전체적으로 근본적으로 공정한 것 또는 다른 어떤 가능한 대안보다 나은 것으로, 변화 불가능한 것으로 인식시키는 것이 강제력보다는 더욱 효과적인 것이다. 사회적 안정 정도에 따라 다르게 나타날 수는 있으나 전반적으로 볼 때 이데올로기가 법률보다 더 지속적이고 더 큰 영향력을 발휘한다.

따라서 "검열은 지배이데올로기적 조작을 필수적으로 동반"하는데, 해방 후 남한은 "지배이데올로기로서의 반공주의가 국가안보라는 미명 아래 저항세력을 효과적으로 제압하고 나아가 억압적 자기검열체제를 국민 대다수에게 강요"했다. 이런 관점에서 이봉범은 논문의 '결론'에서 "해방 후는 반공주의와 그것의 물적 토대인 국가보안법이 상보적 관계를 이루면서 폭력성이 제도적으로 행사되는 특징을 보여주는데, 문학 또한 예외가 아니었다."라고 썼다.

이봉범의 논문 〈반공주의와 검열 그리고 문학〉의 본론은 1. 검열의 이데올로기적 기제로서의 반공과 그 전파자로서의 교육 및 매체 2. 법적 기제로서의 국가보안법과 억압적 국가기구 3. 문학에서의 검열의 양상과 특징 등으로 구성되어 있는데, 각 소주제의 주요 인용문 대부분은 남정현의 소설 〈부주전상서〉, 〈천지현황〉 등에서 따왔다. 아마도 '반공'을 작품 속에서 직접 거론한 다른 작가의 작품이 흔치 않았기 때문으로 보인다.

이 글에서는 이봉범의 논문과 여기에 인용된 남정현의 소설을 함께 살펴보고, 이와 더불어 남정현 소설에서 '미국' '반공(법)' '빨갱이(공산당)'를 거론한 대목을 검토한 뒤 이를 끈질기게 붙들고 늘어진 작가의 의도는 무엇이었는지에 관해 알아보도록 하겠디.

반공이데올로기 확산 - 교육과 언론매체

반공이데올로기의 확대재생산에 기여한 주요 도구는 교육과 언론매체였다. 반공교육의 효과는 교과서와 국민교육헌장, 이승복의 신화화 등을 거치면서 더욱 강력하게 발휘된다. 이봉범은 논문에서 "반공교육의 실상과 폐해는 남정현의 소설에서 간명하게 확인된다."라고 하면서 〈부주전상서〉(1964)의 내용을 길게 인용했다.

> 그렇습니다, 아버지. 요새 애들은 왜 그런지 북한엔 공산당이 산다고만 알지, 사람이 산다는 사실은 좀처럼 인정하려 들지 않는 것입니다. 하물며 우리들이 사랑하는 부모며 처자며 형제가 살고 있다고 하면 그들이 곧이듣겠습니까. 웃음거리가 될 뿐이지요. 좌우간 요즈음 소년소녀들이 알고 있는 북한에는 그저 모조리 때려죽여야 마땅할 흉측한 종자만이 살고 있다는 사실뿐인 것입니다. 몸서리가 쳐지는 일이죠. 그것이 반공교육입니까. 이러고도 무슨 통일을 하겠다구요. 무엇 때문에 공산당과 동포에 대한 깊은 애정과를 구별하여 가르치지 못하는지요. 아버지.

이봉범은 남정현의 〈부주전상서〉의 이 구절이 "공산당과 동포에 대한 애정을 동일시하는 반공교육의 허상, 그 반공교육이 통일의 지름길이라는 주장이 얼마나 모순적인가를 통렬하게 비판하고 있다."라고 평하면서 "이 비판은 지금까지도 유효하다."라고 말했다. 그 이유는 "현재 학교에서 이루어지는 반공교육의 실상 또한 1960년대와 본질적으로 달라진 것이 없기 때문"이라 주장했다.

이봉범은 21세기에 접어들어서도 교과서에는 이데올로기적 배타성이 완강하게 자리 잡고 있으며, 이처럼 "반공이데올로기와 레드콤플렉스의 확대재생산을 통해 국가 폭력의 일상화에 기여한 것은 언론매체였다."라고 적었다. 이런 여건을 마련한 것은 바로 미군정의 법령이었고, 국가보안법이었다. 1950년 한국전쟁이 일어나기 전에 이미 빨갱이는 반공이데올로기가 생산한 최고의 '괴물체'였다.

> 해방 직후 이념적 색채를 선명하게 표방하면서 정치권력의 대리전을 수행했던 신문은 그러나 군정법령 제88호 '신문 기타 정기간행물 허가에 관한 건'의 공포로 '허가제'가 부활되고 이를 무기로 한 미군정의 언론대학살로 말미암아 좌익지(미군정 비판지 포함) 대부분이 정간, 폐간되고 우익지 전성의 환경이 조성된다. 게다가 단정 수립 직후 언론에 대한 7개 조항 지침(대한민국의 국시와 정부정책을 위반하는 기사, 공산당과 이북 북괴정권을 인정하거나 비호하는 기사, 허위와 사실을 날조하여 선동하는 기사 등)이 제정되고, 이어 제정된 국가보안법으로 인해 1949년에 이르면 좌익지는 남한에서 완전 소멸된다.[129]

이런 법적 제도적 장치를 통해 "바야흐로 신문계는 이념이 배제된 가운데 정치적 성향의 차원에서의 여당지와 야당지로 구분되는 시대가 도래"했다는 것이다. 이봉범은 반공주의의 재생산은 이와 같은 "국가폭력에 의한 위로부터의 강압을 통해서 주로 이루어졌다."라는 점을 강조했다. 이런 제도적 장치로 인해 "1950년대 이후 한국 신문은 반공이데올로기를 선전 유포했던 가장 강력한 전파자"였으며, 이 문제에 관해서는 "이른바 진보신문도

---

[129] 1950년대에는 소설책 뒤에 '우리의 맹세'라는 제목과 함께 아래와 같은 반공 문구를 넣어야 하는 때도 있었다.
  1. 우리는 대한민국의 아들 딸, 죽음으로써 나라를 지킨다.
  2. 우리는 강철같이 단결하여 공산침략자를 처부수자.
  3. 우리는 백두산 영봉에 태극기 휘날리고 남북통일을 완수하자.

정도의 차이는 있을지언정 예외는 아니었다."라고 적었다.

"법적 기제는 공포 그 자체"

검열에 있어서 이데올로기적 차원 못지않게 강력한 힘을 발휘하는 것은 법적 기제인데, "국가폭력이 가장 원시적인 형태로 발현되는 것은 법적 강압과 통제"라고 한다. 특히나 '반공'은 그 자체로 논리적 체계를 갖춘 이데올로기가 아니기에 "필연적으로 자신의 존재를 정당화하기 위해 그것의 대립적 실체를 끊임없이 재생산하여 사회 내부의 적으로 규정해야 하는데, 그러한 상징조작을 제도화하는 효과적인 수단이 바로 법적 장치"라는 것이다.

이봉범은 "법적 기제는 공포 그 자체였다."라고 하면서 남정현이 분지 사건으로 구속되기 직전에 썼을 것으로 추정되는 소설 〈천지현황〉(1965)을 인용한다. 소설의 주인공(나)이 억울하게 수감된 뒤 옥사한 목수 아버지를 떠올리며 불안에 떠는 장면이다.

나의 뜻을 거역하고 있는 손의 이 불온한 동작을 면밀히 관찰하노라면 나는 불쾌한 한계를 지나 때론 일종의 공포증을 느끼는 것이다. 정말 불온한 사상에 전염되어 그 소행이 역적 비슷하게 되어버린 위인은 우리 아버지가 아니라, 바로 이놈의 손인지도 모르겠다는 생각이 나의 온몸을 자르르 훑기 때문인 것이다. 동시에 은닉죄란 이름의 형법 제 몇 조의 조항이 꼭 뱀의 혓바닥과 같은 모습을 하고 커다랗게 나의 눈앞에서 꿈틀거리는 것이 아닌가. 나는 몸서리를 치는 것이다. 고발할까. 암 그래야지. 잠시도 망설일 필요가 없는 것이다. 국민된 사람으로서 의무를, 아니 나라가 지시하는 사항을 어기면 벌을 받는다. 제아무리 친분이 두텁고 그 정상이 측은하다 하더라도 불온분자를 옆에 두고 비호할 수는 없는 것이다. 옥살이를 감수할 성질이 아닌 담에야 말이다. 순간 나는 갑자기 애국자가 되어버린 성싶은 흐

뭇한 기분으로 하여 어깨가 다 으쓱 올라가는 것이었다.

이봉범은 목수 아들인 덕수(나)가 자신의 손을 불온분자로 고발하려고 고민하는 장면을 인용하면서 "희화적인 모습이지만 여기에는 반공주의의 내면화에 따른 자기검열과 그것을 강제하고 있는 실정법의 위력이 어느 정도였는지가 잘 나타나 있다."라고 적었다. 자신의 신체 일부마저 불온하다고 느끼는 순간 "자동적으로 법을 떠올리고 그 공포는 국가의 시책에 어긋나는 행동을 자행하는 자기 자신(자신의 손)을 고발하는 것으로 이어지는 회로망, 그러면서 이 사회의 떳떳한 일원임을(애국자) 스스로 증명하는 이 희극적인 모습은 그러나 국가폭력 시대의 삶의 리얼리티"라는 것이다.

소설 〈천지현황〉은 주인공 덕수가 세 들어 사는 주인집의 장남(형기)이 아버지를 간첩으로 고발하러 가는 희극적인 장면으로 끝난다. 남정현 작가는 이 작품을 쓴 직후 '분지 사건'으로 정보부에 끌려갔는데, 그때 "다시 글을 쓰면 손목을 잘라버리겠다."라는 협박을 받은 뒤부터는 작품을 쓰면서 손목을 의식했다고 한다.

빨갱이로 귀착되는 프레임워크

이봉범 교수는 국가기구가 국가보안법을 적용하는 과정에서 위법성, 폭력성을 노골적으로 드러내며, 이른바 '프레임워크'가 공공연하게 자행된다고 말한다. 프레임워크란 어떤 일에 대한 판단이나 결정 따위를 위한 틀을 말하는데, 이는 "일목요연하게 틀그림으로 작성되며, 어느 누구라도 이런 '틀'에 끼어들게 되면 도무지 어찌해볼 도리가 없게" 된다고 한다. 그것은 곧 '고문과 조작의 시대' '감옥의 전성시대'가 전개되는 것을 의미하는데, "그 과정 또한 남정현 소설에 잘 나타나 있다."면서 〈천지현황〉을 인용한다.

그래도 신문 한 장을 제대로 읽을 줄을 모르는 나의 부친 따위가 머릿속에

젠장 무슨 세상이 큰일 날 정도의 그렇게 무게 있는 사상이 들어 있을 것인가. 세상에 와서 오로지 목재를 다듬고, 그리고 제자식 하나밖에 돌볼 줄을 모르는 거의 이 원시적인 형태의 본능만이 뾰족하게 살아 움직이는 나의 부친을 상대로 하여 엄청나게 사상문제를 탓잡아 가지고는 그를 구속하고 기소한 당국의 처사를 보고 나는 다만 아연할 뿐이었던 것이다. (……) 대대로 무슨 가보처럼 온 집안이 섬기어 온 뒷동산의 그 이백여 세나 된 은행나무를 잘랐다는 사실이 어찌하여 공산당의 사주를 받은 불온한 사상의 결과이어야 하겠는가 말이다. (……)

그런데 그 상다리가 부러진 것이 무엇 때문에 나의 부친의 사상 탓일 수가 있는가. (……)

어이없게도 나의 부친이 상을 만들어 바친 것은 고관인 자기의 명예를 훼손하기 위한 행위였음이 분명하고 적어도 대한민국의 고관을 망신시킨 것은 누가 보아도 대한민국 자체를 망신시킨 거나 다름이 없으며 대한민국을 망신시키려는 작업에 발 벗고 나설 인물은 미안하지만 공산당의 영향을 받지 않고는 불가능하다는 이론이었다.

이봉범은 소설의 이 대목이 "프레임워크가 활발하게 작동하던 시대의 한 단면을 잘 보여주는 부분이다."라고 하면서 "자식의 취직과 출세를 위해 가보처럼 여겨온 은행나무로 주안상을 바친 것이 종국적으로 빨갱이로 귀착되는 논리정연한(?) 과정을 통해 프레임워크의 가공할 위력을 엿볼 수 있다."라고 썼다.

반공 이데올로기가 만들어 낸 '괴물체'가 빨갱이(공산주의자, 공산당)라 할 수 있다. 2024년 노벨문학상 작가 한강이 제주도 4.3을 주제로 쓴 《작별하지 않는다》에는 빨갱이에 관한 섬뜩한 묘사가 곳곳에 나온다. 주인공 나(경아)와 제주도가 고향인 친구 인선은 4.3 당시 군경 토벌대가 군경 직계 가족을 제외한 모든 마을 주민을 총살한 사건에 대해 이렇게 대화를 나눈다.

젖먹이 아기도?
절멸이 목적이었으니까.
무엇을 절멸해.
빨갱이들을.

1940~50년대뿐만 아니라 21세기에 들어선 지 오래인 지금도 "빨갱이는 죽여도 돼"라는 섬뜩한 말이 광장에서 공공연하게 유포되고 있으며, '빨갱이' 사냥은 여전히 '종북좌파' 마녀사냥으로 이어졌다. 2024년 연말에는 현직 대통령이 TV에 나와 '종북 좌익세력 척결'을 명분으로 계엄령을 선포하며 친위쿠데타를 실행하기도 했다. 현실의 장면이 소설과 영화를 압도한 순간이었다.

이봉범은 논문에 소설가 채만식이 1948년 10월에 발표한 〈도야지〉의 한 구절{불원한 장래에 사어사전(死語辭典)이 편찬이 된다고 하면 빨갱이라는 말이 당연히 거기에 오를 것이요, 그 주석에 가로되 "1960년대의 남부조선에서 볼쉐비키, 멘쉐비키는 물론 아나키스트, 사회민주당, 자유주의자, 일부의 크리스찬, 일부의 불교도, 일부의 공맹교인(孔孟敎人), 일부의 천도교인 (……) 이런 사람들을 통틀어 빨갱이라고 불렀느니라" 하였을 것이었다.}을 인용하면서, 아래와 같이 썼다.

극우반공체제가 성립된 전후 반공의 맹목성을 통렬하게 풍자하고 있는 이 빨갱이 정의는 불행하게도 우리 현대사의 전도를 정확하게 예측해주고 있다. 아니 '사어사전'에 등록된 것이 아니라 살아서 그것도 모든 사회적 가치를 압도하는 무소불위의 가치로 군림하게 되는 과정은 더 이상 논증이 필요치 않다. 130

---

130 그리고 이봉범은 다음과 같은 각주를 달아 보충 설명했다.
  "이미 당대에도 빨갱이라는 단어의 위력은 대단했다. 일간신문의 사설에서조차 '빨갱

이봉범은 검열의 이데올로기적 기제로서의 반공과 법적 기제로서의 국가보안법의 작동에 대해 길게 살펴봤는데, 그 이유는 "이 두 축이 상호보완을 이루면서 자행된 국가권력의 폭력이 정치적인 영역뿐만 아니라 언론출판·문학예술·학술의 모든 영역에서 검열의 핵심 기제로 작용해왔기 때문이다."라고 밝혔다. 이런 큰 테두리 안에서 "문학(작품)은 이중삼중의 검열을 거쳐 사회적으로 소통 가능"했는데, 문학의 생산-유통-수용(향유)의 전 과정 요소요소에 공식적·비공식적인 검열의 칼날이 작동했다. 이봉범은 남정현의 소설 〈부주전상서〉에 나오는 "현실에 참패한 픽션. 픽션을 제압한 현실. 이것이 곧 카오스의 세계요, 또한 이 땅의 생생한 리얼리즘이 아니겠습니까."라는 유명한 문장을 인용하면서, 검열의 칼날이 횡횡했던 "그 암울한 현실은 픽션을 능가하는 것"이라고 평했다.

〈조선일보〉도 우려한 반공법

이봉범은 문학에서 검열이 작동되는 양상에 대해서도 다뤘다. 그는 반공이데올로기와 국가보안법을 축으로 하여 이뤄진 검열체제에서 가시적으로 확인되는 양상(결과)으로 금서(발매 또는 판매금지 포함)와 이적표현물, 그리고 필화를 꼽았다. 이봉범은 "금서(이적표현물 포함)가 주로 국가보안법을 기제로 해서 이루어져 왔다."라는 점을 강조하면서 "1948년 극우반공체제의 성립과 그에 따른 좌익세력의 완전 괴멸이 이루어진 상황에서 국가보안법을 무기로 사상통제를 지속적으로 수행해왔다는 것은 국가권력의 검열이 겨냥한 것이 실은 좌익 확산을 방지하기 위한 것보다 정치적인

이' 전횡의 심각성을 고발하고 있을 정도다. '사감에 대한 보복수단으로서의 빨갱이, 요구해서 주지 않으면 빨갱이, 동상(同商) 해서 남는 이익을 독점코자 일방을 빨갱이로, 정치노선이 달라도 빨갱이로 등 빨갱이는 약방의 감초처럼 어디에나 이용되지 않는 곳이 없다.'(〈조선일보〉, 1950. 4. 1. 사설)"

차원, 즉 정권안보를 위한 것이었음을 알 수 있다."라고 썼다.

이봉범은 "검열의 문제를 논할 때 간과할 수 없는 것이 필화(筆禍)"라고 하면서 대부분의 필화는 "이데올로기 관련 필화"라는 점을 지적했다. 이런 이데올로기적 필화는 국가보안법, 반공법, 긴급조치법과 같은 각종 악법을 기제로 해서 발생한다. 이봉범은 "행정처분 위주의 금서와 달리 필화는 책임자에게 형사소추와 같은 사법처분의 중심이 된다는 점에서 검열의 폭력성이 가장 노골적으로 나타나는 지점"이라고 하면서 "그 면모를 잘 보여주는 '분지' 필화와 '오적' 필화"를 살펴봤다.

1965년 3월호 《현대문학》에 발표된 〈분지〉의 필화사건은 같은 해 7월 9일 반공법 4조 1항[131] 위반으로 입건되어 1967년 6월 28일 선고유예의 유죄판결을 받은 사건이다. 이봉범은 "이 사건의 파장은 창작의 자유라는 측면에서 작가들에게만 충격을 준 것이 아니라 표현의 자유에 속하는 모든 분야에 심각한 위기 의식을 야기한다."라고 썼다. 법원의 선고유예 판결이 있은 다음 날 〈조선일보〉는 사설에서 "이번 판결문의 삼단논법대로 반공법을 적용한다면 대한민국에서 반공법이 저촉되지 않는 언론이나, 정치활동이나, 예술활동이 있을 수 없게 된다는 논리에 귀착된다."라고 썼다.

'분지 사건' 재판을 지켜보던 당시 지식인, 문학인의 관심사는 형량보다는 유무죄 자체였다. 이 재판이 주목받은 것은 "한국의 현 체제하에서 허용되는 창작예술의 자유의 한계를 따져보는 중대한 계기"였기 때문이다. 유죄판결 직후 이병용 변호사는 《신동아》(통권 36호)에 '반공법과 창작의 자유-남정현작 〈분지〉 사건 재판을 보고'라는 글을 기고했다. 그는 이 글에서 먼저 반공법은 국회가 아니라 5·16 이후 국가재건최고회의가 만들었다는 점, 그리고 "국가의 안전과 자유를 확보함"을 목적으로 제정한 법인데, 국민

---

131 반공법 4조 1항: "반국가단체나 그 구성원 또는 국외의 공산계열의 활동을 찬양·고무 또는 이에 동조하거나 기타의 방법으로 반국가단체를 이롭게 한 자는 7년 이하의 징역에 처한다."

의 자유를 확보하는 게 아니라 "국민의 자유를 억압하고 침해하고 있다는 여론"이 있다는 점을 지적했다. 그리고 사실보도 기사가 아닌 "작품에 있어서도 자로 재듯이 묘사하여야 하는가. 즉 과장적 표현은 허용되지 않는 것인가?"라고 질문을 던지면서 반공법 4조에 의거한 1심의 유죄판결이 "문필가 일반에게 있어 본의 아닌 범죄자를 만들어 낼 위험한 결론이라 아니할 수 없다."라며 우려를 표했다.

남한의 저명한 정객, 언론인, 작가들이 일부 미군인에 대한 비위사실을 적발 규탄, 비판하거나 정부나 관료의 부정부패 사실을 들어 논란하면 비록 이적의 목적이 없었다 하더라도 그것은 북괴의 남한에 대한 선전공세에 이로움을 주는 것이라 하여 반공법의 적용의 대상이 될 것이니 그와 같은 논리는 필경 친미, 친정부적 발언이나 비판 이외에는 표현의 자유가 없게 되는 결과를 초래하게 될 것이니 이는 자유민주주의 정치체제 자체가 반공법 4조에 의하여 위협을 받고 있다고 보지 않을 수 없다.

이병용 변호사는 분지 사건으로 반공법이 작가의 작품 내용에까지 파고들어 어마어마한 강박 관념으로 내리누르게 되고 "따라서 넓어야 할 그들의 창작의 자유는 눈에 보이지 않는 강박 관념에 지배되어 스스로 그 자유의 폭이 좁혀지지 않는다고 장담할 수 없다."라며 이런 점에서 악법임이 틀림없는 반공법의 개정을 주장했다.

이봉범이 주로 인용한 〈부주전상서〉(1964)나 〈천지현황〉(1965) 외에도 남정현 소설에는 반공(법), 빨갱이(공산당)가 미국만큼이나 핵심 단어로 자주 나온다. 1961년 5·16쿠데타 직후 《사상계》에 발표한 소설 〈기상도〉(1961)에는 통일 타령을 하는 식과 정부의 선건설 후통일 정책에 충실한 선이 말싸움으로 시작해서 주먹다짐하는 장면이 나온다.

남정현 소설 속의 반공, 반공법(국가보안법)

"이놈의 새끼 공산당아!"
터무니없이 식을 가리키어 공산당이라고 몰아세우며 화풀이를 하는 것이었다. 그러면 식은 꼭 불침을 맞은 사람같이 펄쩍 뛰며
"뭐 내가 공산당이라구?"
"그렇다, 이 새끼야."
"뭣이! 아 이북에서 공산당한테 쫓겨온 내가 공산당이라구? 짜식 그냥 말이면 다 하는 줄 아니!"
"쫓겨 나왔는지 어째 나왔는지 내가 어떻게 알아 이 새끼야. 정부 말이 간첩은 다 이북에서 온다더라. 아 그래 간첩이 공산당이 아니란 말이냐!"

간첩은 이북에서 내려온다. 식이는 이북에서 내려왔다. 그러므로 이북에서 온 식이는 간첩이다. 그럴듯할 삼단논법은 식이를 순식간에 간첩으로 만들었다. 식이와 선이는 주먹을 쥐고 흥분하다 비실비실 의자에 쓰러지듯 털썩 주저앉는다. "대한민국에서 살기 위해선 공산당이 아닌 것도 중요하지만" 둘 다 배가 고파서 뭣 좀 먹고 싶다는 공복감이 급습했기 때문이었다. 그 둘은 아무리 배가 고파도 "이래도 공산당보단 낫다." "그렇다, 공산당보단 낫다."라고 선창, 후창했다. 식이와 선이는 어디서 배웠는지 그들은 지금의 배고픈 처지가 공산당보다는 낫다는 구호로써 서슴없이 공복을 처리했다.

5·16 군사쿠데타 다음 해 발표한 〈자수민〉(1962)은 소설의 배경 자체가 '반공주택영단'에서 미군이 사용하던 창고를 개조해서 지은 주택 '여기'이다. 이 주택은 "오로지 반공의식에 투철한" 영단의 기술진 일동이 구미선진국의 기술을 습득해서 건설했으며, 이 주택에는 창이 없는데 그 이유는 "좀도둑에서부터 크게는 자유를 생식(生食)하는 간첩에 이르기까지 창을 통

로로 하여 번식한다는" 점을 우려했기 때문이다.

〈자수민〉의 주인공 '아무개'의 주소지는 '반공주택가 반공동 여기'이다. 그는 해바라기 양이 큰 거울을 사용한다며 고발했다가 도리어 이필승 총무과장에게 "아 나보고 그럼 남의 사유재산을 뺏으란 말인가! 남의 자유의사를 무시하란 말인가! 나보고도 빨갱이가 되란 말인가!"라며 되려 면박을 받는다. "반공을 밑천으로 하는" 반공주택영단의 입장을 무시하고 "빨갱이처럼 남의 사유재산을 뺏으라고 조르는 당신의 정체가 의심스럽다는" 얘기였다. 미스터 아(我)는 정체가, 사상이 불순해 보인다는 말을 듣는 순간 겁에 질려 벌벌 떤다.

5·16 군사쿠데타 직후 출판물에는 "반공을 국시의 제일의로 삼고 지금까지 형식적이고 구호에만 그친 반공태세를 재정비 강화한다."라는 내용이 포함된 6개의 '혁명공약'을 적어야 했다. 1961년 쿠데타 직후 박정희 군사정권은 조용수 사장을 비롯한 〈민족일보〉 간부 13명을 "북한을 찬양·고무한 죄"로 구속했고, 그해 12월 조용수에 대한 사형을 집행했다. 이런 살벌한 시기에 '반공'을 풍자하는 소설을 쓴다는 건 목숨을 걸거나 최소한 감옥에 갈 각오는 해야 하는 일이었을 텐데 남정현 작가는 무슨 배짱으로 이런 소설을 썼는지, 지금 생각해도 놀라운 일이다. 결코 죽지 않으리라는 믿음이 있었거나 '부활의 신기(神技)'라도 부릴 생각이었을까.

반공주의로 자기검열 내면화한 〈사회봉〉의 동문 선생

〈사회봉〉(1964)에는 통일당 선전부장으로 일하던 주인공의 아버지 동문 선생이 5·16 군사쿠데타 이후 만 1년간의 형무소 생활을 통해서 파악한 비극의 근원에 대해 언급하고 있다. 동문 선생은 "정말 어찌하여 이 땅 위에서 민족의 숙원인 통일에 대한 열망이 곧장 불온한 사상으로 낙찰되어야 하는지" 이해할 수 없었는데, 수사관들의 취조 과정을 통해서 "그러한 비극은 결국 북한의 공산주의자들도 틀림없이 인간이라는 점에 기인하고 있다는 사실"을 알게 됐다.

"건뜻만 하면 사사건건 당신은 북쪽의 빨갱이들을 닮았다고" 몰아세우는 수사관들은 "당신 도대체 남파된 간첩이 아닌 담에야 무엇 때문에 그렇게 맨날 빨갱이들의 구호만 죽어라 하고 복창하려는 거요?"라고 심문했다. 통일당에서 주장하는 '통일'과 빨갱이들이 말하는 '통일'이라는 "말 자체"는 같다는 자백을 받아낸 뒤엔 '외세'니 '민중'이니 하는 말도 시비를 건다.

"됐어 그럼, 또 통일당의 취지문을 보면 외세니 민중이 하는 말이 종종 튀어 나오는데, 이건 도대체 어디에서 나온 말이오?"
"우리말 사전에서 나온 말입니다."
"아, 그걸 누가 몰라서 묻소? 내 말은 말이지, 그게 다 빨갱이들이 애용하는 말이라는 걸 알고 있었느냐 이 말이오."
"허 참, 너무하십니다."

동문 선생은 억울하기 짝이 없었다. "빨갱이들도 나도 실은 다 같은 사람인 이상 피차간 닮은 데가 전연 없지는 않을 테지만" 한번 본 적 없는 자들과 번번이 견주어가며 공격하는 게 이치에 맞지 않는다고 생각했다. 그러나 수사관은 막무가내로 "당신은 역시 공산주의자들을 닮았다."라고 선언했다. 남정현 작가는 〈사회봉〉을 발표한 다음해에 '분지 사건'으로 중앙정보부에 끌려갔는데 이때, 소설 속의 동문 선생과 똑같은, 아니 그보다 더 억지스러운 취조를 당했다.

그 후 형무소 생활을 마치고 집에 와서도 동문 선생은 "공산주의자들도 우리말을 하며 밥을 먹고 똥을 쌀 것이라는 생각"에 겁을 먹곤 했다. 그리하여 동문 선생은 "좌우간 공산주의자들이 계속 인간이라는 이름으로 존재하는 한" 공연히 세상일에 간섭하거나 집권자 비위에 거슬리는 행위를 해서는 안 된다는 사실을 뼈저리게 느꼈다. 한마디로 국가기관의 법적 이데올로기적 폭력을 겪으면서 동문 선생은 반공주의로 자기검열을 내면화한 것이다.132

이봉범은 문학에서 검열의 핵심이라 할 수 있는 것은 '자기검열'이라 하면서 소설가 박완서('좌담- 6·25 분단문학의 민족동질성 추구와 분단 극복의지', 《한국문학》, 1985.6)와 공선옥(《공선옥의 살아가는 이야기 37-자기검열의 이면》)의 심경 고백을 소개한다.

가령 6·25의 모든 죽음을 빨갱이가 반동이라고 해서 죽인 것으로만 썼다는 정직하지 못했던, 정직할 수 없었던 정황에 대한 박완서의 심정 고백을 통해서 전쟁에 대한 '공적 기억'에서 벗어난 일체의 문학적 표현이 금압·배제되고 또 그것이 자연스럽게 내면화된 경우를, 또 정치권력의 눈치를 보지 않아도 되는 세상에 자기방어의 기제(자기검열)가 여전히 작동하고 있음을 고백하는 공선옥의 경우를 통해 자기검열이 전쟁 체험의 여부와 관계없이 이 시대 모든 작가들에게서 작동되고 있음을 확인할 수 있으나 그 이상을 밝히는 것은 여전히 어렵다.

그리하여 한국의 작가들은 5·16쿠데타 직후의 동문 선생처럼 "좌우간 공산주의자들이 계속 인간이라는 이름으로 존재하는 한 이 땅 위에서는 공연히 용기를 내어 세상일에 간섭하거나 집권자 비위에 거슬리는 언동을 취해

---

132 자기검열을 내면화한 〈사회봉〉(1964)의 동문 선생처럼 남정현의 '분지 사건' 이후 대한민국 작가의 자기검열은 일상화된다.
반공주의에 입각한 검열체계의 가동은 남정현의 '분지 사건'(1965)에서 표면화된다. 이 사건은 작가들에게 검열의 공포 효과를 발휘하며 검열의 위력을 과시한다 이 사례는 문학적 의도와는 무관하게 (……) 사상에 저촉되면 처벌당할 수 있다는 공포를 작가들의 내면에 기입했다. (유임하, 〈마음의 검열관, 반공주의와 작가의 자기 검열-김승옥의 경우〉, 《상허학보》 15집, 2005)

서는 안 된다는 사실을" 집단적으로 학습하고, 지금도 알아서 '자기검열' 기제(機制, mechanism)를 작동하는 것으로 보여진다.

허허선생의 요술방망이 – '反共'이라 쓴 황금 액자

1987년 6월항쟁 이후에 쓴 〈허허선생 6-핵반응〉(창작과비평, 1988. 9)에도 반공(법)과 미군(철수)은 약방의 감초처럼 등장한다. 그런 문장을 골라보면 "허허선생에게 있어 '반공'은 언제나 만능의 보도였다. 아니, 신비스런 요술방망이였다." "가다가 혹시 미운 놈이 생기면 그 미운 놈의 낯짝에 용서없이 '용공'의 딱지만 붙여 놓으면 만사는 허허선생의 뜻대로였다." "부친의 침실로 향하는 입구의 그 벽면엔 언제나처럼 '反共'이라는 한자 두 자를 정중히 모셔놓은 황금의 액자가 걸려 있었다." "글쎄 그 넓은 광장을 꽉 메운 수천수만의 미친놈들이 아, 백주에 미군 철수와 반공법 철폐를 외쳐대지 뭡니까? 내 참 기가 막혀서." 등과 같다.

1990년 《실천문학》 여름호에 실은 〈허허선생 7-신사고〉에도 미국, 반공법은 빠지지 않고 나온다. 일본 천황에게 훈장을 받은 친일파 허허선생은 미군의 도움으로 남한에서 출세하는데, 통일문제가 민중의 주요 관심사로 등장하자 자택 밑에 지하궁전을 건설했다. 반공법을 없애고 통일을 하자는 말은 자기를 죽이겠다는 말이나 똑같은 소리로 들리기에 자구책을 마련한 것이다. 그러면서 통일을 원수처럼 여기던 허허선생은 갑자기 통일을 외치며 다닌다.

"일본 시대 허허 씨가 훌륭한 일 많이 한 것처럼, 우리 미국 시대엔 더욱 훌륭한 일 많이많이 해야 합니다."
"우리 미군정이 정한 법과 질서를 어기는 불령분자들, 이 나라에 지금 참 많습니다. 남북이 통일정부를 세우자는 놈들, 단독정부를 반대하는 놈들,

> 친일파 벌주자는 놈들, 미군 나가라는 놈들, 노조 만들자는 놈들, 지주 나쁘다는 놈들, 배고프다고 떠드는 놈들, 노동자가 주인이라는 놈들, 이놈들이 다 우리 미군정의 법을 어기는 불령분자들입니다. 말하자면 빨갱이들이지요."

미군의 도움으로 살아남은 허허선생에게 친일파 청산 외치는 '빨갱이'를 잡는 반공법은 보검과도 같다. 그런 그가 통일을 외치고, 반공법 철폐를 외치는 건 '빨갱이'를 떠보기 위한 것이다. 허허는 아버지의 행태를 보고 의아해하는 아들에게 "그렇다, 이놈아. 반공법 철폐도 던지고, 미군 철수도 던지고, 통일도 던지고, 민주도 던지고, 하여튼 던질 건 다 던졌다, 이놈아. 어떤 놈들이 고따위 생각을 하고 있는지 세세히 한번 알아보려구 말이다. 약오르지? 요놈아. 히히히."라고 속마음을 털어놓는다.

반공법을 집요하게 파고든 이유

남정현 작가가 보기에 미국과 반공법은 한 몸이다. 그 때문에 반공법을 넘어서야 미국을 물리칠 수 있고, 미국을 넘어서야 반공법을 잡을 수 있으며, 그래야 진정한 민족의 부활, 해방을 이룰 수 있다고 본 것이다. 1988년에 발행된 15인 공동창작집 《반미 콩트- 발톱 빠진 독수리들》(동광출판사)에 실린 남정현 작가의 콩트 〈어떤 만남〉을 보면 미국과 반공이 한 몸으로 움직이는 것으로 그려진다.

> 부친인 그에게 있어서의 비장의 보도란 다름 아닌 반공(反共)을, 즉 반공사업을 뜻하는 것이다.
> 부친의 주된 반공사업이란 다름 아닌 미국인을 그저 죽자사자 하고 열성껏 섬기는 일이었다.

〈어떤 만남〉의 부자는 허허선생의 부자처럼 서로 앙숙 관계인데 일경 때 첩자 노릇 하다가 멸사봉미국(滅私奉美國)한 대가로 출세가도를 달리던 부친이 "한미관계를 위해 반공사업을 잘했다고 미국의 무슨 협회에서 주는 상장을 받게 된 오늘과 같이 경사스런 날에" 우연히 화장실에서 원수 같은 아들을 만나 신경전을 벌이는 이야기다.

〈편지 한 통-미 제국주의 전상서〉는 남정현 작가의 평생 화두인 미국과 국가보안법을 다룬 필생의 완성작이라 하겠다. 이 작품에 등장하는 두 주인공은 미국(미 제국주의)과 반공법(국가보안법)이다. 1965년 〈분지〉를 쓸 때와 마찬가지로 21세기 대한민국에는 반공주의와 국가보안법이 여전히 활개치고 미국도 건재하지만 군사정권은 물러났고 형식적 민주주의를 내세우는 사회이기에 작가는 자기검열을 최소화한 채 소설을 창작했다. 이 작품에선 국가보안법을 기적처럼 부활시킨 미국이 자기 목숨 부지하고자 북과의 평화협정을 추구하면서 국가보안법을 나 몰라라 하고, 국가보안법은 이에 당황해하면서 허둥대는 모습을 보인다.

일본이 패망한 뒤 국가보안법(치안유지법)에게 미국은 "나의 구세주이며 동시에 나의 영원한 어버이"였고, 한 줌의 재로 변해가던 자신을 기적처럼 살려낸 창조주였다. 미국은 친일파에게 국가보안법을 안겨준 뒤 "너와 나는 같은 운명이다. 너와 나는 둘이 아니고 하나란 말이다. 이 세상 끝까지 같이 가자꾸나. 알았지?" 하면서 "외세 물러가라" "통일정부 수립하자" 외치는 자들을 가차없이 죽이라고 명했다. 이 뜻을 받들어 혼자서 수십만 명을 죽이며 맹활약하던 국가보안법은 갑자기 미국이 북과 평화협정을 추진한다는 소문을 듣고는 "아니 이게 무슨 망측한 소리죠? 당신이 빨갱이 그것들과 무슨 평화협정을 맺으려고 한다니 말입니다."라며 믿지 못했다.

소설 끝부분에서 미국은 자기 살길을 찾아 떠나고, 국가보안법은 "어허 혼자서 그냥 가네. 저 혼자만 살려구 그러나." 하면서 상종 못 할 종자라고 혀를 차지만, 그건 어디까지나 소설의 풍자일 뿐이고 현실에선 여전히 미국과 국가보안법은 한몸으로 움직인다.

남정현 소설에선 친일매국노를 청산하지 못했기 때문에 진정한 8·15 광복을 이루지 못한 것으로 나온다. 작가가 보기에 그 근본 이유는 미국의 정책 탓이다. 〈허허선생 7-신사고〉에서 8·15 직후 민중의 몽둥이 세례를 피해 일본도를 가슴에 품고 달아나던 허허선생이 만난 미군은 구세주였다. 허허선생이 미군에게 사람들이 자신을 친일파라며 몽둥이로 죽이려 한다고 하소연하자, 미군은 "권총을 빼 들고는 탕, 탕 하고 허공에다 대고 연거푸" 쏘아대며, 미군정이 그들을 응징하겠다고 말한다.

"우리 미군정이 친일파 죽이라고 안 했습니다. 안심하십시오. 지금 이 나라는 미스터 허허 같이 훌륭한 분, 많이많이 필요합니다. 아셨습니까?"

미군에게는 일본 천황에게 직접 일본도까지 하사받은 미스터 허 같은 인물이 필요하다는 것이다.

뭐니뭐니 해도 외세문제가 중요

남정현 작가가 미국과 국가보안법(반공법)을 소설의 주요 요소로 삼은 이유는 그의 문학관 자체에서 찾을 수 있다. 소설이란 인간사에 관한 이야기인데, 이 시대를 사는 인간, 작가에게 가장 중요한 관심사는 뭐니뭐니 해도 외세문제라는 것이다.

언제부터 내가 이렇게 외세문제에 대해 깊은 관심을 기울이게 되었는지 그 시기는 확실하지 않지만 돌이켜보면 그것은 아무래도 내가 문학에 뜻을 두고 이른바 그 소설이라는 것을 쓰기 시작하면서 그렇게 된 것이 아닌가 생각한다. ('민족자주의 문학적 열망' 중에서)

남정현에게 있어서 무엇보다 중요한 것은 외세문제이다. 그가 보기에 우리 민족이 진정한 광복, 부활, 해방, 민족자주를 이루지 못한 이유는 친일매국노를 청산하지 못한 데 있으며, 이는 미국이라는 외세가 이들을 비호했기 때문이다. 미국은 친일파에게 일본도(치안유지법) 대신에 '빨갱이' 잡는 국가보안법을 하사했다. 때문에 외세를 극복하고 진정한 민족의 해방을 이루기 위해서는 국가보안법의 철폐가 필수적이라 여기기에 소설의 곳곳에서 반공법과 미국에 딴지를 걸고넘어지는 것이다.

소설《작별하지 않는다》에서 이북 말 쓰던 서북청년단원은 인선의 아버지를 거꾸로 매달고, 물고문과 전기고문을 하면서 이렇게 말한다.

씨를 말릴 빨갱이 새키들, 깨끗이 청소하갔어. 죽여서 박멸하갔어, 한 방울이라도 빨간 물 든 쥐새키들은.

한강은 소설에서 제주도 인민 3만 명을 살해하고, 빨갱이 절멸을 위해 아이들까지 죽이고, 이듬해 육지에서 20만 명을 살해한 건 "우연의 연속이 아니야"라고 썼다. 사건의 시초는 "이 섬에 사는 삼십만 명을 다 죽여서라도 공산화를 막으라는 미군정의 명령이 있었고" 그걸 실현할 의지와 원한을 지닌 극우청년단원이 있었던 것이다. 빨갱이를 박멸하기 위해 제주 4.3항쟁, 여순항쟁 직후인 1948년 12월 1일 제정된 국가보안법, 이 괴물체를 만든 하느님을 남정현은 소설 〈편지 한 통-미 제국주의 전상서〉에서 미국이라 말한다.

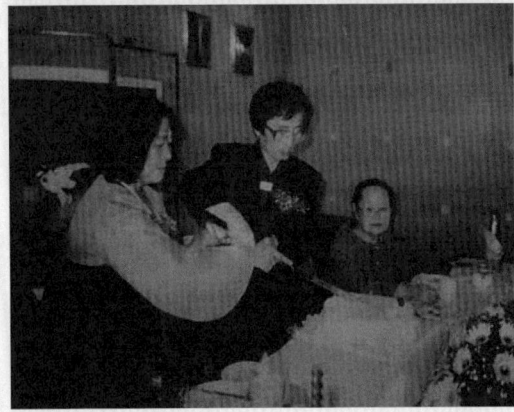

❶ 1983년, 군 복무 중 휴가 나온 아들(남돈희)과 함께.
❷ 남정현, 신순남 부부의 환갑기념 잔치.
❸ 평소 친하게 지내던 이기형 시인, 김규동 시인, 김병걸 평론가와 담소를 나누는 남정현 작가.

❶1967년 5월호 《동서춘추》 창간호에 실린 연재수필 〈하숙 십 년〉에 들어간 삽화이다. 나머지(❷❸❹) 삽화는 1963년, 1977년, 2000년에 지인이 그려 선물한 것으로 보이며, 작가가 생전에 보관하던 유품이다.

부록

"증오의 눈초리, 따스한 손"

1. 부친 남세원의 논문 〈인간회복〉-민주발전과 거리귀선(去利歸善)
2. 만세운동 앞장선 아산아저씨 남주원
3. "나의 '문학의 기초'는 외세의 멍에에서 벗어나는 일"
4. 증오의 눈초리, 따스한 손-'현실악의 도전자 〈굴뚝 밑의 유산〉'(백승철)
5. 이질(異質)의 '행인'에게-〈너는 뭐냐〉 작품노트
6. 동인문학상 선고경위와 선후평-《사상계》(1961. 10)
7. "현실참여 문학이 따로 있나요?"
8. "이 땅의 인간은 매일같이 부활"-수필 '부활하는 사람들'(1962)
9. 군주적 작가의 횡포
10. '젊은 작가들의 공동작업장'-《전후정예작가-신작15인집》(1963)
11. 외국인이 되다 말아 서러워하는 선생님
12. "예술성이 풍부한 우화적인 아이로니의 세계를 제시"
    -첫 창작집《너는 뭐냐》 서문(백철)
13. 한국문학전집 속의 남정현 작품과 해설
14. 시대의 물살 가르는 생명력
    -《한국단편문학대계 14》(해설 구중서, 금성출판사, 1987)
15. 50년대 작가의 문학적 특징-후반기의 작가군을 중심으로
16. "작가는 최일선의 초병"-《준이와의 3개월》(1977) 작가의 말 전문
17. 일제 잔당의 턱없는 득세 현상-〈허허선생 3-귀향길〉 작가노트(1980)
18. 칼바람에 얼어붙은 80년 서울의 봄-이근배의 문단수첩(1991)
19. 박태순의 문단수첩-분단모순 몸으로 맞선 남정현

20. 코미디풀이가 가장 어려워요-인터뷰·외화번역가 신순남
21. 조지 오웰의 《1984년》과 '이중사고'
22. "무슨 격투라도 하는 심정으로 쓴 소설"
    -연작소설 《허허선생 옷 벗을라》(동광출판사, 1993) 책머리에
23. 三角山과 수유리 친구
24. EBS-문학기행 〈남정현의 귀향길〉
25. "그로테스크한 시대를 다시 한번 그로테스크하게 비틀어"
26. 불평등한 '소파'는 현대판 노비문서
27. 작가의 초상-남정현 선생님의 분노와 미소
28. 역사 속의 오늘-7월 9일
29. 비전향장기수가 〈분지〉를 애독한 이유
    -홍기돈의 《문학과 경계》(2005년) 인터뷰
30. 경고구역을 여체(女體)로 상징화한 까닭
    -〈한수영·남정현 대담-환멸의 역사를 넘어서〉(2012)
31. 산문집 《엄마 아 우리엄마》-가여움의 미학
32. 북의 그로테스크한 발표문-적대적인 두 국가론
33. 〈님을 위한 행진곡〉과 〈페르샤 왕자〉
34. 옥탑방에 남겨진 작가의 체취
35. 잡상집-〈개〉

*참고 논문
*작가 연보

1. 부친 남세원의 논문 〈인간회복〉
  -민주발전과 거리귀선(去利歸善)

  남정현 작가의 부친이 1960년대 후반 교육감 시절에 쓴 논문 〈인간회복〉의 차례와 본문의 일부 내용을 옮겨 실었다. 이 글 외에는 부친이 쓴 글을 찾지는 못했다. 100쪽이 넘는 논문 〈인간회복〉에서 남세원 선생은 인간, 정신, 자유, 자주, 민주라는 말을 강조하고 있는데, 이는 남정현의 소설이나 수필에도 자주 등장하는 말이다. 〈허허선생〉 속에 나오는 아버지는 천하의 기회주의적인 친일친미 매국노이고, 부자 관계는 적대적이었다. 그런데 이 논문을 읽어보면, 현실 속의 부자는 가치관과 인생관이 매우 닮았다는 생각을 하게 된다.

차례
1. 서론: 인간이 인도에서 벗어나는 원인
2. 본론
　　1) 자유라는 것이 무엇인가
　　2) 자유가 왜 인간에게 존중한가
　　3) 합리적 사회성과 사회발달
　　4) 도덕적 태도 확립
3. 현실사회상의 고찰과 비판
　　1) 이기심과 탐욕에 할퀸 양심과 선의 복구
　　2) 권력과 금력으로 두드려 맞은 만신창이 민주주의
　　3) 선리후의(先利後義)로 경제는 위험선에 육박하고
　　4) 물질만능을 구가(謳歌)하기 전에 인간의 존엄을 구가하라

5) 인간의 가치를 발전시키는 것이 민주주의의 정신이다

6) 우리는 자주 자율의 정신을 확립하고 민족문화 창달에 힘써야 한다

4. 사회교육(대중교육)을 흥기시켜 자발적으로 자제하며 선심을 감발(感發)하도록

5. 결론 - 민주발전과 거리귀선(去利歸善)

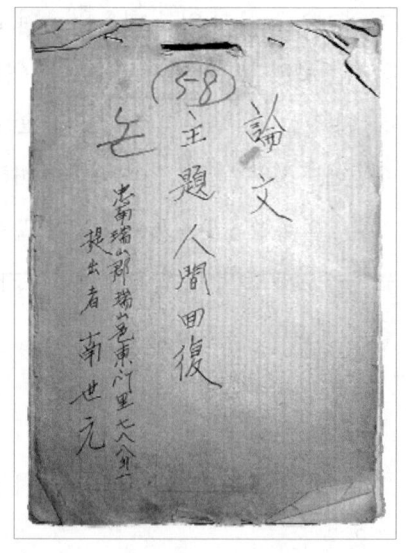

• 인간의 특질은 정신에 있으며 정신의 발전은 인간의 발전을 뜻한다. 인간의 발전이란 궁극은 창조에 있다. 창조하기 위하여는 자유가 필요하다. 자유가 존귀하다는 것은 인간발전에 기반이 되기 때문인 것이다.

• 인간칠십고래희(人間七十古來稀)란 글과 같이 나의 천년(賤年)이 여기에 와 있다. 또는 내가 이 땅 조국에서 낳고 자라고 살고 늙었다. 또는 나의 일생은 인간을 인간다운 길로 인도하는 것이 나의 임무였다. 이 사회가 사람다운 사람들이 살고 있는 사회 같지 아니하게 보인다면 그 책임의 일부분은 나에게도 있다. 부끄러운 일이다.

2. 만세운동 앞장선 아산아저씨 남주원

남주원(南柱元)은 가선대부 병참(嘉善大夫 兵參)이었던 남명선의 손자로 당진군 대호지면 사성리에서 살았다. 사성리는 대호지 포구가 있어 서울 가는 해상교통 요지이며 자인군수를 역임하고 왜정 협조 강요에 못 이겨 면장으로 있던 이인정을 비롯하여 경복궁위장 박민진의 손자인 사과(司果) 박용화, 종손 의관(議官) 박희택 등이 낙향하여 국운을 논하던 애국 마을이었다.

남주원 관련 신문기사.

그는 1893년 10월 3일 태어나 한문(漢文) 수학 후 경성 사립 중동학교를 졸업하여 왜놈이 위촉하는 해미군 공립보통학교 학무위원으로 있었다. 그러나 그는 남달리 총명하였으며 나라 잃은 슬픔을 가장 뼈아프게 생각하며 자랐다.

그가 자라는 동안은 일본제국주의가 가장 악랄하게 조국을 짓밟을 때였다. 묵묵히 때를 기다리던 그는 고종황제의 장례일인 3월 3일을 앞두고 이두하, 남계창, 남상직, 남상락과 함께 서울로 올라갔다가 3월 1일 날 파고다 공원에서 만세를 부르고 독립선언서와 태극기를 챙겨 가지고 고향으로 내려왔다. 그는 고향으로 내려와서 그 길로 독립운동추진위원회를 만들고 거사준비를 했었다. 그는 이인정, 이대하, 송재민 등에게 애국가를 등사하도록 상의하였으며, 한운석은 애국가를 작사케 하였다.

그리고 동재 송재민 등 8명은 인접한 각 면과 부락에 연락을 하였으며 당시 면장인 이인정은 많은 사람이 모일 수 있도록 도로공사 부역에 나오라고 면민에게 알렸다. 그래서 1919년 4월 4일 대호지면사무소 광장에서 600여 명이 모인 가운데 그는 독립선언서를 차분히 읽어갔다. 그들은 그길로 태극기를 앞세우고 '조선독립만세'를 연거푸 부르며 정미면 천의시장까지 몰려갔다. 그리고 여기에서도 소리높여 독립만세를 외쳤다. 그러나 이곳에서 왜경과 충돌하게 되고, 드디어 그는 왜경의 손에 의하여 구금되었으며 그들의 모진 고문과 매질에도 끄떡하지 않고 버텼다. 그는 송전리 홍형국과 함께 독립운동자금을 부담했으며 거사 후에는 망국의 한을 품고 고향을 떠난 애국지사이다. 133

---

133. 남정현이 보관 중이던 유품 자료 중에 '3. 남주원(南柱元), 236~237쪽'에 나오는 내용이다. 독립유공자 책자나 향토자료 복사물로 추정하지만 정확한 출처는 알 수 없다. 남정현의 이름을 지어준 남주원은 남정현 작가 부친의 사촌형이다.

3. "나의 '문학의 기초'는 외세의 멍에에서 벗어나는 일"

　남정현 작가의 쌍문동 옥탑방에서 데뷔작〈경고구역〉이 실린《자유문학》1958년 9월호를 발견했다. 발행처는 한국자유문학자협회이었고, 편집 겸 발행인 김광섭, 주간은 김송이었다. 발행일은 단기 4291년 9월 1일로 표기되어 있었다. 5·16 군사쿠데타 후인 1962년 1월 1일부터 서기를 사용했고, 그때만 해도 연도 표기가 단기였다.
　《구술채록집》에서 남정현은 소설〈경고구역〉집필 배경에 관해 상세히 설명했다. 그는 "지금도 그렇지만 당시에 보면 말뚝 박은 데가 많았어요. 철책, 산에 '경고구역'이라고 쓰여 있는 거예요."라고 말했다. 함부로 들어가지 말라는 이 경고구역은 외형적인 것뿐이 아니라 인간 내면세계에도 많았는데, "무슨 책을 봐선 안 된다, 뭘 생각하면 안 된다."라는 식이었다.

> "그때 국가보안법이 있었고, 그러한 법이 인간의 정신세계도 완전히 속박하고 있단 말이죠. 그래서 모다 경고구역투성이었어요. 경고구역이 결국은 외세문제하고 연결되고, 학문의 발전도 그렇고, 예술의 발전도 그렇고 (……)이 통행금지라는 그 자체도 얼마나 큰 경고구역이에요. 12시 지나면 사람이 움직이질 못하게 하니 말이에요.
> 소설〈경고구역〉에 대해서도 대략 이런 반외세사상이나 자유 의지를 평가할 수 있는 건데 (……) 어떤 비평가가 보더래도 그런 것을 이야기할 수 있는 상황이 아니었어요. 네. 그때는 어림없었어요. 그래서 저는 그러한 경고구역에서 이렇게 정공법으로 하지 못하니까, 그것을 이제 어떤 비정상격인 남녀관계로 이렇게 변형하지 않았겠어요."

남정현은《구술채록집》에서 "남녀 간의 관계를 이제 그런 어떤 알레고리로 화해 가지고, 경고구역에서 오는 어떤 부담이라고 할까, 우리 민족의 이런 것을 그 비정상적인 남녀 간의 그런 애정 문제로 표출되지 않았나, 그렇게 생각하는 거지."라고 말했다. 〈경고구역〉의 집필 배경을 설명하는 과정에서 남정현은 매우 중요한 증언을 남겼다. 그가 생각하는 "문학의 발상지, 기초, 토대"는 바로 우리 민족이 외세의 멍에에서 벗어나는 일이었다.

> "나에게는 문학의 발상지, 기초, 토대가 있는데, 외세가 지워준 어떤 멍에, 우리 민족 기를 펼 수 없게 자기들 의사대로 우리를 조종할 수 있게 하는 그런 장치, 그런 멍에가 우리 민족의 머리 우에 씌워져 있다. 이것을 벗어야 한다. 이것을 벗지 않으면 여타 문제가 해결이 안 된다. 민주주의, 인권, 자유, 통일문제의 가장 근간이 되는 게 외세의 지배지요. 외세의 지배에서 우선 벗어나야 한다. 그래야 경제, 빈곤, 인권에 관한 문제를 해결할 수 있다. 이제 또 독재체제에 대한 문제도 외세문제가 선행적으로 해결돼야 한다. 이런 생각이 늘 깔려 있어요.
> 8·15 이후 문제뿐 아니고 그 이전에 일제 36년, 조선 시대에 청나라, 명나라한테 받았던 서러움, 그전에도 그렇고, 우리 역사를 총체적으로 들쒸우고 있는 그런 멍에 같은 게 있다 이거에요. 이걸 벗어야 한다."

'경고구역'이 많은 나라에서 언론매체들은 탄압이 심하니까 얘길 못하는데, 그나마 문학은 상상력의 소산이고, 상징이라든가 풍자라든가, 여러 가지 형태를 통해서 표현할 자유가 있다고 보았다. 남정현은 문학을 통해서 외세의 문제를 해결하려는 생각에 철저했던 것이다.[134]

---

[134] 남정현 작가는 첫 소설 〈경고구역〉을 《자유문학》 1958년 9월호에 발표했다. 비슷한 시기에 이승만 정권 말기의 시국 상황을 잘 보여주는 출판계 필화사건이 하나 있다. 함석헌은 1958년 8월호 《사상계》에 쓴 '생각하는 백성이라야 산다'(부제: 6·25 싸움

우리가 남이 씌워준 멍에 때문에 자유를 잃고 있으니까 이걸 벗어야 한다는 것을 작품에 어떠한 형태로든지, 그런 정신이 좀 밑에 흐르게 써야 된다, 그런 생각이 늘 작용하고 있는 거죠.

이 주는 역사적 교훈)라는 글을 기고했는데, 남한을 '꼭두각시'로 묘사한 것이 문제가 되었다. 함석헌과 장준하가 국가보안법 위반 혐의로 남산에 연행되었는데, 문제가 된 내용은 다음과 같은 문장이었다.
"남한은 북한을 쏘련·중공의 꼭두각씨라 하고 북한은 남한을 미국의 꼭두각씨라 하니, 남이 볼 때 있는 것은 꼭두각씨뿐이지 나라가 아니다. 우리는 나라 없는 백성이다. 6·25는 꼭두각씨의 놀음이었다. 민중의 시대에 민중이 살았어야 할 터인데 민중이 죽었으니 남의 꼭두각시밖에 될 것이 없지 않은가?"
바로 이러한 정치 현실 아래 남정현 작가는 〈경고구역〉 같은 소설 쓰기에 도전한 것이다.

4. 증오의 눈초리, 따스한 손
— '현실악의 도전자 〈굴뚝 밑의 유산〉'

《한국단편문학대계 11》(한국문인협회 편, 삼성출판사, 1969) 뒤에는 '작가·작품의 세계'를 실었다. 김주연, 이형기, 백승철, 염무웅 등 4명의 평론가가 나누어 썼는데, 염무웅이 '관념의 모험-최인훈론'을, 그리고 백승철이 '그늘에 선 작가군'이란 제목 아래 남정현, 이광숙, 권태웅, 정인영, 안동림, 한남철, 권용준, 이용우 작가를 맡았다.

백승철이 8명의 작가를 '그늘에 선 작가'라 부른 이유는 그들이 모두 "50년대 후반기라는 그늘에 섰었고, 또 작품의 성격상으로 보았을 때도 그것은 동란의 후유증을 도맡아야 했던 정리기에 나와 파탄된 전후의식의 현장검증을 했어야" 했던 데서 찾았다. 백승철은 '현실악의 도전자 〈굴뚝 밑의 유산〉'이라는 제목 아래 남정현 작가를 평하는데, 남정현 관련 논문이나 비평에서 보지 못한 내용이고 길지 않은 내용이라 그대로 옮겨 적어 본다.

남정현의 모든 소설은 철저한 부정에서 출발한다.
아무리 고귀한 대상이라도 일단 그의 수중에 들어가면 뼈만 남아 돌아온다. 그런데 그가 돌려보내 주는 사물의 뼈는 진짜라는데 남정현문학을 믿을 수가 있는 것이다. 모든 소설가가 소설의 이른바 픽션 기능을 지나치게 과장해서 현실 자체를 두루뭉수리로 만들어 버리는 데 반하여 그는 돌려줄 것은 반드시 돌려준다.
〈굴뚝 밑의 유산〉도 그렇다. 철저한 부정과 거리낌없는 독설, 시원한 풍자와 새타이어를 통해 위악과 위선을 통틀어 규탄하면서 문학의 카타르시스를 마음껏 활용하는 것이다.

작품에 나오는 인물들은 한결같이 저능아에 속한다. 영옥의 매춘을 감시해 주고 사는 석주나 규석이, 그리고 갑자 등 주인공들은 모두 인간이란 직위에서 벗어나고 싶어하는 것이다. 말하자면 사회에서의 낙제생들인데, 이 낙제생들을 상대하는 명사 제현들께서는 우등생이냐 하면 또 그렇지도 않은 것이다.

여기에 바로 남정현이 바라보는 사회현실이 숨어 있는 것이다. 이 저능아 일대기를 통하여 한국사회의 열등생을 고발하고 있는 것이다. 사실 남정현처럼 탄력 있게 사회 고발을 하고 현실 저항을 하는 작가도 드물다. 무력한 지식인, 맹목적인 교육, 생명조차도 보잘것 없이 내던져지는 굴뚝 밑의 유산이야말로 우리 사회의 밑바닥이 아니겠는가.

〈굴뚝 밑의 유산〉은 거의 치료할 수 없을 만큼 중병에 걸린 사회의 신음소리다. 다시 말하면 남정현은 비교적 정확한 눈으로 옳게 보아 왔고, 그가 본 것을 직선적이며 과격하게 비판해 온 것이다. 이것은 다시 말해 현실에 대한 작가의 뜨거운 애정이라고 볼 수 있다. 아니, 안타가울이만큼 남정현은 현실, 한국이라는 현실에 애착을 갖고 거기에 대한 사랑을 쏟고 있다. 현실악에 대한 증오의 눈초리를 쏟으면서도 그의 손은 의외로 따스하게 등을 두드리는 것이다. (백승철)

5. 이질(異質)의 '행인'에게
― 〈너는 뭐냐〉 작품노트

  4·19 민주혁명의 현장은 그 어느 위대한 예술작품보다도 감동적이고 눈이 부셨다. 환호와 만세와 감격이 한데 어울려서 형상한 '4·19'의 그 순연한 현장은 세상에서 가장 으뜸가는 진·선·미의 도도한 물결 같았다. 수많은 세월 동안 누적된 우리 민족의 그 갖가지 뼈 아픈 한들이 일시에 피가 되고 주먹이 되고 불이 되어 소용돌이치면서 일체의 비인간적인 부당한 간섭과 억압의 쇠사슬을 끊고 자유를 향해, 통일을 향해, 민주주의를 향해 팡 하고 불꽃처럼 아름답게 폭발하던 순간의 그 황홀한 정경을 나는 잊을 수가 없었다.
  너는 뭐냐?
  나는 그 장엄한 '4·19'의 현장에 서서, 우리 민중의 지향과는 아무런 인연도 없이 아직도 제정신을 잃고 남의 장단에 춤추는 몇몇 행인들을 붙잡고, '너는 뭐냐' 하고 한번 소리높이 따지고 싶은 심정이었다. (남정현)

* 《세계문학 100선집-한국단편소설 100선》(이어령 평역, 경미문화사, 1979년) 중에서

6. 동인문학상 선고경위와 선후평
-《사상계》(1961. 10)

1958년 첫 소설 〈경고구역〉을 발표한 남정현 작가는 그 뒤 〈굴뚝 밑의 유산〉(《자유문학》, 1959. 2), 〈모의시체〉(《자유문학》, 1959. 7), 〈인간플래카드〉(《자유문학》, 1959. 10), 〈누락 인종〉(《자유문학》, 1960. 3》 등과 같은 문제작을 왕성하게 발표했다. 이런 성과를 인정받아 28세의 나이에 〈너는 뭐냐〉(《자유문학》, 1961. 3)로 1961년 《사상계》가 주관하는 제6회 동인문학상을 수상한다.

동인문학상 제1회 수상작은 1956년 김성한의 〈바비도〉이다. 1961년 전후의 당선작을 살펴보면, 제7회(1962년) 전광용의 〈꺼삐딴 리〉와 이호철의 〈닳아지는 살들〉, 제6회(1961년) 남정현의 〈너는 뭐냐〉(후보작), 제5회(1960년) 당선작 없음, 후보작 이범선의 〈오발탄〉, 서기원의 〈이 성숙한 밤의 포옹〉, 제4회(1959년) 손창섭의 〈잉여인간〉이다.

《사상계》 1961년 10월호에는 동인상 발표와 함께 김동리, 백철, 안수길, 최정희, 황순원 다섯 심사위원의 품평이 실렸는데, 이를 그대로 싣는다. 1965년 〈분지〉 이전의 남정현 초기 소설에 대한 문단의 평가를 생생하게 들을 수 있다.

제6회 동인상(東仁賞) 발표

60년 8월에서 61년 7월까지, 당선작 없음
후보작 〈너는 뭐냐〉(자유문학 3월호) 남정현 작

선고(選考) 경위

작년에 당선작이 없어 문단 제씨 및 독자 여러분과 더불어 크게 실망한 본사는 수상작을 내지 못한 이유 중의 하나가 선고위원의 수에 있었는지도 모른다는 생각에서, 이번 6회에는 작년에 쉬셨던 김동리 씨를 포함한 다섯 분에게 위촉하고 선고위원 전원 참석한 가운데 첫 회합을 8월 19일 본사 회의실에서 가졌다.

심사에 앞서 근년의 의욕적인 작가들에 의해 중편이 시도되고 또 우수한 작품이 나오기도 했는데, 이 작품들도 심사대상에 넣을 것이냐 하는 문제가 나왔다. 그러나 1년에 한두 편 나오는 중편을 대상에 넣으면 우선 중량으로 압도되어 거기에 치우칠 우려가 있다는 의견도 있었고, 또 동인상은 원래 단편에 한하는 것이며 매수가 3~4백 매 된다고 해서 반드시 중편은 아니니 성격상 단편이면 대상에 넣자는 데 합의를 보아 다음과 같이 심사 대상 작품 10편을 골랐다.

〈착각 속에서〉(강신재), 〈너는 뭐냐〉(남정현), 〈하자(瑕疵)〉(박경수), 〈조용한 강〉(백인빈), 〈순주(循走)〉(서기원), 〈잠복초〉(송상옥), 〈박토〉(이범선), 〈용암류〉(이호철), 〈충매화〉(전광용), 〈수(囚)〉(최인훈).

첫 회합에서는 이상과 같이 선고대상 작품을 결정하는 것으로 일단 끝맺고, 다음 2차 회의 때까지 이상 10편의 작품을 검토하기로 했다. 그리하여 8월 21일 2차 회의를 가졌다.

제2차 회합에서는 예년과는 달리 처음부터 선고위원들 간에 견해가 달라 다음과 같이 대상작을 좁히는 데도 시간이 걸렸다,

〈너는 뭐냐〉, 〈하자〉, 〈순주〉, 〈용암류〉, 〈충매화〉.

여기에서 이상의 작품들 중에 수상작이 될만한 것이 있느냐 하는 문제가 나

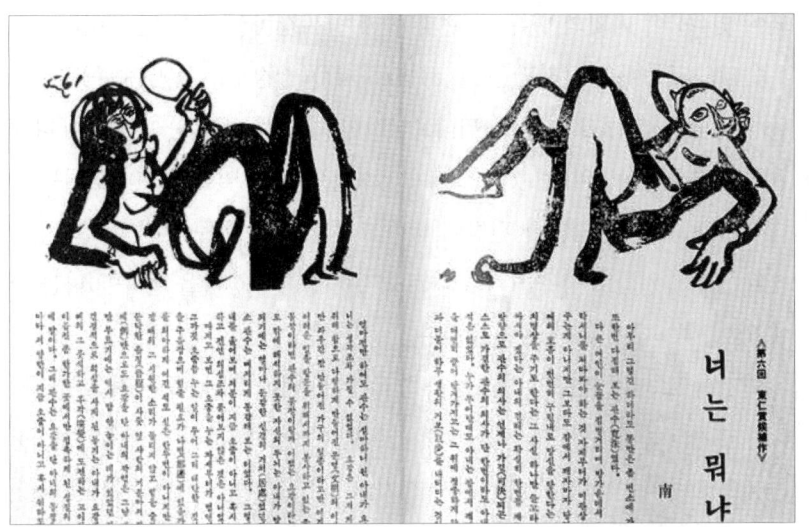

동인문학상(후보작)을 수상한 남정현의 소설 〈너는 뭐냐〉가 실린 1961년 10월호 《사상계》.

와 '없다'는 합의를 얻는 데는 힘들지 않았다. 그러나 후보작 하나를 결정하는 데는 장시간 여러 가지로 격론이 벌어졌는데, 결국 표결형식으로 대상을 좁힌 결과 〈너는 뭐냐〉 2표, 〈하자〉(2표), 〈순주〉(1표)의 세 편이 남게 되었다.

〈너는 뭐냐〉와 〈하자〉를 두고 다시 토의, 투표한 결과 3대 2로 〈너는 뭐냐〉가 후보작으로 결정되었다.

제6회 동인상 선후평(選後評) (가나다순)

김동리-패배의 기록

제1차에 선정된 10편 가운데 내가 수상작으로 본 것은 백인빈의 〈조용한 강〉이었다. 그러나 이 작품은 그 탁월한 예술성에도 불구하고 심사원 5명 중에서 4명의 부인으로(누구의 제의에 한 사람만 호응하면 2차에 뽑히도록 되어 있다) 이 이외의 다른 네 편과 함께 일찌감치 낙선이 된 셈이다.

〈蟲媒花(충매화)〉(전광용), 〈瑕疵(하자)〉(박경수),〈循走(순주)〉(서기원), 〈용암류〉(이호철), 〈너는 뭐냐〉(남정현)의 다섯 편이다. 그러나 이 다섯 편에서 수상작을 낸다는 것은 나에게 있어 불가능한 일이었다(나로서는 어디까지나 〈조용한 강〉 한 편밖에 없다고 확인했기 때문이다).

다른 심사원들도 이유는 각각 다르겠지만 정작 수상작을 낼 수 없다는 점에 있어서는 대체로 의견이 통했다.

여기서 모 씨는 작자의 장래성을 참작하여 〈너는 뭐냐〉를 장려상으로 정하자고 제의하자 다른 모 씨는 그럴 판이면 〈조용한 강〉과 함께 두 편을 장려상으로 주자는 의견도 나왔지만 전기(前記) 모 씨는 다시 일사부재리 원칙이 있는데 한번 떨어진 작품을 재논의할 수 있느냐고 반대해서 그대로 되었다.

이상 다섯 편 중에 후보작을 낸다면 〈하자〉가 적당하다고 나는 생각했다. 이 작품은 죠이스가 〈유리씨이즈〔율리시스〕〉에 사용한 신심리주의 수법을 한국적인 현실(소재)에다 적용시킨, 이 작가에 있어서는 괄목할 만한 역작이었다. 뿐만 아니라 우리나라에서 죠이스적, 프루스트적 수법을 시험한 이 계통의 작품 가운데서는 그중 성공한 편이기도 했다. 불평을 말한다면 그 수법이 외래적인 모방이라든가 주제가 분명치 않다고 하겠지만 이 경우 이런 조건들은 부득이한 것이 아닐까 생각했다.

모 씨가 추천하는 〈너는 뭐냐〉도 화술(대화가 아니라 텔러로서)에 있어 특색 있는 작품이지만 결점은 더욱 많고 심하다고 나는 보았다. 첫째 남(男) 주인공의 그러한 (천치 같은) 성격이나 의식상의 결함이 '인민봉기'로 인하여 해결될 수 없는 성질이요(따라서 주제가 성립이 되지 않으며) 또 수법상의 독특성이란 것도 최근으로 말하면 손창섭, 올라가면 이상(〈날개〉)에서 얼마든지 거의 같은 것을 볼 수 있기 때문이다.[135]

다섯 편을 두고 표결한 결과 〈하자〉와 〈너는 뭐냐〉에 각 2점 동점이 나왔다. 두 편을 두고 다시 결선투표를 하여 〈너는 뭐냐〉가 3대 2로 수상 후보작으로 정해졌다.

나는 내 자신의 판단력이나 신념에 충실하기 위하여 남의 그것을 그만치 존중하는 것이며 따라서 다수결 원칙에 이의가 없는 것이다.

백철-〈용암류〉를 입상케 못한 미련

금년도 동인상의 대상작품으로서 예선된 10편의 작품들을 읽어본 뒤에 나로선 그중의 1편을 당선으로 내정해 가지고 지난 8월 31일 결정심사회에 나갔다. 그 1편이란 이호철 씨의 〈용암류〉(《사상계》 11월호)인데 내가 이 작품을 높이 평가하고 싶어 한 것은 그 주제적인 작품의미에서도 20세기 문학에 있어서 오랫동안 만성화되어 온 병적인 페스미시즘[페시미즘]을 극복하려는 의지적인 것을 우선 중시하였지만 그 이상으로 더 높이 본 것은 이 작품의 결박이다. 그것은 종종의 진행법에 있어서는 극복적인 아이디어를 가산, 축적해가는 점층의 프로세스와 그 절정의 해결법과 아울러 횡(橫)에 있어서 네 사람의 등장인물에 그 극복 모랄의 각이한 패턴을 부여해서 네 개의 라인을 병행시키면서 동시에 네 개의 라인이 각각 레벨을 달리하고 있는 소위 오케스트라적인 횡법(橫法)을 쓴 것이 대단히 고도한 수법이라고 보고 그 종과 횡의 진행과 연락도 확고하며 긴장된 통일을 이루었다고 보아서, 나는 심사회에서 형언한 바와 같이 하나의 '하이부로오'의 작품이라고 보고 내가 생각하기에는 지금까지 동인상 작품들을 놓고 질적인 수준을 그어보아도 이 작품은 뛰어난 작품이라고 보았던 것이다.

---

135 남정현의 소설기법이 이상과 비슷하다는 평도 많다. 그런데 이상과 결정적으로 다른 점은 민족, 역사에 대한 관점이다. 김민수는 《이상평전》(2012)에서 "이상과 그의 작품세계는 겉보기에 자신과 운명을 같이하는 역사공동체" 등과 관계가 없어 보인다고 썼다. 이상은 역설적 표현일 수도 있겠으나 시 〈회한의 장〉에 "역사는 지겨운 짐이다." "비로소 나는 완전히 비겁해지기에 성공한 셈이다."라고 썼다. 반면 남정현은 역사의 짐을 혼자서라도 지고자 한 작가였다.

그러나 심사의 경과는 내가 얘기한 대로 진행되지 않았다. 내가 이 작품을 잘못 보았든지 혹은 내 설명력이 부족했든지 하여튼 둘째 심사 '라운드'에서 5인의 거수결과 이 작품은 남는 작품 중에서 제외되어 버리고 말았다. 나로선 다수결정에 대하여 불평이 없으면서도 어딘지 이 작품을 입상케 못한 미련이 큰 것은 어쩔 수 없었다.

〈용암류〉를 제외하고 나니까 다음으로 관심이 가진 것은 서기원 씨의 〈순주〉(역시《사상계》11월)로서 이 작품은 주인공의 미묘한 심리적인 시튜에이션과 그 디테일에서 터취된 묘미를 맛보게 하였으나 결말의 전환 해결이 경(輕)하여 입상작으로까지 밀기에 열성적일 수 없었다. 나머지 한두 작품도 그 의도한 것과 고심 노작(努作)한 과정은 인정이 되지만 그 의도나 재료를 테크닉으로 충분히 소화하지 못한 미숙성을 면하지 못하여 결국 남은 3작품에 대하여 입상작을 단념하고 후보작 정도로 내자는 의견으로 낙착되었을 때에, 후보작으로 내는 바에는 벌써 5년 이상 작품을 써온 사람들의 것보다는 신인인 남정현 군의 〈너는 뭐냐〉(《자유문학》3월)를 장려하는 뜻으로 내보자는 의견도 참고로 나와서 투표한 결과 남군의 작품이 후보작으로 추천 결정된 것이다.

나 역시 남 군의 〈너는 뭐냐〉를 추천하는데 한 표를 써낸 사람이지만 그 석상에서 이야기한 바와 같이 이 작품은 옥석이 뒤섞인 가운데 옥보다는 돌이 더 많은 조야(組野)와 같은 것으로서, 현대의 속성을 풍유하는 수단으로 요강에 똥을 누는 예를 쓴 것도 그 재료가 하질이며 또 중간 사건정리에도 불필요한 부분이 적지 않은 점 등 불만이 많았지만 남 군의 문학은 그의 〈인간 플래카드〉,〈누락 인종〉 등을 통하여 볼 때에 일관하여 과장의 수사법을 효용하면서 어떤 한국적인 휴머〔유머〕를 특질로 내놓고 있는 점이 주목되는 바 이 작가를 장려하는 의미에서 61년도의 동인후보상작으로서 이 작품이 추천된 것은 동 작가를 위하여 크게 격려가 되리라고 믿는다.

안수길 - 소감

이번 선고 합평 석상의 분위기가 더욱 진지하고 신중했던 것은 동인문학상의 연조로 보아 믿음직한 일이었다. 그리고 남정현 씨의 〈너는 뭐냐〉가 당선작으로는 아니었으나 후보작으로 결정된 것에도 만족했다. 왜 그러냐 하면 이번 결정으로 말미암아 신인이건 연조가 있는 작가건 그런 것이 선고의 조건으로 개재되는 것이 아니라 순전히 작품 본위임을 실제로 보여주었기 때문이다. 종래에도 이 점에 소홀했던 것은 아니나 금년엔 그것이 더 강조되었고, 그러므로 해서 금후 패기 있는 신진 기예(氣銳)들의 활동이 더욱 기대되는 까닭이다.

(……)

결정된 후보작과 그 밖의 몇 작품에 대해 우견(愚見)을 적어보겠다.

〈너는 뭐냐〉: 남 씨의 작품은 그 출발 초부터 현실에 대한 풍자였었는데, 그것을 일관해 붙들고 나가면서 세련시키고 있는 거다. 씨의 풍자는 고고리나 채만식의 것과는 달라, '웃음 속의 눈물'이나 착 가라앉아서 비꼬는 태도와는 달리, 몸으로 부딪쳐 노호(怒呼)하면서 하는 풍자인 것이다. 물론 과장되고 우화적인 요소도 있어 사실적인 견지로는 지나치다고 느껴지는 점이 있으면서도 그대로 끌려 읽혀지는 것은 작가가 몸으로 부딪치는 강렬한 힘 때문이 아닌가 생각된다.

문장도 종래의 문장도(道)로 보면 거칠다는 느낌이 없지 않으나 그것도 씨의 몸부림치면서 발성하는 목소리 그대로이기 때문에 그냥 읽혀 내려가 감명을 받는 것이라는 우견(愚見)이다. 이번 작품은 우리나라에서 잘못 받아들인 현대의 외양을 씨의 특수한 수법으로 풍자해 놓은 작품이었다. (……).

최정희 - 자세를 갖춘 작가라야

'자세를 갖춘 작가', 동인문학상 심사가 있을 적마다 나는 이것을 강조하고 싶다. 어쩌다 잘 쓴 소설가보다는, 억지로 쓴 소설보다는 늘 잘 쓸 수 있고 억지를 부리지 않는 작가 편이 든든해서 좋다. 아무리 떠들썩하는 작가더라도 믿음직하지 않은 작가가 내게는 있다. 이런 작가에게 상을 주어놓고 불안해서 어쩌느냐 말이다. 서기원 씨의 〈순주〉를 내세운 것도 바로 이런 이유에서다. 〈순주〉가 소품이라고 할 정도로 짧막한 작품이긴 하나 아무것도 아닌 그러나 그리 다루기 쉽지 않은 소재를 가지고는 읽는 사람으로 하여금 몸이 오싹해지리만큼 잘 만들어 놓았으니 이 작가의 재주를 누군들 안 믿으랴. 끝머리가 어색하다는 심사위원들의 이야기도 있고 해서 중도에 물러나가 버렸지만 아직도 나는 서기원 씨에게 동인문학상이 가야 한다는 생각을 버리지 않고 있다.

남은 작품이 〈하자〉와 〈너는 뭐냐〉 두 편이었다. 두 편 중에서 한 편을 골라내야 할 단계에 이르렀다. 나는 〈하자〉에 표를 던지는 수밖에 없었다.

〈너는 뭐냐〉의 작자 남정현 씨의 것을 이것 이외엔 읽을 기회를 갖지 못했던 것이다. 심사 도중에서도 말한 바 있지만 이만큼 좋은 작가를 그동안 지나쳐 버렸다는데 죄스러움을 느꼈다. 짓이겨대는 문장으로 지루하지 않게 푼수 없이 날뛰는 인간들을 미소를 지어가며 구경하게 한 작가에게 경의를 표한다.

그러면서도 〈너는 뭐냐〉에 선뜻 표를 던지지 못한 것은 오직 이것밖에 읽지 못하고서 그렇게 할 수가 없었다. 그래서 〈하자〉를 택했다. 이렇게 말하면 이것도 저것도 다 놓치고 나서 하는 수 없으니까 〈하자〉를 지지한 것 같이 보이나 그런 것도 아니다. 〈하자〉가 발표되었을 때, 이 작가가 그새 이렇게도 자랐었나 하는 생각을 가지며 기뻐했었다. 집에 오는 문학도들에게 〈하자〉를 읽어보라고 일러준 일이 있다. 지나친 기교에서랄까, 피달아 붙인듯한 감이 없지 않으나 결백성 때문에 자꾸만 불행(?)해가는 주인공의 전체 모습을, 심지어는 숨결까지도 여실히 보여준 소설이다. 마지막 장면은 웅장한 관현악같이 들려온다.

황순원 - 허전한 느낌

이만하면 되겠다는 작품 하나를 마음속에 정하지 못하고 심사에 나설 때처럼 허전한 때는 없다. 그만큼 작년도(작년 팔월부터 금년 칠월까지)의 작단이 부진했던 것 같다. (……)

이렇게 금년도 수상작으로 이것이면 하고 강력히 밀 작품을 발견하지 못한 나는 금회에는 장려하는 의미에서 그중 갓나온 신인이면서도 앞으로 가능성을 갖고 있는 남정현의 〈너는 뭐냐〉를 수상 후보작으로 하는 데 찬성하였다.

심사위원들의 솔직한 심사평이 인상적이다. 백철, 안수길, 황순원은 남정현의 〈너는 뭐냐〉 후보작 선정에 찬성하고, 김동리와 최정희는 〈하자〉(박경수)에 표를 던졌다. 반미소설의 계보에 들어가는 소설 〈풍류 잡히는 마을〉(1947)을 쓴 최정희는 "이만큼 좋은 작가를 그동안 지나쳐 버렸다는 데 죄스러움을 느꼈다."고 하면서도 남정현 소설 중에 읽어본 작품이 〈너는 뭐냐〉밖에 없어서 〈하자〉를 택했다고 말했다.

큰 글자로 '제6회 동인상 발표'라고 쓴 《사상계》 10월호 표지에는 위로부터 미쏘의 전략적 대치와 백림위기를 보고(이범석), 맑스주의의 민족이론 비판(최문환), 원자력시대와 휴머니즘(이종진), 중공유엔가입의 찬반양론(H. 훼이스, R. 휴스), 젊은 세대의 가치관(홍승직), 현대윤리학과 가치언어 분석(김태길) 등의 제목이 적혀 있었다.

7. "현실참여 문학이 따로 있나요?"
-신간안내《너는 뭐냐》(남정현, 문예춘추사출판부, 1965년 11월 1일)

남정현 씨는 단편집《너는 뭐냐》를 냈다. 58년에 단편〈경고구역〉으로 문단에 나온 그는 30여 편의 작품을 냈고, 61년도 동인문학상 후보상을 받은 신진작가다. 그를 현실참여 문학의 기수로 보는 평자도 있다.

"현실참여 문학이 따로 있나요? 문학은 본질적으로 현실참여가 아니겠어요?"

그는 현실참여를 규정하는 사회적 조건이 문제일 뿐이라고 한다. 현실을 비판하고 가치를 창조하는 자유가 소멸할 때 문학은 없어지고 사회의 양심은 마비되는 것이라고 한다. 작가는 인간이 부당하게 유린당하지 않는 사회를 실현시키기 위해서 힘써야 한다는 것이 그의 신념이다.

"현실 도피 하는 작가, 현실 부정적인 작가를 경멸합니다."

우리 사회의 몰락을 상정하고 퇴폐, 퇴영적인 자세를 취하는 것을 그는 경계한다. 현실긍정이 구체적으로 무엇을 의미하느냐는 물음에, 그는 서슴지 않고 "민족의 번영을 위하는 일"이라 대답한다. 문학은 "인간을 사랑하는 작업"인데 역사를 만드는 인간의 구체적 단위는 민족이라는 것이다.

"민족주의를 불온시하는 사람들이 있는데 '난센스'라고 생각합니다."

그는 구체적인 정치적 정세, 경제의 '메카니즘'과 따로 떼어서 인간이라는 것을 생각할 수 없다고 한다.

"결국 한국이라는 토양, 한국적인 것이 궁극적인 문제입니다."

조용한 어조로 자기대로의 굳은 신념을 밝힌다. 남정현 씨에 대한 평은 '문학 이전'이라는 악평에서부터 '훌륭한 저항문학'이라는 격찬까지 각양각색이다. 그러나 어떤 문제에나 솔직 대담하게 접근하는 그의 성실성을 의심하는 사람은 없는 듯하다. 반공법 위반 혐의로 수개월 전 기소되었던 것도 앞뒤를 돌보지 못하는 솔직 때문이었다고 그는 쓰게 웃으며 말한다. 작가가 저항하는 자유도 국가 민족의 이익이라는 한계를 넘을 만큼 무제한한 것일 수는 없다고 못을 박는다. 어조가 다시 활기를 띠며 '우화족'이라는 6백 장짜리의 '기막힌 작품'을 곧 낼 예정이라고 자랑한다. 〈相〉

---

* 단편소설집《너는 뭐냐》발행을 계기로〈중앙일보〉(1965. 11. 30)에 실린 인터뷰 기사다.

8. "이 땅의 인간은 매일같이 부활"
  －수필 '부활하는 사람들'(1962)

남정현 작가 등단 직후에 에세이를 찾아보기는 쉽지 않다. 남정현의 '부활'에 주목하며 자료를 찾던 필자는 국립도서관에서 부활에 관련된 글 한 편을 발견했다. 1962년 3월호 《자유문학》에 실린 '부활하는 사람들'이란 제목의 수필이었다. 왕성하게 작품 활동을 하던 1960년대 초반 남정현 작가의 심정을 오롯이 느낄 수 있기에 글의 전체 내용을 옮겨서 싣는다. 한자는 한글 표기로 바꿨고, 몇 군데 단락 나누기를 했다. 원문에 실린 표기법을 그대로 살렸다.

남정현은 신동엽 시인의 20주기를 맞아 기일인 1989년 4월 7일 대한출판문화회관 강당에서 열린 '민족시인 신동엽 20주기 추모 문학경연회'(창작과비평 주관)에서 이 수필을 길게 언급하기도 했다. 이 강연 내용은 《창작과비평》(1989년 여름호)에 실렸다.

부활하는 사람들

다른 나라에서는 당연한 일인지도 모르겠지만 지금 우리가 대한민국이라고 부르는 이 땅덩어리 위에서 어제 만난 친구를 오늘 또다시 볼 수 있다는 것은 이건 도무지 예사로운 일이 아니다. 분명히 죽은 사람과 다시 만나보게 되는 기분이니까 말이다. 때문에 어제 만난 친구를 오늘 또다시 보게 되는 경우 나는 항시 설명할 수 없는 격한 반가움에 싸여서 눈물겹기만 한지도 모른다.

사실 어제 만난 친구와 오늘 또다시 볼 수 있다는 보장을 어따가 걸었단 말인가. 오늘 만난 친구를 내일 또다시 볼 수 있다는 보장을 어디서 받았단 말인가.

이 땅에서 우리는 단 하루를 생명의 안전감 속에서 살아본 경험이 없는 것이다. 탓으로 다정한 친지와 악수를 나누고 헤어질 때 차라리 우리는 눈을 감는다. 공습경보가 내린 그런 험악한 지역으로 피차간 추방당하는 것 같은 그 비참한 표정들이 보기 싫은 까닭이다.

우리는 언제 어디서 요새 한창 제철을 만난 '쨱크·나이프'에 찔리어 죽을지도 모르지 않는가. 또한 언제 어디서 부당한 이유로 유치장에 감금당할지도 모르는 것이다. 뿐더러 저 미친놈의 운동처럼 앞뒤를 돌보지 않고 질주하는 차바퀴에 깔린다면 또 어느 놈이 책임을 진단 말인가. 이렇게 잠시의 여유도 주지 않고 살벌하기만 한 토지 위에서 어찌하여 죽지를 않고 용케 살아남을 수 있다는 것은 이건 도대체 무엇일까. 부활이다. 죽었다 살아난 거다.

예수란 친구는 죽은 뒤 사흘 만에 부활했다고 뻥뻥대지만 지금 이 땅에서 생존하는 대부분의 인간들은 죽은 뒤 하루가 멀다 하고 매일같이 부활하고 있는 거다. 얼마나 위대한 백성들이냐. 기실 '부활'이라는 어휘를 사용하지 않고 이렇게 거진 다 된 것 같은 세상에서 굶어 죽지도 않고, 칼에 맞아 죽지도 않고 그렇다고 차에 치이거나 유치장 신세도 지지 않고 아직 살아 남아 있다는 이 생명에 대한 신비감을 설명할 수 있는 자가 있거던 한번 얼굴을 보자.

이 지경으로 책임없는 나라에다도 꼬박꼬박 세금을 바쳐오는 그렇게 착하기만 한 백성이라는 이유로 하나님은 우리에게 부활이라는 은전을 베푸셨는지도 모른다. 어떻게 부활하는 가는 아무도 묻지 말아라, 우리가 오늘 하루 목숨을 보존하기 위해서 겪어야 하는 그 수난의 장을 묻지 말란 말이다, 차마 남 앞에서는 공개할 수 없는 그렇게 딱한 사정만이 집결되어 있기 때문이다.

오늘도 나는 허파가 사뭇 밀착되어 버리는 상 싶은 만원뻐스 속에서 죽을 힘을 다하여 가까스로 이따끔 한 번씩 숨을 쉬면서 내가 목적지에 다달을 동안만은 제발 생명이 붙어 있어 주기를 땀을 빨빨 흘리며 애원해 보는 수밖에 없었다. 이 땅에도 '정부'라는 것이 있는지 없는지 그렇게 엄청난 것까지는 아직 잘 모르지만 우리는 이렇게 아침에 집을 나서기가 무섭게 죽음과 맞서는 피나는 작업과 충돌해야만 하는 것이다. 영양실조 때문에 항시 눈앞이 희미한 이 초췌한 체격이 말이다. 뻐스 속에서는 요행 목숨을 건졌다 하더라도 이 피곤한 몸을 단 몇 분이라도 안치(安置)할 평화로운 실내는 아무 데도 준비되어 있지 않은 것이다. 건물이야 많다. 하루에도 여러 개씩 일어서는 저 삘딩의 화려한 층계(層階). 하지만 우리들 각자가 잠시라도 지친 몸을 풀기 위해서 마음 놓고 출입할 수 있는 문이 어디에 달렸단 말인가. 없다. 그럼 우리들이 드나들지도 못하는 저 굉장한 삘딩의 부피는 무엇일까. 그것은 그냥 하나 공포의 덩어리다. 핍박하고 구속하고 착취하는 공포의 덩어리. 늘어가는 삘딩의 수량과 정비례해서 기아자의 명단이 길어진다는 사실만 가지고도 우리는 저 삘딩의 높은 자세를 안심하고 쳐다볼 수 없는 거다. 자꾸만 이상한 흉계를 생산해내는 무슨 공장 같기만 한 저 삘딩의 넓적한 대가리. 오늘도 우리와는 아무런 인연이 없는 간판을 벽마다 기다랗게 내걸고, 그 으슥한 밀실의 일각에서 이 이상 어떻게 더 못살게 하자고 무슨 수작을 꾸미고 있는지 우리는 전연 알지 못하는 것이다.

아닌 게 아니라 요새 신문을 봤더니 참으로 재미나는 수작이 나의 시각을 잠시 감동시켜주는 것이다. 그것은 여당 의원들의 추천서에 의해서 공무원으로 채용하겠다는 당국의 공공연한 약속이다. 이러한 소식을 읽고 나는 엉뚱한 생각에 취해버린 것이다. 앞으로 이대로 나가다가는 여당의원 택(宅)에서 침식을 같이하고 있다는 조건만으로 증원제군(證員諸君)들의 집에서 기르고 있는 닭이나 말(馬)이나 돼지 부류(部類)들이 추천서에 의해서 공무에 등용되지 않으리라는 보장을 우리는 아무데서도 받을 수 없지 않은

가. 말이나 돼지들이 회전의자에 앉아서 꾸룩꾸룩 소리를 지르며 공무를 집행하고 앉아 있는 그 진기한 풍경을 상상하고 나는 킥킥 웃음이 쏟아져서 견디질 못했다. 그러한 진풍경을 가상하고 분노를 느끼기에는 지금 우리들의 심신은 너무나도 지쳐버린 것이다.

그러나 괜찮다. 얼마 동안은 또 웃을 수 있는 힘이 아직 남아 있으니까 말이다. 우리를 방치해 둔 과거의 그 긴 세월이 있는 것처럼 앞으로 얼마 동안은 또 쓰레기통에서 내던져 버려도 우리는 기어이 죽지는 않을 것이다. 그러다가 이제는 더 인내할 수 없는 그런 다급한 시간이 오면 그때는 아무런 약속이 없이 터질 것이다. 혈액이, 체내에 저장해 놓은 돌이 붉게 타는 혈액이 사정없이 밖으로 출동할 것이다. 그 지경이 되어야만 제공(諸公)은 정말 '정치'라는 한문 두 자가 무엇을 의미하는가를 어렴풋이 알게 될지도 모른다.

(남정현·소설가)

9. 군주적 작가의 횡포

신봉승(1933년 5월 23일~2016년 4월 19일) 작가를 위키백과에서는 "대한민국의 소설가, 시인, 역사가, 문학평론가, 극작가, 영화감독, 영화 기획가, 영화 각본가, 대중음악 작사가, 수필가, 대학 교수, 문학 교육가이다."라고 소개했다. 20대의 나이에 시인, 소설가, 문학평론가로 등단한 그는 1964년 가수 최희준이 부른 노래〈월급봉투〉를 작사했고, 1970년에는 영화〈해변의 정사〉로 영화감독 데뷔도 했다. 그 뒤엔 극작가, 수필가로 정식 등단하기도 했다. 이력이 다채로운 신봉승은 조선왕조에 관한 드라마 각본과 단행본을 여러 권 펴냈는데, 말년에 출간한 책은《세종, 대한민국 대통령이 되다》(2012)이다.

신봉승이 1964년《현대문학》에 쓴 '군주적 작가의 橫暴(횡포)'는 그의 이력만큼이나 독특했다. 그는 이 글에서 일부 작가들이 마치도 "현실의 질서를 파괴하고 모든 인적 구성원을 불안케" 한 군주와 같다며 풍자적으로 비판했다.

'존재의 발견자'(싸르트르)이어야 하는 작가가 '발견자'로서의 시점을 횡포에 두고 수없이 많은 사람의 온갖 기능을 마비시키고 그들로 하여금 정신상태의 미분화, 또는 생활력을 감퇴시켜 마치 꼭두각시를 놀리듯이 호령만 불러줘야 한다면 작가로서가 아니라 군주로서의 착각을 하고 있는 것이 분명해지는 것이다.

신봉승은 '군주적 작가의 횡포'의 예로 손창섭의〈잉여인간〉, 이범선의

〈오발탄〉, 남정현의 〈너는 뭐냐〉를 거론하며 신랄하게 비평했다. 그는 여기에 나오는 주인공은 "하나같이 의식을 상실하고 어쩔수 없이 살고 있는 퇴물로서 쌀값은 사실 이들 때문에 자꾸만 올라간다."라고 힐난했다.

신봉승은 글의 중간에 '이리하여 이들은 …… 상을 탄다'라는 소제목을 달고 조소(嘲笑)를 날린다. 세 명의 '군주적 작가'는 모두 상을 탔는데, 손창섭은 1959년 단편 《잉여 인간》으로 제4회 동인문학상을 받았고, 이범선은 〈오발탄〉으로 1960년 동인문학상 당선후보작, 남정현은 〈너는 뭐냐〉로 동인문학상 당선후보작을 수상했다.

10쪽 분량인 이 글의 마지막 장에서 '군주적 작가'를 이렇게 질타했다. 신봉승 눈에는 이들 현실고발형 작가들이 탐탁해 보이지 않았던 모양이다.

이제 새삼스럽게 나타나는 군주적 작가들에 의하여 '당위에서 살아 떠도는 피조물 가운데 인간처럼 비참한 존재는 없다.'(호메로스)는 명구를 재음미하게 되었으며 그들이 얼마나 잔인한 독재자들인가를 확신하게 되었다, 손창섭이 베푼 채익준, 천봉우, 서만기의 패배는, 그리고 이범선이 지시한 송철호, 송영호, 아내, 어머니의 동작은, 남정현이 창조한 관수, 신옥 등의 로봇은 지시한 세 사람에 의해서 패배하고 동작하고 창조된다는 사실에 우리는 주의해야 할 것이다.
더우기 세 작품 속을 공통히 흐르는 이상정신이나 지시(指示)계수를 낮게 지닌 백치들의 합창은 인간 이전의 속물들임을 분명히 하고 있음도 유의할 필요가 있다.
(……)
군주적 작가들에 의하여 비참하게 쓰러져가는 인간부정의 참극을 이제 더 볼 수는 없다. 그와같이 만만한 쥐들을 능숙하게 다루어 주는 고양이의 엄청난 곡예에 박수할 수 없는 것도 물론이다.
연산도 갔다.

네로도 갔다.
이제 군주적 작가들이 조용히, 그리고 젊잖게 물러갈 차례다. 그들이 물러간 공지(空地)에는 인간부정을 거부하는 묘비가 세워지고 망령들에 의해 제막식이 베풀어질 것이다.
-(신봉승,《현대문학》, 1964. 6. 1)

10. 젊은 작가들의 공동작업장
―《전후정예작가 - 신작15인집》(1963)

1963년에 출간된 〈전후정예작가-신작15인집〉 표지엔 한자로 된 제목 '戰後精銳作家-新作十五人集'이 세로로 적혀 있었고, 그 우측으로 여러 명의 전신 누드화를 그려 넣었다. 마치도 자유와 해방의 몸짓을 표현한 것으로 느껴진다.

편집위원은 남정현·박경수·이범선·이호철이었고, 15인의 작가 이름 중엔 널리 알려진 작가도 많았다. 실은 순서대로 '전후정예작가'의 작품을 적어보면 이범선의 〈자살한 개〉, 한남철 〈바닷가 소년〉, 남정현 〈탈의기〉, 최상규 〈하얀밤〉, 이문희 〈인간의 마을〉, 서기원 〈삼인이각〉, 송병수 〈탈주병〉, 한말숙 〈광대 김선생〉, 하근찬 〈왕릉과 주둔군〉, 이호철 〈소시민〉, 박경수 〈야수〉, 오상원 〈분신〉, 박경리 〈어느 생애〉 선우휘 〈반역〉, 오유권 〈바람맞은 골목〉과 같다.

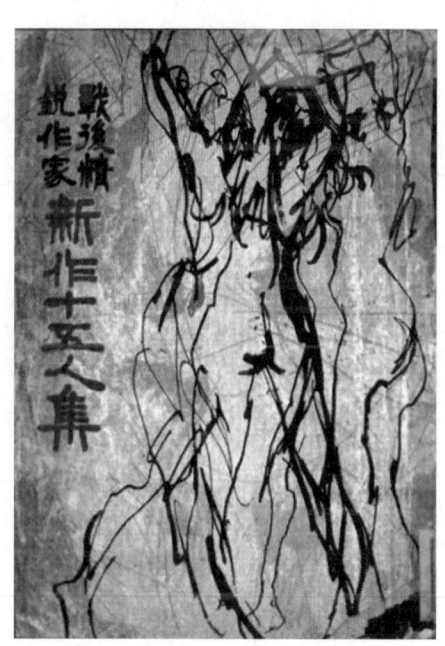

《전후정예작가 신작 15인집》(남정현 외, 육민사, 1963)

이 책의 앞에는 '젊은 작가들의 공동작업장'이라는 글이 서문 격으로 실려 있었는데, "〈新作〉은 어떤 구체적인 문학운동을 표방하는 동인지가 아니다. 그러나 새로운 문학의 가능성을 믿는 젊은 작가들의 공동작업장이다."라고 시작한다. 이들 15인은 모두 "한국전쟁 후에 문단에 등장한 작가들"인데, "우리는 문학상의 주의 주장이 같기 때문에 모인 것은 아니다."라고 밝히고 있다. 이들은 문단의 폐쇄성, 배타성 등에 문제 의식을 갖고 있었던 것으로 보인다. 문학지와 신문에 대해 이런 비판을 가했다.

아직도 몇이 안 되는 문학지는 독자의 요구를 외면한 채 어떤 관계나 집단의 기관지일 수도 없고 그렇다고 상업지도 되지 못하는 불투명한 상태에서 탈피하지 않고 있다. 신문은 영화기업을 선전하고 저열한 취미를 기르는 데 골몰하고 있을망정 진지한 정신의 작업과 생산에 대해서는 불감증에 걸려 있는 듯하다.

11. 외국인이 되다 말아 서러워하는 선생님

〈탈의기〉(1964)에서 보여주는 여성들의 사대주의적인 모습이 풍자소설의 특성상 과장된 측면이 있겠지만 이는 어디까지나 당대의 시류를 반영하는 것이다. 하필 숭미사대주의의 예를 왜 '여성'으로 들었느냐는 문제 제기는 가능하겠지만 작가가 소설 속의 남성을 주체적인 모습으로 형상화하지도 않았다.

지성인의 애독서였다는 시사 교양지 《청맥》 1964년 12월호에는 이계익의 '퇴폐적 자기 방어 전술'이란 글이 나온다.136 그는 외국에 몇 년 나갔다 온 유학생 중에 "마치 우리말 발음이 서툰체 낱말마다 이상야릇한 억양을 섞어 말하고 어쩌다가는 일상 쓰는 어휘마저 생각 안 나는 양 손짓으로 신호하여 외국어 단어를 내뱉는 사람들이" 있는데, "이것도 분명 '체'하는 병치고는 중병에 걸린 것"이라며 목격담을 들어 이런 숭미주의 풍조를 비판했다.

우연한 기회에 어느 여자대학 강의실을 들여다본 적이 있다. 30을 갓 넘은 듯한 젊은 여강사의 말이 꼭 한국말에 서투른 선교사의 그것을 흉내 내는 것 같아 이상하기에 강의가 끝난 뒤 파해 나오는 학생을 붙들고 "저분이 혹시 외국인인가" 하고 물어봤다. 여학생들은 까르르 웃으며 그냥 지나갔다. 그런데 어느 학생 하나가 "잘 보셨습니다. 외국인이 되다 말아 서러워하는 선생님입니다." 하고 내뱉었다.

---

136 《청맥》 1964년 12월호에 김질락 주간이 쓴 〈조국은 금치산자〉라는 글에는 "〔해방 후〕 내 이름을 찾아서 기쁘다던 때는 언제며 지금의 젊은 세대들은 제 성(姓)을 어떻게 부르고 있는가."라는 내용도 있다. 영어 성을 쓰는 풍조를 비판한 글이다.

혀 꼬부라진 소리를 내는 유학파의 꼴불견은 1960년대에 그친 풍조가 아닙니다. 1980년대에도 TV에 나온 유학파 박사들이나 교포 출신 연예인의 혀 꼬부라진 소리를 자주 들어야 했다. '외국인이 되다 말아 서러워하는 선생님은 미국을 흠모하는 〈탈의기〉의 여성 등장인물과 흡사한 모습이었다.

남정현의 소설 속에는 외국인, 미국인이 되고 싶어 하는 등장인물이 자주 등장한다. 〈탈의기〉와 비슷한 시기에 발표된 〈분지〉에서도 홍만수는 어머니에게 이런 얼나간 풍토에 대해 토로한다. 어머니가 생전에 그 품행이며 미모를 입이 닳도록 칭찬하여 주시던 "옥이도 숙이도 그들은 지금 이방인들의 호적에 파고들어 갈 기회를 찾지 못하여 거의 병객처럼 얼굴에 화색을 잃어가고 있다."는 것이다. 이런 기절초풍한 일은 사나이도 마찬가지인데 "대학을 둘씩이나 나왔다는 어떤 친구도 양키를 매부(妹夫)로 삼은 저를 다 특혜족으로 인정하는지 저를 볼 때마다 사뭇 비굴한 웃음을 지으며 미국으로 통하는 길 좀 열어 달라고 호소하는 형편"이라는 것이다.

〈탈의기〉 발표 후 60년이 지난 지금 영어를 숭모하는 풍조는 더욱 내면화됐다. 2025년 어느날 아침 나이든 시청자가 주로 보는 공영방송의 '아침마당' 프로에 성형외과 의사가 나와서 강의를 하는데, 5분 남짓 되는 짧은 시간 동안 "절개식 리프팅" "다운타임 줄여" "예쁜 핏이 나와" "POWER 생겨"라는 국적불명의 언어로 된 자막이 깔렸다. 언어의 주체성이 사라진 것은 말투에서도 드러난다. 전문가나 일반 시민이나 인터뷰할 때 "~같습니다" "~같아요"라고 말한다. 근 10~20년 사이에 일반화된 현상이다. 누가 봐도 꿀릴 게 없고 인기 많은 영화배우가 방송사 기자와 인터뷰하면서 세 문장으로 답을 하는데 '같아요'라는 종결어미를 세 번이나 썼다. 심지어는 자기 마음 상태를 표현하는 데도 "네, 제가 즐거운 것 같아요."라고 대답한다. 나라의 주체성이 사라지다 보니 국민의 정신과 언어에서도 얼이 빠져나간 모양이다.

12. "예술성이 풍부한 우화적인 아이로니의 세계를 제시"
― 첫 창작집 《너는 뭐냐》 서문 (백철)

1965년 발간한 남정현의 첫 번째 창작집 《너는 뭐냐》 서문은 평론가 백철이 썼다. 백철은 "그와 같이 체질도 섬약하고 인간성은 극히 선량하기만 한 작가에게 있어 어디서로부터 그러한 사회반항의 불꽃이 튀어나올까 하는 의외의 인상 같은 것"을 받았다고 적었다. 등단 이후 한창 왕성한 활동을 벌이던 남정현 작가에 대한 의미 있는 평이라 여겨 전문을 옮겨 실었다.

내가 경애하는 젊은 작가 남정현군은 그 작품성으로 봐서 주옥편〔珠玉篇〕의 작가라기보다도 문제작의 작가이다. 이런 평은 젊은 작가들 중에서도 특히 남정현 군에게 해당하는 말이 될 줄 안다.

1961년에 이 작가가 〈너는 뭐냐〉(이 작품집의 이름이기도 한)로서 그해 동인문학상의 후보상을 탈 때에도 심사원들이 의견을 모아서 크게 이 작품을 주목한 것이 그 문제성이었다.

남정현 문학의 문제성이란 한마디로 해서 그 작품들이 제시하는 강한 현실성이라고 할 수 있다. 그것은 초기의 작품들 〈인간플래카드〉, 〈누락 인종〉 등이나 더 근년의 작품으로서 〈부주전상서〉, 〈현장〉, 〈천지현황〉, 〈분지〉 등과 같이 일관해서 제시하고 있는 투철한 작가의식이다. 다만 같은 현실성의 작품들이라 해도 초기의 작품들에선 속성(俗性)의 현실에 대한 일종의 아이로니의 세계인데 대하여 나종의 것들은 부정하다고 본 현실을 정면한 작품의 사회성의 세력이 일층 강력해지면서 저항문학의 한 기수로서 등장했다는 점이다.

사실 남군의 문학은 이미 그 초기의 작품들인 〈인간플래카드〉나 〈누락 인종〉 등이 보여주는 바와 같이 그 고도하고 예술성이 풍부한 우화적인 아이로니의 세계를 제시함으로써 우리 고대문학의 큰 특질로 보여지는 해학성을 모더나이즈하는 케이스가 되어 귀중한 현대문학의 한 '메인·씬'을 이룩하여 우리 현대문학사에 확실한 형적을 남긴 것이다.

그러나 내가 알기에는 그 우의적인 아이로니의 작품성은 〈너는 뭐냐〉로 한 단락을 짓고 〈부주전상서〉를 전기로 해서 그 강력한 휴머니즘 정신을 바탕으로 해서 현실공세의 작품으로 전환을 했다.

작품을 통해서 철저하게 그리고 충실히 앙가주망을 한 셈이다.

남군의 문학이 사회성의 광장으로 나오면서 그 작품들에 대한 화제가 더 커지고 또한 작가의 인기도 더욱 높아질 것이 사실이다. 나 역시 개인적으로 그의 근년의 작품들을 읽을 때마다 놀라운 충격과 감동을 받는 것은 그와 같이 체질도 섬약하고 인간성은 극히 선량하기만한 작가에게 있어 어디서로부터 그러한 사회반항의 불꽃이 튀어나올까 하는 의외의 인상 같은 것이었다. 그러나 한편 생각하면 작가의 인간성이 순수하고 선량하면 할수록 만일 그의 눈에 오늘의 한국 현실이 커다란 국면에서 부패한 어두운 면으로 보여진다면 그만큼 감도가 강할 것이 아닌가 수긍이 되는 것이다.

이러한 문제성은 그 외부적인 재료의 성질 때문에 일부에서 작품의도를 오독하는 케이스도 나오는 것 같은데 나로서 보면 작가가 본심으로 의도한 그 고발과 항거의 정신은 그 동기에 있어서 지극히 선량한 것이라고 변호하고 싶다.

하여튼 남군은 오늘 화제가 드높은 문제작의 작가로서 그의 앞에는 커다란 문학의 문이 열려 있고 이제부터 그 광장을 잘 깎아내고 다스리고 하는 미화작업만이 앞날의 과제인 것이다. 처음부터 너무 작은 그릇을 예쁘게 수공하는 것보다는 남군과 같이 한 번은 대담하게 그리고 넓게 터를 닦는 것이 문학을 대성하는 전제일 것이다.

이제 남정현군은 제일기의 문제작들을 골라 1권으로 모아서 처녀작품집을 내놓게 되었다. 한 문제성의 작가이며 광장의 작가인 그의 면목이 약동하는 참으로 훌륭한 작품집이다. 현대를 사는 모든 인간들 특히 젊은 독자들이 문제 작품집을 환영하는 박수소리가 도처에서 드높이 들려올 것을 나는 확신한다.

1965년 10월 21일 백철 씀

13. 한국문학전집 속의 남정현 작품과 해설

《新文學60年代表作全集(4) 小說(3)》(한국문인협회 편, 정음사, 1968년 12월 5일 발행, 750원)

최상규(포인트)/송병수(鄭光浩君)/한남철(바닷가소년)/최인훈(孔明)/남정현(부주전상서)/강용준(먼길, 煉獄)/이문희(하아모니카의 계절)/정인영(때묻은 날개)/이광숙(밀고자)/손장순(알피니스트)/이영우(背理의 地域)/김동립(連帶者)/박용숙(꿈을 꾸는 버러지)/최미나(纒足)/백인무(폭우)/송상옥(삼팔선이 이사 갔다)/김녕희(空地)/김의정(假橋)/전병순(테스트 필)/구혜영(은빛깔의 작은 새)/김승옥(서울, 1964년 겨울)/유현종(뜻 있을 수 없는 이 돌멩이)/정을병(不渡)

《한국단편문학대계 11》(한국문인협회 편, 삼성출판사, 1969년 8월 25일 초판 발행, 900원)

최상규(탈선)/승지행(한여름 정오의 열정)/박상지(황지)/최현식(노루)/남정현(굴뚝 밑의 유산)/김동립(대중관리)/이광숙(아이들)/권태웅(가주인산조)/정인영(나갈 수 없는 지평)/전병순(강원도 담비 장수)/정연희(파류상 波流狀)/송기동(진단서)/최인훈(총독의 소리)/이병주(천망天網)/안동림(선사)/한남철(바닷가 소년)/김용익(꽃신)/이내구(멸각滅却)/강용준(철조망)/박용숙(징그럽던 날의 고목)/이용우(이형異形의 방)

'작가·작품의 세계'를 김주연, 이형기, 백승철, 염무웅 등 4명의 평론가가 나누어 썼다. 염무웅이 '관념의 모험-최인훈론'을, 그리고 백승철이 '그늘에 선 작가군'이란 제목 아래 남정현, 이광숙, 권태웅, 정인영, 안동림, 한남철,

《한국단편문학대계 11》(한국문인협회 편, 삼성출판사, 1969년)에 실린 '그늘에 선 작가군' 8인. 상단 왼쪽부터 남정현, 이상옥, 박용숙, 천승세 작가. 하단 왼쪽부터 하근찬, 이문희, 정연희, 손장순 작가.

권용준, 이용우 작가를 맡았다.

《한국중편소설문학전집 8》(국제펜클럽한국본부 편, 을유문화사, 1974년 8월 15일 발행, 2,250원)
정연희(바람타는 깃발)/이문희(이사삼호실)/하근찬(기울어지는 江)/남정현(너는 뭐냐)/손장순(대화)/천승세(落月島)/박용숙(아사기의 後裔)/송상옥(逃避)

《한국대표단편문학선집 8》(예술문화사, 1975년 1월 5일 발행, 1,800원)
강용준(철조망)/성기조(천지흑백황)/허근욱(흐르는 별)/최일남(쑥 이야기, 동행)/최진우(候 人間, 二等病室)/최미나(허지만 氏, 宗婦)/이호철(닳아지는 살들)/송병수(殘骸)/송기동(진단서)/김태영(산놀이)/남정현(너는 뭐냐)/현재훈(분노)/이용선(때끼꾼)/권태웅(동행)/안장환(곤충포)/박용숙(사천왕사)/오영석(작은무덤)/이영우(공백의 제단)
　*작품해설 : 문덕수

《한국대표단편문학전집 24》(정한출판사, 1975년 1월 30일 발행, 1,500원)
　이제하(한양고무공업사, 草食)/유승규(지나간 얘기)/정인영(나갈 길 없는 지평)/이병구(啞象, 두 개의 回歸)/남정현(부주전상서, 굴뚝 밑의 유산)/한남철(黃狗이야기, 쥐 傳)/이광숙(밀고자, 아리랑)/박용숙(슬픈 요리, 법사명랑)/손장순(깍두기씨, 알피니스트)/오승재(대성리교회)/송숙영(연인들)/천승세(달무리, 황구의 비명)/최남백(어느 姿勢, 세키傳)

《한국단편문학대계 11》(한국문인협회 편, 삼성출판사, 1969년 8월 25일 초판인쇄, 1975년 2월 10일 증보판 발행, 1,200원)
　최인훈(웃음소리, 國道의 끝, 總督의 소리)/최상규(포인트, 탈선, 飛豚)/승지행(한여름 정오의 열정)/박상지(荒地)/최현식(노루, 夾竹桃)/남정현(굴뚝 밑의 유산, 허허선생)/김동립(大衆管理, 連帶者)/이광숙(아이들)/권태웅(假主人散調)/정인영(나갈길 없는 地平, 逆光)/정연희(波流狀, 갇힌 자유, 소만도 못한 자식)/송기동(진단서, 회귀선)/구인환(피의 의미)/윤정규(關節炎)
　*작품해설 백승철 : 남정현 편-현실악의 도전자

《한국단편문학대전집 10》(동화출판공사, 1976년 3월 20일 발행/1,380원)
　최현식(紅裳)/김동립(대중관리)/남정현(옛날이야기, 허허선생, 사회봉)/이광숙(被襲, 아이들)/권태웅(겨울 이야기, 아, 깊은 밤의 환희)/이병주(변명, 天網, 칸나.X.타나토스)
　*작품해설 윤병노 : 사회적 부조리를 우화적으로 형상화

그는 비교적 과작(寡作)의 작가임에도 불구하고 줄곧 문제성의 작품을 씀으로써 남다른 문학적 영역을 구축했다 할 것이다. 그의 문학적 특징은 사회적 부조리를 예리하게 탐색하면서 그 치부를 우화적으로 또는 풍자적으로 형상화시키는 데 있다.

따라서 그의 작품들은 농도 짙은 해학성으로 해서 더한층 유니크한 문장을 구사하지만 그 심층에 깔린 주제는 민족의식을 강하게 자극하고 있는 셈이다. 더우기 그의 소설적 기법은 주제에 따라 다양한 전개를 보여준다 할 것이다.

《韓國文學大全集 16》(태극출판사, 1976년 6월 25일 발행, 2,500원)
추식(부랑아, 모오든 나는 오라, 비인격형, 곰선생, 황색시인, 인간제대, 대도신문사, 염병, 왜가리, 다락 속의 서노인, 합의서, 특호실환자, 호주댁)/ 남정현(너는 뭐냐, 경고구역, 굴뚝 밑의 유산, 인간 플래카드, 모의시체, 누락인종, 기상도, 자수민, 광태, 탈의기, 현장, 사회봉, 부주전상서, 천지현황, 옛날이야기, 방귀 소리, 코리어 기행, 허허선생 1, 준이와의 3개월, 허허선생 2)
*작품해설 김상일 : 남정현의 작품세계-풍자와 알레고리

《한국문학전집 45》(민중서관, 1976년 10월 30일 발행, 2,500원)
남정현(허허선생1~4, 경고구역, 굴뚝 밑의 유산, 누락인종, 너는 뭐냐, 현장, 부주 전상서, 사회봉, 천지현황, 코리어기행)/ 박용숙(순례자, 神鐘, 그 날의 寺址, 法師 明朗, 工匠 아사기)
*작품해설 김병걸 : 남정현 작품론-풍자소설과 역사소설

《한국현대문학전집 29》(삼성출판사, 1978년 11월 15일 발행, 2,000원)
전광용(태백산맥, 흑산도, 꺼삐딴 리, 射手, 蟲媒花, 멋쟁이, 머루와 노

인, 죽음의 계곡, 濟州와 寒蘭, 유산계승과 창작의 방향, 전쟁과 문학)/남정현(너는 뭐냐, 허허선생 1, 허허선생 2, 옛날이야기, 준이와의 3개월, 경고구역, 현장, 부주전상서, 방귀 소리)
　　*작품해설 김병걸 : 남정현의 문학-상황악에 대한 끈질긴 도전

《한국단편소설 100선 3》(경미문화사, 1979년 11월 15일 발행, 3,000원)
　　나도향(뽕)/남정현(너는 뭐냐)/박경리(환상의 시기)/박상륭(남도1)/박성중(어느 나무꾼의 이야기)/박순녀(어떤 巴里)/박시정(날갯소리)/박완서(겨울 나들이)/박용숙(우리들 세 사람의 점심 식사)
　　*작품해설 이어령 : 현대인의 허울을 벗기는 신랄한 풍자성

《한국문학전집(29)》(삼성당/1983년 8월 20일 발행/全36권 198,000원)
　　남정현(허허선생 1-4, 경고구역, 굴뚝 밑의 유산, 누락인종, 너는 뭐냐, 현장, 부주전상서, 사회봉, 천지현황, 코리어기행)/박용숙(순례자, 신종, 그날의 사지, 법사 명랑, 공장의 아사기)
　　*작품해설 김병걸 : 남정현 작품론-풍자소설과 역사소설

《현대한국단편문학 27》(금성출판사, 1984년 8월 20일 발행, 3,850원)
　　남정현(허허선생 1, 허허선생 2, 허허선생 3)/최인훈(7월의 아이들, 웃음소리, 국도의 끝, 挽歌, 느릅나무가 있는 풍경)/박용숙(꿈을 꾸는 버러지, 징그럽던 날의 고목, 자욱한 城)/최진우(2등병실, 인간대결, 가석방인, 귀로)
　　*작품해설 구중서 : 현실을 초극하는 집요한 풍자정신

《한국현대문학전집 17》(삼성출판사, 1985년 1월 10일 발행, 4,200원)
　　이범선(被害者, 自殺당한 개, 誤發彈)/이호철(退役先任下士, 板門店, 닳

아지는 살들)/남정현(너는 뭐냐, 경고구역, 현장)
　*작품해설 김병걸 : 남정현의 작품세계

《한국단편문학대계 14》(금성출판사, 1987년 9월 25일 발행, 4,700원)
　남정현(허허선생 1, 허허선생 2, 허허선생 3)/최인훈(7월의 아이들, 웃음소리, 국도의 끝, 만가, 느릅나무가 있는 풍경)/박용숙(꿈을꾸는 버러지, 징그럽던 날의 고목, 자욱한 성, 우리들 세 사람의 점심식사)/최진우(2등 병실, 인간대결, 가석방인)/송상옥(흑색 그리스도, 바다와 술집, 어떤 종말)/김동립(대중관리, 연대자, 두 암살자)/오영석(어떤 山, 오발과 명중, 피라밋의 미로)/오학영(염소, 우화, 化身)

《한국문학전집 28》(삼성당, 1988년 11월 30일 발행, 全36권 252,000원)
　남정현(허허선생 1, 허허선생 2, 허허선생 3, 옛날이야기, 준이와의 3개월, 경고구역, 광태, 천지현황, 사회봉, 기상도, 현장, 부주전상서, 코리어 기행)/박용숙(순례자, 신종, 그날의 사지, 법사 명랑, 공장 아사기)
　*작품해설 김병걸 : 남정현 작품론-풍자소설과 역사소설

《한국소설문학대계 43》(동아출판사, 1995년 5월 20일 발행)
　남정현(경고구역, 너는 뭐냐, 현장, 부주전상서, 분지, 천지현황, 발길질, 귀향길, 신사고)/천승세(포대령, 낙월도, 불, 황구의 비명, 신궁)
　*작품해설 임진영 : 가장 강력한 웃음의 칼날

1. 중학교 졸업 사진.
2. 문우 박용숙 작가와 함께.
3. 자택에서 딸 남진희 사진을 찍어주는 남정현 작가. 《한국문학대전집 16》(1976)에서.

4. 삼각산에서 가까운 쌍문동에 살던 시절 자전거를 끌고 동네길을 오르는 작가. 《한국문학대전집 16》(1976) 에서.
5, 6. 《한국문학대전집 16》(태극출판사, 1976)에 실린 사진과 이를 보고 그린 초상화. 친구인 권오영(Kwon) 화백이 1996년에 그린 것으로 추정됨.

14. 시대의 물살 가르는 생명력
─《한국단편문학대계 14》(해설 구중서, 금성출판사, 1987)

1950년대 후반기의 서울은 아직 6·25 사변의 상흔이 크게 남아 있는 상태였다. 폭격으로 불타버린 폐허가 여기저기에 복구되지 않은 채로 있었으며, 또한 정신풍토가 상처와 폐허를 안고 있었다. 지방도 마찬가지였지만 이 전후의 충격을 안고 특히 서울을 중심으로 문단에 여러 가지 양상이 일어났다.

즉, 종래에는 자연과 토속정서와 신변 세태 등을 주로 문학의 주제로 삼아오던 경향이 파괴되기 시작한 것이다. 이 충격적 변화는 실상 전쟁 당시에 나타나기 시작했다고 보아야겠지만 문단적 풍조의 본격적 변화는 50년대 후반부터라고 말할 수 있을 것이다.

이 변화의 내용은 매우 다양해서 시에 있어서 이른바 50년대 모더니즘의 여파로 난해시가 범람하게 되었고, 소설에 있어서 전후파적 반항과 배회, 역사적 현실에의 인식과 도전 등이 두드러진 예라고 볼 수 있다. 한국문학이 현실의식의 단계에 본격적으로 진출하게 된 것은 60년대 초부터의 일이지만 50년대에도 이미 그 맥은 일부에서 태동되고 있었다고 할 수 있다.

1950년대 후반에 주목할 만한 젊은 작가 세 명이 문단에 등장한다. 이들이 남정현, 최인훈, 박용숙이다. 이 세 신인은 안수길 추천으로 《자유문학》지를 통해 등단했다는 점에서 우선 공통점을 지닌다. 작가에게는 당연히 개성이 필요한 만큼 이들은 서로 다른 작가적 체질을 보여주기도 하지만 또한 이들에게는 어느 정도의 공통분모 같은 것이 있음을 그들의 작품을 통해 발견할 수 있다. 그 공통성은 바로 앞에서 제시된 '전후파적 반항과 배회, 역사적 현실에의 인식과 도전'이란 경향에 속하는 것이다. 이들의 초기 작업은 특히 반항과 배회 쪽이었고, 역사적 현실에의 인식은 그 뒤에 점차로 뚜렷해진 성격이다. 후자 쪽의 현실의식에 있어서도 그들은 서로 다소간의 차이점을 보이지만 작자 나름대로 철저히 한 국면씩을 보여준 점에서 이들은 역시 형제적 작가 그룹으로 평판받을 만하다.

한편 이 책에 함께 작품을 수록한 최진우도 역시 50년대 후반에《자유문학》지를 통해 문단에 나온 작가다. 앞의 세 작가에 비하면 현학취미를 보이지 않는 점에서 또다른 성격을 띠고 있다. 137

---

137 이 글은 구중서가 쓴 작품해설의 앞부분에 서론 식으로 쓴 것이다. 남정현 작가의 50년대 작품은 등단작인〈경고구역〉,〈굴뚝 밑의 유산〉과〈모의시체〉,〈인간플래카드〉이고, 이 전집에 실린 연작소설《허허선생》은 1969년 이후 발표한 소설이다.
《남정현문학전집》3권에 실린 구중서의 '현실을 초극하는 집요한 풍자정신'은 남정현, 최인훈, 박용숙, 최진우에 관한 각각의 평 중에 남정현 부분만을 떼어서 실은 글이다.

15. 50년대 작가의 문학적 특징 - 후반기의 작가군을 중심으로

　남정현의 작품을 시대와 연관 지어 비평할 때 대부분 1960년대로 분류해서 다룬다. 주요작품인 〈너는 뭐냐〉, 〈분지〉 등이 1960년대 작품이라 그렇다. 그런데 등단작인 〈경고구역〉, 〈굴뚝 밑의 유산〉이 1950년대 작품이라 그런지 간혹 1950년대 작가로 묶어서 소개하기도 한다. 윤병노(尹柄魯)의 〈50년대 작가의 문학적 특징-후반기의 작가군을 중심으로〉(1976)도 그런 논문이라 하겠다.

　윤병노는 이 논문의 서문에서 50년대 작가 중에서도 "비교적 소외되었거나 거론되지 않았다고 사려되는" 50년대 후반의 작가를 소개하면서 "다양한 문학적 제 특징을 설명하고 평가해보려는 것이 본고의 의도임을 밝혀둔다."라고 썼다. 이 논문에서 소개한 '50년대 후반의 작가군과 그 문학'은 1) 훈훈한 인정, 짙은 노스텔지어-최현식의 〈홍상〉 2) 상황 속의 인간조건의 탐구 3) 사회적 부조리를 실화적으로 형상화-남정현의 〈옛날이야기〉, 〈허허선생〉, 〈사회봉〉 4) 인테리 소시민의 현실을 묘파(描破)-이광숙의 〈피습〉, 〈아이들〉 5) 현실의 부조리를 사실화(寫實化)-권태웅의 〈겨울이야기〉, 〈아, 깊은 이 밤의 환희〉 등과 같다.

　윤병노는 '사회적 부조리를 실화적으로 형상화'라는 제목 아래 남정현은 "1965년에 〈분지〉(《현대문학》 3월호)를 발표해서 반공법 위반으로 물의를 일으킨 작가"라고 소개했다.

　　그는 비교적 과작(寡作)의 작가임에도 불구하고 줄곧 문제성의 작품을 씀으로써 남다른 문학적 영역을 구축했다 할 것이다. 그의 문학적 특징은 사

회적 부조리를 예리하게 탐색하면서 그 치부를 우화적으로 또는 풍자적으로 형상화시키는 데 있다.

따라서 그의 작품들은 농도 짙은 해학성으로 해서 더한층 유니크한 문장을 구사하지만 그 심층에 깔린 주제는 민족주의를 강하게 자극하고 있는 셈이다.

윤병노는 남정현의 "소설적 기법은 주제에 따라 다양한 전개를 보여준다."고 하면서 〈옛날이야기〉, 〈허허선생〉, 〈사회봉〉을 4쪽에 걸쳐 해설했다. 아래 내용은 〈50년대 작가의 문학적 특징〉의 '결-다양한 문학적 성향'의 뒷부분을 전재한 것이다.

즉 50년대 후반의 작가들은 50년대와 60년대의 과도적인 문학세대로 지칭될 수 있고 그들 전반의 작가들이 전쟁 체험을 전후파적인 기질로 연소시킨 데 비해서 이들 세대는 극히 비판적인 안목으로 문학행동을 펴간 사실이 주목된다.

따라서 이들의 문학세계는 전기의 성급한 불안문학(不安文學)과는 대조적으로 그들이 직면했던 역사적 현실과 사회적 조건을 보다 진지하게 굴착하면서 자기 나름의 개성 있는 문학세계를 확대해 갔음을 확인하게 된다.

여기서 이 세대문학의 특징을 좀더 확실히 규명하기 위해서 백철(白鐵)의 다음과 같은 해명은 퍽 유익한 발언으로 받아들여진다.

1950년대, 특히 그 후반기의 5~6년간은 한국의 전쟁소설사에 있어서 중요한 시기가 되지 않겠는가 본다. 그 이유는 무엇보다도 재능 있는 신인작가들이 많이 등장한 사실과 관련하여 문단화제로서도 신세대론이 등장하고 작품경향으로서도 새로운 실험작품들이 시도된 시기라는 것을 들 수 있다. 그런 사실과도 관련하면서 내가 특히 이 기간을 소설사의 뜻에서 획기적이

라고 하는 것은 여기 와서 우리 한국의 소설사의 전통의 전환을 가져왔다는 것이다. (《신한국문학전집》 부록 한국현대소설약사 P.138)

이와 같은 백철의 글에서 가장 주목되는 대목은 〈우리 한국의 소설사의 전통에 전환을 가져왔다〉는 데 있다고 본다. 과연 50년대 후반에 와서 괄목할 만큼 많은 재능 있는 신인들의 대거 진출을 보았고 그들을 이른바 신세대의 작가로 부르기에 이르렀던 것을 상기할 필요가 있다.

이 신세대론은 단순한 것이 아니라 신인작가군이 다수 등장했다는 의미와 함께 작품의 질에 있어서 젊은 작가들의 역량이 크게 평가되었다는 사실이다. 더욱이 50년대 후반에 와서 신구세대의 교체가 현저히 드러났고 신인들의 문학세계에 큰 비중이 주어지게 되었다는 것은 확실히 소설전통의 이변을 획하는 일로 간주된다.

따라서 50년대 작가의 문학적 특징을 추구하는 것은 오늘의 한국문학을 옳게 타진하고 이해하는데 크게 유익하다는 것을 재확인하게 될 것이다.

(윤병노,《대동문화연구》, 11권, 1976년 12월)

16. "작가는 최일선의 초병"
-《준이와의 3개월》(1977) 작가의 말 전문

글을 쓴다는 것은 본질적으로 인간을 사랑하기 위한 작업일 것이다. 그리하여 작가란 그 누구보다도 인간에게 고통을 가하는 갖가지 형태의 기반(羈絆)으로부터 완벽하게 해방되기를 염원하는 자들인 것이다.

그러한 뜻에서 작가란 결국 최일선의 초소에서 조국의 산하와 민족의 이익을 지키는 초병과 같은 역할도 해야 한다고 나는 생각하는 것이다.

항시 시대의, 아니 의식의 맨 앞자리에 서서 정신의 영토를 지키는 힘겨운 초병. 탓으로 이들 작가에겐 잠시도 한가한 시간이 없는 것이다.

늘 긴장되고 동원된 태세에서 적의 실체는 물론, 그 허상까지도 하나하나 놓치지 말고 일일이 다 적발해야 하는 최일선의 초병처럼, 작가도 그가 담당한 정신의 영토를 지키기 위해선 그 정신을 어지럽히는 일체의 비인간적인 발상과 그 행위를 상대로 그와 맞서서 의식이 늘 팽팽히 긴장되어 있기 때문인 것이다.

최일선의 초병들이 그의 소임을 다하지 못할 때 나라의 방위가 위태로워지는 것처럼, 만약에 작가도 정신의 영토를 지키는 초병으로서의 사명을 다하지 못한다면 그가 담당한 인간의 정신은 할 수 없이 썩고 병들 수밖에 없을 것이다.

그리하여 그 어떠한 시대를 막론하고 인간이 소중함을 신봉하는 모든 사람들은 궁극적으로 자연과 사회를 보다 더 현란하고 보다 더 유효한 상태로 인간에게 복종시키기 위해 골몰하는 작가의 그 아름다운 꿈이 그 풍부한 상상력이, 그리고 그 신선한 언어에 의한 빛나는 창조행위가 조금이라도 위축되지 않도록 조심을 다 해야 할 의무가 있다고 나는 생각하는 것이다.

이 책에 수록한 작품 중 〈경고구역〉(1958년 발표)은 1957년, 내가 이 세상에 나와 처음으로 소설이란 것을 써 본 첫 작품이고, 〈너는 뭐냐〉는 4·19 직후의 산물이며 〈현장〉은 5·16 직후에 발표한 작품이다.

그리고 〈사회봉〉은 한일회담의 소용돌이 속에서 쓰여진 작품이며, 〈코리아기행〉은 언젠가 〈주간한국〉에서 우리나라에서도 석유가 나온다는 가상하에 짤막한 소설을 하나 빨리 써달라는 급한 청탁을 받고 단 몇 시간 안에 써야 했던 소설이라 잊혀지지가 않는다.

그리고 〈허허선생〉을 비롯하여 그 이외 몇 편의 작품들은 비교적 근년에 발표한 것들인데 내 딴엔 꽤 힘들여 쓴 작품이다.

하여튼 이 보잘것없는 소설집이 몇 권 팔리게 된다면 그것은 오로지 책을 예쁘게 장정해 준 작가 김승옥 씨의 그 멋진 솜씨 덕인 줄 알고, 그분에게 고마움을 표시하지 않을 수 없다.

끝으로 책을 내주신 한진출판사의 한갑진 사장님께 충심으로 사의를 표한다.

1977. 12.
저자〔남정현〕 씀

17. 일제 잔당의 턱없는 득세 현상
-〈허허선생 3-귀향길〉 작가노트(1980)

    8·15 해방 이후 뭔가 끈질긴 집념처럼 일관된 모습으로 우리를 불행하게 하는 원천적인 비극의 씨앗은 조국 분단이요, 또한 우리를 어이없게 하는 가장 큰 모순의 하나는 일제 잔당들의 턱없는 득세 현상이라고 나는 생각한다.
    끝까지 그리고 철저하게 인간의 양심과 민족의 이익을 팔아 일신의 영화만을 획책하던 자들이 겁도 없이 건국 대업의 요소요소에 떼 지어 나타나기 시작하면서부터 우리들의 정신세계는 섭섭하게도 끝없는 혼란 속에 잠기고 만 것이다. 질서의 혼란, 가치의 혼란, 하여튼 지난날에 동족을 딛고 올라서서 춤을 추던 자들이 태극 깃발 밑에서도 조금도 그 지위가 손상됨이 없이 여전히 남을 누르고 득세할 수 있는 조건하에서는 제아무리 정의와 양심과 애국을 강조하고 설교해도 그것은 영원한 공염불에 그치고 말 것이다.
    그러한 관점에서 나는 해방 이후 오늘날까지 우리 사회 각 분야에서 쉽게 만날 수 있는 '許虛 선생'이란 인물을 생각하였다. 정말 일제에 공헌한 사실을 다 무슨 성과로 생각하고 그것을 미끼로 계속 세상을 주름잡으려는 자들이 우리 현실 속에서 범람하는 동안은 불행하게도 해방이라는 말이 독립이라는 말이 진실로 실감있게 우리들의 가슴속을 파고들어 오기는 여간 어려운 일이 아닐 것이다.

18. 칼바람에 얼어붙은 80년 서울의 봄
― 이근배의 문단수첩(1991)

어느 문학을 지망하는 젊은이에게서 들은 얘기다. 그는 시인을 만나기 전에는 동경한 나머지 신성시했다고 한다. 그러다가 막상 만났을 때 먼저 오는 것은 실망과 환멸이었다고 한다. 그러나 좀 더 깊이 사귀었을 때 비로소 참모습을 보고 존경을 되살리게 되었다고 한다. 어느 중진 소설가는 한때 붓을 놓고 다른 일에 전념한 일이 있었다. 그가 다시 문학으로 돌아온 까닭을 묻는 이에게 "그 동네에서 가장 좋다는 사람이 글동네에서 가장 나쁘다는 사람만 못하더라"고 대답했다는 얘기도 들었다.

이런 얘기들은 글쓰는 사람들 스스로가 자기네들을 돋보이게 꾸미려고 만든 것이라고 치부해도 그만이다. 문제는 사람 사는 일이 모두 현실적응과 자기극복의 과정일 테지만 범인간적 삶을 눈 부릅뜨고 보지 않고는 글을 쓸 수 없는 문학인들로서는 밤낮으로 정신을 가다듬고 감성의 칼끝을 갈지 않으면 안 된다는 사실이다.

요즘 젊은 작가들은 선배 문인들은 등뼈도 없이 살아온 것처럼 여기기 일쑤이나 일제 치하에서부터 해방, 6·25, 4·19 등의 역사적 격동기를 거쳐 오는 동안 꿋꿋하게 문학사를 일궈온 뼈를 깎고 살을 저미는 아프고 외롭고 쓰라린 삶을 다 보지 못했기 때문이다.

가까이만 하더라도 60년대에서부터 유신, 5공을 거쳐 오늘에 이르기까지 이 나라의 문학인들이 몸으로 마음으로 겪어야 했던 고초가 얼마였던가. 걸핏하면 경찰서가 아닌 곳에 끌려가고, 끌려가서는 이렇다 할 까닭도 없이 혹독한 고통을 당해야 하고 내가, 나의 친구가, 선배가, 후배가 그런 일을 당해야 할 때 치를 떨지 않고 분노하지 않고 눈물을 가슴으로 삼키지 않은 이들이 있었던가!

  내게 글동네의 뒷얘깃거리를 '문단수첩'이라는 제목으로 쓰라는 부탁을 받았을 때 맨 먼저 떠오르는 것이 이 시대의 고통받는 작가들의 얼굴이었다. 〈분지〉의 남정현, 〈오적〉의 김지하, 민주화투쟁의 선봉에 섰던 고은, 그리고 옥고를 치른 많은 작가들.

  70년대의 중반에서 80년대의 중반까지 약 10년간, 당시 단 세 가지밖에 없던 문학지 중 하나인《한국문학》의 편집자로서 받아야 했던 시달림과 위기의 순간들은 지금도 머리에 생생히 담겨져 있다. 그러나 이미 객관화된 이 시대의 문단사는 달리 쓸 날이 있을 것이다. 다만 오늘에 와서 그 빛깔이 흐려지고 선이 뭉개진 이 나라 문학인들의 아름다운 초상을 짧은 글 속에 조금이라도 재현시키고 싶었다.

  이 어쭙잖은 글을 저 '80년의 봄'으로 마감할까 한다. 이미 자유실천문인협회가 어떻게 해서 생기게 되었는지는 밝힌 바 있거니와 발족서부터 이른바 공안 당국과 맞부닥치게 되었고 그러면서도 굽히지 않고 투쟁한 결과 10·26이 일어나고 대망의 '80년의 봄'을 만나게 되었다.

  많은 사람들은 이제는 갈 데 없이 민주화의 새날이 열리는 것이라고 믿고 있었지만 또 많은 사람들은 12·12의 군부의 움직임에 의심의 눈초리를 보내면서 봄이 아닌 겨울 공화국을 예감하기도 했었다. 3김 중의 한 사람이 틀림없이 대통령 자리에 앉을 것 같기도 했지만 그렇게 되지는 않을 거라는 소문들도 줄기차게 떠돌았다.

  서울역에, 시청 앞에 연일 학생들은 불확실한 민주화를 확실히 하겠다고 몰려들고 있었다. 그렇게 그해의 봄은 유난히도 길었다. 진달래 개나리가 모두 지고 창경원의 벚꽃이 졌어도 민주주의는 피어날 기미가 보이지 않았다. 사태를 관망만 하던 '자실(자유실천문인협회)'도 오지 않는 봄에 대해 의논하지 않을 수 없었다.

  1980년 5월 16일 저녁. 청진동의 남산집에서 '자실(自實)'의 회의가 열렸다. 형무소에서 갓 출소해서 머리가 삭발인 채였던 고은 회장이 참석했지만 회의 주재는 하지 않았다. 이호철, 남정현, 백낙청, 김병걸, 신경림, 김병익, 양성우, 이시영, 송기원, 임정남 등 20여 명의 임원진과 실무자가 '자실'이 무엇을 할 것인가 열띤 토의를 하고 있었다.

젊은층들은 '자실'도 거리에 나서야 한다는 주장이었지만 이호철, 백낙청 등은 한결같이 신중론이었다. 사실 도도한 시대의 흐름 속에서 문학인들 스스로가 거리에 뛰쳐나간다고 무슨 효과를 거둘 것 같지는 않은 상황이었다.

펜은 칼보다 강하다는 것은 하나의 역설임이 분명했다. 최루탄과 돌멩이가 난무하는 거리에서 문학인들의 목소리는 모기소리만큼이나 작을 것이며 12·12를 해낸 군부와 맞서서 무슨 힘을 쓸 수 있다는 것인가.

소줏병만 비워지고 당장 내일부터 거리에 나서자는 젊은층들의 주장보다는 신중론이 우세해서 다음을 기약하고 '자실' 사람들은 통금을 앞두고 헤어졌다. 그날 밤을 자고 아침, 이른바 5·17이라는 한파가 '서울의 봄'을 다시 얼어붙게 하고 말았다. 제기랄 하룻밤도 못 내다보고 우리는 열을 올리고 있었다니 그해 서울의 봄은 그렇게 끝이 나고 말았다.

*문단수첩은 다음 회부터 작가 박태순씨가 바통을 이어받아 연재합니다. 박씨는 60년대에서 80년대를 관통해온 이 땅의 문단 이면사를 생생하게 펼쳐 보일 것입니다.〔〈동아일보〉 편집자〕

19. 박태순의 문단수첩 - 분단모순 몸으로 맞선 남정현

1930년에 태어난 이들은 이제 육순의 연령층이다. 즉 오늘의 환갑나이에 이른 이들은 식민 말기의 참담 속에서 성장하여 8·15를 10세 전후의 나이로 맞이하였으며 6·25를 '군대 갈 나이'에 겪어야 했던 참으로 파란만장한 세대층을 이룬다.

이제 50년을 바라보게 되는 분단사가 그 인구의 절대다수를 분단 이후에 태어난 연령층으로 배치되도록 하기에 이른 것이다. 1930년대생들의 올해 8·15를 맞는 감회는 어떠한지.

요즘의 젊은이들은 분단사를 만들어온 것이 이 연령층이라 비판하지만, 동시에 그러한 민족모순에 끝까지 온몸으로 맞부딪쳐 저항해온 것도 이 세대였음을 우리는 올바로 확인해야 한다.

지난 세월의 분단 냉전 구조의 온갖 신산 고초를 헤쳐온 이들에게 과연 어떠한 정신사적 화갑연(華甲宴)을 차려 드리고자 하는 것일지 생각해 보게 되는 것이다. 더구나 금년 8월은 반세기에 걸쳐 누적된 동족상잔의 비극과는 일단 상관없이 한반도에 변화의 물결이 밀려오고 있는 듯하다.

소설가 남정현 선생은 1933년 충남 당진 태생인데 그 문학이 전혀 늙을 줄을 몰라 오늘의 젊은 문인들과 거리낌 없이 어울려드는 많지 않은 '현역'의 작가 중 하나다.

그에게는 따라붙는 '레테르'가 있다. 전후 분단사회의 대표적 저항작가의 한 사람, 민족모순의 근본문제를 밀도 있게 파헤쳐 특히 최초의 '반미소설' 〈분지〉를 쓴 작가, 지난 유신독재 시대에 걸핏하면 연금, 체포, 구금, 수감되곤 했던 소설가.

그런데 남정현 선생은 자신에 대한 이런 '편견'이 억울하다고 실토한 바 있다. 그는 문학다운 문학을 하겠다는 데에만 충실코자 했을 뿐, 다른 어떠한 편향성도 가져본 적이 없다는 것이다. 굳이 그 문학을 규정 짓는다면 '민족인'의 한 사람으로 '분단인' 됨을 거부하고 싶었을 따름이라는 것이다.

지난 세월에 맹목적인 '분단인' 역할에만 충실해 왔던 많은 인사들이 오늘에 아무런 자기 갈등조차 없이 '민족인'의 목소리를 내는 일에 그냥 천연덕스럽기만 하다는 사실을 상기해 본다면, 소설가 남정현씨야 말로 '분단모순'의 수난자 중의 한 사람이면서 동시에 그 극복 문화의 중요한 담당자로 일관해왔다고 하겠다. 통일논의는 분단사의 고뇌를 이제부터라도 치유코자 하는 노력을 수반해야 할 것이다.

그런데 남정현씨의 연보를 보면 흥미를 끄는 대목이 나온다. 8·15 전후 무렵 그는 어디에서 무슨 일을 하며 지냈을까. "남사당 곡마단 패거리에 섞여 한반도는 물론 만주 일원까지 안가본데 없이 흘러다녔다."는 것이다. 그는 식민시대를 가장 밑바닥에 놓인 유맹민(流氓民)으로 헤쳐온 것이다.

그러나 그의 문학은 바로 이러한 기층 민중의 절망적인 세태를 매서운 풍자와 통분을 통해 표현하게 했음을 이해할 수 있다. 〈너는 뭐냐〉, 〈허허선생〉 등 그의 대표적 소설들은 그 제목만으로서도 그릇된 세태에 결코 동화될 수 없는 반골 인생의 목소리를 이미 발하고 있다.

더구나 〈분지〉는 홍길동의 10대손이라고 자처하는 홍만수라는 조선 토종적인 민초를 내세운다. 그 전통적 민중상을 통해 대미(對美) 종속의 사회상을 통렬하게 풍자하고 있다는 점에서 단연 이채를 발하는 '분단문학'의 한 압권이었다.

1965년 《현대문학》 3월호에 발표된 이 소설로 그는 60년대의 최대 필화사건을 만나게 됐다. 고인이 된 안수길 선생을 비롯, 시인이자 변호사인 한승헌 선생, 그리고 이항녕, 이어령 교수 등이 증인으로 나서서 창작과 표현의 자유를 강조했던 것도 기억에 남는 일이 아닐 수 없다.

〈분지〉의 문학은 영예를 안았지만, 그 작가는 그로부터 줄곧 시련을 만나야만 했던 것이니 남정현 선생이야말로 '문학과 인생의 바꿔치기'를 실현한 행복한 문학인이라 할 만하다. 분단시대는 언젠가는 끝장을 보아야 하겠지만 분단극복의 문학 〈분지〉는 한 시대 정신 문화사의 수확으로 살아 흐를 터이니, 이로써 8·15를 맞은 지금 지나온 분단시대를 되돌아보게 만드는 것이다.
　(박태순, 〈동아일보〉, 1991. 8. 9)

20. 코미디풀이가 가장 어려워요
―인터뷰·외화번역가 신순남

〈도나 리드 쇼〉, 〈도망자〉, 〈털보 가족〉, 〈FBI〉, 〈월튼네 가족들〉, 〈디즈니랜드〉는 텔레비전을 통해 친숙해진 TV 외화 시리즈물이다. 신순남씨는 이 외화의 영어 대사를 모두 번역한 장본인. "우리나라 TV 방송 역사는 바로 자신이 일해온 기간"이라는 신씨는 1963년 첫발을 내디딘 후 올해로 외화번역 18년째를 맞이했다.

"지금까지 몇 편이나 번역해왔는지 정확한 수는 모르겠어요. 매주 적어도 외화 시리즈 2편 정도는 맡아왔고 수시로 주말명화도 해왔으니 제가 그동안 본 영화가 2천 편은 웃돌 겁니다."

외화 번역가는 특정방송국에 속해있지 않는 프리랜서다. 그는 대부분의 시간을 집에서 보내며 1주일에 한두 번 정도 KBS 4층에 있는 4개 시사(試寫) 편집실에 들르는 정도다. 그가 들려주는 외화번역 과정은 일반 단행본 번역보다 훨씬 까다롭다.

"방송국 영화부에 들러 필름과 대본을 우선 받습니다. 그리고 시사편집실에서 영사기로 혼자 영화를 보며 대사의 녹음을 따지요. 그 녹음테이프와 대본으로 번역합니다."

1편의 번역이 완성되기까지 대본과 필름, 그리고 영사기, 녹음기와 고달픈 씨름을 한다.

"대본을 보고 녹음기에서 흘러나오는 대사를 들으며 우리말 대화의 호흡을 맞추죠. 극중 인물이 말하는 대화의 길이에 따라 적절한 우리말로 엮습니다. 그리고 대본과 실제 대화가 맞는지 그 여부로도 살펴봅니다."

외화는 이런 과정에서 또 다른 언어로 바뀌기도 하는데 그는 될 수 있으면

극중의 대화를 충실히 옮기려고 애쓰고 있다. 그래서 TV 외화 번역은 일반 영화나 책의 번역과는 다른 것이다.

"어떤 점에서는 TV 외화번역이 더 어려워요. 화면에 나오는 인물의 입놀림에 맞도록 우리말로 옮겨야 하기 때문이지요. 입놀리는 시간이나 횟수라든가, 그 사람의 호흡이며 말버릇까지 염두에 두어야 할 정도로 세밀히 신경써야 하는 작업입니다."

신순남씨는 오래 하다 보니 그런 기술적인 문제는 어느 정도 자신 있게 처리할 만큼 베테랑이 되었다. 그러나 "번역을 하면 할수록 원작의 분위기를 그대로 살려내는 일이 더 어려워지는 것 같다."고 털어놓는다.

TV 초창기에 비해 더빙기술이 많이 나아지기는 했으나 아직도 원작필름에서 받은 감동이 우리말 녹음 후 방영될 때 시청자들에게 잘 전달되지 않은 경우가 적지 않다는 이야기다.

좀 더 원작 분위기를 살리기 위해서 번역가와 연출자, 성우들이 최선을 다하고 있기는 하지만, 더빙의 기술적인 벽은 아직 두껍기 때문이다.

번역에서 가장 큰 과제로 신씨는 "서구적인 화면과 우리말 대사가 조화를 이루게 하는 일"을 꼽는다. 너무 대본대로 하다 보면 우리 시청자가 알아듣기 힘들고, 시청자의 이해를 위해 대사에 한국적 표현을 쓰다 보면 서구적인 화면과 다른 분위기로 곧잘 어색해지기 때문이다.

"지금껏 TV 모니터를 해오면서 번역 때문에 크게 당황한 경험은 없지만, 더러 저 표현은 이렇게 했더라면 하고 후회하는 적은 있어요."

그는 요즘 번역하는 〈월튼네 가족〉에 대한 애착을 느낀다. 월튼동산에 사는 한 부부와 할머니, 일곱 남매가 엮어가는 이야기는 한국가정의 분위기와 너무 비슷한 점이 많기 때문이다. "그동안 너무나 많은 영화를 본 탓인지, 선뜻 감명 깊게 본 영화를 지적하기란 수월치 않다."는 신순남씨. "원래 영화광은 아니지만 번역을 위해 영화에 열중하다 보면 장면 하나하나에 애착이 가게 된다."고 한다.

얼마 전까지 구미(歐美)뿐만 아니라 우리나라에서도 인기를 모았던 〈달라스〉도 그가 번역한 작품이다. 그 당시 주위 사람들이 TV 방영에 앞서 다음에는 어떻게 되느냐고 물어올 정도로 인기가 대단했지만 얽히고설킨 주인공들의 관계를 우리말 대사로 엮으면서 그들과 우리의 의식구조가 다른 점을 새삼스레 많이 느꼈다고 한다.

멜로드라마나 홈드라마는 대사가 생활과 밀접한 탓으로 번역하기가 쉬운 편이다. 전쟁영화나 서부극도 방영시간이 길더라도 대화가 많지 않아 어렵지 않지만 자주 튀어나오는 속어를 부드러운 표현으로 잘 맞추어야 한다. 시대극의 경우 그 당시 분위기를 제대로 그려내기란 쉽지 않다. 대본 그대로 직역하는 것이 아니고 그 나라의 전통과 생활양식들을 알아야 대사 한마디라도 정확히 전달할 수 있기 때문이다.

신씨는 코미디가 가장 어려운 작업이라고 말한다. TV 화면 속 주인공이 웃고 있을 때 그들의 생활감각과 문화가 다른 우리 시청자를 웃게 하는 일은 쉬운 일이 아니다. 적절한 우리말 문장 하나를 생각해 내느라고 2~3시간 고심하기도 한다.

작품에 따라 다르지만 1시간의 외화를 번역하려면 하루 정도 매달리게 된다. 1시간 프로그램을 번역한 분량은 적게는 2백 자 원고지 50장에서 1백 장까지 된 때도 있다. 1시간짜리 번역원고료는 7만8천 원 선.

"하는 일이 영화 보는 일"이라선지 따로 영화관을 찾은 일은 18년 동안 4번뿐이다. 영화 〈빠삐용〉, 〈스파르타커스〉, 아이들을 위해 갔던 〈킹콩〉과 중국무술영화가 전부다. 컬러TV가 방영되기 전부터 원작품을 컬러로 보다 보니 따로 극장에 갈 필요도 없었다고 한다. 또 극장에서 영화를 보다 보면 그 내용에는 빠져들지 못하고 대화와 자막을 비교하며 표현에 신경을 쓰게 되기 때문에 일의 연장인듯한 착각마저 들어 가지 않는다.

외화번역하는 재미는 "일하면서 문화생활을 즐길 수 있다는 점"과 "출퇴근에 얽매이지 않는다는 점"이라고 한다. (〈조선일보〉, 1981. 8. 16))

21. 조지 오웰의 《1984년》과 '이중사고'

《문학사상》 1984년 1월호에는 남정현 작가의 짤막한 새해 인사말이 실렸다. 《문학사상》 1월호(증면 특대호) 표지엔 '조지 오웰의 《1984년》 완역 전재 1300매'라는 홍보 문구가 딱 하나 적혀 있었다. 소설 《1984년》 번역은 김병익이 했다.

목차에서는 조지 오웰이 찻잔을 든 사진과 함께 '앙케이트-나와 1984년'이란 기획물을 소개했는데, 여기에는 남정현의 '이중사고'와 함께 최일남의 '증오주간', 한승원의 '감시기구', 정을병의 '전쟁은 평화', 서영은의 '잠꼬대도 사상죄', 김우창의 '언어' 등 17인의 글이 실려 있었다.

인류의 미래엔 아직도 희망이 있다는 사실을 보여주기 위해 우리는 오웰이 경고한 〈1984년〉의 그 악몽에서, 그 강요된 이중사고의 저주스러운 철쇄에서 벗어나야 한다. 오세아니아에서 뿐이 아니라 지금도 지구 도처엔 어제를 날조하고 오늘을 위조하면서 내일을 소유하려 드는 흉악한 역사의 위조범들이 治者(치자)의 탈을 쓰고 우리 앞에 버젓이 군림하고 있는 것이다. 주여, 이들을 구원하여 주시옵소서. 아멘. (남정현 작가, 이중사고)

22. "무슨 격투라도 하는 심정으로 쓴 소설"
—연작소설 《허허선생 옷 벗을라》(동광출판사, 1993) 책머리에

그러니까 소위 그 유신체제란 이름하에 군부독재가 이를 악물고 기승을 부리던 1973년에 〈허허선생 1〉을 쓰고 나서 이제 1992년에 〈허허선생 옷 벗을라〉로, 일단 이 허허선생 시리즈를 마감하기까지 장장 20여 년이란 세월이 흐른 셈이다. 생각하면 나에게 있어서 이 20여 년이란 세월은 한마디로 말해서 허허선생과의 피나는 대결 시대였다고 볼 수 있다.

나는 정말 그동안 허허선생을 상대로 내 딴엔 어쩌면 그와 늘 생사를 걸고 흡사 무슨 격투라도 하는 심정으로 한 편 한 편을 아주 힘겹게 이 소설을 썼다. 허허선생이란 인물은 우리 시대 민중들에게 온갖 불행과 고통을 가하는 바로 그 원흉의 추악한 모습이라고 생각되었기 때문이다. 아니 그는 비단 우리 시대뿐만이 아니라, 역사적으로 누대에 걸친 수수백년 동안 오로지 일상의 영화만을 탐한 나머지 언제나 침략세력이었던 외세와 늘 한통속이 되어 나라와 민중의 이익을 열심히 짓밟은 지배계층 공통의 그 반인간적이며 반민족적인 그 못돼먹은 의식의 특징을 잘 반영하고 있는 그런 타기할 인물이란 점에서, 나는 그런 부류의 추잡한 인간들이 한시바삐 우리의 이 소중한 역사 무대에서 아주 멀리멀리 영영 사라져 줬으면 하는 간절한 소망을 안고 이 소설을 썼다.

물론 그러한 부류의 인간들이 시야에서 사라진다고 하여, 지금 우리 민중들이 지루하게 겪고 있는 그 갖가지 고통의 질곡에서 당장 완벽하게 빠져나올 수 있다는 얘기는 아니지만, 하지만 적어도 그러한 부류들의 삶의 터전이 되어주고 있는 지배와 예속, 그리고 착취와 억압의 기반에서 일단 벗어나게 되면 그동안 우리 민중들이 꿈꾸어 온 꿈의 중요한 한 부분은 능히 실현할

수 있는 계기가 꼭 마련되리라는 것이 한 작가로서의 변함없는 내 신념이다.

그러나 소설《허허선생》을 일단 마감하게 되는 지금도 의연히 우리의 현실은 허허선생 류의 도깨비 같은 부당한 세력들이 진을 치고 있음으로써 그들은 여전히 역사의 전진을 가로막고 있는 큰 장애물이 되어주고 있다. 억울한 일이다. 하지만 오랜 세월 역사의 아픈 격랑을 수없이 체험하면서, 근년에 접어들어 역사의 진실을 꿰뚫어 보기 시작한 우리 민중들은 이미 자기들 중심의 신명 나는 역사를 창조하기 시작했는지라, 앞으로 그 어떠한 형식으로든, 허허선생류의 추악한 인물들이 눈앞에서 우쭐대는 꼴을 이제 더는 그렇게 오래 방치해 두진 않으리라는 것이 나의 튼튼한 믿음이다. 우리 시대 민중들의 아름다운 꿈을 추적하고 그것을 표현하는 것도 문학의 한 중요한 형태라는 점에 유의한다면 허허선생류의 부당한 인종들을 이제 더는 이 세상에 그냥 놔두지 않으려는 우리 시대 민중들의 그 강한 결의를, 아니 그 강한 결의를 몰고 온 그 빛나는 꿈의 내용을 다소나마 드러내려 한 그동안의 나의 작업도 전혀 무의미한 작업만은 아니었지 않았나 하고 나는 자위하는 것이다.

우리의 역사상에서 허허선생류의 누추한 인간의 수명이 앞으로 얼마나 더 지속될진 그 누구도 예측할 순 없지만, 어쨌거나 이미 그 전성기를 지나 이제 기울 대로 기운 것 같은 그의 그 초라한 운명을 똑똑히 지켜보면서 나는 이제 새로운 각도에서 그의 움직임을 계속 주시할 생각이다. 끝으로 여기저기 흩어져 있던 허허선생의 모습을 이렇게 일목요연하게 볼 수 있게, 한 권의 책 속에 담아 주신 동광출판사 사장님께 진심으로 사의를 표한다.

1993년 2월
남 정 현

23. 三角山과 수유리 친구

이철범 · 시인

유난히 춥고, 눈이 많이 온 겨울이다.
歸路,
하얀 눈이 쌓이는 곳에서
어떤 순결한 것을 느낀다

살을 여의는 매서운 추위 속에서
엄격한 것의 바람을 느낀다

소돔의 도시에 눈이 나린다
어둠의 허공을 떨어지는 눈발 사이사이,
빛이 가로 지른다

죄에 파묻힌 사람들의 머리 위로
하얀 눈송이가 떨어진다

어디선가 만성기관지염 환자의 기침 소리,
이 겨레의 가슴을 후빈다
벌써 30년도 더 후빈다

터널은 깊어만 가고,
범죄는, 분열은 깊어만 가고,
그 속에 눈이 나려 쌓인다
멀리 어둠 속으로 三角山이 잠들어 간다
어디선가 시퍼런 칼날이 빛난다
검은 손들이 새벽닭의 목을 치는가,

金炳傑, 南廷賢 그리고 나
三角山 밑
수유리에 산다
쌍문동에 산다
방학동에 산다
벌써 10년째 만나는 친구다
茶 한 잔을 놓고, 언제나 그것뿐이다
이 겨레, 그 정신의 순결을 위해,
분단의 역사, 그 속에 파묻힌 진실을 위해,
자유의 가시밭길을 걸어, 맨발로 걸어서
어디까지 왔나,
내내 三角山 밑 동네에 머물러 있다네
그 많은 자유의 투사들이 하나씩, 둘씩 떨어져 나가는데,
더러운 이름으로 팔려나가는데,
이 친구들,
어쩌자는 건가,
머리가 희도록, 생생한 목소리다
만지면 뼈만 남은 앙상한 손, 빛나는 눈이다
무딘 칼로 깡마른 연필을 깎고 또 깎는다

허위의 역사를 불사르고 또 불사른다
굽힐 줄 모르는 이 친구들,
헛된 이름들이 온 세상을 덮고 있는데,
그곳은 유령인가, 환상인가
 도깨비 장치가, 찬란한 불꽃놀이가
밤하늘을 수놓는 소돔의 도시,
茶 한 잔을 놓고 모였다가
뿔뿔이 버스를 타고 돌아가는 길,
우리 모두 삼각산 밑 동네로 돌아간다
이 겨레, 슬픔의 역사는 어디까지 왔나,
이 겨레, 분단의 비극은 깊어만 가는데
우리 모두 으뜸가는 자유를 위해 살아온 친구라네
깡마른 연필을 깎으며 살아온 친구라네

*남정현 작가의 유품 중에는 미국으로 이민 간 이철범 시인이 보낸 장시 원고〈한반도의 새야, 파랑새야〉(1993년 8월)가 있는데, 노트 44장 분량이었다. 이 시인은 출판을 원했으나 시집으로 출간되지는 못 한 것으로 보인다.

24. EBS-문학기행〈남정현의 귀향길〉

〈문학기행-'남정현 전' 촬영 스케줄〉(1997년 10월 7일 방영)
- 방송작가가 보낸 촬영 계획안

9월 23일(화)
오전 6시 30분 쌍문 지하철역 남정현 선생님 만남, 서산으로 이동.
12시 30분 : 서산중, 옛 관사
9월 24일(수)
오전 10시 : 덕지천리, 강변
오후 2시 상여집
9월 25일(목)
재현 촬영 : 연기자 주정훈 씨
〈남정현의 '귀향길' 구성안〉
-삼십 년째 사는 쌍문동 자택. 투병 생활의 연속 속에서 좀처럼 외출을 안 하는 작가이기에 쌍문동 집은 곧 남정현 풍자문학의 산실로. 20년 동안의 끈질긴 허허선생 연작을 마친 작가, 사회악과 모순과의 힘겨운 대면의 일단락을 마무리 짓고 그는 다시 새로운 창작의 원점에 와 있다. 새로운 작품 구상 앞두고 귀향길에 올랐다.
-서산 토박이 김순일 씨(서산중학교 교장)가 고향을 찾아온 선배 작가 남정현을 데리고 간 곳은 시에서 유일하게 남아 있는 일본 강점기 교장관사, 남정현 자신 역시 아버님이 교장인 관계로 어린 시절 내내 교장관사에 머물렀었다.

-다른 작품은 주로 상상과 알레고리에서 구체적 공간이나 배경이 없는데, 귀향길은 고향이라는 구체적 공간이 나오고 작가 선생님의 어린 시절 기억도 스며있다. 그러면서도 여전히 주제는 허허선생이라는 인물을 통해 현실문제에 대한 강한 비판 정신을 나타내고 있는데, 허허선생이란 인물이 상징하는 것은 무엇인가?

-(김순일) : 선생님은 오랫동안 사회 현실의 문제를 강도 높게 비판적 시각으로 다루어오셨고 허허선생 연작은 그런 주제의식이 일관되게 형상화된 작품이기도 하다. 선생님을 보면 작가에게 하나의 일관되고 강렬한 주제의식이 있다는 것은 참 행복한 일이기도 하고 그 때문에 고통스럽기도 할 것 같다는 생각이 든다. 이제 허허선생과의 대면을 끝내고 앞으로 어떤 작품을 쓸 계획인가?

*EBS-문학기행 〈남정현의 귀향길〉은 1997년 10월 7일(수) 방영되었고, 〈부산일보〉는 '세상풍자한 허허선생 연작'이란 제목으로 아래와 같이 보도했다.

EBS 문학기행 1997년 10월 7일(수) 오후 9시 25분=작가 남정현이 20년 동안 연작으로 발표한 〈허허선생〉 연작은 현실의 근원적 모순을 야기하는 모든 원인과 뿌리를 허허선생이란 인물을 통해 상징화하여 이를 비판, 풍자한 작품으로서 남정현 문학의 일관된 주제의식이 총화된 작품이라고 할 수 있다. 〈허허선생 3〉이라는 부제가 붙은 이 작품은 작가 자신의 고향인 충남 서산을 무대로 악덕과 부정을 상징하는 허허선생의 귀향 풍경이 얼마나 황폐하고 부끄러운 일인가를 그의 아들을 통해 일깨워주는 내용이다.

25. "그로테스크한 시대를 다시 한번 그로테스크하게 비틀어"
-국학자료원《남정현문학전집》 3권 발간(2002)

2002년 국학자료원은《남정현문학전집》을 세 권으로 발간했다. 전집은 1권 18편의 단편, 중편 소설, 2권 연작소설〈허허선생〉1~8편과 에세이, 시평, 그리고 3권 논문 및 '분지 사건' 자료로 구성됐다. 전집 1권의 서두에는 편집위원 일동이 쓴 '《남정현문학전집》을 내며'라는 글이 실려 있는데, 전집의 기획 의도를 이렇게 밝혔다.

그간 우리 사회는 그의 문학에 대해 깊이 있는 애정을 보이지 못해 왔다. 그러나〈분지〉하나만으로도 그는 한국문학사에서 이미 독보적인 자리를 차지하고 있다. 사실 그만큼 우리 현대사의 질곡에 정면으로 부딪치며 고민한 작가도 드물다. 이 전집의 간행은 그러므로 이런 작가의 문학적 여정을 온당하게 평가하자는 의도에서 기획되었다.

이 글에서는 남정현을 "한국문학사에서 남정현만큼 독특한 소설 세계를 가지고 있는 작가도 드물다."라고 평했다. 그리고 남정현 문학은 대부분 "외세 문제와 그로 인해 발생하는 우리 내부의 모순을 고발하고" 있는데, "그의 소설이 주로 풍자소설의 형식을 빌리고 있는 것도 이 때문"이라고 적었다.

그리고 그 풍자는 강한 희화화를 동반하고 있다. 그로테스크한 시대를 다시 한번 그로테스크하게 비틀어서 역설적인 환기작용을 하는 것이 그의 풍자소설이다. 그만큼 그는 올바른 문학관을 가지고 있다. 나아가 이런 문학관은 그의 삶과 곧바로 일치하고 있다.

《남정현문학전집》3권에는 연구자들의 비평 16편이 실려 있는데, 그중에 핵심 내용을 한 대목씩 골라서 소개한다.

구중서·현실을 초극하는 집요한 풍자정신

항상 날카로운 풍자와 우의적 수법을 쓰는 이 작가는 사회 현실의 전체 상황에서 모순을 보는 데 예리한 시각을 가지고 있어 때로는 지나치게 냉소적인 자세를 드러내는 것처럼 보이기도 한다. 그러나 능란하게 다듬어진 경쾌한 문장을 따라 그의 집요한 풍자를 읽어가다 보면 이것이야말로 근본적으로 속 시원한 이야기라는 점과 역사 안에서 투철하게 진실을 추구하고 있음을 깨닫게 된다.

김병걸·상황악에 대한 끈질긴 도전

아마 한국 소설가 중에서 남정현만큼 끈질기게 상황악(狀況惡)의 근원에 도전한 작가가 없을 것이다. 현실적 문제에 힘을 기울이는 작가들의 대부분도 주변 상황에 유착할 뿐 남정현처럼 근본 문제를 파고드는 일이 없다.

김병욱·천부적 이야기꾼

소설이 결국 하나의 이야기라면 작가는 이야기꾼일 수밖에 없다. '들려주느냐' '보여주느냐'의 차이점이 있긴 하지만 소설은 이야기의 형식을 취한다. 남정현의 소설은 철저하게 들려주는 형식에 속한다. 그의 소설을 읽고 있으면 우리는 지루한 줄 모르게 그의 이야기에 빨려들고 만다.[138]

---

[138] 남정현의 소설은 "철저하게 들려주는 형식에 속한다."라는 말을 실감하려면 오디오북을 들어봐야 한다. 필자는 오디오북 〈하성광이 읽는 남정현의 분지〉를 듣고 나서 김병욱의 비평에 깊이 공감했다. 남정현의 소설은 오디오북이나 연극으로 만들어지면 메시지 전달력이 뛰어날 것으로 예상된다.

이어령·현대인의 허울을 벗기는 신랄한 풍자성

결국 이 소설의 미학은 '물구나무서기'에 있다. 사회의 풍습이나 가치관을 거꾸로 세워놓은 것(……) 그렇기 때문에 문체까지도 언어의 배열까지도 평범한 일상적인 어투와는 다른 과장법이나 반어법 등을 구사하여 표면적인 의미와 실질적 의미를 서로 뒤집어 놓기도 한다. 그렇기 때문에 이러한 풍자소설은 관념적인 풍속·세태소설이라고도 이름 지을 수 있을 것이다.

강진호·외세의 질곡과 민족의 주체성

이런 점에서 보자면 남정현의 문학은 60년대에 섬광처럼 화려한 빛을 발했으나 그 파장을 지속하지 못하고 불행하게 사그라진 경우라 할 수 있다. 한 재능 있는 작가가 이데올로기의 질곡을 넘어 성장하기엔 분단의 천형이 너무 깊고 거대했던 것이고, 바로 여기에 우리 현대문학의 깊은 비극이 놓여 있다.

장영우·통곡의 현실, 고소의 미학

특히 그의 풍자 기법은 30년대 채만식의 그것과 상당히 유사하다. 채만식과 남정현 소설에서 비난의 대상이 되는 인물이 처음부터 '엉터리형' 인물로 성격이 고착된 점도 그렇거니와, 그들이 과장된 포즈로 떠벌리는 현실 인식이 '과분한 승인의 형식으로 신랄하게 조롱하며 무시하는 것'이라는 풍자의 성격과 부합하는 것이 그러하다. 특히 남정현의 요설에 가까운 문체는 심각한 문제를 전혀 심각하지 않은 것처럼 말하는 '에둘러 말하기(완곡어법, understatement)'의 한 변형이라 보아도 큰 잘못이 아니다.

류양선·풍자소설의 민족문학적 성과-남정현론

작가는 스스로 우리 시대의 표준어를 찾아 애썼지만 별다른 성과를 보지 못했다고 말하고 있으나, 그의 소설문학이야말로 우리 시대의 문학이 도달한 표준어라고 할 수 있을 것이다. 이 표준어가 시대정신을 꿰뚫어 보는 작가적 통찰력과 정치적 제약을 넘어서는 작가적 용기의 소신임은 말할 것도 없다.

최진섭·〈조선일보〉, "너는 뭐냐!"

관수는 "위대한 진리라도 찾아낸 느낌으로 사뭇 감격하여" 아내가 '현대'라는 언어의 방망이를 휘두르기 전에 신옥의 멱살을 움켜쥐고 소리친다. "너는 뭐냐!"

반공, 친미를 신주단지로 모시는 보수언론. "너는 뭐냐!"

신기할 정도로 "시대의 구령에 발 한번 안 틀리고 착착 들어맞는"(〈허허선생 1〉 중) 야누스의 얼굴을 한 언론. "너는 뭐냐!"

민중을 '중우'로 비하하고 미군에게 매달리는 〈조선일보〉. "너는 뭐냐!"

김상주·남정현 소설의 기법 고찰

남정현 그는 누구보다 치열한 역사와 현실 인식으로 시대를 앞서온 인물이다. '60년대' 남정현이 제기했던 미 제국주의는 아직도 그 오만함을 버리지 못한 채 한반도 살림터에 로켓포를 예고 없이 꽂고도 당당하기만 하고, 역시 그가 고민하고 비판했던 썩은 정치는 비록 지도자만 바꾸었을지언정 진정한 국민의 정치와는 거리가 있어 보인다. 또한 많은 사람들이 시대의 흐름이라며 자본주의의 무차별적인 폭력성에 안주하는 이 시대에 새로운 문제의식으로 '60년대'의 기운을 이어 자신의 목소리로 외칠 줄 아는 또 다른 남정현을 기대해 본다.

김순남·현실 묘사와 작가정신

단편 〈부주전상서〉에는 의심할 나위 없이 작품 전편을 일관해서 굵게 맥박이 느껴지는 작가정신이 있다. (……) 오늘 우리 문학에 결여되고 있는 것, 지금 우리 문학에서 거의 찾아볼 수 없게 된 것, 그러면서 가장 간절하게 요구되는 것의 하나를 〈부주전상서〉에서 발견하게 된다. 작가적 시점의 높이와 시야의 광활함이다.

임헌영·반외세 의식과 민족의식

세계화의 시대, 민족문학이란 구호가 낡은 것처럼 보이고, 이를 주장하면 구시대의 비평가로 착시되는 시대에 남정현을 읽는 기쁨은 배가된다. 여전히 21세기도 제국주의와 민족주체성의 대립은 유효할 정도가 아니라 더 중요해지고 있음을 〈분지〉와 〈허허선생〉 연작은 일깨워준다.

그리고 이 말이 믿어지지 않는 지식인들에게는 다시 시선을 돌려 뉴욕의 무역센터 현장과 아프가니스탄을 중심으로 한 아랍을 응시해 볼 것을 권한다.

이호철·남정현론

본원적으로 문학, 예술은 '놀이' 쪽으로 가깝지 '윤리' 쪽으로 가까운 것이 아니라는 게 내 생각이다. 나 자신의 이야기가 쓸데없이 너무 길어지지 않았는가 모르겠는데, 바로 이런 내 입장에서 보자면, 남정현은 너무너무 한 원칙에만 골똘하고 철(徹)해 있었다. 바로 '반(反)미국'이 그것이었다. '반제, 반미', 하기야 그 점은 나로서도 십분 이해는 된다. 이 땅에 미국군이 주둔해 있는 사실이야말로 이 땅의 원천적인 비리(非理)로 인식, 남정현은 지난 30여 년간을 애오라지 일관하게 자신의 삶도 문학도 송두리째 그에 저항하는 데에만 쏟아 부어오고 있는 것이다. 따라서 나는 나대로 남정현의 그 점을 십분 이해하고 존중은 하면서도 늘 안쓰럽게 여긴다. 백 년 뒤나 2백 년 뒤에, 오늘을 감당해낸 이 땅의 문학의 자취로는 저런 사람 한 사람 정도는 있어 마땅하지 않을까 하는 생각도 안 드는 것은 아니다. 그러나 나 자신은 저렇게 살기는 싫다. 저런 삶은 내 기질이나 내 성향, 내 분수에는 애당초에 맞지가 않는다.

김양선·허허한 세상을 향한 날 선 풍자

작가가 6, 70년대를 통과하면서 벼려놓은 풍자의 칼날은 아직까지도 날이 선 모습 그대로 현실을 향해 있다. 현실의 속도를 허구가 간신히 따라잡는 형국이고 보면, '픽션을 제압하는 현실, 현실에 패배한 허구'라는 남정현의 진술은 아직도 유효하다. 세계화의 덫에 치인 민족의 운명도 일찍이 작품을 통해 예견했던 것이다. 그럼에도 불구하고 우리 문학사에서 남정현의 이야기꾼으로서의 자질, 비판적 리얼리스트로서의 공적은 온당하게 평가받지 못했다.

이상갑·비인간의 형상, 그 역설의 의미-〈허허선생〉론

한국 문학사에서 남정현만큼 문제적인 작가도 드물다. 그렇게 많지 않은 작품을 창작한 작가이면서도 그는 두고두고 기억될 만한 작품을 남기고 있기 때문이다. 〈분지〉로 대표되는 그의 작품은 해방 이후 억눌려 왔던, 그 억압의 정체를 알면서도 말할 수 없었던, 그것을 말해야 한다는 의식조차 점점 희미하게 만드는 외부 현실에 과감히 맞서 시종일관 통렬한 비판을 감행하고 있다. '저항 문학의 기수'(백철, 1965)라는 평가도 여기에서 말미암는다. 물론 저항의 강도가 작품의 성공을 보장하는 것은 아니다. 그러나 창작행위의 근간에 자리 잡고 있는 인간에 대한 애정 없이 진정한 문학은 생산되기 어려울 것이다.

황도경·역설의 미학, 풍자의 언어-〈분지〉론

이 글을 쓰는 동안 세계무역센터와 펜타곤에 대한 테러 사건을 접했다. '픽션을 제압한 현실'을 너무나도 생생하게 확인하게 하는 이 사건을 전해 들으면서 인간의 상상력으로는 도저히 추정할 수 없는 일들이 출몰하는 현실에서 비정상적이고 과장된 우화적 세계가 오히려 '생생한 리얼리즘'이 된다는 남정현의 진술이 더욱 실감나게 다가온다. 더군다나 사건 후 악을 응징하겠다며 미국이 보여주는 단호한 대응은 〈분지〉의 그것과 겹쳐지면서 묘한 쓸쓸함마저 불러온다.

강진구·왜곡된 식민의 경험, 그 기억과 망각의 사이-〈허허선생 3-귀향길〉론
　미국인의 설계를 바탕으로 각종 외국산 자재를 사용하여 일본인의 손으로 만들어졌다는 설정을 통해 작가가 제시하고 싶었던 것은 무엇이었을까? 이 물음에 대한 답을 우리는 작가가 〈귀향길〉을 발표하면서 간략하게 언급한 '작가노트'에서 찾을 수 있다. 이 글에서 남정현은 한국사회가 직면한 모든 비극의 원천을 국토 분단과 일제 잔재의 미청산이라고 주장한다. 친일분자들의 득세와 이들에 의해 민족주체성이 유린되는 현실을 작가는 그로테스크한 집의 형성과정을 통해 설명하고자 한다.

26. 불평등한 '소파'는 현대판 노비문서

2003년 1월 초 남정현 작가는 오마이뉴스 홍성식 기자와 〈분지〉와 소파(SOFA)를 주제로 인터뷰했다. 홍 기자는 "일흔을 넘긴 나이임에도 소파(SOFA·주한미군지위협정)의 불합리성을 조목조목 지적하는 노작가의 눈은 소년의 그것처럼 초롱하다."라고 썼다. 작가는 어떤 세상을 꿈꾸냐는 기자의 질문에 "세상이 변했다지만, 아직도 60년대 미국 서부영화에서 본 패권주의적 논리가 한국을 지배하고 있어요. 오늘을 사는 젊은이들은 외세로부터의 완벽한 자유와 해방을 꿈꾸어야 할 권리와 의무를 동시에 지니고 있습니다. 이들과 만나 많은 이야기를 나누고 싶습니다."라고 말했다. 아래는 홍성식 기자의 인터뷰 기사 중 소파에 대한 부분을 그대로 옮겨 실었다.

"소파는 한마디로 현대판 노예문섭니다. 도저히 주권국 간의 협약이라고는 할 수 없어요. 어떻게 지식인과 진보적 예술인이 수백만을 헤아린다는 한국에서 이런 전근대적인 일이 일어날 수 있는지 한심할 따름입니다. 소파는 반드시 개정돼야 합니다. 그것도 일각의 주장처럼 '독일과 일본의 수준'이 아닌 그것에서 한 걸음 더 나아간 수준으로 바꿔야 합니다.
왜냐면, 한국은 독일과 일본처럼 전쟁을 일으킨 패전국이 아니라, 승전국의 하나이기 때문입니다. 한반도에서 전쟁이 발발하면 미군이 가지게 되는 지휘권을 한국군이 가져야 하고, 미군을 한국군의 지휘계통으로 편입해야 합니다. 미국과의 협상에서는 철저한 개정원칙을 가지고 임해야 합니다. 그들이 우리의 원칙을 받아들이지 않는다면 '나가라'고 요구할 수도 있어야 합니다. 그것이 주권국의 당당한 태도입니다."

남정현은 항간의 뜨거운 감자로 부각된 '촛불시위'(효순·미선 추모집회)에 대해서도 자신의 의견을 밝혔다. 촛불시위는 소파 개정운동으로 향하는 게 바람직하고, 촛불시위에서 보이는 민족주의도 우려할 바 없다는 것.

"촛불시위에 나온 사람들은 미국을 반대하는 것이 아니라, 미국의 패권주의와 제국주의적 정책을 반대하는 겁니다. 그 촛불들은 미국의 식민지 혹은, 예속화 정책의 본질을 비춰주고 있습니다. 미국 내 패권주의 정책입안자들이 긴장하는 이 시기를 놓치지 말고, 촛불시위는 소파 개정운동으로 가야 합니다. 촛불시위를 극단적 민족주의의 발현이라고 힐난하는 사람들도 있는 모양인데, 그것도 아무 걱정할 게 없습니다. 한국의 민족주의란 침략성과 자국민의 우등성만을 강조하는 공격적 민족주의가 아니라, 생존권을 지키기 위한 방어적 민족주의라는 특징을 가지고 있습니다. 이는 단 한 번도 타민족을 침략하지 않는 우리의 역사가 증명해주고 있지 않습니까."

27. 작가의 초상 – 남정현 선생님의 분노와 미소

최자웅

당신은 작고도 단호하십니다
당신은 부드러우나 확실하십니다.

그 가냘프고 왜소한 선생의 체구 속에
가녀린 음성과
잔잔한 호수와 같은 미소가
트레이드마크이신 선생의 내부에
늘 거대한 화산 하나가 자리잡고 있습니다.

자존과 주체의 마지노선
인간과 민족의 성역에 추호도 범접을 용허하지 않는
크고 서슬 푸른 칼 하나
그리고 불꽃의 혼
불굴의 혼
어둡고 싸늘하였던
모든 문학도 예술도 종교도
숭미 사대 친미에 젖어 있던
'꺼삐단 리'의 시대에
그 참혹한 동토의 나라에서

향미산에서
불꽃 하나
치열하게 타올랐습니다.

온몸을 던져
아닌 것은 아니다라고
그렇게 인간 영혼의 기사인
작가와 시인은 때로는 스스로 불구덩이로
들어갑니다.
스스로
작은 촛불 하나로
스스로 부나방이로
칠흑의 암흑의 밤에 타오릅니다.
"모든 것을 다 너그럽게 용서하고
사랑하라"고 당신은 말씀하십니다.
자유를 사랑하시는 때로는 스페아 운전수셨던
당신께서는 거리에 넘치는
자동차의 홍수 속에서도
성자의 평화와 미소를 잃지 않으시는
한 왜소한 체구의 작은 작가는
그러나 아메리카에 대해서는
아메리카로
표상되는 온갖 범죄와 비극에 대해서는
무섭게 단호하고
노호합니다.

세계의 도처에서
모사데크와 모든 자주의 민족의 싹을 자르며
아옌데를 살해하고 모든 세계의 진보정부를 전복시킨
아메리카
네루다를 슬프게 만든 아메리카
죽산 조봉암을 죽인 배후에
멀찍이 미소짓는 아메리카
그 아메리카의 펄럭이는 성조기를
춘천 호반의 아름다운 도시 한복판
아메리카 군대의 기지
캠프 페이지 앞에서
오십 년을 바람에 펄럭여온
팍스 아메리카의 지배와 범죄를 탄핵하며
나도 분노의 눈으로
분노의 심장으로
서 있었습니다.
거리에서
찬바람 속에서
외치며 서 있었습니다.

60년대의 시인과 작가들이
태평성대를 사는 것과 같이
음풍농월하던 시절에
당신과 몇 사람의 살아 있던 혼들이
꿈틀거리며 외쳤던
그 가슴과

깃발로
아름다운 강원도의 수부의 도시
그러나
일개 미군 대령의 이름을 딴
캠프 데이비드의 미군 기지 앞에서
나도
치욕의 가슴으로
세월을 건너서
그렇게 거리에 서서
뜨겁게 양키 고우 홈을 외쳐야만 했습니다.
아메리카 텍사스의
보이 하나가
세상에 전쟁의 먹구름을 드리우며
오우케이 목장의 결투를
부전자전으로
획책하는 날에
우리의 미선이 효선이가
저들의 장갑차에 깔려 참혹하게 죽어가던
벌레처럼 죽어가던
그날에도
그 분노의 길고 긴
겨울에도……

아메리카
저 군산복합체의
지배체계

때로는 우아한 미소와 통치기술로
달러와 군대로 세계를 막강하게 지배하는
벌거벗은 초국의 자본주의의 사슬과
흡혈구조를 차마 용허할 수 없는 세계의 모든 영혼과 가슴들아
모든 자유와 진보를 사랑하는
시인 작가들아
단결하라!

---

*미국의 이라크 침공 직후인 2003년 4월에 발간된 《전쟁은 신을 생각하게 한다》(화남)에 실린 최자웅의 시. 시, 소설, 평론을 아우르는 한국 문인 122명이 모여 반전평화의 목소리를 낸 책이다.

28. 역사 속의 오늘 – 7월 9일

〈조선일보〉 2003년 7월 9일 자 '역사 속의 오늘 – 7월 9일' 기사 '국내' 편엔 '남정현, 소설 〈분지〉로 구속'이 실렸다. '세계'의 오늘은 '키신저, 극비 중국 방문'이었다. 키신저는 복통을 핑계로 잠행했고, 7월 9일 몰래 베이징을 방문하여 주은래를 만났다. 일주일 후 닉슨은 방송을 통해 "중국이 나를 초대했고, 나도 세계 평화를 위해 베이징을 방문하겠다."라는 중대 발표를 했다. 그밖에 '역사 속의 오늘'로 1966년 한미행정협정(SOFA) 조인, 1932년 소설가 최서해 사망을 적었다. 아래는 '남정현, 소설 〈분지〉로 구속'의 전문이다.

1965년 7월 9일, 중앙정보부가 소설가 남정현(南廷賢)씨를 구속했다고 발표했다. 단편소설 〈분지(糞地)〉가 반공법을 위반했다는 것이다. 현대문학 1965년 3월호에 처음 실렸을 때만 해도 특별히 주목받지 않았던 소설이 갑자기 문제가 된 것은 북한의 〈통일전선〉 5월 8일 자에 실리면서였다. 그리고 5월 어느 날 남정현은 정보기관에 끌려가 상상할 수 없는 심문을 당한 끝에 7월 7일 구속된다. 사정을 아는지 모르는지 북한은 남정현이 구속된 다음 날 〈조국통일〉 7월 8일 자에 또 〈분지〉를 실어 부아를 돋우었다. 문인들과 언론기관이 다투어 〈분지〉의 무죄를 강조하는 과정에서도 곤욕을 치른 사람이 있었다. 〈조선일보〉 문화부장 남재희가 정보부에 끌려간 것이다. 남정현은 7월 24일 구속적부심에서 풀려나긴 했으나 이듬해 7월 23일 불구속기소 돼 반공법으로 법정에 선 첫 작가가 됐다. 〈분지〉는 1967년 6월 28일 1심 판결에서 선고유예 판결을 받았다. 남정현의 이름이 현대문학에 다시 등장하는 데는 33년의 세월이 흘렀다. 현대문학이 1998년 10월호에 다시 〈분지〉를 실었기 때문이다.

29. 비전향장기수가 〈분지〉를 애독한 이유
― 홍기돈의 《문학과 경계》(2005년) 인터뷰

홍기돈 선생님, 요번에 남북작가대회(6·15 공동선언 실천을 위한 민족작가대회)를 위해 북한에 다녀오셨잖습니까. 혹시 그쪽에서 선생님께 관심을 많이 보이지 않았습니까? 사실 〈분지〉가 발표된 지면은 1965년 《현대문학》 3월호였는데, 북한의 노동당 기관지 〈통일전선〉 5월 8일 자에 이 작품이 전재되면서 중앙정보부가 개입했거든요. 그래서 고초를 겪으신 측면도 있는데요.

남정현 60세 이상의 작가들은 다 와서 인사를 하더군요. 10대 때 〈분지〉를 보고 감동했다고도 하고, 〈분지〉로 인해 기소되어 분노하기도 했다고 하면서 말이지요. 그 작품이 그때 여러 곳에 게재되었나 봅니다. 어떤 분은 〈노동청년〉에서 봤다고 그랬거든요. 몸이 약하다고 들었는데, 실제로 보니 이렇게까지 약할 줄은 몰랐다는 말들도 하더군요.

오랫동안 이쪽에서 장기수를 하셨던 분에게는 이런 말도 들었어요. 장기수 때 감옥 안으로 〈분지〉가 어렵게 들어왔다는 겁니다. 그걸 너덜너덜해질 때까지 돌려가며 읽었다고 그래요. 〈분지〉의 마지막 장면 있잖습니까. 펜타곤에서 출동한 군대와 미사일 따위가 홍만수가 있는 향미산을 에워싼 상황인데, 홍만수는 큰소리치잖아요. 내가 그렇게 쉽게 죽을 것 같냐고. 홍만수가 어떻게 살아나갈까, 이야기를 많이 나누기도 했고, 감동도 많이 받았다고 하더군요. 홍만수와 자신들이 동일화된 거죠. 감옥에 갇힌 자신들과 펜타곤에 둘러싸인 홍만수의 상황이 비슷하게 느껴졌던 거죠. 그분은 〈분지〉를 읽다가 들켜서 독방에(징벌방이라고 그러는데) 3개월 동안 갇혔다고 그러시더군요.

30. 경고구역을 여체(女體)로 상징화한 까닭
―〈한수영·남정현 대담―환멸의 역사를 넘어서〉(2012)

《실천문학》 2012년 가을호에 실린 한수영 남정현 대담 '환멸의 역사를 넘어서'의 부제는 '기억의 편린을 더듬는 한 전후세대 작가의 시간여행'이다. 한수영(당시 동아대 국문과 교수)는 "가능하면 선생의 속살을 들여다보는 대담을 해보자, 선뜻 하기 어려운 이야기, 속에 감춰둔 이야기, 작가 남정현이 아니라 80년을 살아온 한 인간의 이야기를 좀 들어보자는" 마음으로 인터뷰에 나섰다. 그는 "반외세와 반미의 사자후를 일갈하는 〈분지〉의 작가 남정현이 아니라, 일제 시대에 태어나 일본어 교육을 받고 자랐던 식민지 소년 남정현의 '민낯'을 만나고 싶었다. 그리고 소년의 그 민낯과 나중에 서적과 학습으로 형성되었을 이념과 의식의 길항과 충돌의 지점들을 확인하고"자 했다.

그런데 식사 자리까지 무려 여덟 시간 동안 진행된 실제의 대담은 매끄럽게 진행되지는 않았다. 한수영은 인터뷰 기사의 끝부분에 "무엇보다도 선생께서는 '지금/ 여기'의 얘기를 주로 하시고자 했고, 대담자인 나는 과거로 대화의 물꼬를 되돌리려 애썼다."라고 적었다. 남정현 작가는 다른 자리의 여러 인터뷰에서도 과거 얘기보다는 현재에 집중하기 원하는 모습을 보였다. 남정현은 대담 후 헤어지면서 인사말 대신 "한 선생, 오늘 한 선생이 듣고 싶었던 얘기를 사실은 한마디도 못했어요. 미안합니다."라고 말했다. 몇 차례 만나서 인터뷰했던 필자도 '남정현의 민낯'이 궁금하긴 하다.

한수영과의 대담은 《실천문학》에 33쪽 분량으로 실렸다. 이 글은 여러 인터뷰 중에 "선생의 속살을 들여다보는 대담"이었고, '남정현의 민낯'이 상대적으로 잘 드러난 대담이 아닌가 싶다. 그 중 몇 대목을 옮겨 적는다.

창씨개명

다행히도 내 성씨인 '南'씨는 창씨를 할 필요는 없었어요. 왜냐하면, 일본 성에도 '미나미'라고 읽고 한자는 '南'으로 쓰는 성이 있거든요. 더구나 우리 '南'씨는 총독하고 성이 같아. (웃음) 당시에 '미나미 지로(南 次郎)'라는 총독이 있었거든요. 그래서 창씨는 따로 안 해도 됐는데, 학교에서 부르는 내 이름은 '미나미 테이켄'이었지요.

성공한 사람은 바로 너

내가 건강을 좀 회복하자 어머님께서 살아생전에 나보고 뭐랬는지 아십니까. "이 세상에서 가장 크게 성공한 사람은 바로 너다. 아 꼭 죽을 사람이 살아났는데 그보다 더한 성공이 어디 있단 말이냐. 세상에 네가 부러워할 것이 뭐가 있어 그러니 이제 마음을 턱 놓고 남들 반만큼만 살아라. 남들이 십 리를 가면 넌 오 리만 가고, 남들이 밥 한 사발을 먹으면 넌 반 사발만 먹고, 남들이 한 시간을 일하면 넌 반 시간만 일하란 말이다. 알았지?" 아, 이러시는 것이 아니겠습니까.

월계다방 찾아온 일본 대학생

한번은 한 일본 대학생이 내가 자주 다니던 월계다방으로 나를 찾아온 적이 있었어요. 서슬 퍼런 군사정권하에서 〈분지〉를 쓴 작가를 찾아온 거죠. 그래서 〈분지〉를 어떻게 읽었느냐고 물었더니, 일본어로 번역된 〈분지〉를 읽었다고 그러더라구요. 그러니까 오무라 마쓰오 씨의 번역으로 〈분지〉가 이와나미 출판사에서 나오기 이전에 이미 일본에서 누가 번역했던 모양이에요.

경고구역을 여체(女體)로 상징화한 까닭

(해방 직후) 다만 한 가지 이 땅에 미군이 주둔하고, 미국에 의해 군정이

시작되면서부터 이 땅에선 무언가 '된다'는 말보다 '안 된다'는 말이 많다는 것을 감각적으로 느꼈어요. 이걸 하면 안 되고, 저것도 하면 안 되고, 이걸 봐도 안 되고, 저걸 봐도 안 되고, 이렇게 도대체 뭐든 안 된다는 금지와 경고 투성이처럼 보였으니까요. 그러니 그때 좀 더 철이 든 사람들 입장에선 해방의 기쁨에 찬물을 끼얹는 것으로 느끼지 않았을까요. 내가 처음에 쓴 〈경고구역〉이란 소설도 아마 그런 느낌의 선상에서 쓴 것 같거든요. 물론 소설에서의 경고구역은 여체(女體)로 상징화되어 있지만 당시는 직설적으로 정치적인 의미를 드러낼 수가 없어서 아마 그랬을 겁니다.

1974년, 남산 지하실의 지옥 같은 한 달

1965년에도 고통은 좀 받았지만 1974년의 그 민청학련사건 때야말로 참 대단했습니다. 영장이나 기소도 없이 남산 지하실에서 한 달, 서대문형무소에서 다섯 달 동안이나 단 한 번의 면회도 없이 지냈으니까요. 그런데 남산 지하실에서의 한 달은 그야말로 지옥이었습니다. 딱딱한 나무의자에 꼿꼿이 앉은 채로 단 1분도 누워보질 못하고 그냥 그 자세로 한 달을 견뎠으니깐요. 하지만 나는 더 견디질 못하고 한 달 만에 잠시 의식을 잃고 말았거든요. 그러자 그들은 부랴부랴 나를 병원으로 옮겨 며칠간 치료를 하더니 내가 밥을 좀 먹게 되자, 나를 곧바로 서대문형무소에 처박아 넣더군요.

바리움 약 없이 못 살아

그 후부터 나는 10여 년 이상이나 반듯하게 누워서 잠을 잘 수가 없었거든요. 가슴이 막 뛰어서 말입니다. 그래서 두 손으로 가슴을 꼭 부여잡듯 하고 엎드려서 자곤 했어요. 참 견딜 수 없더군요. 하루에도 여러 번씩 현기증이 오고, 그래서 하루는 할 수 없이 의사를 찾아갔었지요. 그때 자세한 경위는 말하지 못하고 그냥 좀 쇼크를 받은 일이 있어서 그 후부터 그렇다고 했더니 그때 의사가 바리움이란 약을 처방해줍디다. 그래서 그 약을 오늘날까지 먹어요. 하루라도 거르면 마음이 불안하고 현기증이 와서 꼼짝을 못 하거든요. 어쩝니까. 이게 다 우리 시대의 아픔인걸.

미국한테 뭐라고 하면 죽는 거구나!

나는 사실 분지 사건 이후 '아! 이 세상에서 미국한테 뭐라고 하면 죽는 거구나' 하는 그런 생각이 지워지지 않더군요. 그래서 〈허허선생〉이란 소설을 쓰기 시작했습니다. 아직도 일제 식민지 체제가 허물어지지 않고 그대로 유지되는 것 같은 우리의 기이한 현실을 풍자하기 위해서였습니다. 미국이나 일본이나 같은 외세지만 그래도 일본을 거론하는 것이 죄가 좀 가벼울 것 같았거든요. 정말 허허하고 웃을 수밖에 없는 세상이죠.

'원조 엔엘(NL)'

어떤 사람은 나보고 당신이야말로 '원조 엔엘(NL)'이 아니냐고 그럽디다. (웃음) 나는 사실 8·15광복 이후 외세가 이 땅을 둘로 갈라놓지 않고 외국 군대가 주둔하는 일이 없었더라면 우리 민족은 정말 세계가 깜짝 놀랄 그런 엄청난 업적을 쌓았을 것이란 생각을 항시 놓지 않고 있습니다. 말하자면 우리 선인들이 이미 '동학'에서 말한 그 후천개벽 같은 것을 이루어 놓았을 것이라는 거죠. 약육강식에 기초한 이런 더러운 문명이 아니라 약강이 평화스럽게 공존하며 행복을 쌓아 가는 그런 세상 말입니다.

문명의 축이 뒤바뀌는 굉음

난 사실 지금도 마음만은 꼭 100미터 출발선에서 출발 신호만을 대기하고 있는 선수의 심정이거든요. 나이 탓인지 비록 몸은 그에 따르지 못하지만 말입니다. 출발 신호여! 어서 울려라, 그런 자세란 뜻입니다. 그래서인지 근년에 와서 나의 귀에는 와글와글 이상한 소리가 많이 들리거든요, 때로는 깜짝 놀랄 정도의 그런 굉음 같은 소리가 들린다는 말이죠. 전 세계의 전달

매체가 쉼 없이 뿜어대는 그 비명 섞인 굉음, 그렇습니다. 나는 그 엄청난 소리가 뭔가 지금까지 우리 인류의 문명을 이끌어오던 그런 일종의 문명의 축이 뒤바뀌는 소리로 이해하고 있거든요. 말하자면 지금까지 수도 없이 많은 사람의 피눈물을 짜내던 소위 그 약육강식의 시장원리가 '인내천' 즉 사람이 곧 하늘이라는 인간의 원리로 뒤바뀌는 소리 말입니다.

31. 산문집《엄마 아 우리엄마》-가여움의 미학

　남정현의 처음이자 마지막 산문집은 2018년에 발간한《엄마 아 우리 엄마》다. 답게 출판사의 장소님 대표가 민족문학작가회의에서 발간한 문예계간지《작가》에 실린 산문 한 편을 읽은 뒤 직접 찾아와서 산문집 출간을 제안했다고 한다. 작가는《엄마 아 우리 엄마》서문에 "그까짓 짧은 글 네 편을 가지고 어떻게 책을 만드냐고 걱정했더니 답게 대표 왈, 단 한 사람이라도 읽어서 나와 같은 감명을 받는 사람이 있다면 그것으로 자기는 족하다."라고 썼다.
　《엄마 아 우리 엄마》는 첫 산문집이라는 수식어를 달고 나오긴 했지만 이 책에 실린 산문 다섯 편 중 네 편은 4인(정명환·유종호·최일남·남정현) 산문집《아름다운 시간의 나무》(한울, 2000)에 실린 글이다. 그리고 이 산문집에 실린 네 편의 글은《작가》에 실린 산문이었다. 김정환 시인이 4인의 글에 관한 짧은 평을《아름다운 시간의 나무》책머리에 실었다. 남정현에 대해서는 '가여움의 미학'이 반짝인다고 썼다.

　　남정현은 저 서슬 푸르던 박정희 친미 군사정권 시절 미국을 한낱 추악한 강간범쯤으로 풍자했다가 된서리를 맞았던 소설〈분지〉의 저자다. 그때의 충격과 울분을 그대로, 언뜻 날것으로 토로하는 이 글에서 놀라운 것은, 언뜻 구호처럼 완강해 보이는 대목에서조차 가여움의 미학이 정말 간절하게, 눈물빛 그 자체로 반짝인다는 점이다. 자신에 대한 연민이 아니라 인간 보편 존재의 가여움에 대한 연민. 감상적인 연민이 아니라 힘이 되는 연민. 아니 연민이 아니라, 상처받은 자의, 상처의, 상처로서의 사랑. 문학의 힘이 진정하게 와닿는 대목이다.

32. 북의 그로테스크한 발표문 – 적대적인 두 국가론

2023년 12월에 열린 조선로동당 중앙위원회 확대회의에서는 남북, 민족문제에 관한 중대 발표를 했다. 북은 북남관계는 더이상 동족관계가 아닌 "적대적인 두 국가관계, 전쟁중에 있는 두 교전국"이라 규정하고, 앞으로 남북 간에 통일문제를 더 이상 논하지 않겠다고 선언했다. 곧이어 김정은 위원장은 2024년 1월 최고인민회의 시정연설에서 "조국통일3대헌장기념탑을 철거해버리는 등의 대책들도 실행함으로써 우리 공화국의 민족역사에서 통일, 화해, 동족이라는 개념자체를 완전히 제거해버려야 한다."는 지시를 했고, 곧바로 평양 락랑구역에 있던 3대헌장기념탑이 철거됐다. 북이 중시한 자주, 평화통일, 민족대단결의 조국통일 3대 원칙은 남북이 1972년 7·4공동성명에서 합의한 원칙이기도 하다.

이같은 북의 움직임은 남쪽에서 평생 통일운동을 해온 인사들에게 커다란 충격을 안겨주었다. 양심수후원회 권오헌 명예회장도 마찬가지였다. 2024년 가을 필자가 권오헌 선생을 자택으로 찾아갔을 때 그는 병환 중에도 이 문제에 고민이 많았다. 권오헌 명예회장은 "민족은 어느 한쪽이 법으로 금지한다고 없어지는 것은 아니다."라면서 허탈한 마음을 감추지 못했다. 그런데 한 달 뒤 권오헌 선생은 〈통일뉴스〉와의 인터뷰에서 "북한 입장에서 보면 한미가 핵동맹을 맺은 데다가 한미일 군사전략까지 나가니" 북으로서는 생존을 위한 불가피한 조치였을 거라는 견해를 밝혔다.

남정현 작가는 이 문제에 어떻게 생각했을까? 권오헌은 남정현과 1967년경 처음 만났을 때부터 지금까지 "미국과 외세, 자주성에 대한 생각이 나랑 똑같았어요."라고 말했으니, 민족과 통일문제를 보는 눈은 거의 같았을 것이다.

북의 중앙위원회 확대회의 보도문을 보면, 남북관계를 "적대적인 두 국가관계"로 명시한 이유가 소상히 적혀 있다. 확대회의는 보수거나 진보거나 "력대 남조선의 위정자들이 들고나온《대북정책》,《통일정책》들에서 일맥상통하는 하나의 공통점이 있다면 우리의《정권붕괴》와《흡수통일》이였으며 지금까지 괴뢰정권이 10여 차나 바뀌였지만《자유민주주의체제하의 통일》기조는 추호도 변함없이 그대로 이어져왔다는것이 그 명백한 산증거"라고 하면서 김정은의 연설을 실었다.

현실은 우리로 하여금 북남관계와 통일정책에 대한 립장을 새롭게 정립해야 할 절박한 요구를 제기하고 있습니다.
이제는 현실을 인정하고 남조선것들과의 관계를 보다 명백히 할 필요가 있습니다.
우리를《주적》으로 선포하고 외세와 야합하여《정권붕괴》와《흡수통일》의 기회만을 노리는 족속들을 화해와 통일의 상대로 여기는것은 더이상 우리가 범하지 말아야 할 착오라고 생각합니다.
우리가 동족이라는 수사적표현때문에 미국의 식민지졸개에 불과한 괴이한 족속들과 통일문제를 론한다는것이 우리의 국격과 지위에 어울리지 않습니다.
지금 남조선이라는것은 정치는 완전히 실종되고 사회전반이 양키문화에 혼탁되였으며 국방과 안보는 미국에 전적으로 의존하는 반신불수의 기형체, 식민지속국에 불과합니다.
북남관계는 더이상 동족관계, 동질관계가 아닌 적대적인 두 국가관계, 전쟁중에 있는 두 교전국관계로 완전히 고착되였습니다.
이것이 오늘 북과 남의 관계를 보여주는 현주소라고 할수 있습니다
(출처: 〈조선중앙통신〉2023. 12. 31, 〈통일뉴스〉 재인용)

남정현 작가가 살아 있다면 북의 확대회의 결론을 읽고 무슨 생각을 했을까? 필자는 이 기사를 읽으며 남정현의 주요한 소설기법인 '그로테스크한' 기법의 선전물(보도문)이라는 느낌이 들었다. 이는 남쪽의 신문방송 언어에 익숙한 독자들에겐 생소한 수준을 넘어선 '기이한' 느낌을 주는 발표문이라 할 수 있다.

확대회의 보도문에는 그로테스크 기법이 노리는 충격, 혐오 표현이 가득하다. '괴이한 족속'의 괴이한이라는 표현은 '그로테스크한 족속'으로 바꿔써도 되는 말이다. '반신불수의 기형체' 역시 그로테스크를 떠올리게 한다. 그로테스크 기법의 흔한 방식이 신체 절단이나 기형적인 신체를 통해 효과를 노리는 것이다. '기형체'는 남정현 소설 〈허허선생 1〉의 제목 '괴물체'를 연상시킨다. 북은 적대적 두 국가관계 발표 직후부터 일기예보 방송에서 한(조선)반도의 허리를 뚝 자른, 휴전선 이남의 영역을 절단한 지도를 사용했다. 소설과 선전물의 경계를 넘나드는 그로테스크한 북의 연설문은 어쩌면 외세에 의해 반신불수 상태가 된 괴이한 남북관계 현실을 반영하고 있는지도 모르겠다.

33. 〈님을 위한 행진곡〉과 〈페르샤 왕자〉

남정현 작가가 남긴 '잡상집'에는 〈님을 위한 행진곡〉 노랫말이 적혀 있다. 가족과 친교를 나눈 지인 몇 분에게 작가의 애창곡을 물어봤으나 아무도 답을 하지 못했다. 술자리에 다니질 않아서 노래 부르는 모습을

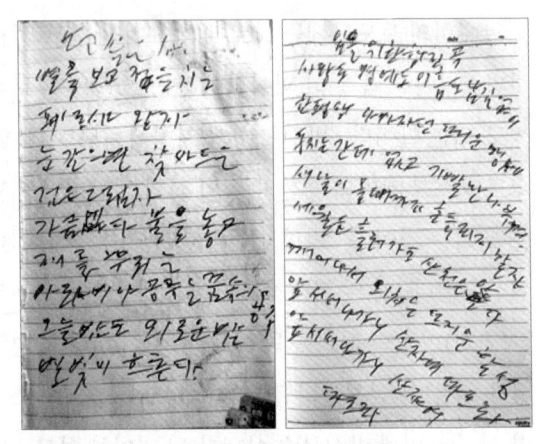

〈페르샤의 왕자〉와 〈님을 위한 행진곡〉 가사 메모.

보여준 적이 없는 것 같다. 잡상집에는 〈님을 위한 행진곡〉 외에 허민이 부른 〈페르샤 왕자〉(한복남 작곡, 손로원 작사, 1954년)의 가사 1, 2절이 적혀 있었다.

별을 보고 점을 치는 페르샤 왕자
눈 감으면 찾아드는 검은 그림자
가슴에다 불을 놓고 재를 뿌리는
아라비아 공주는 꿈 속의 공주
오늘 밤도 외로운 밤 별빛이 흐린다

약해서야 될 말이냐 페르샤 왕자

모래 알을 움켜 쥐고 소근거려도
어이 해서 사랑에는 약해지는가
아라비아 공주는 마법사 공주
오늘 밤도 혼을 빼는 촛불이 꺼진다

34. 옥탑방에 남겨진 작가의 체취

월간《한양》원고청탁서

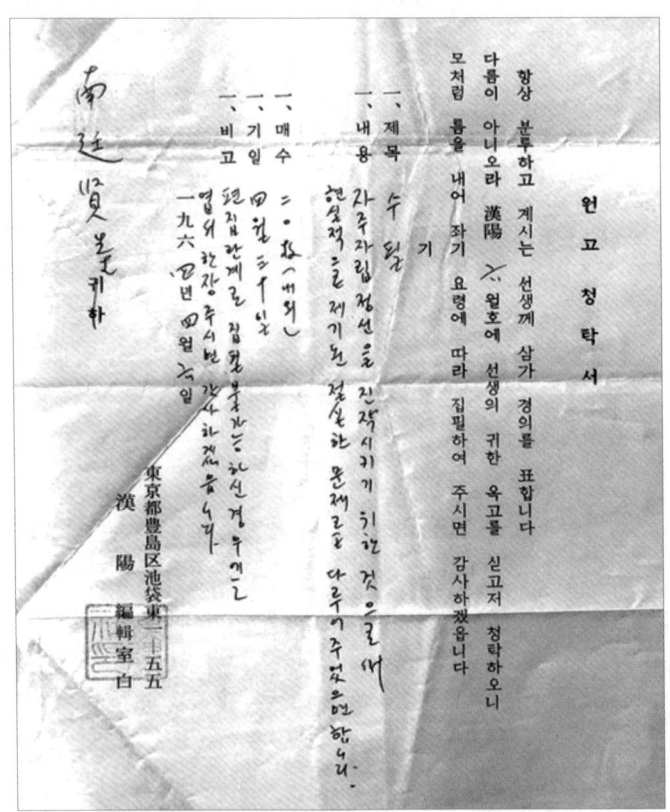

일본에서 발행하는 진보적 민족주의 성향의 월간지《한양》에서 보낸 원고청탁서.

남정현 작가는《작가연구》(2001년 하반기)에서 동국대에서 철학을 강의하던 정종 선생에게 원고청탁서와 원고료를 받았다고 말했다. 당시 국내의 다른 문예지에 비해《한양》지의 고료는 많은 편이었다고 한다.

장남 남돈희 청첩장

"두 시내 합쳐 큰 강 이루듯 두 마음 한마음 되어 함께 손잡고 서 있습니다. 한마음으로 내딛는 저희의 첫출발 의롭고 순수하게 살아갈 수 있도록 뜨거운 사랑과 격려로 지켜봐 주십시오."

1994년 4월 9일(음 2월 29일) 토요일, 청기와 예식장 3층 금실

수료증

2002년 5월 1일부터 5월 27일까지 도봉구청에서 실시한 어르신 컴퓨터 교육 제3기 초급 과정을 성실히 이수하였으므로 이 수료증을 드립니다.

2002년 5월 27일

민주화운동 관련자 증서

민주화운동 관련자 명예회복 및 보상심의위 위원회

장녀 남진희 결혼식 청첩장

2010년 12월 17일(금) 6시
하늘 가까운 공간(파티시엘) 남정현 신순남의 장녀 남진희 결혼식 청첩장

《분단시대의 지식인 - 통일 만세》 출판기념회 초대장

박순경, 남정현, 기세문, 이천재, 정동익, 청화 스님 인터뷰 모음집
2014년 2월 21일 오후 5시-종로 5가 기독교회관 2층(서울 뷔페)

雜想集(잡상집)

손자 상일에게.
상일아, 네가 뭐 대학에 입학했다구. 그러니까 이제 대학생이 되었단 말이지. 꿈같다. (2013년)

서울미래유산 인증서

서울특별시 도봉구 도봉로 109길 19-4 남정현 가옥

위 문화유산은 서울시민의 기억과 감성이 담긴 가치 있는 근현대 문화유산으로서, 서울특별시 미래유산보존위원회가 서울미래유산으로 선정하였기에 이 인증서를 드립니다.

2014년 12월 31일

서울특별시장

남정현 작가가 세상을 뜨기 1년 전인 2019년, 남돈희·나명주 부부와 장남 상일, 차남 상혁(군인)과 함께 찍은 가족 사진.

35. 잡상집 〈개〉

나는 개다 개. 정말 나는 개란 말이다. 요즘 와서 부쩍 많은 사람들이 모다들 주먹을 불끈 쥐고 저런 개 같은 년이니, 저런 개 같은 놈이니 하고, 지탄하는 그런 유(類)의 개 같지 않은 사이비 개들이 아니라 나는 틀림없이 이 세상에 진짜 개로 태어난 엄연한 개란 말이다.

그러니까 나는 대한민국에 태어난 한 마리의 개로서 어디 한 군데도 결격 사항이 없는 당당한 개일 수밖에 없다.

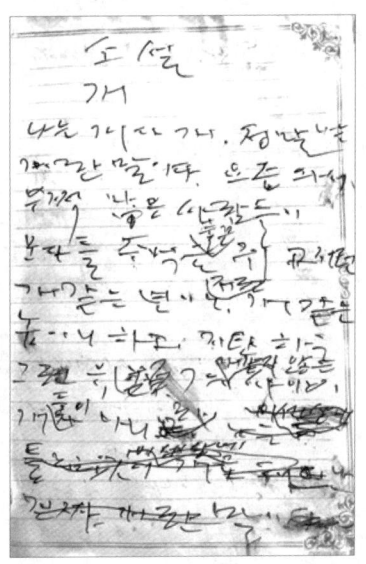

*작가의 '잡상집'에서 찾아낸 글이다. 2012말~2013년 초에 쓴 것으로 추정되는 이 글은 미완성 소설의 도입부 초고로 보인다. 이를 보면 남정현은 나이 팔십 즈음에도 계속 창작을 시도한 것으로 보인다.

• 엽서 모음
(사진 제공·지창영 시인)

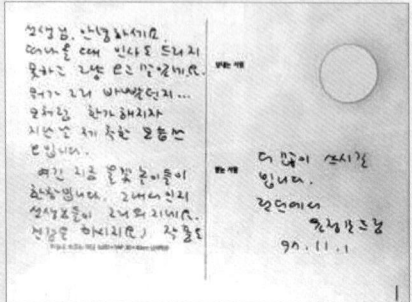

1997년, 영국에서 소설가 윤정모가.

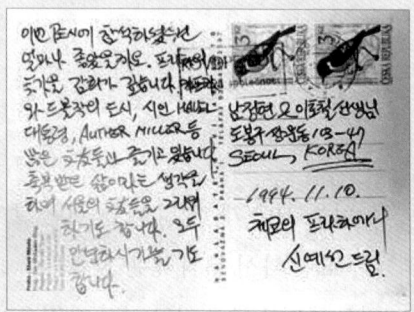

체코 프라하에서. 신예선.

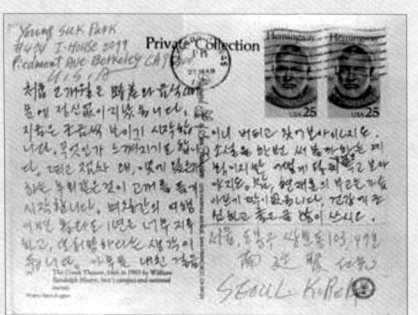

미국으로 1년 동안 머물러 간 소설가 박용숙(1934~2018)의 엽서.

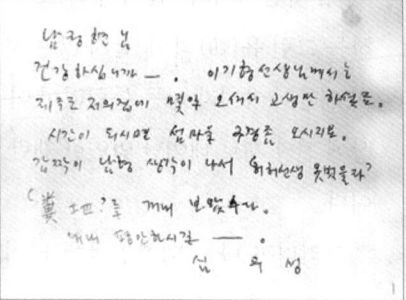

제주 집으로 초대하는 엽서. 민속학자이자 1인극 배우인 심우성(1934~2018).

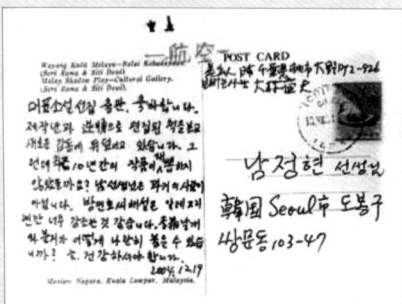

윤동주 연구로 유명한 일본 와세다대학 명예교수 오오무라 마스오(大村益夫, 1933~2023). 남정현 작가 부인이 암에 걸렸을 때 약을 구해주는 등 각별한 친교를 나누었다. 《남정현대표소설선집》(2004)에 실린 방민호 교수의 해설을 읽고 "이상 〈날개〉와 〈분지〉가 어떻게 나란히 놓을 수 있습니까?"라고 쓴 게 눈길을 끈다.

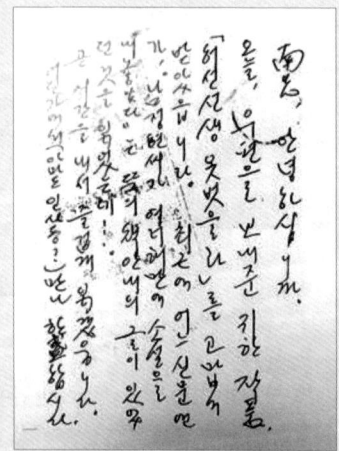

《허허선생 옷 벗을라》(1993)을 받고 리영희 선생이 보낸 엽서.

남정현 작품을 번역한 일본인 아이자와 가쿠(愛澤 革)의 엽서(1998).

2005년, 광주에서 문병란 시인이.

병환 중이던 김규동(1925~2011) 시인이 보냄.

부록 ___ "증오의 눈초리, 따스한 손"   891

∥ 학위논문 목록 ∥

1996, 강진구, 〈남정현 문학 연구-담론분석을 통한 현실비판의식의 변모양상을 중심으로〉, 중앙대 석사논문.
2002, 권미득, 〈남정현 소설 연구〉, 고려대 석사.
2002, 유승호, 〈1960년대 남정현 소설 연구〉, 성균관대 석사.
2003, 황정화, 〈남정현 소설의 풍자성 연구〉, 동국대 석사.
2004, 신창용, 〈남정현 소설 '분지'에 관한 연구-반미주의를 중심으로〉, 부경대 석사.
2005, 장현, 〈1960년대 한국 소설의 탈식민지적 양상연구-이호철, 최인훈, 남정현의 소설을 중심으로〉, 가톨릭대 박사.
2005, 유정숙, 〈남정현 소설의 여성인물유형 연구-서술방식을 중심으로〉, 고려대 석사.
2005, 김윤정, 〈남정현 소설의 탈식민주의적 담론 연구〉, 이화여대 석사.
2009, 정주일, 〈1960년대 소설에 나타난 근대화 담론연구-김정한, 이호철, 남정현〉, 공주대 박사.
2010, 강가형, 〈남정현 소설 연구-'허허선생'을 중심으로 한 그로테스크 기법 연구〉, 조선대 석사.
2012, 박희란, 〈남정현 소설 연구-개작과 반미작가 평판에 대한 검토를 중심으로〉, 중앙대 석사.
2013, 임유경, 〈1960년대 '불온'의 문화 정치와 문학의 불화〉, 연세대 박사.
2019, 정희진, 〈반미문학을 통해 본 식민지 남성성의 형성〉, 이화여대 여성학과 박사.
2022, 심소연, 〈남정현과 손창섭의 전후소설에 나타난 남성인물의 젠더 수행성 연구〉 조선대 석사.

연구논문 목록

1967, 임중빈, 〈상황악과의 대결〉, 《현대한국문학전집 15》(신구문화사).
1976, 윤병노, 〈50년대 작가의 문학적 특징-후반기의 작가군을 중심으로〉, 《대동문화연구》11권.
1987, 임헌영, 〈승리자의 울음과 패배자의 웃음〉, 《분지》.
1988, 최원식, 〈민족문학과 반미문학〉, 《창작과비평》(1988년 겨울호).
1989, 김병걸, 〈작가론-남정현 문학의 저항성〉, 《문예운동의 현단계》(1989. 1, 풀빛).
1989, 이성욱, 〈반미문학의 전개과정과 과제〉, 《실천문학》(1989년 봄호).
1989, 류양선, 〈남정현론-풍자소설과 민족문학적 성과〉, 《한국현대작가연구》(민음사).
1995, 임진영, 〈가장 강력한 웃음의 칼날〉, 《한국소설문학대계》43, 동아출판사.
1997, 이봉범, 〈남정현 문학의 알레고리와 풍자〉, 《반교어문연구》8.
1996, 장영우, 〈통곡의 현실, 고소의 미학〉, 《작가연구》(1996년 하반기).
1999, 강진호, 〈외세의 질곡과 민족의 주체성-남정현의 '분지'론〉, 돈암어문학회.
2000, 김상주, 〈남정현 소설의 기법 고찰〉, 《사람의 문학》, 2000년 겨울호.
2001, 황도경, 〈역설의 미학, 풍자의 언어-'분지'론〉, 《작가연구》(2001 하반기)
2001, 이상갑, 〈비인간의 형상, 그 역설의 의미-'허허선생'론〉, 《작가연구》(2001년 하반기).
2001, 강진구, 〈왜곡된 식민의 경험, 그 기억과 망각의 사이-'허허선생 3(귀향길)'론〉, 《작가연구》(2001년 하반기).
2003, 김종욱, 〈민족담론과 여성의 이미지-남정현론〉, 《한국현대문학연구》13.
2003, 김은하, 〈탈식민화의 신성한 사명과 '양공주'의 섹슈얼리티〉, 《여성문학연구》10.
2004, 김성수(성균관대), 〈1960년대 문학에 나타난 문화정책의 지배이념과 저항이념의 헤게모니-남정현 '분지' 필화사건을 중심으로〉, 민족문학사학회.

2005, 양진오, 〈필화의 논리와 그 문학적 의미에 관한 연구-남정현의 '분지'를 중심으로〉.

2005, 임경순, 〈남정현 소설의 성-여성과 윤리 그리고 반공주의〉,《상허학보》 21.

2005, 김형중, 〈남정현 소설의 정신분석학적 연구 시론-풍자와 정신병리〉,《한국문학이론과 비평》 26.

2006, 이미정, 〈전후문학에 나타난 남성성 내면화 과정 연구-남정현 소설의 반미감정을 중심으로〉(《겨레어문학》).

2006, 오양진, 〈캐리커처의 인류학-남정현 소설의 풍자와 아이러니에 대하여〉,《한국근대문학연구》 7.

2007, 홍혜원, 〈남정현 소설과 탈식민주의-담화 전략과 여성 표상을 중심으로〉(《어문연구》 54.

2007, 홍성식, 〈남정현의 '허허선생' 연구〉,《한중인문학연구》 20.

2008, 김윤정, 〈세계화시대의 탈식민주의-남정현의 '분지'를 중심으로〉,《인문사회연구》 제4호.

2009, 김복순, 〈정치적 여성 주체의 탄생과 반미소설의 계보-최정희의《풍류 잡히는 마을》을 중심으로〉,《민족문학사학회》.

2010, 박영준, 〈슬픈 풍자와 가족서사의 유형-남정현의 '분지'에 대하여〉,《비평문학》.

2011, 김건우, 〈'분지'를 읽는 몇 가지 독법-남정현의 소설 '분지'와 1960년대 중반의 이데올로기들에 대하여〉,《상허학보》 31.

2011, 김승환, 〈남정현 '분지'에 나타난 한국근대소설의 식민성〉,《민족문학사연구》 45.

2012, 이평전, 〈1960년대 저항의 윤리와 주체성 연구-남정현 소설을 중심으로〉,《어문학》 117.

2012, 장현, 〈남정현 연작소설 '허허선생'의 그로테스크 변모 양상〉,《인문과학연구논총》 33.

2012, 정재림, 〈1950~60년대 소설의 '양공주-누이' 표상과 오염의 상상력〉《비평문학》.

2016, 채형복, 〈남정현, '분지' 필화사건〉, 《사람의 문학》(2016년 봄호).
2020, 김형중, 〈남정현 소설에 나타난 정신병리와 권력의 테크놀로지-풍자와 정신병리 2〉, 《인문학연구》 59.
2021, 이명원, 〈1960년대 한국과 오키나와 소설에 나타난 미국 패권주의의 인식과 비판-남정현의 '분지'와 오시로 다쓰히로의 '칵테일 파티'를 중심으로〉, 《한국문학논총》 88.
2023, 구자황, 〈'분지' 읽는 시간-1960년대 문화정책과 미국 표상을 둘러싼 소설의 운명〉, 《한성어문학》 48.

작가 연보

1933년 충남 당진군(서산군) 정미면 매방리에서 부 남세원, 모 이낙년 사이의 2남 2녀 중 장남으로 태어남(12월 13일).

1987년 발행된 소설집 《분지》에 작가가 직접 쓴 '작가 연보'에는 "(태어난 후) 계속 갖가지 질병에 시달린 것 이외에는 아무런 경력이 없으며 솔직하게 말해서 지금까지 책 한 권을 제대로 끝까지 다 읽어본 경험이 없음."이라고 적었다. 그러나 10대 시절에 결핵을 앓느라 학교를 거의 못 다닌 그가 주로 한 일은 독서다.

1942년 태극출판사의 《한국문학전집》(1975)에 실린 작가 연보는 남정현이 직접 작성한 것인데, 믿기 어려운 환상적인 이력이 적혀 있다.

1942년(9세) 동교(온양 도고소학교) 3년 재학 시 자칭 신령이라는 노인의 꾐으로 가출, 유랑걸식하다 한만韓滿 국경 근처에서 순경에게 붙들려 고아원에 수용됨.
1943년(10세) 고아원을 나가 함께 살자는 어느 소녀의 유혹을 뿌리치지 못하고 고아원을 탈출, 소녀와 유랑하다 어느 곡마단의 단장에게 발탁되어 곡마단원이 됨.
1944년(11세) 단원 중 저명한 마법사의 지도로 불에 타 완전히 죽었다가 다시 살아나는 신기神技를 몸에 익히게 되어 부활의 명수(名手)가 됨. 그리하여 단 한 번 부활했다는 예수의 능력을 대수롭지 않게 여기게 됨.
1945년(12세) 8·15해방과 함께 해방이 되자, 조국광복의 노정에 흘린 선열들의 고귀한 피를 회생시킬 요량으로 '민족대부활전문학교(民族大復活專門學校)' 설립 구상에 들뜨다. 연소하다는 이유로 건국대업의 광장에서 제외되어 이 구상은 실현되지 못함.
1950년(17세) 6·25 동란이 일어남. 동족상쟁의 처절한 비극을 보고 신령이 노했음인지 돌연 '부활의 신기'를 상실하다. 그 후부터 영육 공히 병들어 정신적으로 괴롭지 않은 날이 없고, 육체적으로 안 아픈 날이 없게 됨.
1958년(25세) 곡마단 시절의 부활의 신기가 그리워 우연히 〈경고구역〉이란 제목의 소설을 써본 것이 《자유문학》지에 추천됨.

1958년 신순남과 결혼. 친구 몇 명만 부르고 하늘에 절 한번 하고 끝냈다 함.

1959년(26세) 〈굴뚝 밑의 유산〉으로《자유문학》에 추천 완료되어 '소설곡마단'의 단원이 된 후부터, 뭔가 새로운 신기를 몸에 익히려고 밤낮없이 고심함.

1959년 〈모의시체〉 발표(《자유문학》, 1959. 7)

〈인간 플래카드〉 발표(《자유문학》, 1959. 10)

1960년 〈누락인종〉 발표(《자유문학》, 1960. 3)

1961년 〈너는 뭐냐〉 발표(《자유문학》, 1961. 3)

〈기상도〉 발표(《사상계》, 1961. 8)

소설 〈너는 뭐냐〉로 제6회 동인문학상(후보작) 수상.

1962년 〈자수민〉 발표(《사상계》, 1962. 7)

1963년 〈광태〉 발표(《신세계》, 1963. 4~5)

〈혁명 이후〉 발표(《한양》, 1963. 10, 〈광태〉의 개작)

〈현장〉 발표(《사상계》, 1963. 11)

1964년 〈사회봉〉 발표(《문학춘추》, 1964. 6)

〈부주전상서〉 발표(《사상계》, 1964. 6)

〈탈의기〉 발표. 1963년 5월에 발간한《전후정예작가 신작 15인집》(육민사)에 수록된 뒤《한양》(1964. 10)에 실림.

〈혁명 후기〉 발표(《청맥》, 1964. 12, 〈혁명 이후〉 개작)

1965년 〈풍토병〉 발표(《한양》, 1965. 1)

〈분지(糞地)〉 발표(《현대문학》, 1965. 3)

《현대문학》에 〈분지(糞地)〉가 실린 직후 북의 선전매체〈통일전선〉(5월 8일)에도 〈분지(糞地)〉가 실렸다. 이를 계기로 중앙정보부는 남정현 작가를 연행하여 장기간 불법 조사했다. 검찰은 7월 9일 정식으로 구속했고(구속적부심으로 7월 24일 석방), 1년 가까이 수사를 이어가다 1966년 7월 23일 기소했다. 검찰은 반공법 위반으로 징역 7년을 구형함.

제1 창작집《너는 뭐냐》(문학출판사) 출간.

〈천지현황〉 발표(《사상계》, 1965. 6)

1959년 등단 이후 전후 신예 작가로 문단의 주목을 받으며 왕성하게 활동하던 남정현 작가는 '분지 사건'의 영향으로 창작활동을 4년간 중단했다. 중앙정보부 수사관은 다시 글을 쓰면 손목을 뚝 잘라버리겠다는 협박을 했다고 한다.

1967년 이어령이 분지 재판에 변호인 측 증인으로 출석함(2월 8일). 안수길, 이항녕이 특별변호인으로 도움을 줌.

서울지방법원 박두환 판사는 6월 28일 남정현 작가에게 반공법 제4조를 적용해 징역 6개월에 자격정지 6개월의 선고유예판결을 내렸다. 작가와 한승헌 변호인은 2심에 항소했으나 기각됨.

제2 창작집 《굴뚝 밑의 유산》(문예출판사) 출간.

《동서춘추》에 〈하숙 10년〉 연재.

1969년 〈옛날이야기〉(허허선생 4) 발표(《월간문학》, 1969. 3)

1970년 〈방귀(放氣) 소리〉 발표(《다리》, 1970. 9, 창간호)

1971년 〈코리아 기행〉 발표(〈주간한국〉, 1971. 1)

미완성 장편 《코리아 산책》 연재(《다리》, 1971)

〈허상기(虛想記)〉 발표(《동서문학》, 1971. 2, 〈코리아기행〉 개작)

1971년 4월 19일 출범한 민주수호국민협의회 조직사업에 주도적으로 참여함.

1973년 〈허허선생1-괴물체〉 발표(《문학사상》, 1973. 2)

이어령 《문학사상》 주간이 '허허선생'이 나오는 〈옛날이야기〉를 읽고 남정현 작가에게 그 이야기를 연속으로 써 보라 해서 시리즈로 쓰게 됐다고 한다.

〈준이와의 3개월〉(허허선생 5) 발표(〈독서신문〉, 1973. 4)

1974년 문인 61인 개헌지지 선언 참여(1월 7일).

한국인쇄주식회사 주간으로 취업했으나 몇 달 만에 구속됨.

박정희 정권의 긴급조치 위반 혐의로 중앙정보부 남산 지하실로 연행돼 한 달 동안 잠 안 재우기, 구타 등의 가혹행위를 당함. 재판 없이 서대문구치소에 갇혀 지내다 8월 15일 육영수 총격 사망 직후인 8월 23일 긴급조치 해제되면서 5~6개월 만에 석방됨. 자유실천문인협의회 참여해서 활동.
1975년 〈허허선생 2-발길질〉 발표(《문학사상》, 1975. 5)
   충청남도 미호중학교 교장으로 재직 중이던 아버님(남세원) 별세.
1977년 제3 창작집 《준이와의 삼 개월》(한진출판사) 출간.
   제4 창작집 《허허선생》(범우사) 출간.
1978년 장편소설 《사랑하는 소리》(범우사) 출간.
1980년 〈허허선생 3-귀향길〉 발표(《문예중앙》, 1980. 3)
1981년 《80년 문제작품 20선집》(한진출판사, 염무웅 편)에 〈허허선생 3〉이 들어감.
1987년 남정현 대표소설선 《분지》(혼겨레) 출간.
1988년 〈허허선생 6-핵반응〉 발표(《창작과비평》, 1988 가을호)
1989년 미완성 장편 《성지(聖地)》 연재. 월간 《다리》 6회 연재하다 잡지가 폐간되면서 중단됨.
1990년 〈허허선생 7-신사고〉를 발표(《실천문학》 1990년 여름호)
   핵무기 철폐에 관한 국제평화동경포럼에 참가하여 주제발표를 함(일본 도쿄, 오사카).
1992년 〈허허선생 옷 벗을라〉(허허선생 8) 발표(계간지 《노둣돌》 창간호)
   제3세계 아세아아프리카 문학인대회 참가(일본 교토).
1993년 연작소설집 《허허선생 옷 벗을라》(동광출판사) 출간.
1994년 어머니 이낙년 여사 별세.
1995년 〈세상의 그 끝에서〉 발표(《창작과 비평》 여름호)
1996년 아내 신순남 별세(1월 13일).
1998년 《현대문학》에 〈분지〉를 33년 만에 재수록.
1999년 계간 《작가》 봄호~겨울호에 산문 '2000년 불안한 세기' 연재.
2001년 《남정현작품집》(지식을만드는지식, 2001)
2002년 국학자료원에서 《남정현문학전집》 3권 출간.
   한국민족예술인총연합이 제정한 민족예술상(12회) 수상.

2004년 《남정현대표소설선집》(실천문학) 출간.

2005년 평양 남북작가대회 참석(7월).

한국문화예술진흥원에서 《2004년도 한국 근현대예술사 구술채록연구 시리즈 35 남정현》 발간.

북한 역사유적답사단 일원으로 평양 탐방(10월).

2011년 〈편지 한 통〉 발표(《실천문학》 봄호)

2017년 소설집 《편지 한 통-미 제국주의 전상서》(도서출판 말) 출간.

2018년 산문집 《엄마 아 우리 엄마》(도서출판 답게) 출간.

2020년 12월 21일 세상을 뜨고, 마석 모란공원에 묻힘.

2021년 모란공원 묘지에서 열린 1주기 모임에서 추모사를 읽은 전덕용 사월혁명회 상임의장이 민족의 해방과 남정현의 부활을 기원하며 "홍만수 만세!" 라고 외침.

필화소설 〈분지〉 발표 60주년 기념

남정현의 삶과 문학
-웃음과 부활의 미학

초판 1쇄 발행 | 2025년 7월 15일

지은이 | 최진섭
디자인 | 플랜디자인
펴낸곳 | 도서출판 말

출판신고 | 2012년 3월 22일 제2013-000403호
주　　소 | 인천시 강화군 송해면 전망대로 306번길 54-5
전　　화 | 070-7165-7510
전자우편 | dream4star@hanmail.net
ISBN | 979-11-87342-32-8

- 값은 뒤표지에 있습니다.
- 잘못된 책은 본사나 구입하신 곳에서 바꾸어 드립니다.